AF825370

Michael Pawlik
Der rechtfertigende Notstand

Michael Pawlik

Der rechtfertigende Notstand

Zugleich ein Beitrag zum Problem strafrechtlicher Solidaritätspflichten

2002

Walter de Gruyter · Berlin · New York

Professor Dr. *Michael Pawlik*, LL.M. (Cantab.), Lehrstuhlinhaber für Strafrecht, Strafprozeßrecht und Rechtsphilosophie an der Universität Rostock

Diese Publikation wurde ermöglicht durch die Unterstützung der

Alfried Krupp von Bohlen
und Halbach-Stiftung

Gedruckt auf säurefreiem Papier,
das die US-ANSI-Norm über Haltbarkeit erfüllt

Die Deutsche Bibliothek – CIP-Einheitsaufnahme

Pawlik, Michael:
Der rechtfertigende Notstand : zugleich ein Beitrag zum Problem strafrechtlicher Solidaritätspflichten / Michael Pawlik. – Berlin ; New York : de Gruyter, 2002
ISBN 3-11-017364-6

© Copyright 2002 by Walter de Gruyter GmbH & Co. KG, D-10785 Berlin

Dieses Werk einschließlich aller seiner Teile ist urheberrechtlich geschützt. Jede Verwertung außerhalb der engen Grenzen des Urheberrechtsgesetzes ist ohne Zustimmung des Verlages unzulässig und strafbar. Das gilt insbesondere für Vervielfältigungen, Übersetzungen, Mikroverfilmungen und die Einspeicherung und Verarbeitung in elektronischen Systemen.

Printed in Germany

Datenkonvertierung/Satz: WERKSATZ Schmidt & Schulz, 06773 Gräfenhainichen

Meiner Frau

Vorwort

Mit dem vorliegenden Buch unternehme ich den Versuch, die strafrechtstheoretische Konzeption, die ich in meiner Habilitationsschrift *Das unerlaubte Verhalten beim Betrug* (1999) entwickelt und auf ein Delikt des Besonderen Teils angewendet habe, auch für ein Rechtsinstitut des Allgemeinen Teils fruchtbar zu machen. Diese Konzeption beruht auf der Überzeugung, daß die Strafrechtsdogmatik von philosophischen Prämissen ausgehen muß, wenn sie ihrem Anspruch auf Wissenschaftlichkeit gerecht werden will. Nicht zwischen einer „reinen", d. h. selbstgenügsamen und einer „philosophischen" Strafrechtsdogmatik hat der einzelne Wissenschaftler die Wahl, sondern nur zwischen mehr oder weniger überzeugenden Ausführungen der letzteren. Der Blick auf einige der einflußreichsten Entwürfe der politischen Philosophie der Neuzeit läßt als den ihnen gemeinsamen Legitimationsrahmen den Gedanken der Freiheit als Selbstgesetzgebung erkennen. Aus ihm müssen nach hiesigem Verständnis auch die Figuren der strafrechtlichen Zuständigkeitsbegründung abgeleitet werden. Diese haben dann ihrerseits die Auslegung einzelner strafrechtlicher Normen und Rechtsinstitute – wie hier des rechtfertigenden Notstands – anzuleiten und zu kontrollieren. Damit ist das Untersuchungsprogramm des vorliegenden Buches in den Grundzügen umrissen.

Die hiesige Konzeption ist nicht in dem Sinne „idealistisch", wie *Hegel* es an *Anaxagoras* rühmte; sie behauptet nicht, der *Nous* regiere die Welt. Vielmehr hat sie den Übergang von der Bewußtseins- bzw., allgemeiner gesprochen, von der Geistphilosophie zur Sprachphilosophie nachvollzogen, der das Denken des vergangenen Jahrhunderts entscheidend geprägt hat. Daher beansprucht sie nicht mehr als dies: eine gegebene Semantik aufzugreifen und sie auf ihre Implikationen hin zu untersuchen. Dieser gegenüber dem klassischen Idealismus wesentlich reduzierte Anspruch reflektiert die, wenn man so will, pragmatistische Einsicht in die Veränderlichkeit gesellschaftlicher Plausibilitätsstandards. Mit diesen sind auch die Legitimationsfiguren praktischer (und theoretischer) Weltdeutung dem Werden und Vergehen ausgesetzt. So hat auch eine jede Strafrechtsdogmatik ihre Zeit: *Hic Rhodus, hic salta.* Es mag sein, daß eine auf den Autonomiegedanken gestützte Strafrechtswissenschaft den größten Teil ihrer Karriere bereits hinter sich hat und daß sie, nach einem berühmten Bild *Foucaults*, in absehbarer Zeit weggewischt werden wird wie ein Gesicht im Sand. Besseres ist freilich noch nicht sichtbar geworden, und so mag es nicht unziemlich sein, dem Vergänglichen und vielleicht schon Vergehenden des Gedankens bürgerlicher Freiheit hier die Ehre zu erweisen.

Bei der Abfassung des vorliegenden Buches habe ich von zahlreichen Seiten Unterstützung erfahren. Mein verehrter Lehrer, Herr Professor Dr. *Günther Jakobs*, hat das Manuskript gelesen und mich durch seine Ratschläge an einer Reihe von Stellen vor Unbedachtsamkeiten bewahrt. Zahlreiche Verbesserungen inhaltlicher und stilistischer Art verdanke ich meinen wissenschaftlichen Mitarbeitern, den Herren *Martin Laufen*, *Christian Müller*, *Michael Ramb* LL.M. und *Marc Trost*. Sie haben sich weit über ihre dienstlichen Verpflichtungen hinaus um dieses Buch verdient gemacht. Sie waren es auch, die gemeinsam mit meiner Sekretärin, Frau *Anne-Dore Neumann*, die Druckvorlage hergestellt haben. Herr *Laufen* hat zudem das Sachregister erstellt. Frau Dr. *Walther* vom Verlag de Gruyter hat den Publikationsvorgang engagiert und verständnisvoll begleitet. Die Alfried Krupp von Bohlen und Halbach-Stiftung hat einen großzügigen Druckkostenzuschuß gewährt.

Rostock, im November 2001 *Michael Pawlik*

Inhaltsübersicht

Einleitung:

Die Irregularität des rechtfertigenden Notstands

1. Kapitel:

Legitimation und systematische Einordnung des rechtfertigenden Notstands

2. Kapitel:

Dogmatische Grundfragen des rechtfertigenden Notstands

Inhaltsverzeichnis

Einleitung: Die Irregularität des rechtfertigenden Notstands

1. Kapitel: Legitimation und systematische Einordnung des rechtfertigenden Notstands

2. Kapitel: Dogmatische Grundfragen des rechtfertigenden Notstands

Einleitung: Die Irregularität des rechtfertigenden Notstands

A. Gegenstand und Aufbau der Arbeit

Seit dem Beginn der neueren rechtsphilosophischen und strafrechtsdogmatischen Auseinandersetzungen um den rechtfertigenden Notstand im 19. Jahrhundert ist der Strafrechtswissenschaft der Umstand bewußt, daß dieses Rechtsinstitut, insbesondere in seiner Grundform als sogenannter Aggressivnotstand, stark *irreguläre* Züge aufweist und „etwas sozusagen Unheimliches“[1] an sich hat. Worin diese Irregularität liegt, macht ein vergleichender Blick auf die Notwehrregelung deutlich.

Sowohl das Notwehr- als auch das Notstandsrecht verleihen dem in einer Notlage Befindlichen (bzw. einer zu seinen Gunsten handelnden anderen Person) die Befugnis, zwangsweise auf Rechtsgüter eines Dritten zuzugreifen. Diese Eingriffsbefugnis erweist beide Regelungen als Ausnahmen von einem Grundsatz, dem zentrale Bedeutung für den modernen, den Schrecken der Anarchie und des Bürgerkriegs abgerungenen Staat zukommt. Es handelt sich um den *staatlichen Rechtsschutzvorrang* (in herkömmlicher Terminologie: das *staatliche Gewaltmonopol*). Danach ist die gerechtfertigte Ausübung von Zwang prinzipiell den dafür zuständigen staatlichen Organen vorbehalten;[2] auf seiten der Bürger korrespondiert dem eine generelle Friedenspflicht.[3] Die Friedenspflicht „ist nicht die Folge einer bestimmten Staatsstruktur, sondern Folge der Staatlichkeit des Staates nach der Überwindung des Bürgerkrieges“[4]. Die Notrechte schränken den staatlichen Rechtsschutzvorrang gerade in den besonders heiklen Fällen akut zugespitzter Konflikte ein.[5]

---

[1] *Merkel* Zaungäste? S. 175.

[2] *Herzog* HdbStR Bd. III, S. 100f; näher *W. B. Schünemann* Selbsthilfe, S. 1ff. – Zum staatsphilosophischen Hintergrund *Isensee* Sicherheit, S. 3ff; *ders.* FS Sendler, S. 46ff; zur geschichtlichen Genese *Willoweit* Begriff, S. 317ff.

[3] *Isensee* HdbStR Bd. V, S. 413; *ders.* FS Sendler, S. 48.

[4] *Isensee* DÖV 1982, 616.

[5] *Ludwig* Gegenwärtiger Angriff, S. 126; *Renzikowski* Notstand, S. 72; *Perron* Rechtfertigung, S. 81; speziell zur Notwehr ferner *Haas* Notwehr, S. 291ff; *Klose* ZStW 89 (1977) 66.

Die Zumutung, eine Einschränkung seines bürgerlichen Fundamentalrechts hinzunehmen, wonach er Zwang grundsätzlich nur dann zu dulden hat, wenn dieser von staatlicher Seite kommt, läßt sich weitaus einfacher dem von einer Notwehr- als dem von einer Notstandshandlung Betroffenen gegenüber legitimieren. Die Verteidigung bei der Notwehr richtet sich gegen einen rechtswidrig Angreifenden; „es steht also (abwehrendes) Recht gegen (angreifendes) Unrecht“[6]. Notwehr ist nicht nur Durchbrechung, sondern auch Durchsetzung des Rechts.[7] Anders in dem prototypischen Fall des rechtfertigenden Notstands, dem Aggressivnotstand: „Hier treten die Interessen erst dadurch zueinander in Beziehung, daß der Notleidende den Selbstschutz auf Kosten eines Unbeteiligten beschließt“[8], daß „der eigenen Rettung fremdes Interesse dienstbar gemacht wird“[9]; „es steht also Recht gegen Recht“[10]. Weshalb soll hier „gerade der vom Notstandstäter Verletzte die Not tragen und nicht derjenige, der zuerst von ihr betroffen ist?“[11] Was legitimiert die mit der Anerkennung des rechtfertigenden Notstands vollzogene „Relativierung der Rechtspositionen des einzelnen“[12]? Das *Faktum* der Schwäche, der Gefährdung des einen vermag ohne normativ gehaltvolle Zusatzannahmen die Annahme einer Beistands*pflicht* des anderen nicht zu tragen,[13] denn „Interessen schaffen nicht einfach aus sich heraus Rechte und Verpflichtungen“[14]. Einem „völlig Unbeteiligten, der zu der Gefahrenquelle in keinerlei Beziehung steht (,) ... eine Aufopferung seines Rechtsgutes zugunsten eines beliebigen Dritten zumuten zu wollen“, kann vielmehr – wenn überhaupt – „nur unter ganz besonderen Umständen“ geboten sein.[15]

Sich den Eingriff (nicht eines staatlichen Amtsträgers, sondern) eines anderen Bürgers gefallen lassen zu müssen, obgleich man an dessen Notlage „unschuldig“ ist – diese doppelte Zumutung ist es also, welche den rechtfertigenden Notstand kennzeichnet, und sie ist es, die wesentlich mitverantwortlich dafür ist, daß der Notstand über lange Zeit hinweg ein „Schmerzenskind der Gesetzgebung“ war und in

---

6 *Kühl* Notrechte, S. 318. – Dabei handelt es sich um eine vorläufige Formulierung. Tatsächlich setzt die Grundform der Notwehr einen nicht nur rechtswidrigen, sondern sogar *schuldhaften* Angriff voraus (2. Kap. F.III.3.b).

7 *Klose* ZStW 89 (1977) 66.

8 *Mauczka* Rechtsgrund, S. 37.

9 *Henkel* Notstand, S. 37.

10 *Kühl* Notrechte, S. 318.

11 *Fischer* Rechtswidrigkeit, S. 222; ähnlich *Kühl* AT, § 8, Rdn. 7; *Lesch* Notwehrrecht, S. 51 f; *Lippold* Rechtslehre, S. 355.

12 NK-*Neumann* § 34 Rdn. 7.

13 Darauf hat zuletzt *Harzer* Situation, S. 201 hingewiesen. – *Geyer* Lehre von der Notwehr, S. 4 kleidete dies Mitte des 19. Jahrhunderts in die lapidare Frage: „Was hat sein Recht mit meiner Not zu schaffen?“

14 *Stemmer* Handeln zugunsten anderer, S. 254.

15 *Henkel* Notstand, S. 47.

einer Reihe von Einzelfragen bis heute ein „Zankapfel der Wissenschaft" geblieben ist.[16] So vorläufig diese Bemerkungen auch noch sind, *eines* machen sie bereits deutlich: Die Behauptung, daß die Rechtfertigungswirkung des § 34 StGB „selbstverständlich" sei,[17] läßt sich nicht aufrechterhalten.[18] Was *Papgeorgiou* über die allgemeine Hilfeleistungspflicht des § 323 c StGB bemerkt, gilt auch für den rechtfertigenden Notstand: Eine intuitiv einleuchtende Regelung trifft sich hier mit einer gesteigerten Schwierigkeit, eine zufriedenstellende Legitimationsbasis derselben zu benennen.[19] Ein Blick auf die Dogmengeschichte[20] bestätigt diesen Befund. Der Notstand kann sich danach kaum einmal jener selbstverständlichen Anerkennung als Rechtfertigungsgrund erfreuen, wie sie seit jeher der Notwehr entgegengebracht wird, der man, zumindest im Kernbereich, sogar naturrechtlichen Charakter zuspricht[21] und die man als immanente Schranke des Gewaltmonopols versteht.[22] Wenn *Schroeder* mit Blick auf die Diskussion über die Schranken der Notwehr bemerkt, sie erweise sich „immer wieder als Indikator von Wandlungen in den politischen Grundanschauungen"[23], so gilt dies in nicht geringerem Maß auch für die Auseinandersetzung über Grund und Grenzen des rechtfertigenden Notstands.

In der älteren strafrechtlichen Literatur ist das Wissen um den prekären Charakter dieses Rechtsinstituts noch lebendig. In einer Arbeit aus dem Jahre 1914 kann *Josef Kohler* feststellen: „Die Charakterisierung des Notrechts gehört zu den wichtigsten Teilen der Rechtsphilosophie, denn sie rührt an den Grundlagen unserer ganzen Rechtsordnung"[24]; für *Westerkamp* (1918) ist die Betrachtung der Notstandsbestimmungen „nahe verwandt ... mit der Frage nach dem Wesen des Rechts überhaupt"[25]. Ähnliche Äußerungen finden sich auch in der Literatur der Zwischenkriegszeit.[26] Allerdings schwindet nach der Durchsetzung der zwischen dem

---

16 So *Titze* in seiner aus dem Jahre 1897 stammenden Arbeit über „Die Notstandsrechte im deutschen Bürgerlichen Gesetzbuche", S. 62.

17 *Blei* AT, S. 146.

18 Ablehnend auch *Meißner* Interessenabwägungsformel, S. 122.

19 *Papageorgiou* Schaden und Strafe, S. 206.

20 Einen Überblick gibt *Küper* Art. Notstand I.

21 So bemerkt etwa *v. Tuhr* Der Nothstand, S. 74 zu dem Recht der Notwehr bzw. der Selbsthilfe: „Wenn ein Recht das Prädikat ‚natürlich' verdient, so ist es dieses". – Weitere Nachweise bei *Kühl* Notrechte, S. 319 Fn. 8; *dems.* JuS 1993, 177 Fn. 4. – Aus neuerer Zeit exemplarisch *Götz* HdbStR III, S. 1027; *Klose* ZStW 89 (1977) 87.

22 So *Isensee* FS Sendler, S. 52.

23 *Schroeder* FS Maurach, S. 127.

24 *Kohler* Archiv f. Rechts- u. Wirtschaftsphil. 8 (1914/15) 411. – In diesem Aufsatz bemüht sich *Kohler* übrigens ausführlich darum nachzuweisen, daß der deutsche Einmarsch in das neutrale Belgien als Notstandstat gerechtfertigt gewesen sei.

25 *Westerkamp* Streitfragen, S. 106.

26 *Siegert* betont in einer 1931 erschienenen Monographie, daß die den Notstandskonflikt kennzeichnende Spannung zwischen den beiderseitigen berechtigten Interessen an den Grund-

rechtfertigenden und dem entschuldigenden Notstand trennenden Differenzierungstheorie [27] und der prinzipiellen Etablierung des sogenannten übergesetzlichen Notstands in Rechtsprechung und Lehre zusehends das Bewußtsein von der *prinzipiellen Brisanz* des Notstandsrechts.[28] So diskutiert die Große Strafrechtskommission zwar ausführlich über Möglichkeit und Grenzen einer Positivierung des übergesetzlichen Notstands; [29] Zweifel an der prinzipiellen Berechtigung dieses Rechtsinstituts äußert jedoch keiner der Beratungsteilnehmer.[30] In der Literatur der 50er- und 60er-Jahre weisen gewichtige Stimmen darauf hin, daß die Forderung an einen (bislang) Unbeteiligten, einige seiner Rechtsgüter zugunsten eines anderen aufzuopfern, eine Herausforderung an die Selbstbestimmung des Pflichtigen darstelle.[31] Zum Anlaß für eine Wiederaufnahme der Diskussion über die generelle Legitimität des rechtfertigenden Notstands nehmen die betreffenden Autoren diesen Befund jedoch nicht. So betont *Lenckner* in seiner für die weitere Diskussion grundlegenden Monographie, daß die Notstandsfrage mit Recht als eines der großen Probleme des Allgemeinen Teils angesehen werde.[32] Auch ende die Notstandslehre in der praktischen Durchführung häufig im Bereich des Irrationalen und nicht mehr Beweisbaren.[33] Ihre theoretische Grundlage, die *Lenckner* im Grundsatz der Interessenabwägung erblickt,[34] sei jedoch relativ eindeutig und sicher.[35]

---

lagen der Rechtsordnung rüttle (Notstand, S. 7). *Henkel* bezeichnet in seiner in dem Jahre darauf publizierten Arbeit den Notstand als „einen Brennpunkt unseres Strafrechtssystems" (Notstand, S. 1); *Maurach* rechnet ihn 1935 zu den „immanenten Problemen des Strafrechts", deren Durchforschung auch in Unabhängigkeit von einem bestimmten Strafrechtssystem stets von besonderem Reiz sei (Kritik, S. 1f); und *Bockelmann* bescheinigt im selben Jahre dem Notrechtsproblem, die „tiefsten Fragen der Gerechtigkeit überhaupt" zu berühren (Hegels Notstandslehre, S. 1).

27 Zu deren dogmengeschichtlichem Hintergrund instruktiv *Küper* JuS 1987, 83ff.

28 So auch *Etzel* Notstand, S. 3.

29 Ndschr. Bd. 2, 142ff; Bd. 12, 153ff.

30 *Welzel* begnügt sich mit der apodiktischen Feststellung, der Grundsatz, daß der höhere Wert dem niederen vorzuziehen sei, gehöre zu den festen Prinzipien des Naturrechts und werde auch von der neueren Ethik anerkannt (Ndschr. Bd. 12, 167). *Baldus* betont zwar, daß Kollisionsfälle zu den schwierigsten gehörten, die ein Richter zu entscheiden habe (Ndschr. Bd. 12, 161). Den Grundsatz, daß das geringerwertige Rechtsgut dem höherwertigen weichen müsse, qualifiziert er jedoch umstandslos als ein allgemeines Rechtsprinzip, das besonders auszusprechen der Gesetzgeber von 1871 unterlassen habe (Ndschr. Bd. 12, 146).

31 *Lenckner* Notstand, S. 26, 49f, 112f; *Gallas* ZStW 80 (1968) 23f; *Schröder* SchZStrR 75 (1960) 6ff; *Stratenwerth* ZStW 68 (1956) 51ff.

32 *Lenckner* aaO S. 2.

33 *Lenckner* aaO S. 185.

34 Dazu im einzelnen 1. Kap. B.III.1.

35 *Lenckner* Notstand, S. 185.

Bis zum Beginn der 90er-Jahre konstatieren kritische Autoren wie *Haas* (1978) und *Meißner* (1990), daß die Vorschrift des § 34 StGB in ihren Grundlagen kaum noch problematisiert werde.[36] Seither hat die Diskussionslandschaft sich jedoch merklich verändert. Die Frage, unter welchen Voraussetzungen die Not des einen eine Rechtspflicht des anderen generieren könne, ist auf die Tagesordnung der Strafrechtswissenschaft zurückgekehrt. Die Arbeiten zu § 323c StGB, die seither erschienen sind,[37] belegen dies ebenso wie zahlreiche neuere Abhandlungen zu den Grundlagen des rechtfertigenden Notstands. Die Einsicht wächst, daß es nicht genügt, dem rechtfertigenden Notstand einen bloß „kompromißhaften" Charakter zuzuschreiben.[38] Man erkennt auf's Neue, „daß die Notstandsfrage von allen strafrechtlichen Problemstellungen wohl am besten die moralischen und strafrechtlichen Wertvorstellungen einer bestimmten Gesellschaft zu einer bestimmten Zeit verkörpert"[39]. Dementsprechend ist es wieder zum Gegenstand wissenschaftlicher Erörterung geworden, ob es *prinzipiell* möglich sei, das Institut des rechtfertigenden Notstands ohne axiologische Verwerfungen in das gegenwärtig geltende Strafrechtssystem einzuordnen.[40]

Trotz des gestiegenen Problembewußtseins liegt indessen über dem „Grundgedanken" des rechtfertigenden Notstands nach wie vor „der Schleier einer eigentümlichen Unbestimmtheit, die sich an der rhetorischen Unverbindlichkeit vieler Äußerungen zeigt"[41]. Hier Abhilfe zu schaffen ist das Ziel der vorliegenden Studie. Ein Rechtsinstitut ist nämlich nicht allein dadurch seiner philosophischen Grundlage entzogen, daß es positive Bestätigung oder Anerkennung findet.[42] Das positive Recht ist „Überbau eines Grundes, den es seinerseits erst einmal zu entdecken und zu formulieren gilt"[43]. Die Aufgabe einer philosophisch reflektierten Rechtswissenschaft ist und bleibt es daher, „die Prinzipien aufzusuchen, nicht um hier ein anderes, von dem was besteht, abweichendes Ergebnis abzuleiten, sondern um das Geltende zu begreifen, oder die Vernunftmäßigkeit desselben zu zeigen"[44].

---

36 *Haas* Notwehr, S. 205; *Meißner* Interessenabwägungsformel, S. 121.

37 *Gieseler* Unterlassene Hilfeleistung, S. 133ff; *Harzer* Situation, S. 111ff; *Morgenstern* Unterlassene Hilfeleistung, S. 51ff; *Kargl* GA 1994, 247ff; *Verf.* GA 1995, 360ff.

38 So aber noch *Geilen* Jura 1981, 200.

39 *Etzel* Notstand, S. 3.

40 Hervorzuheben sind folgende Arbeiten: *Hruschka* AT, S. 110ff; *ders.* JuS 1979, 385ff; *Köhler* AT, S. 281ff; *Küper* JuS 1987, 81ff; *Meißner* Interessenabwägungsformel, S. 23ff, 72ff, 121ff, 134ff; *Kühl* FS Lenckner, S. 143ff; *ders.* FS Hirsch, S. 259ff; *Merkel* Zaungäste? S. 171ff; *Neumann* JRE 2 (1994) 81ff; *Renzikowski* Notstand, S. 32ff, 178ff.

41 *Küper* ZStW 106 (1994) 829.

42 Vgl. *Abegg* Untersuchungen, S. 122.

43 *Jakobs* FS Hirsch, S. 48.

44 *Abegg* Untersuchungen, S. 107.

„System" in dem hier interessierenden Sinn meint folglich mehr als die Summe der positiv-rechtlichen Einzelvorschriften und -institute. Gegenüber einem bloßen Haufen von Sätzen zeichnet sich ein System dadurch aus, daß es widerspruchsfrei und vollständig ist.[45] Vor allem wegen des Postulats der Widerspruchsfreiheit – das im Fall der Rechtswissenschaft nicht nur eine *logische*, sondern auch eine *axiologische* Widerspruchsfreiheit verlangt – ist es, wie *Hruschka* zu Recht hervorhebt, nicht in das Belieben der Strafrechtswissenschaft gestellt, ob sie die Ausarbeitung eines Systems anstreben soll oder nicht:[46] Nicht anders als die Philosophie muß auch die Strafrechtswissenschaft „das, was sie als Problem begreift, als *Einheit* denken"[47]. Nur durch Systembildung löst die Strafrechtsdogmatik daher ihren Anspruch auf Wissenschaftlichkeit ein.

Die Frage nach der *Einheit* von *prima facie* gegenläufigen Wertungsprinzipien kann allein derjenige angemessen behandeln, der eine Position einnimmt, die sämtlichen Einzelgesichtspunkten gegenüber *systematisch übergeordnet* ist. Zu Recht bemerkt *Keller* mit Blick auf den rechtfertigenden Notstand, gegen die Zulassung von Ausnahmen sei der Hinweis auf die Regel nicht triftig, denn diese werde mit der Zulassung von Ausnahmen anerkannt. „Die Bedeutung der Regel wird respektiert; ihre Durchbrechung ist durch den Notfall legitimiert".[48] Auch wenn man beispielsweise mit *Kant* allein das Prinzip des (hier sogenannten) abstrakten Rechts als zulässiges Explikationsmuster rechtlicher Freiheit anerkennt und demzufolge das Institut des rechtfertigenden Aggressivnotstands als illegitim verwirft,[49] fällt doch das die *alleinige Maßgeblichkeit* jenes Prinzips feststellende *Urteil* nicht mit der *Benennung* des Prinzips zusammen. Vielmehr beruht das Urteil auf der Anwendung eines Maßstabs, der den von *Kant* zugrundegelegten Rechtsbegriff nochmals transzendiert, ihn als *den* Rechtsbegriff ausweist.[50] Das Beispiel zeigt freilich zugleich, daß die Prämissen, denen ein normatives System seine axiologische Einheit verdankt, jene Janusköpfigkeit aufweisen, die sämtlichen „Grundnormen" zu eigen ist: Angesichts ihrer *Begründungsfunktion* lassen sie sich sowohl als Bestandteile wie auch als Nicht-Bestandteile des normativen Systems deuten, auf das sie sich beziehen.[51] Von den diesbezüglichen terminologischen Streitfragen darf sich eine Straf-

---

45 *Hruschka* GA 1981, 241.

46 *Hruschka* aaO.

47 *Gerhardt* Selbstbestimmung, S. 60.

48 *Keller* Provokation, S. 289; ähnlich *Küper* Staat, S. 129f; *Meißner* Interessenabwägungsformel, S. 179.

49 Dazu unter C.

50 Allgemein zu dem hier berührten Zusammenhang *Klesczewski* FS E. A. Wolff, S. 240.

51 Klassisches Muster einer solch janusköpfigen „Grundnorm" ist die Grundnorm *Kelsens*; dazu *Verf.* Rechtstheorie 25 (1994) 451ff.

rechtsdogmatik, die den Anspruch erhebt, *Wissenschaft* zu sein, allerdings nicht schrecken lassen: Sie *muß* von der Stufe der Prämissen, der „Grenzbegriffe", ihren Ausgang nehmen. Andernfalls würde sie sich ohne Not auf den Status einer bloßen *Rechtskunde* beschränken: Sie würde lediglich in geordneter Form dokumentieren, was eine gegebene Rechtsordnung nun einmal als strafbares Unrecht erachtet, und bliebe damit, nach einem treffenden Wort *Hruschkas*, zum „Provinzialismus" verurteilt.[52] Es ist also ihr Charakter als Wissenschaft, der die Strafrechtsdogmatik über die Positivität ihres Materials hinaustreibt. Paradox zugespitzt: Als *Wissenschaft* des positiven Rechts kann die Strafrechtsdogmatik nicht ausschließlich Wissenschaft vom *positiven* Recht sein.

Bei der Formulierung der Prämissen, unter Rückgriff auf die er die axiologische Einheit innerhalb seines Gegenstandsbereichs zu sichern sucht, ist der einzelne Strafrechtswissenschaftler zwar prinzipiell autonom. Ebensowenig wie sonst heißt „Autonomie" in diesem Zusammenhang freilich „Beliebigkeit". Obwohl derjenige nicht im strengen Sinn widerlegt werden kann, der in dem Rechtssystem, welchem sein systematisches Bestreben gilt, im wesentlichen nur Unvernunft verkörpert sieht, muß, wer so vorgeht, sich doch vorhalten lassen, die *Binnenperspektive* des betreffenden Systems von vornherein zu verfehlen. Diese Perspektive ist nämlich durch einen Richtigkeitsanspruch gekennzeichnet – den Anspruch, die Legitimitätsfrage, welcher jede unmittelbar oder mittelbar die Anwendung von Zwang erlaubende Regelung sich aussetzt, überzeugend beantworten zu können.[53] Die vorliegende Arbeit erblickt daher ihre Aufgabe darin, die notstandsbezogenen Implikationen jenes Richtigkeitsanspruchs von einem „hermeneutic point of view"[54] aus nachzuzeichnen, ohne sich jedoch mit der dabei zugrundegelegten Konzeption des Guten – dem Gedanken der Freiheit als Selbstgesetzgebung[55] – zu identifizieren.[56] Dementsprechend ist die hiesige Axiologik so angelegt, daß sie einerseits die innerrechtlich tradierten Bestände im großen und ganzen zu integrieren vermag, andererseits aber auch den Anschluß an die sonstigen gesellschaftlich maßgeblichen Leitsemantiken hält. Erst wenn diese axiologische Basis gesichert ist, kann das Institut des rechtfertigenden Notstands auf seinen genauen Inhalt hin untersucht werden. Wenn daher die vorliegende Arbeit verhältnismäßig ausführlich auf die Frage der generellen Legitimierbarkeit des rechtfertigenden Notstands eingeht, so geschieht dies nicht um seiner selbst, also gleichsam als Kunst um der Kunst willen, sondern wesentlich auch im Blick auf die dogmatischen Konsequenzen. Beide Ziel-

---

52 *Hruschka* GA 1981, 242.
53 *Verf.* Betrug, S. 61f mwN.
54 *MacCormick* Hart, S. 39.
55 Dazu näher unter B.
56 Näher zu diesem Ansatz *Verf.* Betrug, S. 17f.

setzungen, die legitimationstheoretische und die dogmatische, sind, wie sich zeigen wird, untrennbar miteinander verwoben. Die Behandlung strafrechtstheoretischer Grundlagenfragen ist für die Strafrechtswissenschaft kein Luxus, auf den gegebenenfalls auch verzichtet werden könnte, sondern eine begründungstheoretische Notwendigkeit.

Im Aufbau der vorliegenden Arbeit findet diese Überzeugung ihren Niederschlag. Die Untersuchung ist in zwei Kapitel gegliedert. Im *1. Kapitel* wird die Frage nach der freiheitstheoretischen Legitimierbarkeit des rechtfertigenden Notstands erörtert. Ihre Beantwortung findet sie im Rückgriff auf Überlegungen, die sich vor allem der Philosophie *Hegels* verdanken. Das *2. Kapitel* befaßt sich mit der dogmatischen Konkretisierung dieses Legitimationsansatzes. Die dortigen Erörterungen werden zeigen, daß eine Rechtfertigung von Notstandstaten nur unter Voraussetzungen in Betracht kommt, die deutlich enger sind als dies für gewöhnlich angenommen wird – und dies, obgleich bereits die herkömmliche Notstandsdogmatik ihre primäre Aufgabe darin erblickt, „den prima facie riesigen Anwendungsbereich der Regelung auf einen kleinen Ausschnitt daraus zu reduzieren“[57].

Aufgabe der vorliegenden Einleitung ist es, diese Darlegungen vorzubereiten. Zu diesem Zweck wird unter B. mit dem Autonomiegedanken zunächst der Maßstab benannt, anhand dessen die Aufopferungspflicht im Notstand auf ihre Legitimität hin zu untersuchen ist. Sodann werden die Bedenken dargestellt, die von einem am klassischen Liberalismus orientierten Strafrechtsverständnis aus gegenüber der Zulassung eines rechtfertigenden Notstands bestehen. *Kant* lehnt eine Rechtfertigung von Notstandstaten sogar kategorisch ab – eine Position, die bis weit in das 19. Jahrhundert hinein Nachfolger findet.[58] Seine Lehre wird unter C. erörtert. An die Auseinandersetzung mit der kantischen Position knüpfen die Überlegungen unter D. an. Sie befassen sich mit der Frage, inwiefern man *Kants* rechtsbegriffliche Vorannahmen modifizieren muß, um ein Notstandsrecht in einer systematisch konsistenten Weise *denken* zu können. Ob diese Modifikationen zu *überzeugen* vermögen, wird sich erst am Ende des 1. Kapitels beantworten lassen.

---

[57] *Merkel* Zaungäste? S. 176.

[58] Nachweise bei *Kühl* FS Lenckner, S. 147f.

B. Die Aufopferungspflicht im Notstand und der liberale Rechtsbegriff

Das Ansinnen, unter den gesetzlichen Voraussetzungen Notstandseingriffe in die eigene Rechtssphäre dulden zu müssen, stellt für den Betroffenen eine Belastung dar. Das Ausmaß dieser Belastung bemißt sich zum einen danach, welche Grenzen die gesetzliche Regelung dem Eingriffsrecht des Notstandstäters zieht. Zum anderen hängt es davon ab, ob und, wenn ja, in welchem Umfang und von wem derjenige, der seine Rechtsgüter der Not eines anderen aufopfern muß, hernach den ihm entstandenen Schaden ersetzt verlangen kann. Bereits in der Notstandsdiskussion am Anfang des 20. Jahrhunderts ist betont worden, daß dem an der Konfliktentstehung unbeteiligten Adressaten eines rechtmäßigen Notstandseingriffs ein Ersatzanspruch zustehen müsse. Das Notrecht sei ein Recht *in specie*, nicht *in genere*: Der Notberechtigte dürfe ein Recht *in specie* zerstören, aber nicht eine Vermögensverschiebung *in genere* herbeiführen.[1] Der durch das Notrecht aus seiner Position Gedrängte solle nicht auch noch von Rechts wegen ärmer werden; es werde ihm nur ein Tausch gegen ein Wertäquivalent aufgezwungen, bei dem er freilich den Gegenwert mit Rücksicht auf das Drängende der Lage kreditieren müsse.[2] Auch wenn nämlich der Handelnde die Not nicht verschuldet habe – der an der Konfliktentstehung unbeteiligte Dritte „hat es doch erst recht nicht“[3].

Dieser Erwägung trug der zivilrechtliche Gesetzgeber dadurch Rechnung, daß er die Regelung des § 904 S. 1 BGB über das Eingriffsrecht im Aggressivnotstand durch die Schadensersatzregelung des § 904 S. 2 BGB ergänzte: Der Notstandspflichtige muß zwar ein Sonderopfer erbringen, ist aber gemäß dem allgemeinen Aufopferungsgedanken dazu berechtigt, den Ausgleich seines Schadens zu verlangen.[4] Zu Recht wendet die im Zivilrecht mittlerweile ganz herrschende Meinung diese Ausgleichungsvorschrift analog auf sämtliche Fälle an, in denen einer Person, die selber nicht sonderzuständig ist, gemäß § 34 StGB die Duldung eines Aggressivnotstandseingriffs abverlangt wird.[5] Trotz dieser Erweiterung bleibt der Aufopfe-

---

[1] *Kohler* Archiv f. Rechts- u. Wirtschaftsphil. 8 (1914/15) 439.

[2] *Löffler* ZStW 21 (1901) 579.

[3] *Oetker* DJZ 1908, Sp. 621.

[4] MünchKomm-*Säcker* § 904 BGB Rdn. 1; Palandt-*Bassenge* § 904 BGB Rdn. 1; Soergel-*J. F. Baur* § 904 BGB Rdn. 2; Staudinger-*Seiler* § 904 BGB Rdn. 2; *Baur/Stürner* Sachenrecht, S. 275; *Enneccerus/Nipperdey* AT 2, S. 1346 f; *Larenz/Canaris* Schuldrecht II/2, S. 655; *Schwab/Prütting* Sachenrecht, S. 132; *Konzen* Aufopferung, S. 108; *Horn* JZ 1960, 352; *Kraffert* AcP 165 (1965) 460 f.

[5] MünchKomm-*v. Feldmann* § 228 BGB Rdn. 1; MünchKomm-*Säcker* § 904 BGB Rdn. 24; Palandt-*Heinrichs* § 228 BGB Rdn. 1; Palandt-*Bassenge* § 904 BGB Rdn. 1; Soergel-*Fahse* § 228

rungspflichtige freilich mit dem Risiko belastet, seine Forderung gegen den ihm aufgedrängten Schuldner nicht realisieren zu können[6] – sei es, weil dieser nicht ermittelt werden kann, sei es, weil er illiquide ist. Günstiger für das Eingriffsopfer – und, wie an späterer Stelle gezeigt wird, unter systematischen Gesichtspunkten sogar geboten – wäre ein Regelungsmodell, bei dem ihm *der Staat* den Ausgleich seiner Verluste garantierte.[7] Dieses Modell, das auf eine quasi-versicherungsrechtliche „Pulverisierung der Schäden“[8] hinausliefe, ist in unserer Rechtsordnung aber ledig-

---

BGB Rdn. 9; Staudinger-*Werner* § 228 BGB Rdn. 3; *Hübner* AT, S. 263; *Larenz/Wolf* AT, § 19 Rdn. 41; *Larenz/Canaris* Schuldrecht II/2, S. 656. Ebenso *Jakobs* AT 13/8; *Renzikowski* Notstand, S. 196; *Thiel* Konkurrenz, S. 204, 227; *Weber* JZ 1984, 278; sachlich übereinstimmend bereits *Tröndle* Ndschr Bd. 12, 154. Enger *Seelmann* Verhältnis, S. 38. – Streitig ist freilich nach wie vor die Frage, wer im Fall der Nichtidentität von Eingreifendem und Begünstigtem Schuldner des Anspruchs aus § 904 S. 2 BGB ist: derjenige, der den Eingriff vorgenommen hat (so die h. M.: RGZ 113, 301; BGHZ 6, 105; BGH LM Nr. 2 zu § 904 BGB; Erman-*Hagen* § 904 BGB Rdn. 8; Palandt-*Bassenge* § 904 BGB Rdn. 5; *Baumann/Weber/Mitsch* AT § 17 Rdn. 91; *Baur/Stürner* Sachenrecht, S. 276f; *Schwab/Prütting* Sachenrecht, S. 132), derjenige, der von ihm profitierte (MünchKomm-*Säcker* § 904 BGB Rdn. 17f; Staudinger-*Seiler* § 904 BGB Rdn. 38; *Larenz/Canaris* Schuldrecht II/2, S. 655, 670; *Konzen* Aufopferung, S. 108ff; *Horn* aaO; *Hubmann* AcP 155 [1956] 131 Fn. 191; *Kraffert* aaO), oder beide als Gesamtschuldner (*Larenz/Wolf* AT § 19 Rdn. 38; *Pawlowski* AT Rdn. 859)? Die für die erstgenannte Ansicht vorgebrachten Argumente (Wille des historischen Gesetzgebers, leichtere Ermittelbarkeit des Eingreifenden) sind, wie *Konzen* und *Seiler* (jeweils aaO) gezeigt haben, nicht sonderlich überzeugend. Für die – alleinige – Haftung des Begünstigten spricht demgegenüber die *ratio legis* des rechtfertigenden Notstands. Die Eingriffsbefugnis im Notstand findet ihre Legitimation in dem Recht des Notleidenden auf sein Wohl (dazu näher 1. Kap. D.): Wer sich in Not befindet, darf grundsätzlich erwarten, daß die Rechtsgemeinschaft im Rahmen ihrer tatsächlichen Möglichkeiten existentielle Nöte von ihm abwendet, und zur Verwirklichung dieses seines Anspruchs darf im Fall der Abwesenheit staatlicher Vorkehrungen auch unmittelbar auf die Rechtsposition eines seiner Mitbürger zugegriffen werden. Darf aber der Eingriffsadressat auf der Primärebene in eine besondere Rechtsbeziehung zu dem Gefährdeten hineingezogen und dazu verpflichtet werden, einen unmittelbaren Beitrag zu dessen Wohl zu leisten, so wäre es systematisch ungereimt, das sekundäre Ausgleichungsverhältnis statt zwischen denselben Personen zwischen dem Eingriffsadressaten und dem Eingreifenden zu konstruieren.

[6] *Haas* Notwehr, S. 206; *Jakobs* Befreiung, S. 146; aus der älteren Literatur: *Löffler* ZStW 21 (1901) 579. – Aus diesem Grund bestritt *Hold v. Ferneck*, daß die Auferlegung einer Ersatzpflicht ein genügendes Korrektiv zu der Eingriffsbefugnis im rechtfertigenden Notstand biete (Rechtswidrigkeit, Bd. II/1, S. 64f).

[7] *v. Bar* hat diese Möglichkeit bereits im Jahre 1908 erörtert, freilich „in höchst sarkastischer Weise“ (so *Henkel* Notstand, S. 78): „Vielleicht müssen noch besondere öffentliche Fonds durch Zwangsversicherung gegen Notstandshandlungen geschaffen werden, um die Ersatzpflicht in vielen Fällen nicht als gesetzgeberischen Hohn erscheinen zu lassen“ (*v. Bar* Gesetz und Schuld, Bd. III, S. 258 Fn. 430). – In der neueren Diskussion ist der Gedanke, daß richtigerweise der Staat den Ersatzanspruch des Eingriffsadressaten zu garantieren habe, bereits des öfteren vertreten worden (*Schröder* SchZStrR 75 [1960] 7f; *Haas* Notwehr, S. 211f; *Jakobs* Befreiung, S. 168); dazu näher 1. Kap. D.IV.3. (zu Fn. 238).

[8] *Morgenstern* Unterlassene Hilfeleistung, S. 137.

lich für einzelne Teilbereiche außerhalb des rechtfertigenden Notstands verwirklicht.[9] Allerdings reduziert auch dieser Regelungstyp das Belastungsniveau für den Eingriffsadressaten nicht auf Null. Auch ein mit sicherem Ersatz verbundener Notstandseingriff schließt eine „unerwünschte Belästigung des Verletzten" in sich.[10] Der Aufopferungspflichtige bleibt mit der Zumutung belastet, eine „Zwangsumschichtung" seines Vermögens (einschließlich des etwaigen Verlusts nicht-kompensationsfähiger Affektionsinteressen)[11] hinnehmen zu müssen. Das *generelle* Legitimationsproblem bleibt also in jedem Fall erhalten: Auch eine inhaltlich verhältnismäßig wenig belastende Rechtspflicht muß als Rechtspflicht *überhaupt* begründet werden können. Aber wie?

In einer Kultur, deren „moralische(r) Basisakt" der Grundsatz „unbedingte(r) Selbstschätzung" ist,[12] wird *Selbstbestimmung* „zum geradezu natürlich erscheinenden Vermögen einer jeden Person"[13]. Selbstbestimmung aber erscheint als die *„Selbstermächtigung des Individuums"* schlechthin: Indem es von sich ausgeht, „setzt es sich gegenüber allen Bedingtheiten des Daseins *absolut*. Das Ich ist der Souverän seiner eigenen Akte"[14]. Vor diesem Hintergrund wird die Begründung überindividueller Verpflichtungen zu den schwierigsten Aufgaben einer Theorie gesellschaftlicher Institutionen gerechnet:[15] „Pflichten unterliegen einem besonderen Rechtfertigungsdruck"[16]. Zwar besteht innerhalb der politischen Philosophie weitgehend Einigkeit darüber, daß es *prinzipiell denkbar* sei, die Belastung mit *Pflichten* als Ausprägung der *Freiheit* des Verpflichteten zu begreifen.[17] Die Transformation von Freiheit zu Pflicht lasse sich allerdings nur dadurch leisten, daß die *Normadressaten selber* als die maßgebliche Legitimationsinstanz eingesetzt würden: Es komme also entscheidend darauf an, ob diese den ihnen angesonnenen Pflichten vernünftigerweise zustimmen könnten.[18] Diese Begründungsfigur läßt sich als das Legitimationsparadigma – oder, mit *Werner Becker*, als den „Legitimationsrahmen"[19] – der *Selbstgesetzgebung* bezeichnen.[20] Auch in einem um normative „An-

---

[9] Einschlägig ist vor allem § 2 Abs. 1 Nr. 13a SGB VII.

[10] *Mauczka* Rechtsgrund, S. 53.

[11] Insofern bedarf *Jakobs'* Feststellung der Einschränkung, daß die Interessenumschichtung im Fall staatlich garantierten Ersatzes „letztlich ergebnisneutral" sei (Befreiung, S. 146).

[12] *Gerhardt* Selbstbestimmung, S. 425f.

[13] *Gerhardt* aaO S. 142.

[14] *Gerhardt* aaO S. 415.

[15] *Gerhardt* aaO S. 426.

[16] *Bayertz* Die Solidarität und die Schwierigkeiten ihrer Begründung, S. 9.

[17] Zur Kritik an anarchistischen Positionen *Höffe* Politische Gerechtigkeit, S. 193ff.

[18] *Becker* Demokratie, S. 17.

[19] *Becker* aaO S. 24.

[20] Ausführlich dazu *Verf.* Betrug, S. 15ff.

schlußfähigkeit" bemühten *Strafrechts*system müssen mithin die einer Person auferlegten Pflichten – und dabei handelt es sich zwar *auch*, aber, wie die vorliegende Thematik illustriert, keineswegs *nur* um die üblicherweise so bezeichneten Garantenpflichten – als Ausprägungen von deren Autonomie begründbar sein.

Wie aber hat die nähere Entfaltung dieses Ableitungszusammenhangs *methodisch* vonstatten zu gehen? Dem methodischen Selbstverständnis eines großen Teils der zeitgenössischen praktischen Philosophie, wonach die Aufgabe der Rechtsphilosophie als Zweig der praktischen Philosophie vor allem in der „Systematisierung unserer fundamentalen normativ-ethischen Überzeugungen"[21] bzw. – nach der bekannten Konzeption von *Rawls* – in der Herstellung eines Reflexionsgleichgewichts zwischen exemplarischen normativen Alltagsurteilen und Prinzipien liegt,[22] würde es entsprechen, sich zu diesem Zweck auf die von „uns" mitgebrachten vorrechtlichen Wertvorstellungen zu berufen. Dem offen partikularistischen Charakter dieses Ansatzes entspricht sein begrenzter Begründungsanspruch. Diese Begrenztheit ergibt sich daraus, daß der Rekurs auf „unsere Gerechtigkeitsvorstellungen" sich ausdrücklich allein als ein Akt moralischer (bzw. gerechtigkeitstheoretischer) *Selbst*vergewisserung versteht, Überzeugungskraft also nur gegenüber denjenigen beanspruchen kann, die „unsere" moralischen Intuitionen im großen und ganzen teilen. Die Begrenztheit ihres Begründungshorizonts ist allerdings das Schicksal einer jeden moralphilosophischen Konzeption. Es wird von ganz verschiedenen Strömungen innerhalb der gegenwärtigen praktischen Philosophie betont, daß *jede* Begründung ein gewisses Vorverständigt-Sein, einen bestimmten Fundus an Wertvorstellungen voraussetzt, die dem Begründenden und dem Adressaten dieser Begründung gemeinsam sind. Demjenigen gegenüber, der sich radikal verweigert, ist ein jeder Begründungsversuch zum Scheitern verurteilt.[23]

Die eigentliche Problematik des begründungsmäßigen Rückgriffs auf „unsere" Gerechtigkeitsvorstellungen liegt an einer anderen Stelle: Es wird damit suggeriert,

---

[21] *Hoerster* Utilitaristische Ethik, S. 50.

[22] *Rawls* Theorie der Gerechtigkeit, S. 65 ff. – Gegenüber dem intuitiven Argument ist der „Vertrags-Kunstgriff" (*Kymlicka* Politische Philosophie, S. 75) bei *Rawls* lediglich von sekundärer Bedeutung: „Alle wichtigen Gerechtigkeitsfragen müssen vor Anwendung des Vertragsmodells entschieden sein, wenn man wissen will, welche Bestimmung des Urzustands man annehmen will" (*Kymlicka* aaO S. 73).

[23] Dazu mwN *Verf.* Betrug, S. 14f. – Diese Feststellung schließt freilich Meinungsverschiedenheiten zu der Frage nicht aus, wie weitgehend die inhaltlichen Gemeinsamkeiten sein müssen; gegen die Zulassung massiver inhaltlicher Vorannahmen spricht insbesondere, daß der Universalisierungsgrad der Begründung, der jene Gemeinsamkeiten die intersubjektive Relevanz sichern sollen, jedenfalls nicht beliebig niedrig sein darf, will die Begründung das Prädikat „moralisch" verdienen. Die *prinzipielle* Berechtigung der Einsicht in die letztlich unaufhebbare (Rest-)Partikularität moralischer (und damit auch gerechtigkeitstheoretischer) Begründungen bleibt von dieser Streitfrage jedoch unberührt.

daß es sich bei „unseren" moralischen Intuitionen um einen quasi freischwebenden Beurteilungsmaßstab handle, an dem die bestehende soziale Wirklichkeit dann gemessen werden könne. Tatsächlich aber sind diese Intuitionen durch und durch kulturell oder, etwas modischer gesprochen, sozial imprägniert, mit der Folge, daß man sie von der sozialen Wirklichkeit, die sie allererst hervorgebracht hat, methodisch nicht in jener abstrakten Weise isolieren kann, wie der in Rede stehende Ansatz dies nahelegt.[24] Personen sind nach einer Wendung *Wolfgang Kerstings* „Variationen vorgegebener Themen und Motive. Sie beziehen ihre Selbstverständigungsmaterialien aus einem immer schon bereitgestellten Vorrat an Beurteilungsperspektiven, Wertorientierungen und Solidaritätsmustern"[25]. Selbst die Fähigkeit, die kollektiven Überzeugungen des Traditionshintergrundes und die eigenen Vorstellungen von einem gelingenden Leben zu überprüfen und gegebenenfalls zu verwerfen, ist kulturell vermittelt und geschichtlich bedingt;[26] man kann nicht von sich aus ein autonomes Individuum sein.[27] Freiheit ist eine Errungenschaft, die allererst durch *erworbene Distanzierungen* möglich wird.[28] Dies besagt: Ein „Ich" oder ein „Wir", das allein durch seine Eigenschaft als Inhaber bestimmter Bedürfnisse, Interessen oder moralischer Intuitionen gekennzeichnet würde, bliebe unterbestimmt; die gesellschaftliche Vorprägung seiner Interessen und Intuitionen ist diesen gegenüber nichts Äußerliches, sondern für sie konstitutiv. Anders gewendet: Der einzelne, der sich als maßgebliche Instanz zur Beurteilung der Legitimität rechtlicher und moralischer Pflichten versteht, verdankt die Chance, einen solchen Anspruch sich selbst und anderen gegenüber mit Aussicht auf Anerkennung artikulieren zu können, maßgeblich seiner Mitgliedschaft in einer Gesellschaft, deren Rechts- und Sozialordnung es ihm erlaubt, moralische Kompetenz zu entwickeln und sie handelnd zu betätigen.[29] Außerhalb einer „entgegenkommenden" politischen Gemeinschaft bleibt die

---

[24] Zutreffend *Hollis* Handeln, S. 314; auch *Williams* Kritik, S. 114 bezeichnet die Vorstellung, „daß Präferenzen einfach gegeben sind und daß die Rolle des sozialen Entscheidungsprozesses bloß darin besteht, ihnen zu folgen" – eine Vorstellung, die er vor allem der utilitaristischen Moralphilosophie zuschreibt –, als eine „leichtfertige Illusion"; in der Sache ebenso *Höffe* Ethik und Politik, S. 139f; *Lippold* Recht und Ordnung, S. 100.

[25] *Kersting* Markt, S. 105.

[26] *Kersting* aaO.

[27] *Capaldi* Solidarität, S. 96.

[28] *Hampe* Gesetz und Distanz, S. 86.

[29] Dazu näher *Verf.* Betrug, S. 31ff. – Pointiert bemerkt *Gerhardt* Selbstbestimmung, S. 435: „Die Natur, die Gesellschaft, die Institutionen und Traditionen sind inkorporierte Voraussetzungen des individuellen Selbst. Wenn es sich selbst achtet, kann es schwerlich das verachten, woraus es besteht". – Die Mahnung *Ebelings*, das Subjektsein strikt von seinem gesellschaftlichen (und d.h. *vergesellschafteten*) Auftreten zu unterscheiden (Subjekt, S. 107f), verdient zwar Zustimmung, sofern sie auf das als allem Begreifen vorausliegend zu denkende „Subjekt-Subjekt" bezogen wird. Wem jedoch daran gelegen ist, sich *als autonomes Subjekt* zu begreifen („Subjekt-Objekt"; zur Terminologie und zum genauen Begründungszusammenhang

Ausbildung und Realisierung moralischer Autonomie dem Zufall überlassen. Zur nicht-zufälligen, stabilen *Wirklichkeit* von Freiheit bedarf es einer institutionellen Ordnung, die ihr ein konkretes Antlitz verleiht. Autonomie wird erst real innerhalb einer Ordnung allgemeiner Freiheit. Deren semantische Implikationen gilt es mithin zu entfalten. Anhand ihrer ist zu beurteilen, ob die Anstößigkeit, die *prima facie* in der Existenz des rechtfertigenden Notstands liegt, beseitigt werden kann, ob sich also die Existenzberechtigung dieses Rechtsinstituts plausibel machen läßt.

Eine freiheitliche Rechtsordnung erblickt ihre Aufgabe in erster Linie darin, ihren Angehörigen Organisationsfreiheit zu gewährleisten. Zu diesem Zweck ordnet sie den einzelnen Personen Rechtsgüter zum eigenständigen Umgang zu. Die strafrechtliche Grundpflicht eines jeden Bürgers besteht konsequenterweise darin, den Bereich der rechtlich garantierten Organisationsfreiheit – kurz: den Rechtskreis – anderer Personen zu respektieren.[30] Negativ formuliert: Niemand darf in einen für ihn fremden Rechtsbereich eingreifen.[31] Organisationsfreiheit und Eingriffsverbot stellen gleichsam die beiden Seiten ein und derselben Medaille dar: Eine Organisationsfreiheit, die nicht durch ein generelles Eingriffsverbot für Dritte abgesichert wäre, würde sich unter freiheitstheoretischen Gesichtspunkten selber entwerten. Da aber unter der Voraussetzung der Gleichheit aller Rechtspersonen Organisationsfreiheit *generell*, d. h. im wechselseitigen Verhältnis sämtlicher Bürger zueinander gewährleistet werden muß, erweist sich, daß das generelle Eingriffsverbot keine äußerliche *Beschränkung*, sondern eine sich aus dem Begriff rechtlicher Organisationsfreiheit selbst ergebende *Ermöglichungsbedingung* von Organisationsfreiheit darstellt: Autonomes Handeln ist ein die Freiheit des anderen achtendes Handeln.[32]

In diesem System schuldet eine Person der anderen lediglich „negative Mitmenschlichkeit“[33]. Indem das Recht das Verhältnis der äußeren Freiheit von Personen wechselseitig abgrenzend regelt, abstrahiert es um der gesicherten personalen Selbstbestimmung willen von allen material-kontingenten Bedingtheiten des jeweiligen Freiheitsgebrauchs.[34] Außerhalb des Bereichs besonders übernommener oder sich sonst aus seinem Vorverhalten ergebender Beistandspflichten ist der einzelne

---

Verf. aaO S. 9ff), dem ist der Rückzug auf eine derart isolationistische Position verwehrt, denn entgegen dem ersten Anschein läßt sich auf ihrer Grundlage der Anspruch vernünftiger Selbstbestimmung *nicht* angemessen einlösen.

30 Seinen klassischen Ausdruck findet dieses Rechtsverständnis in *Hegels* grundlegendem Rechtsgebot „sei eine Person und respektiere die anderen als Personen“ (Grundlinien, § 36 [Werke Bd. 7, S. 95]).

31 Dazu *Hegel* Grundlinien, § 38 (Werke Bd. 7, S. 97). – Grundlegend für die neuere strafrechtliche Diskussion *Stratenwerth* ZStW 68 (1956) 44ff.

32 *Kelker* Nötigungsnotstand, S. 136.

33 *Kersting* Markt, S. 107; ähnlich *ders.* Solidarität, S. 413.

34 *Köhler* AT, S. 282.

demnach lediglich dazu verpflichtet, seine Rechtsgenossen in der Verwaltung der ihnen jeweils zustehenden Rechtskreise nicht zu stören. Weitergehende rechtliche Verpflichtungen des einen Bürgers gegen einen anderen bestehen in einem System der Respektierungspflichten nicht; insbesondere geht die Not eines Fremden, und sei sie noch so groß, dessen Mitbürger rechtlich nichts an. „Es liegt im Begriff der (äußeren) Freiheit selbst, daß jeder die selbst zu verantwortende oder zufällige Erweiterung oder Einschränkung seiner Handlungsmöglichkeiten für sich tragen muß“[35]. Daher beinhaltet das *Eingriffs*verbot ein *Abwälzungs*verbot.[36] Dies besagt: Der Umstand als solcher, daß jemand sich in einer Notlage befindet, gibt ihm keine *Berechtigung* dazu, zur Abwendung der Not in den Rechtskreis eines unbeteiligten anderen einzugreifen; wenn er dies dennoch versuchen sollte, so darf der andere ihn notfalls auch gewaltsam daran hindern.[37] Selbst für den Fall des Lebensnotstands läßt sich unter den Prämissen einer solchen Betrachtungsweise eine Pflicht zur Duldung fremder Eingriffe nicht begründen: Zwar ist, wie jeder Rechtsstatus, so auch derjenige abstrakter Rechtspersonalität ein Status des Anerkannt-Seins. Zu meiner Existenz als anerkannte Rechtsperson bin ich aber nicht auf den Anerkennungsvollzug

---

35 *Köhler* aaO.

36 *Haas* Notwehr, S. 207; *Kratzsch* Verhaltenssteuerung, S. 356; *Renzikowski* Notstand, S. 179; *Frister* GA 1988, 292; *Hruschka* JuS 1979, 388 f; *Stratenwerth* FS Maihofer, S. 576.

37 Die Rechtsphilosophie des 17. Jahrhunderts hat unter dem Titel des „Liebesrechts“ den Versuch unternommen, das strenge Recht und die Wohltätigkeit unter einem einheitlichen Begriff des „Rechts“ zusammenzufassen, indem sie die beiden, statt als Gegensätze, als mehr oder weniger deutlich unterschiedene Grade der Liebe vorgeführt hat; dazu *Lübbe-Wolff* ARSP 68 (1982) 235 ff. – Auch die ältere Polizeilehre und sogar noch die Politik des Frühkonstitutionalismus in Deutschland wurzelten in einer sozialethischen Grundkonzeption, nach welcher Recht und Hilfe keine Gegensätze, sondern einander ergänzende Teile eines einheitlichen „Sozialrechts“ waren (*Maier* Staats- und Verwaltungslehre, S. 262). – In neuerer Zeit beansprucht *Kohlberg* erneut, die beiden Beurteilungsmomente „Gerechtigkeit“ und „Wohlwollen“ in dem „Prinzip der Achtung vor Personen“ zusammengefaßt und miteinander koordiniert zu haben (*Kohlberg* u. a. Die Wiederkehr der sechsten Stufe: Gerechtigkeit, Wohlwollen und der Standpunkt der Moral, S. 209, 238). Bei der Erläuterung dieser These gelangt *Kohlberg* allerdings über eine leerformelhafte Behauptung nicht hinaus: „Wohlwollen kontrolliert das angebliche Interesse an Gerechtigkeit so, daß es mit der Förderung des Wohlergehens aller vereinbar bleibt; und Gerechtigkeitserwägungen schränken Wohlwollen so weit ein, daß es sich mit einer Respektierung der Rechte anderer als autonomer Subjekte verbinden läßt“ (aaO S. 213). Zu Recht wendet *Habermas* gegen die These *Kohlbergs* ferner ein, daß dieser sich bei seinen Ausführungen eine „Äquivokation im Begriff der Person“ zunutze mache: Wo es ihm um „Gerechtigkeit“ gehe, verstehe er „Person“ als „autonom handlungsfähiges Subjekt *überhaupt*“; wo er die Bedeutung von „Wohlwollen“ erörtere, begreife er die Person hingegen als „lebensgeschichtlich individuiertes *einzelnes* Subjekt“. In Übereinstimmung mit der hier vertretenen Position betont auch *Habermas*, daß sich aus der *Achtung* für die Integrität einer verletzbaren Person die *Fürsorge* für deren Wohl keineswegs zwangsläufig ergebe (*Habermas*, Gerechtigkeit und Solidarität, S. 308 f). – Zur Problematik von *Habermas*' eigenem Ansatz siehe die folgende Fn.

(und damit auf die Fortexistenz) einer *bestimmten anderen* (und gar ausgerechnet der in Lebensnot befindlichen) Person angewiesen; meinen Status verdanke ich vielmehr jenen – im abstrakten Recht in ihrem substantiellen Charakter freilich noch nicht begriffenen – rechtlichen und kulturellen Institutionen, durch welche sich die Rechtsgemeinschaft vom Wechsel ihrer Mitglieder unabhängig macht.[38]

Es wäre ein grundlegendes Mißverständnis, eine solche Formalisierung von Rechtsbeziehungen als inhuman oder gar zynisch abzutun. Im Gegenteil: Nicht nur liegt der „gleichheitsorientierte(n) Moral des Wegsehens", die in jener Formalisierung zum Ausdruck gelangt, ein „unüberbietbar revolutionärer Ansatz" zugrunde, weil sie alle Versuche delegitimiert, faktische Überlegenheit in rechtliche Privilegien umzumünzen.[39] Im Respekt manifestiert sich zudem die Achtung vor der Person des anderen in unmittelbarer Weise – und zwar gerade weil dieser andere „aus der Entfernung gesehen" wird, „welche der weltliche Raum zwischen uns legt"[40]. Insoweit trifft zu, was *J. F. Stephen* am Ende des 19. Jahrhunderts gegen das Brüderlichkeitsideal der Französischen Revolution einwandte: „The French way of loving the human race is the one of their many sins which it is most difficult to forgive. It is not love that one wants from the great mass of mankind, but respect und justice"[41]. Ohne die Garantie der prinzipiellen Eigenständigkeit einer jeden Person wäre eine stabile Zuordnung von Rechtsgütern nicht möglich; jeder hätte das ihm rechtlich zugewiesene Gut vielmehr nur unter dem Vorbehalt inne, daß im konkreten Fall kein anderer ein größeres Interesse an der Inanspruchnahme des Guts hat.[42] Wenn jeder prinzipiell jederzeit den Lebensplan eines anderen mit Zwang überdeterminieren könnte, dann wäre die Idee eines eigenen Lebensplans nicht mehr vorstellbar.[43] Erst die Gewißheit seines formell-rechtlichen Anerkanntseins – alltagssprachlich

---

[38] Diesem *institutionellen* Garantieniveau rechtlicher Anerkennung tragen *Köhler* und sein Schüler *Klesczewski* nicht hinreichend Rechnung; zur Kritik an der von ihnen vorgetragenen Notstandslehre 1. Kap. C.II.4. – Entsprechendes gilt für manche Philosophen. Auf einer unangebrachten Geringschätzung des staatlich institutionalisierten Freiheitsschutzes beruht es beispielsweise, wenn *Capaldi* aus der (zutreffenden) Feststellung, ein Individuum vermöge seine Autonomie nur zu bewahren, sofern es mit anderen autonomen Wesen verkehre, die Folgerung ableitet, daher schließe die bürgerliche Tugend in einer modernen liberalen Kultur die Forderung ein, anderen zu helfen (*Capaldi* Solidarität, S. 96). Auch *Habermas*, der ohne weiteres „das Wohl der in einer intersubjektiv geteilten Lebensform verschwisterten Genossen" mit der „Integrität dieser Lebensform selbst" gleichsetzt (*Habermas* Gerechtigkeit und Solidarität, S. 311), läßt die institutionellen Objektivationen von Freiheit vorschnell in bloßer Intersubjektivität verschwimmen.

[39] Vgl. *Kersting* Solidarität, S. 416.

[40] *H. Arendt* Vita Activa, S. 238.

[41] *J. F. Stephen* Liberty, S. 164.

[42] Zutreffend *Frister* GA 1988, 292; vertiefend zu diesem Gesichtspunkt 1. Kap. B.II.3.

[43] *Papageorgiou* Schaden und Strafe, S. 163.

formuliert: seines Rechts, in Ruhe gelassen zu werden – eröffnet dem einzelnen die Chance, *sein eigenes* Leben zu führen, d. h. die von ihm gewählte Weise der Selbstdarstellung handelnd durchzuhalten:[44] „Autonomie verlangt Voraussehbarkeit, und diese verlangt eine gewisse Einschränkung der Kontextabhängigkeit"[45]. Es ist deshalb eine legitime Funktion subjektiver Rechte, „innerhalb eines exakt umschriebenen Bereichs ihre Träger von den wechselnden *moralischen* Zumutungen des Lebens und der Mitmenschen zu entlasten"[46].

Die Pflicht, eine Notlage nicht auf Kosten eines anderen zu bekämpfen, sondern sie allein zu bestehen, erweist sich somit als die Kehrseite des Rechts, in Ruhe gelassen zu werden: Wer einerseits von anderen verlangt, sie sollten seinen Anspruch auf Selbständigkeit anerkennen, sich andererseits aber weigert, die etwaigen Kosten dieser Selbständigkeit zu tragen, der muß sich regelmäßig vorhalten lassen, sich in einen performativen Selbstwiderspruch zu verstricken. Wie *Renzikowski* zu Recht bemerkt, kann man nicht die Rechtsgüter individualisieren und zugleich die Folgen dieser Freiheitsverteilung sozialisieren.[47] Dem subjektiven Recht korrespondiert das Prinzip der Selbstverantwortung.[48] Das Recht, von anderen Personen in der Integrität der eigenen Rechtssphäre respektiert zu werden, ist mithin ein konstitutives Merkmal freiheitlicher Strafrechtsordnungen, und zwar nicht *obwohl*, sondern gerade *weil* dieses Recht „kontextunabhängig" ist, für die etwaige Not eines anderen also keinen Blick hat. Die Frage ist nur, ob diese Feststellung die Implikationen eines freiheitstheoretisch reflektierten Begriffs rechtlicher Autonomie *abschließend* zu erfassen vermag. *Kant* hat dies bekanntlich mit großem Nachdruck bejaht; demzufolge hat er die Möglichkeit eines rechtfertigenden Notstands kategorisch ausgeschlossen. Wer den rechtfertigenden Notstand für ein prinzipiell legitimes Rechtsinstitut hält, der muß dazu imstande sein, den Bedenken *Kants* überzeugend zu begegnen; insbesondere muß er nachweisen können, daß dessen Rechtsbegriff auf eine unangemessene Verengung der Idee rechtlicher Freiheit hinausläuft.[49] Einen solchen Versuch unternimmt das 1. Kapitel der vorliegenden Arbeit. Zuvor aber ist es erforderlich, sich die kantische Argumentation im einzelnen vor Augen zu führen. Dieser Aufgabe ist der folgende Abschnitt gewidmet.

---

[44] Dazu mwN *Verf.* Betrug, S. 41 f.

[45] *Kymlicka* Politische Philosophie, S. 245.

[46] *Merkel* Zaungäste? S. 176.

[47] *Renzikowski* Notstand, S. 179.

[48] *Keller* Provokation, S. 280.

[49] Zutreffend *Klesczewski* FS E. A. Wolff, S. 240: Die Regel der Einschränkung des allgemeinen Verletzungsverbots müsse ihrerseits zugleich als allgemeines Gesetz äußerer Freiheit gewollt werden können, mithin reflexiv strukturiert sein, damit auf der Ebene der Regelanwendung nicht das Rechtsprinzip dementiert werde.

C. Kants Lehre vom Notrecht

Kant behandelt die Problematik des Notrechts im Anhang zur Einleitung in die Rechtslehre, welche den ersten Hauptteil seiner *Metaphysik der Sitten* bildet. Schon der Umstand, daß *Kant* die Erörterung dieser Frage in den Anhang verbannt, ist kennzeichnend:[1] Während er sich im Haupttext der Einleitung der Exposition seines Rechtsbegriffs widmet, wendet er sich im Anhang einigen von ihm selber als „zweideutig“ bezeichneten Phänomenen zu: der Billigkeit und dem Notrecht, „von denen die erste ein Recht ohne Zwang, das zweite einen Zwang ohne Recht annimmt“[2]. Beide, die Billigkeit wie das Notrecht, entsprechen also nach *Kant*, wenngleich aus unterschiedlichen Gründen, nicht den Anforderungen des Rechtsbegriffs. Sie sind nicht, was sie zu sein behaupten: juridische Rechte.

Nur der Rückgriff auf *Kants* Rechtsbegriff kann somit seine Stellungnahme zur Notrechtsproblematik einsichtig machen.[3] In *Kants* Worten ist das Recht „der Inbegriff der Bedingungen, unter denen die Willkür des einen mit der Willkür des andern nach einem allgemeinen Gesetze der Freiheit zusammen vereinigt werden kann“[4]. Der Rechtsbegriff bezieht sich mithin, wie *Kant* ausdrücklich klarstellt, nicht auf „das Verhältnis der Willkür auf den *Wunsch* (folglich auch auf das bloße Bedürfnis) des anderen, wie etwa in den Handlungen der Wohltätigkeit oder Hartherzigkeit, sondern lediglich auf die *Willkür* des anderen“[5]. Als Rechtspersonen begegnen Menschen bei *Kant* „einander nur im Hinblick auf ihre Handlungsfreiheit ... Eine Rechtsgemeinschaft ist keine Solidargemeinschaft der Bedürftigen, sondern eine Selbstschutzgemeinschaft der Handlungsmächtigen“[6]. Die Not ist in dieser Sichtweise „ein kontingentes Ereignis in der empirischen Welt“, ein „internes Freiheitshindernis“ innerhalb der Rechtssphäre des von der Notlage Betroffenen,[7] und innerhalb dieser Rechtssphäre muß daher auch ihre Verarbeitung erfolgen. Bedürftigkeit vermag somit „nicht rechtlich zu verbinden, niemand ist rechtlich verpflichtet, auf sie zu reagieren“[8].

Durch diese rechtsbegrifflichen Vorannahmen, die die emanzipatorische Tendenz des westlichen Naturrechts ins Extreme treiben, ja, wie es vielen Zeitgenossen *Kants*

---

[1] *Küper* Karneades, S. 5f; *ders.* FS E. A. Wolff, S. 289f.
[2] *Kant* Metaphysik der Sitten (Rechtslehre), S. 341.
[3] So auch *Küper* Karneades, S. 6ff; *ders.* FS E. A. Wolff, S. 290.
[4] *Kant* Metaphysik der Sitten (Rechtslehre), S. 337.
[5] *Kant* aaO.
[6] *Kersting* Wohlgeordnete Freiheit, S. 98. – Zutreffende Kritik an Versuchen, der Rechtslehre *Kants* einen sozialstaatlichen Gehalt unterzulegen (zuletzt *Köhler* Teilhabegerechtigkeit, S. 113 ff; *Klesczewski* FS E. A. Wolff, S. 243), übt *Morgenstern* Unterlassene Hilfeleistung, S. 129 ff.
[7] *Küper* Karneades, S. 11; *ders.* FS E. A. Wolff, S. 293f.
[8] *Kersting* Wohlgeordnete Freiheit, S. 98.

erschien, ins Pathologische übersteigern,[9] ist *Kants* Stellungnahme zur Notrechtsproblematik zwingend vorgezeichnet. Die *Notwehr* erscheint in dieser Perspektive als „der klassische Fall eines befugten Zwanges“[10], weil sie demjenigen, der seinen rechtlich geschützten Freiheitsraum gewaltsam zu Lasten des Freiheitsraums eines anderen auszuweiten trachtet, die rechtlichen Grenzen seiner Freiheit aufzeigt.[11] Einem „*ungerechten* Angreifer auf mein Leben“ darf ich nach *Kant* denn auch „durch Beraubung des seinen zuvorkommen“[12]; in einer seiner Reflexionen bezeichnet *Kant* das Notwehrrecht geradezu als das „heiligste Recht“ des Menschen.[13] Zur „Mäßigung“ kann mich in diesem Fall nicht das Recht, sondern allein die Ethik anhalten, und selbst diese spricht keine entsprechende Verpflichtung, sondern nur eine „Anempfehlung“ aus.[14] In der Disproportionalität des Notwehrrechts „realisiert sich ... das Subjektive, die Freiheit“[15]. Anders ist es im *Notstand*, wo ich eine „Gewalttätigkeit gegen den (begehe), der keine gegen mich ausübte“[16]. Eine solche Gewalttätigkeit ist, und zwar ohne Blick auf die mit ihr verfolgten Zwecke, rechtlich ebenso unbedingt verboten wie die Notwehrhandlung zulässig ist. Setzt nämlich das Recht definitionsgemäß mit der Unterstellung der Handlungsmächtigkeit der Beteiligten ein, so ist ein Rechtsanspruch auf die Herstellung bzw. die

---

9 Vgl. *Maier* Staats- und Verwaltungslehre, S. 286.

10 *Küper* Karneades, S. 11; *ders.* FS E. A. Wolff, S. 293; sachlich übereinstimmend *Haas* Notwehr, S. 97.

11 *Kühl* Notrechte, S. 337, der auch die Entfaltung dieses von *Kant* selber nur angedeuteten Gedankens bei den kantianisch geprägten Strafrechtlern des 19. Jahrhunderts dokumentiert.

12 *Kant* Metaphysik der Sitten (Rechtslehre), S. 343.

13 *Kant* Reflexion Nr. 7195, zit. nach *Küper* FS E. A. Wolff, S. 289 Fn. 12.

14 *Kant* Metaphysik der Sitten (Rechtslehre), S. 343. – Den Ausführungen *Kants* läßt sich nicht eindeutig entnehmen, ob er unter „Mäßigung“ lediglich das Absehen von *kraß unverhältnismäßigen* Gegenmaßnahmen oder bereits die Selbstbeschränkung auf die jeweils *erforderliche* (also bei gleicher Wirksamkeit mildeste) Verteidigungshandlung versteht; denn bei dem von *Kant* behandelten Fall des Angriffs auf mein Leben stellt sich die Frage der Güterproportionalität nicht. (Darauf weist *Kühl* FS Triffterer, S. 159 zu Recht hin.) Ein Blick auf das System der kantischen Rechtslehre zeigt indes, daß das Merkmal der Erforderlichkeit eine in *Kants* Rechtsbegriff angelegte, diesem immanente Schranke der Zwangsbefugnis des Angegriffenen darstellt; Zwang ist danach nämlich nur zur Wiederherstellung der Rechtssphäre des Verletzten zulässig, und er darf deshalb nicht weiter gehen als zu dieser Wiederherstellung notwendig. (So auch *Joerden* JuS 1997, 726; *Kühl* Notrechte, S. 338.) Die ethisch anempfohlene „Mäßigung“ kann sich daher nur auf darüber hinausgehende, unter der Herrschaft des Verhältnismäßigkeitsgedankens stehende Einschränkungen des Verteidigungsrechts beziehen. – Ebenso wie *Kant* behandelt auch *Hegel* die Notwehr nur ganz am Rande. *Kaiser* Widerspruch, S. 125 sieht sie in § 93 der *Grundlinien* verankert; noch näher dürfte ihre Lozierung in § 94 dieses Werkes liegen. In jedem Fall ist die Notwehr auch bei *Hegel* abstrakt-rechtlich fundiert.

15 *Keller* Provokation, S. 281.

16 *Kant* Metaphysik der Sitten (Rechtslehre), S. 343.

Erhaltung der Realbedingungen dieser Handlungsmächtigkeit nicht denkbar; die Annahme rechtlicher Solidaritätspflichten ist dann „ein Widerspruch in sich“ [17]. *Kants* bekannte Parömie, die, isoliert betrachtet, wie eine *petitio principii* erscheint [18] und die in einem bemerkenswerten Gegensatz zur naturrechtlichen Tradition steht,[19] ist daher innerhalb seines Systems völlig konsequent: [20] Es könne keine Not geben, „welche, was unrecht ist, gesetzmäßig machte“ [21].

Nach diesen Ausführungen mag die Feststellung überraschend scheinen, daß auch *Kant* eine Pflicht zur Beförderung fremder Glückseligkeit kennt – allerdings nicht als Rechts-, sondern als *Tugendpflicht*.[22] Dies wirft die Frage auf, ob sich nach *Kant* nicht wenigstens eine Tugendpflicht des Inhalts begründen läßt, einen fremden Eingriff in den eigenen Rechtskreis zu dulden, wenn nur auf diesem Weg der dringenden Not eines anderen gewehrt werden kann. Selbst dies muß indessen verneint werden.

Die Rechts- und die Tugendlehre, als die beiden Teilgebiete der Metaphysik der Sitten, beziehen sich bei *Kant* auf je unterschiedliche Regelungsgegenstände. Die

---

17 Treffend *Wohlers* JZ 1999, 439.

18 Dazu zuletzt *Küper* Karneades, S. 5; *ders.* FS E. A. Wolff, S. 289; *Merkel* Medizin, Ethik und Strafrecht, S. 157 Fn. 59. – Aus der älteren Literatur: *Auer* Notstand, S. 16; *Fischer* Rechtswidrigkeit, S. 222; *Hold v. Ferneck* Rechtswidrigkeit, Bd. II/1, S. 65; *Stammler* Bedeutung des Nothstandes, S. 47.

19 Darauf weist *Lichtblau* Art. „Notstand“, Sp. 942 hin.

20 Zu dieser Einschätzung gelangen auch *Küper* Karneades, S. 11; *ders.* FS E. A. Wolff, S. 293f, 304; *Morgenstern* Unterlassene Hilfeleistung, S. 60; *Kühl* FS Hirsch, S. 265f. – Aus der älteren Literatur: *Köstlin* Neue Revision, S. 599; *Janka* Notstand, S. 85.

21 *Kant* Metaphysik der Sitten (Rechtslehre), S. 343. – Über *Kants* weitere Äußerungen zum Notrecht und zur Notstandsproblematik insgesamt eingehend *Küper* Brett des Karneades; zur Genese von *Kants* Überzeugungen ferner *Busch* Entstehung, S. 150ff. Die Einordnung von *Kants* Äußerungen in das System der heutigen Strafrechtsdogmatik unternimmt *Hruschka* GA 1991, 1ff (zum Teil modifiziert in: *ders.* Zurechnung und Notstand, S. 174 Fn. 62). – Die Position *Kants* wirkte in der Strafrechtswissenschaft des 19. Jahrhunderts lange nach; mit besonderem Nachdruck vertrat sie *Geyer*, Die Lehre von der Notwehr, S. 4ff; *ders.* Krit. Vierteljahresschrift V (1863) 64ff. Auch unter den Rechtsphilosophen des 19. Jahrhunderts fand *Kant* beträchtliche Zustimmung; umfangreiche Nachweise dazu bei *Kühl* FS Lenckner, S. 147f.

22 *Kant* Metaphysik der Sitten (Tugendlehre), S. 515, 517f. – Die Beförderung von fremder Glückseligkeit ist also nach *Kant* nicht etwa eine supererogatorische Handlung. *Kant* folgt hier der nachreformatorischen, von *Grotius* begründeten Tradition, die die scholastische Unterscheidung zwischen Handlungen, in bezug auf die Gebote oder Verbote bestehen, und den supererogatorischen Handlungen ersetzt hat durch die Unterscheidung zwischen den Handlungen, in bezug auf die vollkommene, und den Handlungen, in bezug auf die unvollkommene Pflichten bestehen (vgl. *Hruschka/Joerden* ARSP 73 [1987] 93; *Kersting* Gesetz der Schuldigkeit, S. 218f). – Einen von *Grotius* bis hin zu *Kant* und den frühen Kantianern reichenden Überblick über die Versuche zur Abgrenzung dieser beiden Gruppen von Pflichten gibt *Kersting* aaO S. 188 ff.

Rechtslehre regelt nur „das äußere ... Verhältnis einer Person gegen eine andere, sofern ihre Handlungen als Facta aufeinander ... Einfluß haben können“[23]. Dementsprechend beschränkt die Rechtslehre sich darauf, Kompatibilitätsbedingungen für Handlungen festzulegen: „Es wird jedermanns freier Willkür überlassen, welchen Zweck er sich für seine Handlung setzen wolle. Die Maxime derselben aber ist a priori bestimmt: daß nämlich die Freiheit der Handelnden mit jedes anderen Freiheit nach einem allgemeinen Gesetz zusammen bestehen könne“[24]. Die Ethik dagegen „nimmt einen entgegengesetzten Weg“[25]. Statt auf *Handlungen* leitet in der Ethik der Pflichtbegriff auf *Zwecke*[26]: Welche Zwecke soll der einzelne sich für sein Handeln setzen? „Nur ein *Zweck, der zugleich Pflicht* ist, kann *Tugendpflicht* genannt werden“[27]. Demzufolge liegen der Rechts- und der Tugendlehre jeweils selbständige Pflichtprinzipien zugrunde: Da in der Perspektive des Rechts die Maximen der Handlungen willkürlich sein können, stehen sie „nur unter der einschränkenden Bedingung der Habilität zu einer allgemeinen Gesetzgebung, als formalem Prinzip der Handlungen“[28]. Aus diesem Grund erschließt sich nach *Kant* der Rechtspflichtcharakter einer Handlung allein über die Gesetzwidrigkeit ihres praktischen Gegenteils; deshalb kann eine Rechtspflicht immer nur eine Unrechtsunterlassung zu ihrem Gegenstand haben.[29] Anders liegt es im Bereich der Tugendlehre: „Der Imperativ: ‚du sollst dir dieses oder jenes (z. B. die Glückseligkeit anderer) zum Zweck machen‘, geht auf die Materie der Willkür (ein Objekt)“[30]. Dem „formale(n) Apriori des Rechtsgesetzes“ steht mithin das „materiale Apriori des ethischen Zweckprinzips“ gegenüber.[31] Dies hat zur Folge, daß beiden Gesetzen ein unterschiedlicher Informationsgehalt zukommt:[32] Eine Rechtspflicht hat, wie so-

---

[23] *Kant* Metaphysik der Sitten (Rechtslehre), S. 337.

[24] *Kant* Metaphysik der Sitten (Tugendlehre), S. 511.

[25] *Kant* aaO.

[26] *Kant* aaO S. 512.

[27] *Kant* aaO.

[28] *Kant* aaO S. 520.

[29] *Kersting* Gesetz der Schuldigkeit, S. 207.

[30] *Kant* Metaphysik der Sitten (Tugendlehre), S. 519.

[31] *Kersting* Gesetz der Schuldigkeit, S. 207. – Dieses materiale Prinzip läßt sich aus dem formalen Sittengesetz, wie *Kant* es in seinen moralphilosophischen Schriften vor der *Metaphysik der Sitten* entwickelt hat, nicht ableiten; deshalb mußten die Versuche der frühen, vor dem Erscheinen dieses Werks schreibenden Kantianer scheitern, aus dem Sittengesetz über das Verbot freiheits*zerstörender* Handlungen hinaus das Gebot freiheits*befördernder* Handlungen zu entnehmen (dazu im einzelnen *Kersting* aaO S. 205 f). Als eine konsequente Weiterführung von *Kants* früheren Gedanken kann innerhalb der *Metaphysik der Sitten* lediglich die Rechtslehre mit ihren ausschließlich negativen Pflichten gelten; mit der Tugendlehre betritt *Kant* hingegen Neuland.

[32] *Kersting* Rechtsgesetz und Sittengesetz, S. 170.

eben erwähnt, immer eine konkrete Unrechtsunterlassung zum Gegenstand; die ethische Vernunft ordnet hingegen den von ihr gebotenen Intentionen keine bestimmten Handlungen zu.[33] Denn da das Gesetz hier „nur die Maxime der Handlungen, nicht die Handlungen selbst" gebietet, „so ist's ein Zeichen, daß es der Befolgung ... einen Spielraum ... für die freie Willkür überlasse, d. i. nicht bestimmt angeben könne, wie und wie viel durch die Handlung zu dem Zweck, der zugleich Pflicht ist, gewirkt werden solle"[34]. Kurzum: Die Rechtspflichten sind von enger, die ethischen Pflichten hingegen von weiter Verbindlichkeit.[35]

Diese Konstruktion, wonach das Tugendprinzip lediglich die Verfolgung bestimmter Intentionen im allgemeinen gebietet, ohne konkrete Handlungen zu fordern, während umgekehrt das Rechtsgesetz Handlungen allein nach formalen Gesichtspunkten und unter dem Ausschluß jeder Zweckerwägung auszeichnet, erlaubt es *Kant*, bereits die Möglichkeit einer Kollision zwischen Rechts- und Tugendpflichten in Abrede zu stellen.[36] Die Wahrnehmung dieser konstruktiven Option wird zur systematischen Notwendigkeit angesichts von *Kants* weiterer These, daß Rechtspflichten mit den Tugendpflichten trotz der soeben erwähnten Unterschiede die Eigenschaft gemeinsam haben, *Pflichten überhaupt* zu sein. Auch Rechtspflichten gehören „bloß darum, weil sie Pflichten sind, mit zur Ethik"[37]. Eine rechtspflichtwidrige Handlung als tugendhaft auszuzeichnen, liefe vor diesem systematischen Hintergrund auf einen nicht hinnehmbaren ethischen Selbstwiderspruch hinaus. Nur solche Handlungen sind deshalb nach *Kant* tugendhaft, die sich in den Grenzen des Rechts bewegen; Rechtlichkeit ist die *conditio sine qua non* einer jeden Tugendhandlung.[38] „Denn es ist die *Tugendlehre*, welche gebietet, das Recht der Menschen heilig zu halten"[39]. In den rechtlichen Regeln der Güterzuordnung „muß die Güte ihre Grenzen erblicken. Unrechtshandlungen sind nicht durch Wohltaten kompensierbar: ‚der flek des Unrechts ist unauslöschlich'"[40]. Ebensowenig wie es jemals eine tugendhafte Handlung sein kann, einem anderen um den Preis eines Rechtsbruchs aus der Not *zu helfen*, gibt es eine Tugendpflicht des Inhalts, den Eingriff dieses anderen *zu dulden*. Es kann keine Forderung der Tugend sein, das untugendhafte Verhalten eines anderen dadurch zu fördern, daß man es stillschweigend

---

[33] *Kersting* Gesetz der Schuldigkeit, S. 210.
[34] *Kant* Metaphysik der Sitten (Tugendlehre), S. 520.
[35] *Kant* aaO.
[36] Vgl. *Kersting* Gesetz der Schuldigkeit, S. 215.
[37] *Kant* Metaphysik der Sitten (Rechtslehre), S. 325.
[38] *Kersting* Gesetz der Schuldigkeit, S. 211.
[39] *Kant* Metaphysik der Sitten (Tugendlehre), S. 525.
[40] *Kersting* Gesetz der Schuldigkeit, S. 215 unter Zitierung einer Reflexion *Kants* (Nr. 7005).

hinnimmt. Die von *Kant* ausdrücklich anerkannte Tugendpflicht, anderen in der Not beizustehen,[41] muß ein jeder von sich aus erfüllen. Der Primat des Rechts ist ein unaufhebbarer; „alle Macht des Himmels steht auf Seiten des Rechts“[42].

[41] *Kant* aaO S. 589f. – Bereits dieser Pflicht entspricht freilich auf seiten des Notleidenden kein Anspruch; denn die Recht-Pflicht-Korrespondenz ist bei *Kant* ein wesentliches Charakteristikum der Rechtssphäre (*Kersting* aaO S. 208). In diesem Punkt löst sich der Kantianer *Kersting* von den Vorgaben des Meisters: *Kersting* gewährt – übrigens ohne nähere Begründung und so, als ob sich das von selber verstehe – demjenigen, der sich in einer existentiell bedrohlichen Notlage befindet, einen (moralischen) Anspruch auf die Hilfe derjenigen situationsnahen Mitmenschen, die zur Hilfe fähig und in der Lage sind (*Kersting* Solidarität, S. 414).

[42] *Kant* Reflexion Nr. 7006, zit. nach *Kersting*, Gesetz der Schuldigkeit, S. 216.

D. Rechtsbegriffliche Voraussetzungen einer Aufopferungspflicht im Notstand

In seinem Rechtsbegriff hat *Kant* die Verpflichtung zur Respektierung fremder Rechtskreise zu *der* Rechtspflicht schlechthin aufgewertet.[1] Unter B. ist gezeigt worden, daß dieser Verpflichtungstyp in der Tat ein konstitutives und insofern unverzichtbares Merkmal freiheitlicher Strafrechtsordnungen darstellt. Es ist auch betont worden, daß eine Verpflichtung des Inhalts, eigene Rechtsgüter fremder Not aufzuopfern, sich mithilfe dieser Figur nicht begründen läßt: „Das Recht läßt sich nicht erweichen“[2]. Ein Eingriffsrecht im Notstand und eine ihm korrespondierende Aufopferungspflicht lassen sich daher nur dann legitimieren, wenn auch jenseits des Bereichs wechselseitiger Respektierung Raum für strafrechtlich relevante Pflichten ist. Zu diesem Zweck muß zweierlei nachgewiesen werden: Erstens ist zu zeigen, daß es neben der Gruppe der Respektierungspflichten eine weitere Kategorie strafrechtlich bedeutsamer Pflichten gibt, mit der Folge, daß *Kant* sich durch ihre Nichtberücksichtigung einer ungerechtfertigten Verengung der Idee rechtlicher Freiheit schuldig gemacht hat. Und zweitens muß dargetan werden, daß jener zweite Pflichtbegründungstyp auch Verpflichtungen nach Art der Aufopferungspflicht im Notstand als freiheitstheoretisch *zulässig* – wenn auch vielleicht nicht als *notwendig* – auszuweisen vermag.

Polemik gegen ein sich selbst verabsolutierendes System von Respektierungspflichten ist schnell bei der Hand. *Kersting* beispielsweise bezeichnet es als „eine Discount-Moral für Migranten“[3], die im alltäglichen sozialen Raum „steif und verkrampft“ sowie „merkwürdig fremd und kalt“ wirke;[4] *Kymlicka* sekundiert ihm mit dem Hinweis, daß das „formale Selbsteigentum“ ein „Irrlicht“ sei.[5] Systematischen Begründungsansprüchen halten derartige Hinweise freilich nicht stand. Unter systematischen Gesichtspunkten betrachtet ist für eine zweite Kategorie von Pflich-

[1] Ähnlich rigoros jüngst noch *Khushf* Solidarität, S. 138: Gesetzliche Sanktionen, die für irgend etwas anderes als für Gewalttaten gegen andere verhängt würden, verletzten die fundamentalen Grundsätze eines liberalen Staates. Bestrebungen zur (Re-)Formalisierung des Begriffs rechtlicher Freiheit gibt es auch in der deutschen Strafrechtswissenschaft. Exemplarisch dafür ist das in jüngster Zeit wiederholt artikulierte Unbehagen an der Vorschrift des § 323c StGB, die in ihrer jetzigen Fassung als zu weit empfunden wird (*Gieseler* Unterlassene Hilfeleistung, S. 133ff; *Harzer* Situation, S. 239ff; *Morgenstern* Unterlassene Hilfeleistung, S. 136). Es ist ersichtlich ein kantischer Geist, der aus dieser Kritik spricht.

[2] *Kersting* Gesetz der Schuldigkeit, S. 216.

[3] *Kersting* Solidarität, S. 420.

[4] So *Kersting* aaO S. 417.

[5] *Kymlicka* Politische Philosophie, S. 127.

ten nur dann Raum, wenn eine Rechtsordnung, die sich darin erschöpfte, Respektierungspflichten der bislang behandelten Art zu statuieren und erforderlichenfalls zwangsweise durchzusetzen, ihren Anspruch verfehlen würde, einen gesellschaftlichen Zustand *realer Freiheit* zu begründen.

Ein System „negativer", allein auf die gegenseitige Abgrenzung der Rechtsgenossen bedachter Freiheit ist keine gleichsam selbstsuffiziente Ordnung. Daß die „negativen" Freiheitsgewährleistungen wenigstens im Regelfall „positive" Freiheitseffekte zu erzeugen vermögen, beruht auf komplexen sozialen Vorbedingungen, deren Erfüllung alles andere als selbstverständlich ist. Beispielsweise beruht das klassische liberale Rechtsmodell auf der Annahme, die Rechtsgenossen seien im großen und ganzen fähig, sich eigenverantwortlich zu verhalten. Die Infragestellung dieser Prämisse ist im Rahmen jenes Modells unmöglich; wie soeben am Beispiel *Kants* gezeigt wurde, setzt das Modell nämlich die Handlungskompetenz der einzelnen Akteure ohne weiteres voraus.[6] Daß diese Voraussetzung in einer wohlgeordneten Gesellschaft im großen und ganzen hinnehmbar erscheint, ist das Werk eines komplizierten Zusammenspiels mannigfacher gesellschaftlicher Funktionssysteme. Von der Anforderung, in einem gewissen Umfang daran mitzuwirken, daß die betreffenden Funktionssysteme die ihnen obliegenden Leistungen zu erbringen vermögen, kann die zur Freiheit verurteilte Rechtsperson sich ebensowenig distanzieren wie von der Pflicht, für die ihr zurechenbaren Folgen ihrer Rechtskreisorganisation einzustehen. Rechtspflichten, welche die Mitwirkung an institutionell gebundenen Leistungen zu ihrem Inhalt haben, kann man, sofern sie innerhalb der regulär zuständigen Organisation (z. B. im Rahmen eines Gerichtsverfahrens) zu erbringen sind, mit *Jakobs*[7] als *institutionell* begründete Verpflichtungen bezeichnen. Sind die betreffenden freiheitsermöglichenden Leistungen außerhalb der eigentlich zuständigen Organisation, aber gleichsam an deren Stelle zu erbringen, so kann man von *quasi-institutionellen* Pflichten sprechen.

Die systematisch-freiheitstheoretische Berechtigung von Verpflichtungen dieses Typs ergibt sich nach dem soeben Ausgeführten daraus, daß sie der Aufrechterhaltung institutioneller Gegebenheiten dienen, welche es allererst erlauben, die *rechtlich konstituierten* Sphären von Organisationsfreiheit als *real verfügbare* Freiheitsräume anzusprechen. Sind insofern zur gesellschaftlich plausiblen Etablierung eines Systems realer Freiheit derartige „bedingende" Leistungen nicht weniger bedeut-

---

[6] *Kant* operiert, wie *Maluschke* bemerkt, vor dem Hintergrund der „(sicher fragliche[n]) empirische[n] Hypothese, daß sich im Normalfall jedermann seine Existenzmittel durch eigene Initiative erarbeiten kann, und daß freie, nichtstaatliche Wohlfahrtspflegeorganisationen ... jederzeit in genügendem Maße vorhanden sind" (*Maluschke* Grundlagen, S. 131). – Kritisch zu *Kants* Vorstellung vom Bürger als einer autarken Person auch *Wohlers* JZ 1999, 440.

[7] *Jakobs* AT 29/28, 57 ff.

sam als die Übernahme persönlicher Verantwortung für die Auswirkungen der eigenen Organisationsfreiheit, so ist ihre Einforderung durch das Strafrecht ebenso legitim wie die Garantie der Konnexität von Organisationsfreiheit und Folgenverantwortung.[8] Mehr noch: Da die Bindung durch zurechenbares Verhalten die Realbedingungen praktisch-rechtlichen Selbstseins als erfüllt voraussetzen muß, stellen Verpflichtungen des zweiten Typs sogar die systematisch fundamentaleren Selbstbindungsformen dar. Sie wurzeln, um in *Hegel*scher Terminologie zu sprechen, nicht im Bereich des abstrakten Rechts, sondern im Bereich der Sittlichkeit. Nur wenn die Überlegungen des 1. Kapitels es als möglich erweisen sollten, die Aufopferungsverpflichtung im Notstand als eine Pflicht dieses Typs zu begreifen, kann sie bruchlos in das allgemeine System der strafrechtlichen Pflichtbegründungsfiguren eingeordnet werden.

Die Ergänzung der Respektierungspflichten durch institutionelle und quasi-institutionelle Pflichten hat eine bedeutsame Modifikation von *Kants* Rechtsbegriff sowie der kantischen Abgrenzung von Rechts- und Tugendpflichten zur Folge. Bei *Kant* bleiben das formale Apriori der Rechtslehre und das materiale Apriori der Tugendlehre streng geschieden, und zudem ist der Bereich der Tugendpflichten durch einen unbedingten Primat des (formellen) Rechts gekennzeichnet. Demgegenüber beruht ein Rechtsbegriff, der neben den negativen auch voraussetzungssichernde Pflichten anerkennt, auf der Prämisse, daß dem *materialen* Zweck der – mit *Kant* zu sprechen – Beförderung fremder Glückseligkeit in einem gewissen Umfang auch eine *rechtliche* Relevanz zukommt. Der kantische Dualismus von formalem und materialem Pflichtprinzip, von Rechts- und Tugendlehre wandelt sich hier zu einem *innerrechtlichen* Spannungsverhältnis, einem Konflikt zwischen zwei Teilmomenten der Idee *rechtlicher* Freiheit, von denen keines dem anderen die Legitimität gänzlich absprechen kann. Bezogen auf die Situation des Notstands handelt es sich dabei um das formelle Recht auf Respekt einerseits und das materielle Recht des Wohls andererseits. Der Befugnis, in Notlagen unter gewissen Voraussetzungen in die Rechtssphäre eines anderen eingreifen zu dürfen, kommt vor diesem systematischen Hintergrund die Funktion zu, den genannten Konflikt aufzulösen und die konfligierenden Teilmomente zu „versöhnen". Daß es ausgerechnet der Konflikt- und Versöhnungstheoretiker *Hegel* war, der mit seiner Lehre vom Notrecht die neuere rechtsphilosophische und strafrechtstheoretische Diskussion dieses Problems eingeleitet hat, ist, so gesehen, alles andere als ein Zufall. So wie der dualistische Denker *Kant* nach der Logik seines Systems ein Notrecht verneinen mußte, war der

---

[8] Ähnlich NK-*Seelmann* § 13 Rdn. 50; *ders.* GA 1989, 256; *Grünewald* Garantenpflichten, S. 140; *Wohlers* JZ 1999, 440. – Näher zur Begründung institutionell begründeter Strafrechtspflichten *Verf.* Betrug, S. 127 ff, 194 ff.

Einheitsdenker *Hegel* geradezu dazu prädestiniert, den kantischen Dualismus auch in dieser Frage „aufzuheben“: Ausdruck dieser „Aufhebung“ ist seine Notrechtskonzeption.

1. Kapitel: Legitimation und systematische Einordnung des rechtfertigenden Notstands

A. Überblick

Die Vorschriften über den rechtfertigenden Notstand stellen eine „begrenzte Ausnahme des Rechts von sich selbst“ dar.[1] Nach einem Wort *v. Jherings* dienen sie gleichsam als „Sicherheitsventile des Rechts“; „sie öffnen der Not einen Ausweg und verhüten damit die gewaltsame Explosion“[2]. Jedoch wirft nach den Überlegungen aus der Einleitung die Legitimation des rechtfertigenden Notstands, vor allem in seiner Grundform als Aggressivnotstand, beträchtliche systematische Probleme auf: Vor dem Hintergrund des klassischen liberalen Rechtsverständnisses, wie es sich beispielhaft in der Rechtsphilosophie *Kants* manifestiert, ist der Aggressivnotstand mit der Aufopferungspflicht, die er einem an der Konfliktentstehung Unbeteiligten auferlegt, ein atypisches und prekäres Rechtsinstitut. Die Diskussion, die um die Wende des 19. zum 20. Jahrhundert für und wider die Zulässigkeit eines rechtfertigenden Notstands geführt wurde, verdankte ihre Heftigkeit der Einsicht in eben jene Atypizität. Zahlreiche Arbeiten aus den letzten Jahren[3] dokumentieren, daß sie mittlerweile wieder verstärkt wahrgenommen wird. Die Überlegungen des vorliegenden Kapitels nehmen die bisherige Auseinandersetzung über die Frage auf, *ob* und gegebenenfalls *wie* sich das Institut des rechtfertigenden Notstands legitimieren läßt, und suchen die Diskussion auf eine systematisch tragfähigere Basis zu stellen. Demgemäß sind die beiden folgenden Abschnitte dieses Kapitels der Auseinandersetzung mit den wichtigsten der bisherigen Begründungsansätze gewidmet; im Schlußabschnitt wird sodann die hiesige, in Anlehnung an *Hegel* entwickelte Position vorgestellt.

Die Rechtsordnung ist, um eine weitere Metapher *v. Jherings* zu bemühen, „ein gewaltiger Rechtspolyp mit unzähligen Fangarmen, Rechtssätze genannt, von de-

---

[1] *Küper* Staat, S. 120 f.

[2] *v. Jhering* Zweck im Recht, Bd. I, S. 418.

[3] Nachweise oben Einl. A. Fn. 40.

nen jeder etwas will, bezweckt, erstrebt"[4]. Was will, bezweckt und erstrebt die Regelung des Aggressivnotstands? Die Antworten auf diese Frage lassen sich zu zwei Gruppen zusammenfassen. Schlagwortartig gesprochen, setzt die eine Gruppe auf *Utilität* und die andere auf *Solidarität*:[5] Ein großer Teil vor allem der älteren Literatur erblickt das oder doch jedenfalls ein zentrales Anliegen der Bestimmungen über den rechtfertigenden Notstand darin, daß sie die Herstellung der nach Lage der Dinge besten Lösung für die Gesellschaft als ganze ermöglichten. Auf diese Ansicht wird unter B. näher eingegangen. Zahlreiche neuere Autoren stützen demgegenüber die Notstandsregelung nicht auf ein angebliches Gütererhaltungsinteresse der Gesellschaft als ganzer, sondern auf einen Solidaritätsanspruch des in Not befindlichen Mitbürgers. Diesem Legitimationsansatz wenden sich die Überlegungen unter C. zu.

Die Erörterungen der Abschnitte B. und C. werden zeigen, daß weder die „Utilitäts-" noch die herkömmlichen „Solidaritäts"-Begründungen dazu in der Lage sind, die ihnen auferlegte Darlegungslast zu tragen: Entweder sie lassen sich mit übergeordneten normativen Vorgaben des Strafrechtssystems nicht oder jedenfalls nur um den Preis von Einschränkungen vereinbaren, die ihren Erklärungswert nachhaltig kompromittieren; oder aber sie reduzieren sich auf den Charakter bloßer Leerformeln. Diese Kritik hat freilich zugleich eine positive Seite: Indem sie die methodischen und inhaltlichen Anforderungen an eine überzeugungskräftige Notstandslegitimation präzisiert, bereitet sie den hiesigen Lösungsvorschlag bereits in wesentlichen Punkten vor. Er wird unter D. im einzelnen entfaltet und läuft darauf hinaus, die am Schluß der Einleitung aufgeworfene Frage zu bejahen. Die Aufopferungspflicht im rechtfertigenden Notstand läßt sich danach als eine quasi-institutionelle Verpflichtung verstehen. Diesem Ergebnis und seiner Begründung lassen sich bedeutsame Konsequenzen für die Interpretation der gesetzlichen Notstandsregelung entnehmen. Sie herauszuarbeiten und im einzelnen zu entfalten wird die Aufgabe des 2. Kapitels sein.

Die hier verfolgte Vorgehensweise dient nicht zuletzt dem Zweck, den methodischen Anspruch plausibel zu machen, der für die vorliegende Arbeit grundlegend ist und bereits in der Einleitung formuliert wurde. Dabei handelt es sich um die These, daß die Aufhellung der Legitimationsproblematik beim rechtfertigenden Notstand für die dogmatische Durchdringung der Notstandsregelungen von erheblichem Nutzen, ja letztlich unverzichtbar ist. Unter systematischen Gesichtspunkten bleiben nämlich Aussagen zu Einzelfragen eines Rechtsinstituts zufällig, solange dessen axiologische Basis noch im Dunkeln liegt. „Axiologik" – hier verstanden als jene

---

[4] *v. Jhering* Zweck im Recht, Bd. I, S. 433.

[5] SK-*Günther* § 34 Rdn. 9ff; *Kühl* Notrechte, S. 319; *ders.* FS Hirsch, S. 264.

Stufe strafrechtstheoretischer Überlegungen, auf der die strafrechtswissenschaftlichen „Grund-“ und „Grenzbegriffe“ eingeführt und begründet werden – und „Dogmatik“ gehören ebenso zusammen wie (nach *Kant*) „Anschauung“ und „Begriff“: „Axiologik“ ohne „Dogmatik“ ist leer, aber „Dogmatik“ ohne „Axiologik“ ist blind.

B. Legitimation der Notstandsregelung durch ihren gesamtgesellschaftlichen Nutzen?

I. Überblick

Die Notstandsregelung verpflichtet einen an der Konfliktentstehung Unbeteiligten dazu, einige seiner Güter zugunsten eines Fremden aufzuopfern. Wie läßt sich eine solche Zumutung legitimieren? Eine Antwort auf diese Frage, die für sich den Charme der Einfachheit[1] und eine gewisse intuitive Plausibilität[2] ins Feld führen kann, besagt: Der Rechtsordnung sei daran gelegen, aus der bedrohlichen Situation „das Beste zu machen"; sie wolle der Rechtsgemeinschaft ein möglichst großes Gesamt-Güterquantum erhalten. Deshalb habe sie sich „für eine Beurteilung nach einem recht pragmatischen Mehr/Weniger-Prinzip entschieden"[3] und lasse sie die Opferung des geringer- zugunsten des höherwertigen Guts zu.

Häufig wurde und wird dieser Lösungsansatz als „utilitaristisch" bezeichnet.[4] Ganz unbedenklich ist diese Etikettierung allerdings nicht. Der klassische Utilitarismus hat das Wohl, dessen Maximierung der einzelne zum Zweck seines Handelns machen sollte, nicht im Sinn eines bestimmten Gütervorrats verstanden, sondern als Bewußtseinszustand – nämlich als angenehmes Erlebnis, das von äußeren Merkmalen wie Reichtum oder Gesundheit gerade unabhängig sein soll.[5] Auch die mo-

---

[1] So auch *Henkel* Notstand, S. 80; dem steht *Williams'* Charakterisierung des Utilitarismus als „ganz weltlich und unmysteriös" nahe (*Williams* Kritik, S. 102; ähnlich *Köhler* Ethik, S. 11 ff).

[2] Dazu *Köhler* aaO S. 18.

[3] *Meißner* Interessenabwägungsformel, S. 164.

[4] Bereits *v. Weber* Notstandsproblem, S. 2 wies (in seiner Auseinandersetzung mit *Hälschner*) darauf hin, die Rechtmäßigkeit einer Handlung aus ihrem Nutzen für die Gemeinschaft zu bestimmen, sei der Grundgedanke des Utilitarismus. Auch andere Autoren der Zwischenkriegszeit kennzeichneten den Grundsatz des überwiegenden Interesses („Mehr-Nutzen-als-Schaden") als „Utilitätsprinzip" (*Heinitz* Rechtswidrigkeit, S. 37) bzw. als „unverhüllten Utilitätsfaktor" (*Maurach* Kritik, S. 69). Eine Reihe von Befürwortern jenes Notstandsverständnisses bedienten sich gleichfalls dieser Bezeichnung. So stützten *v. Tuhr* Nothstand, S. 79 und *Torp* ZStW 23 (1903) 101 ihre Notstandskonzeptionen auf den Gesichtspunkt der gesellschaftlichen „Utilität". *Sauer* konzedierte dem englischen Utilitarismus „als den richtigen Kern die gesicherte Einsicht, daß der Nutzen des Staates für diesen selbst wie für die Staatsbürger das oberste Gesetz ist" (Grundlagen, S. 278). Ob die Utilitaristen dieses Lobs froh gewesen wären, muß dahinstehen; Liberale, die sie waren, bezweckten sie den Nutzen nicht des Staates, sondern der Gesellschaft. – Ausführlich zu den „utilitaristischen" Wurzeln der damaligen Diskussion *Meißner* Interessenabwägungsformel, S. 106 ff; zum Einfluß des Utilitarismus auf die Notstandsdiskussion im Common Law *Etzel* Notstand, S. 31 ff.

[5] Dazu prägnant *H. Arendt* Vita Activa, S. 301 sowie *Kymlicka* Politische Philosophie, S. 20 f. – Ausführlich *Köhler* Ethik, S. 23 ff.

derneren Varianten des Utilitarismus – ob sie das Wohl nun unter Rückgriff auf nichthedonistische Bewußtseinszustände, auf Wünsche im allgemeinen oder auf wohlinformierte Wünsche bestimmen –[6] stellen nicht auf den Rechtsgüterbestand als solchen ab. Trotz dieser Unterschiede in den Bewertungskriterien lassen sich die weitreichenden Parallelen nicht übersehen, die zwischen der hier zur Erörterung stehenden Deutung der Notstandsregelung und der utilitaristischen Ethik[7] bestehen: Beiden Lehren liegt eine *konsequentialistisch-kollektivistische* Struktur zugrunde. Konsequentialistisch sind sie, weil sie allein *Sachverhalten* – einem möglichst großen Gesamtbestand an Gütern bzw. einem möglichst hohen Quantum an Wohlbefinden – intrinsischen Wert zusprechen; den Wert von *Handlungen* bestimmen sie dementsprechend nach dem Beitrag, den sie zur Verwirklichung der betreffenden Sachverhalte leisten.[8] Und kollektivistisch sind sie, weil sie ihre Maximierungsstrategien jeweils auf die Gesellschaft als ganze beziehen, weil sie also die Gesellschaft gleichsam als ein einheitliches Großsubjekt behandeln.

In besonders rigoroser Form wurde die These, Sinn und Zweck der Regelung über den rechtfertigenden Notstand sei es, der Gesellschaft einen möglichst großen Gesamtbestand an Gütern zu sichern, in der für die heutige rechtliche Behandlung der Notstandsproblematik entscheidenden Phase um die Wende vom 19. zum 20. Jahrhundert vertreten.[9] Damals fiel die Entscheidung, mit dem § 904 BGB eine Vorschrift über den rechtfertigenden Aggressivnotstand in das Bürgerliche Gesetzbuch aufzunehmen, und es begann sich in der Strafrechtsdogmatik die sogenannte „Differenzierungstheorie" zu etablieren, die mit den Regelungen der §§ 34, 35 StGB mittlerweile ebenfalls gesetzlich festgeschrieben ist. Die damaligen Versuche, das Notstandsrecht auf den Gedanken der Sozialnützlichkeit zu stützen, werden unter II. dargestellt und kritisch analysiert. Die Erörterungen dieses Unterabschnitts fallen verhältnismäßig ausführlich aus – weniger deshalb, weil der Gesichtspunkt der Sozialnützlichkeit inhaltlich von besonderer Überzeugungskraft wäre, als vielmehr deshalb, weil er sich im Unterschied zu den topischen Beliebigkeiten der späteren Zeit immerhin noch durch systematische Strenge und Geschlossenheit auszeichnete. Zudem läßt sich die weitere Entwicklung der Notstandsdogmatik nur dann angemessen würdigen, wenn man sich zuvor einen genauen Aufschluß über

---

[6] Dazu *Kymlicka* aaO S. 21 ff.

[7] Sie kommt hier in der Gestalt eines „negativen" Utilitarismus zum Tragen. Dieser geht nicht auf Nutzenmehrung, sondern allein auf Schadensminimierung aus (zutreffende Klarstellung bei *Renzikowski* Notstand, S. 202).

[8] Diese Kennzeichnung des Konsequentialismus folgt den grundlegenden Ausführungen von *Williams* Kritik, S. 45; bestätigt in: *ders.* Moralischer Zufall, S. 13.

[9] Über Vorläufer dieser Position in der deutschen Naturrechtstradition informiert eingehend *Drescher* Naturrecht, S. 20 ff.

die Struktur jener Argumentation verschafft hat, die ihren Ausgangspunkt bildete. Unter III. wird auf Fortentwicklungen der ursprünglichen Konzeption eingegangen: zum einen auf die Notstandsdiskussion der 20er- und der frühen 30er-Jahre; und zum anderen auf neuere Versuche, den Gedanken der Erhaltung des gesamtgesellschaftlichen Gütervorrats als *den* oder doch jedenfalls *einen* Grundpfeiler der Regelung über den rechtfertigenden Notstand zur Geltung zu bringen.

II. Sozialnützlichkeit als Legitimationsgrund des Notstandsrechts: Erklärungsgrenzen und Begründungsmängel

1. Dogmengeschichtlicher Überblick

Eine dogmengeschichtlich äußerst folgenreiche Stellungnahme zur Notstandsproblematik, eine Stellungnahme, die zudem der psychologistisch-pragmatischen Denkweise der Strafrechtswissenschaft des späten 19. und des frühen 20. Jahrhunderts in hervorragender Weise entgegenkam, stammt von *Berner*. In seinem Lehrbuch unterschied dieser zwischen zwei Formen des Notstands. In gewissen Fällen – etwa wenn jemand das eigene Leben um den Preis eines fremden Lebens rette – sei die Tat *entschuldigt*, „weil der Staat ein sittliches Heldenthum nicht bei Strafe fordern kann"[10]. Daneben gebe es jedoch auch Fälle, wo der in Not Befindliche ganz im Gegenteil „ohne ein richtiges Verständniß des Verhältnisses der Dinge handeln würde, wenn er das eigene Recht untergehen ließe, statt es durch Aufopferung eines fremden Rechtes zu retten; wo also die unterlassene Aufopferung eines fremden Rechtes nicht eine ungewöhnliche Sittlichkeit, sondern eine ungewöhnliche Thorheit bekunden würde. Wenn z. B. Jemand neben einem fremden Brode verhungerte, so würde er einer Narrenkappe würdiger sein, als der Krone eines Märtyrers". Hier gründe sich die Straflosigkeit nicht auf Entschuldigung, sondern auf *Notrecht.*[11] Dem Eingriffsadressaten werde dadurch kein Tort angetan; denn alle Rechte seien bedingter Natur, bedingt durch die Möglichkeit des gesellschaftlichen Zustandes, des vernünftigen Zusammenlebens.[12] Mit diesen Ausführungen wurde *Berner*

---

[10] *Berner* Lehrbuch, S. 100.

[11] *Berner* aaO. – Bereits an dieser Stelle wird deutlich, daß *Berner* den Ernst und Anspruch einer genuin sittlichen Erörterung des Notstandsproblems, wie er der Tradition des Idealismus entsprach, preisgab. Daran erinnert *Hold v. Ferneck*, wenn er betont, es könne niemals eine Torheit sein, wenn jemand die Interessen anderer, und seien sie noch so geringfügig, mehr achte als seine eigenen oder die seiner Angehörigen (*Hold v. Ferneck* Rechtswidrigkeit, Bd. I, S. 336).

[12] *Berner* aaO. – Ebenso noch unlängst *Delonge* Interessenabwägung, S. 144.

zum Begründer der sogenannten „Differenzierungstheorie“[13]. *Berners* Äußerungen über das *Notrecht* – nur sie sind im vorliegenden Zusammenhang von Interesse – leiden freilich unter einem offenkundigen Begründungsdefizit: Das Prinzip der Wertabwägung der Rechte wird bei *Berner* nicht begründet.[14] Zudem setzt die Beurteilung von jemandes Verhalten als töricht die Anwendung eine normativen Maßstabs voraus und stellt nicht selber einen solchen Maßstab dar. *Berners* diesbezügliche Ausführungen lassen indessen durchaus erkennen, an was für einen Maßstab er denkt: Pragmatisch-nutzenorientiert, in einem Wort: verständig sollen die Kriterien sein, anhand derer über die Rechtfertigbarkeit eines Eingriffs entschieden wird.[15]

Berners Behandlung des Notrechtsproblems fand rasch Anklang. *Berner* sei es, so rühmt etwa *Janka* in einer 1878 erschienenen Monographie über den strafrechtlichen Notstand, in dessen Theorie der Notstandsgedanke seiner „wissenschaftlichen Vollendung“ entgegenstrebe;[16] die „urwüchsigen Laute“, in welchen *Berner* sein Notrecht verteidige, muteten den Leser geradezu an „wie der frische Hauch der Natur“[17]. Auch andere Autoren griffen *Berners* Anregungen auf und entwickelten dessen pragmatische Betrachtungsweise fort zu einem Sozialpragmatismus.[18] So führte *Stammler* in einer ebenfalls aus dem Jahre 1878 stammenden Schrift über den strafrechtlichen Notstand aus, die Rechtsordnung selbst erkenne an, daß für sie das eine Rechtsgut einen größeren Wert habe als das andere. Wenn daher ein solcher Kollisionsfall zwischen zwei Gütern eintrete, daß nur das eine, höherwertige auf Kosten des anderen erhalten werden könne, so müsse die Rechtsordnung im Einklang mit ihrem Prinzip konsequent dem höherwertigen den Vorzug geben und das

---

13 *Bockelmann* Hegels Notstandslehre, S. 65; *Küper* Art. Notstand I, Sp. 1068. – Zu einem früheren Ansatz dieser Art (*Daries*) *Hruschka* Zurechnung und Notstand, S. 173.

14 *Bockelmann* aaO S. 64.

15 In diesem Sinn interpretiert auch *Janka* die Ausführungen *Berners*: Nach dessen Ansicht solle ein Notrecht überall dort gewährt werden, wo „richtiger Sinn“ und „gesunder Menschenverstand“ die Erhaltung des Guts verlangten (*Janka* Notstand, S. 163).

16 *Janka* aaO S. 161.

17 *Janka* aaO S. 162. – Kritisch vor allem *Geyer* Krit. Vierteljahresschrift V (1863) 75, mit der berechtigten Klage, bei *Berner* werde das Recht dem Nutzen geopfert.

18 Insofern befanden sie sich durchaus im Einklang mit dem rechtsphilosophischen Geist der Zeit. So stellte auch *v. Jhering* entscheidend auf den Gedanken des *gesamtgesellschaftlichen Nutzens* ab (*v. Jhering* Zweck im Recht, Bd. II, S. 154 ff); er selbst bezeichnete sein System deshalb als „gesellschaftlichen Utilitarismus“ (aaO S. 158). Gegen *Bentham*, dem *v. Jherings* Werk Entscheidendes verdankt (dazu *Coing* ARSP 54 [1968] 75, 82 f) und den dieser denn auch ausdrücklich als einen „der selbständigsten, originellsten Denker“ rühmt (aaO S. 167), hatte *v. Jhering* lediglich den – sachlich zweifelhaften – Einwand vorzubringen, daß danach das Sittliche diesen seinen Charakter primär im Nutzen *für den einzelnen* bewähren müsse (aaO S. 167 f).

niedere Recht zu Gunsten des mehrwertigen vernichten lassen.[19] Den Erörterungen *Stammlers* schloß sich 1885 kein Geringerer als *Binding* an:[20] Überall dort, wo der Staat vor zwei Übeln stehe, von denen eines sicher komme, meide er das größere und wähle er das kleinere.[21] Das staatliche Interesse aber bestimme sich wesentlich nach dem Wert der Güter, die durch die Normen geschützt werden sollten.[22] „Es leuchtet sofort ein, dass die Rechtsordnung sich selbst tief schädigte, wenn sie für die Lösung des Notstandes einen abweichenden Grundsatz aufstellte“[23]. Inhaltlich übereinstimmend mit *Stammler* und *Binding* stellte *v. Tuhr* in einer 1888 publizierten Arbeit über den zivilrechtlichen Notstand fest, dem Staat könne es nicht gleichgültig sein, daß wesentliche Güter seiner Bürger geschädigt würden, während sie mit Hilfe anderer, minderwertiger Güter dritter Personen erhalten werden könnten.[24] *v. Tuhr* fuhr fort: „*Die* Lösung einer factischen Collision von Rechtsgütern wird dem Staat erwünscht sein, bei welcher die Summe der erhaltenen Rechtsgüter am größten, die der verlorenen am kleinsten ist“; die Eingriffsbefugnis, die der Staat in diesen Fällen verleihe, sei daher ein „auf Utilität basirtes Recht“[25].

In seiner einflußreichen Notstandsschrift aus dem Jahre 1895 unternahm es *Rudolf Merkel*, diese Anregungen zu bündeln und die dogmatischen Konsequenzen aus ihnen zu ziehen. Inhaltlich brachte *Merkel* allerdings nicht viel Neues.[26] Auch in der Frage der Notrechtsbegründung blieb er gänzlich auf der Linie seiner Vorgänger: „Wer sein Leben rettet auf Kosten seiner Vermögensinteressen, der handelt vom Standpunkt seiner Gesamtinteressen aus vernünftig; und wer das Leben des A rettet auf Kosten des Eigentums des B, der handelt vom Standpunkt der sozialen Gesamtinteressen aus ebenfalls vernünftig“[27]. Nur ein „delirierendes Recht“ könne das zu einem Delikt stempeln wollen, was jedermann als vernünftig, billig und zweckmäßig erkenne.[28] *Merkels* Darlegungen waren es, die den Zivilgesetzgeber dazu veranlaßten, geradezu in letzter Minute den § 904 in das BGB aufzunehmen.[29]

---

[19] *Stammler* Bedeutung des Nothstandes, S. 75 f; zu *Stammlers* unberechtigter Berufung auf die Notrechtslehre *Hegels* unten D. I.

[20] Die Bedeutung von *Bindings* Stellungnahme für die weitere Notstandsdiskussion betonen *v. Weber* Notstandsproblem, S. 2 sowie *Maurach* Kritik, S. 74.

[21] *Binding* Handbuch, S. 760.

[22] *Binding* aaO S. 761.

[23] *Binding* aaO.

[24] *v. Tuhr* Nothstand, S. 79.

[25] *v. Tuhr* aaO.

[26] So auch *Meißner* Interessenabwägungsformel, S. 101.

[27] *Merkel* Kollision, S. 41.

[28] *Merkel* aaO S. 42.

[29] *Hatzung* Entstehung, S. 162, der vom zivilistischen Standpunkt aus diese Regelung ausdrücklich als „schöpferische Tat“ rühmt (aaO S. 198); *Hueck* Jherings Jb. 68 (1919) 209f.

Trotz zum Teil heftiger „altliberaler" Kritik sowohl an dieser Vorschrift – *v. Bar* bezeichnete sie als „äußerst verkehrte Verwechslung von Recht und Moral", als „gesetzgeberisches *Zerrbild*"[30], und *v. Alberti* sah in ihr gar „ein Stück Kommunismus"[31] – als auch an dem Gedanken, die Rechtsordnung habe für eine möglichst weitgehende Erhaltung des gesamtgesellschaftlichen Güterbestands zu sorgen – *Hold v. Ferneck* nannte ihn „geradezu unwürdig"[32] –, fanden die von *Merkel* formulierten Überlegungen in den Jahren vor dem 1. Weltkrieg insgesamt breite Zustimmung.[33] Der Notstand „entwickelte sich mehr und mehr zum sozial nützlichen Meisterhaltungsprinzip für das Gemeinwohl"[34].

2. Erklärungsgrenzen des Gütererhaltungsgedankens

Rasch erkannten jedoch die Kritiker, daß der Gütererhaltungsgedanke *zu viel* erklärte, da er, konsequent durchgeführt, den Bereich der Notstandspflichten erheblich ausweiten würde:[35] Müßte nach der Verrechnungsthese nicht jede noch so minimale (und nicht erst eine „wesentliche") Wertdifferenz zwischen den kollidierenden Gütern zur Rechtfertigung ausreichen?[36] Müßte dementsprechend nicht schon die Bedrohung des geringfügigsten Interesses zur Durchbrechung einer Strafnorm genügen, solange nur das aufgeopferte Interesse des Eingriffsadressaten noch

---

30 *v. Bar* Gesetz und Schuld, Bd. III, S. 256 f.

31 *v. Alberti* Gefährdung, S. 37; ebenso *Hold v. Ferneck* Rechtswidrigkeit, Bd. II/1, S. 64.

32 *Hold v. Ferneck* aaO S. 66; ähnlich *Fischer* Rechtswidrigkeit, S. 227.

33 *Graf zu Dohna* Rechtswidrigkeit, S. 127 f; *Hammacher* Notstandshandlung, S. 36 ff; *Mauczka* Rechtsgrund, S. 50; *Westerkamp* Streitfragen, S. 35 f, 76, 100 ff; *Hegler* ZStW 36 (1915) 39; *Stooß* ZStW 24 (1904) 328; *Torp* ZStW 23 (1903) 101.

34 *Meißner* Interessenabwägungsformel, S. 103.

35 Die ältere Literatur kleidete dieses Bedenken verbreitet in die Aussage, eine (allzu) großzügige Anerkennung von notstandsbedingten Ausnahmen von der Pflicht zur Regelbefolgung schwäche die Autorität der Regel und damit den Rechtsfrieden (*v. Buri* Notstand, S. 119; *Fischer* Rechtswidrigkeit, S. 222; *Heinitz* Rechtswidrigkeit, S. 37; *Henkel* Notstand, S. 84 ff, 113; *Hold v. Ferneck* Rechtswidrigkeit, Bd. II/1, S. 63 f; *Maurach* Kritik, S. 34; *Oetker* Notwehr und Notstand, S. 57 Fn. 3; *ders.* Notstand, S. 328; *ders.* FG Frank, Bd. I, S. 359 f). Dieser Einwand trifft etwas Richtiges. Zwar ist die Rechtsordnung kein Geßlerhut, dem der Bürger unter allen Umständen Reverenz zu erweisen hätte (so zu Recht NK-*Neumann* § 34 Rdn. 6). Ein strikt durchgeführter Konsequentialismus fordert das Regelmodell der Rechtsordnung jedoch nicht nur in Randbereichen, sondern in *prinzipieller* (d. h. in einer anhand seiner eigenen Begründungslogik nicht überzeugend limitierbaren) Weise heraus.

36 Dies macht bereits *v. Buri* aaO kritisch gegen *Stammler* geltend; ebenso *Henkel* aaO S. 11 f; *v. Weber* Notstandsproblem, S. 54. – Aus neuerer Zeit: NK-*Neumann* § 34 Rdn. 10; *ders.* Moralphilosophie, S. 257; *ders.* JRE 2 (1994) 86 f; SK-*Günther* § 34 Rdn. 10; *Merkel* Zaungäste? S. 190.

geringfügiger sei?[37] Und müßte, wenn es wirklich der Wille der Rechtsordnung sei, daß von zwei kollidierenden Rechtsgütern das größere erhalten werde, nicht sogar jedermann verpflichtet werden, unter den vorgenannten Voraussetzungen sein geringerwertiges Gut von sich aus dem Bedrohten aufzuopfern?[38]

Darüber, daß der Gedanke der gesamtgesellschaftlichen Nutzenmaximierung in einer auf der Garantie subjektiver Rechte beruhenden Rechtsordnung keine allgemeine Geltung beanspruchen könne, waren sich auch jene Autoren im klaren, die seine Heranziehung im Fall des rechtfertigenden Notstands befürworteten.[39] Ihre Versuche, ihrer kollektivistischen Position unter Rückgriff auf geradezu kantianisch anmutende Gedankengänge die Spitze zu nehmen, mußten allerdings zu theorieimmanenten Unstimmigkeiten führen. Beispielsweise zeiht *v. Tuhr* auf der einen Seite denjenigen des Eigensinns, der es sich herausnimmt, sich im Fall der Gefährdung des höherwertigen Guts eines anderen seiner Inanspruchnahme unter Berufung auf das Prinzip der Eigenverantwortlichkeit zu widersetzen.[40] Um die auch von ihm nicht in Zweifel gezogene Beschränkung des Eingriffsrechts auf echte Notfälle zu begründen, bezeichnet *v. Tuhr* es aber auf der anderen Seite ausdrücklich als „nothwendige Folge" einer liberal-individualistischen Rechtsordnung, „daß ich ein Unglück, das mich trifft, allein zu tragen habe"[41]. Ähnlich *Torp*: Einerseits deutet er die Lehre vom Notrecht als „Anwendung des allgemeinen Utilitätsprinzips der Rechtsordnung"[42]; andererseits verneint er ein Recht zur Inanspruchnahme gleich- oder höherwertiger Güter nicht, wie es nach seinem Ansatz zu erwarten gewesen wäre, wegen der gesamtgesellschaftlichen Unergiebigkeit von „Nullsummenspielen" oder gar von „Verlustgeschäften", sondern aufgrund eines Arguments von liberaler Musterhaftigkeit: Ein solches *laisser-aller-Prinzip* würde gegen die Anforderungen einer geordneten Gesellschaft verstoßen; da, wo das Schicksal treffe, müsse der Verlust fallen.[43] Daß er

---

[37] *Hold v. Ferneck* Rechtswidrigkeit, Bd. II/1, S. 64, 69: Die Theorie decke Kollisionen, die zweifellos nicht einen Notstand darstellten, und spreche von „Notrecht", wo von „Not" keine Rede sein könne; sachlich übereinstimmend *Fischer* Rechtswidrigkeit, S. 228. *v. Weber* aaO macht zudem darauf aufmerksam, daß das Prinzip zwar die Notwendigkeit des Eingriffs zur Abwendung der Gefahr, nicht aber das weitere Erfordernis der Gegenwärtigkeit der Gefahr erklären könne.

[38] *Hold v. Ferneck* aaO S. 92; *Neubecker* Zwang, S. 318.

[39] Die Befürchtung, ein weit geschnittenes Notstandsrecht könne die Autorität der Rechtsordnung beeinträchtigen, wird auch von dezidierten Anhängern dieser Position geteilt; vgl. *Hammacher* Notstandshandlung, S. 51f; *Mauczka* Rechtsgrund, S. 52f.

[40] *v. Tuhr* Nothstand, S. 79. – Als „pedantisch" und „engherzig" bezeichnet auch *Mauczka* aaO S. 50 eine Rechtsordnung, welche den Schutz aller rechtmäßigen Interessen gegenüber den anderen als ihre höchste Aufgabe betrachtet.

[41] *v. Tuhr* aaO S. 75.

[42] *Torp* ZStW 23 (1903) 101.

[43] *Torp* aaO S. 105.

damit seinem eigenen Ansatz den Boden entzieht, scheint *Torp* nicht einmal zu bemerken.[44] Nicht weniger widersprüchlich argumentiert *Merkel*. So energisch er sich für die prinzipielle Anerkennung eines Notrechts ausspricht, so nachdrücklich plädiert er für die zurückhaltende Anwendung eines solchen Rechts: Nur so lasse sich die notwendige Achtung vor der fremden Rechtssphäre aufrechterhalten. Ferner sei es ein allgemeiner ethischer Grundsatz, daß man Not und Gefahr im Zweifel nicht auf Kosten anderer von sich abwenden solle.[45] Noch *Graf zu Dohna* weiß die Begrenzung des Verrechnungsprinzips nicht anders zu bewerkstelligen als dadurch, daß er diesem Grundsatz apodiktisch und unvermittelt die mit ihm unvereinbare These an die Seite stellt, ein jeder sei gehalten, einen ihm drohenden Schaden auf sich zu nehmen, und nicht berechtigt, ihn auf einen unbeteiligten Dritten abzuwälzen.[46] Die Frage, ob und gegebenenfalls wie sich die jeweils gegenläufigen Bewertungen miteinander vereinbaren lassen und weshalb manchmal der eine und manchmal der andere Grundsatz Berücksichtigung beanspruchen darf, bleibt bei allen Autoren unerläutert. Den Ehrentitel einer *Theorie* des rechtfertigenden Notstands verdienen ihre Ausführungen schon aus diesem Grund nicht.[47]

3. Begründungsdefizite und inhaltliche Mängel des Legitimationsmodells der Sozialnützlichkeit

In einem auffälligen Kontrast zu der Entschiedenheit, mit der um die Jahrhundertwende die Güterverrechnungsthese vertreten wird, steht die Kärglichkeit der Begründungen, die für sie angeführt werden.[48] Ihre Vertreter beschränken sich, sofern sie von einer Begründung nicht gänzlich absehen und sich auf die vermeintliche Evidenz ihrer These verlassen, zumeist auf die Behauptung, ein im Normalfall strafbares Verhalten verdanke es seiner – auch – *güterschützenden* Funktion, daß es ausnahmsweise als rechtmäßig angesehen werden könne.[49] Daß die Güterverrech-

---

[44] Kritisch zu *Torps* Konzeption aber *Hold v. Ferneck* Rechtswidrigkeit, Bd. II/1, S. 78.

[45] *Merkel* Kollision, S. 45.

[46] *Graf zu Dohna* Rechtswidrigkeit, S. 128.

[47] *Hold v. Ferneck* Rechtswidrigkeit, Bd. II/1 bemerkte dazu ebenso bissig wie zutreffend, mit den von ihnen für notwendig gehaltenen Konzessionen opferten die Anhänger der Gesamtverrechnungsthese nichts weniger als ihre ganze Theorie (S. 50): „Halbheit und Konzessionen machen Falsches nicht richtig" (S. 64).

[48] So auch *Küper* JuS 1987, 87. – Dieses Begründungsdefizit haben die Gegner der genannten Auffassung schon früh erkannt und gerügt; vgl. *Hold v. Ferneck* aaO S. 88; *Baumgarten* Notstand, S. 59 Fn. 1. Entsprechende *monita* finden sich auch noch zu Beginn der 30er-Jahre; vgl. *Henkel* Notstand, S. 85.

[49] Etwa *Stooß* ZStW 24 (1904) 328. – In abgewandelter Form wird dieser Gedanke auch zur Legitimation des (heutigen) § 35 StGB herangezogen. Nach wie vor wird verbreitet geltend gemacht, bereits der Unrechtsgehalt des entschuldigten Notstandseingriffs sei gemindert,

nungsthese in einer liberalen Rechtsordnung keineswegs von selber einleuchtet, zeigten jedoch bereits die Überlegungen aus der Einleitung.[50] Zwar mag man mit gutem Grund *einer einzelnen Person*, die eines ihrer Güter opfern muß, um ein anderes Gut zu retten, die Maxime zuschreiben, das wertvollere Gut auf Kosten des weniger wertvollen zu erhalten;[51] weshalb soll aber Gleiches auch dann gelten, wenn die Güter *verschiedenen Personen* zustehen?[52]

Die oben erwähnten Darlegungen *Bindings* und *Merkels* illustrieren, mit welcher Unbefangenheit selbst namhafte Autoren diese Übertragung vornahmen. Nur vereinzelt finden sich umfangreichere Versuche, die These von der personenübergreifenden Güterverrechnung zu begründen. *Sauer* sucht sie aus Voraussetzungen zu deduzieren, die so allgemein sind, daß sie auf weitgehende Zustimmung rechnen können. Die Ableitungskette *Sauers* krankt jedoch daran, daß sie auf jeder ihrer Stufen von Zusatzprämissen lebt, die *Sauer* einführt, ohne sie als solche kenntlich zu machen, geschweige denn, sie zu begründen. Als Ausgangspunkt seiner Deduktion und als allgemeines Rechtfertigungsprinzip dient *Sauer* der Satz, rechtmäßig sei ein Wirken, das den staatlichen Zwecken entspreche.[53] Dies ist eine Leerformel,

---

weil derjenige, der ein Gut auf Kosten eines anderen Guts erhalte, dadurch immerhin einen gewissen „Erfolgswert" verwirkliche (*Lenckner* Notstand, S. 35; *Günther* JR 1985, 273; *Küper* JuS 1971, 477; *Noll* ZStW 68 [1956] 189; *Rudolphi* ZStW 78 [1966] 81 ff; *Ulsenheimer* GA 1972, 23; *Vogler* GA 1969, 105; vgl. ferner *Armin Kaufmann* Unterlassungsdelikte, S. 153f; *Kern* ZStW 64 [1952] 287f). Auch hinter *Günthers* „echtem Strafausschließungsgrund" der „notstandsähnlichen Lage" steht der Gedanke, daß der Erfolgsunwert des Eingriffs in einen fremden Rechtskreis durch dessen gütererhaltende Wirkung teilweise ausgeglichen werde (vgl. *Günther* Strafrechtswidrigkeit, S. 328). Dieses Argument beruht auf der stillschweigenden Prämisse, daß der Erhaltung von Rechtsgütern ein strafrechtlich beachtlicher *Eigenwert* zukomme – einer Prämisse, die ihrerseits nur vor dem Hintergrund der Überzeugung verständlich wird, es sei (in einem strafrechtlich relevanten Sinn) „gut", wenn gesamtgesellschaftlich möglichst viele Rechtsgüter zur Verfügung stünden. Dabei wird jedoch übersehen, daß der Schutz des Strafrechts nicht primär dem *Bestand* von Gütern als solchen, sondern deren *Verteilung* gilt (ähnlich *Neumann* „Vorverschulden", S. 212; auf diesen Gesichtspunkt wird sogleich noch genauer einzugehen sein). Weitere Kritik an dieser Position bei *Jakobs* AT 20/3; *Roxin* JA 1990, 99; *Timpe* JuS 1984, 864.

50 Dazu auch *Maurach* Kritik, S. 62f.

51 Exemplarisch *Meißner* Interessenabwägungsformel, S. 164: Dies sei das Entscheidungsprogramm, das jeder einzelne, jedenfalls in der Not, wie selbstverständlich wähle.

52 Eine sehr klare Darlegung der Problematik gibt *Baumgarten* Notstand, S. 59 Fn. 1. – In der neueren Notstandsdiskussion haben insbesondere *Lenckner* Notstand, S. 127f, *Küper* JuS 1987, 87 und *Merkel* Zaungäste? S. 189 auf diesen Punkt hingewiesen; von philosophischer Seite unterstreichen *Höffe* Ethik und Politik, S. 151 und *Rawls* Theorie der Gerechtigkeit, S. 41 ff den prekären Charakter der Übertragung einer *intra*personalen Verteilungsregel auf *inter*personale Verhältnisse.

53 *Sauer* Grundlagen, S. 273. – Inhaltlich gleichbedeutend ist die Formulierung der (späteren) *Allgemeinen Strafrechtslehre* (S. 53), wonach den Maßstab des Rechtmäßigkeitsurteils das staatliche Gemeinwohl bilde.

die nicht einmal ein Bekenntnis zum Konsequentialismus als zwingend erscheinen läßt; dem Selbstverständnis „des Staates", seinen „Zwecken", kann ebensogut wie die Hervorbringung guter Wirkungen eine möglichst weitreichende Garantie der „abstrakten" Handlungsfreiheit eines jeden Rechtsgenossen im Sinne *Kants* entsprechen. *Sauer* selbst versteht seine Ausgangsformel in konsequentialistischer Manier. Eine weitere seiner Äußerungen macht dies deutlich: Es müsse aus einer Handlung mehr Nutzen als Schaden *erwachsen*, dann sei sie rechtmäßig.[54] *Sauer* scheint diese Aussage als bloße Umformulierung seiner Ausgangsthese zu verstehen, weshalb er sie auch nicht näher begründet; tatsächlich jedoch entwickelt er mit ihr jene Prämisse in einer keineswegs selbstverständlichen – und deshalb durchaus begründungsbedürftigen – Weise fort. Mit der Festlegung auf eine konsequentialistische Betrachtung ist noch keine Entscheidung über die Kriterien getroffen, die über die Bewertung einer Folge als „nützlich" oder „schädlich" bestimmen;[55] je nach der Ausgestaltung dieser Kriterien ergeben sich äußerst unterschiedliche konsequentialistische Systeme.[56] *Sauer* selbst entscheidet sich für das Kriterium der Maximierung des gesellschaftlichen Gesamtgüterbestandes. Deshalb kann er in seinen *Grundlagen des Strafrechts* die §§ 228, 904 BGB umstandslos als „Ausstrahlungen" des von ihm entwickelten Grundgedankens bezeichnen;[57] in seiner späteren *Allgemeinen Strafrechtslehre* bemerkt er explizit, es verdiene „das wertvollere Gut ..., der größere ideelle (kulturelle) Nutzen, der bessere Dienst am Staats- und Volksganzen" den Vorzug.[58] Damit ergreift er *eine* innerhalb einer ganzen Reihe denkbarer Bewertungsoptionen. Weshalb er gerade sie und keine andere wählt, erläutert er wiederum nicht. Der von ihm prätendierte Ableitungszusammenhang entpuppt sich somit als eine Chimäre ohne eigenständige Begründungskraft.[59] An inhaltlich gehaltvollen Argumenten ist die Gütermaximierungsthese auch ansonsten bemerkenswert arm. Es findet sich nicht viel mehr als die These, der Bestand eines jeden Rechtsguts sei für die Rechtsordnung von höchstem Interesse,[60] denn jeder Verlust

---

[54] *Sauer* Grundlagen, S. 276 (Hervorhebung hinzugefügt); ebenso *ders.* Strafrechtslehre, S. 56. – *Maurach* Kritik, S. 62 meldet berechtigte Zweifel daran an, ob *Sauers* „Mehr-Nutzen-als-Schaden"-Prinzip mit der liberalen Staatsidee vereinbar sei.

[55] So auch *Drescher* Naturrecht, S. 14; *Hoerster* Utilitaristische Ethik, S. 12ff; *Köhler* Ethik, S. 95.

[56] Vgl. *Drescher* aaO S. 18.

[57] *Sauer* Grundlagen, S. 292.

[58] *Sauer* Strafrechtslehre, S. 56.

[59] Ähnlich wie *Sauer* argumentieren *Siegert* Notstand, S. 24f; *Wachinger* FG Frank, Bd. I, S. 510f sowie *H. J. Wolff* FS Sauer, S. 112f; ihre Darlegungen sind daher den gleichen Einwendungen ausgesetzt wie die Erörterung *Sauers*.

[60] So beispielsweise *Hammacher* Notstandshandlung, S. 37; *Stammler* Bedeutung des Nothstandes, S. 74.

wirke, wenn er auch in erster Linie den einzelnen treffe, indirekt auf das öffentliche Wohl zurück.[61] Insofern sei die Erhaltung des höherwertigen Guts „die volkswirtschaftlich beste Lösung“[62].

Der „regelmäßig gar nicht wahrnehmbare relative Anteil des ‚Erhaltungsguts‘ am Gesamtgüterbestand der Rechtsgemeinschaft“ sowie „die normalerweise gänzliche Ahnungs- und Teilnahmslosigkeit nahezu aller ihrer Mitglieder hinsichtlich des Notstandsgeschehens“ sprechen bereits gegen die *empirische Plausibilität* der Behauptung, „die Gesellschaft“ oder gar „die Rechtsordnung“ habe ein Interesse an einem möglichst hohen Gesamtbestand an Gütern.[63] Jedes einzelne Gesellschaftsmitglied hat in der Regel nur ein Interesse an dem rechtlichen Schutz *seiner* Individualinteressen.[64] Noch weitaus bedenklicher sind die *normativen Implikationen* dieser Auffassung. Zwar behandelt sie die Menschen insofern als gleich, als sie die Güter des einen für prinzipiell genauso wertvoll ansieht wie die Güter des anderen.[65] Sie geht jedoch von der höchst problematischen Annahme einer umfassenden zwischenmenschlichen Interessenharmonie aus.[66] Negativ gewendet: Die Gesamtverrechnungsthese abstrahiert von der „Getrenntheit der Personen“ und von deren Eigenständigkeit, die die Kehrseite jener Getrenntheit darstellt:[67] Die Rechtsgüter der einzelnen Personen werden von ihr „zu reinen Bilanzposten in der gesamten ‚Güterwirtschaft‘ einer Rechtsgemeinschaft gemacht“[68]; die einzelnen Personen tauchen bloß noch als *Orte* des Nutzens, als beliebig austauschbare Vertreter eines „Befriedigungssystems“[69], als Instrumente unpersönlicher Wertmaxi-

---

61 *Torp* ZStW 23 (1903) 101.

62 *Mauczka* Rechtsgrund, S. 50.

63 *Merkel* Zaungäste? S. 180.

64 *Renzikowski* Notstand, S. 194.

65 Vgl. *Köhler* Ethik, S. 8.

66 Zutreffend *Klesczewski* FS E. A. Wolff, S. 232.

67 Dies bemängeln auch NK-*Neumann* § 34 Rdn. 8; *ders.* JA 1988, 331; *Köhler* AT, S. 282 f; *Lippold* Rechtslehre, S. 355; *Renzikowski* Notstand, S. 42, 200 ff; *Merkel* Zaungäste? S. 189. – Die hier vorgetragene Kritik entspricht einem Standardeinwand gegen den Utilitarismus; vgl. *Rawls* Theorie der Gerechtigkeit, S. 45; *Williams* Moralischer Zufall, S. 13 (von dort stammt die im obigen Text verwendete Formulierung); *Köhler* Ethik, S. 98.

68 *Schröder* SchZStrR 75 (1960) 9; ebenso *Lenckner* Notstand, S. 26; ähnlich *Otte* Defensivnotstand, S. 116; *Küper* ZStW 106 (1994) 831.

69 So kennzeichnet *Williams* Moralischer Zufall, S. 13 den Utilitarismus. – Es ist nicht verwunderlich, daß diese „output“-orientierte und „technische“ Sichtweise (*Hassemer* FS Coing, Bd. I, S. 510) erst auf dem Höhepunkt der Industrialisierung größeren Einfluß zu erlangen vermochte; sie vollzieht theoretisch jene Reduktion von Individuen zu „Gattungswesen“ nach, die *Marx* als Kennzeichen einer arbeitenden Massengesellschaft diagnostiziert hat: Hier wie dort erscheinen Personen nur noch als „weltlose Exemplare des Menschengeschlechts“ (*H. Arendt* Vita Activa, S. 107). – Bemerkenswert ist allerdings, daß *John Stuart Mill*, der gemeinsam mit *Bentham* als einer der Stammväter des utilitaristischen Denkens gilt,

mierung[70] auf, sie spielen eine Rolle nur noch als „kontingente Bedingungen der zu maximierenden Aggregationsfunktion"[71]. *Baumgarten* hat dies in kritischer Absicht bereits im Jahre 1911 mit aller Schärfe herausgearbeitet: Eigentlich sei danach „ein jeder nur Verwalter der Güter, die er genießen darf, und wenn die Rechtsordnung ihn das nicht in jedem Augenblick fühlen läßt, so liegt dies daran, daß die Gesellschaft besser zu fahren glaubt, wenn die Verwalter sich als die Herren der Güter erscheinen"[72]. In Notstandssituationen lege die Rechtsordnung gleichsam die Maske ab; hier zeige sich, „daß die Rechtsordnung in Wahrheit das einzige schutzwürdige Interesse an der Erhaltung der Rechtsgüter hat"; *deshalb* „billigt (sie) die Aufopferung des geringeren Gutes zugunsten des höheren"[73]. Daß ein liberaler Staat einer solch weitgehenden Indienststellung seiner Bürger „nicht im entferntesten zuneigt", daß er darin vielmehr eine Verletzung ihrer *Integrität* erblicken muß,[74] *dies* ist es, was, wie *Henkel* zu Recht betont, „klar auf der Hand (liegt)"[75]: Das Individuum läßt sich in einem auf dem Prinzip persönlicher Freiheit beruhenden Staat nicht alle Eigenbedeutung absprechen, und sein Protest hat Erfolg.[76]

Neubecker hat schon 1910 klargestellt: „Die Rechtsordnung hat keine Interessen wahrzunehmen und sie hat keine Güter zu retten oder zu vernichten. Sie hat die Ordnung des sozialen Lebens zu sein und die Sphären der Menschen abzugrenzen, zu bestimmen, was sie tun und lassen sollen"[77]. Kurzum: Die Rechtsordnung soll

---

die im Text angesprochenen Konsequenzen ausdrücklich *nicht* gezogen hat. Er betrachtet die einzelnen Menschen vielmehr – geradezu kantianisch – als „ends in themselves"; in dem Recht eines jeden Menschen auf seinen individuellen Weg zum Glück fänden die gegenseitigen sozialen und moralischen Verpflichtungen ihre Grenzen. (Dazu näher *Boucsein* Mill, S. 241 f; *Wohlers* JZ 1999, 440.)

[70] *Nida-Rümelin* Kritik, S. 92.

[71] *Nida-Rümelin* aaO S. 57, der zu Recht auf den „erstaunliche(n) Rigorismus" einer solchen Theorie hinweist (aaO S. 66).

[72] *Baumgarten* Notstand, S. 58.

[73] *Baumgarten* aaO. – *Hammacher*, ein entschiedener Anhänger der Güterverrechnungsthese, formuliert diesen Zusammenhang mit bemerkenswerter Unbefangenheit: Da ein subjektives Recht einen Inhalt nur erhalte durch seine rechtsgüterfördernde Tendenz, so habe es bedingten Wert, und seine Geltung höre auf, wo es diese seine Funktion nicht mehr ausüben könne (*Hammacher* Notstandshandlung, S. 48).

[74] In diesem Vorwurf kulminiert die Konsequentialismus-Kritik von *Williams* (Kritik, S. 81) und – an ihn angelehnt – von *Nida-Rümelin* (Kritik, S. 89).

[75] *Henkel* Notstand, S. 85. – Daß das Prinzip der personenübergreifenden Güterverrechnung, konsequent durchgeführt, die individuelle Freiheit ausschalte und hierin in keiner Weise dem geltenden Recht entspreche, betont auch *v. Weber* Notstandsproblem, S. 111; in der neueren Literatur ebenso *Renzikowski* Notstand, S. 42, 204; *Kühl* FS Lenckner, S. 154.

[76] *Baumgarten* Notstand, S. 59.

[77] *Neubecker* Zwang, S. 318. – Die „Mißlichkeit" von Darstellungen, die den Eindruck erwecken, als befinde sich der „Staat" und nicht der „benötigte Täter" im Notstand, bemängelt auch *Hold v. Ferneck* Rechtswidrigkeit, Bd. II/1, S. 89.

nicht einen Bestand an Gütern maximieren, sie soll vielmehr *Freiheitsrechte garantieren*; sie ist eine Gerechtigkeits- und keine Versicherungsordnung.[78] Die kollektivistische Deutung der Notstandsvorschrift erweist sich als „einfältig“: Sie vermag zu wenig von dem „moralischen Gepäck dieser Welt“ zu tragen;[79] sie bricht sich an der liberalen Konzeption subjektiver Rechte, welche deren Funktion wesentlich in ihrer Eigenschaft als „Trümpfe“[80] erblickt – als Trümpfe, die der einzelne Rechtsinhaber den gesamtgesellschaftlichen Verrechnungsinteressen aus keinem anderen Grund entgegenhalten darf als dem, *daß* es seine Rechte sind.[81] „Die Verfassung nimmt die Gefahr eines partiellen Gemeinwohldefizits um der Freiheit willen in Kauf“[82]. So ist es dem Gefährdeten unbenommen, auf die Inanspruchnahme fremder Notstandshilfe zu verzichten.[83] Auch ist es der Rechtsordnung nach einem Beispiel *Reinhard Merkels* gleichgültig, wenn der Millionär, der soeben seinen Porsche zu Lasten einer klapprigen „Ente“ vor der drohenden Zerstörung bewahrt hat, den Wagen aus Aberglauben unmittelbar darauf verschrotten läßt.[84] Nicht anders als der philosophische Utilitarismus, der sich dadurch diskreditiert, daß er die sachliche Rangfolge von Gerechtigkeit und Kollektivwohl umkehrt,[85] demonstriert somit auch seine strafrechtliche Variante die Verwirrung, die entsteht, wenn „ökonomisches Kalkül und moralischer Anspruch nicht mehr auseinandergehalten werden können“[86].

---

[78] *Renzikowski* Notstand, S. 241.

[79] So das abschließende Verdikt *Williams'* über den Utilitarismus (Kritik, S. 103).

[80] *Dworkin* Bürgerrechte ernstgenommen, S. 14.

[81] Ähnlich NK-*Neumann* § 34 Rdn. 11; *ders.* JA 1988, 331; *ders.* Moralphilosophie, S. 257; *ders.* JRE 2 (1994) 87; *Köhler* AT, S. 282 f, 305; *Kühl* AT, § 8 Rdn. 8; *Renzikowski* Notstand, S. 196, 241. – Die Spannung zwischen der These, die Gerechtigkeit müsse so verstanden werden, daß sie immer auch dem eigenen Wohl eines jeden Handelnden diene, und der Forderung nach der Aufstellung einer gesamtgesellschaftlichen Güterbilanz löst sich nur dann auf, wenn man sich mit *Leibniz* auf einen *theologischen Regelutilitarismus* zurückzieht. (Diese Kennzeichnung der Position *Leibniz'* stammt von *Drescher* Naturrecht, S. 60.) Danach fordert zwar die Gerechtigkeit eine Verrechnung aller Güter. Gott aber stellt sicher, daß auch die Aufopferung fundamentaler Interessen für den einzelnen nützlich ist, weil Gott dieses Handeln im ewigen Leben belohnt. Daß dieser Ausweg einem säkularisierten Rechtsverständnis nicht mehr offensteht, bedarf kaum der Erwähnung.

[82] *Isensee* DÖV 1982, 615.

[83] StK-*Joecks* § 34 Rdn. 32; *Hruschka* AT, S. 166ff; *Jakobs* AT 13/29; *Kühl* AT § 8 Rdn. 35.

[84] *Merkel* Zaungäste? S. 179. – Der Sache nach findet sich dieses Argument bereits bei *Hold v. Ferneck* Rechtswidrigkeit, Bd. II/1, S. 93.

[85] *Höffe* Ethik und Politik, S. 152.

[86] *Gerhardt* Selbstbestimmung, S. 18f. – *Küper* ZStW 106 (1984) 831 merkt zu Recht an, es sei nicht ersichtlich, nach welchen Kriterien die Umwertung rechtlich geschützter Individualinteressen zu „gesellschaftliche(n) Nützlichkeitswerte(n)“ vonstatten gehen solle. Dies ist freilich nur ein Folgeproblem des *grundsätzlichen* freiheitstheoretischen Defizits der utilitaristischen Notstandsdeutung.

Die vorstehende Kritik darf allerdings nicht zu dem Fehlschluß verleiten, ein Interesse an der Erhaltung gefährdeter Güter sei dem Recht völlig fremd. Davon kann nicht die Rede sein. Rechtsgüter stellen „Daseinselemente der Freiheit“[87], „Subsidien kommunikativer Autonomie“[88] dar; die Selbstbestimmung „ist auch auf Güter angewiesen“[89]. Aus diesem Grund kommt der Möglichkeit, über einen gewissen Rechtsgüterbestand verfügen zu können, in der Tat eine eigenständige Freiheitsrelevanz zu. Jedoch unterscheidet sich ein darauf abstellender Begründungsansatz tiefgreifend von demjenigen eines kollektivistisch orientierten Konsequentialismus. Erstens ordnet er das maßgebliche Interesse an der Rechtsgütererhaltung nicht dem anonymen und abstrakten Großsubjekt „Gesellschaft“ als solchem zu; vielmehr begreift er dieses Interesse als Ausfluß der Rechtsstellung der einzelnen Gesellschaftsmitglieder. Und zweitens betrachtet er das Interesse an der Rechtsgütererhaltung nicht als das leitende Legitimationsprinzip, sondern lediglich als ein – für sich genommen unvollständiges und daher abstraktes – *Moment* der Idee rechtlich-realer Freiheit. Diese freiheitstheoretischen Zusammenhänge verkennt die konsequentialistisch-kollektivistische Auffassung; daher nimmt sie das Partikuläre fälschlicherweise für das Ganze. Sämtliche systematischen und inhaltlichen Schwierigkeiten dieser Ansicht gehen letztlich auf ihre freiheitstheoretische Unterkomplexität zurück. Deshalb kann sie zur Lösung des Notstandsproblems nichts Entscheidendes beitragen.

III. Fortentwicklungen der ursprünglichen Konzeption

1. Diffusion der Folgenbewertungskriterien: Die Diskussion der 20er- und 30er-Jahre und die heute herrschende „Gesamtabwägungslehre“

Überblickt man in heutigen Lehrbüchern die Literaturangaben zum rechtfertigenden Notstand, so mag man angesichts der zahlreichen dort zitierten Notstandsmonographien aus den 20er- und den 30er-Jahren[90] den Eindruck gewinnen, es sei die Diskussion der Zwischenkriegszeit gewesen, welche die entscheidenden Weichen

---

[87] *Zaczyk* Unrecht, S. 165.

[88] *Kindhäuser* ZStW 107 (1995) 728.

[89] *Kymlicka* Politische Philosophie, S. 124.

[90] Folgende Werke sind hervorzuheben: *Broglio* Der strafrechtliche Notstand im Lichte der Strafrechtsreform (1928); *Henkel* Der Notstand nach gegenwärtigem und künftigem Recht (1932); *Köhler* Der Notstand im künftigen Strafrecht (1926); *Maurach* Kritik der Notstandslehre (1935); *Siegert* Notstand und Putativnotstand (1931); *v. Weber* Das Notstandsproblem und seine Lösung in den deutschen Strafgesetzentwürfen von 1919 und 1925 (1925).

für die heutige Diskussion gestellt hätte. Für die hier interessierende Frage nach der generellen Legitimierbarkeit einer Regelung, die einen an der Konfliktentstehung Unbeteiligten dazu verpflichtet, einige seiner Güter zugunsten eines Fremden aufzuopfern, trifft dieser Eindruck indessen nicht zu. Der Beitrag, den die Diskussion der 20er- und 30er-Jahre zur Lösung dieses Problems geleistet hat, ist eher bescheiden. Über drei wichtige Punkte war man damals nämlich bereits weitgehend einig.

Erstens wurde die *prinzipielle Legitimität* eines Notstands*rechts* kaum mehr angezweifelt – wenngleich man dieses Recht regelmäßig eng begrenzen wollte.[91] Eine Rückkehr zu dem rigiden Standpunkt *Kants* zog niemand ernsthaft in Betracht; kein Erfolg war dem Versuch *Hold v. Fernecks* beschieden gewesen, die Strafbefreiung des Notstandstäters allein auf dessen psychische Zwangslage zu stützen, also nur einen entschuldigenden Notstand anzuerkennen. *Zweitens* erkannte die große Mehrheit der Teilnehmer an der Diskussion der 20er- und 30er-Jahre an, daß das Eingriffsrecht im Notstand sich nicht – jedenfalls nicht ausschließlich – auf ein angebliches gesamtgesellschaftliches Interesse an der Bewahrung der größtmöglichen Gütermenge stützen lasse.[92] Auf die Gründe dafür ist soeben ausführlich eingegangen worden.[93] Die wachsende Skepsis hinsichtlich des Folgenbewertungskriteriums der Güterverrechnung ließ jedoch die Attraktivität der Begründungsfigur unberührt, deren Umsetzung jene spezifische Konzeption der Folgenbewertung dargestellt hatte. Daher lag *drittens* den Notrechtsbegründungen der damaligen Zeit in der Regel nach wie vor eine Sequenz aus zwei aufeinander aufbauenden – allerdings regelmäßig unausgesprochen bleibenden – Thesen zugrunde: (a) Das Strafrecht solle Notstandssituationen in *konsequentialistischer* Manier, d. h. mit Blick auf die sozialen *Folgen* der verschiedenen zur Verfügung stehenden Verhaltensoptionen auflösen. (b) Dieser Konsequentialismus solle eine *„kollektivistische"* Form an-

---

91 Vgl. *Henkel* aaO S. 47; *Oetker* Über Notwehr und Notstand, S. 52, 57 Fn. 3; *ders.* Der Notstand, S. 337; *v. Weber* aaO S. 111. – Auch die gerichtlichen Entscheidungen zum sogenannten „übergesetzlichen Notstand" waren von dem Bestreben geleitet, eine Überschreitung des positiven Rechts nur in Ausnahmefällen und innerhalb enger Grenzen zuzulassen; dazu *Heinitz* FS Eb. Schmidt, S. 269ff.

92 Repräsentativ insoweit *Henkel* aaO S. 82: Gewähre man dem objektiven Gedanken den ihm gebührenden Raum, so lasse sich eine grundsätzliche Ablehnung der Güterabwägungslehre nicht aufrechterhalten. Allerdings erhöben sich gegen ihre uneingeschränkte Durchführung die stärksten Bedenken praktischer und ethischer Natur. – Vom traditionellen Güterabwägungsdenken geprägt ist hingegen die Position *Broglios* Notstand, S. 54: Maßgeblich für den rechtfertigenden Notstand sei das Prinzip der Wahl des kleineren Übels, und dieses Prinzip besage, daß die Rechtsordnung die Verletzung des minder wertvollen Guts zu Gunsten des wertvolleren billige.

93 Neben den dortigen Nachweisen vgl. noch *Heimberger* Ausschluß, S. 81; *Köhler* Notstand, S. 23.

nehmen, weil nur sie die personenübergreifende Verrechnung von Interessenquanten ermögliche.[94]

Daß diese Sichtweise sich ungeachtet ihres prekären Verhältnisses zum Begriff des subjektiven Rechts in der damaligen (und, wie in der Einleitung erwähnt, auch noch in einem beträchtlichen Teil der heutigen) Literatur behaupten konnte (und kann), dürfte sich wesentlich aus dem Mangel an brauchbaren Alternativen erklären. In *einem* Punkt waren die damaligen Befürworter eines Notstandsrechts gute Kantianer: Nicht anders als *Kant* waren auch sie davon überzeugt, daß der *Not als solcher* keine berechtigende Kraft zukomme.[95] Zwar hatte *Hegel* schon längst den Übergang vom „Sein" zum „Sollen" vollzogen, indem er nachgewiesen hatte, daß die Idee des Rechts auch die Kategorie eines Rechts auf das eigene Wohl umfaßt.[96] Eine adäquate Interpretation von *Hegels* Notstandslehre stand der damaligen Diskussion jedoch nicht zur Verfügung.[97] Deshalb schien dem „subjektiven Prinzip" der psychischen Zwangslage nur das „objektive Prinzip" des „vergleichsweisen Wert(s)" der miteinander kollidierenden Interessen[98] entgegengesetzt werden zu können – ein „Prinzip", das zwingend zu der entweder explizit ausgesprochenen oder durch die Zweck-Mittel-Formel verbrämten Entscheidungsregel von der Vorzugswürdigkeit des kleineren Übels führen mußte.

Angesichts dieser Vor-Festlegungen reduzierte sich das Grundsatzproblem für die Notstandsdiskussion der 20er- und 30er-Jahre auf folgende Frage: Wie lassen sich innerhalb des konsequentialistisch-kollektivistischen Begründungsschemas einige besonders unbefriedigend erscheinende Konsequenzen der älteren Güterab-

---

[94] Vgl. *Mezger* GS 89 (1924) 313 (oberstes Ziel allen Rechts sei die Erreichung des kompossiblen Maximums der Interessenbefriedigung im sozialen Zusammenleben); *v. Weber* Notstandsproblem, S. 102 f (die Willkür eines in seiner Herrschaftsmacht nicht eingeschränkten Interessenträgers könne in Kollisionsfällen zu Ergebnissen führen, die „im sozialen Interesse sehr unerwünscht" seien); *Eb. Schmidt* ZStW 49 (1929) 387 (es sei vom sozialen Standpunkt aus zu prüfen, ob durch die Aufopferung des mütterlichen oder durch die des kindlichen Lebens dem Interesse des Staates besser gedient sei [!]); *Henkel* Notstand, S. 68 (es gebe Notstandslagen, in denen die Aufopferung eines fremden Interesses zur eigenen Rettung nicht als sozialschädlich, nicht als den Interessen der Rechtsordnung zuwiderlaufend, sondern als sachgemäß und vernünftig beurteilt werden könne); *Maurach* Kritik, S. 69f (die „sozialethische Billigung" der Notstandshandlung ergebe sich aus der „Zusammenkoppelung von objektiver Nützlichkeit der Tat *und* ihrer Bewertung in den Kreisen ‚gesund' empfindender Volksgenossen"). – Die im Text genannte These (b) folgt keineswegs zwingend aus der These (a), da es ebenso wie einen „kollektivistischen" auch einen egoistisch fundierten Konsequentialismus gibt.

[95] Vgl. z. B. *v. Buri* Notstand, S. 118; *Graf zu Dohna* Rechtswidrigkeit, S. 126; *Maurach* Kritik, S. 15.

[96] Dazu unter D.

[97] Zur Kritik an den *Hegel*-Deutungen *Kohlers* und *Bockelmanns* unten D. III.

[98] *Merkel* Kollision, S. 41.

wägungstheorie vermeiden? Die Antwort darauf lautete: Indem man die Kriterien der Folgenbewertung flexibler gestaltet. Damit war der Weg frei für jene zu Unrecht als „Theorien" bezeichneten Formeln, die bis heute die Diskussion beherrschen: Entweder man verrechnete an der Stelle von *Gütern* (bzw. rechtsgutsbezogenen Interessen) *Interessen* schlechthin (sogenannte Interessentheorie); oder aber man stellte, getrieben von einem *dégoût* gegenüber den angeblichen „materialistischen" Konnotationen des Interessenbegriffs und des Abwägungsgedankens,[99] auf den Satz von den richtigen Mitteln zum richtigen Zweck ab (sogenannte Zwecktheorie).[100] Ein nennenswerter Unterschied zwischen diesen beiden Auffassungen besteht nicht.[101] Beide sind rein formaler Natur; es lassen sich ihnen deshalb keine Aussagen darüber entnehmen, welche Bewertungsmaßstäbe bei ihrer Anwendung zugrundezulegen sind. Demzufolge vermögen sie ihre dogmatische Umsetzung in keiner Weise zu disziplinieren und zu kontrollieren. Rechtsmethodisch betrachtet, stellen deshalb beide Formeln weniger eine Verbesserung des unzureichenden Bewertungskriteriums „Rechtsgut" als vielmehr den Abschied von dem Versuch dar, ein konsistentes System von Bewertungskriterien zu formulieren:[102] Die Theorie kapituliert vor der Schwierigkeit der Materie.

Die in den 20er- und 30er-Jahren eingeleitete Diffusion der Bewertungsmaßstäbe kulminierte in der „Gesamtabwägungsthese", die *Lenckner* in seiner für die weitere Diskussion grundlegenden Monographie *Der rechtfertigende Notstand* (1965) vertrat[103] und die von der heute herrschenden Meinung übernommen wurde.[104] Nach

---

[99] *Locus classicus* dieser Kritik ist die Bemerkung *Hold v. Fernecks* Rechtswidrigkeit, Bd. II/1, S. 66: „Allerdings hält Themis eine Waage in Händen. Aber sie wägt Schuld und Sühne, nicht ‚Rechtsgüter'; noch weniger Sachen und Geld. Dies besorgt das Hökerweib."

[100] Umfangreiche Nachweise zu beiden Positionen bei *Lenckner* Notstand, S. 50ff.

[101] *Lenckner* aaO S. 128ff.

[102] Ähnlich *Meißner* Interessenabwägungsformel, S. 183.

[103] *Lenckner* Notstand, S. 89ff; ebenso *ders.* GA 1985, 295ff; *ders.* GS Noll, S. 250f; *ders.* JuS 1988, 354.

[104] KK-*Rengier* § 16 OWiG Rdn. 25; *Lackner/Kühl* § 34 Rdn. 6; LK-*Hirsch* § 34 Rdn. 3, 53, 62; *ders.* FS Bockelmann, S. 97f; SK-*Samson* § 34 Rdn. 3, 39ff; Sch-Sch-*Lenckner/Perron* § 34 Rdn. 22; *Tröndle/Fischer* § 34 Rdn. 8f; *Baumann/Weber/Mitsch* AT § 17 Rdn. 68ff; *Eser/Burkhardt* Strafrecht I, Fall 12 A 33, 46; *Freund* AT § 3 Rdn. 65; *Gropp* AT § 6 Rdn. 135; *ders.* Schwangerschaftsabbruch, S. 90; *Haft* AT, S. 90, 96; *Jescheck/Weigend* AT § 33 IV 3 c; *Kühl* AT § 8 Rdn. 103; *Maurach/Zipf* AT 1 § 27 Rdn. 22; *Otto* AT § 8 Rdn. 174ff; *ders.* Pflichtenkollision, S. 129; *ders.* FS Würtenberger, S. 139; *Roxin* AT 1 § 16 Rdn. 22; *ders.* FS Jescheck, Bd. 1, S. 464f; *ders.* FS Oehler, S. 183f; *Schmidhäuser* AT 9/71, 74; *Wessels/Beulke* AT Rdn. 311; *Belling* Rechtfertigungsthese, S. 115; *Günther* Strafrechtswidrigkeit, S. 328; *Hellmann* Anwendbarkeit, S. 166; *Janker* Aids-Tests, S. 158ff; *Kelker* Nötigungsnotstand, S. 78, 84; *Kiefner* Provokation, S. 67f, 89; *Krey* Rechtsprobleme, Rdn. 583f, 593; *Onagi* Notstandsregelung, S. 86ff; *Otte* Defensivnotstand, S. 118ff; *Pfeffer* HIV-Tests, S. 129; *Reichert-Hammer* Fernziele, S. 175, 196; *Thiel* Konkurrenz, S. 98, 151f; *Aselmann/Krack* Jura 1999,

Lenckners Ansicht ist das Prinzip der Interessenabwägung „in der Sache selbst" begründet.[105] Dementsprechend stellt für *Lenckner* die Interessenabwägungsklausel des § 34 S. 1 StGB den Mittelpunkt der Notstandsvorschrift dar.[106] Die dortige Abwägung weitet er zu einer „Gesamtschau" aller entscheidungsrelevanten Umstände aus; alle „positiven und negativen Vorzugstendenzen"[107] seien einzubeziehen. Den Grundgedanken des rechtfertigenden Notstands erblicken die Vertreter der Gesamtabwägungsthese im Prinzip des überwiegenden Interesses (in dessen spezifischer Ausprägung als Vorzugswürdigkeit des kleineren Übels).[108] Hat man die Gesamtabwägungstheorie akzeptiert, so versteht sich diese Folgerung geradezu von selbst – welche andere Entscheidungsregel sollte man einer „Gesamtabwägung" auch zugrundelegen? Die methodischen und inhaltlichen Schwächen dieser Auffassung werden im einzelnen an späterer Stelle aufgezeigt.[109] Hier sei nur darauf hingewiesen, daß eine Theorie, die Freiheitsrechte zu Abwägungspartikeln zerreibt, der Herausforderung, die von der Vorstellung eines Rechts zu Notstandseingriffen ausgeht, von vornherein nicht gerecht werden kann. Zwar gestehen die Vertreter der

---

256; *Bergmann* JuS 1989, 111; *Küper* GA 1983, 295; *ders.* JuS 1987, 87; *ders.* ZStW 106 (1994) 833; *Maultzsch* JA 1999, 430; *Mitsch* JuS 1989, 966; *Rudolphi* GS Armin Kaufmann, S. 385; *Weber* Jura 1984, 371.

[105] *Lenckner* Notstand, S. 123.

[106] Der Gedanke, die Beurteilung einer Notstandshandlung von einer Interessenabwägung abhängig zu machen, ist außerordentlich alt. Nach der Interpretation *Loenings* soll bereits bei *Aristoteles* über Lob und Tadel von Notstandshandlungen das Verhältnis entschieden haben, in welchem das Übel der Handlung zu dem drohenden Übel stand, das durch die Handlung abgewendet werden sollte (*Loening* Zurechnungslehre, S. 203). Die italienischen Praktiker stützen die Straflosigkeit der Perforation auf die Erwägung, daß das höher zu bewertende Gut dem geringeren vorgehe (*Heimberger* Ausschluß der Rechtswidrigkeit, S. 15). In der älteren gemeinrechtlichen Strafrechtswissenschaft spielte der Gedanke der Interessenabwägung bei der Auslegung des Art. 166 CCC ebenfalls eine bedeutsame Rolle (vgl. *Schaffstein* Lehren vom Verbrechen, S. 83).

[107] *Hubmann* AcP 155 (1956) 123.

[108] LK-*Hirsch* Vor § 32 Rdn. 69, § 34 Rdn. 1; Sch-Sch-*Lenckner/Perron* § 34 Rdn. 1; SK-*Günther* Vor § 32 Rdn. 49; KK-*Rengier* § 16 OWiG Rdn. 2; *Baumann/Weber/Mitsch* AT § 17 Rdn. 44; *Ebert* AT, S. 80; *Freund* AT § 2 Rdn. 4; *Gropp* AT § 6 Rdn. 112; *ders.* GA 1988, 15; *Jescheck/Weigend* AT § 31 II 2, § 33 III 1, IV 3; *Maurach/Zipf* AT 1 § 27 Rdn. 13; *Otto* AT § 8 Rdn. 5, 7, 164; *ders.* Pflichtenkollision, S. 113, 128 f; *Roxin* AT 1 § 14 Rdn. 41, § 16 Rdn. 3; *ders.* Kriminalpolitik, S. 27; *ders.* JA 1990, 97; *Stratenwerth* AT § 9 Rdn. 41; *ders.* ZStW 68 (1956) 54; *Kiefner* Provokation, S. 64; *Laber* Schutz des Lebens, S. 151; *Lenckner* Notstand, S. 51 ff, 84 ff, 145 f; *ders.* FS Lackner, S. 111; *Reichert-Hammer* Fernziele, S. 174; *Seelmann* Verhältnis, S. 32 ff; *Thiel* Konkurrenz, S. 79; *Rudolphi* GS Armin Kaufmann, S. 378, 395. – Ebenso deutet die zivilrechtliche Literatur den § 904 BGB: Erman-*Hagen* § 904 Rdn. 2; Palandt-*Heinrichs* § 228 BGB Rdn. 1; Soergel-*Fahse* § 228 BGB Rdn. 1; *Baur/Stürner* Sachenrecht, S. 275; *Brox* AT Rdn. 649; *Enneccerus/Nipperdey* AT 2 S. 1345; *Hübner* AT Rdn. 561; *Larenz/Wolf* AT § 19 Rdn. 31; *Pawlowski* AT Rdn. 857; *Konzen* Aufopferung, S. 108, 110.

[109] 2. Kap. B.

Gesamtabwägungsthese bereitwillig zu, daß die Beeinträchtigung der rechtlichen Autonomie des „unschuldigen“ Eingriffsadressaten in die erforderliche Abwägung eingehen müsse –[110] freilich nur als *ein* Gesichtspunkt neben zahlreichen anderen;[111] darin wird beispielsweise der Grund dafür erblickt, daß ein Notstandseingriff nur bei Gefahr eines *unverhältnismäßig* größeren Schadens rechtmäßig sein könne.[112] Auf diese Weise läßt sich der Bereich möglicher Notstandsfälle zwar einschränken. Das *eigentliche Legitimationsproblem* schneidet man sich allerdings von vornherein ab. Hat man erst einmal die Entscheidungsregel von der Vorzugswürdigkeit des kleineren Übels akzeptiert, läßt sich die Frage, weshalb die *Not* des einen *überhaupt* dazu in der Lage sein soll, das *Recht* des anderen zu übertrumpfen, nicht einmal mehr sinnvoll stellen, geschweige denn beantworten.[113]

---

[110] Beispielhaft sei verwiesen auf LK-*Hirsch* § 34 Rdn. 68; Sch-Sch-*Lenckner/Perron* § 34 Rdn. 38; *Roxin* AT 1 § 14 Rdn. 41; *Schmidhäuser* AT 9/82; *Stratenwerth* AT § 9 Rdn. 47, 105, 108; *ders.* ZStW 68 (1956) 50ff; *Lenckner* Notstand, S. 112f, 127f; *ders.* GA 1985, 312; *Reichert-Hammer* Fernziele, S. 199; *Thiel* Konkurrenz, S. 81f, 151; *Aselmann/Krack* Jura 1999, 256. – *Delonge* Interessenabwägung, S. 149ff spricht insofern von einem „Sphärenrechtsgut“. Es diene dem Sicherheitsbedürfnis der einzelnen Bürger, müsse allerdings durch Ordnunghalten im eigenen Bereich „verdient“ werden. Diese Terminologie ist höchst problematisch. Rechtliche Autonomie ist nicht ein „Gut“, das eine Person zusätzlich zu ihren sonstigen Gütern „hat“; bei ihr handelt es sich vielmehr um den Inbegriff von Rechtspersonalität als solcher.

[111] Exemplarisch sind insofern die Darlegungen *Schröders*: Neben der Verrechnung der beiderseits auf dem Spiel stehenden Güterwerte müsse *als weiterer Faktor* das in der Zuteilung der Rechtsgüter an den Einzelnen liegende Individualinteresse berücksichtigt werden (*Schröder* SchZStrR 75 [1960] 9); auch dies solle nur gelten, sofern es sich um höchstpersönliche Güter handle (*Schröder* FS Eb. Schmidt, S. 292).

[112] Sch-Sch-*Lenckner/Perron* § 34 Rdn. 38; *Jescheck/Weigend* AT § 31 II 3, § 33 III 2; *Roxin* AT 1 § 14 Rdn. 41, § 16 Rdn. 41f, 93; *Stratenwerth* AT § 9 Rdn. 47, 105, 108; *ders.* ZStW 68 (1956) 50, 54, 66f; *Lenckner* Notstand, S. 112f; *ders.* GA 1985, 312; *Reichert-Hammer* Fernziele, S. 199; *Thiel* Konkurrenz, S. 151; *Hirsch* FS Bockelmann, S. 111f.

[113] Zutreffend *Renzikowski* Notstand, S. 41, 200; ablehnend zur legitimationstheoretischen Tauglichkeit des Interessenabwägungsgedankens auch *Köhler* AT, S. 282. – *Cum grano salis* gilt Gleiches für die der Wertphilosophie verpflichteten Auskünfte, wonach die Auflösung einer Güterkollision dann rechtmäßig sei, wenn sie „die Merkmale eines richtigen Wertvorzuges“ aufweise (*Bockelmann/Volk* AT, S. 96; vgl. auch *Noll* ZStW 68 [1956] 183ff) bzw. wenn „der in der konkreten Situation dringlichere Wertanruf zum Nachteil des weniger dringlichen beachtet“ werde (*Schmidhäuser* AT 9/68). Auch mit Blick auf seine inhaltliche Diffusität ist der Wert- dem Interessenbegriff ebenbürtig. – Unter legitimationstheoretischen Gesichtspunkten noch problematischer ist es, wenn *Rudolphi* GS Armin Kaufmann, S. 395 zum Aggressivnotstand ausführt, Opfer und Begünstigter seien gleichberechtigt, so daß (!) die Rechtfertigung der Notstandshandlung grundsätzlich allein davon abhänge, daß das vor Schaden bewahrte Rechtsgut das beeinträchtigte Rechtsgut überwiege. Hier wird der Umstand außer Acht gelassen, daß der Eingriffsadressat immerhin auf eine unstreitige *Rechtsposition* verweisen kann, während das Gegenrecht des Begünstigten erst noch legitimiert werden muß. – Das Gleiche muß sich *Delonge* vorhalten lassen. Seiner Meinung nach muß

2. Neuere „utilitaristische" Notstandskonzeptionen

a) Überblick

Auf die Gesamtabwägungsthese der herrschenden Meinung und die mit ihr einhergehende Diffusion der Bewertungsmaßstäbe reagiert eine neuere Strömung im Schrifttum mit der Forderung, dem Begriff des Interesses in § 34 S. 1 StGB durch eine Beschränkung der Beurteilungsbasis wieder schärfere Konturen zu verleihen. Nur rechtsgutsbezogene Momente dürfen danach in die Interessenabwägung eingehen.[114] Im Ausgangspunkt lehnen die Vertreter dieser Auffassung sich damit eng an die klassische „utilitaristische" Notstandsdeutung an, wie sie um die Jahrhundertwende vertreten wurde.[115] Ließen sie es damit bewenden, so würden sie sich freilich sämtlichen

---

ein Interesse, dessen Verletzung strafrechtlich verboten ist, für das Strafrecht genauso relevant sein, wenn es auf der anderen Seite der Kollisionslage erscheint, also das Motiv für die Verletzung eines fremden geschützten Interesses bildet (*Delonge* Interessenabwägung, S. 55; ähnlich *Meißner* Interessenabwägungformel, S. 162 [gegen die von diesem beschworene „Perspektive der Rechtsordnung" zutreffend *Neumann* GA 1992, 95]). Die Möglichkeit, daß das im Tatbestand ausgesprochene Verletzungsverbot in solchen Fällen aufgehoben sei, bestehe ganz ursprünglich und aus der Natur des Verbots heraus; dies theoretisch in Frage zu stellen, würde einen Selbstwiderspruch des Rechts begründen (*Delonge* aaO). Indes verlangt die Bewertung von Interessen als schützenswert keineswegs, daß die Rechtsordnung auch die Mittel für ihre Erhaltung bereitstellen muß (zutreffend *Renzikowski* aaO S. 179). Vor allem aber vernachlässigt *Delonge* den Umstand, daß die konfligierenden Interessen hier unterschiedlichen Rechtsinhabern zugeordnet sind und die Kategorie des subjektiven Rechts der Zulassung überpersonaler Interessenverrechnungen prinzipiell kritisch gegenübersteht.

[114] Dazu im einzelnen 2. Kap. B.

[115] Hauptvertreter einer im Ansatz „utilitaristischen" Deutung des Aggressivnotstands im gegenwärtigen Schrifttum sind *Hruschka* AT, S. 68ff, 110ff; *ders.* JuS 1979, 390; *ders.* JR 1979, 126; *ders.* NJW 1980, 22; *Lugert* Gefahrtragungspflichtige, S. 62; *Meißner* Interessenabwägungsformel, S. 131ff; *Joerden* GA 1991, 414ff; *ders.* GA 1993, 247 f; der Sache nach auch *O. Lampe* NJW 1968, 92. – Einige der Schüler *Hruschkas* kennzeichnen das Prinzip des § 34 S. 1 StGB einerseits als „utilitaristisch", stützen aber andererseits die Duldungspflicht des in Anspruch Genommenen auf den Gesichtspunkt der „gegenseitige(n) Solidarität von Bürgern" (*Eue* JZ 1990, 767; *Unberath* JRE 3 [1995] 442, 450 einerseits, 445 andererseits). Auch *Hruschka* selbst führt in einer frühen Veröffentlichung die Eingriffsbefugnis im Notstand auf den Gesichtspunkt der Solidarität zurück (*Hruschka* FS Dreher, S. 209). Die Verknüpfung von Sozialpragmatik und Solidaritätsrhetorik ist unschlüssig. Ein Verhalten, das sich *prima facie* als *Schädigung* eines anderen darstellt, kann innerhalb einer um den Begriff der gegenseitigen Achtung zentrierten Rechtssemantik nur dann als gerechtfertigt angesehen werden, wenn es nicht auch die *Mißachtung* dieses anderen bedeutet, sondern unter Anerkennung seiner vollen Personalität stattfindet (zutreffend *Jakobs* Befreiung, S. 144). Jemandem eine Pflicht zur Solidarität aufzuerlegen impliziert demgemäß, ihn in seinem Status als Mitglied der betreffenden Gemeinschaft zu *bestätigen*. Solidarisch kann mit anderen Worten nur jemand handeln, der Bürger *ist* und in der Durchführung des solidarischen Akts Bürger *bleibt*. Eine Pflicht des Inhalts, sich zum bloßen „Rechnungsposten" innerhalb eines utilita-

Einwänden aussetzen, die gegen die Vorherrschaft des Güterabwägungsgedankens in jenem älteren Interpretationsansatz vorgebracht wurden. Die heutigen Vertreter der „utilitaristischen" Position müssen es sich daher angelegen sein lassen, den Gesichtspunkt der Güterabwägung seinerseits zu limitieren; diese Beschränkung muß in einer Weise erfolgen, die zum einen inhaltlich überzeugt und zum anderen die Einheit des Notstandsbegriffs wahrt. Die Meisterung dieser Doppelaufgabe gelingt auch den neueren „utilitaristischen" Notstandskonzeptionen nicht.

b) Einheitliche „utilitaristische" Wurzel der Notstandsregelung?

Dem Vorwurf, zu einer in sich gespaltenen Notstandskonzeption Zuflucht zu nehmen, ohne die damit verbundenen systematischen Schwierigkeiten hinreichend zu reflektieren, kann ein „utilitaristisch" argumentierender Autor auf zwei Wegen zu entgehen versuchen. Entweder er zeigt, daß es aus prinzipiellen Gründen ausgeschlossen ist, einen einheitlichen Begriff des rechtfertigenden Notstands zu entwickeln. Oder aber er weist nach, daß die Gesichtspunkte, aus denen sich die erforderlichen Begrenzungen des Notstandsrechts ergeben, entgegen dem ersten Anschein ebenfalls Ausprägungen eines konsequentialistisch-holistischen – nach der üblichen Terminologie: eines „utilitaristischen" – Denkens darstellen.

Den Versuch einer durchgängig „utilitaristischen" Interpretation des § 34 StGB unternimmt *Joerden*. Nach seiner Ansicht bilden konsequentialistische, auf die Handlungsfolgen abstellende Erwägungen die Basis nicht nur des Verrechnungsgebots in § 34 S. 1 StGB, sondern auch der Grenzen, denen dieses Verrechnungsgebot unterliegt. Während es jedoch im ersteren Zusammenhang um die Folgen der *konkreten Einzelhandlung* gehe (Akt-Utilitarismus), müßten die Verrechnungsgrenzen mithilfe der Frage nach den Folgen einer entsprechenden *allgemeinen Handlungspraxis* ermittelt werden (Regel-Utilitarismus).[116] Danach ginge es beispielsweise in dem bekannten Fall der zwangsweisen Blutentnahme[117] nicht um die intrinsische Schwere des Eingriffs in den Opferrechtskreis, sondern um die „Folgen für die Gesellschaft", welche die Zulassung eines solchen Eingriffs mutmaßlich nach sich ziehen würde.[118] Der Täter, der einen Eingriff unter so außergewöhnlichen Umständen vornimmt, daß eine nennenswerte Zahl von Wiederholungshandlungen

---

ristischen Gesamtkalküls degradieren zu lassen, läßt sich deshalb unter Solidaritätsgesichtspunkten nicht überzeugend begründen.

116 *Joerden* GA 1991, 414 ff. – Bereits diese Unterscheidung kritisiert *Renzikowski* Notstand, S. 249 ff.

117 Dazu näher 2. Kap. E. III. 3./5.

118 *Joerden* GA 1991, 426. – Dem Begründungsansatz *Joerdens* steht derjenige *Ottos* nahe. Allerdings gelangt *Otto* zum gegenteiligen Ergebnis; mit der herrschenden Meinung verneint er die Zulässigkeit der erzwungenen Blutentnahme (*Otto* AT § 8 Rdn. 185).

nicht zu erwarten ist, hätte danach bessere Rechtfertigungschancen als derjenige Täter, der einen ebenso schweren, aber „wiederholungsträchtigeren“ Eingriff vornimmt. Die Rechtfertigung der Notstandshandlung von Hypothesen über die Wahrscheinlichkeit ihrer Wiederholung abhängig zu machen, würde dem Autonomieanspruch der von dem Eingriff betroffenen *konkreten Person* indes nicht gerecht; der ihr abverlangte Autonomieverlust ist unabhängig davon, wie vielen anderen Personen in Zukunft möglicherweise ein entsprechender Autonomieverlust droht. Ein *qualitatives* Problem – die Frage nach den subjektiven Rechten *des Opfers*, den „Trümpfen“ in *seiner* Hand – würde auf diese Weise auf eine rein *quantitative* Dimension reduziert.[119] Die freiheitstheoretische Herausforderung des rechtfertigenden Notstands läßt sich so nicht bewältigen.[120]

c) Unvermittelte Nebeneinanderstellung der „utilitaristischen“ und der „deontologischen“ Notstandselemente

Die meisten der heutigen Vertreter einer im Ausgangspunkt „utilitaristischen“ Notstandsdeutung beschreiten zur Rettung ihrer Theorie einen anderen Weg: Sie relativieren die Tragweite ihrer Ausgangsbehauptung sogleich wieder. Sie konzedieren, daß das Prinzip der Maximierung des sozialen Gesamtnutzens die Notstandsregelung lediglich zum Teil erkläre; daneben müßten verrechnungsfeindliche Gesichtspunkte wie die Menschenwürde des Eingriffsadressaten und die rechtliche Autonomie beider Konfliktbeteiligten berücksichtigt werden. *Inhaltlich* sind derart begründete Restriktionen überzeugender als der Versuch *Joerdens*, ein qualitatives Problem zu einem quantitativen umzudeuten. Unter *methodischen* Gesichtspunkten fordert ein solches Vorgehen freilich die Anfrage heraus, ob sich auf seiner Grundlage noch ein einheitlicher *Begriff* des rechtfertigenden Notstands formulieren lasse. Auch in der älteren Literatur gab es bekanntlich Bestrebungen, das „Verrechnungsprinzip“ unter Berufung auf die rechtliche Eigenständigkeit der Konfliktparteien zu limitieren.[121] Die damaligen Vertreter dieser Position mußten sich indes vorhal-

---

[119] Zu Recht bemerkt in einem verwandten Kontext *Fletcher* ZStW 101 (1989) 807 f, Gleichheit sei kein quantifizierbares Rechtsgut; Gleichheit als Prinzip könne man logisch nicht als ein auf menschlichen Reaktionen beruhendes Interesse in die Waagschale der Abwägung legen. – Auch *Joerden* selbst bemängelt in einer anderen seiner Arbeiten die Gerechtigkeitsdefizite eines strikt utilitaristischen Denkens: Ein solches Denken würde auf eine völlige Nivellierung der Anteile der verschiedenen Personen an den vorhandenen Gütern hinauslaufen und könne zudem nicht gewährleisten, daß die Bedingungen der Möglichkeit von Gerechtigkeit (*pacta sunt servanda, neminem laedere* etc.) unangetastet blieben (*Joerden* ARSP 74 [1988] 329).

[120] Ebenso *Neumann* JRE 2 (1994) 88.

[121] Dazu oben II. 2. (a. E.).

ten lassen, mit den von ihnen für nötig gehaltenen Einschränkungen nichts weniger als ihre ganze Theorie zu opfern: „Halbheit und Konzessionen machen Falsches nicht richtig“[122]. Können ihre heutigen Nachfolger diesem harten Verdikt entkommen? Dies ist nicht der Fall. Ebensowenig wie ihren Vorgängern gelingt es den heutigen „Utilitaristen“ unter den Notstandsdogmatikern, die „utilitaristischen“ und die „deontologischen“ Züge ihrer Interpretation auf einer übergeordneten Systematisierungsstufe zu einer einheitlichen Theorie des rechtfertigenden Notstands zusammenzuführen.

Hruschka gibt sich im Hinblick auf die unter der Perspektive strikter Utilität nicht hinlänglich begreiflich zu machenden Notstandsvoraussetzungen des wesentlichen Überwiegens und der Angemessenheit damit zufrieden zu konstatieren, die heutige Rechtsordnung enthalte einen „Kompromiß“ zwischen dem von ihm sogenannten „Sicherungsprinzip“ – dem Grundsatz, daß jeder für die aus seinem Rechtskreis stammenden Gefahren selber einstehen müsse – und dem „Verrechnungsprinzip“[123]. Das dogmatisch entscheidende Problem, ob dem „Kompromiß“ nicht vielleicht eine *Theorie* unterlegt werden kann, behandelt *Hruschka* nicht. *Meißner* argumentiert in doppelter Hinsicht grundsätzlicher als der (in seinen Worten) „recht formal“ verfahrende *Hruschka*[124]: Er konzediert ausdrücklich, daß die Entscheidung für das (utilitaristisch verstandene) überwiegende Interesse eine „materiale Präferenzentscheidung“ enthalte, die „keineswegs selbstverständlich“ sei.[125] Zudem zeigt er auf, daß die Verabsolutierung einer utilitaristischen Notstandsdeutung nicht nur mit dem Wortlaut des § 34 StGB, sondern auch (und vor allem) mit fundamentalen Gerechtigkeitsprinzipien kollidieren würde.[126] Am Ende begnügt *Meißner* sich jedoch ebenfalls mit der Feststellung, die Angemessenheit des Mittels sei ein mit dem die Interessenabwägung beherrschenden „sozialpragmatische(n) Entscheidungsprogramm“[127] konkurrierendes gleichwertiges Prinzip.[128] Seine Herauslösung aus der Interessenabwägung diene „der Rationalisierung der Argumentation“; die Entscheidung werde „erheblich durchsichtiger“[129]. Ebensowenig wie *Hruschka* unternimmt es *Meißner*, einen einheitlichen *Begriff* des rechtfertigenden Notstands zu formulieren.[130]

---

[122] *Hold v. Ferneck* Rechtswidrigkeit, Bd. II/1, S. 50, 64.

[123] *Hruschka* AT, S. 113, 115 f.

[124] *Meißner* Interessenabwägungsformel, S. 132.

[125] *Meißner* aaO S. 179.

[126] *Meißner* aaO S. 182 ff.

[127] *Meißner* aaO S. 188.

[128] *Meißner* aaO S. 214.

[129] *Meißner* aaO S. 215.

[130] Dies kritisieren auch SK-*Günther* § 34 Rdn. 10, *Jakobs* AT 13/8 Fn. 19b und *Küper* ZStW 106 (1994) 831. – Die These, daß an der Spitze einer jeden plausiblen Ethik *mehrere* Prinzipien

Das *Begründungsdefizit*, das den Ausführungen *Hruschkas* und *Meißners* anhaftet, diskreditiert freilich nicht notwendig das von ihnen vertretene *Ergebnis*. Möglicherweise sind die verschiedenen Teilelemente der Notstandsregelung in der Tat so heterogen, daß der Verzicht auf einen in sich geschlossenen Notstandsbegriff unvermeidlich ist. Wäre dem so, dann müßte der in der Einleitung zu der vorliegenden Arbeit formulierte systematische Anspruch wesentlich modifiziert, wenn nicht sogar aufgegeben werden. Läßt man die bisherigen Überlegungen Revue passieren, so muß man zunächst konstatieren, daß die Regelung des rechtfertigenden Notstands ein *konsequentialistisches* Begründungselement enthält.[131] Der Satz, daß der Umfang der Pflichten des einen (des Eingriffsadressaten) mitbestimmt wird von der Situation (der Notlage) einen anderen, ist konsequentialistischer Natur; denn damit wird der *Situation* des letzteren ein intrinsischer Wert zugeschrieben und die Pflichtenstellung des anderen nach dessen Fähigkeit modelliert, auf diese Situation in einer für wünschenswert gehaltenen Weise einzuwirken.[132] Umgekehrt ist das klassische liberale Denken, wie es in exemplarischer Weise in der Rechtsphilosophie *Kants* hervortritt, durch eine konsequent *deontologische* Struktur gekennzeichnet; die moralische (bzw., wie hier, die rechtliche) Qualität einer Handlung ist danach allein nach dem Handlungstyp und seiner Übereinstimmung mit einer Regel zu beurteilen;[133] *Handlungen* sind intrinsisch wertvoll (oder wertlos).[134] Schließt die Verschiedenartigkeit deontologischer und konsequentialistischer Begründungsfiguren es aus, sie bei der Auslegung eines einzelnen Rechtsinstituts – wie hier des rechtfertigenden Notstands – zu einer in sich geschlossenen Gesamtkonzeption zu verbinden?

Eine unversöhnliche Gegensätzlichkeit zwischen den beiden Argumentationsmodellen läßt sich nur dann behaupten, wenn man jene begründungstheoretische Engführung wiederholt, die der Notstandsdiskussion aus den 20er- und 30er-Jahren des vergangenen Jahrhunderts zugrundelag: Der Konsequentialismus wird dabei mit

---

stünden und daß darin die Grenze jeden ethischen Systemdenkens liege, erfreut sich auch in der philosophischen Literatur beträchtlicher Zustimmung (z. B. *Bayertz*, Begriff und Problem, S. 21 [Nebeneinander von universalistischen und partikularistischen Orientierungen]; *Hoerster* Utilitaristische Ethik, S. 55; *Kersting* Theorien, S. 369; *Stegmüller* Erkenntnis 11 [1977] 75). Gleiches gilt für die Soziologie (z. B. *Gouldner* Reziprozität, S. 155). – Zur Kritik an derartigen Positionen *Rawls* Theorie der Gerechtigkeit, S. 52 ff; entschieden ablehnend auch *Lasars* Begründung, S. 131.

[131] Ebenso NK-*Neumann* § 34 Rdn. 6, 8; *ders.* Moralphilosophie, S. 256; *ders.* JRE 2 (1994) 85 f; *Küper* JuS 1987, 87; *ders.* ZStW 106 (1994) 830; *Merkel* Zaungäste? S. 182; für § 323c StGB auch *Morgenstern* Unterlassene Hilfeleistung, S. 135.

[132] Zu dem hier vorausgesetzten Verständnis von „Konsequentialismus" oben I.

[133] *Neumann* JRE 2 (1994) 82.

[134] *Nida-Rümelin* Kritik, S. 65.

seiner rigiden kollektivistisch-utilitaristischen Variante und das personalistisch orientierte Freiheitsdenken mit dessen nicht weniger rigoroser kantianischer Ausprägung gleichgesetzt. Beides ist nicht überzeugend. Der Utilitarismus ist nur eine besondere und keineswegs die einzige Erscheinungsform des Konsequentialismus.[135] Umgekehrt füllt die für die kantische wie für jede „altliberale" Rechtsphilosophie kennzeichnende Verabsolutierung des Moments der „negativen" Freiheit, der Freiheit, innerhalb der eigenen Rechtssphäre nicht gestört zu werden, den Begriff rechtlicher Freiheit nicht erschöpfend aus.[136] Deshalb setzt die Begründung einer Pflicht zur „positiven" Berücksichtigung der Belange fremder Personen nicht notwendig den Rückgriff auf eine utilitaristische Konzeption voraus. Es existiert vielmehr eine Theorie, die es gestattet, das Notstandsrecht statt als Bruch mit dem Begriff konkret-personaler Freiheit geradezu als dessen Erfüllung zu interpretieren. Dabei handelt es sich um die Lehre *Hegels*. Sie faßt das Totum rechtlicher Freiheit – oder, wie *Hegel* selber sagt: die „Idee des Rechts" – als *Einheit* der Momente negativer, auf Abgrenzung bedachter, und positiver, im Sinn eines Rechts auf das eigene Wohl verstandener Freiheit auf und hat die Notrechtsdiskussion in der ersten Hälfte des 19. Jahrhunderts nachhaltig geprägt. Unter D. wird *Hegels* Lehrstück über das Notrecht im einzelnen dargestellt. Es wird sich dort zeigen, daß *Hegels* Überlegungen einen tauglichen Ansatz zur Bewältigung der legitimationstheoretischen Herausforderung darstellen, die von dem Gedanken eines rechtfertigenden Notstands ausgeht. Am Bollwerk *Hegel*schen Denkens scheitert der negative Beweis, der Beweis der Alternativenlosigkeit, den *Hruschka* und *Meißner* für ihre These von der zweifachen Wurzel der Notstandsregelung hätten führen müssen.

---

[135] Dazu oben II. 3. (Auseinandersetzung mit *Sauer*); ebenso *Merkel* Zaungäste? S. 183; *Williams* Kritik, S. 41.

[136] Dazu näher unter D. IV.

C. Die Notstandsregelung als Ausprägung einer Rechtspflicht zur Solidarität?

I. Überblick

Im vorigen Abschnitt ist gezeigt worden, daß der Versuch nicht überzeugen kann, die Duldungspflicht im Notstand auf ein angebliches *Interesse des Kollektivsubjekts „Gesellschaft"* an der Erhaltung einer möglichst großen Menge von Rechtsgütern zu stützen. Dann aber bleibt nur die Möglichkeit, jene Pflicht unmittelbar auf die *Interessenlage der konkret von der Notlage betroffenen Person* zurückzuführen.[1] So verfahren diejenigen Autoren, die nach dem Vorbild von *Heinitz*[2] den Legitimationsgrund des Aggressivnotstands in dem Gedanken der *Solidarität* erblicken.[3] Der Gedanke, statt an ein abstraktes „gesamgesellschaftliches" Interesse direkt an das Interesse des jeweils Betroffenen anzuknüpfen, scheint sich in der Tat geradezu aufzudrängen. Trotzdem hatte die im vorigen Abschnitt behandelte ältere Notstandsdoktrin sich daran gehindert gesehen, auf ihn zurückzugreifen: Sie ging – methodisch völlig zu Recht – davon aus, daß sich aus dem *Faktum* der Not des einen nicht eine *Pflicht* des (leistungsfähigen) anderen ableiten lasse, zur Abwendung dieser Notlage beizutragen, und sie verfügte nicht über eine Theorie, die es ihr

---

[1] *Merkel* Zaungäste? S. 180, 190f.

[2] *Heinitz* Rechtswidrigkeit, S. 37f. – Als Vorläufer dieser Auffassung kann *Baumgarten* gelten, der sich zur Begründung eines Eingriffsrechts im Notstand auf die „sozialen Anlagen des Menschen" beruft, die sich in der Forderung nach „Gemeinsinn" manifestierten und den Egoismus in einem gewissen Umfang zurückdrängten (*Baumgarten* Notstand, S. 62ff). Auch *Baumgarten* macht allerdings noch Anleihen bei der holistischen Betrachtungsweise, die er im übrigen ablehnt; so wirbt er für die Anerkennung eines Notrechts mit dem Argument: „Je größer materielle Werte sind, mit um so größerer Energie arbeiten sie für die Gesamtheit" (aaO S. 64).

[3] *Lackner/Kühl* § 34 Rdn. 1; NK-*Neumann* § 34 Rdn. 9, 12; *ders.* JA 1988, 333; *ders.* Moralphilosophie, S. 257; *ders.* GA 1992, 95; *ders.* JRE 2 (1994) 87; SK-*Günther* § 34 Rdn. 1, 11; *ders.* JR 1985, 273; SK-*Samson* § 34 Rdn. 2; *ders.* NJW 1974, 2032; StK-*Joecks* § 34 Rdn. 1; *Haft* AT, S. 91; *Jakobs* AT 11/3; *ders.* Befreiung, S. 145f; *Kindhäuser* AT, S. 286; *Köhler* AT, S. 288f; *ders.* GA 1988, 443; *Kühl* AT § 8 Rdn. 9f; *ders.* FS Triffterer, S. 152; *ders.* FS Lenckner, S. 157; *ders.* FS Hirsch, S. 266; *Triffterer* Österr. Strafrecht (AT), S. 207, 229; *Wessels/Beulke* AT Rdn. 295; *Göbel* Einwilligung, S. 107; *Haas* Notwehr, S. 210; *Haubrich* Unterlassene Hilfeleistung, S. 36; *Kelker* Nötigungsnotstand, S. 79, 135, 162; *Keller* Provokation, S. 283f; *Kiefner* Provokation, S. 76, 86f; *Kratzsch* Verhaltenssteuerung, S. 356f; *Küper* Pflichtenkollision, S. 93; *ders.* Notstand, S. 27, 31, 148; *ders.* Staat, 118; *ders.* JuS 1987, 87; *Lesch* Notwehrrecht, S. 33, 53; *Ludwig* „Gegenwärtiger Angriff", S. 118, 122; *Renzikowski* Notstand, S. 188ff, 206; *Böse* ZStW 113 (2001) 59; *Bottke* Aids-Bekämpfung, S. 226f, 229; *Frister* GA 1988, 292; *Gallas* ZStW 80 (1968) 23f; *Krey*, Jura 1979, 321 Fn. 33; *Merkel* Zaungäste? S. 180; *ders.* Medizin, Ethik und Strafrecht, S. 156f; *Perron* Rechtfertigung, S. 94; *Roxin* FS Jescheck, Bd. 1, S. 471; *Seelmann* Solidaritätspflichten, S. 295; *Schreiber* FS Klug, Bd. I, S. 351.

ermöglicht hätte, den Graben zwischen dem Sein und dem Sollen zu überbrücken. Die Überzeugungskraft der Solidaritätskonzeption hängt demgemäß entscheidend davon ab, ob sie eine solche Theorie anzubieten vermag.

Dieser Aufgabe entziehen sich die meisten der Vertreter eines solidaritätsgestützten Notstandsverständnisses; *Hruschkas* Feststellung aus dem Jahre 1977, die Dimension der Solidarität im Recht sei bisher kaum entwickelt,[4] trifft auch auf den heutigen Diskussionsstand noch weitgehend zu.[5] Die Stellungnahmen, die zur Legitimation der Eingriffsbefugnis im Notstand auf den Solidaritätsgedanken zurückgreifen, weisen regelmäßig einen außerordentlich apodiktischen Charakter auf. Zumeist wird lediglich behauptet, *daß* der Gesichtspunkt der Solidarität ein eigenständiges Rechtfertigungsprinzip neben anderen Rechtfertigungsgrundsätzen darstelle[6] und *daß* der Betroffene eine Verletzung seiner „an sich" rechtlich geschützten Interessen in Notstandssituationen unter dem Gesichtspunkt der mitmenschlichen Solidarität hinnehmen müsse.[7] Damit wird freilich die Ausgangsthese dieser Auffassung lediglich *reformuliert*, nicht jedoch *begründet*. Sowohl der den betreffenden Äußerungen zugrundeliegende *Begriff* der Solidarität als auch das *Verhältnis* dieses Rechtfertigungsprinzips zu den übrigen Rechtfertigungsgrundsätzen verbleiben weitgehend im Dunkeln.

Wer mit dem Begriff „Theorie" mehr verbindet als ein Instrument zur Verschleierung von Zirkelschlüssen, wer also den Juristen nicht auf die Rolle des Zauberers beschränken will, „der zum Staunen aller einen Hasen aus dem Hut hervorzaubert, den er (doch nur) zuvor hineingesteckt hat"[8], der muß diesen Mangel an theoretischer Untermauerung bedauern. Dies gilt umso mehr, als dem „Zauberwort"[9] „Solidarität" keineswegs eine gleichsam selbstexplikative Kraft eignet. Im Gegenteil: „Solidarität", so wie dieses Wort in der öffentlichen, vor allem der politischen Rhetorik verwendet wird, ist ein „Proteus von Begriff"[10], eine „äußerst mehrdeutig(e)"[11] „Allerweltsformel"[12], ja letztlich kaum mehr als ein bloßes „Blankett"[13] – ein „Schlagwort, das vorzüglich Sonntagsreden, Kongresse und Sammel-

---

4 *Hruschka* FS Dreher, S. 209.

5 Ein entsprechendes Begründungsdefizit konstatierte jüngst auch *Kühl* FS Lenckner, S. 157f.

6 Beispielhaft *Jakobs* AT 11/3; *Jakobs* nennt daneben noch das „Prinzip der Verantwortung/Veranlassung" sowie das „Prinzip der Interessendefinition durch das Eingriffsopfer".

7 So zuletzt SK-*Günther* § 34 Rdn. 11.

8 Der Vergleich stammt von *Bernsmann* „Entschuldigung", S. 36, der ihn auf die theoretische Grundlage des § 35 StGB bezieht.

9 *Kühl* FS Lenckner, S. 157; *ders.* FS Hirsch, S. 266.

10 *Volkmann* Solidarität, S. 3.

11 *Khushf* Solidarität, S. 125.

12 *Weigand* Solidarität, S. 71. – Ähnlich *Lochman* Mitleiden, S. 7 („recht diffuser Begriff").

13 *Isensee* Solidarität, S. 99. – Auch in der strafrechtlichen Notstandsdiskussion ist kritisch auf die Leere und die inhaltliche Beliebigkeit des Begründungstopos „Solidarität" hingewiesen

bände ziert“[14], weil es „einerseits so warm, gemütlich und, obwohl ein Fremdwort, vertraut (klingt), daß sich jeder damit anfreunden kann“, weil aber andererseits „seine Allgemeinheit noch allemal ein Schlupfloch offenzulassen (scheint)“[15]. Das Wort leistet „keine Analyse der Problemlage“, sondern bietet „nur eine Kompaktbezeichnung des Problems“[16]. Die Diffusität des Wortes Solidarität erklärt sich vor allem daraus, daß es zu den „Zukunftsbegriffen“ im Sinne *Kosellecks*[17] gehört.[18] Seit dem 18. Jahrhundert – der „Sattelzeit“, in der sich, ebenfalls nach den Worten *Kosellecks*, die Herkunft zu unserer Gegenwart wandelt –[19] prägen derartige Begriffe, die, statt bereits etablierte Erfahrungen zu bündeln, erst künftig zu erringende Positionen vorformulieren (und dadurch den Gefahren der Ideologisierung und der Politisierung in besonderer Weise ausgesetzt sind), die politische Sprache in beständig zunehmendem Maße.[20] Angesichts dessen dürfte der Umstand, daß die Berufung auf „Solidarität“ als Begründungstopos in der gegenwärtigen strafrechtlichen Diskussion auf verbreitete Zustimmung stößt, entgegen der Vermutung *Kühls*[21] weniger mit der wissenschaftlichen Plausibilität als vielmehr mit der persuasiven Kraft des Solidaritätsbegriffs zusammenhängen: „Solidarität“ ist in der politischen Rhetorik und dem von dieser geprägten alltagssprachlichen Gebrauch ein vorwiegend „positiv besetztes“ Wort. Seine Legitimität als Topos der Pflichtbegründung zu bestreiten, ist schon deshalb schwierig, weil niemand gern als Befürworter „unsolidarischen“ Verhaltens gilt. Die Berufung auf „Solidarität“ er-

---

worden (*Meißner* Interessenabwägungsformel, S. 123, 130f; *Renzikowski* Notstand, S. 198; *Kühl* FS Triffterer, S. 151). Aus dieser Misere gelangt man nicht hinaus, indem man den Solidaritätsgedanken umstandslos mit dem Satz von der Vorzugswürdigkeit des kleineren Übels verknüpft (so aber Sch-Sch-*Lenckner/Perron* § 34 Rdn. 1; *Kindhäuser* AT, S. 286; *Lenckner* Notstand, S. 50, 112f, 123; *ders.* GA 1985, 312; *Reichert-Hammer* Fernziele, S. 196, 199; *Küper* Notstand, S. 31 Fn. 90; *ders.* JuS 1987, 87). Dieser Satz ist, jedenfalls wenn man ihn mit den genannten Autoren im Sinne der Gesamtabwägungsthese versteht, ebenfalls rein formaler Natur (dazu oben B.III.1.). Ebensowenig wie (nach einer von *Jakobs* [Norm, Person, Gesellschaft, S. 37] stammenden Wendung) ein Schiff an einem anderen ankern kann, vermag ein diffuser Begriff einen anderen zu bestimmen. Sobald man aber den freiheitstheoretischen Status und in seiner Folge auch den Inhalt des Solidaritätsbegriffs präzisiert, ist er mit *Lenckners* und *Küpers* Verständnis des Satzes vom geringeren Übel nicht mehr kompatibel (dazu 2. Kap. B.).

14 *Wildt* Art. Solidarität, Sp. 1008.

15 *Volkmann* Solidarität, S. 1.

16 *Luhmann* Differenzierung, S. 80.

17 *Koselleck* Begriffsgeschichte, S. 24.

18 Ebenso bissig wie treffend bemerkt *Luhmann*, Solidarität werde einem über die Medien versprochen, sonst wüßte man nichts davon (Differenzierung, S. 89).

19 *Koselleck* Einleitung, S. XV.

20 Vgl. *Koselleck* aaO S. XVff.

21 Vgl. *Kühl* FS Lenckner, S. 157; *ders.* FS Hirsch, S. 267.

möglicht insofern eine Umkehrung der Begründungslast: Nicht derjenige, der sich dieses Argumentationsgesichtspunkts bedient, erscheint als primär begründungspflichtig, sondern derjenige, der ihm widerspricht. Daß dieser rhetorische Trumpf auf dem Feld wissenschaftlicher Begründung nicht sticht, bedarf kaum der Erwähnung.

Freilich: So diffus und schillernd die verschiedenen Verwendungsweisen des Wortes „Solidarität" im einzelnen auch sein mögen, sie beruhen doch auf einer gemeinsamen Grundvorstellung. Diese besteht in der Idee gegenseitiger und gemeinschaftsstiftender Verbundenheit zwischen verschiedenen Personen, die ein Element der Verantwortung und der Sorge für andere einschließt.[22] Damit ist das eigentliche Begründungsproblem allerdings weniger gelöst als vielmehr verschoben; denn es fragt sich nun, wann (d.h. unter welchen Voraussetzungen) eine beliebige Verbindung zwischen mehreren Menschen eine solche Dichte aufweist, daß daraus Solidaritätspflichten in dem soeben skizzierten Sinne erwachsen können.

Der generelle Verständnishorizont oder, wie man im Anschluß an eine geläufige wissenschaftstheoretische Redeweise auch sagen kann, das *Legitimationsparadigma*, innerhalb dessen die praktische Philosophie der Neuzeit den Zusammenhang von Freiheit und (Rechts-)Pflicht erörtert, ist bereits in der Einleitung benannt worden: Es handelt sich um das Paradigma der *Selbstgesetzgebung*.[23] Dieser Gedanke enthält nur geringe inhaltliche Vorgaben. In prozeduraler Hinsicht ist der Umstand von Bedeutung, daß es nicht darauf ankommen soll, ob die Normadressaten den ihnen angesonnenen Pflichten *tatsächlich* zugestimmt haben, sondern darauf, ob sie ihre Zustimmung *vernünftigerweise* hätten erteilen müssen[24]. Dies hat zur Folge, daß es weniger auf den Akt der Zustimmung als solchen als auf den jeweils als relevant zugrundegelegten Vernünftigkeitsmaßstab ankommt.[25] Im Zen-

---

[22] *Volkmann* Solidarität, S. 6 mwN; ähnlich *Bayertz* Begriff und Problem, S. 11; *Kersting* Theorien, S. 23. – Zu den soziologischen Bedeutungskomponenten des Solidaritätsbegriffs *Göbel/Pankoke* Grenzen (insbesondere S. 463, 490f) sowie *Thome* Soziologie (insbesondere S. 220).

[23] Dazu oben Einl. B.

[24] Dazu näher *Kersting* Politische Philosophie, S. 32ff.

[25] Wenn in der Notstandsliteratur geltend gemacht wird, der Notstandseingriff müsse dem Betroffenen so erklärt werden können, daß auch er ihm vernünftigerweise zustimmen müßte (*Kühl* AT § 8 Rdn. 9; *Kelker* Nötigungsnotstand, S. 117, 162), so ist dies nicht falsch, aber unvollständig. Es bleibt nämlich die entscheidende Frage offen, wie Begründungen beschaffen sein müssen, damit sie Anerkennung als vernünftig (= zustimmungswürdig) finden können. *Kelker* aaO S. 153, 160 bemerkt dazu: Da das gefährdete Gut selbst ein Daseinselement von Freiheit sei, lasse sich das Interesse an seiner Erhaltung verallgemeinern; im Interesse einer größtmöglichen Verwirklichung von Freiheit sei es vernünftig, dem Schutz des bedeutenderen Werts – „selbstverständlich unter fest umschriebenen Voraussetzungen" – den Vorrang einzuräumen. Damit geht *Kelker* indes allzu unbekümmert über die zentrale freiheitstheoretische Herausforderung des rechtfertigenden Notstands hinweg – den Umstand, daß

trum der Auseinandersetzung mit den verschiedenen Theorien, die sich um die Konkretisierung des Selbstgesetzgebungsgedankens bemühen, muß daher die folgende Frage stehen: Wie ist die motivationale Ausstattung der Akteure der betreffenden Theorie beschaffen, welche normativen Gesichtspunkte können ihnen also nach den Vor-Festlegungen ihres Schöpfers als „vernünftig" plausibel gemacht werden? Dennoch würde das Anliegen des Legitimationsparadigmas der Selbstgesetzgebung verkennen, wer es als bloße Tautologie abtäte. Seine inhaltliche Bedeutung und unhintergehbare historische Berechtigung liegt vor allem darin, daß es den säkularen und auf der Gleichheit aller Rechtsgenossen beruhenden Charakter moderner Rechtsordnungen zum Ausdruck bringt.

Auch rechtliche *Solidaritäts*pflichten sind deshalb nur als rein innerweltlich begründete, auf der Gleichheit des Hilfspflichtigen und des Hilfsbedürftigen beruhende Verpflichtungen denkbar.[26] Dies unterscheidet Solidaritätspflichten in dem hier interessierenden Sinn grundlegend von religiös begründeten Hilfspflichten.[27] In der Perspektive seiner Kritiker war das traditionelle Verständnis der christlichen *caritas* dadurch gekennzeichnet, daß der Arme – als der Prototyp des in Not Befindlichen – „als berechtigtes Subjekt und Interessenzielpunkt vollständig verschwindet"; das Almosen war danach „nichts als eine Form der Askese, oder ein ‚gutes Werk', das das jenseitige Schicksal des Gebers verbessert"[28]. Zudem war der Empfänger, der nehmen wollte, ohne zu geben, der also nicht dazu in der Lage war, die Bedingungen seiner Existenz selbständig zu verändern, in der Statushierarchie der vorneuzeitlichen Welt ein gegenüber dem Gebenden „niedrigeres" Wesen.[29] Der

der *eine* Güterbestand *verschiedenen* Inhabern rechtlich zugewiesen ist. Letztlich lenkt *Kelker* ungeachtet ihrer „modernen" Terminologie das Notstandsproblem damit wieder in das alte holistische Gleis zurück. Auch *Kühl* gelingt es nicht, die Leerstelle überzeugend auszufüllen, die sein Gebrauch der Figur vernünftiger Zustimmungsfähigkeit hinterläßt. *Kühl* führt aus, vom moralischen Standpunkt der Unparteilichkeit und Gleichbehandlung aus sei es für jeden, der wisse, daß auch er in Not geraten könne, einsichtig, daß er sich dem in Not Geratenen nicht in den Weg stellen dürfe, wenn er nur ein vergleichsweise unverhältnismäßig geringeres Gut aufopfern müßte als es bei dem anderen auf dem Spiel stehe (*Kühl* FS Hirsch, S. 275; ähnlich *ders.* AT aaO). Das auf *Kant* (Metaphysik der Sitten [Tugendlehre], S, 589f) verweisende Argument, man dürfe einem in Not Geratenen deshalb nicht in den Weg treten, weil man auch selber in Not geraten könne, läuft auf einen „Appell an wohlverstandenes Eigeninteresse" hinaus (so zutreffend *Patzig* Ethik S. 7 zu der entsprechenden These *Kants*); eine umfangreiche Kritik dieses Ansatzes wird unter II. vorgetragen. Die von *Kühl* zusätzlich angeführten Gesichtspunkte der „Unparteilichkeit" und der „Gleichbehandlung" sind nur formaler Natur; aus ihnen lassen keine eigenständigen *inhaltlichen* Gründe für die Annahme von Solidaritätspflichten herleiten.

26 *Metz* Solidarität, S. 173.

27 Auch dazu *Metz* aaO.

28 *Simmel* Soziologie, S. 348.

29 *Gouldner* Reziprozität, S. 130ff; vgl. auch *Luhmann* Aufklärung Bd. 2, S. 139 sowie *Metz* Solidarität, S. 172.

Begriff einer rein säkular begründeten Solidarität wurde in der ersten Hälfte des 19. Jahrhunderts von den Schülern *Saint-Simons* und *Fouriers* (insbesondere von *Leroux*) denn auch ausdrücklich als Gegenbegriff zur christlichen Nächstenliebe mit ihrem als egoistisch denunzierten persönlichen Heilsstreben propagiert.[30] Den Solidaritätsbegriff in die Nähe des Ideals der Nächstenliebe zu rücken,[31] mag begriffsgeschichtlich zwar insofern legitim sein, als jener Begriff seit der zweiten Hälfte des 19. Jahrhunderts eine zentrale Rolle in der katholischen Soziallehre spielt.[32] Deren transzendent ansetzende Solidaritätsbegründung geht jedoch über die Interpretationsvorgaben des Selbstgesetzgebungsparadigmas hinaus und muß nachfolgend schon aus diesem Grund außer Betracht bleiben. Zudem kann Nächstenliebe nicht per Gesetz verordnet werden; ihren moralischen Wert findet sie erst in der – im Notstand gerade fehlenden – freien Entscheidung des Gebenden.[33]

Wie bereits ihre ursprünglich antireligiöse Tendenz vermuten läßt, hat die Semantik der Solidarität relativ moderne Wurzeln.[34] Man führt sie zumeist auf das Brüderlichkeitsideal der französischen Revolution zurück.[35] Die Nation – verstanden als die Gesamtheit aller Staatsbürger –, die sich in der Auseinandersetzung mit dem *ancien régime* konstituierte und bewährte, sollte demnach ihren Mitgliedern für deren Einsatz gleichsam im Gegenzug Schutz und Fürsorge garantieren. Fürsorgepflichten erschienen hier, ähnlich wie hernach im Bereich der Arbeiterbewegung, in deren Proklamationen die ursprüngliche *fraternité* zunehmend durch das Wort „Solidarität" verdrängt wurde,[36] primär als verbandsinterne Korrelate einer nach außen hin praktizierten *Kampfsolidarität*. Die heutige Regelung über den rechtfertigenden Notstand läßt sich auf diesem Weg schon deshalb nicht erklären,

---

30 Dazu *Boucsein* Mill S. 27ff; *Schmelter* Solidarität, S. 11; *Wildt* Art. Solidarität, Sp. 1005. – Freilich bestanden das religiös und das säkular begründete Verständnis noch geraume Zeit nebeneinander fort; die unterschiedlichen Modelle der Armengesetzgebung im 19. Jahrhundert (dazu *Metz* aaO S. 174ff) sind dafür ein anschauliches Beispiel. Im Verlaufe des 19. Jahrhunderts wurden die Verfechter der religiös fundierten Konzeption aber immer stärker in die Defensive gedrängt. Wenn *J. F. Stephen* in England noch in der zweiten Hälfte des 19. Jahrhunderts daran festhält, es sei unmöglich, irgendeines der großen Probleme im Zusammenhang mit der „Brüderlichkeit" zu lösen, ohne auf die grundlegenden Fragen der Religion zurückzugreifen (*Stephen* Liberty, S. 186ff), so steht gegen ihn der Geist seiner Zeit.

31 So beispielsweise *Höffe* Diskurse, S. 92; *Kersting* Theorien, S. 23; *Kühl* FS Hirsch, S. 259; *Lochman* Mitleiden, S. 9.

32 Dazu ausführlich *Schmelter* Solidarität, S. 83ff; einen konzisen Überblick gibt *Volkmann* Solidarität, S. 141ff.

33 *Meißner* Interessenabwägungsformel, S. 130.

34 *Wildt* Art. Solidarität, Sp. 1010. – *Luhmann* bemerkt, Solidarität sei ein Desiderat von Individuen, die mit Individualismus nicht zufrieden seien (Differenzierung, S. 89).

35 Dazu im einzelnen *Bayertz* Begriff und Problem, S. 11; *Metz* Solidarität, S. 172f; *Schmelter* Solidarität, S. 9; *Steinvorth* Solidarität, S. 55ff; *Volkmann* Solidarität, S. 136.

36 *Wildt* Art. Solidarität, Sp. 1006.

weil Notstandsrecht und Notstandspflicht sich nicht als Ausprägungen einer (wie auch immer gearteten) „Kampfgemeinschaft" auffassen lassen. „Kampfgemeinschaften" weisen nämlich notwendigerweise einen exklusiven Charakter auf; für die Anwendbarkeit der Notstandsnorm spielt hingegen der Mitgliedschaftsstatus der Konfliktbeteiligten keine Rolle. In der Arbeiterbewegung stellte Solidarität freilich nicht nur ein Kürzel für ein genossenschaftliches Organisationsprinzip dar. Der Begriff beinhaltete auch eine Forderung an den Rest der Gesellschaft; er legte den Finger „auf die offene Wunde des bürgerlichen Sozialmodells", als dessen wesentliche Schwäche sein rein negativ bestimmter Freiheitsbegriff ausgemacht wurde.[37] Der Bezug des Solidaritätsbegriffs auf den Freiheitsgedanken und dessen Realisierung in der bürgerlichen Gesellschaft, der hier seinen Ausdruck fand, wird an späterer Stelle wiederaufgegriffen werden.[38] Die Arbeiterbewegung selbst begnügte sich jedoch damit, Solidarität als politische Parole zu gebrauchen. Zu einem inhaltlich gehaltvollen Sozial- und Rechtsprinzip bildete sie den Solidaritätsbegriff nicht fort.[39]

Die Schwierigkeiten, welche die Aufgabe der Begründung allgemeiner Solidaritätspflichten mit sich bringt, sind in der gegenwärtigen philosophischen Diskussion nicht unbemerkt geblieben. Auch wenn bisweilen der Solidarität der Rang eines „sozialethischen Schlüsselbegriffs"[40] oder eines „sozialen Urphänomens"[41] zugesprochen wird, erscheinen der heutigen Philosophie Begriff und Begründung von Solidarität alles andere als unproblematisch.[42] Nach einer programmatischen Bemerkung von *Bayertz*, eines der besten Kenner der philosophischen Solidaritäts-Diskussion, liegt das Phänomen der Solidarität „wie ein erratischer Block in der moralischen Landschaft der Moderne. Es ist aus dem Alltag wohlbekannt, zugleich aber doch ein Fremdkörper geblieben"[43]. Die „relative Randständigkeit des Solidaritätsbegriffs"[44] sehen seine philosophischen Interpreten vor allem in der „Domi-

---

[37] *Volkmann* Solidarität, S. 136.

[38] Näher dazu unter D.III.3.

[39] *Volkmann* Solidarität, S. 152.

[40] So der Untertitel der begriffsgeschichtlichen Arbeit von *Schmelter* Solidarität; auch *Volkmann* aaO S. V, kennzeichnet den Terminus „Solidarität" als „Schlüsselbegriff von ungebrochener Aktualität".

[41] *Weigand* Solidarität, S. 191; ebenso *Volkmann* aaO S. 77, 208.

[42] Aus diesem Grund darf sich auch der Jurist keinesfalls mit der Versicherung beruhigen, das Solidaritätsprinzip im Recht beruhe auf einer nicht weiter deduktiv ableitbaren Wertentscheidung, die Entscheidung für dieses Prinzip sei nicht weiter begründbar (so aber *Renzikowski* Notstand, S. 197f).

[43] *Bayertz* Vorwort, S. 9; in der Formulierung zurückhaltender, aber in der Tendenz ähnlich *Preuß* Solidarität, S. 401: Der pflichtentheoretische Boden der Solidarität sei weniger genau vermessen als das Areal der traditionellen Rechtfertigungen für Verpflichtungen.

[44] *Bayertz* Begriff und Problem, S. 13.

nanz einer ethischen und politischen Kultur" begründet, „die in der Autonomie des Individuums ihren höchsten Wert hat"[45]. Zwei gegenläufige Wege, mit dem irritierenden Problem der Solidarität umzugehen, lassen sich innerhalb der neueren philosophischen Literatur unterscheiden: Entweder man unterstreicht die *Ausnahmestellung* von Solidaritätspflichten, indem man sich nur unter außerordentlich strengen Voraussetzungen dazu bereitfindet, von Solidarität im Vollsinne zu sprechen. Das Problem der Solidarität wird hier bewältigt, indem es *marginalisiert* wird. Oder aber man versucht umgekehrt, die systematische Sonderstellung von Solidaritätspflichten dadurch *zum Wegfall zu bringen*, daß man auch sie aus dem *do ut des*-Muster des gewöhnlichen Austauschvertrags ableitet. Der marginalisierenden Strategie des zuvor erwähnten Ansatzes steht hier eine *reduktionistische* Strategie gegenüber.

Dem erstgenannten Weg entspricht es, die Pflicht zur Solidarität an die Existenz *spezifischer Gemeinsamkeiten* zwischen dem Pflichtigen und dem Begünstigten zu knüpfen – Gemeinsamkeiten, wie sie im „sozialen Nahbereich"[46], beispielsweise innerhalb der Familie oder des Freundeskreises, in Vereinen oder religiösen Gemeinschaften entstünden.[47] Von Solidarität im eigentlichen Sinn kann nach diesem Verständnis nur dort gesprochen werden, wo Hilfeleistungen freiwillig und aus einem Gefühl der Verbundenheit heraus erfolgen.[48] Zudem falle die im eigentlichen Sinn solidarische Hilfe in den Bereich des Supererogatorischen; der Rezipient habe auf sie weder ein juridisches noch auch nur ein moralisches Recht.[49] Auf der Basis eines solchen Begriffsverständnisses büßt nicht nur eine in unpersönliche Leistungen eines bürokratischen Apparats transformierte Solidarität ihren ursprünglichen Charakter ein und schrumpft zu einer „entfremdete(n), entpersonalisierte(n) Soli-

---

[45] *Bayertz* Schwierigkeiten, S. 9. – Daß Solidarität heutzutage zwingend auf den Grundsätzen von Distanz und Autonomie beruhen müsse, betont zu Recht *Volkmann* Solidarität, S. 209.

[46] *Kaufmann* Solidarität, S. 164.

[47] *Bayertz* Schwierigkeiten, S. 10; siehe auch *dens.* Begriff und Problem, S. 21. Ebenso von soziologischer Seite *Hondrich/Koch-Arzberger* Solidarität, S. 12; *Kaufmann* aaO S. 168ff, 180. – Der Jurist *Erdmann* betonte bereits 1932, Solidarität sei nur da zu erfassen und zu belasten, wo sie wirklich vorhanden sei (Wandlung, S. 97). Den Partikularismus der Solidarität unterstreichen auch *Isensee* Solidarität, S. 113 sowie *Kersting* Solidarität, S. 415.

[48] *Bayertz* Begriff und Problem, S. 37; *Wildt* Solidarität, S. 212; vgl. auch *Roth* Solidarität, S. 408. – In dem Umstand, daß die Selbstbindung des einzelnen hier auf seiner freien Entscheidung beruhe und nicht durch physische Gewalt, ökonomische Notwendigkeit oder fraglos verinnerlichte moralische Zwänge präformiert sei, erblicken auch zahlreiche neuere Soziologen das Charakteristikum (und zugleich das spezifisch „Moderne") des Phänomens, das sie mit dem Namen „Solidarität" belegen: *Hondrich/Koch-Arzberger* aaO S. 9ff, 16, 21; *Kaufmann* aaO S. 169f, 173; vgl. ferner *Baurmann* Solidarität, S. 366.

[49] *Wildt* aaO S. 212f. – Zum begriffsgeschichtlichen Hintergrund *Schmelter* Solidarität, S. 27; unter soziologischen Gesichtspunkten *Gouldner* Reziprozität, S. 127.

darität"[50], einer „Quasi-Solidarität"[51]. Auch eine zwangsweise durchsetzbare Jedermanns-Rechtspflicht zur Solidarität, wie sie als Grundlage der notstandsbegründeten Duldungspflicht angenommen werden muß, erscheint vor dem Hintergrund eines solchen Verständnisses buchstäblich als ein Unding, als ein „hölzernes Eisen"[52].

Besser geeignet zur Legitimation des rechtfertigenden Notstands scheint auf den ersten Blick die reduktionistische Strategie zu sein. Dieser Ansatz stützt Solidaritätspflichten generell auf den Gesichtspunkt der „Tauschgerechtigkeit", er faßt sie *in toto* als Ausprägungen des Gedankens der Reziprozität auf: Jeder könne einmal in eine Notlage geraten; die Erwartung, in diesem Fall die solidarische Hilfe anderer in Anspruch nehmen zu können, dürfe er aber rationalerweise nur hegen, wenn er anderen auch seinerseits die entsprechende Hilfe gewähre.[53] Solidaritätspflichten reagieren danach nicht anders als sonstige Pflichten aus Gegenseitigkeitsverhältnissen auf den Umstand, daß eine Mehrzahl von Personen eine Vielzahl von Bedürfnissen erlebt, die allerdings für die einzelnen zu wechselnden Zeitpunkten akut werden;[54] das daraus resultierende Problem des Zeitausgleichs[55] wird durch die Etablierung von Pflichtnormen gelöst. Dem Institut des rechtfertigenden Notstands kommt in dieser Lesart quasi der Charakter eines Versicherungsverhältnisses zu: Der einzelne Bürger wird von gewissen Daseinsrisiken entlastet; er profitiert von einem „Weniger an Lebensangst"[56]. Dafür muß er eine mäßige „Versicherungsprämie" in Gestalt der Verpflichtung zahlen, in Notfällen gegebenenfalls selber in einem bestimmten, die eigene Lebensführung nicht nennenswert in Mitleidenschaft ziehenden Ausmaß in Anspruch genommen zu werden. Diesen Weg einzuschlagen erscheint verlockend zum einen wegen seiner vermeintlichen Voraussetzungsarmut, die dem Bestreben der zeitgenössischen Philosophie nach „Metaphysikfreiheit" entgegenkommt, und zum anderen wegen seines Vereinfachungseffekts: Die Solidaritätspflichten würden die problematische Sonderstellung verlieren, die ihnen *prima facie* gegenüber den Verpflichtungen inner-

---

[50] *Kersting* Solidarität, S. 422.

[51] *Bayertz* Staat, S. 321; *ders.* Begriff und Problem, S. 37.

[52] So kennzeichnet *Denninger* Verfassungsrecht, S. 337 die Vorstellung einer „Zwangs-Solidarität".

[53] *Locus classicus* dieser Begründungsfigur ist die Argumentation *Kants*: Metaphysik der Sitten (Tugendlehre), S. 589f; weitere Nachweise unter II. und III.

[54] Vgl. *Luhmann* Aufklärung Bd. 2, S. 137.

[55] *Luhmann* aaO.

[56] *Meißner* Interessenabwägungsformel, S. 191; der Sache nach auch *Renzikowski* Notstand, S. 197 Fn. 164; für den Parallelfall der Hilfspflicht nach § 323c StGB ebenso *Morgenstern* Unterlassene Hilfeleistung, S. 134f; von moralphilosophischer Warte aus ferner *Stemmer* Handeln zugunsten anderer, S. 200, 260f.

halb von Austauschverhältnissen zukommt; denn mit dem Reziprozitätsgedanken würden beide Gruppen von Pflichten auf ein einheitliches Begründungsfundament gestellt.

So einleuchtend diese Parallele auf den ersten Blick erscheinen mag, sie ist dennoch nicht ohne Probleme. Der Rechtsgrund für die Pflicht zur Prämienzahlung liegt im Fall des „gewöhnlichen" Versicherungsvertrags in dem Umstand, daß der Versicherungsnehmer die betreffende Verpflichtung durch den Vertragsschluß *übernommen* hat. Bei dem Vertragsschluß handelt es sich um ein distinktes Ereignis, dessen Beachtlichkeit und Inhalt nach vorgängig etablierten Rechtsregeln beurteilt werden. Auf die außervertraglichen Motive, die den Versicherungsnehmer zur Übernahme der Verpflichtung bewogen haben – regelmäßig die Annahme, auf diesem Weg seinem wohlverstandenen Eigeninteresse am besten zu dienen –, kommt es für die Feststellung von deren Grund und Umfang prinzipiell nicht an. So einfach liegen die Dinge bei der Pflicht zur Duldung von Notstandseingriffen nicht. Einen tatsächlichen Zustimmungsakt, auf den diese Verpflichtung sich stützen ließe, gibt es hier nicht. Will man dennoch an der Analogie zum Versicherungsverhältnis festhalten, so ist dies nur dadurch möglich, daß man die fehlende *tatsächliche* durch eine *unterstellte* Zustimmung ersetzt. Wie bereits an früherer Stelle erwähnt, stellt die Lehre vom Gesellschaftsvertrag das einschlägige Begründungsmuster bereit: Erforderlich, aber für die Zwecke der Theorie auch ausreichend ist der Nachweis, daß der Inhaber der Pflicht vernünftigerweise gar nicht anders gekonnt hätte, als dem seine Verpflichtung begründenden Regelwerk zuzustimmen. Was sich den Parteien des hypothetischen Vertragsschlusses gegenüber als „vernünftig" ausweisen läßt, hängt wiederum davon ab, von welchen Vorannahmen über ihre physische und soziale Ausstattung man ausgeht. Auch hier bleibt also der Rechtsgrund der Verpflichtung – die unterstellte Zustimmung – von den Motiven für ihre Erteilung *konstruktiv* geschieden; *sachlich* aber werden die Weichen mit der Erörterung der letzteren Frage gestellt; die unterstellte Zustimmung ist dann wenig mehr als eine Formalität.[57]

Entscheidend ist im gegenwärtigen Zusammenhang demnach, wie man die Akteure konzipiert, denen man unterstellt, sie akzeptierten die Pflicht zur Duldung etwaiger Notstandseingriffe als „Preis" für ihre eigene Freistellung von gewissen Lebensrisiken. Es kommen im wesentlichen zwei Modelle in Betracht. Dabei handelt es sich erstens um das Modell des wohlverstandenen Eigeninteresses, der *Klugheit* (dazu unter II.), und zweitens um das Modell der *Fairneß*, die sich von der ausschließlichen Bindung an jene Eigeninteressen emanzipiert hat (dazu unter III.). Bei genauerer Betrachtung dieser beiden Argumentationsmodelle wird sich zeigen, daß

---

[57] Vgl. *Verf.* Betrug, S. 68 Fn. 2.

auch sie das hier zur Diskussion stehende Legitimationsproblem nicht – jedenfalls nicht vollständig – lösen können. Dieses unbefriedigende Ergebnis legt es nahe, nach einem weiteren Legitimationsansatz Ausschau zu halten. Ein solcher Ansatz ist in der Tat verfügbar. Dieser hält zwar daran fest, daß die Notstandsregelung einem unmittelbaren Eigeninteresse des in Not Befindlichen – und nicht einem angeblichen „gesamtgesellschaftlichen" Interesse an Gütermaximierung – dient. Er löst den rechtfertigenden Notstand jedoch aus der Verknüpfung mit dem Reziprozitätsgedanken. Stattdessen qualifiziert er die Duldungspflicht im Notstand als quasi-institutionelle Verpflichtung in dem eingangs erläuterten Sinne[58]: Der Eingriffsadressat wird in einem seine eigene Lebensführung nicht nennenswert beeinträchtigenden Ausmaß für aufopferungspflichtig erklärt, *weil* der Gefährdete seine Güter zur Fortführung einer selbständigen Existenz benötigt. Dieses Verständnis hat beträchtliche Konsequenzen für die systematische Stellung sowie die inhaltliche Reichweite der Notstandspflicht. Es liegt der hiesigen Deutung der Notstandsregelung zugrunde; im Abschnitt D. wird es im einzelnen entwickelt.

II. Solidarität als Konsequenz verständigen Eigeninteresses?

1. Die Position Reinhard Merkels

„Die Erde, auf der wir leben, ist der Stern des persönlichen Interesses"[59]. Wo in der wissenschaftlichen Literatur ein Zusammenhang zwischen der Pflicht zur Solidarität und dem Reziprozitätsgedanken hergestellt wird, dort geschieht dies zumeist unter Bezugnahme auf das wohlverstandene Eigeninteresse des Pflichtigen.[60] Was der Reziprozitätsgedanke freisetze, sei ein „Altruismus im Egoismus"[61]. Es ist danach für jeden der Rechtsgenossen eine rationale Entscheidung, der Auferlegung gewisser Solidaritätspflichten zuzustimmen, weil die betreffenden Regelungen ihm insgesamt mehr Vor- als Nachteile brächten. Vor allem *Reinhard Merkel* hat im Anschluß an den Neo-Kontraktualismus *Rawls*'scher Provenienz den Versuch unternommen, dieses Interpretationsmodell auch für die Begründung der Duldungs-

---

[58] Dazu Einl. D.

[59] *v. Stein* Geschichte der sozialen Bewegung, Bd. III, S. 194.

[60] Aus der philosophischen Literatur: *Bayertz* Schwierigkeiten, S. 13; *ders.* Begriff und Problem, S. 14; *Höffe* Diskurse, S. 92; *Isensee* Solidarität, S. 103, 127; aus der soziologischen Literatur: *Gouldner* Reziprozität, S. 102; *Hondrich/Koch-Arzberger* Solidarität, S. 14, 23; *Thome* Soziologie, S. 253f; aus der sozialpsychologischen Literatur: *Bierhoff* Psychologie hilfreichen Verhaltens, S. 11; *ders./Küpper* Sozialpsychologie der Solidarität, S. 286ff; aus der evolutionsbiologischen Literatur: *Wilson* Altruismus, S. 141ff; aus der sozialgeschichtlichen Literatur: *Metz* Solidarität, S. 192.

[61] *Gouldner* aaO S. 102.

pflicht im Notstand fruchtbar zu machen.[62] Mit *Rawls* teilt *Merkel* die Annahme sogenannter „Grundgüter". Dies seien „Güter, die nicht bloß als Mittel zur Verwirklichung irgendeines konkreten, sondern als Grundlage *jedes* nur denkbaren vernünftigen Lebensplans (worin immer er bestehen mag) innerhalb der Gesellschaft erforderlich sind"[63]. Diese „Grundgüter" sind also für jedermann von fundamentaler Bedeutung. Jedoch agieren bei *Merkel* ebenso wie bei *Rawls* alle an der Entscheidung über die Einführung einer bestimmten Rechtsordnung Beteiligten hinter einem sogenannten „Schleier des Nichtwissens"; niemand von ihnen kann also zuvor wissen, welche Rolle ihm im Rahmen eines künftigen Notstandskonflikts zufallen wird – ob die Rolle des Eingriffsberechtigten oder die des Duldungspflichtigen. Dies legt nach *Merkel* den Gedanken nahe, zumindest solche Interessen, die mit den Grundgütern in direktem Zusammenhang stehen, „einer gewissen Solidaritätsobhut jedes einzelnen gegenüber jedem anderen anzuvertrauen: zum Beispiel einer vorsichtig ausbalancierten Notstandsregelung wie der des § 34 StGB"[64]. Weil der „Schleier des Nichtwissens" für jeden Verhandlungsteilnehmer einen *unparteilichen* Standpunkt erzwinge, „wäre eine solche Vereinbarung problemlos als rationale wechselseitige ‚social insurance policy' interpretierbar. Der Solidaritätseffekt wäre damit nicht Ausdruck einer genuin moralischen Einstellung ..., sondern Folge einer ausschließlich rational motivierten Kooperation"[65].

Die Argumentation mit dem klugen Eigennutz kann sich auf eine solide anthropologische Basis stützen; die Alltagsweisheit, daß der Egoismus eine stark ausgeprägte Disposition des Menschen darstellt, findet in der verhaltensbiologischen Forschung ihre Bestätigung.[66] Unter normativen Gesichtspunkten ist *Merkels*

---

[62] Der Argumentation *Merkels* steht im Ergebnis die Begründung nahe, die *Patzig* Ethik, S. 7 zur Rechtfertigung von Solidaritätspflichten im allgemeinen gibt.

[63] *Merkel* Zaungäste? S. 184. – *Kersting* Theorien, S. 26ff spricht deshalb von „transzendentalen Gütern".

[64] *Merkel* aaO S. 184. – Bereits *Rawls* selber kennt eine über den ursprünglich definierten Inhalt des Minimalkonsenses hinausgehende Pflicht zur gegenseitigen Hilfeleistung: Obwohl aneinander desinteressiert, sind sich die Parteien im Urzustand darüber im klaren, daß sie in die Lage der Hilfsbedürftigkeit geraten können. Um vertrauensvoll in dem Glauben leben zu können, in der Not Unterstützung von anderen zu erhalten, wählen sie die genannte Pflicht (*Rawls* Theorie der Gerechtigkeit, S. 373f; kritisch dazu *Stegmüller* Erkenntnis 11 [1977] 69). Zudem erkennt *Rawls* aaO S. 139 eine „natürliche Pflicht" des Inhalts an, ein großes Gut hervorzubringen, wenn es verhältnismäßig leicht möglich ist – eine Pflicht, deren Nähe zu den typischen Notstandssituationen auf der Hand liegt.

[65] *Merkel* aaO S. 185.

[66] Vgl. *Wickler/Seibt* Eigennutz, S. 263; *Voland* Solidarität, S. 309; *Wilson* Altruismus, S. 138ff; allerdings stellt die neuere Forschung das Bild des Menschen als eines *ausschließlich* rationalen Egoisten massiv in Frage (*Bierhoff/Küpper* Sozialpsychologie der Solidarität, S. 291; *Wickler/Seibt* aaO S. 271; vgl. auch *Bierhoff* Psychologie hilfreichen Verhaltens, S. 48; *Thome* Soziologie, S. 253).

Begründungsansatz jedoch durch eine doppelte Engführung gekennzeichnet. Dies hat zur Folge, daß er einerseits *zu wenig konkret* und andererseits *zu wenig allgemein* ist. Indem *Merkel* sich auf den Nachweis beschränkt, daß rationale Egoisten gute Gründe hätte, sich im Urzustand auf die Einführung einer Norm nach Art des § 34 StGB zu einigen, blendet er sowohl die Problematik der Pflichtbegründung im Einzelfall (dazu unter 2.) als auch die Frage nach der Vereinbarkeit des Maßstabs der instrumentellen Vernunft mit übergeordneten strafrechtlichen Systemvorgaben (dazu unter 3.) aus. Von beiden Seiten her ist die von *Merkel* vertretene Konzeption erheblichen Bedenken ausgesetzt.

2. Instrumentelle Vernunft und Pflichtbegründung im Einzelfall

Die von *Merkel* vorgeschlagene Notstandsbegründung beruht auf bestimmten Vorannahmen über die moralische Identität der Pflichtadressaten; danach ist die einzige Äußerungsform der Vernunft, die diese anerkennen, die instrumentelle. Um diese rationalen Egoisten in ihrer Rolle als Mitgesetzgeber zur Einnahme eines unparteilichen Standpunkts zu nötigen, ist der Kunstgriff eines „Schleiers des Nichtwissens" unverzichtbar.[67] Rationale Egoisten sind die Akteure der Theorie indessen nicht nur *vor*, rationale Egoisten bleiben sie vielmehr auch *nach* der von ihnen beschlossenen Einführung einer Rechtsordnung bestimmten Inhalts: Der Abschluß des Gesellschaftsvertrags bewirkt keine Veränderung ihrer Identität,[68] und daher können ihnen hernach keine anderen Motivationsfaktoren als zuvor plausibel gemacht werden. Bei der alleinigen Maßgeblichkeit der instrumentellen Vernunft bleibt es daher auch dort, wo, bildlich gesprochen, der „Schleier des Nichtwissens" *gehoben* ist, wo also – bezogen auf das hiesige Problem – zwei Personen in einen *konkreten Notstandskonflikt* involviert sind, innerhalb dessen sie dann selbstverständlich um ihre jeweiligen Rollen *wissen*. Man kann nicht auf der Ebene der Gesetzesbegründung mit einem egoistisch orientierten Konsequentialismus operieren, bei der Beurteilung konkreter Einzelhandlungen aber stillschweigend zur Annahme strikter Gesetzesbefolgung übergehen.[69] Auch, ja gerade im konkreten

---

[67] Zu Recht hebt *Habermas* es als Eigenart der *Rawls*'schen Theorie hervor, daß der fiktiven Vereinbarung im Urzustand aus der Perspektive der Beteiligten jedes über die Kalkulation eigener Interesse hinausweisende Moment von Einsicht fehle. Die moralisch-praktische Erkenntnis bleibe dem Theoretiker vorbehalten, der plausibel machen müsse, weshalb er den Naturzustand so und nicht anders konstruiere (*Habermas* Solidarität, S. 297; ungenau *Stemmer* Handeln zugunsten anderer, S. 85, der *Rawls'* Vertrag pauschal als „Kontrakt innerhalb der Moral" bezeichnet).

[68] Zu diesem Gesichtspunkt *Verf.* Staat 38 (1999) 30ff.

[69] Berechtigte methodische Einwände gegen ein solches Vorgehen erhebt *Drescher* Naturrecht, S. 145ff. Zu Recht hält *Kersting* es für unverständlich, wie Regeln als verpflichtend empfun-

Einzelfall kommt es darauf an, dem um Hilfe Angegangenen gegenüber zu begründen, daß er dem Bedürftigen zur Solidarität verpflichtet sei; und auch in dieser Situation steht zu diesem Zweck allein der Gesichtspunkt des verständigen Eigeninteresses, der Klugheit zur Verfügung.[70] „Zwischen Norm und Motivation besteht" – nach wie vor – „kein inneres Band"[71]. Erhebliche Begründungsprobleme sind die Folge.

Aus der Diskussion um den Erklärungsgehalt spieltheoretischer Modelle in den Sozialwissenschaften ist die spezifische *Zukunftsfixiertheit klugheitsbegründeter Argumentationsmuster* bekannt. Die Handlungsgründe eines Akteurs, der sein Verhalten allein nach dem Maßstab instrumenteller Vernunft einrichtet, sind „niemals in dem Sinne rückwärtsgewandt, daß sie nur aufgrund eines früheren Ereignisses wirksam wären"[72]. Da Handlungen unter Klugheitsgesichtspunkten nur durch die aus ihnen mutmaßlich resultierenden „Auszahlungen" geleitet werden, muß die Motivation eines rationalen Akteurs vielmehr „ausschließlich vorwärtsgewandt" sein.[73] Auch jenes Reziprozitätsverhältnis zwischen der eigenen und einer (etwaigen) fremden Leistung, das man voraussetzen muß, um Solidaritätspflichten auf den Gesichtspunkt des verständigen Eigeninteresses zurückführen zu können, darf dementsprechend nur im Modus der Zukunftsbezogenheit formuliert werden. Dies bedeutet: Weder ein früherer Selbstverpflichtungsakt noch der Umstand, daß ich in der *Vergangenheit* von der Entlastungswirkung profitiert habe, die von der Erwartung auf die Solidarität anderer ausgeht, kann mir zur Begründung meiner *jetzigen* Verpflichtung entgegengehalten werden, sondern nur der Umstand, daß ich meine

---

den werden könnten, die nur Gegenstand eines nutzenmaximierenden Kalküls seien: Die „Selbsterschaffung eines moralischen Wesens aus reflektiertem Selbstinteresse" sei unmöglich (*Kersting* Markt, S. 114).

[70] *Rawls* selber umschifft das Problem, indem er seine prinzipielle Orientierung am klugen Eigeninteresse der Vertragschließenden durch Zusatzannahmen ergänzt: Zum einen unterstellt er den Beteiligten im Urzustand einen formalen „Gerechtigkeitssinn" (vgl. *Rawls* Theorie der Gerechtigkeit, S. 168f; dazu *Maluschke* Grundlagen, S. 175 f): Sie müßten willens und fähig sein, die einmal gewählten Gerechtigkeitsgrundsätze, welche es auch sein mögen, zu befolgen. Zum anderen meint *Rawls*, daß die Motivation der Menschen in einer wohlgeordneten Gesellschaft nicht direkt determiniert sei von der Motivation der Parteien im Urzustand, sondern daß sie nur von deren Prinzipienwahl affiziert sei. So sei es nicht wahrscheinlich, daß die Mitglieder einer wohlgeordneten Gesellschaft im wesentlichen egoistische Motive entwickeln würden (vgl. *Rawls* aaO S. 532ff; dazu *Maluschke* aaO S. 183f). Derartige *ad hoc*-Modifikationen, die auf einer methodisch höchst anfechtbaren Vermischung genetisch-empirischer und systematisch-geltungstheoretischer Erwägungen beruhen und zudem offenkundig ergebnisorientiert sind, vermögen allerdings die im Text entwickelten Einwände schwerlich zu entkräften.

[71] *Kaiser* Widerspruch, S. 51.

[72] *Hollis* Soziales Handeln, S. 182f.

[73] *Hollis* aaO S. 182.

eigenen *Zukunftsaussichten* verschlechtern würde, wenn ich mich jetzt unsolidarisch verhielte. Genauer gesprochen: Wenn ich jetzt nicht Solidarität übe, dann muß ich damit rechnen, daß auch andere mir keine Solidarität erweisen werden, wenn ich einmal in Not geraten sollte; und zwar nicht als unmittelbare *Sanktion* für mein jetziges Verhalten, sondern weil sie dieses Verhalten als *Indiz* dafür ansehen, daß ich mich in fernerer Zukunft – also bei einem eventuellen dritten Zusammentreffen, bei dem wiederum ich mich in der Rolle des potentiellen Helfers befinde – vermutlich erneut als unsolidarisch erweisen werde.

Ein solches Modell der Pflichtbegründung unterliegt indes spezifischen Begründungsgrenzen, die sich mit dem Anspruch der Notstandsregelungen auf umfassende Anwendbarkeit nur schwer vereinbaren lassen. Das Modell setzt zunächst voraus, daß der „shadow of the future“ [74] hinreichend lang ist: Um die „short-term incentive not to cooperate“ [75] zu überbieten, muß die betreffende soziale Beziehung dauerhaft genug sein, „damit sich eine Investition in die zukünftige Solidarität anderer Personen auszahlen kann“ [76]. Vor allem aber ist erforderlich, daß die Beziehung „transparent genug (ist) für ausreichende Informationen über die Verhaltensweisen der Beteiligten“ [77]. Wenn ich damit rechnen muß, daß die anderen Mitglieder meiner Gruppe von meinem unsolidarischen Verhalten gegenüber einem Gruppenangehörigen erfahren (und ihre Schlüsse daraus ziehen), dann habe ich in der Tat gute (Klugheits-)Gründe dafür, solidarisch zu handeln.[78] Von einer solchen Situation kann in einer anonymen Großgesellschaft freilich nicht einmal ansatzweise die Rede sein. Hier ist es im Gegenteil extrem unwahrscheinlich, daß ich in einer etwaigen eigenen Notlage auf jemanden treffen würde, der von meiner jetzigen Solidaritätsverweigerung Kenntnis hätte. In Anbetracht dieser Rahmenbedingungen scheint es hier also *prima facie* für *jeden einzelnen* rationaler zu sein, als Trittbrettfahrer zu agieren, sich also selber unsolidarisch zu verhalten, aber in der eigenen Not die Solidarität der anderen einzufordern. Daß diese Rechnung nicht aufginge, eben weil *alle* sich so verhalten würden, ist eine auf der Hand liegende und altbekannte Trivialität: Generalisierte Reziprozität – dadurch gekennzeichnet, daß über viele soziale Austauschsituationen mit unterschiedlichen Partnern hinweg Gleichheit zwischen dem Ausmaß der erhaltenen und der gegebenen Hilfe erreicht wird –[79] läßt

[74] *Axelrod* Evolution, S. 124, 126ff.

[75] *Axelrod* aaO S. 124.

[76] *Baurmann* Solidarität, S. 359.

[77] *Baurmann* aaO.

[78] Vgl. *Axelrod* Evolution, S. 125: „an important way to promote cooperation is to arrange that the same individuals will meet each other again“.

[79] *Bierhoff/Küpper* Sozialpsychologie der Solidarität, S. 288; vgl. ferner *Thome* Soziologie, S. 254.

sich unter der alleinigen Herrschaft der instrumentellen Vernunft nicht hinreichend verläßlich garantieren.[80]

Angesichts dieser Verlockung aller anderen zum Trittbrettfahrertum hat der aktuell in die Pflicht Genommene unter Klugheitsmaßstäben gute Gründe dafür, diese Inanspruchnahme als Zumutung zurückzuweisen: Er müßte eine Vorleistung erbringen, ohne in einer etwaigen eigenen Notsituation hinreichend sicher mit einer entsprechenden Gegenleistung rechnen zu können. Sein Protest läßt sich nicht durch den Hinweis entkräften, diese Unsicherheit sei für ihn deshalb tragbar, weil er als Notstandstäter die Möglichkeit hätte, seinen Solidaritätsanspruch selbständig durchzusetzen. Dieser Versuch, das Problem zu „entschärfen", überzeugt erstens aus dem Grund nicht, weil er bereits im Bereich des § 323c StGB, wo die Solidaritätspflicht nicht auf bloße Duldung, sondern auf aktive Kooperation geht, an seine Grenzen stößt. Und zweitens kann der einzelne unmöglich vorhersehen, ob es ihm in einer eventuellen zukünftigen Notlage möglich sein wird, sich jene Solidarität zu „nehmen", die ihm gesetzlich zusteht. Dies hängt von so kontingenten Faktoren ab wie der physischen Verhinderungsmacht des von dem Eingriff Betroffenen und dem Eindruck, den auf diesen die Aussicht macht, wegen seiner Gegenwehr gegen eine gerechtfertigte Notstandsinanspruchnahme gegebenenfalls bestraft zu werden. Angesichts dieser Unsicherheitsmomente muß auf willkürlich anmutende Unterstellungen zurückgreifen, wer behauptet, die von rationalen Egoisten *hinter* dem „Schleier des Nichtwissens" eingeführte Norm des § 34 StGB sei regelmäßig auch dann noch dazu geeignet, diesen Egoisten gegenüber die Verpflichtung zur Solidarität zu begründen, wenn der „Schleier des Nichtwissens" *gehoben* sei, die Betroffenen sich also in ihnen *bekannten* Rollen in eine *konkrete* Notstandslage verwickelt sähen.

Nur am Rande sei angemerkt, daß unter der alleinigen Herrschaft der instrumentellen Vernunft die rechtlich geforderte Einbeziehung *sämtlicher* Gruppenmit-

---

[80] Auch *Stemmer* Handeln zugunsten anderer, S. 97ff gelangt zu dem Ergebnis, daß es auf rein prudentieller Basis nicht durchgängig gelinge, zu stabilen und verläßlichen kooperativen Strukturen zu gelangen. – Eine Bestätigung findet das hiesige Ergebnis in der Diskussion über die Erzeugungsbedingungen sogenannter *öffentlicher Güter*. Ein öffentliches Gut ist dadurch gekennzeichnet, daß es, einmal hergestellt, niemandem unter den Angehörigen der betreffenden Bezugsgruppe vorenthalten werden kann, gleichgültig ob er zur Herstellung des Guts beigetragen hat oder nicht. Als öffentliche Güter in diesem Sinne lassen sich nicht nur die öffentliche Ordnung im ganzen, sondern auch die einzelnen Rechtsnormen auffassen, aus denen sich diese Ordnung zusammensetzt. *Hechter* weist ausführlich nach, daß klug-rationale Akteure sich bei ihrem Umgang mit öffentlichen Gütern nach Möglichkeit auf die Strategie des Trittbrettfahrens verlegen werden – was, zur allgemeinen Praxis geworden, freilich zur Folge hätte, daß das öffentliche Gut nicht mehr in ausreichender Menge hervorgebracht werden würde (vgl. *Hechter* Group Solidarity, S. 9ff, 35).

glieder in das Geflecht gegenseitiger Solidaritätsrechte und -pflichten sich selbst innerhalb von zahlenmäßig überschaubaren Gruppen nicht überzeugend begründen läßt.[81] Zunächst kann danach demjenigen, der sich selbst keine Zukunft mehr gibt, auch nicht abverlangt werden, anderen gegenüber Solidarität zu üben. Wie läßt es sich unter dem Gesichtspunkt des klugen Eigeninteresses beispielsweise einem schwerkranken 80-jährigen Junggesellen ohne Verwandte und Freunde gegenüber begründen, daß er zur Duldung eines Notstandseingriffs verpflichtet sei? Von der Zukunft hat er nichts mehr zu erwarten, und eine Verpflichtung aufgrund von Vorteilen, die er in der Vergangenheit aus der betreffenden Regelung gezogen haben mag, kann der konsequente Instrumentalist, wie gesehen, nicht anerkennen. Damit aber nicht genug. Konsequent durchgeführt, hat das Klugheitsmodell zur Folge, daß zwei weitere, erheblich bedeutsamere Gruppen von Personen aus dem Pflichten und Rechte generierenden Reziprozitätsmechanismus herausfallen. Wie will man unter der Herrschaft des Maßstabs instrumenteller Vernunft demjenigen die *Verpflichtung* zu einer solidarischen Leistung auferlegen, der in der betreffenden Hinsicht selber so *stark* ist, daß er keine Notlage zu gewärtigen hat?[82] Warum sollte es sich danach beispielsweise der reiche Bankier, der selber in seinem steinernen Sommersitz abseits vom Dorf lebt, gefallen lassen, daß die Dorfbewohner sich Wasser aus seinem Teich holen, um den Brand ihrer Holzhäuser zu löschen? Selbst wenn der „Starke" konzediert, daß auch er in bestimmten Hinsichten auf Hilfe angewiesen sein mag, kann er zu seinen Gunsten doch jedenfalls seine geringere Bedürftigkeit geltend machen: Da er mutmaßlich eine geringere Anzahl von Leistungen beanspruchen würde, bräuchte er auch weniger in den (fiktiven) gemeinsamen Hilfsfonds einzuzahlen. Gerade die besonders Hilfsfähigen können unter Klugheitsgesichtspunkten also entweder überhaupt nicht oder nur in einem beschränkten (und für die weniger gut Ausgestatteten regelmäßig unzureichenden) Ausmaß in das Reziprozitätsverhältnis „hineingelockt" werden. Da das Selbst, welches der Reziprozität seine Existenz verdankt, wesentlich von seiner Nützlichkeit für andere abhängt,[83] besteht umgekehrt kein Anlaß, denjenigen als Destinatär, also als Inhaber von Solidaritäts*ansprüchen*, in das betreffende Verhältnis aufzunehmen, der, sei es infolge körperlicher Gebrechen, sei es aufgrund seiner sozialen Stellung, vermutlich auf Dauer so *schwach* ist, daß von ihm keine effektive solidarische Hilfe zu

---

[81] Zu undifferenziert daher *Bierhoff* Psychologie hilfreichen Verhaltens, S. 11, der meint, daß die Lebensqualität *aller* Menschen in einer modernen Gesellschaft steige, wenn sie gegenseitig zu altruistischen Handlungen bereit seien (Hervorhebung hinzugefügt).

[82] Vgl. *Patzig* Ethik, S. 5f; *Steinvorth* Solidarität, S. 59; *Stemmer* Handeln zugunsten anderer, S. 292; ähnlich *Hoerster* Utilitaristische Ethik, S. 136.

[83] *Gouldner* Reziprozität, S. 128, der aaO die Reziprozitätsnorm deshalb als die „Norm der ‚realistischen' Welt der Arbeit" bezeichnet.

erwarten ist. Auch die besonders Hilfsbedürftigen fielen mithin aus einem klugheitsbasierten Reziprozitätssystem heraus.[84] Das Modell bevorzugt also einseitig die „mittlere(n) Risikoklassen“[85], es initiiert gewissermaßen eine Mittelklasseveranstaltung.

3. Instrumentelle Vernunft und Straftheorie

Die soeben angestellten Überlegungen leiten zu den Problemen über, die entstehen, wenn man den Klugheitsgedanken auch auf solche strafrechtlichen Systemelemente anzuwenden versucht, die der Ebene der einzelnen Rechtsinstitute *übergeordnet* sind. Auch in derartigen Zusammenhängen müßte sich jenes Rationalitätsmodell bewähren; aus dem Gebot axiologischer Einheit folgt nämlich, daß die als grundlegend ausgegebenen Begründungsfiguren – und dazu gehört in erster Linie das zugrundegelegte Personalitätsverständnis – innerhalb des Gesamtsystems verallgemeinerbar sein müssen. Dieser Anforderung wird das Legitimationsmodell der instrumentellen Rationalität indessen nicht gerecht. Besonders deutlich wird dies im Bereich der Strafbegründung. Auch dort müßte der Instrumentalist konsequenterweise auf den kühl kalkulierenden Rechner abstellen, der deshalb, aber auch nur deshalb auf die Begehung von Straftaten verzichtet, weil das damit verbundene Risiko den mutmaßlichen Gewinn beträchtlich übersteigt. Dann aber stünde man wieder bei der psychologischen Zwangstheorie *Feuerbachs* und würde sich all jenen Einwänden aussetzen, die gegen diese Theorie erhoben werden. Es sei nur an die Verwerfungen erinnert, die sie im Hinblick auf die anzudrohende Strafhöhe zur Folge haben würde. „Bei einem Mord um einiger hundert Mark Beute willen mag eine einigermaßen sicher erfolgende Geldstrafe von einigen tausend Mark hinreichend abschrecken, während bei einer üblen Nachrede, die der Täter zur Erhaltung einer persönlichen Beziehung oder zur Steigerung seiner Karriere begeht, erst die Aussicht auf jahrelange Freiheitsstrafe ein hinreichendes Übel sein mag“[86].

Diese Überlegungen führen zu dem freiheitstheoretisch zentralen Einwand gegen die instrumentalistische Position: Ebensowenig wie der utilitaristische kann der instrumentalistische Akteur seine Nebenmenschen als *Rechtspersonen*, d.h. als Inhaber *originärer eigener* Rechtspositionen anerkennen. Die anderen verdanken

---

[84] Vgl. *Gouldner* aaO S. 118, der aaO S. 122 daraus den Schluß zieht, daß im Interesse gesellschaftlicher Stabilität bestimmte Aspekte sozialer Beziehungen von der Reziprozitätsnorm auszunehmen seien.

[85] *Hegselmann* Solidarität, S. 388.

[86] *Lesch* JA 1994, 517.

ihren Status vielmehr ausschließlich der Sorge des Instrumentalisten um sein eigenes Wohl; daher ist dieser Status ein *prinzipiell* prekärer. Eine Pflicht des Inhalts, die anderen auch dann zu schonen, wenn dies bei Würdigung aller Umstände (einschließlich der aus einem Eingriff resultierenden sozialen Verunsicherung) auf ein „schlechtes Geschäft" für ihn hinausliefe, kann dem Instrumentalisten nicht plausibel gemacht werden. Wer die Regelung über den rechtfertigenden Notstand durch den Rückgriff auf das verständige Eigeninteresse des Verpflichteten legitimiert, schüttet also gleichsam das Kind mit dem Bade aus. Seine Begründung krankt daran, daß sie *zu viel* rechtfertigt: Bei Gelegenheit der Erörterung eines *einzelnen* Rechtsinstituts stellt sie einen Freibrief zur Relativierung von Rechtlichkeit *überhaupt* aus.

All dies heißt freilich nicht, daß das Bewertungsschema des klugen Eigennutzes als *prinzipiell illegitim* verdammt werden müßte. Die tatsächliche soziale Durchsetzung einer Norm wird schwerlich gelingen, wenn der Normgeber der Gemeinschaft der Normadressaten nicht deutlich machen kann, daß die betreffende Norm auch das Interesse der einzelnen an der Förderung ihres recht verstandenen Wohls im Auge hat.[87] Auch unter normativen Gesichtspunkten hat die Berufung auf das Wohl ihre Berechtigung, denn die Kategorie des Wohls bezeichnet eine unverzichtbare Ermöglichungsbedingung realer rechtlicher Freiheit.[88] Problematisch ist jedoch ein instrumentalistischer „Bewertungsmonismus"[89]: Er verwechselt einen (durchaus bedeutsamen) *Motivationsgrund* mit dem *Verpflichtungsgrund* einer Norm und verwickelt sich infolgedessen in unaufhebbare Widersprüche zu der universalistisch angelegten Semantik, auf der unsere Strafrechtsordnung insgesamt und die Regelung des rechtfertigenden Notstands im besonderen beruht. In seiner Rigorosität stellt er einen „waschechte(n) Fundamentalismus der Moderne", das „moral- und sozialexorzistische Gegenstück der physikalistischen Austreibung des Geistes" dar.[90]

III. Solidarität aus Fairneß?

Klugheitsbegründete Argumentationsstrategien sind, wie gesehen, prinzipiell zukunftsorientiert. Die mannigfachen Begründungsprobleme, die diese Orientierung zur Folge hat, legen es nahe, den Rechtsgrund der Reziprozitätsverpflichtung aus der *Zukunft* in die *Vergangenheit* zu verlagern. Die Legitimationsformel lautet dem-

---

[87] Vgl. *Patzig* Ethik, S. 11.
[88] Dazu näher unter D.
[89] *Kersting* Markt, S. 101.
[90] *Kersting* aaO S. 102.

entsprechend nicht länger: „Wenn du dir die *zukünftige Chance* eröffnen willst, in einer Notlage die Solidarität der anderen in Anspruch nehmen zu können, dann mußt auch du dich jetzt solidarisch verhalten"; sie lautet vielmehr: „Weil du in der *Vergangenheit* von der Solidarität der anderen profitiert hast, bist auch du deinerseits zur Erbringung der betreffenden Solidaritätsleistungen verpflichtet". Legitimationsgrund der Verbindlichkeit ist hier also nicht eine – wenn auch nur fingierte – Übernahmeerklärung des Pflichtigen, sondern ein ihm zu einem früheren Zeitpunkt gewährter Vorteil. Man mag insofern mit *Baurmann* von einer *Solidarität aus Fairneß* sprechen. Wer sich zu ihr bekennt, der verzichtet auf die Vorteile, die ihm die parasitäre Existenz als Trittbrettfahrer bieten kann.[91] Er hat das Vermögen zum „Selbst" bekommen. *Als* Person vermag er dem Lust-Unlust-Schema des Individuums zu widerstehen. Erst damit ist die Voraussetzung für Verpflichtungen im eigentlichen Sinn gegeben, für Bindung trotz eines im Einzelfall negativen Kosten-Nutzen-Kalküls.[92]

Auch dieses Argumentationsmuster zieht jedoch eine Reihe von Begründungsproblemen nach sich. Zum einen ist eine solche Argumentation, so wie eine jede auf Tatbestände der Vergangenheit zurückgreifende Begründung, der Gefahr eines infiniten Regresses ausgesetzt;[93] diese Gefahr kann die hier zur Diskussion stehende Konzeption nur dadurch bannen, daß sie die Kette empfangener und erbrachter Leistungen an einem bestimmten Punkt – nämlich mit der Einführung der einschlägigen positiv-rechtlichen Pflichtnorm – abbricht. Dies wirft dann freilich die Frage auf: Welchen Grund haben dem Legitimationsmodell der Reziprozität verpflichtete Personen, die von der Norm geforderte Solidarität bereits unmittelbar nach deren Einführung und damit zu einem Zeitpunkt zu üben, an dem ihnen selber die von der Norm intendierte Entlastungswirkung noch nicht hat zugute kommen können? Wenn aber sie nicht solidarisch handeln, weshalb sollen dann die Späterkommenden für ihren Teil eine solche Verpflichtung anerkennen? Die Tragweite dieses Einwands darf allerdings nicht überbewertet werden. Er zeigt zwar, daß vor dem Hintergrund eines an dem Ideal der Austauschgerechtigkeit (Reziprozität)

---

[91] Vgl. *Baurmann* Solidarität, S. 349, 357f, der auch die fundamentale Bedeutung dieser Kategorie für den Bestand einer Gesellschaft betont: „Ohne daß eine ausreichende Anzahl ihrer Mitglieder aus eigenem Antrieb der Versuchung zum ‚Trittbrettfahren' widersteht, ist das Problem sozialer Ordnung in einer modernen Gesellschaft nicht lösbar" (aaO S. 357, vgl. auch S. 366).

[92] *Kaiser* Widerspruch, S. 43.

[93] Ein bekanntes philosophiegeschichtliches Beispiel für diese Schwierigkeit bietet die Lehre *Fichtes*, welche die Entstehung eines *neuen* Selbstbewußtseins auf die „Aufforderung" durch ein *anderes* Selbstbewußtsein stützt und den drohenden infiniten Regreß nicht anders zu vermeiden weiß als dadurch, daß sie sich auf Gott als den ersten Erzieher des Menschengeschlechts beruft; dazu mwN *Verf.* Betrug, S. 29.

orientierten Gerechtigkeitsverständnisses die Einführung einer neuen Pflichtnorm stets ein etwas prekäres und nicht risikofreies Unternehmen ist. In aller Regel – und so auch bei der Pflicht zur Duldung von Notstandseingriffen – gelingt es freilich dem Gesetzgeber, der Norm hinreichende Beachtung zu verschaffen, sei es auch durch den Appell an *andere* Motive als das einer reziprozitätsorientierten Fairneß.[94] Ist dies einmal geschehen, dann ist dadurch hinlänglich bewiesen, daß es geschehen konnte, und das geschilderte Problem löst sich von selber auf: Die Pflichtnorm *hat* ihre motivatorische Kraft *erwiesen* und kann *nunmehr* (auch) *aus diesem Grund* den Anspruch erheben, weiterhin respektiert zu werden.

Der Vorschlag, Solidaritätspflichten auf den Gesichtspunkt fairer Reziprozität zu stützen, weist jedoch noch ein weiteres Begründungsdefizit auf. Dieses ist, wie sich sogleich zeigen wird, weitaus schmerzlicher als das erste; es hat nämlich zur Folge, daß die eigentlich prekäre Frage nach der *inhaltlichen Legitimität* strafrechtlicher Solidaritätspflichten, statt beantwortet zu werden, von vornherein aus der Erörterung ausgeblendet wird. Dies wird einsichtig, sobald man sich Rechenschaft darüber zu geben versucht, was der Reziprozitätsgedanke in seiner hier zur Diskussion stehenden vergangenheitsbezogenen Ausrichtung denn eigentlich *genau* besagt. Das Anliegen dieses Gedankens läßt sich in die Formel kleiden: „Du sollst denen helfen, die dir geholfen haben!"[95] Wie muß diese Aussage verstanden werden, wenn mit ihrer Hilfe *Jedermannspflichten* in *anonymisierten Großgesellschaften* legitimiert werden sollen? Hier kann es weder darauf ankommen, ob der aktuell zur Solidarität Aufgerufene selber jemals in einer entsprechenden Notlage Unterstützung erfahren oder doch wenigstens psychisch von einem Vertrauen auf die gegebenenfalls aktivierbare Solidarität seiner Rechtsgenossen profitiert hat, noch darauf, ob der gegenwärtig in Not Befindliche (oder jedenfalls jemand aus seiner Familie bzw. eine ihm sonst nahestehende Person) zu jenen positiven Leistungen beigetragen hat. Vielmehr vermag nur ein von sämtlichen inhaltlichen Erwägungen *befreites* Verständnis von Reziprozität den Vorgaben gerecht zu werden, die sich aus der Generalisierung von Rechtspflichten ergeben. Damit verbleibt lediglich die *formale Reziprozität von Berechtigung und Verpflichtung*. Anspruch auf fremde Solidarität hat demnach jedermann, auf den die in der betreffenden Pflichtnorm niedergelegten Voraussetzungen zutreffen; der Kreis der potentiell Berechtigten und der potentiell Verpflichteten wird als identisch *definiert*. Diese formale Reziprozität ist indes

[94] Regelmäßig sind es die *generelle* Bereitschaft der Bevölkerung zur Befolgung von Rechtsregeln sowie (aber nur sekundär!) deren Klugheitsinteresse, sich nicht der Gefahr von Sanktionen auszusetzen, auf die der Gesetzgeber in dieser Lage bauen kann.

[95] Diese Formulierung lehnt sich an *Gouldner* an, der zwischen zwei Ausprägungen der Reziprozitätsnorm unterscheidet: 1) Man soll denen helfen, die einem helfen. 2) Man soll jene nicht verletzen, die einem geholfen haben (*Gouldner* Reziprozität, S. 118).

schon begrifflich-analytisch verknüpft mit dem Bürgerstatus des Verpflichteten, denn konstitutiv für den Status als Bürger ist der Anspruch, im Recht als Gleicher behandelt zu werden. Die formale Reziprozität stellt insofern lediglich eine notwendige, nicht aber eine hinreichende Bedingung der inhaltlichen Legitimation von Solidaritätsnormen dar. Wenn ausschließlich auf den Gesichtspunkt der formalen Reziprozität abgestellt werden dürfte, so ließen sich problemlos auch Solidaritätspflichten weit jenseits des Bereichs der §§ 34, 323c StGB begründen.

Hieran erweist sich der von vornherein limitierte Begründungsanspruch des Fairneß-Arguments: „Dieses Prinzip erklärt es für unsittlich, die Früchte eines von mehreren getragenen Unternehmens zwar zu genießen, die Lasten oder Opfer, die mit diesem Unternehmen notwendig verbunden sind, aber allein den anderen zu überlassen“[96]. Es lasse sich nämlich kein rationaler Grund angeben, weshalb jemand, nur weil er zufällig diese bestimmte Person sei, hierin anders als jeder andere gestellt sein sollte.[97] Die Frage, ob es inhaltlich legitim war, den Verpflichteten in jenes gemeinsame Unternehmen *einzubeziehen*, liegt indes der Anwendung des Reziprozitätsprinzips voraus, läßt sich also mithilfe dieses Prinzips nicht klären. Gerade an der Zumutung einer „Zwangs-Gemeinsamkeit“ aber entzünden sich die liberalen Bedenken gegen strafrechtliche Solidaritätspflichten. Dies zeigt: Das Reziprozitätsprinzip in seiner hier zur Erörterung stehenden Variante ist nicht etwa „falsch“. Es beschränkt sich aber darauf, das zwischen den Kontrahenten *Unstreitige* zu begründen, während es den eigentlich heiklen Teil der Problematik strafrechtlicher Pflichten zur Solidarität unerörtert läßt.

Man könnte freilich daran denken, die Begründung dadurch zu vervollständigen, daß man das Verpflichtungsschema der zwar universalistischen (und damit legitimationstheoretisch unbedenklichen), aber weitgehend inhaltsleeren Fairneß mit dem Begründungsinstrumentarium des klugen Eigennutzes verbindet: Den von vornherein *als Personen definierten*, d. h. durch die Anerkennung des Fairneßprinzips gekennzeichneten Normadressaten wird angesonnen, die Notstandsnorm deshalb zu akzeptieren, weil sie ein „gutes Geschäft“, eine preiswerte „Versicherung“ gegen allerlei Lebensunbill darstelle. Diese Lösung erscheint auf den ersten Blick bestechend, weil sie die Stärken beider Teilbegründungen miteinander kombiniert. Nähere Betrachtung zeigt jedoch, daß sie, insofern nicht anders als das „reine“ Klugheitsmodell, an der Verwechslung von Motivations- und Verpflichtungsgrund krankt und infolgedessen dem semantischen Gehalt des Begriffs der Rechtspflicht nicht gerecht wird. Daß es *klug* wäre, sich auf ein bestimmtes Geschäft einzulassen,

---

[96] *Hoerster* Utilitaristische Ethik, S. 112; inhaltlich übereinstimmend *Baurmann* Solidarität, S. 349, 367; *Patzig* Ethik, S. 6; *Rawls* Theorie der Gerechtigkeit, S. 133.

[97] *Patzig* aaO.

heißt noch lange nicht, daß man zu seinem Abschluß *verpflichtet* ist. Durch den Hinweis auf ihren Nutzen kann die Übernahme einer Verpflichtung angeregt bzw. eine bestehende Verpflichtung „schmackhaft" gemacht, nicht aber diese Verpflichtung *sensu stricto begründet* werden.

Das Fazit aus den Erörterungen dieses Abschnitts ist rasch gezogen: Weder die angebliche *anthropologische* Konstante des Egoismus – zugrundegelegt in dem Versuch, Solidaritätspflichten auf das verständige Eigeninteresse des Verpflichteten zu stützen – noch eine Konzeption *formaler* Reziprozität – ausgedrückt in dem Gedanken der Solidarität aus Fairneß – sind in der Lage, die Pflicht zur Duldung von Eingriffen im Aggressivnotstand abschließend zu legitimieren. Dieser Befund legt es nahe, die Gegeninstanz zur Anthropologie, die *Geschichte*,[98] als Medium und statt als ärgerliche Schranke als jenen unübersteigbaren Begründungshorizont anzuerkennen, dessen Präsenz die Orientierung im Hier und Jetzt allererst ermöglicht. Konkreter gesprochen, soll der Versuch unternommen werden, das Notstandsproblem explizit als „Kulturfrage" aufzufassen –[99] nämlich als speziellen Anwendungsfall eines allgemeinen Konflikts zwischen den verschiedenen Implikationen der Idee rechtlicher Freiheit, die in einem sich über mehrere Jahrhunderte hinziehenden begriffsgeschichtlichen Prozeß schrittweise entfaltet worden sind. Die bis heute eindrucksvollste Konzeption dieser Art hat *Hegel* mit seiner Lehre vom Notrecht vorgelegt. Auf sie wird im nächsten Abschnitt eingegangen.

---

[98] Zur Gegensätzlichkeit dieser beiden Begründungsmodelle *Marquard* Geschichtsphilosophie, S. 27.

[99] *v. Buri* Notstand, S. 123.

D. Hegels Lehre vom Notrecht

I. Überblick

Hold v. Ferneck meinte, zu einer befriedigenden Behandlung der Notstandsproblematik könne man nur dadurch gelangen, daß man sich alles hinwegdenke, was jemals über dieses Thema geschrieben worden sei.[1] Einer solchen Geringschätzung der dogmengeschichtlichen Tradition und dem Rückzug in eine Art von gedanklichem *status naturalis* widersprechen die Darlegungen des vorliegenden Abschnitts. Ihren Gegenstand bildet eine Konzeption, die am Beginn der neueren strafrechtlichen Notstandsdiskussion gestanden hat, deren systematischer Gehalt aber kaum einmal überzeugend herausgearbeitet und gewürdigt worden ist. Dabei handelt es sich um die Lehre *Hegels* vom Notrecht.

Hegel war nach einer Bemerkung *Richard Schmidts* für die kriminalistische Dogmatik der epochemachende Denker.[2] Neben zahlreichen anderen rechtlichen Einzelfragen behandelte *Hegel* in seinen rechtsphilosophischen Vorlesungen und den ihnen zur Grundlage dienenden *Grundlinien der Philosophie des Rechts* auch das Problem des Notrechts. Den maßgeblichen Einfluß zu betonen, den seine Überlegungen auf die weitere Erörterung dieses Problems gehabt hätten,[3] und die Verwandtschaft zu unterstreichen, die zwischen seiner Lösung und der heute in § 34 S. 1 StGB kodifizierten Regelung bestehe,[4] gehört seither zu den Gemeinplätzen der Notstandsdiskussion.

---

[1] *Hold v. Ferneck* Rechtswidrigkeit, Bd. II/1, S. 102.

[2] *R. Schmidt* GS 81 (1913) 253.

[3] Aus der *älteren* Literatur ist neben den unmittelbaren strafrechtlichen Schülern *Hegels* (zu diesen unter III.) insbesondere auf folgende Autoren zu verweisen: *Auer* Notstand, S. 17; *Bockelmann* Hegels Notstandslehre, S. 3 und passim; *Broglio* Notstand, S. 2; *Fischer* Rechtswidrigkeit, S. 222; *Kohler* Archiv f. Rechts- und Wirtschaftsphil. 8 (1914/15) 426ff; *Marquardsen* Archiv d. Criminalrechts, 2. N. F., 24 (1857) 397; *Rabe* Entwicklung, S. 39; *Stammler* Bedeutung des Nothstandes, S. 37, 49, 74ff; *Titze* Notstandsrechte, S. 64; *v. Weber* Notstandsproblem, S. 2. Die Bedeutung *Hegels* für die weitere Diskussion erkannten auch solche Autoren an, die – wie etwa *Geyer*, der die Lehre vom Notrecht als eine von den vielen Sünden der *Hegel*schen Rechtsphilosophie bezeichnete (*Geyer* Krit. Vierteljahresschrift V [1863] 64) – der von *Hegel* vertretenen Lösung kritisch gegenüberstanden. – Aus der *neueren* Literatur: NK-*Neumann* § 34 Rdn. 1; *ders.* JA 1988, 331; *Haft* AT, S. 88; *Kühl* AT § 8 Rdn. 5; *ders.* FS Lenckner, S. 147; *Lenckner* Notstand, S. 51; *Otto* Pflichtenkollision, S. 63; *Küper* Art. Notstand I, Sp. 1067f; *ders.* JuS 1981, 786; *ders.* JuS 1987, 84.

[4] Aus dem *älteren* Schrittum: *Bockelmann* aaO S. 54; *v. Weber* aaO S. 2. – Aus der *neueren* Literatur: NK-*Neumann* § 34 Rdn. 1; *Otto* AT § 8 Rdn. 7; *ders.* Pflichtenkollision aaO; *Bernsmann* „Entschuldigung", S. 8 Fn. 6; *Lenckner* aaO; *Lee* Interessenabwägung, S. 42; *Grebing* GA 1979, S. 81 Fn. 3; *Joerden* JuS 1997, 727 Fn. 14; *Kühl* FS Lenckner, S. 150; *Küper* Art. Notstand I, Sp. 1068; *ders.* JuS 1981, 786; *ders.* JuS 1987, 84; *O. Lampe* NJW 1968, 89; *Lichtblau*

Der Einfluß, den *Hegels* Stellungnahme zur Notrechtsproblematik ausübte, steht im umgekehrten Verhältnis zu ihrem Umfang. *Hegels* Erörterung in § 127 der *Grundlinien* beschränkt sich auf wenige Zeilen. *Hegel* behandelt dort die geradezu klassische, bereits in Art. 166 CCC (Diebstahl in rechter Hungersnot) geregelte Kollision von Leben und Eigentum und stellt fest, daß das Leben in dieser Situation ein *Notrecht* – und zwar, wie er, wohl in polemischer Wendung gegen *Kant*,[5] nochmals betont: „nicht als Billigkeit, sondern als Recht" – beanspruchen dürfe.[6] Die Begründung, die *Hegel* für seine Ansicht gibt, fällt allerdings, wenn man die damalige Umstrittenheit der Frage in Rechnung stellt, recht knapp aus. Auf der Seite des an seinem Leben Bedrohten steht nach *Hegel* „die unendliche Verletzung des Daseins und darin die totale Rechtlosigkeit", auf der Seite des Eingriffsopfers hingegen „nur die Verletzung eines einzelnen beschränkten Daseins der Freiheit ..., wobei zugleich das Recht als solches und die Rechtsfähigkeit des nur in *diesem* Eigentum Verletzten anerkannt wird"[7].

Es hieße dem Systemdenker *Hegel* einen Tort antun, wenn man seine Erörterung der Notrechtsproblematik auf den Status einer einzelfallbezogenen *ad hoc*-Stellungnahme verkürzen und sich im übrigen mit der intuitiven Plausibilität des von *Hegel* vertretenen Ergebnisses beruhigen würde. In Anbetracht von *Hegels* entschiedenem Systemwillen kann es keinem Zweifel unterliegen, daß *Hegel* auch dort, wo er sich zu Detailfragen – wie hier zu der Frage des Notrechts – äußert, nicht *exempla* abzuhandeln, sondern die ihnen zugrundeliegenden *Begriffe* zu klären bestrebt ist; und zwar dadurch, daß er diesen Begriffen den ihnen jeweils zukommenden Ort innerhalb des Gesamtsystems anweist und ihren Inhalt aus ihrer systematischen Stellung heraus entwickelt.

Bereits ein flüchtiger Blick auf die strafrechtliche Rezeption von *Hegels* Notrechtslehre zeigt allerdings, daß die Positionen, als deren geistiger Ahnherr *Hegel* ausgegeben wird, mit seinem philosophischen Anliegen häufig genug nicht mehr das Geringste zu tun haben; mit seiner Notrechtslehre erging es *Hegel* insofern nicht besser als mit einer Reihe anderer Theoriestücke aus den *Grundlinien*, etwa mit seiner Lehre vom Staat. So erhob beispielsweise kein geringerer als *Stammler* ausdrücklich den Anspruch, in seiner Notstandslehre einen *Hegel*schen Grundgedanken „konsequent (zu) erweitern"[8]. *Stammlers* Notstandslehre, deren utilitaristische

---

Art. Notstand, Sp. 943; *Peters* GA 1981, 453; vgl. auch *Jakobs* AT 13/1 Fn. 3; *Schild* Lehre vom Notrecht, S. 161f. – Berechtigte Kritik an dieser Lesart übt *Meißner* Interessenabwägungsformel, S. 90.

[5] *Kühl* aaO S. 143.

[6] *Hegel* Grundlinien, § 127 (Werke Bd. 7, S. 239f).

[7] *Hegel* aaO S. 240 (Hervorhebung im Original).

[8] *Stammler* Bedeutung des Nothstandes, S. 76; weitere Bezugnahmen *Stammlers* auf *Hegel* finden sich auf S. 49, 74.

Tendenz bereits an früherer Stelle herausgearbeitet und kritisiert worden ist,[9] kulminiert in der kraß naturalistischen Aussage, das in einem Notstandskonflikt zweier gleichwertiger Rechtsgüter Besiegte sei mit rechtlicher Billigung unterlegen, da es sich als das tatsächlich schwächere und daher (!) als das für das Recht weniger wertvolle herausgestellt habe.[10] Es bedarf keiner weiteren Darlegung, daß eine Konzeption, die zu derartigen Konsequenzen führt, tatsächlich weit davon entfernt ist, „ganz im Banne Hegelschen Zaubers" zu stehen;[11] sie ist vielmehr schlechthin unvereinbar mit einer Philosophie, die für die These, nach der es die „ewige unabänderliche Ordnung Gottes" ist, daß der Mächtigere herrsche, nur beißenden Spott übrig hatte.[12] Die Position *Stammlers* dokumentiert eine besonders offenkundige, aber, wie sich zeigen wird, keineswegs die einzige Fehldeutung der Notrechtslehre *Hegels*. Neben der wachsenden Verständnislosigkeit des 19. Jahrhunderts gegenüber dem idealistischen Systemdenken im allgemeinen dürfte auch die Gedrängtheit von *Hegels* Argumentation in § 127 der *Grundlinien* für die späteren Fehlinterpretationen mitverantwortlich sein. Wie *Hegels* Lehre vom Notrecht „eigentlich" beschaffen war und wie sie inhaltlich zu bewerten ist, dies ist bis heute, rund 180 Jahre nach dem Erscheinen der *Grundlinien*, noch nicht befriedigend geklärt.

Diese Lücke sucht der vorliegende Abschnitt zu schließen. Er gliedert sich in drei Unterabschnitte. In einem ersten Schritt wird *Hegels* Notrechtslehre detailliert dargestellt und in den systematischen Gesamtzusammenhang seiner Philosophie des Rechts eingeordnet: Zunächst (unter II.1.) wird mit der *Idee des Rechts* die Grundkategorie vorgestellt, welche den gesamten Gehalt der *Hegel*schen Rechtsphilosophie *in nuce* enthält. Sodann (unter II.2.) werden das *abstrakte Recht* sowie das *Recht des Wohls* und damit die beiden Teilmomente jener komplexen Idee erörtert, deren Kollision nach *Hegels* Darstellung dem Notstandskonflikt zugrundeliegt. Schließlich (unter II.3.) wird auf *Hegels* Auffassung eingegangen, daß ein *Notrecht* die systematisch angemessene Auflösung dieses Konflikts darstelle. Die Erkenntnis, daß es nach *Hegel* nicht „Güter" oder (primär güterbezogene) „Interessen", sondern zwei Teilmomente der komplexen Idee rechtlicher Freiheit sind, die in der Situation des Notstands miteinander kollidieren, ermöglicht es, im folgenden

---

[9] Oben B.II.1.

[10] *Stammler* Bedeutung des Nothstandes, S. 77.

[11] So aber charakterisiert die Position *Stammlers Auer* Notstand, S. 17.

[12] Vgl. *Hegel* Grundlinien, § 258 A (Werke Bd. 7, S. 401 ff) – dort bezogen auf *v. Hallers* restaurative Staatsphilosophie. – Ablehnend zu *Stammlers* Bezugnahme auf *Hegel* auch *Köhler* AT S. 285 Fn. 155; kritisch ferner *Meißner* Interessenabwägungsformel, S. 106, der derartige Interpretationen als „eher losgelöst" vom *Hegel*schen Begründungszusammenhang qualifiziert.

Unterabschnitt (unter III.) ältere, „holistisch" orientierte Interpretationen von *Hegels* Notrechtslehre zurückzuweisen. Abschließend (unter IV.) werden einige zentrale Probleme von *Hegels* Darlegungen behandelt: Ist die Moralität der systematisch angemessene Ort für das von *Hegel* angenommene Notrecht (IV.2.)? Und vermag die für *Hegels* Argumentation grundlegende Annahme eines *Rechts* auf das eigene Wohl zu überzeugen (IV.3.)? Die kritische Erörterung dieser beiden Fragen wird ergeben, daß *Hegels* Notrechtslehre zwar einiger systematischer und inhaltlicher Klarstellungen bedarf, daß sie aber in dieser modifizierten Form der Behandlung des rechtfertigenden Notstands eine freiheitstheoretisch überzeugende und dogmatisch leistungsfähige Grundlage bietet.

II. Die Notrechtslehre im systematischen Kontext von Hegels Rechtsphilosophie

1. Die Idee des Rechts

Wie läßt sich der Notstandskonflikt freiheitstheoretisch angemessen beschreiben? Einen wichtigen Anhaltspunkt für *Hegels* Position in dieser Frage vermittelt eine Bemerkung aus seinen handschriftlichen Notizen zu § 127 der *Grundlinien*. Danach sind in jenen Fällen, in denen die Zubilligung eines Notrechts in Betracht kommt, „die *beiden allgemeinen Momente des Rechts selbst* in Kollision"[13]. Bereits diese Bemerkung offenbart die beträchtliche systematische Bedeutung, die der Lehre vom Notrecht in *Hegels* rechtsphilosophischer Konzeption zukommt. In Kollisionen manifestiert sich die allgemeine logische Kategorie des Widerspruchs; der Widerspruch ist aber bekanntlich das zentrale Bewegungsmoment der *Hegel*schen Dialektik. Wenn nun gar „die beiden allgemeinen Momente des Rechts selbst" in Widerspruch zueinander geraten, so muß diesem Widerspruch eine besonders produktive Kraft und seiner Auflösung eine systematisch herausgehobene Bedeutung zukommen.

Welches sind die von *Hegel* gemeinten beiden „Momente"? Diese Frage läßt sich im Einklang mit den Systemanforderungen *Hegels* nur dadurch beantworten, daß man den Blick auf das *Totum* richtet, um dessen Momente es sich handelt. Dieses Totum, die *Einheitskonstituante* des Systemteils „Recht", aus der zugleich die Notwendigkeit und die (partielle) Berechtigung *unterschiedlicher* Beurteilungsgesichtspunkte ersichtlich werden, führt *Hegel* als den Gegenstand der „philosophische(n) Rechtswissenschaft" bereits im Einleitungsparagraphen seiner *Grundlinien* ein. Es

---

13 *Hegel* aaO § 127 N (Werke Bd. 7, S. 240); Hervorhebung hinzugefügt.

handelt sich um die *Idee des Rechts*[14]. *Hegel* kennzeichnet sie als „den Begriff des Rechts und dessen Verwirklichung“[15]. Der letztgenannte Gesichtspunkt ist nach *Hegel* das „wesentliche Moment der Idee“[16]: Über die „*Form*, nur als *Begriff* zu sein“, gehe die Idee des Rechts insofern hinaus, als sie auch die „*Gestaltung* (umfaßt), welche sich der Begriff in seiner Verwirklichung“ – dem Prozeß seines Zu-sich-selber-Kommens – „gibt“[17]. Die Frage, wie der Begriff jeweils existiert, muß daher, wie *Fulda* unterstreicht, „doppelt beantwortet werden“: einerseits durch den „Hinweis auf seine jeweilige *Form*, in einer jeweiligen *Bestimmung* seiner *nur* als Begriff zu sein“, andererseits durch den „Hinweis auf ein jeweiliges äußeres Dasein, das in seiner äußeren Begrenzung durch die ihm innere Tätigkeit jener Form bestimmt ist und sie manifestiert“[18]. Als „nähere Stelle und Ausgangspunkt“ des Rechts bestimmt *Hegel* den *Willen*; genauer: den „*Wille(n)*, welcher *frei* ist, so daß die Freiheit seine Substanz und Bestimmung ausmacht“[19]. Das seinem Begriff angemessene Rechtssystem ist demgemäß nach *Hegel* „das Reich der verwirklichten Freiheit“[20], „das Dasein des absoluten Begriffes, der selbstbewußten Freiheit“[21] – oder kürzer: es ist „die Freiheit, als Idee“[22]. Juristisch-normative Termini gelangen demnach zu ihrer wahren Bedeutung, indem sie in den Entwicklungsgang des spekulativen Begriffs einbezogen werden, der sich im Prozeß seiner Verwirklichung zur Adäquation mit sich selbst bringt.[23] Damit ist das Darstellungsprinzip der *Grundlinien* im wesentlichen vorgezeichnet. Es besteht darin, den Prozeß der Selbsterfassung des Willens sowohl in seiner begrifflichen Entfaltung als auch in seinen objektiven Manifestationen nachzuzeichnen, bis hin zu der höchsten Stufe des sich selbst durchsichtig gewordenen Willens – des freien Willens, der den freien Willen will.[24] Die Hauptmomente dieses Prozesses entnimmt *Hegel* seiner Logik: Es handelt sich um die Momente der Unmittelbarkeit, der Reflexion und der Vermittlung.[25]

---

14 Zu deren soeben skizzierter Doppelfunktion *Bartuschat* ZphilF 41 (1987) 21.
15 *Hegel* Grundlinien, § 1 (Werke Bd. 7, S. 29).
16 *Hegel* aaO § 1 A (Werke Bd. 7, S. 29).
17 *Hegel* aaO.
18 *Fulda* Theorietypus, S. 413f.
19 *Hegel* Grundlinien, § 4 (Werke Bd. 7, S. 46).
20 *Hegel* aaO.
21 *Hegel* aaO § 30 (Werke Bd. 7, S. 83).
22 *Hegel* aaO § 29 (Werke Bd. 7, S. 80).
23 Vgl. *Fulda* Theorietypus, S. 407.
24 Vgl. *Hegel* Grundlinien, § 27 (Werke Bd. 7, S. 79).
25 Vgl. *Hegel* aaO § 33 (Werke Bd. 7, S. 87).

2. Die Momente des Notstandskonflikts

a) Der Wille in seiner Unmittelbarkeit: Das abstrakte Recht

Zunächst tritt der Wille als *unmittelbarer* auf; „sein Begriff (ist) daher abstrakt, die *Persönlichkeit*, und sein *Dasein* eine unmittelbare äußerliche Sache“[26]. Dies ist der Bereich des „abstrakten“, „formellen“ oder, wie *Hegel* zuweilen auch sagt,[27] des „strengen Rechts“. Charakteristisch für die Person des abstrakten Rechts ist ihre Fähigkeit zum reinen Selbstbezug, die Fähigkeit, sich trotz Abstraktion von der eigenen Besonderheit eine Identität zuzuschreiben.[28] Da dieser Selbstbezug vom einzelnen Individuum letztlich selber zustandegebracht werden muß, lautet der erste Teil des für das abstrakte Recht grundlegenden Rechtsgebots in § 36 der *Grundlinien*: „sei eine Person“[29]. Damit gebietet das Rechtsgebot, „*im* Individuum sich als Allgemeines zu fassen“[30]; insofern enthält es „in sich den Bezug auf ein Bewußtsein des Individuums, ein singuläres zu sein, *das andere Individuen außer sich hat*, für die das Gebot auch gelten muß“[31]. Diese Geltung des Rechtsgebots auch für die anderen kann der einzelne in dem Gebot an sich nicht außer Kraft setzen. Deshalb geht in das Rechtsgebot des § 36 die weitere Bestimmung ein: „... und respektiere die anderen als Personen“[32].

Das Moment der Allgemeinheit der Persönlichkeit enthält die Rechtsfähigkeit aller Menschen, d. h. die Fähigkeit von jedermann, der Freiheit ein Dasein zu geben.[33] Deshalb ist die Respektierung fremden Personseins die Grundlage, an der alles zwischenmenschliche Zusammenleben, das unter Rechtsansprüchen steht, ausgerichtet bleiben muß.[34] Dieser Inhalt des abstrakt-rechtlichen Respektierungsanspruchs kennzeichnet zugleich seine spezifische Begrenztheit: Sowohl für sich selbst als auch für die anderen geht der einzelne auf in seiner Rechtsfähigkeit, der Fähigkeit, äußere Gegenstände (zumindest seinen Körper)[35] zu eigen haben zu können. Die Formalität und Strenge dieser Betrachtungsweise läßt, wie bereits in der

---

[26] *Hegel* aaO.

[27] Beispielsweise in der Rechtsphilosophievorlesung 1824/25: *Hegel* Vorlesungen, Bd. 4, S. 339 (*v. Griesheim*).

[28] Vgl. *Hegel* Grundlinien, § 35 (Werke Bd. 7, S. 93); dazu *Klesczewski* Rolle der Strafe, S. 46; *Bartuschat* ZphilF 41 (1987) 30.

[29] *Hegel* aaO § 36 (Werke Bd. 7, S. 95).

[30] *Bartuschat* ZphilF 41 (1987) 31.

[31] *Bartuschat* aaO (Hervorhebung hinzugefügt).

[32] *Hegel* Grundlinien, § 36 (Werke Bd. 7, S. 95). – Die hiesige Interpretation folgt der Erörterung *Bartuschats* aaO.

[33] *Klesczewski* Rolle der Strafe, S. 46.

[34] Vgl. *Klesczewski* aaO S. 47; *Bartuschat* ZphilF 41 (1987) 31 f.

[35] Vgl. *Hegel* Grundlinien, §§ 47 f (Werke Bd. 7, S. 110 ff).

Einleitung zur vorliegenden Arbeit ausgeführt worden ist, keinen Raum für ein inhaltlich-konkretes Element, wie es die Notlage eines anderen darstellt: „Weil die Besonderheit in der Person noch nicht als Freiheit vorhanden ist, so ist alles, was auf die Besonderheit ankommt, hier ein *Gleichgültiges*“[36]. Der „abstrakte Verstand“ behauptet deshalb „jede Rechtsverletzung als absolut“[37]. Das eine der Momente, die in der Notstandssituation miteinander kollidieren, ist damit benannt; es handelt sich um „die Persönlichkeit als solche, das strenge Recht“[38].

b) Der besondere Wille: Das Recht des Wohls

Dieses strenge oder abstrakte Recht unterliegt bei *Hegel* der dialektischen Negation.[39] Dem formell-allgemeinen Willen des abstrakten Rechts steht der *besondere* Wille gegenüber, der „aus dem äußeren Dasein *in sich* reflektiert“[40] und der deshalb „nicht bloß *an sich*, sondern *für sich unendlich*“ ist.[41] „Seine *Persönlichkeit*, als welche der Wille im abstrakten Recht nur ist, hat derselbe so nunmehr zu seinem *Gegenstande*“[42]; dies bestimmt die *Person* zum *Subjekt*[43], welches weiß, daß sein Wille auch dem *zugrundeliegt*, was es nicht unmittelbar selber ist. So definiert sich beispielsweise das Subjekt nicht mehr vermittels seiner Inhaberschaft an bestimmten Sachen; vielmehr erhalten diese nun umgekehrt ihren Wert vermöge ihrer Eignung, den besonderen Zwecken ihres Inhabers zu *dienen*. Der Wille setzt sich hier also als ein bestimmter:[44] Ich bin *dieses* Subjekt und nicht *jenes*, ich habe *diesen* Willensinhalt und nicht *jenen*. Die Subjektivität repräsentiert daher das Moment der „*Endlichkeit* oder *Besonderung* des Ich“[45]; weil aber der einzelne sich erst in dem besondernden Medium der Subjektivität als konkret Handelnder zu erfassen und nach außen darzustellen vermag, macht die Subjektivität „das *Dasein* des Begriffs“ aus:[46] „Nur im Willen, als subjektivem, kann die Freiheit oder der *an sich* seiende Wille wirklich sein“[47].

Deshalb muß der Subjektivität und ihren Äußerungsformen nach Maßgabe der Idee des Rechts notwendigerweise ein eigenständiger normativer Gehalt, ein eige-

---

[36] *Hegel* aaO § 37 Z (Werke Bd. 7, S. 96).
[37] *Hegel* Vorlesungen, Bd. 4, S. 341 (*v. Griesheim*).
[38] *Hegel* aaO S. 339.
[39] *Oizerman* Widersprüche, S. 285.
[40] *Hegel* Grundlinien, § 33 (Werke Bd. 7, S. 87).
[41] *Hegel* aaO § 105 (Werke Bd. 7, S. 203).
[42] *Hegel* aaO § 104 (Werke Bd. 7, S. 198).
[43] Vgl. *Hegel* aaO § 105 (Werke Bd. 7, S. 203).
[44] Vgl. *Hegel* aaO § 6 (Werke Bd. 7, S. 52).
[45] *Hegel* aaO.
[46] *Hegel* aaO § 106 (Werke Bd. 7, S. 204).
[47] *Hegel* aaO.

nes „Recht“ zukommen. *Hegel* betont diesen Umstand in geradezu emphatischer Weise: „Das Recht der *Besonderheit* des Subjekts, sich befriedigt zu finden oder, was dasselbe ist, das Recht der *subjektiven Freiheit* macht den Wende- und Mittelpunkt in dem Unterschiede des *Altertums* und der *modernen* Zeit“[48]. Kühler, aber nicht weniger eindeutig formuliert er in einer seiner Vorlesungen: „Der eigentümliche Boden der Freiheit ist der besondere Wille selbst. Indem dieser wesentliches Moment ist, so hat er als solcher ein Recht“[49]. *Hegel* fährt fort: „Der natürliche Wille tritt hier ein, aber nicht als unmittelbar natürlicher Wille, sondern als solcher, der Zweck ist, der vom reflektierenden Bewußtsein gewußt und gewollt wird und somit in das Element des Allgemeinen eintritt. So, als gedachte allgemeine Besonderheit, ist er das *Wohl* überhaupt“[50]. Dementsprechend hat das Individuum „das Recht, sein Wohl“ – sein moralisches und physisches Wohlergehen, letztlich den Lebensentwurf, den es für den ihm gemäßen hält – „zu seinem Zweck zu machen“[51]. Kurzum: „Das Besondere kann nun also als Wohl überhaupt gefaßt werden, und der Mensch hat das Recht, dieses zu befördern“[52]. Die grundsätzliche Beachtlichkeit eines Rechts auf das eigene Wohl hat auch Auswirkungen im Bereich des Notstands. Der besondere Wille kann jetzt legitimerweise verlangen, gerade auch in seiner Bedürftigkeit als berechtigt anerkannt zu werden.[53] Wenn ich Beschränkungen leide oder wenn mir Einbußen drohen, die mir die rechtskonforme Beförderung dessen, was ich für mein Wohl halte, nachhaltig erschweren oder sie ganz ausschließen (Gefahr des Lebensverlusts!), so tangiert dies deshalb potentiell mein Recht, mein Wohl zu befördern. Als Ausprägung des Rechts auf das eigene Wohl tritt daher der Anspruch auf den Plan, daß die Rechtsordnung jene Notlage berücksichtigen möge. Damit erweist sich das „Recht des Wohls“ als das zweite jener „beiden allgemeinen Momente des Rechts“, deren Kollision nach *Hegel* die Notstandslage kennzeichnet.

Für *Hegels* Begründung eines Not*rechts* spielt seine Annahme eines *Rechts* auf das eigene Wohl eine entscheidende Rolle: Der Notstandstäter übertritt die Pflichtenbindungen, denen er für gewöhnlich unterliegt. Die Pflichten, über die er sich hinwegsetzt – seien sie abstrakt-rechtlicher oder institutionell-sittlicher Natur – gehören nach den Darlegungen der Einleitung zu dieser Arbeit zu den Ermöglichungsbedingungen einer Ordnung allgemeiner realer Freiheit. Das Interesse der Rechtsgenossen des Notstandstäters, von derartigen Eingriffen grundsätzlich ver-

---

[48] *Hegel* aaO § 124 A (Werke Bd. 7, S. 233).
[49] *Hegel* Philosophie des Rechts, S. 96.
[50] *Hegel* aaO.
[51] *Hegel* aaO.
[52] *Hegel* aaO S. 100.
[53] *Klesczewski* Rolle der Strafe, S. 81.

schont zu bleiben, ist dementsprechend freiheitstheoretisch völlig legitim. Eine Rechtfertigung des Eingriffs ist umgekehrt nur unter der Voraussetzung denkbar, daß der Eingreifende auch seinerseits ein *prinzipiell legitimes Freiheitsinteresse* in die Waagschale werfen kann – eben das Recht des Wohls. Die Eingriffshandlung bezieht ihre rechtliche Dignität nämlich nicht aus sich selber heraus. Zwar darf ein rechtlich gebilligter Zweck nicht mit jedem Mittel verfolgt werden; das *Recht*, ein bestimmtes Mittel zu gebrauchen, kann aber nur besitzen, wer auch ein *Recht* auf den Zweck hat, den er durch den Einsatz dieses Mittels verfolgt. Das *subjektive* Bestreben des Notstandstäters, sein bedrohtes Gut zu erhalten, kann erst angesichts dieses Rechts als *objektiv beachtlich* anerkannt werden.[54] Dementsprechend unterstreicht auch *Hegel* selber, daß die beiden Freiheitsmomente des abstrakten Rechts und des Rechts auf das eigene Wohl nur deshalb in eine normativ beachtliche Kollision geraten können, weil „sie auf gleicher Linie stehen, Rechte zu sein; wäre der moralische Standpunkt des Geistes nicht auch ein Recht, die Freiheit in einer ihrer Formen, so könnte sie gar nicht in Kollision mit dem Rechte der Persönlichkeit oder einem anderen kommen"[55].

Ein Konflikt wie derjenige zwischen Recht und Wohl ist dadurch gekennzeichnet, daß die Kontrahenten einander wechselseitig als Antipoden wahrnehmen; in logischen Kategorien gesprochen, besteht zwischen den von ihnen erhobenen Ansprüchen ein Verhältnis wechselseitiger Negation. Deshalb muß jenes Freiheitsmoment, das der Notstandstäter in den Konflikt einbringt, vermittels einer Negation des abstrakt-rechtlichen Rechtsverständnisses bestimmt werden, das zugunsten seines Kontrahenten streitet. Einer den Besonderheiten der konkreten Notlage gegenüber unempfindlichen Betrachtungsweise stellt der Notstandstäter demzufolge eine Position entgegen, die sich ebenso ausschließlich eben jenen Besonderheiten verschreibt: Die Hitze der konkreten Notlage läßt danach die abstrakt-rechtlich vorgesehene Verteilung von Rechten buchstäblich dahinschmelzen. Das „kontextunsensible" *Recht der Person* – bei Eingriffen in abstrakt-rechtliche Positionen Dritter – bzw. das *Recht der Institution* – bei Überschreitung institutionell begründeter Pflichten – gegen das sachlich-situative *Recht auf das eigene Wohl*: dies ist die kürzeste Formel zur Kennzeichnung des Notstandskonflikts bei *Hegel*.

Die Konzeption *Hegels* besitzt nicht zuletzt den Vorzug, die strafrechtliche Notstandsproblematik als bloßen Teilaspekt eines allgemeineren Konflikts aufzufassen

---

[54] „Not" im Rechtssinne leidet nach einer treffenden Bemerkung *Oetkers* nur, wer etwas entbehrt, was ihm vom Recht zugebilligt wird (*Oetker* FG Frank, Bd. I, S. 358; ebenso *Maurach* Kritik, S. 15). – Auch *Janka* Notstand, S. 160 konstatiert: „Wo die Identität zwischen Recht und Wohl aufgehört hat, dort müßte es neben dem formellen … noch ein zweites Recht geben"; allein, so fährt *Janka* fort, „ein solches zweites Recht existiert nicht".

[55] *Hegel* Grundlinien, § 30 A (Werke Bd. 7, S. 83).

und sie auf diese Weise in einen übergreifenden systematischen und inhaltlichen Zusammenhang zu stellen. Konflikte zwischen den Freiheitsmomenten des formellen Rechts und des materiellen Wohls treten nicht nur, ja nicht einmal in erster Linie in Notstandssituationen im engeren Sinne auf; einen weitaus krasseren und, um die Terminologie *Durkheims* aufzugreifen, für die soziale Solidarität erheblich bedrohlicheren Ausdruck fand dieser Konflikt im 19. Jahrhundert in der Organisation der kapitalistischen Industriegesellschaft und deren sozialen Folgen. Der strafrechtliche Notstand erweist sich in *Hegels* Darstellung somit gleichsam als kleines Geschwister jener Problematik, die als „soziale Frage" das gesamte 19. Jahrhundert in Atem halten sollte.[56] Dementsprechend weist *Hegel* in seiner Vorlesung von 1822/23, unmittelbar bevor er auf das Notrecht zu sprechen kommt, auf den Umstand hin, daß sich der Konflikt zwischen Recht und Wohl „auch im gewöhnlichen Leben" finde, „wo bei großer Bildung des Unglücks eine so *unsägliche* Menge ist ... So sieht man den Kampf der Noth, und dicht daneben die Mittel, die ihr abzuhelfen vermöchten; beide aber sind durch eine unübersteigliche Kluft geschieden. Diese Kluft ist das Recht". Dessen Widerspruch gegen das Wohl sei „keine bloß casuistische Collision ..., sondern ein immer vorhandener, und notwendiger [Gegensatz], und am auffallensten grellsten [*sic*!] in der gebildeten Gesellschaft"[57]. Dieser Hinweis auf den inhaltlichen Zusammenhang, in dem *Hegels* Notrechtslehre steht, bestätigt, daß die eingangs geäußerte Erwartung nicht getrogen hat: Die Kollision von formellem Recht und materiellem Wohl markiert einen der systematisch wie inhaltlich heikelsten Konflikte, die *Hegel* in den gesamten *Grundlinien* behandelt.[58]

3. Das Notrecht als Auflösung der Kollision von abstraktem Recht und Wohl

Der Konflikt zwischen Recht und Wohl hat bei *Hegel* seine freiheitstheoretische Bedeutung primär darin, daß er den Charakter *beider* „Einsatzgrößen" als bloße Teilmomente der Idee rechtlicher Freiheit offenkundig macht. Wie bereits erwähnt, ist das Verhältnis beider Momente zueinander ein solches der wechselseitigen Negation. Eben deshalb aber bleiben sie weiterhin von ihrem jeweiligen Gegenbegriff abhängig. Dieser ist jeweils das andere ihrer selbst; im Ergebnis sind mithin beide

---

56 Zu diesem Zusammenhang *Henrich* Vernunft, S. 20f; *Kühl* FS Lenckner, S. 143f.

57 *Hegel* Vorlesungen, Bd. 3, S. 397f (*Hotho*).

58 Der Hegelianer *Köstlin* kennzeichnet sogar (in auffälliger Zuspitzung von *Hegels* eigener Begriffsbestimmung) die *Idee des Rechts* als solche als „die vermittelte Einheit des bloß formellen Rechts mit dem Wohl, welche darin als bloße Momente aufgehoben sind" (*Köstlin* Neue Revision , S. 607).

Seiten gleichermaßen abstrakt. Diese Abstraktheit, die mithin nicht nur das sogenannte abstrakte Recht, sondern auch das Recht des Wohls kennzeichnet, wird, wie *Hegel* formuliert, offenbar darin, daß „jedes recht gegen das andere (hat) und wenn es sich geltend macht unrecht“[59], daß also beide Freiheitsmomente „Recht und Unrecht zugleich sind“[60]: Vom Recht des Wohls aus ist die Unempfindlichkeit des abstrakten Rechts gegen die konkret bestehende Not ebenso ein Unrecht, wie es aus der Perspektive des abstrakten Rechts ein Unrecht darstellt, über die Pflicht zur formellen Respektierung der anderen hinaus dazu angehalten werden zu können, eigene Güter zu deren Gunsten aufzuopfern.

Aus diesem Grund kann keine der beiden Bestimmungen generell „das Recht vor der anderen“ haben;[61] keine von ihnen kann sich zur alleinigen Repräsentantin der Rechtsidee erklären. Verabsolutiert drohen vielmehr beide Seiten zu Gefahren für die konkrete Freiheit zu werden.[62] Deshalb kommt eine Auflösung des Konflikts, die eines dieser Momente dem anderen vollständig aufopfert, für *Hegel* von vornherein nicht in Betracht: „... das Wohl ist nicht ein Gutes ohne das *Recht*. Ebenso ist das Recht nicht ein Gutes ohne das Wohl“[63]. In *Hegels* Verständnis hat mithin *jede* der Weisen, in denen die Freiheit sich ein Dasein gibt, ein ihr eigentümliches Recht, das nicht beliebig ist, sondern ein unabdingbares und daher niemals zur Gänze entbehrliches Moment dessen darstellt, worin die Freiheit im Dasein sich verwirklicht.[64] Auch Recht und Wohl müssen deshalb als Momente eines übergreifenden Ganzen – nach der (vorläufigen) Terminologie *Hegels*: des Guten – begriffen werden. Sie müssen also *aufgehoben* werden, indem sie der Unwahrheit ihres jeweiligen Totalitätsanspruchs *entkleidet*, in ihrer je partiellen Wahrheit hingegen *bewahrt* werden.[65] Was die historische Semantik für den *geschichtlichen* Transformationsprozeß von Wortbedeutungen herausgearbeitet hat, gilt nach *Hegel* auch in *systematischer* Hinsicht: Eine jede neue Bedeutung „tritt ein in ein Bedeutungskontinuum von schon konstitutierten Bedeutungen, das sie um eine neue Möglichkeit bereichert, nicht aber außer Kraft setzt“[66].

Die Einheit von Recht und Wohl ist freilich, wie jede Synthese antipodischer Begriffsmomente, *dialektischer* Natur; nach der Interpretation *Lübbe-Wolffs* besagt

---

59 *Hegel* Vorlesungen, Bd. 4, S. 340 *(v. Griesheim)*.

60 *Schild* Lehre vom Notrecht, S. 159.

61 *Hegel* Vorlesungen, Bd. 4, S. 339 *(v. Griesheim)*.

62 *Klesczewski* Rolle der Strafe, S. 373.

63 *Hegel* Grundlinien, § 130 (Werke Bd. 7, S. 243).

64 *Bartuschat* ZphilF 41 (1987) 21. – In diesem Sinne trifft die These *Woods* zu, *Hegels* Prinzip der Priorität des Rechts gegenüber der Wohlfahrt (dazu sogleich) lasse es unbestimmt, wann etwas als ein gültiges Recht zähle (*Wood* Critique of Morality, S. 162).

65 *Klesczewski* Rolle der Strafe, S. 373.

66 *Stierle* Historische Semantik, S. 186.

dies, daß das Recht und das Wohl lediglich im großen und ganzen, nicht aber notwendig auch in jedem Einzelfall zusammenfallen müssen.[67] Danach ist es zwar ausgeschlossen, eine Rechtsordnung nach Art derjenigen, die in den kapitalistischen Industriegesellschaften des 19. Jahrhunderts in Geltung stand und die *aus systemischen Gründen* einem erheblichen Teil der Rechtsgenossen ihren Anteil am Wohl vorenthielt, als angemessene Verwirklichung des Begriffs rechtlicher Freiheit anzusehen. Anders ist es aber, wo die Rechtsordnung einem einzelnen, der *zufälligerweise* (oder gar durch eigenes Verschulden) in Not geraten ist, die Befugnis versagt, sich auf Kosten eines anderen daraus zu befreien. Allein dadurch stellt eine Rechtsordnung ihre Fähigkeit, Recht und Wohl *im großen und ganzen* zu versöhnen, nicht in Frage.

Auf der Grundlage der bisher dargestellten Überlegungen *Hegels* ist es insofern keineswegs selbstverständlich, daß er für die Fälle einer nicht durch die Prinzipien der gesellschaftlichen Organisation bedingten, sondern „zufälligen" Not in § 127 der *Grundlinien* die Kollision des Rechts mit dem Wohl zugunsten eines Notrechts auflöst. Auch *Hegels* eigene Darlegungen im unmittelbaren Vorfeld des § 127 lassen seine Anerkennung eines Notrechts als eher überraschend erscheinen. In § 125 bemerkt er nämlich noch, das an und für sich seiende Allgemeine sei auf der gegenwärtigen Stufe der Begriffsentwicklung „weiter noch nicht bestimmt ... denn als das Recht"[68]. Dementsprechend heißt es in § 126: „Meine sowie der anderen Besonderheit ist aber nur überhaupt ein Recht, insofern ich *ein Freies* bin. Sie kann sich daher nicht im Widerspruch dieser ihrer substantiellen Grundlage behaupten"[69]. Was aber ist die „substantielle Grundlage" des Rechts der Besonderheit? Die Antwort *Hegels* scheint eindeutig: „Das Recht" – womit das abstrakte Recht gemeint ist – „ist notwendig das zum Grund liegende Substantielle, und ich darf insofern mein Wohl durchaus nicht befördern und behaupten auf Kosten des Rechts"[70]. *Hegels* abschließende Wendung trägt ein geradezu kantisch anmutendes Gepräge: Eine „Absicht meines Wohls sowie des Wohls anderer – in welchem Fall sie insbesondere eine *moralische Absicht* genannt wird – kann nicht eine *unrechtliche Handlung* rechtfertigen"[71]. Wenn der heilige Crispinus Leder zu Schuhen für die Armen stehle, so sei die Handlung moralisch und unrechtlich und somit ungültig.[72]

Die Begründungsabsicht, von der *Hegel* sich hier leiten läßt, ist unschwer nachzuvollziehen: Das rein subjektive Moment der guten („moralischen") Absicht allein

---

[67] *Lübbe-Wolff* ARSP 68 (1982) 247 Fn. 114.
[68] *Hegel* Grundlinien, § 125 (Werke Bd. 7, S. 236).
[69] *Hegel* aaO § 126 (Werke Bd. 7, S. 236).
[70] *Hegel* Philosophie des Rechts, S. 100.
[71] *Hegel* Grundlinien, § 126 (Werke Bd. 7, S. 236f).
[72] *Hegel* aaO § 126 Z (Werke Bd. 7, S. 239).

vermag einen Rechtsbruch nie zu rechtfertigen. Der Tatsache als solcher, daß *ich* eine bestimmte, in die Rechte eines anderen eingreifende Handlung als geeignet zur Förderung meines eigenen oder auch eines fremden Wohls ansehe, kommt in meiner Auseinandersetzung mit dem Betroffenen kein Begründungswert zu. Eine normativ gehaltvolle Begründung muß nämlich stets eine *allgemeine* Prämisse enthalten, und dies schließt es aus, daß ich die Richtigkeit meines Handelns allein auf den Umstand stütze, daß *ich* und niemand anders der Handelnde bin[73] und daß *ich* mein Handeln für (moralisch oder sonstwie) geboten halte. Meine subjektive Handlungsmaxime muß vielmehr *objektiv* – im Systemteil der Moralität genauer: intersubjektiv – *anerkennungsfähig* sein, um dem objektiven Geltungsmodus des abstrakten Rechts Paroli bieten zu können. Daran fehlt es nach *Hegels* Auffassung beispielsweise, wenn der heilige Crispinus es unternimmt, die nicht unmittelbar existenzgefährdende Not der Armen durch punktuelle Rechtsbrüche zu lindern.[74] *Schild* vertritt die Ansicht, Gleiches müsse konsequenterweise für die Situation des Notdiebstahls im Sinne des § 127 der *Grundlinien* gelten.[75] In der Tat bedarf es zusätzlicher Argumente, um die Akzentverschiebung plausibel zu machen, die *Hegel* in § 127 vornimmt.

Betrachtet man *Hegels* Begründung in § 127 losgelöst von ihrem systematischen Kontext, so erscheint sie wenig überzeugungskräftig. *Hegel* stellt zunächst der „totale(n) Rechtlosigkeit", die dem an seinem Leben Gefährdeten drohe, den Umstand gegenüber, daß der rettende Eingriff in die Rechtssphäre eines bislang Unbeteiligten bei diesem lediglich die „Verletzung eines einzelnen beschränkten Daseins der Freiheit" nach sich ziehen würde.[76] Einen Interpreten, der auf eine abstrakt-rechtliche Sichtweise fixiert ist, muß diese Gegenüberstellung von vornherein unverständlich anmuten; die Lebensgefahr kann nichts daran ändern, daß die Notstandshandlung im abstrakten Sinne Unrecht ist.[77] Ein solcher Interpret käme nicht

---

[73] *Hoerster* Utilitaristische Ethik, S. 58f; *Joerden* ARSP 74 (1988) 315; *Williams* Egoismus, S. 404f.

[74] Ähnlich *Klesczewski* Rolle der Strafe, S. 179, 355ff. – Volle Plausibilität erlangt diese Begründung freilich nur unter der – keineswegs selbstverständlichen – Prämisse, daß institutionelle Mechanismen der Notbekämpfung zur Verfügung stehen. Aber selbst wenn dies nicht der Fall ist, dürfte es leichter sein, eine (nicht unmittelbar existenzbedrohende) Not zu ertragen als die Schrecken eines rechtlosen Zustands.

[75] *Schild* Lehre vom Notrecht, S. 154f. – Auf den Widerstand, den § 126 der verbreiteten Ansicht entgegensetzt, die *Hegel* zum Ahnherrn der Güter- bzw. Interessenabwägung stilisiert (Nachweise in Fn. 4), weist *Meißner* Interessenabwägungsformel, S. 90f zu Recht hin.

[76] *Hegel* Grundlinien, § 127 (Werke Bd. 7, S. 240).

[77] *Meißner* Interessenabwägungsformel, S. 94; *Schild* Lehre vom Notrecht, S. 156. – Nach *Menke* Tragödie im Sittlichen, S. 255 f führt eine Begründung des Notrechts aus der drohenden „totalen Rechtlosigkeit" nicht über den Typ von Gründen hinaus, der schon den Standpunkt des abstrakten Rechts bestimmte: „Denn die Abwehr der ‚totalen Rechtlosigkeit'

umhin, sich der Feststellung *Marquardsens* anzuschließen, wie der unbedeutendste Staat nicht minder souverän sei als das mächtigste Reich, so sei es unmöglich, daß ein Recht weniger Recht sei als ein anderes;[78] zudem wäre es einem solchen Interpreten ein leichtes, mit *Janka* darauf hinzuweisen, selbst der an seinem Leben Gefährdete werde in seiner Rechtsfähigkeit, die Entscheidung möge lauten, wie sie wolle, nicht einen Augenblick berührt.[79] Richtig verstanden, bezieht *Hegel* sich freilich nicht auf den *formellen* Begriff der betroffenen Rechtsposition, sondern auf ihre *materielle* Freiheitsbedeutung; es geht *Hegel* um die Relevanz, die der Rechtsposition für das „Dasein" – die reale Existenz[80] – der Freiheit ihres Inhabers zukommt. Selbst wenn man *Hegels* Überlegung in diesem Sinne versteht, bleibt indes ein weiteres Bedenken gegen sie bestehen: Weshalb soll aus dem Umstand, daß die von *Hegel* geschilderte *Differenz* besteht, die Verpflichtung des Unbeteiligten folgen, *überhaupt* ein, wenn auch nur geringfügiges Stück seiner Freiheit zugunsten der Freiheit des an seinem Leben Gefährdeten aufzuopfern?[81] Dies ist nur dann einsichtig, wenn den Eingriffsadressaten eine rechtlich relevante Mitverantwortung für das Wohl seines in Not befindlichen Gegenübers trifft. Aber ob eine solche Mitverantwortung besteht und wie sie sich gegebenenfalls begründen läßt, dies ist hier eben die Frage.[82]

---

durch den Schutz, und mehr noch: die Gewährleistung der Rechtsfähigkeit überhaupt gehört bereits zur *Idee* des Rechts". Letzteres trifft zwar zu; aber – und dies ist für *Hegels* Argumentation das Entscheidende – die Anerkennung eines Rechts des Wohls übersteigt jene begrenzte „Auflösungsdichte", die die Idee des Rechts im Rahmen des abstrakten Rechts aufweist.

78 *Marquardsen* Archiv d. Criminalrechts, 2. N. F., 24 (1857) 402; zustimmend *Geyer* Krit. Vierteljahresschrift V (1863) 65f; *ders.* Nothwehr, S. 4.

79 *Janka* Notstand, S. 147.

80 Vgl. *Hegel* Grundlinien, § 106 (Werke Bd. 7, S. 204).

81 *Kühl* FS Lenckner, S. 156.

82 Weiterführend ist auch nicht *Hegels* im Zusatz zu § 127 der *Grundlinien* (Werke Bd. 7, S. 241) überlieferte Bemerkung, die unmittelbare Lebensnot könne deshalb zu einer an sich unrechtlichen Handlung berechtigen, „weil in ihrer Unterlassung selbst wieder das Begehen eines, und zwar des höchsten Unrechts läge, nämlich die totale Negation des Daseins der Freiheit". Diese Bemerkung setzt voraus, daß der einzelne nicht nur das Recht, sondern sogar die Pflicht hat, sich selbst zu erhalten. Sie dürfte auf *Hegels* Ansicht vom strikten Verbot der Selbsttötung (§ 70 der *Grundlinien* [Werke Bd. 7, S. 151]) zurückgehen (vgl. *Schild* Lehre vom Notrecht, S. 159). Innerhalb von *Hegels* System ist ein Verbot der Selbsttötung nicht ohne Plausibilität. Wenn nämlich der Mensch entscheidend durch seine Eigenschaft definiert ist, Vermittler des Geistes zu sein (dazu *Taylor* Hegel, S. 70ff, 129ff), so gehört er nie zur Gänze sich selbst und kann infolgedessen aus seiner Vermittlerrolle auch nicht nach eigenem Gusto desertieren. Derjenige allerdings, der *Hegels* diesbezügliche Prämissen nicht teilt, dürfte *Hegels* Verbot der Selbsttötung als Nachwirkung älterer religiöser Anschauungen und damit als zeitgebunden auffassen, mit der Folge, daß ihn auch *Hegels* Wiederaufnahme dieses Motivs im Kontext des Notrechts nicht zu überzeugen vermag. Aber auch unabhängig von diesem inhaltlichen Bedenken hilft der Hinweis auf das Selbsttötungsverbot hier nicht wesent-

In § 127 der *Grundlinien* macht *Hegel* ferner geltend, daß der rechtfertigungsfähige Notstandseingriff auch insofern nur die „Verletzung eines einzelnen beschränkten Daseins der Freiheit" bewirke, als durch den in dieser Weise Eingreifenden „zugleich das Recht als solches und die Rechtsfähigkeit des nur in *diesem* Eigentum Verletzten anerkannt" werde. In einer seiner Vorlesungen führt *Hegel* näher aus, was er mit dieser zunächst einigermaßen kryptisch anmutenden Bemerkung sagen will: „Der Mensch welcher verhungert, hat das absolute Recht das Eigenthum eines Andern zu verletzen, er verletzt das Eigenthum eines Anderen nur nach einem beschränkten Inhalt, im Nothrecht aber liegt, daß er nicht das Recht des Anderen als Recht verletzt. Das Interesse ist nur auf dieß Stückchen Brodt gesetzt, er behandelt den Anderen nicht rechtlos"[83]. Einem Interpreten, der dem Privatwohl keinen Einfluß auf das Privatrecht zugesteht, müssen auch diese Äußerungen *Hegels* unverständlich, bestenfalls zirkulär erscheinen: Das tatsächliche Interesse eines „gewöhnlichen" Brotdiebs ist nicht anders als dasjenige des vom Verhungern Bedrohten primär darauf gerichtet, die erstrebte Beute – „dieß Stückchen Brodt" – zu ergattern. Weshalb soll dann zwar die Tat des Ersteren, nicht aber die des Letzteren eine Behandlung des Opfers als „rechtlos" darstellen? Die Privilegierung des in Lebensnot befindlichen Täters kann sich nur daraus ergeben, daß er im Unterschied zu dem „gewöhnlichen" Dieb mit dem Anliegen, sich, soweit möglich, im Dasein halten zu dürfen, ein Moment der Idee des Rechts auf seiner Seite hat, dessen Vorrang in der konkreten Konfliktsituation auch der Adressat seines Eingriffsakts zugestehen muß. Der Maßstab, welcher die subjektive Maxime des Notstandstäters als intersubjektiv beachtlich ausweist, läßt sich jedoch wiederum der genannten Bemerkung *Hegels* als solcher nicht entnehmen, sondern wird von ihr stillschweigend vorausgesetzt.

Erst ein Blick auf den systematischen Zusammenhang, in dem § 127 der *Grundlinien* steht, hilft der Interpretation voran. Wie gesehen, ist der Notstandskonflikt

---

lich weiter. Auch wenn man anerkennt, daß eine Lebens*pflicht* die stärkste denkbare Form des betreffenden *Rechts* darstellt (*Jakobs* Tötung auf Verlangen, S. 7), folgt aus der (angeblichen) Pflicht zur *Selbst*erhaltung nicht ohne weiteres die (hier in Rede stehende) Pflicht eines *anderen*, zugunsten des in seiner Existenz Bedrohten die Güter preiszugeben, die dieser zu seiner Selbsterhaltung bedarf. Auch *Hegel* selbst billigt dem in Lebensgefahr Befindlichen keineswegs stets ein Notrecht zu (dazu sogleich). Die von *Hegel* angenommene Pflicht zur Selbsterhaltung kann deshalb nur besagen, der Betroffenen möge von sämtlichen Rechten, die ihm zustehen (auch einem etwaigen Notrecht), *Gebrauch machen*; nicht hingegen vermag jene Pflicht diese Rechte zu *begründen*. (Schon *Wessely* Befugnisse, S. 10 bemerkt: „Wohl hat jeder Mensch die Pflicht, daher auch das Recht sich zu erhalten; aber wie jedes Recht so darf der Berechtigte auch dieses nur innerhalb seiner Rechtssphäre und ohne Eingriff in fremde Rechte geltend machen.")

[83] *Hegel* Vorlesungen, Bd. 4, S. 341 *(v. Griesheim)*.

dadurch gekennzeichnet, daß die Ansprüche von (abstraktem) Recht und Wohl kollidieren. Die Auflösung dieser Kollision, die Setzung von Recht und Wohl als Einheit, erfolgt auf der Systemstufe der Moralität in der Idee des Guten.[84] In dieser Idee aber hat das Wohl „keine Gültigkeit für sich als Dasein des einzelnen besonderen Willens, sondern nur als *allgemeines* Wohl und wesentlich als *allgemein an sich*"[85]. Pflicht ist demnach hier: „*Recht* zu tun und für das *Wohl*, sein eigenes Wohl und das Wohl in allgemeiner Bestimmung, das Wohl anderer, zu sorgen"[86]. Zwar unterstreicht *Hegel* auch hier, daß das „Recht, wodurch das Wohl zugrunde" gehe, „ein Unrecht" sei.[87] Deutlich aber wird doch eines: Es geht dabei nicht um ein subjektiv empfundenes Wohl;[88] nur wer geltend machen kann, bei der Fassung seines Entschlusses zum Eingreifen auch „das Wohl in allgemeiner Bestimmung, das Wohl anderer" berücksichtigt zu haben, kann bei der Umsetzung dieses Entschlusses auf intersubjektive Billigung rechnen.[89] Anders gewendet: Weil der Verbrecher sein Wohl nur als rein partikuläres Interesse verfolgt, fehlt seinem Tun jener Allgemeinheitsanspruch, der allein es legitimieren könnte.[90] Die Handlungsmaxime des Notstandstäters muß also *verallgemeinerungsfähig* sein[91] – gilt doch der Grundsatz der Verallgemeinerbarkeit seit *Kant*, mit dem sich *Hegel* in diesem Teil seines Moralitätskapitels in erster Linie auseinandersetzt, als *das* argumentative Mittel, um sich der intersubjektiven Anerkennungsfähigkeit einer subjektiven Handlungsmaxime zu versichern. Für den Notstandstäter hat dies zur Konsequenz, daß er dem Wohl des Eingriffsadressaten die gleiche Bedeutsamkeit wie seinem eigenen Wohl zugestehen muß, so wie er umgekehrt auch von diesem die prinzipielle Anerkennung der Beachtlichkeit seines, des Notstandstäters, Wohls erwarten darf. Insofern kann man den Grundsatz der Verallgemeinerbarkeit für die hier interessierende Konstellation auch als den Grundsatz der Gleichbedeutsamkeit des Wohls aller Konfliktbeteiligten bezeichnen. Angesichts dieses Grundsatzes wird verständlich, weshalb *Hegel* ein Notrecht – wenngleich nur unter engen Voraussetzungen – anerkennt.

Bereits in § 126 der *Grundlinien* hatte *Hegel* gezeigt, daß der bloße Verweis auf die Besonderheit des Handelnden – seine individuellen Vorstellungen davon, was für

---

84 *Hegel* Grundlinien, § 129 (Werke Bd. 7, S. 243).
85 *Hegel* aaO § 130 (Werke Bd. 7, S. 243).
86 *Hegel* aaO § 134 (Werke Bd. 7, S. 251).
87 *Hegel* aaO § 134 N (Werke Bd. 7, S. 251).
88 So hatte *Hegel* den Begriff noch eingeführt: Das Wohl sei „erst bestimmt durch das Partikulare, Meinen – es ist die Sache eines jeden insbesondere, worin er sein Wohl setzt" (*Hegel* aaO § 126 N [Werke Bd. 7, S. 238]).
89 Ähnlich *Klesczewski* Rolle der Strafe, S. 81; *Grünewald* Garantenpflichten, S. 60; *Lesch* Notwehrrecht, S. 34 f.
90 *Klesczewski* aaO S. 177.
91 *Klesczewski* aaO S. 80.

sein eigenes oder ein fremdes Wohl förderlich sei – Dritten gegenüber keine taugliche Begründung darstellt. In § 127 zieht *Hegel* eine rigorose Konsequenz aus dieser Einsicht: Zur Begründung eines Notrechts geeignet ist nur ein Umstand, der nicht Ausprägung einer je beliebigen Individualität, sondern *Bedingung der Möglichkeit von Besonderheit schlechthin* und in diesem Sinne verallgemeinerungsfähig ist;[92] die Gefahr darf nicht einem individuell-kontingenten, sondern sie muß einem existentiell bedeutsamen Gut gelten. Als solches erscheint bei *Hegel* das Leben: „Die *Besonderheit* der Interessen des natürlichen Willens, in ihre einfache *Totalität* zusammengefaßt, ist das persönliche Dasein als *Leben*"[93]. Im Leben liege nämlich die Möglichkeit „nicht nur der besonderen Zwecke", sondern „die Möglichkeit des Daseins der Freiheit überhaupt – des Rechts"[94]. Daß der Mensch ein Lebendiges sei, sei nicht zufällig, sondern vernunftgemäß, und insofern habe er ein Recht, seine Bedürfnisse zu seinem Zweck zu machen. „Es ist nichts Herabwürdigendes darin, daß jemand lebt, und ihm steht keine höhere Geistigkeit gegenüber, in der man existieren könnte"[95]. In einem Wort: „Recht – muß Leben haben"[96]. Diese ohnehin schon hohe Eingriffsschwelle qualifiziert *Hegel* nochmals, indem er klarstellt, daß das Notrecht sich auf die Fälle *gegenwärtiger* Lebensnot beschränke: Notwendig sei es nur, *jetzt* zu leben;[97] „nur das Itzt schließt dieses Eins der Freiheit und des Lebens in sich".[98]

Erst in der Situation einer existentiellen Not kommt nach *Hegel* somit ein Notrecht in Betracht. Nicht eine „Abwägung" zwischen einem Eingriffs- und einem Erhaltungsinteresse steht somit am Eingang von *Hegels* Notrechtslehre, sondern eine außerordentlich gewichtige *absolute* Eingriffsschwelle. Wie verhält es sich nun mit der Gegenseite, der Rechtsposition desjenigen, der von dem Notstandseingriff betroffen ist? Da es dem Notstandstäter verwehrt ist, das Wohl des Eingriffsadressaten geringer zu veranschlagen als sein eigenes Wohl, ergibt sich aus dem Vorangegangenen zunächst, daß für *Hegel* Eingriffe in existentielle Güter eines an der Konfliktentstehung Unbeteiligten, zuvörderst in sein Leben, nie zulässig sein können. Was dem Notstandstäter selber als unerträglich erscheinen darf, dies darf er auch

---

92 *Menke* Tragödie im Sittlichen, S. 262.

93 *Hegel* Grundlinien, § 127 (Werke Bd. 7, S. 239).

94 *Hegel* Die Philosophie des Rechts *(Wannenmann)*, S. 84.

95 *Hegel* Grundlinien, § 123 Z (Werke Bd. 7, S. 232).

96 *Hegel* aaO § 128 N (Werke Bd. 7, S. 241); vgl. ferner *dens.* Vorlesungen, Bd. 3, S. 402 *(Hotho)*: „Der Mensch ist frei, sein Leben soll erhalten werden". – *Meißner* Interessenabwägungsformel, S. 94f folgert aus den im Text zitierten und ähnlichen Äußerungen des Philosophen, bei ihm sei das Leben nicht ein Beispiel des Notrechts, sondern offenbar dessen einziger Anwendungsfall; kritisch dazu unter IV.2.

97 *Hegel* aaO § 127 Z (Werke Bd. 7, S. 241).

98 *Hegel* Vorlesungen, Bd. 3, S. 402 *(Hotho)*.

einem unschuldigen Mitbürger nicht antun. Wo Leben gegen Leben steht – etwa beim Brett des *Karneades* –, dort ist, wie *Hegel* ausdrücklich klarstellt, „nicht mehr von Recht und Unrecht die Rede“[99]; in einem solchen Fall herrsche, wie *Hegel*, offenbar in Anlehnung an *Fichte*, formuliert, „der Zustand der Rechtlosigkeit“[100]. Damit aber nicht genug; *Hegel* stellt ausdrücklich klar, daß der Notstandspflichtige lediglich den Verlust eines „ganz beschränkte(n) Recht(s)“[101] zu dulden habe; als Beispiel einer gerechtfertigten Notstandshandlung führt er bekanntlich nichts Spektakuläreres an als das „Stehlen eines Brotes“[102]. Nach dem bisher Ausgeführten läßt sich auch diese Position *Hegels* unschwer begründen. In § 126 hatte *Hegel* das (abstrakte) Recht als „substantielle Grundlage“ des Rechts der Besonderheit bezeichnet.[103] Angesichts dieser Bewertung drängt es sich geradezu auf, die – durch den Notstandseingriff enttäuschte – Erwartung des Eingriffsadressaten, im (Rechts-)Frieden leben zu können, als bedeutsame Komponente seines „Wohls“ anzuerkennen. Dieses Wohl wiegt demnach stets beträchtlich schwerer, als es die Summe der unmittelbar von dem Notstandseingriff betroffenen Güter zum Ausdruck bringt. Folglich muß die Unzumutbarkeitsschwelle, die die Opfergrenze des *Eingriffsadressaten* markiert, in der Tat beträchtlich *unterhalb* der entsprechenden Schwelle liegen, deren Überschreitung die Gefahrenlage des *Notstandstäters* erst zu einer rechtlich beachtlichen qualifiziert.

Zusammenfassend läßt sich feststellen, daß *Hegels* Ausführungen in § 127 der *Grundlinien* innerhalb des systematischen Zusammenhangs, in welchem sie stehen, durchaus Plausibilität für sich in Anspruch nehmen können. Daß sie dennoch beträchtlichen Einwänden ausgesetzt sind, wird sich unter IV. zeigen. Zuvor aber ist eine vor allem in der älteren Notstandsliteratur verbreitete Interpretation der Notrechtslehre *Hegels* zurückzuweisen, die von der hiesigen erheblich abweicht.

---

[99] *Hegel* Die Philosophie des Rechts *(Wannenmann)*, S. 85.

[100] *Hegel* aaO S. 84.

[101] *Hegel* Vorlesungen, Bd. 4, S. 342 *(v. Griesheim)*. – *Abegg* Lehrbuch, S. 167 spricht präzisierend von dem „beschränkte(n) und ersetzliche(n) Recht eines anderen“.

[102] *Hegel* Grundlinien, § 127 Z (Werke Bd. 7, S. 240). – Es stellt eine Verkennung von *Hegels systematischem* Anliegen dar, die von ihm exemplarisch gemeinte Hervorhebung der Inanspruchnahme fremder Eigentumsgegenstände als abschließend auszugeben und ihn sodann für die Enge des von ihm angenommenen Notrechts zu kritisieren (so aber *Rabe* Entwicklung, S. 39 mit Verweisen auf Vorläufer im 19. Jahrhundert [S. 44ff]). Als kasuistisch kritisiert die Ausführungen *Hegels* auch *Westerkamp* Streitfragen, S. 31; zu diesem Vorwurf vgl. ferner *Janka* Notstand, S. 143.

[103] *Hegel* aaO § 126 (Werke Bd. 7, S. 236).

III. Zurückweisung „holistischer" Interpretationen von Hegels Notrechtslehre

Vor dem Hintergrund der vorstehenden Darlegungen wird die Fragwürdigkeit der *Hegel*-Interpretationen sichtbar, die *Kohler* und sodann insbesondere *Bockelmann* vorgelegt haben. Nach *Kohler* liegt das große Verdienst *Hegels* darin, „in das Notrecht die Wertidee eingeführt zu haben"[104]: „Das Leben als unendlicher Wert geht den übrigen Gütern unbedingt vor; und führt man den Gedanken weiter, so muß man sagen: die Kulturwelt ist eine Welt von Werten, und die Rechtsordnung hat möglichst dahin zu streben, daß die größte Summe der Werte erhalten bleibt"[105]. Sei das eine Interesse weit höher als das andere, so müsse – in Fortentwicklung von *Hegels* Gedanken – dieses andere weichen.[106] Man müsse sich in dieser Hinsicht vor Sentimentalitäten hüten: „Mannesmut darf nicht dem femininen Weinkrampf zur Beute werden"[107]. Etwas komplexer als die Darstellung *Kohlers*, im Ergebnis aber weitgehend mit dieser übereinstimmend ist die *Hegel*-Deutung *Bockelmanns*. Auch *Bockelmann* versteht *Hegels* Philosophie des objektiven Geistes als eine Wertlehre: Das „Weltbild der Hegelschen Philosophie" runde sich zu einem „erhabenen System von wertverschiedenen Realitäten", deren normative Relevanz („Wirklichkeit") sich danach bestimme, welche Stufe auf dem Wege des Geistes zu sich selbst sie verkörperten.[108] Im Rahmen dieser Hierarchie habe bei Güterkollisionen dasjenige Recht den Vorrang, in dem die höhere Stufe in der Entwicklung der Idee der Freiheit ihr Dasein gefunden habe.[109] Dies wiederum bemesse sich nach dem Wert des in Rede stehenden Rechtsguts.[110] Entspreche die Entscheidung des Gesetzes dem inneren Rang der kollidierenden Güter nicht, so sei sie unrechtlich, und die Berufung auf den unzweideutigen Inhalt des Gesetzes ändere daran nichts.[111] Daraus folge „ein – freilich von *Hegel* selbst als solches nirgendwo ausgesprochenes – Rechtfertigungsprinzip"[112]: Rechtmäßig sei „die Wahrung des überwiegenden Interesses"[113]. So gewährleiste der unter *Bockelmanns* Händen zu einem Eudämonisten mutierte Freiheitsdenker *Hegel* „nicht die Glückseligkeit des einzelnen, son-

---

[104] *Kohler* Archiv f. Rechts- und Wirtschaftsphil. 8 (1914/15) 428.
[105] *Kohler* aaO.
[106] *Kohler* aaO.
[107] *Kohler* aaO S. 437.
[108] *Bockelmann* Hegels Notstandslehre, S. 29.
[109] *Bockelmann* aaO S. 39, 45ff.
[110] Vgl. *Bockelmann* aaO S. 38.
[111] *Bockelmann* aaO S. 42.
[112] *Bockelmann* aaO S. 38.
[113] *Bockelmann* aaO S. 22.

dern die Glückseligkeit aller"; genauerhin: das, wie *Bockelmann* unter Verwendung einer von *Mezger* stammenden Wendung[114] formuliert, „kompossible Maximum der Interessenbefriedigung"[115].

Sowohl *Kohler* als auch *Bockelmann* verstehen also *Hegels* angebliche „Wertphilosophie" als eine Philosophie hierarchisch-werthaft gestufter *Güter*; auch die Kollision zwischen Leben und Eigentum, die *Hegel* in § 127 der *Grundlinien* erörtert, soll demnach ihre systematische Relevanz allein dem Umstand verdanken, daß sie zwischen unterschiedlich wertvollen „Gütern" stattfindet, von denen das höherstehende kraft seines höheren Rangs das Recht habe, sich zu behaupten. Diese Deutung bereitet *Hegels* Notrechtslehre ein ähnliches Schicksal, wie es zur selben Zeit auch seinem Lehrstück vom sittlichen Staat widerfährt: Gestützt auf einzelne, aus ihrem systematischen Zusammenhang gerissene Äußerungen *Hegels* wird seine Notrechtslehre in einem einseitig holistischen Sinn mißdeutet; *Hegel* erscheint hier als Stammvater eines „Kollektivismus", der sich im Bereich der Notstandslehre vor allem in der These niederschlägt, daß das Recht danach streben soll, den gesellschaftlichen Gesamtgüterbestand auf einem möglichst hohen Niveau zu halten.[116] Wenn statt der Idee selbstbewußt-realer Freiheit „Glückseligkeit" und „kompossibles Maximum der Interessenbefriedigung" als Leitgesichtspunkte von *Hegels* Notrechtsbegründung ausgegeben werden, so entspricht dies durchaus der inneren Logik jenes holistisch-naturalistischen Interpretationsansatzes. *Hegels* Darstellung der Notstandsproblematik wird auf diesem Weg freilich auf den Status einer unselbständigen Variante der unter B. behandelten „utilitaristischen" Ansicht reduziert: Die Konfliktbeteiligten werden zu einer Gesamtperson zusammengefaßt, und dieser Gesamtperson wird das Interesse an einem möglichst großen Güterbestand zugeschrieben. Eine solche Interpretation verkennt gänzlich den tatsächlichen systematischen Hintergrund von *Hegels* Notrechtslehre: die Einsicht in das innere Spannungsverhältnis, in dem die verschiedenen Momente der neuzeitlichen Idee einer im einzelnen autonomen Subjekt fundierten Freiheit zueinander stehen.[117] Dieser Widerspruch innerhalb der Idee rechtlicher Freiheit als solcher, nicht irgendein Güterkonflikt ist es, dessen Auflösung nach *Hegel*schem Verständnis der Lehre vom Notrecht obliegt. Nicht darum geht es, „Güter" gegeneinander abzuwä-

---

114 *Mezger* Lehrbuch, S. 204 Anm. 9; *ders.* GS 89 (1924) 249, 313.

115 *Bockelmann* Hegels Notstandslehre, S. 35f.

116 Gegen eine derartige „kollektivistische" Vereinnahmung *Hegels* wendet sich zu Recht *Kühl* FS Lenckner, S. 155. – Entkleidet man die Interpretation *Bockelmanns* ihrer wertphilosophisch-holistischen Züge, so steht sie, worauf ebenfalls *Kühl* hinweist, der normativ entscheidenden Frage hilflos gegenüber, *weshalb überhaupt* ein Unbeteiligter zur Beseitigung der Notlage eines anderen herangezogen werden dürfe (*Kühl* aaO S. 156).

117 Dazu genauer unter IV.3.

gen, sondern darum, Freiheitssphären zum Ausgleich zu bringen; und *ein* – aber eben nur *ein* – Kriterium dabei kann sein, in welchem Verhältnis der dem in Not Befindlichen drohende Verlust zu dem Opfer steht, das dem Notstandspflichtigen abverlangt wird. Der Vorwurf, den *Bockelmann* gegen die Hegelianer erhebt – sie hätten die Grundlagen der *Hegel*schen Lehre aus den Augen verloren –[118], trifft nicht weniger ihn selber.[119]

Kohlers und *Bockelmanns* Interpretationen markieren freilich nur den Abschluß eines Prozesses der Umdeutung von *Hegels* Notrechtslehre, der bis weit in das 19. Jahrhundert zurückgeht und in dessen Verlauf der § 127 mehr oder weniger aus der Rechtsphilosophie *Hegels* herausgelöst wird.[120] *Geyer*, ein erbitterter Gegner *Hegels*,[121] stellte bereits 1863 lakonisch fest, die *Hegel*sche Ethik sei wesentlich eine *Güterlehre*.[122] Und *Marquardsen*, ebenfalls ein außerhalb des Kreises der Hegelianer stehender Autor, bemerkte 1857 mit dem Anschein völliger Selbstverständlichkeit, erst durch *Hegel* und seine Schule sei der Satz präzise formuliert worden, daß überall da, wo ein höheres mit einem weniger bedeutsamen Rechte kollidiere, dieses nachzugeben habe und jenes als Recht seine Herrschaft behaupte.[123] Aber auch diejenigen, die gewöhnlich zu *Hegels* strafrechtlichen Schülern im engeren Sinne gerechnet werden, entfernten sich recht bald von dessen Überlegungen.

Die frühen Hegelianer – *Abegg*, *Köstlin*, *Levita*, *Michelet*, *Wessely* und *Wirth* – orientierten sich in der Notstandsfrage zwar noch eng an den Vorgaben ihres Lehrers.[124] Doch schon bei ihnen finden sich Bemerkungen, die dazu geeignet waren, einer einseitig holistischen Interpretation von *Hegels* Notrechtslehre Vorschub zu leisten. So kennzeichnete *Abegg* das Recht als eine Reihenfolge von auseinander hervorgehenden Systemen, von denen jedes höhere gegenüber dem untergeordneten einen selbständigen Anspruch auf Geltung habe.[125] Bereits in dieser Begriffsbestimmung droht die Doppelsinnigkeit des *Hegel*schen „Aufhebens" verlorenzugehen, derzufolge die Überlegenheit des systematisch übergeordneten Moments der Idee sich nicht zuletzt daraus ergibt, daß es das untergeordnete Moment in der diesem

---

[118] Vgl. *Bockelmann* Hegels Notstandslehre, S. 69.

[119] Ablehnung erfährt *Bockelmanns* Hegelinterpretation auch bei *Köhler* AT, S. 282 Fn. 141, 285 Fn. 155; kritisch zu ihr ferner *Meißner* Interessenabwägungsformel, S. 87ff.

[120] *Meißner* aaO S. 91.

[121] *Rabe* Entwicklung, S. 51.

[122] *Geyer* Krit. Vierteljahresschrift V (1863) 75.

[123] *Marquardsen* Archiv d. Criminalrechts, 2. N. F., 24 (1857) 396.

[124] *Abegg* Untersuchungen, S. 107ff; *ders.* Lehrbuch, S. 166f; *Köstlin* Neue Revision, S. 596ff; *ders.* System, S. 112; *Levita* Nothwehr, S. 2ff; *Michelet* Naturrecht, Bd. 1, S. 150, 274f; *Wessely* Befugnisse, S. 13ff (zur Bedeutung *Wesselys* für die österreichische Notstandslehre *Moos* Verbrechensbegriff, S. 384); *Wirth* System, Bd. 1, S. 109.

[125] *Abegg* Untersuchungen, S. 109.

eigentümlichen (beschränkten) „Wahrheit" anerkennt und es *insoweit bestehen* läßt. Während *Hegels* Philosophie, wie *Fulda* gezeigt hat, durch den Theorietypus, den sie verkörpert, notwendigerweise zu einer Theorie typischer Normenkollisionen und der Prinzipien von deren Auflösung werden mußte,[126] vertritt *Abegg* die – von seinem statisch gewordenen Hegelianismus her durchaus folgerichtige – Auffassung, daß dort, wo das Höhere und Allgemeinere das Opfer eines Untergeordneten fordere, gar keine Kollision und kein Notverhältnis vorlägen, weil die absolute Geltung und Macht des einen dem anderen gegenüber schon im voraus notwendig entschieden sei.[127]

Nicht weniger angreifbar ist die Argumentation *Köstlins*. Zur Begründung eines Notrechts zugunsten des Lebens bemerkt dieser: „Da nun im Leben die ganze Persönlichkeit liegt, so kann nicht eine Seite der Persönlichkeit auf Kosten des Ganzen sich erhalten wollen, weil sie sich selbst dadurch ihr Fundament nehmen würde"[128]. Für den Güterbestand *einer* Person ist dies ein einleuchtendes Argument. *Köstlin* hat indessen keine Bedenken, es auch auf *Zweipersonenverhältnisse* anzuwenden, für welche es sich keineswegs von selber versteht; er fährt nämlich fort, das Recht im Eigentum des A müsse daher (!) zurücktreten gegen das Recht im Leben des B.[129] Soll dieser Satz gegenüber dem vorangegangenen nicht ein schlichtes *non sequitur* darstellen, so muß man *Köstlin* unterstellen, mit der stillschweigenden – und zutiefst unhegelianischen – Unterstellung einer aus A und B gebildeten „Gesamtpersönlichkeit" zu arbeiten.

Eine gänzliche Abkehr von Hegel kennzeichnet die Position *Berners*, der zwar im allgemeinen ebenfalls der *Hegel*-Schule zugerechnet wird,[130] dem aber *Janka* das Verdienst zuspricht, in der Notrechtsfrage den „Hauptschlag" gegen *Hegel* geführt zu haben.[131] *Berner* ersetzte in seiner (bereits in einem früheren Zusammenhang

---

126 Vgl. *Fulda* Theorietypus, S. 410f, 427.

127 *Abegg* Untersuchungen, S. 110; zustimmend *Levita* Nothwehr, S. 4, der meint, damit werde der *Hegel*sche Gedanke „zu seiner letzten Konsequenz" geführt. Dagegen hat bereits *Geyer* geltend gemacht, daß eine Tötung in Notwehr durchaus zugelassen werde – und dies, obgleich bei einer statischen Betrachtung auch hier das Recht, die „Totalität des Daseins" unverletzt zu erhalten, als ein unendliches immer auf der Seite desjenigen Angreifers stehen müßte, der ein anderes Gut als das Leben des anderen antaste, mit der Folge, daß seine Tötung ein absolutes Unrecht wäre (*Geyer* Nothwehr, S. 7).

128 *Köstlin* Neue Revision, S. 597.

129 *Köstlin* aaO; zustimmend *Wessely* Befugnisse, S. 13f.

130 Vgl. *Schild* Strafrechtslehre, S. 877ff.

131 *Janka* Notstand, S. 161. Demgegenüber meint *Geyer* Krit. Vierteljahresschrift V (1863) 75, die Anschauung *Berners*, welche das Recht dem Nutzen opfere, sei als eine „echt hegelsche" anzusehen. Eine mittlere Position vertritt *Otto* Pflichtenkollision, S. 63, der *Berner* „noch unter dem Einfluß *Hegels*", wenngleich „schon in gewissem Abstand von diesem" stehen sieht.

dargestellten) Notstandslehre die strenge Begrifflichkeit *Hegels* durch den Appell an eine *common sense*-Plausibilität[132] – eine Zurücknahme von Begründungsansprüchen, an die, wie bereits erwähnt, Autoren wie *Stammler* anknüpfen konnten, die es unternahmen, *Hegels* Theorie in Richtung auf einen Sozialpragmatismus, ja Sozialdarwinismus fortzuentwickeln. Auch der wohl bedeutendste Hegelianer der zweiten Generation, *Hugo Hälschner*, brach in zwei wichtigen Punkten mit der Notrechtslehre *Hegels*.[133] Einerseits erkannte *Hälschner* ein Not*recht* im strengen Sinne nicht mehr an: Da es keinen Rechtsgrund dafür gebe, daß ein rechtliches Gut beschädigt und als Mittel gebraucht werde, um ein anderes, selbständig neben ihm stehendes zu retten, sei eine solche Beschädigung in allen Fällen unrecht.[134] Andererseits aber hielt *Hälschner* Notstandseingriffe in einem weit über *Hegel* hinausgehenden Umfang für straflos.[135] Im Unterschied zu *Hegel* setzte *Hälschner* nämlich die Rechtsidee mit der Verwirklichung (nur) des Wohls gleich; Recht und Wohl seien ihrem Wesen nach identisch.[136] Dieses Wohl verstand er zudem, und zwar mit völliger Selbstverständlichkeit, als Gesamtwohl. Deshalb konnte er den allgemeinen Grundsatz formulieren, ein Notstandseingriff sei in all jenen Fällen „straflos“, in denen er „das Wohl in dem unter den gegebenen Umständen größt-

---

[132] Vgl. oben B.II.1.

[133] Zu Unrecht gibt daher *Broglio* Notstand, S. 2 die Konzeption *Hälschners* (und auch diejenige *Merkels*) ohne weiteres als Fortentwicklung und Vertiefung des *Hegel*schen Ansatzes aus. *Meißner* Interessenabwägungsformel, S. 100 Fn. 151 hält es immerhin für „zumindest zweifelhaft“, ob *Hälschners* Thesen mit der Rechtsphilosophie *Hegels* in Einklang stehen.

[134] *Hälschner* Das gemeine deutsche Strafrecht, S. 488. Diese Bewertung *Hälschners* war entscheidend durch das Bestreben motiviert, dem Geschädigten einen Ersatzanspruch zu sichern: *Hälschner* Das preußische Strafrecht, S. 272, 276f; *ders.* Das gemeine deutsche Strafrecht, S. 492.

[135] Kritik an der „Zerspaltung der rechtswidrigen Handlung“ bei *Hälschner* üben *Janka* Notstand, S. 160, und *Rabe* Entwicklung, S. 48. – Als Vorläufer *Hälschners* kann in diesem Punkt *Luden* angesehen werden. Dieser lehrte, der Mensch sei zwar nicht dem subjektiven Recht des Eingriffsadressaten, wohl aber dem objektiven Recht gegenüber berechtigt, einen anderen zu verletzen, wenn er andernfalls selbst in einem Recht verletzt worden wäre (*Luden* Abhandlungen, S. 510ff [insbesondere S. 511 Fn. 1, 514]; kritisch *Westerkamp* Streitfragen, S. 95). Das objektive Recht könne nämlich, ohne sich zu widersprechen, keinem Berechtigten die Verbindlichkeit auferlegen, einen Verlust seines Rechts zu ertragen. Denn es folge unmittelbar aus dem Begriff des Rechts, daß der Berechtigte befugt sei, sich in demselben unverletzt zu erhalten (*Luden* aaO S. 510). Diese Begründung erscheint freilich kaum haltbar: Aus dem Begriff der *Verhaltens*ordnung Recht kann man zwar mit *Kant* unmittelbar eine Zwangsbefugnis gegen „ungerechte Angreifer“ folgern (dazu oben Einl. C.). Wann ein Angriff „ungerecht“ ist, wird dadurch jedoch nicht beantwortet; insbesondere ergibt sich aus dem genannten Ausgangspunkt nicht die Befugnis, sich ohne Blick auf die gegebene Zuständigkeitsverteilung im Besitz einer zu einem bestimmten Zeitpunkt innegehabten Gütermenge zu erhalten.

[136] *Hälschner* Das preußische Strafrecht, S. 276; *ders.* Das gemeine deutsche Strafrecht, S. 488.

möglichen Umfang" wahre,[137] das wertvollere Recht auf Kosten des minder wertvollen rette.[138] *v. Weber* hat dazu kritisch angemerkt, daß *Hälschner* sich damit den „Grundgedanke(n) des englischen Utilitarismus" zu eigen gemacht habe; er bestimme die Rechtmäßigkeit der Handlung aus ihrem Nutzen für die Gemeinschaft. „Hälschner, der mit dem deutschen Idealismus diese Richtung verwarf, führte hier ihre Betrachtungsweise ein, ohne sich allerdings des Zusammenhangs bewußt zu werden"[139].

IV. Die Duldungspflicht im Notstand als quasi-institutionelle Rechtspflicht

1. Überblick

Entgegen den soeben behandelten Deutungen sind es bei *Hegel* nicht „Güter" oder güterbezogene Interessen, die in der Notstandssituation miteinander kollidieren, sondern die Freiheitsansprüche der Konfliktbeteiligten.[140] *Hegel* meint, die „Aufhebung"

---

[137] *Hälschner* aaO.

[138] *Hälschner* Das preußische Strafrecht, S. 271; *ders.* Das gemeine deutsche Strafrecht, S. 489. – Kritisch zur Formalität des von *Hälschner* formulierten Rechtfertigungsprinzips *Bockelmann* Hegels Notstandslehre, S. 63, 67 ff; die innovative Bedeutung von *Hälschners* Ansatz unterstreicht demgegenüber *Meißner* Interessenabwägungsformel, S. 99 f.

[139] *v. Weber* Notstandsproblem, S. 2. – Zu dem gleichen Ergebnis war mehr als ein halbes Jahrhundert zuvor bereits *Geyer* gelangt: Für den, der wie *Hälschner* das Recht mit dem Wohl identifiziere, müßte sich aller Unterschied zwischen Gerecht und Ungerecht in den zwischen Nützlich und Schädlich umwandeln (*Geyer* Krit. Vierteljahresschrift V [1863] 78). „Man verliert den Boden unter den Füßen, wenn man das Recht zum Sklaven der Wohlfahrt macht, und die Konsequenzen treiben weiter und weiter der Gütergemeinschaft entgegen" (*Geyer* aaO S. 77).

[140] Ganz anders stellt sich unter freiheitstheoretischen Gesichtspunkten das Handeln desjenigen dar, der es unternimmt, die Rechtsgüter *einer* Person zu ihrem vermeintlichen Besten umzuschichten. Er macht nicht ein *fremdes* Wohl *gegen* sie geltend, sondern nimmt eine Definitionskompetenz über ihr *eigenes* Wohl in Anspruch. Auf ein solches Verhalten sind nicht die Eingriffsmaßstäbe des rechtfertigenden Notstands, sondern diejenigen der (mutmaßlichen) Einwilligung anzuwenden (ebenso NK-*Neumann* § 34 Rdn. 32 ff; SK-*Samson* § 34 Rdn. 13; *Baumann/Weber/Mitsch* AT § 17 Rdn. 54; *Jakobs* AT 15/16; *Kindhäuser* AT, S. 293; *Köhler* AT, S. 294; *Maurach/Zipf* AT 1 § 27 Rdn. 28; *Thiel* Konkurrenz, S. 95 f; *Aselmann/Krack* Jura 1999, 258; *Schroth* JuS 1992, 478; die Gegenauffassung befürwortet eine zumindest ergänzende Heranziehbarkeit der Notstandsgrundsätze: *Lackner/Kühl* § 34 Rdn. 4; LK-*Hirsch* § 34 Rdn. 53, 59, 61, 68; SK-*Günther* § 34 Rdn. 61; Sch-Sch-*Lenckner/Perron* § 34 Rdn. 8a; *Tröndle/Fischer* § 34 Rdn. 7; *Ebert* AT, S. 81 f; *Freund* AT § 3 Rdn. 50; *Haft* AT, S. 95; *Kühl* AT § 8 Rdn. 34; *Otto* AT § 8 Rdn. 183; *Roxin* AT 1 § 16 Rdn. 87 f; *Stratenwerth* AT § 9 Rdn. 99; *Welzel* Lehrbuch, S. 91 f; *Wessels/Beulke* AT Rdn. 322; *Bottke* Suizid, S. 88 ff; *ders.* GA 1982, S. 356; *Arzt* FS Rehberg, S. 27; *Schumacher* FS Stree/Wessels, S. 447; *Ulsenheimer*

des von ihm erkannten Widerspruchs bereits im systematischen Kontext seines Moralitätskapitels und mit den dort zur Verfügung stehenden argumentativen Mitteln – insbesondere dem Gedanken der Verallgemeinerungsfähigkeit von Handlungsmaximen – vornehmen zu können. Diese Auffassung überzeugt nicht; die von *Hegel* intendierte Auflösung des Notstandskonflikts ist erst auf der dritten Systemstufe seiner Rechtsphilosophie, der Stufe der Sittlichkeit, möglich (dazu unter 2.). Dieses Ergebnis findet seine Bestätigung unter 3.; dort wird gezeigt, daß die Annahme eines Rechts auf das eigene Wohl – *der* zentralen Kategorie innerhalb von *Hegels* Notrechtsbegründung – Plausibilität erst vor dem Hintergrund eines sozialen Selbstverständnisses erlangt, wonach die Verteilung von Glück und Unglück nicht allein dem blinden Zufall, der „Natur" überlassen bleiben, sondern – jedenfalls in einem gewissen Umfang – von der rechtlich verfaßten Gesellschaft korrigiert werden soll. Die Erfüllung dieser Aufgabe ist im modernen Sozialstaat primär eigenen Behörden oder sonstigen organisatorisch verselbständigten Stellen anvertraut. Die Pflicht zur Duldung von Notstandseingriffen hat die Funktion, in einem gewissen Umfang den Schutz gewisser fundamentaler Realbedingungen rechtlicher Freiheit gegen ihren zufälligen Untergang auch dort zu ermöglichen, wo die organisiert-regelhafte Notbekämpfung zu spät käme.[141] Der Notstandspflicht kommt mithin ein freiheitsermöglichender oder, um die in der Einleitung zu dieser Arbeit eingeführte Terminologie wiederaufzunehmen, ein *quasi-institutioneller* Charakter

---

JuS 1972, 255; für seltene Ausnahmefälle auch *Merkel* Früheuthanasie, S. 154ff, 528ff; *ders.* Medizin, Ethik und Strafrecht, S. 156f). Den hier vertretenen Standpunkt kann schwerlich bestreiten, wer den Rechtsgrund der Notstandsbefugnis in dem Gesichtspunkt der *Solidarität* erblickt. So diffus der Solidaritätsbegriff auch ist – dem Eingriffsadressaten eine „Solidarität" mit sich selber aufzuerlegen (und einem Fremden die Kompetenz zuzubilligen, sie zu erzwingen), stellt entgegen *Bottke* GA 1982, S. 356 keine legitime Verwendungsweise des Solidaritätsbegriffs mehr dar. Die herrschende Meinung, die den rechtfertigenden Notstand auf den Grundsatz vom Vorrang des überwiegenden Interesses stützt, kann der hier gezogenen Konsequenz nur deshalb ausweichen (und sich zugunsten einer Einbeziehung der hier in Rede stehenden Fälle sogar auf den Gedanken des *a maiore ad minus* berufen [so LK-*Hirsch* § 34 Rdn. 59]), weil der genannte Grundsatz nichts darüber aussagt, wer *Träger* des betreffenden Interesses ist. In eben diesem Schweigen liegt indes die freiheitstheoretische Problematik jener Auffassung begründet (dazu oben B.II.3., III.1.). Die Grundsätze über die (mutmaßliche) Einwilligung entsprechen weit eher als die Notstandsvoraussetzungen den Vorgaben einer utilitaristischen Konzeption; denn dem (vermuteten) Bestreben, die *eigene* Rechtssphäre in möglichst vorteilhafter Weise zu organisieren, stehen die freiheitstheoretischen Bedenken nicht entgegen, die die Anwendung jenes Anliegens auf *interpersonale* Rechtsbeziehungen so heikel erschienen ließen. Sofern ein entgegenstehender Wille des Betroffenen nicht erkennbar ist, ist die Umschichtung deshalb auch zur Abwehr von geringfügigen Gefährdungen und bereits dann erlaubt, wenn dadurch der Gütersaldo des Betroffenen einfach (nicht notwendig wesentlich) verbessert wird (*Jakobs* AT 13/34, 15/16).

141 Treffend bemerkt *Binding* Handbuch, S. 733: „… die Gefahr ist allgegenwärtig, die Staatsorgane aber sind es nicht".

zu.[142] Im 2. Kapitel werden die dogmatischen Konsequenzen ausgearbeitet, die diese systematische Einordnung des rechtfertigenden Notstands nach sich zieht.

Allerdings wäre es eine Verkennung der Aufgabe, die *Hegel* der Philosophie zuschreibt, wenn man behauptete, diese Konsequenzen ließen sich bis in die feinsten Verästelungen hinein zwingend, gleichsam *more geometrico*, aus den Systemvorgaben *Hegels* deduzieren. *Hegels* Rechtsphilosophie macht nämlich im allgemeinen Halt weit vor dem Ziel einer systematischen Theorie normativer Urteile, die uns mit zwingenden Gründen für die Beurteilung von Einzelfällen versehen will.[143] Für die Überlegungen der folgenden Kapitel wird daher lediglich – aber immerhin – in Anspruch genommen, daß sie die systematischen Vorgaben der Notrechtslehre *Hegels* zur *Leitlinie* der Interpretation (an einigen Punkten auch der Kritik) der positivrechtlichen Regelungen nehmen. Immer aber bleibt „ein Erdenrest zu tragen peinlich" – ein Moment der Kontingenz, der „Positivität" im eigentlichen Sinne.

2. Kritik an Hegels Verankerung des Notrechts in der Moralität

Hegel siedelt seine Diskussion der Notrechtsproblematik in dem zweiten, dem Moralitätskapitel seiner *Grundlinien* an. Diese systematische Einordnung ist mißverständlich. Zwar ist nach dem bisher Ausgeführten ohne weiteres einsichtig, daß erst mit der Etablierung eines Rechts der Besonderheit, also auf der Ebene der Moralität, der Notstands*konflikt* in seiner normativen Relevanz begreifbar wird: Solange der Eingriffsadressat noch nicht zur Einsicht in die Freiheitsbedeutung des Wohls durchgedrungen ist, sondern den Kategorien des abstrakten Rechts verhaftet bleibt, muß ihm jede Rechtsverletzung als absolut (und damit von vornherein inkommensurabel)[144] erscheinen. Dagegen verlangt das Notrecht von ihm, „nicht in jede einzelne Sache die unendliche Bestimmung seiner selbst" zu legen,[145] sondern den bloß partikularen Status seiner abstrakt-rechtlichen Position einzusehen. Der Eingriffsadressat soll sich mit anderen Worten nicht nur als Person, sondern auch als Subjekt begreifen. Erst das moralische Subjekt kann sich „aus den einzelnen Sachen herausziehen, ohne seine Existenz als Ganzes zu zerstören"[146]. Indem das moralische Subjekt Rechtspositionen nicht mehr als abstrakte „Besitztümer", sondern als Mittel zur Beförderung des Wohls auffaßt, kann es Eingriffe zudem nach

---

[142] Näher oben Einl. D.
[143] *Fulda* Theorietypus, S. 411.
[144] Vgl. *Hegel* Grundlinien, § 96 A (Werke Bd. 7, S. 183).
[145] *Klesczewski* Rolle der Strafe, S. 83 Fn. 23.
[146] *Klesczewski* aaO S. 83.

ihrem materiellen Gewicht abstufen; mit dem Kriterium der materiellen Freiheitsrelevanz von Rechtspositionen vermag es eine Maßeinheit zu etablieren, die – ungeachtet aller praktischen Schwierigkeiten – jedenfalls die theoretische Möglichkeit intersubjektiver Vergleiche eröffnet. Ist demnach die Ergänzung des abstrakt-rechtlichen durch einen moralischen Standpunkt eine *notwendige* Bedingung für die intersubjektive Begründbarkeit eines Notrechts, so bestehen doch erhebliche Zweifel daran, ob es sich dabei bereits um eine *hinreichende* Bedingung handelt.

Dagegen spricht zum einen der Umstand, daß der formelle Verallgemeinerungsgedanke wenig geeignet dazu ist, die spezifischen Grenzen zu begründen, welche *Hegel* dem Notrecht zieht. So läuft es, um nur das markanteste Beispiel herauszugreifen, auf eine äußerst naturalistische Sicht der menschlichen Dinge hinaus, wenn *Hegel* in den *Grundlinien* allein das Leben als – verallgemeinerungsfähige – Bedingung der Möglichkeit von Besonderheit anerkennt. Zwar ist ohne das Leben in der Tat „weder ein persönliches Wol [*sic*!], noch ein Recht der Persönlichkeit möglich“ [147]. Hieraus kann man aber, wie bereits *Janka* zu Recht monierte, allenfalls das Notrecht *für* das Leben deduzieren, nicht hingegen die *Ausschließung* aller übrigen Güter folgern;[148] ein Wohl, „welches nur in dem nackten Leben bestünde“, wäre nämlich „in seiner Totalität sehr defekt“[149]. Aus diesem Grund stellte *Josef Kohler* nicht das Leben den Lebensgütern überhaupt, sondern die existentiellen Interessen den akzidentiellen Lebensgütern – „den Gütern, ohne welche das Leben immer noch seine wesentliche Lebensbedeutung hat“ – gegenüber.[150] Auch *Hegel* selber deutet in einer seiner Vorlesungen an, daß er seiner Hervorhebung der Lebensnot keinen Ausschließlichkeitscharakter zubilligt: „... wenn das Recht mit der moralischen Absicht die einen umfassenden Inhalt hat *z. B.* das Leben der Person, in Streit kommt, da hat das Wohl als Totalität den Vorzug“ [151].

Damit aber nicht genug: Angesichts der Bedeutung, die *Hegel* dem Recht der Besonderheit beimißt, läßt sich mit guten Gründen geltend machen, daß auch die Ausweitung der notstandsrelevanten Gefahrenlagen von der Gefährdung des Grundguts „Leben“ zu der Gefährdung weiterer existentiell bedeutsamer Rechtsgüter dem

---

147 *Janka* Notstand, S. 146.

148 *Janka* aaO.

149 *Janka* aaO. – *v. Jhering* Zweck im Recht, Bd. I, S. 435 rechnet deshalb zu den Lebensbedingungen des einzelnen, deren Schutz dem Recht obliege, nicht bloß das physische Dasein, sondern – außerordentlich weitgehend – „alle diejenigen Güter und Genüsse, welche nach dem Urteil des Subjekts dem Leben erst seinen wahren Wert verleihen“.

150 *Kohler* Archiv f. Rechts- und Wirtschaftsphil. 8 (1914/15) 429. – Eine im Ergebnis ähnliche Position vertritt neuerdings *Köhler*; nach seiner Ansicht vermag ebenfalls erst eine existentiell bedeutsame Notlage die Befugnis zu Notstandseingriffen zu begründen (*Köhler* AT, S. 288; zur Kritik an *Köhlers* Begründung unten 2. Kap. C.II.4.).

151 *Hegel* Vorlesungen, Bd. 4, S. 340 (*v. Griesheim*); Hervorhebung hinzugefügt.

Gewicht dieses Rechts nicht hinreichend Rechnung tragen würde:[152] Als Ausprägung des Rechts der Besonderheit beinhaltet das Recht des Wohls auch, ja primär den Anspruch auf die Bewahrung der je eigenen Individualität. Auch deutlich unterhalb der Fälle existentieller Not kann der einzelne jedoch mit der Gefahr konfrontiert werden, Güter zu verlieren, derer er bedarf, um die Biographie, in der er sich objektiviert hat,[153] ohne nennenswerten Bruch fortsetzen zu können. Einem Subjekt, das von der Richtigkeit seiner Lebensführung überzeugt ist, mag auch das Anliegen, eine solche Gefahr von sich abzuwenden, als durchaus verallgemeinerungsfähig erscheinen. Dabei muß das verallgemeinernde Subjekt freilich voraussetzen, daß seine Mitsubjekte seine Vorstellungen über die Voraussetzungen eines gelingenden Lebens im wesentlichen teilen. Es liegt indessen auf der Hand, daß für einen Täter, der seine individuellen Präferenzen in dieser Weise verallgemeinert, lediglich „die *Möglichkeit* besteht, sich im Willen anderer wiederzufinden"[154] – eine Möglichkeit, deren Realisierung im Einzelfall dem Zufall anheimgestellt bleiben muß. Die inhaltliche Diffusität, ja Beliebigkeit, die hier sichtbar wird, ist keine Besonderheit des vorliegend zur Diskussion stehenden Einzelproblems; sie ist vielmehr kennzeichnend für das Verallgemeinerungsverfahren als solches, und kaum jemand weiß dies so gut wie *Hegel*, der große Kritiker von *Kants* ethischem Formalismus.[155]

Gegen die von *Hegel* vorgenommene Verortung des Notrechts innerhalb der Moralität spricht des weiteren, daß anstelle einer *Ergänzung* des abstrakten Rechts durch die Dimension des subjektiven Wohls dadurch die systematische Eigenbedeutung des abstrakten Rechts *aufgeopfert* wird. Die abstrakt-rechtliche Position des Eingriffsadressaten kann im Rahmen der Moralität nämlich nur in ihrer Funktion als Mittel zur Beförderung von dessen Wohl, nicht aber – auch – in ihrer ursprünglichen Qualität als *Recht* wahrgenommen werden.[156] So ist etwa ein Zustand der Rechtlichkeit nicht lediglich deshalb wünschenswert, weil er dem *Wohl* aller Rechtsgenossen dienlich ist, sondern seine Bewahrung ist vor allem deshalb geboten, weil er den *Respekt* manifestiert, der bereits der Person als solcher geschuldet ist. *Hegels* Ausführungen in § 126 der *Grundlinien* und die strengen Eingriffs-

---

[152] Dies gilt umso mehr, als die limitierende Wirkung, die von einer hoch angesetzten Eingriffsschwelle ausgeht, eine endgültige ist, während die Freiheitsinteressen des Eingriffsadressaten bei der Festlegung der weiteren Eingriffsvoraussetzungen noch ausgiebig berücksichtigt werden können.

[153] Dazu *Hegel* Grundlinien, § 124 (Werke Bd. 7, S. 233).

[154] *Klesczewski* Rolle der Strafe, S. 96.

[155] Dazu *Verf.* Betrug, S. 25ff.

[156] Dies ist der zutreffende Kern von *Jankas* Vorwurf, *Hegel* überspringe mit seiner Annahme eines Notrechts sein formelles Recht in sehr unvermittelter Weise (*Janka* Notstand, S. 146).

voraussetzungen, an die er das Notrecht knüpft, zeugen zwar von seinem Bestreben, dem abstrakten Recht den ihm gebührenden Rang zu sichern. Zwischen diesem *inhaltlichen* Anliegen und seiner *systematischen* Verankerung im Moralitätskapitel klafft jedoch eine unübersehbare Lücke. Der in der Notstandssituation offenbar werdende Widerspruch zwischen den Forderungen des abstrakten Rechts und denjenigen des Rechts auf das eigene Wohl muß zwar – mit welchem genauen Ergebnis auch immer – „aufgehoben“ werden. Diese Aufhebung kann aber nicht auf einer jener Systemstufen erfolgen, deren Ansprüche dem Konflikt allererst seine normative Bedeutsamkeit verleihen (und deren Partikularität als Bedingung der Möglichkeit seiner „Aufhebung“ eingesehen werden muß);[157] andernfalls würde lediglich die eine Einseitigkeit durch die andere ersetzt. Kurzum: Wer in dem Konflikt selber Partei ist, kann in ihm nicht zugleich Richter sein.

Die von *Hegel* vorgenommene Einordnung führt dazu, daß seine Wahrnehmung des Notstandskonflikts von vornherein verengt ist, und zwar in doppelter Hinsicht. Erstens beschränkt er den Notstandskonflikt auf die Kollision eines personal begründeten Privatrechts – exemplarisch: des Eigentums – mit dem subjektiven Recht des Wohls. Die Möglichkeit von Notstandseingriffen zu Lasten bzw. zum Schutz von Rechtsgütern der *Allgemeinheit* kann bei diesem Verständnis nicht zugegeben werden: Wie sollen Rechtsgüter der Allgemeinheit einer Konzeption in den Blick kommen, die an dem Punkt, an welchem sie das Notrecht einführt, nur erst *Personen* und *Subjekte* kennt? Zwar werden die Überlegungen des 2. Kapitels bestätigen, daß ein Notrecht zu Gunsten oder zu Lasten von Allgemeinrechtsgütern nur in engen Grenzen Anerkennung verdient. Die betreffenden Einschränkungen ergeben sich aber erst aus der inhaltlichen Beschaffenheit des Bürgerstatus des Eingriffsadressaten; die dortige Diskussion darf nicht dadurch stillschweigend präjudiziert werden, daß das Notrecht bereits auf der Ebene der Moralität (und mit dem dortigen, beschränkten Begründungsmaterial) abgehandelt wird.

Indem *Hegel* das Notrecht in der Moralität verortet, definiert er aber nicht nur die Rechtsgüter der Allgemeinheit aus dem Anwendungsbereich dieses Rechts hinaus; er erweckt darüber hinaus auch den Eindruck, daß der Notstandskonflikt sich abschließend in den Kategorien der Intersubjektivität beschreiben lasse: hier das sich in seiner Formalität erschöpfende abstrakte Recht, dort das die „Verflüssigung“ der Rechtsform fordernde Wohl. Demjenigen, der sein eigenes bzw. ein fremdes Wohl allein in dieser Weise versteht, muß es nachgerade zwingend erscheinen, jede „Formierung“ des Wohls – jede Bestimmung seines Inhalts und seiner Grenzen

---

[157] Insoweit zutreffend *Schild* Lehre vom Notrecht, S. 161, der allerdings vorschnell zu dem Ergebnis gelangt, innerhalb von *Hegels* Argumentationszusammenhang gebe es für ein eigentliches Notrecht keinen Platz.

in rechtlichen Einzelregelungen – statt als *Erfüllung* als *Beschränkung* jenes individuellen Wohls anzusehen, eine Beschränkung, die den „wahren" Forderungen des Wohls gegenüber prinzipiell äußerlich bleibe. Ein solches Verständnis hat indessen schwerwiegende Konsequenzen: Wer die genannten Regelungen als nur negativ und beschränkend wahrnimmt, der wird, ja muß sich für befugt erachten, sie in einer konkreten Notstandssituation unter Berufung auf seine vermeintlich tiefere Einsicht in die Forderungen der Gerechtigkeit gegebenenfalls beiseitezuschieben. Eine solche Selbstermächtigung der einzelnen Bürger aber widerspricht diametral dem Selbstverständnis eines sich als vernünftig begreifenden Staates. Dessen freiheitstheoretische Legitimation verdankt sich bei *Hegel* nicht zuletzt seiner Leistung, die formlose Subjektivität der Moralität institutionell zu domestizieren[158] – ein Sachverhalt, der sich in der Notstandsdogmatik im Vorrang organisiert-regelhafter gegenüber privat-„freihändiger" Notbekämpfung niederschlägt.[159] Dieser Gesichtspunkt ist für das Verständnis des rechtfertigenden Notstands von zentraler Bedeutung. Er ist dafür verantwortlich, daß der Wandel des sozialen Selbstverständnisses, der dazu geführt hat, das Recht des einzelnen auf sein Wohl in einem Umfang anzuerkennen, der weit über das von *Hegel* angenommene Maß hinausgeht, sich doch nur in beschränktem Umfang in der Vorschrift über den rechtfertigenden Notstand niederschlagen kann: Auch, ja gerade in einem Staat, der die Wohlfahrt seiner Bürger in einem zuvor ungeahnten Ausmaß institutionell zu gewährleisten sucht, muß an dem Vorrang der „formierten" – d. h.: der in die Form von zumeist außerordentlich detaillierten gesetzlichen Regelungen gekleideten – „Versöhnungsformeln" gegenüber der gewissermaßen freihändigen *ad hoc*-Konfliktlösung per Notstand festgehalten werden.

Adressaten der Notstandsregelung müssen also Bürger sein, denen die Einsicht zugeschrieben wird, daß *sowohl* das abstrakte Recht *als auch* das in die konkrete Gefahrensituation gleichsam versenkte Recht des Wohls ihre – durch das jeweils andere Moment notwendigerweise begrenzte – Legitimität besitzen, daß also jedes dieser Momente *sowohl* ein Beschränktes als auch ein Positives darstellt:[160] Die abstrakte Rechtlichkeit wird nicht um ihrer selbst, sondern um der daraus mutmaßlich entspringenden konkret-realen Freiheit willen gewährleistet; und umgekehrt ist diese konkret-reale Freiheit nur als eine „formierte" Freiheit denkbar.[161] Das Rechtsinstitut des rechtfertigenden Notstands sinnt den Konfliktbeteiligten also an, die Partikularität der von ihnen jeweils erhobenen Ansprüche anzuerkennen und sich

---

[158] Grundlegend dazu *Ritter* Metaphysik und Politik, S. 281 ff.

[159] Dazu näher 2. Kap. D.

[160] Vgl. *Bartuschat* ZphilF 41 (1987) 22.

[161] Ähnlich kennzeichnet den Zusammenhang zwischen abstraktem Recht und Wohl *Köstlin* Neue Revision, S. 607.

auf die Höhe der *Totalität* dieser Momente zu stellen. Ein solches Ansinnen aber läßt sich im Rahmen der *Hegel*schen Rechtsphilosophie erst auf der Systemstufe der *Sittlichkeit* legitimieren[162] – wobei Sittlichkeit nicht als Gegenbegriff zu dem Begriff der Rechtlichkeit, sondern im Gegenteil als Erfüllung der Idee des Rechts zu verstehen ist. Die Sittlichkeit ist Prinzip der Einheit dadurch, daß sie Momente in sich integrieren kann, die, wie das abstrakte Recht und das Recht des Wohls, zwar unabhängig von ihr bestehen, aber von sich aus auf sie verweisen kraft des von ihnen jeweils erhobenen, aber nicht abschließend verwirklichten Anspruchs, Objektivationen realer Freiheit zu sein.[163] Erst auf der Ebene der Sittlichkeit läßt sich also, wie *Meißner* zutreffend feststellt, die „eigentliche Begründung für die Existenz eines Notrechts" leisten.[164]

Eine „sittliche" Begründung des rechtfertigenden Notstands erlegt dem Pflichtigen gleichsam die Mithaftung für die Kosten jener komplexen Freiheitssemantik auf, die die Identität der Rechtsgemeinschaft prägt, welcher er angehört. Es handelt sich um eine mitgliedschaftliche Haftung nicht in dem Sinne, daß es, jedenfalls theoretisch, im Belieben des Pflichtigen gestanden hätte, sich der betreffenden Gruppe anzuschließen oder von einem Beitritt abzusehen. Die Mitgliedschaft, mit deren Kosten der einzelne hier belastet wird, wurzelt vielmehr in seiner für ihn selbst unhintergeh- und unverfügbaren *Soziabilität*: *Hegel* meint mit *Aristoteles*, außerhalb der politischen Gemeinschaft vermöge nur ein Tier oder ein Gott zu leben. Es sind die semantischen Traditionen und die institutionellen Strukturen einer die Idee des Rechts in je spezifischer Weise zur Entfaltung bringenden Rechtsgemeinschaft, die es dem einzelnen allererst ermöglichen, sich als autonom in dem Sinne zu erfahren, daß rechtliche Verpflichtungen, die man ihm auferlegen will, ihm zuvor einsichtig gemacht werden müssen. Außerhalb dieser Rechtsgemeinschaft wäre der Betreffende allenfalls in einem biologischen, nicht aber in einem kulturell bedeutsamen Sinn *derselbe*. Diese *ontologische Vorannahme* von der politischen „Imprägnierung" einer jeden Einzelidentität ist es, welche eine „sittliche" Begründung in dem hier gemeinten Sinne grundlegend von jenen Notstandstheorien unterscheidet, die an

---

[162] Zwar kommt die Aufgabe, die jeweiligen Absolutheitsansprüche von abstraktem Recht und subjektivem Wohl abzuwehren und beide zu harmonisieren, in *Hegels* System zunächst dem (moralisch) Guten zu. Allerdings hat das Gute nur die negative Bestimmung, *nicht bloß* das Recht und *nicht bloß* das Wohl zu sein; es erschöpft sich in der Abstraktion von beidem (vgl. *Hegel* Grundlinien, § 135 [Werke Bd. 7, S. 252] sowie *Klesczewski* Rolle der Strafe, S. 97). Eben deshalb gebietet die Grundnorm des Guten dem einzelnen die Einordnung in sittliche Zusammenhänge (*Klesczewski* aaO S. 138; dies wird vernachlässigt von *Lesch* Notwehrrecht, S. 35, der deshalb die systematische Fragwürdigkeit von *Hegels* Lozierung des Notrechts in der Moralität nicht erkennt).

[163] Vgl. *Bartuschat* ZphilF 41 (1987) 20f.

[164] *Meißner* Interessenabwägungsformel, S. 95.

das verständige Eigeninteresse („Klugheit") bzw. die moralischen Intuitionen („Fairneß") des Verpflichtungsadressaten appellieren. Der Umstand, daß die letztgenannten Begründungsansätze eine bestimmte normative Identität des Pflichtigen unbefragt als gegeben voraussetzen, läßt sie vom sittlichen Standpunkt aus als prinzipiell defizitär bzw., in *Hegels* Sprache, als „abstrakt" erscheinen.[165] Sie können daher zwar unterstützend herangezogen werden, um dem einzelnen die Last seiner sittlichen Verpflichtung tragen zu helfen; für sich genommen, sind sie aber nicht dazu in der Lage, die Notstandsregelung abschließend zu legitimieren.

Die hiesige Einordnung des Notrechts wird durch Äußerungen *Hegels* indirekt bestätigt. Dieser weist ausdrücklich darauf hin, daß die Sorge um das Wohl des einzelnen als *objektiver* Belang erst im Rahmen der Sittlichkeit zum Tragen kommen kann: „Es soll auf mein Wohl, auf meine Besonderheit Rücksicht genommen werden, und dies geschieht durch die Polizei und Korporation"[166]. In dieser Äußerung benennt *Hegel* zugleich den Ort, an dem er ein Not*recht* frühestens hätte begründen können: Es ist der Abschnitt über die Polizei und Korporation. Auch diese haben, freilich in organisierter Form, die Versöhnung von Freiheit und Wohl sicherzustellen; insbesondere durch die Polizei soll das besondere Wohl des einzelnen von Zufällen freigehalten werden, die er selber nicht vollständig beherrschen kann.[167] Gänzlich überzeugend wäre allerdings auch diese systematische Verortung des Notrechts noch nicht. Denn der durch Polizei und Korporationen gebildete Verwaltungsstaat ist – als Staat der bürgerlichen Gesellschaft – den Bürgern gegenüber ebenso äußerlich, wie es für das Subjekt der Moralität die abstrakt-generelle Festlegung der Grenzen seines Rechtskreises ist:[168] Der Verwaltungsstaat fungiert seinen Bürgern gegenüber, wie *Hegel* sagt, als „Vorsehung", die nur die äußere Existenz als solche, nicht den eigenen immanenten Zweck der einzelnen zu ihrem Gegenstand hat[169] und ihnen daher noch als eine – wenngleich unumgängliche – *Einschränkung* ihrer Freiheitssphäre erscheint.[170]

Wie bereits bemerkt, läßt sich das Institut des rechtfertigenden Notstands erst dort völlig adäquat denken, wo jeder der Beteiligten die Rechtsposition des anderen statt als bloße Schranke für die Durchsetzung der eigenen Belange auch in der ihr eigenen Positivität begreift, wo er sich also auf den Standpunkt des Rechtsbegriffs als solchen stellt und dadurch zu dessen Verwirklichung beiträgt. Dieser Zustand ist nach *Hegel* erst im Staat erreicht. Der Staat ist die Wirklichkeit der sittlichen

165 Dazu bereits Einl. B.
166 *Hegel* Grundlinien, § 229 Z (Werke Bd. 7, S. 382).
167 *Klesczewski* Rolle der Strafe, S. 212; *Maier* Staats- und Verwaltungslehre, S. 237.
168 *Maluschke* Grundlagen, S. 244.
169 *Hegel* Vorlesungen, Bd. 4, S. 587 *(v. Griesheim)*.
170 *Maluschke* Grundlagen, S. 319.

Idee[171], weil in ihm institutionelle und individuelle Sittlichkeit einander wechselseitig durchdringen[172] und das objektiv Vernünftige mit subjektiver Einsicht anerkannt und befolgt wird.[173] Der Staat ist mithin jener „sich selbst deutliche, substantielle Wille", innerhalb dessen „als seinem Wesen, Zweck und Produkte seiner Tätigkeit" das einzelne Selbstbewußtsein erst seine „*substantielle Freiheit*" hat;[174] „im Staat erst soll das Recht und die besondern Zwecke der Individuen ausgeglichen sein; in ihm kommt beides zu seinem Recht"[175].

Die Duldungspflicht im Notstand ist damit in einer recht verstandenen *Hegel*schen Perspektive als eine *sittliche* – und zwar, da die individuelle Sittlichkeit erst im Staat die erforderliche institutionelle Abstützung findet, genauer als eine im weiteren Sinne *staatsbürgerliche* – Pflicht zu qualifizieren. Dennoch ist es unbedenklich, sie weiterhin als Solidaritätspflicht zu bezeichnen. Die hier vorgeschlagene Einordnung besagt nämlich nicht etwa, daß die Notstandspflicht „eigentlich" dem Staat gegenüber bestehe[176]. Sie besagt vielmehr zweierlei: Erstens, daß der Staat jene Gesinnung hervorbringt und gleichsam trägt, die entwickelt haben muß, wer den rechtfertigenden Notstand als legitimes Rechtsinstitut anerkennt; und zweitens, daß die notstandsspezifische Einforderung nicht-formierter Sittlichkeit die staatlich formierte Sittlichkeit nicht unterlaufen darf. Für Notstandseingriffe ist deshalb dort kein Raum, wo der Umgang mit der bestehenden Gefahrensituation voll institutionalisiert ist[177]. Übersetzt man diese Deutung in die zu Beginn dieser Arbeit[178] entwickelte Terminologie, so läßt sich die im *Hegel*schen Sinne verstandene Pflicht zur Duldung notstandsbedingter Eingriffe als eine *quasi-institutionelle* Verpflichtung einordnen: Sie trägt zur Sicherung der Realbedingungen rechtlicher Freiheit bei, ist allerdings subsidiär gegenüber institutionalisierten Maßnahmen der Notbekämpfung[179].

---

171 *Hegel* Grundlinien, § 257 (Werke Bd. 7, S. 398).

172 Dazu *Petersen* Subjektivität, S. 95 ff, 123 ff, 178 ff.

173 *Lübbe-Wolff* ARSP 68 (1982) 245.

174 *Hegel* Grundlinien, § 257 (Werke Bd. 7, S. 398).

175 *Hegel* Vorlesungen, Bd. 3, S. 399 *(Hotho)*; vgl. auch *dens.*, Grundlinien, § 126 N (Werke Bd. 7, S. 239): „Für besonderes Wohl wird auch *Recht* verletzt ... Vermittlung – im *Staate*". – Zutreffend kommentiert *Klesczewski* Rolle der Strafe, S. 357, die Regulationskompetenz zur Enteignung Dritter, d. h. zu einem Eingriff in deren Privateigentum zum Zweck der allseitigen Realisierung des institutionellen Programms komme bei *Hegel* allein dem substantiellen Staat zu. Leider versäumt es *Klesczewski*, diese Einsicht auch auf die Einordnung von *Hegels* Notstandslehre anzuwenden.

176 Mißverständlich insoweit *Morgenstern* Unterlassene Hilfeleistung, S. 69 f, die zu dem Ergebnis gelangt, Solidarität sei bei *Hegel* nicht mehr unmittelbar dem betroffenen Mitmenschen, sondern allein dem Staat geschuldet.

177 Näher dazu 2. Kap. D.

178 Einl. D.

179 Die hier befürwortete Verankerung des Notrechts in der Sittlichkeit illustriert mit besonderer Deutlichkeit die Begrenztheit des Systemteils „objektiver Geist" – eine Begrenztheit, die

3. Ein Recht auf das eigene Wohl?

Ein ideengeschichtlicher Exkurs verleiht der soeben entwickelten Deutung des Notrechts zusätzliche Plausibilität. Die entscheidende Weichenstellung auf *Hegels* Weg zur Begründung eines Notrechts liegt darin, daß er durch die Annahme eines *Rechts* auf das eigene Wohl das faktische Glückseligkeitsstreben in einem gewissen Umfang gleichsam adelt.[180] Im Rahmen einer Explikation der Idee rechtlicher Freiheit ein derartiges Recht einzuführen, trägt zunächst der Einsicht Rechnung, daß die Freiheit auch die Gewährleistung eines gewissen Bestandes an Gütern – als ihren Realbedingungen und „Daseinselemente(n)“[181] – einschließt.[182] In der Annahme eines Rechts auf das eigene Wohl verbindet sich diese Überzeugung mit der weiteren Vorannahme, daß die nackte Faktizität als Prinzip der Verteilung jener Realbedingungen von Freiheit nach Möglichkeit zurückgedrängt und durch gesellschaftlich statuierte Verteilungskriterien ersetzt werden soll. Diese außerordentlich weitreichende Prämisse ließ sich erst vor dem Hintergrund spezifisch neuzeitlicher Überzeugungen formulieren.

Seit der frühen Neuzeit ist die Bereitschaft, das eigene Los als aus der Hand Gottes kommendes Geschick anzunehmen, beständig im Schwinden begriffen; sie wird ersetzt durch die Wahrnehmung des Übels als eines Mangels, den nach Möglichkeit zu heilen dem Menschen, der an seine schöpferischen (auch selbstschöpferischen) Fähigkeiten zu glauben beginnt, zunehmend als *seine* Aufgabe erscheint.[183] Erst nachdem die neuzeitliche Überzeugung von der *Gestaltbarkeit der Welt* etabliert worden ist, wird die Behauptung eines Rechts auf das eigene Wohl mit der Aussicht auf Plausibilität formulierbar; denn von einem „Recht“ kann sinnvollerweise nur unter der Voraussetzung die Rede sein, daß die Herstellung von Verhältnissen, in denen die einzelnen ihr Wohl finden können, etwas sei, das menschlicher Gestaltungsherrschaft unterliege. Diese Überzeugung verbindet sich nach der Reformation mit einer ursprünglich vor allem im protestantischen Bereich beheima-

---

Hegel dazu veranlaßte, sein System nicht im objektiven, sondern im absoluten Geist kulminieren zu lassen: Bereits die Erforderlichkeit eines Notrechts als solche verweist auf den prinzipiell prekären Charakter der menschlich-sozialen Existenz; auch der sittliche Staat kann das Schicksal – moderner gesprochen: die Kontingenz – nicht aufheben. Die endgültige Versöhnung, die kein unbewältigtes Fatum mehr außer sich hat, kann sich nach *Hegel* erst in Kunst, Religion und Philosophie vollziehen.

180 Nach *Hegels* eigener Darstellung besteht der Unterschied zwischen Wohl und Glückseligkeit darin, daß ersteres unter dem Gesichtspunkt berechtigter Ansprüche betrachtet wird (vgl. *Hegel* Enzyklopädie III, § 505 [Werke Bd. 10, S. 314]).

181 *Zaczyk* Unrecht, S. 165.

182 Dazu bereits oben B.II.3. (am Ende).

183 Überblicksweise dazu *Gronemeyer* Leben, S. 23 ff.

teten Einstellung, die *Taylor* als die *„Bejahung des gewöhnlichen Lebens"* bezeichnet: dem „Gefühl, das Leben der Produktion und der Reproduktion, der Arbeit und der Familie sei das eigentlich Wichtige für uns" [184]. Dieses Empfinden sei es, aufgrund dessen wir „beispiellosen Wert auf die Herstellung von immer reicheren Lebensbedingungen und die immer umfassendere Linderung von Leiden" legten.[185]

Ein frühes Zeugnis im Bereich der politischen Philosophie findet die Überzeugung von der Gestaltbarkeit der Welt bei *Hobbes*. Dessen resolutiv-kompositive Methode zeigt die Ersetzung des kontemplativen Denkens der Tradition durch ein technologisches Denken an: Der Wissenschaftler wird angewiesen, sich eines komplexen Gegenstands – gleichgültig, ob es sich dabei um die Natur oder um die menschliche Gesellschaft handelt – in der Weise zu bemächtigen, daß er ihn analytisch in seine Einzelteile zerlegt und ihn sodann aus diesen Einzelteilen wieder zusammensetzt. Dahinter steht die Überzeugung, nur das, was wir herzustellen vermöchten, könnten wir unseren Zwecken gemäß beherrschen. Die Menschen trauen sich zwar nicht mehr zu, eine sich offenbarende und gegebene Wahrheit zu erkennen; sie bestehen aber mit umso größerem Nachdruck auf ihrer Fähigkeit, sich Rechenschaft über das zu geben, was sie selbst gemacht haben.[186] Das Ziel besteht nicht länger darin, das, was ist, an eine übernatürliche Ordnung zurückzubinden – bloße Gewordenheit erscheint als Makel –[187], sondern es besteht im Gegenteil im Herausgehen aus der Natur, in ihrer Domestizierung durch Technik. Dementsprechend ist das politische Denken der Neuzeit weitgehend dadurch gekennzeichnet, daß eine Vorstellung von Freiheit, wie sie sein soll, projiziert wird und die bestehenden Verhältnisse anhand dieser Projektion beurteilt werden – ein Verfahren, das eine fortwährende Veränderungsbereitschaft hervorbringen muß.[188] Die französische Aufklärung, die in der Revolution von 1789 mündet, wendet diesen Gedanken vom Theoretischen ins unmittelbar Praktische. Kennzeichnenderweise kommt die Vorstellung, daß die Gesellschaftsordnung – also eine Sphäre zwischen dem Zufälligen und dem Unabänderlichen – eine wichtige Quelle menschlichen Elends sein könnte, erst am Beginn der Moderne, im 18. Jahrhundert auf.[189] Charakteristisch für diese Haltung ist der Ausspruch von *Saint-Just*: „Die Idee des Glücks ist neu in Europa". In der Tat hatte „der Gedanke, das Glück durch die Veränderung der gesellschaftlichen Ordnung zuwegebringen zu können, … damals etwas ganz Neu-

[184] *Taylor* Unbehagen, S. 116 (Hervorhebung hinzugefügt).
[185] *Taylor* aaO.
[186] *H. Arendt* Vita Activa, S. 275.
[187] *Gronemeyer* Leben, S. 39.
[188] *Günther* Begriffsgeschichte, S. 111.
[189] *Hirschman* Entwicklung, S. 192.

artiges"[190]; das Theodizeeproblem wurde gleichsam verzeitlicht.[191] *Hegel* hat zwar den ungeschichtlich-abstrakten Rationalismus, der es unternehme, die Welt „mit Umsturz alles Bestehenden und Gegebenen ... ganz von vorne und vom *Gedanken* anzufangen", heftig bekämpft;[192] die Überzeugung, daß die Welt des Geistes durch ihre Emanzipation aus naturhaften Vorgegebenheiten gekennzeichnet und deshalb „eine zweite Natur" sei,[193] hat jedoch auch er mit Entschiedenheit vertreten.

Auf dem Zusammenspiel dieser beiden Vorstellungen, der Bejahung des gewöhnlichen Lebens und der These von der Gestaltbarkeit der Welt, beruht die *Denkmöglichkeit* eines „Rechts" des einzelnen auf das eigene Wohl: Die These von der Gestaltbarkeit der Welt lehrt, daß die natürliche Verteilung von Glück und Unglück in der Sphäre des Geistes nicht als schicksalhaft hingenommen zu werden *brauche*; und die Bejahung des gewöhnlichen Lebens führt zu der Ansicht, daß eine derartige Verteilung, wenn sie vermeidbares Leiden verursache, auch nicht als letztverbindlich anerkannt werden *solle*. „Fortschritt" ist demnach in seinem harten Kern „nichts anderes als die Optimierung von Sicherheit, d. h. die sukzessive Minimierung von Unsicherheit"[194]. Daß die Menschen auch weiterhin potentielle Opfer von Wirbelstürmen oder Hungersnöten sein sollen, lassen wir, wie *Taylor* bemerkt, „nicht gelten. Dies sind Übel, die wir als grundsätzlich heilbar oder verhütbar auffassen"[195]. In dem „Verteilungskampf zwischen Natur und Gesellschaft" dringt die Gesellschaft immer weiter vor, während der Bereich natürlicher Verteilungshoheit immer weiter eingeengt wird.[196] Anders als die Verteilungsagentur Natur ist die gesellschaftliche Verteilungsagentur rechenschaftspflichtig.[197] Selbst wo man die Natur walten läßt, entspringt dies, sobald die technische Möglichkeit ihrer Beeinflussung besteht, einer gesellschaftlichen Verteilungsentscheidung. In *Hegels* Worten: „Gegen die Natur kann kein Mensch ein Recht behaupten, aber im Zustande der Gesellschaft gewinnt der Mangel sogleich die Form eines Unrechts, was dieser oder jener Klasse angetan wird"[198]. Als Teil des Prozesses, in dem – bei ins-

---

190 *Hirschman* aaO. – Die Überzeugung von der Gestaltbarkeit der Welt hat freilich auch ihre Kehrseite; sie ermöglicht es, den oder die Gestalter einer Ordnung im Namen der Moral für die Schlechtigkeit der Ordnung verantwortlich zu machen; es ist kein Zufall, daß das Theodizeeproblem erst seit dem 18. Jahrhundert als fundamentale Herausforderung der christlichen Gottesvorstellung empfunden wird.

191 *Kittsteiner* Listen, S. 49.

192 *Hegel* Grundlinien, § 258 A (Werke Bd. 7, S. 401 f).

193 *Hegel* aaO § 4 (Werke Bd. 7, S. 46).

194 *Gronemeyer* Leben, S. 33.

195 *Taylor* Unbehagen, S. 117.

196 *Kersting* Theorien, S. 15.

197 *Kersting* Markt, S. 117.

198 *Hegel* Grundlinien, § 244 Z (Werke Bd. 7, S. 390); dazu *Steinvorth* Solidarität, S. 72 ff. – Prägnant auch *Lippold* Recht und Ordnung, S. 92: „In dem gleichen Maße, indem [sic!] die Natur

gesamt verminderter Knappheit der Güter[199] – Armut und Not immer weniger als Folge eines unabwendbaren „Schicksals", sondern immer stärker als Ausdruck eines sozialen Problems begriffen werden, erscheint in dieser Perspektive auch die Herausbildung des Sozialstaats.[200]

Setzte der Prozeß der Modernisierung einerseits die semantischen Ressourcen frei, die ein „Recht auf das eigene Wohl" als denkbar, ja schließlich als zwingend erscheinen ließen, so schwächte und delegitimierte er andererseits jene sozialen Einrichtungen, die in der vormodernen Zeit die Erbringung von Hilfe in Not getragen hatten; für die religiöse *caritas* galt dies genauso wie für die Solidargemeinschaften des einzelnen Hauses sowie der Dorf- bzw. Stadtgemeinde. Die Überwälzung des Beistandsanliegens auf das Rechtssystem war die Konsequenz dieser gegenläufigen Entwicklung. Ihre Rubrizierung unter dem semantisch bereitstehenden, bislang unterbestimmten Titel der „Solidarität" sorgte dafür, daß dieser ursprünglich als lebensweltlicher Gegenbegriff zum abstrakten Recht konzipierte Terminus zunehmend „in Gerechtigkeit aufgesogen"[201] und zur „wohlfahrtsstaatlichen Programmformel"[202] gemacht wurde.

Die faktische Verteilung von Glück und Unglück, die als Ausgangspunkt gesellschaftlicher Korrekturbemühungen in Betracht kommt, kann freilich ganz unterschiedliche Ursachen haben. Man braucht lediglich dem strafrechtlichen Notstand jene Situation des Auseinanderfallens von Recht und Wohl gegenüberzustellen, deren Wurzel in dem ungehemmten Kapitalismus des 19. Jahrhunderts lag und die die nicht nur physische, sondern auch moralische Depravierung weiter Bevölkerungsteile zur Folge hatte.[203] Für diese Situation „gesellschaftliche(r) Armut"[204], in der es einem Großteil der Bevölkerung *systembedingt unmöglich* gemacht wurde, in der bestehenden Rechtsordnung ihr Recht des Wohls verkörpert zu sehen, läßt sich unschwer zeigen, daß es der *Hegel*schen Idee des Rechts, ja dem Ideal des Liberalismus selber („gleiche Freiheit für alle") entspricht, den Notleidenden jene Subsistenz zu sichern, ohne welche ihr Recht des Wohls schlechterdings leerlaufen würde.

---

durch menschliches Handeln beherrschbar erscheint, erscheint sie auch durch Recht beherrschbar".

199 Zu diesem Erfordernis *Gouldner* Reziprozität, S. 134.

200 *Bayertz* Begriff und Problem, S. 39.

201 *Bayertz* Staat und Solidarität, S. 321; vgl. ferner *dens.* Begriff und Problem, S. 39 sowie (speziell für den Bereich des Strafrechts) *Keller* Provokation, S. 283f. – Auch in soziologischer Perspektive erscheint die „Regeneration von Inklusionschancen in die Gesellschaft" als integraler Bestandteil des modernen Gerechtigkeitsbegriffs (*Baecker* Zs. f. Soziologie 23 [1994] 103).

202 *Göbel/Pankoke* Grenzen, S. 463.

203 Dazu eindringlich *v. Stein* Geschichte der sozialen Bewegung, Bd. II, S. 72ff.

204 *v. Stein* aaO S. 73.

Der Hegelianer *Lorenz v. Stein* entwickelte bereits in der Mitte des 19. Jahrhunderts den Gedanken, daß das Prinzip des modernen Staats die „Erhebung aller *einzelnen* zur vollsten Freiheit, zur vollsten persönlichen Entwickelung“ [205] und deshalb der soziale Staat die Erfüllung des liberalen Rechtsstaats sei.[206] Die Freiheit ist nach *v. Stein* „die, in der geistigen wie in der materiellen Welt gesetzte Selbstbestimmung der Persönlichkeit“ [207]. Der reine Begriff der Persönlichkeit setze die freie Selbstbestimmung jedes Menschen unabhängig von äußeren und zufälligen Momenten.[208] Die Bestimmung des Staats als solche sei es, die diesen veranlassen müsse, den Bedrohten und Notleidenden zu helfen; „denn in jeder Not der einzelnen leidet der Staat, und jede Hilfe bringt er am Ende sich selber“ [209]. Damit formulierte *v. Stein*, wie *Böckenförde* nachgewiesen hat, nicht irgendeinen „idealistischen“ Staatsbegriff, den er dem „Materialismus“ der Gesellschaft gegenüberstellte, sondern jenen Staatsbegriff, der in der Erklärung der Menschen- und Bürgerrechte – dem „Grundgesetz des modernen Europa“ [210] – selbst gesetzt worden war und sich sodann Stück um Stück gegen die geschichtliche Herkunftswelt entfaltete.[211] Die Idee der Gleichheit ist nach *v. Stein* „kein Begriff, sondern eine historische Tatsache“; sie lebe nicht das Leben einer Wahrheit, sondern das einer geschichtlichen Erscheinung.[212]

Ohne den geschichtsphilosophischen Anspruch *v. Steins*, in der Sache aber ähnlich wie dieser unterschied ein Jahrhundert später *Thomas H. Marshall* innerhalb des von ihm sogenannten Staatsbürgerstatus – jenes Status, mit dem alle ausgestattet seien, die volle Mitglieder einer Gemeinschaft seien [213] – drei Elemente: das bürgerliche, das politische und das soziale Element.[214] Mit der Ergänzung bürgerlicher Rechte durch politische und schließlich durch soziale Rechte seien nicht lediglich neue Freiheitsgewährleistungen an alte herangehängt worden; diese Erweiterungen hätten vielmehr der *inneren Logik* des Gedankens gleicher Staatsbürgerrechte für alle entsprochen: „Die Gesellschaften, in denen sich die Institutionen der Staatsbürgerrechte zu entfalten beginnen, erzeugen die Vorstellung eines idealen Staatsbürgerstatus, an der die Fortschritte gemessen und auf die die Anstrengungen

---

205 *v. Stein* Geschichte der sozialen Bewegung, Bd. I, S. 45.

206 *Koslowski* Staat 34 (1995) 230.

207 *v. Stein* Geschichte der sozialen Bewegung, Bd. I, S. 84 (Hervorhebung im Original).

208 *v. Stein* aaO Bd. III, S. 190.

209 *v. Stein* aaO Bd. I, S. 39.

210 *Böckenförde* Lorenz von Stein, S. 543.

211 *Böckenförde* aaO S. 525 ff. – Über weniger detailliert ausgearbeitete, aber in die gleiche Richtung weisende Konzeptionen von Zeitgenossen *Steins* informiert *Wohlrab* Armut, S. 136 ff.

212 *v. Stein* Geschichte der sozialen Bewegung, Bd. I, S. 132.

213 *Marshall* Staatsbürgerrechte, S. 53.

214 *Marshall* aaO S. 40.

gerichtet werden können. Der Drang, auf dem damit vorgezeichneten Pfad voranzukommen, ist ein Drang zu einem volleren Maß an Gleichheit, zu einer Bereicherung der dem Status Inhalt gebenden Substanz und zu einer Zunahme der Zahl jener, denen der Status gewährt wird"[215]. Dabei gehe es um die allgemeine Bereicherung der konkreten Substanz eines zivilisierten Lebens, die generelle Verminderung der Risiken und Unsicherheiten und den Ausgleich zwischen den mehr und den weniger Glücklichen auf allen Ebenen.[216]

Zwar verweist eine jede neue Bezeichnung auf ein spezifisches Bezeichnungsbedürfnis, das ihr allererst die erforderliche Legitimation verleihen kann.[217] Jedoch brachten sowohl *v. Stein* als auch *Marshall* die Erkenntnis zum Ausdruck, daß die Anreicherung des bürgerlich-neuzeitlichen Begriffs rechtlicher Freiheit um neue Bedeutungskomponenten nicht gleichsam wildwüchsig erfolgte: Es war vielmehr das ihm von vornherein immanente semantische Potential, das diesen Begriff weit über die Intentionen seiner Urheber hinausgetrieben hat. Nach klassischem liberalen Verständnis sollte eine Rechtsordnung, die sich unmittelbar auf die Gewährleistung der abstrakt-rechtlichen Freiheit der Bürger beschränkte, mittelbar auch deren Wohl sicherstellen.[218] Als Vermittlungsmedium wurde dabei vorrangig auf jene angeblich systemisch garantierte Transformation individueller Egoismen in kollektives Wohl gesetzt, für die *Adam Smith* die Metapher von der „unsichtbaren Hand" geprägt hat – eine Metapher, die den realen, sich jenseits menschlicher Verfügungsmacht vollziehenden Konkurrenzmechanismus moralphilosophisch-teleologisch überlagerte.[219] Die weitere Entwicklung sollte jedoch zeigen, daß dem klassischen Liberalismus ungeachtet seiner Betonung der Personalität des Menschen selber eine freiheitsfeindliche Tendenz innewohnte.[220] Obschon ihn ein „ungewöhnliches ideologisches Selbstbewußtsein" auszeichnete,[221] war er auf einer bestimmten Stufe der Bewegung von Gesellschaft und Staat stehengeblieben und hatte diese vorschnell zur allgemeinen Theorie erhoben.[222] Die Überzeugung, daß negative Freiheits-

---

215 *Marshall* aaO S. 53. – Bereits *Kant* (Metaphysik der Sitten, Rechtslehre, S. 432 ff) unterstreicht die Bedeutung des staatsbürgerlichen Kriteriums der *Selbständigkeit*: Jeder Aktivbürger soll nicht nur in moralischer, sondern auch in sozialer Hinsicht sein eigener Herr sein. (Zur Kritik an *Kants* Lehrstück von der Selbständigkeit vgl. *Verf.* Preußentum und Freiheit, S. 223 f)

216 *Marshall* aaO S. 73.

217 Vgl. *Stierle* Historische Semantik, S. 184.

218 Dazu ausführlich *Volkmann* Solidarität, S. 95 ff.

219 *Kittsteiner* Listen, S. 14, der die Lehre von der unsichtbaren Hand deshalb auch als „theoretisches Wagnis in moralphilosophischer Absicht" bezeichnet (aaO).

220 *Klesczewski* Rolle der Strafe, S. 152 f.

221 *Schroeder* FS Maurach, S. 138.

222 *Böckenförde* Lorenz von Stein, S. 533.

gewährleistungen mit systemisch garantierter Verläßlichkeit positive Freiheitseffekte erzeugen würden, wurde durch die Verelendung der Arbeiterschaft im Hochkapitalismus widerlegt,[223] und zwar in einer derart nachdrücklichen Weise, daß ein Eingreifen des Staats – letztlich die Entwicklung des klassischen liberalen Staats zum modernen, mit der Aufgabe der „Daseinsnachsorge“[224] betrauten Sozialstaat – unausweichlich wurde, sollte die Idee des Rechts nicht zu einer Farce verkommen.[225]

---

223 Dazu *Volkmann* Solidarität, S. 132 ff.

224 So treffend *Suhr* Staat 9 (1970) 77; ebenso *Luhmann* Aufklärung Bd. 2, S. 143 und (im Anschluß an ihn) *Baecker* Zs. f. Soziologie 23 (1994) 98.

225 Dementsprechend wird das Sozialstaatsprinzip, durch welches der Staat sich darauf verpflichtet, die sozialen Bedingungen der Freiheit aller Bürger im Rahmen des Möglichen sicherzustellen, heute verbreitet aus dem „obersten Zweck des Staates, nämlich der Freiheitsverbürgung für jedermann“, hergeleitet (so *Maluschke* Grundlagen, S. 338; ebenso *Böckenförde* Staat, S. 146 ff; *Kersting* Solidarität, S. 455 ff; *ders.* Theorien, S. 32, 385 ff; *ders.* Verteilungsgerechtigkeit, S. 244 ff; *ders.* Probleme, S. 21 ff, 39 f; *Suhr* aaO S. 76 ff; *Vogel* FS Wacke, S. 389; vgl. ferner *Morgenstern* Unterlassene Hilfeleistung, S. 98; *Köhler* Teilhabegerechtigkeit, S. 113 ff; *Stratenwerth* FS Arthur Kaufmann, S. 357). Dieser Ableitungszusammenhang war übrigens schon zu Beginn des 19. Jahrhunderts bekannt; Einzelheiten und Nachweise bei *Wohlrab* Armut, S. 136 ff. – *Hegel* nimmt zwar den *Smith*'schen Gedanken der „unsichtbaren Hand“ auf; nur dadurch wird es ihm möglich, die abstrakt-rechtliche Erwerbstätigkeit in die Sphäre der Sittlichkeit zu integrieren (*Lübbe-Wolff* ARSP 68 [1982] 248). Bereits durch die Einbeziehung des Polizeibegriffs in die Theorie der bürgerlichen Gesellschaft zeigt er jedoch, daß diese Gesellschaft einer ihr äußeren Ordnung, die dem Wirtschaftsleben „Randdaten“ setzt, nicht entbehren kann (*Maier* Staats- und Verwaltungslehre, S. 237 f; *Maluschke* aaO S. 243). Dementsprechend läßt sich nach *Hegels* Ansicht das Freiheitsdefizit der bürgerlichen Gesellschaft nicht dadurch beheben, daß man den Betroffenen Subsistenzansprüche gegen *unterstaatliche* Institutionen, denen sie angehören, zubilligt; die Korporation hat nach *Hegel* lediglich die Aufgabe, „sich solidarisch zu verbinden für diejenigen, welche *zufälligerweise* in Armut geraten“ (*Hegel* Philosophie des Rechts, S. 203; Hervorhebung hinzugefügt – nach *Wildt* Solidarität, S. 204 ist dies übrigens die einzige Stelle in *Hegels* Werk, wo dieser den Solidaritätsbegriff verwendet). Das konstitutionelle Defizit des kapitalistischen „Systems des Bedürfnisse“, welches darin liegt, daß es „die Subsistenz und das Wohl jedes Einzelnen“ nur „als eine *Möglichkeit*“ vorsieht (*Hegel* Grundlinien, § 230 [Werke Bd. 7, S. 382]), kann angemessen erst auf der Ebene des *Staats* behoben werden; der systemisch ermöglichten Depravierung müssen systemisch gesicherte Mittel zu ihrer Verhinderung entsprechen. Nicht zuletzt deshalb bleibt das Tun des heiligen *Crispinus* ein Unrecht (*Hegel* Grundlinien, § 126 Z [Werke Bd. 7, S. 239]). Dementsprechend betont *Hegel*, daß ein Staat, der „nur für das Eigenthum des Bürgers sorgen (soll)“, in „beschränkter Bestimmung“ aufgefaßt sei; „denn ihm liegt es ob, auch auf das Wohl seiner Mitglieder zu sehen“ (*Hegel* Vorlesungen, Bd. 3, S. 399 [*Hotho*]; ebd. S. 400: „Die Gesellschaft soll das Recht des Eigenthums erhalten. Wenn sie aber einseitig nur dieses durchsetzt, ist ihr Zustand selbst nur einseitig“) – ein Gedanke, den *v. Stein* mit seiner Konzeption vom „Königtum der sozialen Reform“ (Geschichte der sozialen Bewegung, Bd. III, S. 36 ff) in umfassender Weise ausbauen sollte. *Hegel* selber erkennt in seiner Rechtsphilosophievorlesung von 1819/20 der Armut sogar ein *Recht zum Aufstand* gegen eine gesellschaftliche Ordnung zu, die aufgrund

Je offener aber der Staat des 19. Jahrhunderts zur Politik des Wohlfahrtsstaats zurückkehrte,[226] desto hartnäckiger klammerte sich nach einer Feststellung *Volkmanns* „die bürgerliche Gesellschaft in *ihrem* Wirkbereich an ihr überkommenes Ordnungsmodell und desto erbitterter setzte sie sich gegen alle Versuche zur Wehr, ihre nur negative Solidarität zu einer aktiveren und gehaltvolleren Variante aufzupolieren“[227]. Die Weigerung der älteren Strafrechtsdogmatik, die Existenz von Solidaritätspflichten anzuerkennen, dürfte hier eines ihrer wichtigsten Motive haben.[228] Es kommt hinzu, daß die typischen Fälle des strafrechtlichen Notstands sich in doppelter Hinsicht von der soeben erörterten Konstellation unterscheiden. Erstens handelt es sich bei den Notstandsgefahren in der Regel um gleichsam unspezifische Ereignisse – um Nöte „momentane(n) Charakter(s)“[229], „the random und unpredictable emergencies of life“[230], die weitgehend unabhängig sind von einer bestimmten Form gesellschaftlicher Organisation und die sich daher auch nicht als Erscheinungsformen *systemischer* Defekte interpretieren lassen.[231] Und zweitens nimmt der Notstandstäter zur Abwendung der Notlage nicht die staatlich organisierte Rechtsgemeinschaft als Ganze in Anspruch, sondern einen einzelnen Rechtsgenossen. Dies ist deshalb besonders heikel, weil der einzelne Bürger seine Solidaritätspflicht grundsätzlich auf indirekte Weise, nämlich durch die Zahlung von Steuern erfüllt.[232] Damit wird dem berechtigten Anliegen des in Anspruch Genommenen entsprochen, nicht der Gefahr einer unkontrollierbaren Kumulation von Einzelansprüchen ausgesetzt zu werden. Derjenige, dessen Gut als Rettungsmittel herausgegriffen wird, hat deshalb das Recht, eine Begründung (auch) dafür zu verlangen, warum er neben seiner allgemeinen Pflicht zur Zahlung von Steuern auch noch dieses spezielle Opfer bringen soll.[233] Das allgemeine Problem der Solida-

---

der spezifischen Form ihrer Organisation die Armen jeder Freiheitschance beraubt; dieses Recht stützt *Hegel* ausdrücklich auf eine Parallele zum Notrecht (dazu *Henrich* Vernunft in Verwirklichung, S. 20; *Kühl* FS Lenckner, S. 143 f).

[226] Faktisch läßt sich im 19. Jahrhundert nie eine nennenswerte Reduzierung der staatlichen Tätigkeit feststellen (*Wohlrab* Armut, S. 135). – Über die verfassungspolitische und verwaltungsrechtliche Diskussion, die im 18. und 19. Jahrhundert über die Grenzen der polizeilichen Eingriffsbefugnisse geführt wurde, informiert prägnant *Vogel* aaO S. 375ff.

[227] *Volkmann* Solidarität, S. 155.

[228] Zu den zivilrechtlichen Ausprägungen der im Text angesprochenen Beharrungsstrategie vgl. *Wieacker* Sozialmodell, S. 6ff.

[229] *Hegel* Philosophie des Rechts, S. 196.

[230] *Feinberg* Freedom and Fulfillment, S. 193.

[231] Vgl. *Morgenstern* Unterlassene Hilfeleistung, S. 133 (zu der entsprechenden Problematik des „Unglücksfalls“ im Sinne des § 323c StGB).

[232] *Feinberg* Freedom and Fulfillment, S. 196; *Kratzsch* Grenzen, S. 172; *Isensee* FS Ipsen, S. 415, 423; *ders.* DÖV 1982, 617; *Perron* Rechtfertigung, S. 94. – Näher dazu 2. Kap. D.III.2.

[233] *v. Weber* Notstandsproblem, S. 21; *Perron* aaO. Vernachlässigt wird dieser Gesichtspunkt bei *Renzikowski* Notstand, S. 199. – Zur Parallelproblematik im Bereich der Pflicht zur aktiven

ritätsbegründung stellt sich im Fall des rechtfertigenden Notstands also im Blick sowohl auf den Rechtsgrund der Abwälzungsbefugnis als auch auf die Person des Belasteten in zugespitzter Form. Auf der Basis der vorangegangenen Überlegungen läßt sich dennoch zeigen, daß das Recht zu Notstandseingriffen nicht mit dem neuzeitlichen Freiheitsdenken bricht, sondern sich ohne prinzipielle Friktionen in dessen Semantik einfügen läßt.

Wenig problematisch ist der Fall, daß der Notstandstäter ohne eigenes Verschulden in Gefahr geraten ist. Im Einklang mit der politischen Philosophie der Gegenwart, die sich nach einer Bemerkung *Kerstings* damit begnügt, die Moderne zu verwalten und lediglich ihre normativen Verheißungen auszureizen,[234] kann man den Verächtern eines Eingriffsrechts hier gleichsam auf ihrem eigenen Terrain entgegentreten, die Begründung also auf einen ihrer eigenen Grundsätze stützen. Es entspricht liberalem Selbstverständnis, daß nach Möglichkeit weder Natur – die zum „Zufall" entmystifizierte „Vorsehung" – noch Tradition, sondern daß statt dessen das eigene Verdienst bestimmend sein soll für die Stellung des einzelnen (einschließlich seiner Ausstattung mit „Lebensgütern").[235] Diese Aussage beinhaltet

---

Hilfeleistung vgl. *Feinberg*, Freedom and Fulfillment, S. 193. – *Köhler* will die Pflicht zum gesellschaftlichen Teilhabeausgleich, unter die er auch die Duldungspflicht im Notstand subsumiert (Teilhabegerechtigkeit, S. 115), strikt unterschieden wissen von der „Steuerpflicht für die eigentlichen Staatsaufgaben des politischen, des Rechtspflege-, des Verwaltungsstaates" (aaO S. 117). Anders als diese weise nämlich die Aufgabe, jedem Bürger zu einem „eigenen Stand in der Welt", zur „Selbständigkeit" zu verhelfen (aaO S. 114), einen „privat(erwerbs)rechtlichen Grund" auf (aaO S. 117). Diese Differenzierung überzeugt nicht. Es ist den Systemen der Rechtspflege und der Sozialverwaltung *gemeinsam*, daß sie institutionelle Ermöglichungsbedingungen realer bürgerlicher Freiheit („Selbständigkeit") darstellen; geltungstheoretisch stehen sie deshalb auf *einer* Stufe. Solidaritätspflichten vorstaatlich anzusetzen hieße zudem, die Macht des Zufalls („der Natur") zu perpetuieren: Für denjenigen, dessen Rechtsgüter zur Gefahrabwendung in Anspruch genommen werden, ist dieser Verlust nicht weniger zufällig als der zunächst drohende Verlust es für den ursprünglich Bedrohten gewesen wäre. Das Gerechtigkeitsproblem mag sich in diesem Fall als weniger drastisch darstellen, weil das dem Betroffenen abgeforderte Opfer verhältnismäßig gering ist; *gelöst* werden kann die Legitimationsfrage auf dieser Thematisierungsstufe nicht.

234 *Kersting* Markt, S. 101.

235 Vgl. *Kymlicka* Politische Philosophie, S. 60ff, 76ff. – In manchen Konzeptionen des sogenannten „egalitären Liberalismus" wird das Anliegen, natürlich oder sozial vorgezeichnete (und deshalb pauschal als unverdient diskreditierte) Bevorzugungen oder Benachteiligungen auszugleichen, in einer solchen Weise übersteigert, daß der Gedanke der individuellen Freiheit insgesamt unter die Räder zu kommen und von einer allmächtigen Verteilungsbürokratie erstickt zu werden droht (eindringlich dazu *Kersting* Theorien, S. 63 ff, 354 ff; *ders.* Verteilungsgerechtigkeit, S. 225ff). Der *rocher de bronze*, der die hier skizzierte Argumentation vor einem derartigen egalitistischen Furor schützt, ist das abstrakte Recht. Das abstrakte Recht zu ehren bedeutet nicht, die vielfältigen natürlichen und sozialen Bestimmungsfaktoren individueller Lebenspraxis zu leugnen. Es bedeutet aber, sie nur insoweit zuzulassen, wie es – in der Sittlichkeit – um die Mindestbedingungen realer Autonomie geht.

eine Doppeldeutigkeit, welche der klassische Liberalismus zumeist unbeachtet gelassen hat. Einerseits läßt sich ihr die abstrakt-rechtliche Maxime entnehmen, wonach die für mich zufällige Notlage eines anderen diesem keinen unmittelbaren Unterstützungsanspruch gegen mich gibt: Ich brauche es mir nicht gefallen zu lassen, daß die Gefahr, in der ein *anderer* schwebt, zum Anlaß dafür genommen wird, mich in *meinen* Lebenschancen zu beschneiden. Andererseits kann aber auch der in Not Befindliche *selbst* geltend machen, der Verlust, der ihm drohe, würde ihn „unverdient" treffen. Auch er kann sich also darauf berufen, daß in einer Gesellschaft, die sich als „zweite Natur" versteht und ihr Ziel in der Herstellung eines Zustands möglichst gleicher Freiheit für alle ihre Mitglieder erblickt, die Berufung auf den Zufall, der nun einmal treffe, wen er wolle, keine *per se* hinreichende Begründung dafür ist, Verluste stets dort zu belassen, wohin sie fallen.[236] Das Risiko von Einbußen, die die Lebensführung des Betroffenen nur unerheblich beeinträchtigen würden, wird freilich kompensiert durch das Recht, *Gewinne* prinzipiell auch dann zu behalten, wenn sie einem zufällig zufließen. Anders liegt es dort, wo dem Betroffenen ein Verlust droht, der ihn zu einer tiefgreifenden Veränderung seiner bisherigen Lebensführung nötigen würde. Die Forderung, derartige Verluste, sofern sie sich ihrer Natur nach kollektiv tragen lassen, nicht ausnahmslos bei demjenigen zu belassen, den sie zufällig zu treffen drohen, sondern sie auf die (durch den aktuell verfügbaren Eingriffsadressaten repräsentierte) Rechtsgemeinschaft als ganze umzulegen, nimmt aufgrund ihrer autonomieethischen Begründungsstruktur die normative Leitsemantik der modernen Gesellschaft gleichsam beim Wort; deshalb kann diese Gesellschaft ihr nicht von vornherein die Plausibilität absprechen.[237]

Diese Überlegungen bestätigen im Ergebnis die Notrechtslehre *Hegels*: Es ist freiheitstheoretisch *möglich*, dem einzelnen als Bestandteil seiner Bürgerstellung die

---

Im übrigen sind Zurechnungsketten so zu modellieren, daß das Individuum als *Person*, d. h. als *Endpunkt* von Zurechnungsurteilen erkennbar bleibt. Die rigorose Eskamotierung der Kategorie des Verdienstes, auf die der egalitäre Liberalismus hinausläuft, ist mit diesem Anliegen unvereinbar.

236 Im Ansatz wie hier *Joerden* ARSP 74 (1988) 319; auch er stützt die Pflicht, in bestimmten Fällen einen anderen auf Kosten der eigenen Interessensphäre zu entlasten, auf das Bestreben der Rechtsordnung, „unverdiente" äußere Gegebenheiten und die daraus erwachsenden Bevorzugungen bzw. Benachteiligungen einzelner Personen in einem gewissen Umfang auszugleichen. (Zu der damit unvereinbaren „utilitaristischen" Notstandsdeutung, die *Joerden* an anderer Stelle entwickelt hat, oben B.III.2.b.) – Nach *Köhler* AT, S. 208 übersetzt sich die „Pflicht zur Selbstaffirmation vernünftigen Daseins" ebenfalls in die Verpflichtung, „die äußere Zufallsausgesetztheit möglichst allgemein aufzuheben". (Zur Kritik an *Köhlers* Notrechtsbegründung 2. Kap. C.II.4.)

237 NK-*Neumann* § 34 Rdn. 9, meint, die Notstandsvorschrift enthalte „eine Einschränkung liberaler, nicht aber eine Suspendierung individualistischer Prinzipien". Auf der Basis der hier entwickelten Konzeption müßte dieser Satz genau umgekehrt lauten.

Pflicht aufzuerlegen, in Ausnahmefällen einen fremden Zugriff auf die eigene Rechtssphäre zu dulden. Auch die obige Einordnung dieser Pflicht als *quasi-institutionell* findet hier ihre Bestätigung: Der Eingriffsadressat wird als *Repräsentant* der Allgemeinheit zur Erfüllung eines *Anliegens* der Allgemeinheit herangezogen. Der Umstand, daß der Aufopferungspflichtige nie *in persona*, sondern immer nur als Repräsentant der Rechtsgemeinschaft als ganzer in Anspruch genommen wird, läßt es entgegen der gegenwärtigen Rechtslage als systematisch geboten erscheinen, daß ihm die *Allgemeinheit*, welche er repräsentiert, im Rahmen des Möglichen die Lasten dieser Repräsentation abnimmt, indem *sie* ihm die Entschädigung garantiert.[238] Freilich läßt sich angesichts der Besonderheiten des Notstandskonflikts, vor allem seiner „Zufälligkeit", schwerlich davon sprechen, daß die Statuierung eines Rechts zu Notstandseingriffen freiheitstheoretisch *geboten* sei. Zum unverzichtbaren Grundbestand einer modernen Strafrechtsordnung gehört ein solches Recht nicht.[239]

Diese Einschränkung gilt erst recht dort, wo derjenige, der die Solidarität eines anderen in Anspruch nimmt, sich in zurechenbarer Weise selber in seine nunmehrige Notlage hineinmanövriert hat. Weshalb soll auch er noch einen Solidaritätsanspruch – wenngleich in einem gegenüber den zuvor erörterten Fällen reduzierten Umfang – geltend machen können? Denkbar ist zunächst, daß er seine Obliegenheit zum Selbstschutz verletzt hat.[240] Hier kann immerhin darauf verwiesen werden, daß jemand, der in seinen eigenen Angelegenheiten Nachlässigkeit walten läßt, sich der Gefahr einer *poena naturalis* aussetzt – nicht zuletzt deshalb, weil es keineswegs sicher ist, daß ihm in seiner Notlage das von ihm benötigte fremde Rechtsgut tat-

---

238 Ebenso *Haas* Notwehr, S. 211 f; *Jakobs* Befreiung, S. 168; *Schröder* SchZStR 75 (1960) 7 f. – Die Überlegungen *v. Webers* gingen bereits in eine ähnliche Richtung wie die hiesigen Ausführungen: Es sei möglich, daß der Staat in einzelnen Notfällen mit seinen Mitteln nicht durchgreifend helfen könne. Hier nehme er bei der Durchführung *seiner* Aufgabe die Unterstützung der einzelnen in Anspruch (*v. Weber* Notstandsproblem, S. 21 ff). *Kratzsch* JuS 1975, 440 qualifiziert die rechtliche Pflicht zu sozialer Rücksichtnahme unter Zurückstellung oder Verzicht auf eigene Rechte explizit als eine „‚Errungenschaft' des *sozialen Rechtsstaats*". – Die hier vorgenommene systematische Einordnung der Notstandspflicht entzieht der These *Runtes* den Boden, die gesamte Rechtfertigungsdogmatik sei „ausschließlich individualrechtlich zu begründen" (*Runte* Veränderung, S. 367), und deshalb dürften öffentliche Belange bei der Auslegung der Notstandsregelung keine Rolle spielen (aaO S. 355 f). Tatsächlich verhält es sich umgekehrt: Als quasi-institutionell begründete Verpflichtung ist die Notstandspflicht genuiner Ausdruck eines Allgemeininteresses. Nicht die forcierte Ausblendung des Allgemeinen, sondern die genaue Analyse seiner normativen Struktur ist es, die zu einem freiheitstheoretisch angemessenen Verständnis des rechtfertigenden Notstands verhilft.

239 So auch *Hruschka* FS Dreher, S. 209; *Jakobs* Befreiung, S. 146.

240 Dazu 2. Kap. F.III.2.

sächlich zur Verfügung stehen wird.[241] Angesichts der möglichen Drastik dieser „Strafe“ kann (nicht: muß!) die Rechtsordnung legitimerweise davon absehen, den Betreffenden zusätzlich auch noch sämtlicher Solidaritätsansprüche zu berauben. Noch größer sind die Begründungsprobleme im Hinblick auf denjenigen, der die Solidarität eines anderen beansprucht, nachdem er diesen rechtswidrig (Fall des Defensivnotstands) oder gar schuldhaft (Fall der Notwehr) angegriffen hat.[242] Der Anspruch sogar des rechtswidrig und schuldhaft Angreifenden auf eine gewisse, nochmals verringerte Restsolidarität des Angegriffenen läßt sich nur dadurch begreiflich machen, daß zu seinen Gunsten vermutet wird, sein aktuelles Fehlverhalten sei innerhalb seiner Gesamtlebensführung isolierbar, er sei also im Prinzip rechtstreu. Was die Rechtsgemeinschaft einem solchen Angreifer mit der Zuerkennung eines Anspruchs auf eine gewisse Schonung zubilligt, ist mithin eine Prämie für seine vermutete Rechtstreue in der Vergangenheit und ein Vorschuß auf die von ihm erhoffte Rechtstreue in der Zukunft.[243]

Damit ist es gelungen, das Recht zu Notstandseingriffen aus einem Modell abzuleiten, das die Alternative „*Kant* oder Utilitarismus“ aufbricht, indem es „konsequentialistische“ und „deontologische“ Gesichtspunkte in einer freiheitstheoretisch unbedenklichen und systematisch kontrollierten Weise miteinander verbindet. Das folgende Kapitel ist der Aufgabe gewidmet, anhand zahlreicher systematisch und praktisch bedeutsamer Einzelfragen des rechtfertigenden Notstands die dogmatische Leistungsfähigkeit des hiesigen Ansatzes unter Beweis zu stellen.

---

241 Die für den modernen Sozialstaat kennzeichnende Umstellung von Sozialvertrauen auf Systemvertrauen, die den Betroffenen von der Angewiesenheit auf zwischenmenschliche Solidarität unabhängig macht (dazu *Göbel/Pankoke* Grenzen, S. 469 ff), gilt für die typischen Notstandssituationen gerade nicht. Zu Recht bezeichnete *Kohler* bereits 1890 die Pflicht zur aktiven Hilfeleistung, für die Entsprechendes gilt, als „Zufallspflicht“ – als eine Pflicht nämlich, auf deren Erfüllung man sich nicht verlassen könne (zit. nach *Morgenstern* Unterlassene Hilfeleistung, S. 134).

242 Dazu 2. Kap. F.III.3.

243 Demjenigen, der diese Erwartungen eindeutig und nachhaltig desavouiert, dürfen konsequenterweise auch die an sie geknüpften Vergünstigungen nicht mehr zugute kommen; das Bürgerstrafrecht wird hier durch ein Feindstrafrecht ersetzt. (Zur Kategorie des Feindstrafrechts *Jakobs* Norm, Person, Gesellschaft, S. 109 ff; *Verf.* Betrug, S. 58.)

2. Kapitel: Dogmatische Grundfragen des rechtfertigenden Notstands

A. Überblick

Der rechtfertigende Notstand gilt als ein Rechtsinstitut, „mit dem dogmatisch und praktisch nicht gerade leicht umzugehen ist“[1]. In der Tat ist die zentrale gesetzliche Regelung, § 34 StGB, aufgrund ihres generalklauselartigen Charakters[2] nur schwer handhabbar; *Lenckner* bezeichnet diese Vorschrift als einen „Blankoscheck, dessen Ausfüllung der Gesetzgeber dem Richter überlassen“ habe.[3] Umso größeres Gewicht kam vor diesem Hintergrund der Aufgabe zu, den Legitimationsgrund des rechtfertigenden Notstands zu identifizieren, um auf diesem Weg einen gesicherten Ausgangspunkt für die Auslegung zu gewinnen. Im vorigen Kapitel konnte gezeigt werden, daß die bisherigen Versuche in dieser Richtung *freiheitstheoretisch* unbefriedigend ausgefallen sind. Aber auch das *dogmatische* Potential der herkömmlichen Interpretationsansätze ist recht bescheiden. Der Grund dafür ist deren hochgradige Unbestimmtheit.

Die „vage Vorzugsregel“[4] vom Primat des überwiegenden Interesses bzw., ins Negative gewendet, des kleineren Übels läßt es offen, anhand welcher Maßstäbe über die „soziale Nützlichkeit oder Schädlichkeit eines Verhaltens“[5] und damit über die Frage der Vorzugswürdigkeit zu entscheiden ist.[6] Wer mit der älteren Literatur den Legitimationsgrund der Notstandsregelung primär in dem (angeblichen) gesellschaftlichen Interesse an der Erhaltung von Rechtsgütern erblickt, der wird zu einer eingriffsfreundlichen Notstandskonzeption gelangen. Prinzipiell müßte er eine jede, auch eine wenig gewichtige Gefahrenlage sowie ein einfaches Überwiegen des Erhaltungs- gegenüber dem Eingriffsinteresse zur Begründung einer Befugnis

---

[1] *Küper* Staat, S. 13.
[2] So zuletzt *Thiel* Konkurrenz, S. 50.
[3] *Lenckner* Notstand, S. 206.
[4] *Hassemer* FS Maihofer, S. 191.
[5] *Roxin* Kriminalpolitik, S. 26.
[6] *Renzikowski* Notstand, S. 198.

zu Notstandseingriffen ausreichen lassen.[7] Wer wie die meisten der heutigen Anhänger des Satzes von der Vorzugswürdigkeit des überwiegenden Interesses hingegen von einem stärker „vergeistigten“ Interessenbegriff ausgeht und das Anliegen des Eingriffsadressaten, in der Verwaltung seiner Rechtssphäre nicht gestört zu werden, als eigenständigen abwägungsrelevanten Belang anerkennt, der wird zu einem restriktiveren Verständnis des rechtfertigenden Notstands tendieren. Der Satz vom überwiegenden Interesse verhält sich zu dieser Deutung des Interessenbegriffs ebenso neutral wie zu sämtlichen anderen denkbaren Interpretationen;[8] ebensowenig legt jener Satz eine bestimmte Bewertung und Gewichtung der in die Abwägung aufzunehmenden Einzelinteressen nahe. Dies hat freilich zur Folge, daß das herkömmliche Modell zur Legitimation des rechtfertigenden Notstands die dogmatische Entfaltung dieses Rechtsinstituts weder anleiten noch kontrollieren kann. Notstandslegitimation und Notstandsdogmatik stehen hier letztlich beziehungslos nebeneinander – ein Zustand, der angesichts der Vagheit der gesetzlichen Vorgaben dazu führt, daß die Dogmatik dem Verdacht der Beliebigkeit weitgehend schutzlos ausgeliefert ist. Dieser prekären Situation sind die Befürworter eines formal verstandenen Interessenabwägungsgrundsatzes sich durchaus bewußt. So hebt *Lenckner* zwar als einen Vorteil dieses Verständnisses hervor, daß es offen sei gegenüber neuen Entwicklungen und Wertvorstellungen. Er betont aber zugleich, daß im Fehlen inhaltlicher Substanz auch große Gefahren lägen, weil der Interessenabwägungsgrundsatz, je nach Vorverständnis, in einem erheblichen Maß beliebig ausfüllbar sei.[9]

Kaum anders verhält es sich mit dem Legitimationstopos der Solidarität. Der Solidaritätsbegriff als solcher ist bei weitem zu opak, um Aussagen über den Umfang zu ermöglichen, den die Pflicht zur notstandsbedingten Aufopferung eigener Rechtsgüter zugunsten eines Fremden annehmen darf.[10] Entscheidend ist nach den Darlegungen des vorigen Kapitels, welches Selbstverständnis den Akteuren der be-

---

[7] Dies entspricht einem dezidiert „utilitaristischen“ Notstandsverständnis (dazu 1. Kap. B.II.1./2.). Die weiteren dogmatischen Konsequenzen, welche diese Auffassung nahelegt – insbesondere die unbeschränkte Disponibilität („Verrechenbarkeit“) von Rechtsgütern –, sind indessen so radikal (und freiheitstheoretisch so unbefriedigend), daß die heutigen Vertreter dieser Position sich genötigt sehen, sie durch gegenläufige Prinzipien einzuschränken (dazu im einzelnen 1. Kap. B.III.2.). Damit opfern sie freilich nicht weniger als ihren theoretischen Anspruch als solchen: Da sie nicht über Kriterien verfügen, anhand derer sich begründet entscheiden ließe, weshalb in bestimmten Fällen das „utilitaristische“ Ausgangsprinzip, in anderen Fällen hingegen die „nicht-utilitaristischen“ Beschränkungen zum Zuge kommen sollen, bleibt ihre Ausdeutung der Notstandsvorschrift unter systematischen Gesichtspunkten letztlich zufällig.

[8] Zutreffend *Ruppelt* Maßnahmen ohne Rechtsgrundlage, S. 80.

[9] *Lenckner* GA 1985, 313.

[10] Zur Unbestimmtheit des Solidaritätsbegriffs 1. Kap. C.I.

treffenden Theorie von ihrem Schöpfer zugeschrieben (bzw. zugemutet) wird.[11] Hier, nicht in dem heutzutage wohlfeil zu habenden Appell an Solidarität, lauern die eigentlichen Begründungsprobleme. Aber selbst wenn man von den diesbezüglichen Kontroversen absieht und sich auf ein bestimmtes „Menschenbild" – etwa das des klugen Egoisten – festlegt, folgt daraus noch nicht notwendig ein bestimmter Umfang der Duldungspflicht. Ob beispielsweise rationale Nutzenmaximierer, wie *Merkel* dies annimmt, Einstandspflichten füreinander nur für den Bereich der sogenannten „Grundgüter" übernehmen, oder ob sie sich bereitfinden, andere nach Möglichkeit auch von weniger gewichtigen Gefahren zu entlasten, hängt wesentlich von weiteren (und wiederum kontingenten) Vorannahmen über das Ausmaß ihrer Risikobereitschaft ab.[12]

Im vorigen Kapitel wurde diesen Ansichten die Auffassung gegenübergestellt, daß der Notstandskonflikt durch die Kollision zweier Teilmomente der Idee rechtlicher Freiheit gekennzeichnet ist. Anders als es einem auf das sinnlich wahrnehmbare Notstandsgeschehen fixierten Betrachter erscheinen mag, treffen im Notstandskonflikt nicht in erster Linie Rechtsgüter aufeinander, sondern Freiheitsansprüche. Läßt sich aber die *Problematik* des rechtfertigenden Notstands nur anhand der Frage nach der Beschaffenheit und den immanenten Schranken rechtlicher Freiheit angemessen begreifen, so muß auch die *Auflösung* des Notstandskonflikts die Form einer freiheitstheoretischen Reflexion annehmen. Was dies *in abstracto* bedeutet, ist im Schlußabschnitt des 1. Kapitels dargelegt worden: Mit der Etablierung eines – freilich an strenge Voraussetzungen gebundenen – rechtfertigenden Notstands wird beiden Konfliktbeteiligten angesonnen anzuerkennen, daß den von ihnen jeweils geltend gemachten Freiheitsansprüchen eine nur partielle Berechtigung zukommt. Der hiesige Ansatz hat den Vorzug, die Prämissen der strafrechtlichen Argumentation philosophisch „anschlußfähig" zu halten, indem er sie aus dem Gedanken der Freiheit als Autonomie heraus entwickelt. Er sucht sich darüber hinaus aber auch durch den Nachweis zu empfehlen, daß sein dogmatisches Potential weitaus reichhaltiger ist als das der herkömmlichen Deutungen. Diesen Anspruch anhand der dogmatischen Grundfragen des rechtfertigenden Notstands einzulösen ist der Zweck des vorliegenden Kapitels.

Die „idealtypische" Erscheinungsform des Notstandskonflikts bildet die Situation, in der weder den Eingreifenden noch den Eingriffsadressaten eine abstraktrechtlich relevante Verantwortlichkeit („Zuständigkeit") für die Notlage trifft, in der sich der Eingreifende befindet, und in der auch keine sonstigen besonderen

---

11 Dazu 1. Kap. C.I. (a. E.).

12 Dies ist wohlbekannt aus der Diskussion über *Rawls'* Begründung seines zweiten Gerechtigkeitsprinzips mithilfe der sog. Maximin-Regel; dazu *Kersting* Rawls, S. 77 ff.

Gefahrtragungspflichten bestehen. Diese Konstellation wird nachfolgend als die *Grundsituation* des rechtfertigenden Notstands bezeichnet;[13] ihr gelten die Ausführungen der Abschnitte C. bis E. Trifft hingegen eine der Konfliktparteien eine spezifische Zuständigkeit für die Entstehung oder die Abwendung der Notlage, so liegt eine *Sondersituation* des rechtfertigenden Notstands vor. Den bedeutsamsten dieser normativen Sonderlagen sind die Ausführungen unter F. gewidmet. Bevor im einzelnen auf die Merkmale des rechtfertigenden Notstands eingegangen werden kann, muß indes die allgemeine Frage erörtert werden, in welchem Verhältnis Interessenbegriff, Interessenbewertung und Notstandsnorm zueinander stehen. Dies geschieht im Abschnitt B. Dort wird gezeigt, daß bei der Notstandsprüfung streng zwischen zuständigkeits- und rechtsgutsbezogenen Bewertungsfaktoren zu unterscheiden ist. Auf dieser Grundlage läßt sich sowohl der Anwendungsbereich der gesetzlich positivierten Notstandsvorschriften (§ 34 StGB, § 16 OWiG §§ 228, 904 BGB) präzise bestimmen als auch ein freiheitstheoretisch angemessenes Verständnis der einzelnen Rechtfertigungsvoraussetzungen des Notstands entwickeln.

---

[13] *Hellmann* Anwendbarkeit, S. 161 spricht insofern von der „Idealsituation" des rechtfertigenden Notstands.

B. Interessenbegriff, Interessenbewertung und Notstandsnorm

I. Überblick

Die in § 34 StGB kodifizierte Notstandsregelung weist dem Begriff des Interesses und dem Vergleich der kollidierenden Interessen eine zentrale Rolle zu. Der Interessenbegriff ist so „elastisch“[1] und „schillernd“[2], daß *Welzel* ihn als den „ärgste(n) Proteus“ schmäht, der über alles einen Schleier des Halbdunkels lege.[3] Damit daraus nicht – um im Bild zu bleiben – eine Nacht wird, in der alle Katzen grau sind, hat die Dogmatik sich zuvörderst Klarheit über die verschiedenen Bewertungsebenen zu verschaffen, die bei der Interpretation der Notstandsregelung unterschieden werden müssen. Bewertungsprobleme stellen sich hier auf drei Stufen:[4]

(a) Der *Begriff des Interesses* ist zu bestimmen.

(b) Die Kriterien zur Ermittlung des *Werts der einzelnen Interessen* sind anzugeben.

(c) Es ist darzutun, welche *Voraussetzungen* erfüllt sein müssen, damit ein Interesse von bestimmtem Wert auf Kosten eines konkurrierenden, für sich betrachtet ebenfalls positiv bewerteten Interesses *durchgesetzt* werden darf.

Jede dieser drei Bewertungsstufen baut auf der jeweils vorangegangenen Stufe auf; keine ist verzichtbar. Sie miteinander zu vermischen führt zu schwerwiegender methodischer, aber auch inhaltlicher Verwirrung.

Die Bewertungsstufen (a) und (b) setzen die Unterscheidung zwischen Beurteilungs*gegenstand* und Beurteilungs*kriterien* um.[5] Diese Unterscheidung impliziert für den hiesigen Kontext nicht etwa ein „wertfreies“, rein faktizitätsorientiertes Verständnis von „Interesse“. Auch wenn man den Interessenbegriff nicht schlicht als Ausdruck der tatsächlichen Präferenz einer Person oder Personengesamtheit für ein Gut versteht,[6] sondern ihn – was nach den freiheitstheoretischen Erörterungen des

---

[1] *Lee* Interessenabwägung, S. 66.

[2] *Papageorgiou* Schaden und Strafe, S. 105.

[3] *Welzel* ZStW 58 (1939) 509.

[4] *Hruschka* JuS 1979, 390 Fn. 17.

[5] Dazu zutreffend *Renzikowski* Notstand, S. 47f. – Außerordentlich mißverständlich ist es demgegenüber, wenn *Hubmann* in einem einflußreichen Aufsatz davon spricht, daß in den Interessen selbst Vergleichsmaßstäbe enthalten seien (*Hubmann* AcP 155 [1956] 86). Die Interessen *werden* bewertet; sie bringen die Maßstäbe dieser Bewertung nicht selber hervor.

[6] So definiert *Mezger* das Interesse als „Anteilnahme des Willens an etwas“, als „psychische Beziehung“ des betroffenen Subjekts zum Gegenstand seiner Anteilnahme (*Mezger* GS 89 [1924] 248). Zur historischen Genese des im Sinne von „psychischer Anteilnahme“ verstandenen Interessenbegriffs *Fuchs* Art. Interesse I, Sp. 483.

vorigen Kapitels zwingend ist – dahingehend qualifiziert, daß nur *rechtlich anerkannte* Präferenzen als rechtfertigungsrelevante Interessen in Betracht kommen,[7] wird die Trennung zwischen dem Interessenbegriff und den Kriterien der Interessenbewertung nicht obsolet. Auf der Stufe (b) geht es darum, ein Bewertungssystem zu formulieren, das es gestattet, nicht nur *jedem einzelnen* der konkurrierenden Interessen einen bestimmten Wert zuzuschreiben, sondern das es darüber hinaus auch ermöglicht, die betreffenden Interessen *miteinander zu vergleichen*. Die *qualitative* Aussage, daß beide Seiten rechtliche Anerkennung verdienen, befriedigt dieses Bedürfnis nach einem Bewertungssystem, das *Quantifizierungen* ermöglicht, nicht.

---

[7] Dies entspricht der herrschenden Meinung, nach der es erforderlich, aber auch ausreichend ist, daß das zu rettende Gut unter dem Schutz der Rechtsordnung steht (KK-*Rengier* § 16 OWiG Rdn. 5f; SK-*Samson* § 34 Rdn. 9; Sch-Sch-*Lenckner/Perron* § 34 Rdn. 9; *Kühl* AT § 8 Rdn. 22). – NK-*Neumann* § 34 Rdn. 24ff will den Kreis der notstandsfähigen Rechtsgüter enger ziehen. Die herrschende Meinung vernachlässige den Unterschied zwischen der dem einzelnen grundsätzlich garantierten Rechtssphäre einerseits und dem Bereich der zulässigen Interessenverfolgung andererseits. Rechtlich könne Solidarität nur eingefordert werden, sofern nicht nur die Interessen-, sondern (auch) die Rechtssphäre des einzelnen von der Gefahr betroffen werde (Rdn. 25). So fehle es bei Eingriffen in fremdes Vermögen zum Schutz eigener Vermögenswerte bereits am Vorliegen eines notstandsfähigen Rechtsguts. Rechtlich geschützt seien die Vermögensinteressen des einzelnen nur gegenüber bestimmten Beeinträchtigungen von außen, nicht aber gegenüber den Dispositionen des Vermögensinhabers und deren Konsequenzen (Rdn. 28). Diese Begründung überzeugt schon deshalb nicht, weil sie sich nicht verallgemeinern läßt. So darf beispielsweise auch derjenige per Notstand eine Gefährdung seiner körperlichen Integrität abwehren, der die Gefahr in vorwerfbarer Weise heraufbeschworen hat. In derartigen Fällen geht es lediglich um eine auf allgemeine Zurechnungsgrundsätze gestützte *Einschränkung*, nicht aber um den *Ausschluß* seines Notstandsrechts (näher dazu unter F.III.2.). Weshalb es *prinzipiell* anders liegen soll, wenn statt der körperlichen Unversehrtheit als Realbedingung rechtlicher Freiheit die Realbedingung „Vermögen" bedroht ist, wird bei *Neumann* nicht deutlich. Problematisch sind auch die weiteren Beispiele *Neumanns*. Zuzustimmen ist ihm zwar darin, daß die Durchsetzung zivilrechtlicher Ansprüche grundsätzlich nur durch die allgemeinen Bestimmungen des Zivilrechts und des Zivilverfahrensrechts geschützt sei (Rdn. 25). Dies ergibt sich jedoch aus dem legitimationstheoretisch gebotenen Vorrang institutionalisierter Konfliktlösungsmechanismen (dazu unter D.) und hat nichts mit der Schutzwürdigkeit der Rechtsgüter zu tun, die dem Betroffenen im Fall einer Prozeßniederlage verlorenzugehen drohen. Die unzutreffende Lozierung des Problems führt *Neumann* im Fortgang seiner Ausführungen zu einer höchst zweifelhaften Differenzierung: Die Berufung auf rechtfertigenden Notstand „kommt hier nur dann in Betracht, wenn die Klage ohne Eingriff in ein Rechtsgut gerade des Schuldners nicht in der erforderlichen Weise begründet werden kann". Eingriffe in Rechte Dritter seien unter dem Gesichtspunkt des „Beweisnotstands" im Zivilverfahren nicht gerechtfertigt (Rdn. 25). *Neumann* vernachlässigt hier den Umstand, daß auch die rechtlichen Mittel gegen pflichtwidriges Verhalten des *Prozeßgegners* verfahrensmäßig kanalisiert sind und deshalb eine Sperrwirkung gegenüber dem „freihändigen" Tätigwerden des Benachteiligten (oder sich benachteiligt Glaubenden) ausüben. Insgesamt spricht *Neumann* hier also Gesichtspunkte ganz unterschiedlicher systematischer Provenienz an. Zu ihrem „Recht" kommen sie nur, wenn man sie nicht bereits auf der Ebene der Rechtsgutsdefinition *pauschal* aus dem Notstandsbereich herausdefiniert.

Aber auch mit der Etablierung eines solchen Bewertungssystems und der Durchführung eines Wertvergleichs ist das Rechtfertigungsproblem noch nicht gelöst. Der Umstand, daß ein Interesse von bestimmtem Wert gerettet werden könnte, wenn ein anderes Interesse, das einen weitaus niedrigeren Wert repräsentiert, dafür aufgeopfert würde, ist für sich genommen unter Rechtfertigungsgesichtspunkten vollkommen irrelevant. Das Urteil, die Aufopferung des geringerwertigen Guts sei in diesem Fall gerechtfertigt, setzt zusätzlich die *Anwendung einer Norm* voraus, die beim Vorliegen eines derartigen Wertverhältnisses die genannte Rechtsfolge ausspricht (und daher mit der *Feststellung* des Wertverhältnisses keineswegs identisch ist). Dieser Befund findet in der Unterscheidung zwischen den Bewertungsstufen (b) und (c) seinen Niederschlag.[8]

Die Trennung der vorstehenden drei Bewertungsstufen präjudiziert nicht die Antwort auf die Frage, wie die Gesamtheit der in Betracht kommenden Bewertungskriterien auf die verschiedenen Bewertungsstufen zu *verteilen* ist. Klärungsbedürftig ist vor allem, ob die Bewertung auf der Stufe (b), d. h. bei der Gewichtung der einzelnen Interessen konzentriert werden soll oder ob die unterschiedlichen Bewertungsgesichtspunkte zwischen den Stufen (b) und (c) aufgeteilt werden sollen. Dies ist umstritten. Nachfolgend wird zunächst (unter II.) die Position der herrschenden Meinung dargestellt und kritisiert. Sodann (unter III.) wird die hiesige Auffassung entwickelt.

II. Die Position der herrschenden Meinung: „Gesamtschau" aller relevanten Umstände im Rahmen der Abwägung

Die herrschende Meinung praktiziert die erste der soeben genannten Vorgehensweisen. Sie lokalisiert sämtliche entscheidungsrelevanten Gesichtspunkte bei der Interessenabwägungsklausel des § 34 S. 1 StGB: Die Bewertung der einzelnen Interessen soll anhand einer „Gesamtschau" aller relevanten Umstände, vermittels der Einbeziehung aller „positiven und negativen Vorzugstendenzen"[9] erfolgen.[10] Diese Konzentration aller materialen Bewertungsaspekte auf der Stufe (b) hat zur selbstverständlichen Folge, daß für die hierarchisch übergeordnete Stufe (c), die Stufe der eigentlichen Normformulierung, nur noch die Forderung übrigbleibt, das höherwertige Interesse solle sich durchsetzen dürfen.[11] Diese Aussage ist notwendiger-

---

[8] Der Sache nach findet sich diese Unterscheidung bereits bei *Bockelmann* Hegels Notstandslehre, S. 40.

[9] *Hubmann* AcP 155 (1956) 123.

[10] Nachweise 1. Kap. B.III.1. Fn. 103f.

[11] Dementsprechend pflegt die herrschende Meinung zwischen dem Vorgang der Interessenabwägung als Methode und dem Vorrang des wesentlich überwiegenden Interesses als Entscheidungsprinzip nicht zu trennen (*Meißner* Interessenabwägungsformel, S. 22 Fn. 1).

weise formal – alle inhaltlichen Bewertungskriterien sind ja schon verbraucht, und eine Doppelverwertung einzelner Beurteilungsgesichtspunkte ist methodisch unzulässig –,[12] und sie ist tautologisch; sie muß sich auf die in den Worten *Neumanns* „in der Tat wenig aufregende Feststellung (beschränken), daß eine Notstandshandlung gerechtfertigt ist, wenn die überwiegenden Gründe für eine Rechtfertigung sprechen“[13]. Nach einer Bemerkung *Küpers*, eines der namhaftesten Vertreter der herrschenden Meinung, ist „Abwägung“ hier im Grunde nur eine plastisch-bildhafte Metapher für die vom Gesetz verlangte *Präferenzentscheidung*.[14]

Die herrschende Konzeption der „Gesamtabwägung“ und der zur Legitimation des rechtfertigenden Notstands dominierende Rückgriff auf den Satz vom geringeren Übel bedingen und stützen einander wechselseitig: Das – formal verstandene – Prinzip des geringeren Übels setzt zu seiner Anwendung einen umfassenden Vergleich zwischen den Folgen der in Betracht kommenden Verhaltensoptionen voraus; die Brücke zwischen der Notstandsregelung und dem folgenfixierten Grundsatz vom geringeren Übel führt methodisch über die Interessenabwägung.[15] Umgekehrt läßt die Konzentration aller Bewertungsgesichtspunkte auf der Stufe (b) den Satz als argumentationslogisch geradezu zwingend erscheinen, daß diejenige Seite, die sich als die höherwertige erwiesen habe, sich im Konfliktfall behaupten dürfe. Wie könnte es auch anders sein?[16] Welche andere Präferenzregel als dieser „elementare, aus sich selbst gerechtfertigte Grundsatz“[17] wäre im Anschluß an eine „Gesamtabwägung“ denkbar? Auf diese Weise verschafft die herrschende Meinung sich nicht zuletzt auch den diskussionstaktischen Vorteil, die Notstandsregelung als unmittelbare und „reinste“ Ausprägung eines (angeblich) allgemeinen Rechtfertigungsprinzips ausgeben zu können.[18]

Dies hat die herrschende Meinung freilich nicht davor bewahrt, zum Gegenstand heftiger Kritik zu werden. Der erste zentrale Vorwurf richtet sich gegen ihre These, *sämtliche Fälle* des rechtfertigenden Notstands – also nicht nur der Aggressivnotstand, sondern auch der sogenannte Defensivnotstand – ließen sich unter die Generalnorm des § 34 StGB subsumieren.[19] Die Kritiker halten diese Lesart für unver-

---

[12] Insoweit zutreffend *Otte* Defensivnotstand, S. 102.

[13] *Neumann* GA 1992, 94; ähnlich *Lesch* Notwehrrecht, S. 45.

[14] *Küper* GA 1983, 295; Hervorhebung im Original.

[15] Zutreffend *Hassemer* FS Coing, Bd. 1, S. 507; *ders.* FS Maihofer, S. 191.

[16] So *Lenckner* Notstand, S. 84.

[17] *Lenckner* aaO (Zitat grammatisch verändert).

[18] Vgl. *Roxin* AT 1 § 16 Rdn. 3; *Rudolphi* GS Armin Kaufmann, S. 378, 393. – Besonders weitreichende Konsequenzen aus diesem Gedanken ziehen *Otto* und *Seelmann*; zu ihrer Position vgl. die folgende Fn.

[19] Unter § 34 StGB ordnen den Defensivnotstand ein: LK-*Hirsch* § 34 Rdn. 1, 72, 82; *Lackner/Kühl* § 34 Rdn. 4, 9; Sch-Sch-*Lenckner/Perron* § 34 Rdn. 1, 30; StK-*Joecks* § 34 Rdn. 27; *Bau-*

einbar mit der gesetzlichen (Teil-)Regelung, die der Defensivnotstand in § 228 BGB erfahren hat. Die Interessenabwägungsmaßstäbe des § 34 S. 1 StGB einerseits (Rechtfertigung nur bei wesentlichem Überwiegen des Erhaltungsinteresses) und des § 228 S. 1 BGB andererseits (Rechtfertigung bereits dann, wenn der eingriffsbedingte Schaden nicht außer Verhältnis zu der Gefahr steht) seien nicht auseinander ableitbar. Die Interessen einer Person seien nicht deshalb weniger wertvoll, weil diese Person gefährlich sei.[20] § 34 StGB enthält nach Ansicht der Kritiker nur eine Teilkodifizierung des rechtfertigenden Notstands; ebenso wie die Vorschrift des § 904 BGB beziehe sich auch § 34 StGB allein auf den aggressiven Notstand. Dem defensiven Notstand komme der Status eines neben § 34 StGB stehenden eigenständigen Rechtfertigungsgrundes zu.[21]

---

mann/Weber/Mitsch AT § 17 Rdn. 86; *Bockelmann/Volk* AT, S. 99; *Ebert* AT, S. 84; *ders.* JuS 1976, 324; *Eser/Burkhardt* Strafrecht I, Fall 12 A 34; *Freund* AT § 3 Rdn. 68, 70; *Gropp* AT § 6 Rdn. 131ff; *Haft* AT, S. 92, 98; *Jescheck/Weigend* AT §§ 33 II 3, IV 5; *Kühl* AT § 8 Rdn. 57, 134; *Otto* AT § 8 Rdn. 174f; *Roxin* AT 1 § 16 Rdn. 66, 98; *Wessels/Beulke* AT Rdn. 313; *Dimitratos* Gefahr, S. 21 Fn. 72; *Küper* Pflichtenkollision, S. 72f; *ders.* Notstand, S. 168f; *Otte* Defensivnotstand, S. 119ff; *Reichert-Hammer* Fernziele, S. 199; *Thiel* Konkurrenz, S. 98f, 104, 113; *Hillenkamp* FS Miyazawa, S. 155; *Küpper* JuS 1990, 188; *Maultzsch* JA 1999, 430. – Da der Defensivnotstand von seinem Rechtsgrund und seiner inhaltlichen Ausgestaltung her der Notwehr weitaus näher steht als dem Aggressivnotstand, liegt es auf der Grundlage dieses Verständnisses nahe, über den § 228 BGB hinaus auch den § 32 StGB als bloße *lex specialis* zu § 34 StGB anzusehen (so in der Tat *Lackner/Kühl* § 34 Rdn. 14; Sch-Sch-*Lenckner/Perron* § 34 Rdn. 6; *Freund* AT § 3 Rdn. 4, 74; *Haft* AT, S. 83; *Kühl* AT § 8 Rdn. 57; *Otto* AT § 8 Rdn. 5ff; *Roxin* AT 1 § 14 Rdn. 47; *Montenbruck* Thesen, S. 47ff; *Seelmann* Verhältnis, S. 64); Kritik an dieser Auffassung wird unter III. geübt. – *Seelmann* aaO S. 32 ff und *Otto* aaO Rdn. 5ff, 164 gehen noch einen Schritt weiter. Sie betrachten den § 34 StGB als *lex generalis* zu *sämtlichen* anderen Rechtfertigungsgründen (bei *Seelmann* mit Ausnahme der Einwilligung). Widersprüche zwischen § 34 StGB und den sonstigen Rechtfertigungsgründen sind danach von vornherein ausgeschlossen; letztere füllen den allgemeinen Wertungsrahmen des § 34 StGB lediglich in jeweils spezifischer Weise aus. Zur Kritik an dieser Position Fn. 37.

20 *Hruschka* NJW 1980, 22; ebenso *Ludwig* „Gegenwärtiger Angriff", S. 156; *Lugert* Gefahrtragungspflichtige, S. 33ff; *Meißner* Interessenabwägungsformel, S. 252; *Renzikowski* Notstand, S. 46ff.

21 Grundlegend *O. Lampe* NJW 1968, 91f, die von *Roxin* FS Jescheck, Bd. 1, S. 457 als die eigentliche „Erfinderin" des Defensivnotstands gewürdigt wird. – Weitere Vertreter dieser Position: NK-*Neumann* § 34 Rdn. 86; *Hruschka* AT, S. 82, 176ff; *ders.* FS Dreher, S. 203 Fn. 23; *ders.* JuS 1979, 391; *ders.* NJW 1980, 21; *Jakobs* AT 13/46ff; *Lesch* Notwehrrecht, S. 46ff; *Ludwig* „Gegenwärtiger Angriff", S. 155ff; *Lugert* Gefahrtragungspflichtige, S. 33, 35; *Meißner* Interessenabwägungsformel, S. 30ff; *Renzikowski* Notstand, S. 243ff; *Eue* JZ 1990, 767; *Frister* GA 1988, 295; *Koriath* JA 1998, 256; i. E. auch *Maurach/Zipf* AT 1 § 27 Rdn. 47c. – Eine wenig überzeugende Kompromißposition vertritt neuerdings *Günther*. Obgleich dieser sich im Ausgangspunkt zu der Methode der „Gesamtabwägung" bekennt, stellt er klar, daß zwischen den Maßstäben für die Erteilung einer Eingriffsbefugnis und den Kriterien, die die Wertigkeit der involvierten Eingriffs- und Erhaltungsgüter festlegen, unterschieden werden müsse (SK-*Günther* § 34 Rdn. 38). Dementsprechend ordnet er zwar sowohl den aggressiven als auch den

Es war *Hruschka*, der auf der Basis der Vorarbeiten *O. Lampes* diese Auffassung im einzelnen entwickelt und argumentativ untermauert hat. Seine Position beruht auf der Verknüpfung zweier Prämissen. In *methodischer* Hinsicht geht er von der These aus, § 34 StGB enthalte, anders als es die herrschende Meinung annehme, nicht nur den Hinweis auf ein allgemeines Interessenabwägungs*prinzip*, sondern – ebenso wie § 228 BGB – einen eigenständigen *Maßstab* für die Interessenabwägung.[22] Diese These verbindet *Hruschka* mit einer *inhaltlichen* Deutung des Aggressivnotstands, die im Ausgangspunkt „utilitaristisch" orientiert ist.[23] Besteht demnach die zentrale Aufgabe der Regelung über den Aggressivnotstand darin, die Erhaltung des nach den gegebenen Umständen maximalen Gesamtgüterbestands zu ermöglichen, so ist es nur konsequent, im Rahmen der Interessenabwägung lediglich solche Gesichtspunkte zuzulassen, die sich auf den Wert der betroffenen *Rechtsgüter* beziehen, nicht aber Faktoren, aus denen sich eine erhöhte *Zuständigkeit* einer der beiden Parteien zur Tragung der Kosten des Konflikts ergibt.[24] In dieser Lesart „paßt" die Interessenabwägungsformel des § 34 S. 1 StGB in der Tat allein auf den Aggressivnotstand: Ist innerhalb der Interessenabwägung lediglich für rechtsgutsbezogene Bewertungsfaktoren Raum, so kann der gesteigerten Zuständigkeit des Eingriffsadressaten nicht im Rahmen der Interessenabwägung, sondern erst mithilfe eines veränderten Eingriffsmaßstabs Rechnung getragen werden.

Eine zwingende Widerlegung der herrschenden Meinung stellt der Angriff *Hruschkas* allerdings nur dann dar, wenn die Prämissen, auf die *Hruschka* ihn stützt, auch von der herrschenden Meinung selber nicht zurückgewiesen werden können. Daß *Hruschkas* „utilitaristische" Notstandsdeutung unter Legitimationsgesichtspunkten nicht überzeugend, geschweige denn zwingend ist, wurde bereits im 1. Kapitel dargelegt. Wie steht es mit *Hruschkas* These, § 34 StGB enthalte kein bloßes Interessenabwägungsprinzip, sondern einen eigenständigen Interessenabwägungsmaßstab? Daß dies eine konstruktiv *mögliche* Auslegung darstellt, läßt sich

---

defensiven Notstand unter dem Dach des § 34 StGB ein, marginalisiert aber zugleich die systematische Bedeutung dieser Vorschrift: Bei ihr handele es sich um ein „nur regulative(s) Interessenabwägungsprinzip" (SK-*Günther* aaO Rdn. 14). Nähme man dies ernst, so müßte man dem § 34 StGB jeglichen subsumtionsfähigen Inhalt absprechen; als bloßes „Dach" würde § 34 StGB *weder* den aggressiven *noch* den defensiven Notstand verbindlich regeln.

22 *Hruschka* NJW 1980, 22; *ders.* JZ 1984, 241. – Dementsprechend werfen *Hruschka* und seine Anhänger der herrschenden Meinung vor, sie vermische Abwägungsgegenstand und Abwägungsmaßstab (*Hruschka* NJW 1980, 22 Fn. 7; *Delonge* Interessenabwägung, S. 93; *Lugert* Gefahrtragungspflichtige, S. 34 f; *Meißner* Interessenabwägungsformel, S. 24; *Renzikowski* Notstand, S. 38 f; *Eue* aaO).

23 Dazu 1. Kap. B.III.2.c).

24 Bei *Meißner* Interessenabwägungsformel, S. 252 tritt dieser Gedankengang mit besonderer Klarheit hervor.

schwerlich bestreiten; aber ist *Hruschkas* Auffassung konstruktiv zwingend in dem Sinne, daß jede Gegenposition sich in schwerwiegende Selbstwidersprüche verstricken würde? Dies ist nicht der Fall. In konstruktiver Hinsicht läßt sich ohne weiteres geltend machen, daß § 34 StGB und § 228 BGB den Notstandskonflikt auf unterschiedlichen Abstraktionsstufen thematisierten und, recht verstanden, zueinander keineswegs im Widerspruch stünden. § 34 StGB kodifiziert danach in seinem Satz 1 die *allgemeine Präferenzregel*, und § 228 BGB *konkretisiert* diese Regel dahingehend, daß bei einer bestimmten, als gegeben vorausgesetzten Verteilung der *Zuständigkeiten* die zugunsten der Rechtfertigung sprechenden Gründe („Interessen") bereits dann überwiegen, wenn das Verhältnis der *Rechtsgüter* sich in dem von § 228 S. 1 BGB bestimmten Rahmen hält.[25] *Hruschka* liefert demnach zwar ein Gegenmodell zur herrschenden Meinung, nicht aber deren Widerlegung[26].

Auch der Umstand, daß die Vorschrift des § 34 StGB in ihrer Interpretation durch die herrschende Meinung ein hohes Maß an Unbestimmtheit aufweist,[27] ist als solcher noch kein zwingender Einwand gegen diese Position; ihre Vertreter sprechen diesbezüglich von „Flexibilität" und erblicken darin sogar einen besonderen Vorzug.[28] Systematischen Bedenken ist die herrschende Auffassung allerdings insofern ausgesetzt, als sie zwar zahlreiche abwägungsrelevante Gesichtspunkte zu benennen pflegt, aber – in Ermangelung einer material gehaltvollen Legitimationstheorie des rechtfertigenden Notstands – außerstande dazu ist, eine nicht nur intuitiv plausible, sondern systematisch fundierte Antwort auf die Frage zu geben, *weshalb welche Umstände in welchem Ausmaß* abwägungsrelevant sind.[29] Die als maßgeblich ausgegebenen Formeln sind regelmäßig von hochgradiger Unbestimmtheit.[30] Jedoch können die Vertreter der Gegenauffassung das Wasser dieser Kritik nicht auf *ihre* Mühlen umleiten, weil ihre Konzeptionen das Legitimations-

---

[25] Exemplarisch Sch-Sch-*Lenckner/Perron* § 34 Rdn. 30; *Roxin* AT 1 § 16 Rdn. 66; *ders.* FS Jescheck, Bd. 1, S. 465 f; *Küper* Pflichtenkollision, S. 72.

[26] Auch der Versuch *Hruschkas* AT, S. 72 ff und *Renzikowskis* Notstand, S. 48 ff, der herrschenden Meinung logische Widersprüchlichkeit nachzuweisen, führt nicht zum Ziel; im wesentlichen zutreffende Antikritik übt *Otte* Defensivnotstand, S. 113 ff.

[27] Dazu insbesondere *Lugert* Gefahrtragungspflichtige, S. 34; ferner *Hruschka* JZ 1984, 241 („inhaltsleere These"), *Delonge* Interessenabwägung, S. 84 („völlige Konturenlosigkeit"); *Ludwig* „Gegenwärtiger Angriff", S. 156 („entzieht sich weitgehend einer rationalen Kontrolle").

[28] Näher dazu Fn. 71.

[29] Kritisch insofern auch *Meißner* Interessenabwägungsformel, S. 71; *Eue* JZ 1990, 767. – Für den Bereich der Moralphilosophie bestreitet *Griffin* Well-Being, S. 78 die Überzeugungskraft von Abwägungen, die unabhängig von einer substantiellen moralischen Theorie betrieben werden.

[30] Exemplarisch *Hirsch* FS Bockelmann, S. 99: Bei der Gesamtabwägung bildeten die „vorherrschenden Wertvorstellungen der Gesellschaft ... den Orientierungs- und Limitierungspunkt".

problem ebenfalls nicht überzeugend behandeln: Die im Kern „utilitaristische" Notstandskonzeption *Hruschkas* und seiner Schüler weist unüberwindliche freiheitstheoretische Defizite auf, und die Berufung auf den Gedanken der Solidarität bleibt, solange der Inhalt dieses Begriffs nicht näher erläutert wird, inhaltsleer und ohne dogmatische Substanz. Daß das von *Hruschka* entwickelte Modell im Ergebnis dennoch den Vorzug verdient, kann nur auf der Grundlage einer Legitimationstheorie nachgewiesen werden, die den bisherigen Ansätzen *überlegen* ist. Diesen Anspruch erhebt die Konzeption, die im 1. Kapitel der vorliegenden Abhandlung vorgestellt worden ist. In Kürze wird darauf zurückzukommen sein.

Der zweite Haupteinwand gegen die „Gesamtabwägungsthese" der herrschenden Meinung betrifft ihre Unfähigkeit, neben dem Interessenabwägungsprinzip selbst *abwägungsfeste Bewertungsgesichtspunkte* anzuerkennen.[31] Diese Unfähigkeit ist eine zwingende Folge aus der von der herrschenden Meinung behaupteten Alleinherrschaft des Abwägungsgedankens.[32] Die Absolutheit kann in ein von vornherein auf relativierendes Vergleichen abstellendes System nicht eingeführt werden.[33] Wer sich auf eine Abwägung zwischen den drohenden Schäden und den bedrohten Prinzipien einläßt, der hat nach einer treffenden Bemerkung *Hassemers* die Prinzipien schon an diesem Punkt der Überlegung aufgegeben;[34] umfassende Abwägbarkeit heißt umfassende Relativierbarkeit.[35] Mehr noch: Nicht nur hat die Gesamtabwägungsthese zur Folge, daß der Aufopferungspflicht im Notstand keine absoluten *Grenzen* gezogen werden können. Konsequent durchgeführt, könnte jene These die Zulässigkeit der Abwägung nicht einmal mehr an feste (d. h. einer Abwägung entzogene) *Voraussetzungen* binden: Entweder ein Umstand ist unter Notstandsgesichtspunkten irrelevant oder er gehört in die Abwägung hinein; *tertium non datur*. Ein zwingendes Argument gegen die herrschende Meinung stellt dieser Umstand freilich nur dann dar, wenn sich zeigen läßt, daß es aus übergeordneten systematischen Gründen *geboten* ist, die Herrschaft des Abwägungsgedankens zu limitieren. Dieser Nachweis läßt sich unschwer führen.

---

31 Gewöhnlich wird dieses Bedenken im Rahmen der Diskussion über die Bedeutung der Angemessenheitsklausel (§ 34 S. 2 StGB) erörtert (dazu unter E.III.2.). Diese Lozierung des Einwands ist zwar nicht falsch, sie wird dem Gewicht des Monitums aber nicht vollständig gerecht; denn wie sogleich gezeigt wird, stellt nicht nur die Frage nach den absoluten *Grenzen* der Abwägung, sondern auch diejenige nach ihren ebenfalls abwägungsfesten *Voraussetzungen* die Gesamtabwägungsthese vor ernsthafte systematische Probleme.

32 Exemplarisch *Roxin* AT 1 § 16 Rdn. 22: „Es lassen sich nur eine Reihe von Richtlinien für die Abwägung angeben. Keine von ihnen gilt absolut, sondern jede wird durch die anderen relativiert und ergänzt".

33 *Meißner* Interessenabwägungsformel, S. 213.

34 *Hassemer* FS Maihofer, S. 183 f.

35 *Renzikowski* Notstand, S. 42.

Bereits ein Blick auf die *positiv-rechtliche Regelung des § 34 StGB* zeigt, daß die herrschende Meinung die „Gesamtabwägungsthese" nicht konsequent durchhalten kann. Es dürfen schon deshalb nicht *alle* bewertungsrelevanten Umstände in die Abwägung nach § 34 S. 1 StGB eingestellt (und dadurch relativiert) werden, weil manche dieser „Umstände" zu eigenen Rechtfertigungsvoraussetzungen verselbständigt worden sind. So muß nach dem Wortlaut des § 34 S. 1 StGB dem Rechtsgut, zu dessen Rettung der Notstandseingriff dient, eine *gegenwärtige Gefahr* drohen. Nur sofern dies der Fall ist, darf die Notstandshandlung auf ihre Rechtmäßigkeit hin untersucht und darf auf die Interessenabwägungsklausel eingegangen werden. Obwohl die zeitliche Nähe der Gefahr ein Umstand ist, der die Gewichtigkeit des Eingriffsinteresses wesentlich mitbestimmt, ist die fehlende „Gegenwärtigkeit" nach dem insoweit eindeutigen Normtext des § 34 StGB einer Relativierung mittels „Abwägung" von vornherein entzogen: Was *Voraussetzung* dafür ist, in die Abwägung eintreten zu dürfen, kann nicht gleichzeitig *Gegenstand* dieser Abwägung sein. Eine Gefahr, die noch nicht gegenwärtig ist, darf selbst dann nicht per Notstand abgewendet werden, wenn es dazu nur eines geringfügigen Eingriffs in ein weitaus weniger wertvolles Rechtsgut bedürfte.

Die herrschende Meinung entzieht sich dieser Problematik, indem sie sie stillschweigend übergeht und die einzelnen Notstandsvoraussetzungen hintereinander weg behandelt, so als bestände zwischen dieser Art des Vorgehens und der „Gesamtabwägungsthese" keinerlei Konflikt. Daß sie dadurch die systematischen Bedenken gegen ihre Begriffsbildung nicht zerstreut, liegt auf der Hand. *Otto* hingegen bemerkt und erörtert das Problem. Da § 34 StGB durch die Beschränkung seines Anwendungsbereichs auf die Situation gegenwärtiger, nicht anders abwendbarer Gefahr der „notwendigen und sinnvollen Abwägung verschiedenrangiger Interessen im Rahmen des Rechtswidrigkeitsurteils zu enge Grenzen" setze, müsse in Situation, in denen aufgrund dieser Beschränkung die Anwendung des § 34 StGB nicht in Betracht komme, gegebenenfalls unmittelbar auf das „allgemeine Prinzip der Interessenabwägung zurückgegriffen werden"[36]. Diese Lösung ist die vor dem Hintergrund einer rigoros verstandenen Gesamtabwägungsthese einzig konsequente; sie löst indes den Regelcharakter von Rechtsnormen und das mit diesem Regelcharakter untrennbar verknüpfte klassisch-liberale Verständnis von subjektiven Rechten als „Trümpfen" gänzlich auf. Von daher ist es nicht verwunderlich, daß die herrschende Meinung die Strategie bevorzugt, den Bereich der (angeblichen) „Gesamtabwägung" stillschweigend zu limitieren; in Ermangelung einer material gehaltvollen Notstandstheorie ist sie aber nicht dazu in der Lage, die Not-

[36] *Otto* AT § 8 Rdn. 208.

wendigkeit oder gar den Inhalt der absoluten Voraussetzungen und Schranken notstandsbedingter Aufopferungspflichten überzeugend darzutun. Schon dadurch dementiert sie ihren Anspruch, eine *Theorie* des § 34 StGB zu liefern.[37]

Als Quintessenz dieser Ausführungen ist festzuhalten, daß „überwiegendes Interesse" als (angebliches) *allgemeines* – und damit auf die Notstandsnorm in ihrer Gesamtheit bezogenes – *Rechtfertigungsprinzip* und „überwiegendes Interesse" als *Normbestandteil des § 34 StGB* nicht gleichbedeutend sind.[38] Beide gleichsinnig zu interpretieren ginge nur dann an, wenn die Rechtfertigungsvoraussetzungen im Notstand sich in einer Interessenabwägung erschöpften. Dies ist jedoch nicht der Fall, wie soeben in Erinnerung gerufen wurde. Auch wer „überwiegendes Interesse" als allgemeines Rechtfertigungsprinzip pauschal im Sinn von „besserer Grund" versteht, muß deshalb dem „überwiegenden Interesse" als Normbestandteil von § 34 StGB eine *engere* Auslegung geben. Nur manche, nicht alle potentiell bewertungserheblichen Gesichtspunkte dürfen im Rahmen dieser Interessenabwägung herangezogen werden. Als Interpretation des positiven Rechts läßt sich die „Gesamtabwägungsthese" somit nicht aufrechterhalten.

Aber nicht nur der Blick auf die positiv-rechtliche Regelung des § 34 StGB, sondern auch und vor allem die Einbeziehung legitimationstheoretischer Überlegungen entzieht der „Gesamtabwägungsthese" der herrschenden Meinung die Basis. Die Eingriffsbefugnis in der Grundkonstellation des rechtfertigenden Notstands,

---

[37] Die vorstehenden Überlegungen entziehen auch, ja erst recht den Überlegungen *Seelmanns* zum Verhältnis des § 34 StGB und der sonstigen Rechtfertigungsgründe die Grundlage. *Seelmann* erklärt den § 34 StGB zunächst zur Kodifizierung eines allgemeinen „Wertungsprinzips" (*Seelmann* Verhältnis, S. 42) und gibt die in diesem Sinne verstandene Vorschrift sodann als *lex generalis* zu sämtlichen anderen Rechtfertigungsgründen (mit Ausnahme der Einwilligung) aus (*Seelmann* aaO S. 32 ff). Machte man Ernst mit der ersteren Behauptung *Seelmanns*, so müßte man dem § 34 StGB jeglichen subsumtionsfähigen Inhalt absprechen – die Bestimmung wäre ebenso formal und leer wie das Prinzip, das sie angeblich verkörpert (ähnlich *Peters* GA 1981, 456). Daß *Seelmann* aaO S. 68 für Situationen, die nicht durch spezielle Rechtfertigungsgründe geregelt sind (zu den Schwierigkeiten der diesbezüglichen Grenzziehung *Peters* aaO S. 463; grundsätzliche methodische Kritik bei *Thiel* Konkurrenz, S. 187ff), den unmittelbaren Rückgriff auf das von ihm in § 34 StGB hineingelesene Wertungsprinzip für zulässig hält, ist aus diesem Grund eine schon unter dem Gesichtspunkt der Normbestimmtheit höchst prekäre Annahme. Vor allem aber spricht gegen *Seelmanns* Auffassung der soeben hervorgehobene Umstand, daß sich die Rechtfertigungsvoraussetzungen in § 34 StGB nicht auf das Erfordernis einer Interessenabwägung beschränken (so auch *Thiel* aaO S. 93, 113, 174f und *Peters* aaO S. 454; äußerst mißverständlich demgegenüber *Seelmann* aaO S. 34). Deshalb kann die in § 34 S. 1 StGB enthaltene Interessenabwägungsformel nicht mit dem allgemeinen Interessenabwägungsprinzip identisch sein, das angeblich der Norm als ganzer zugrundeliegt. Die Annahme einer solchen Identität stellt indes die zentrale Voraussetzung der These *Seelmanns* vom *lex generalis*-Charakter des § 34 StGB dar.

[38] Zutreffend *Peters* GA 1981, 454.

dem sogenannten Aggressivnotstand, wo in den Rechtskreis eines (bislang) Unbeteiligten eingegriffen wird, beruht nach den Erörterungen des 1. Kapitels auf dem Gedanken einer quasi-institutionell fundierten Solidarität:[39] Der Notstandspflichtige muß es sich in einem gewissen Umfang gefallen lassen, daß das Wohl eines anderen (auch) als seine, des Pflichtigen, Angelegenheit behandelt wird. Aus diesem Grund darf die abstrakt-rechtliche Position des Eingriffsadressaten bei der Auflösung des Notstandskonflikt partiell aufgehoben *werden*. Entsprechend der bekannten Doppeldeutigkeit des Worts „aufheben" muß sie aber ihrer begrifflichen sowie inhaltlichen Substanz nach auch in dieser Situation aufgehoben (im Sinne von erhalten) *bleiben*. Dies schließt eine prinzipiell unbegrenzte Zwangssolidarisierung des Notstandspflichtigen mit dem Notleidenden kategorisch aus. Eine Position des abstrakten Rechts gestattet es ihrem Inhaber, für sich zu bleiben und sich von fremder Not nicht betreffen zu lassen.[40] Es hieße dieses Recht in *prinzipieller Weise* infrage zu stellen, wenn der Umfang der Aufopferungspflicht des Eingriffsadressaten *durchweg relativ* zu der für ihn fremden Interessenlage des Notleidenden bestimmt werden dürfte. Das abstrakt-rechtliche Primat der Unabhängigkeit würde in diesem Fall von dem Gedanken der prinzipiellen Disponibilität der Rechtsposition des Notstandspflichtigen verdrängt werden. Eine solche Konstruktion könnte nicht mehr für sich in Anspruch nehmen, das abstrakte Recht des Betroffenen seiner (begrifflichen und inhaltlichen) Substanz nach zu bewahren. In den folgenden Abschnitten wird diese Überlegung aufgegriffen und vertieft werden. Schon hier aber zeichnet sich ab, daß die Position der herrschenden Meinung, obschon sie konstruktiv durchführbar ist, Konsequenzen nach sich zieht, die weder unter positivrechtlicher noch unter legitimationstheoretischer Perspektive akzeptiert werden können. Es ist deshalb ausgeschlossen, die Vorschrift des § 34 StGB, in deren Regelungsbereich nach allgemeiner Ansicht *jedenfalls* der aggressive Notstand fällt, im Sinne der Gesamtabwägungsthese zu lesen. Damit fällt zugleich die Möglichkeit fort, jene Bestimmung als *lex generalis* aufzufassen, die sämtliche Erscheinungsformen des rechtfertigenden Notstands (und darüber hinaus gegebenenfalls auch noch die Notwehr als eine qualifizierte Form des Defensivnotstands) erfaßt. Wie § 34 S. 1 StGB richtigerweise interpretiert werden muß, wird im folgenden erörtert.

---

39 1. Kap. D.IV.

40 Vgl. oben Einl. B.

III. Die hiesige Auffassung: Getrennte Behandlung zuständigkeits- und rechtsgutsbezogener Bewertungsgesichtspunkte

Ist nach dem soeben Dargelegten die Konzentration aller Bewertungsgesichtspunkte auf der Stufe (b), der Bewertung und Gewichtung der einzelnen Interessen, nicht praktikabel, so bleibt nur die Möglichkeit, die Gesamtbewertung auf die Stufen (b) und (c) zu *verteilen.* Damit erhält die Bewertungsstufe (c) jene inhaltliche Eigenständigkeit, die die herrschende Meinung ihr verweigert: Sie ist nicht darauf beschränkt, das Ergebnis einer zuvor durchgeführten „Gesamtabwägung" gleichsam abzunicken, sondern in ihr werden die Ergebnisse der vorangegangenen Beurteilung anhand von bislang unverbrauchten Kriterien ein zweites Mal bewertet. Aus dieser Feststellung läßt sich allerdings weder eine Antwort auf die Frage ableiten, *welche Bewertungsgesichtspunkte* auf der Stufe (b) und welche auf der Stufe (c) angesiedelt werden sollen, noch läßt sich aus ihr deduzieren, wie die *einzelnen Notstandsvoraussetzungen* inhaltlich beschaffen sind. Der letzteren Problematik sind die folgenden Abschnitte dieser Arbeit gewidmet. Die Frage, wie die in Betracht kommenden Bewertungesichtspunkte ihren unterschiedlichen freiheitstheoretischen Funktionen entsprechend gegliedert und wie sie sodann auf die Bewertungsstufen (b) und (c) verteilt werden sollen, kann hingegen schon an dieser Stelle beantwortet werden.

Dabei ist an die im vorigen Kapitel entwickelte Deutung des rechtfertigenden Notstands anzuknüpfen. Der Notstandskonflikt stellt danach nicht primär eine Kollision zweier Rechtsgüter, sondern einen Widerstreit zwischen zwei im Prinzip gleichermaßen berechtigten Teilmomenten der Idee rechtlicher Freiheit dar. Bei der Freiheit, die das Strafrecht zum Gegenstand seiner Garantien macht, handelt es sich nämlich nicht um eine rein formale, sondern um eine inhaltlich bestimmte Kategorie: Das Recht ist seiner Idee nach eine Ordnung *konkret-realer* Freiheit. Wer real frei sein soll, der bedarf dazu eines gewissen *materiellen Substrats.* Als dieses materielle Substrat fungieren zunächst die rechtlich anerkannten *Individualrechtsgüter* einer Person; *Zaczyk* bezeichnet sie deshalb als „Daseinselemente der Freiheit"[41], und *Kindhäuser* würdigt sie als „Subsidien kommunikativer Autonomie"[42]. Die Verletzung von Individualrechtsgütern ist somit deshalb regelmäßig Unrecht, „weil sie die tatsächliche Grundlage eines Mindestmaßes an Freiheit schmälert"[43]. Nicht weniger bedeutsam als die Individualrechtsgüter sind die *Rechtsgüter der Allgemeinheit,* denn die abstrakt-rechtliche Freiheit einer Person vermag für diese nur

---

[41] *Zaczyk* Unrecht, S. 165.
[42] *Kindhäuser* ZStW 107 (1995) 728.
[43] *Stratenwerth* AT § 9 Rdn. 41.

dann einen *realen* Freiheitswert zu entfalten, wenn der Hintergrund ihrer „infrastrukturellen“ Ermöglichungsbedingungen einigermaßen intakt ist.[44] Generell gesprochen, ist es also ihre *freiheitsvermittelnde Funktion* – und nicht irgendeine Selbstzweckhaftigkeit –, welche die spezifische Dignität von Rechtsgütern begründet. Die Kehrseite von deren Vermittlungsfunktion ist ihre *Repräsentationsfunktion*. Indem seine Güter dem einzelnen unter dem Schutz des Rechts zuhanden sind, symbolisieren sie seinen Status als freie Rechtsperson. Deshalb ist es der durch die Gefährdung eigener Güter ausgelöste, die generellen Grenzen der eigenen Rechtssphäre überschreitende Zugriff auf fremde Rechtsgüter, in dem der notstandsrelevante Freiheitskonflikt sich äußerlich *manifestiert*.

Dementsprechend erfordert der rechtliche Umgang mit einer Notstandssituation ein Doppeltes. Zum einen geht es darum, den *Freiheitskonflikt als solchen* einer freiheitstheoretisch überzeugenden Lösung zuzuführen. Hier muß insbesondere festgestellt werden, wie schwer die den Konfliktbeteiligten drohenden Freiheitsbeeinträchtigungen mindestens sein müssen bzw. höchstens sein dürfen und wie innerhalb dieser Grenzen das Wertigkeitsverhältnis zwischen aufgeopferter und geretteter Freiheit beschaffen sein muß. Zum anderen müssen die einzelnen Eingriffsvoraussetzungen im Hinblick auf die faktisch kollidierenden *Rechtsgüter* operabel gemacht werden. Wenn man beispielsweise festgestellt hat, daß im Regelfall nur die Gefahr einer erheblichen Beeinträchtigung der Freiheitsinteressen des Notstandstäters diesen zum Eingriff in eine fremde Rechtssphäre berechtigt, so hat man damit noch nicht die weitere Frage beantwortet, unter welchen Voraussetzungen einem faktisch drohenden Güterverlust die *Bedeutung* einer solchen erheblichen Beeinträchtigung zugeschrieben werden kann. Außer den allgemeinen Eingriffsvoraussetzungen sind also auch noch die „Umrechnungskriterien“ zu ermitteln, anhand derer sich die Freiheitsrelevanz von Rechtsgutsbeeinträchtigungen ermitteln läßt.

Unterscheidet man die freiheitstheoretische Auflösung des Notstandskonflikts von der rechtsgüterbezogenen Umsetzung der betreffenden Versöhnungsformel, so hat dies auch Rückwirkungen auf die Frage, welche Beurteilungskriterien auf jeder dieser beiden Untersuchungsebenen jeweils herangezogen werden dürfen. Auf der *rechtsgüterbezogenen* Umsetzungsstufe ist nur Raum für Kriterien, die Auskunft darüber geben, wie hoch *in concreto* die Freiheitsbedeutung einer Rechtsgutsbedrohung (für den in Not Befindlichen) bzw. eines Rechtsgutsverlustes (für den Eingriffsadressaten) zu veranschlagen ist. Zu dieser Gruppe von Beurteilungsgesichtspunkten gehören insbesondere die in § 34 S. 1 StGB selbst genannten Umstände: die Wertigkeit der konfligierenden Rechtsgüter und das Ausmaß der ihnen drohenden

---

[44] Bezogen auf den Gesichtspunkt „Funktionsfähigkeit der Rechtsordnung“ betont dies zu Recht *Kelker* Nötigungsnotstand, S. 142.

Gefahren. Weitere rechtsgutsbezogene Faktoren sind insbesondere das Ausmaß der konkret drohenden Rechtsgutsverletzungen[45] und die Größe der Rettungschance.[46] Umgekehrt haben derartige Kriterien auf der die *Zuständigkeitsverteilung* regelnden Stufe der Untersuchung nichts zu suchen. Wie bereits dargelegt, geht es auf dieser Stufe darum zu klären, *wann* eine normativ relevante Notstandslage vorliegt und *wieviel* von ihrer Freiheit die Konfliktbeteiligten zu deren Bereinigung jeweils einsetzen müssen. Anders formuliert: Es muß dort ermittelt werden, in welchem Umfang jede der Konfliktparteien für die Bewältigung der Notlage *zuständig* ist. Zur Beantwortung dieser Frage sind Kriterien, die lediglich die „Umrechnung" eines Rechtsgutsverlustes in einen Freiheitsverlust ermöglichen sollen, prinzipiell ungeeignet. Wie bereits an früherer Stelle[47] erläutert wurde, kommt beispielsweise der Feststellung, daß der Verlust eines bestimmten Rechtsguts mich in *meinen* Freiheitsinteressen erheblich weniger nachhaltig beeinträchtigen würde als dies für meinen Kontrahenten im Hinblick auf den *ihm* drohenden Verlust der Fall wäre, als solcher keinerlei Bedeutung für die Legitimation einer etwaigen Aufopferungspflicht zu. Der Satz, daß ein wesentliches Überwiegen des Erhaltungsinteresses zur Rechtfertigung des betreffenden Eingriffs führen kann, muß unabhängig von der Bewertung der konkret involvierten Rechtsgüter eingeführt und begründet werden.

Die Trennung zwischen der Frage der *Zuständigkeitsverteilung* und derjenigen der *Rechtsgüterbewertung*, oder, wie man auch sagen kann, zwischen der *Begründung* und der *Anwendung* des Zulässigkeitsmaßstabs für den in Rede stehenden Notstandseingriff greift die am Beginn des vorliegenden Abschnitts eingeführte Unterscheidung zwischen der Bewertung der einzelnen Interessen und der Formulierung der Notstandsvoraussetzungen als solcher auf. Damit wird es möglich, beiden Bewertungsstufen jeweils eine Gruppe von Beurteilungsgesichtspunkten zuzuordnen: Die Bewertungsstufe (c) ist der Zuständigkeitsverteilung vorbehalten, die Bewertungsstufe (b) der Rechtsgüterbewertung.[48] Während die herrschende Meinung grundsätzlich keine Rücksicht darauf nimmt, von welcher Art die Argumente

---

45 LK-*Hirsch* § 34 Rdn. 63f; NK-*Neumann* § 34 Rdn. 79; SK-*Samson* § 34 Rdn. 42; Sch-Sch-*Lenckner/Perron* § 34 Rdn. 26; *Baumann/Weber/Mitsch* AT § 17 Rdn. 69; *Eser/Burkhardt* Strafrecht I, Fall 12 A 33; *Freund* AT § 3 Rdn. 65; *Gropp* AT § 6 Rdn. 130; *Jakobs* AT 13/26; *Jescheck/Weigend* AT § 33 IV 3 c; *Kühl* AT § 8 Rdn. 120f; *Roxin* AT 1 § 16 Rdn. 28.

46 LK-*Hirsch* § 34 Rdn. 66; NK-*Neumann* § 34 Rdn. 80; Sch-Sch-*Lenckner/Perron* § 34 Rdn. 29; *Gropp* AT § 6 Rdn. 130; *Jescheck/Weigend* AT § 33 IV 3 c; *Kühl* AT § 8 Rdn. 123ff.

47 1. Kap. B.III.1.

48 Um die Darstellung möglichst übersichtlich zu halten wird nachfolgend die Behandlung der Frage (c) derjenigen der Frage (b) vorangestellt. Ein Widerspruch zu der obigen, systematisch orientierten und mit dem Begriff des Interesses ihren Ausgang nehmenden Reihung liegt darin nicht.

sind, derer sie sich bei der Interessenabwägung bedient,[49] ist es nach der hier entwickelten Position ausgeschlossen, rechtsgutsbezogene Gesichtspunkte einerseits und zuständigkeitsbezogene Gesichtspunkte andererseits im Sinne des § 34 S. 1 StGB gegeneinander „abzuwägen“[50]: Die zuständigkeitsbezogenen Gesichtpunkte, welche den *Eingriffsmaßstab* festlegen, dürfen bei der *Subsumtion* unter diesen Maßstab nicht nochmals verwendet werden.[51] Beispielsweise ist das „Interesse der Allgemeinheit an der Ordnungs- und Friedensfunktion des Rechts“[52] bereits bei der Entscheidung über die grundsätzliche Zulassung eines rechtfertigenden Notstands berücksichtigt worden. Das Institut des rechtfertigenden Notstands als solches ist eine Entscheidung gegen ein einseitig abstrakt-rechtliches Rechtsverständnis[53] und begründet, so gesehen, eine „begrenzte Ausnahme des Rechts von sich selbst“[54]. Dann kann dieser Gesichtspunkt nicht auch noch als ein im Rahmen des § 34 S. 1 StGB abzuwägendes Interesse anerkannt werden.[55] Gleiches gilt für den Aspekt der sogenannten „Autonomie“ des Eingriffsadressaten. Auch dieses Moment hat schon in der Formulierung der Eingriffsvoraussetzungen seinen Niederschlag gefunden; in die Interessenabwägung gehört es nicht (mehr) hinein.[56] Schließlich können die „Verschuldung“ der Notstandslage durch den Gefährdeten oder die berufliche Sonderpflicht eines der Konfliktbeteiligten zwar die Eingriffsvoraussetzungen im

---

[49] Dies ist eine Konsequenz der „Gesamtabwägungsthese“; prägnant dazu *Meißner* Interessenabwägungsformel, S. 40, 175.

[50] Ebenso *Renzikowski* Notstand und Notwehr, S. 47 f; *Lugert* Gefahrtragungspflichtige, S. 35, 80; *Eue* JZ 1990, 767.

[51] *Jakobs* differenziert: Innerhalb des aggressiven Notstands werde das Gut dessen, der es mutwillig in Gefahr gebracht habe, mit einem geringeren als dem vollen Wert angesetzt. Im defensiven Notstand bleibe hingegen das Interessengewicht unangetastet, aber die Anforderungen an den Nutzensaldo würden geändert (*Jakobs* Befreiung, S. 164 f). Im Ergebnis unterscheidet diese Position sich von der hier vertretenen nicht. Sie macht allerdings eine einheitliche – nämlich konsequent auf rechtsgutsbezogene Gesichtspunkte beschränkte – Interpretation der Interessenabwägungsklausel unmöglich und läuft insofern „ohne Not“ dem Bestreben nach einer systematisch wie terminologisch geschlossenen Behandlung des Komplexes der Notrechte zuwider.

[52] Sch-Sch-*Lenckner/Perron* § 34 Rdn. 22.

[53] *Meißner* Interessenabwägungsformel, S. 227.

[54] *Küper* Staat, 121.

[55] Ebenso NK-*Neumann* § 34 Rdn. 66; *Küper* Pflichtenkollision, S. 93 Fn. 221; *Renzikowski* Notstand, S. 61, 73; *Böse* ZStW 113 (2001) 59 Fn. 109; *Hruschka* JuS 1979, 390 Fn. 17. – A. A. Sch-Sch-*Lenckner/Perron* § 34 Rdn. 22, 40; *Blei* AT, S. 150f; *ders.* PdW AT, S. 101 f; *Jakobs* AT 13/21; *Maurach/Zipf* AT 1 § 27 Rdn. 23; *Krey* Rechtsprobleme Rdn. 589; *Reichert-Hammer* Fernziele, S. 204; *Lenckner* GA 1985, 300, 312; *Rudolphi* GS Armin Kaufmann, S. 395f.

[56] NK-*Neumann* § 34 Rdn. 21, 66; *Meißner* Interessenabwägungsformel, S. 254; *Renzikowski* aaO S. 61. – A. A. LK-*Hirsch* § 34 Rdn. 68; Sch-Sch-*Lenckner/Perron* § 34 Rdn. 38; *Roxin* AT 1 § 14 Rdn. 41; *Stratenwerth* AT § 9 Rdn. 47, 105, 108; *Krey* aaO Rdn. 588; *Lenckner* Notstand, S. 112 f, 127f.

Notstand zu seinen Ungunsten verschieben oder (im Fall von institutionell begründeten Gefahrtragungspflichten) sogar die Anwendbarkeit der Notstandsregelung ausschließen.[57] Es wäre indes Ausdruck einer bedenklichen systematischen Konfusion, diese Maßstabsverschiebung als Ergebnis einer „Abwägung" der genannten Faktoren mit den auf beiden Seiten jeweils auf dem Spiel stehenden Rechtsgütern auszugeben.[58] Das Gewicht der Rechtsgüter kommt vielmehr erst dann zum Tragen, wenn es darum geht, den Beurteilungsmaßstab *anzuwenden*, der zuvor als der gegebenen Zuständigkeitsverteilung angemessen *identifiziert* worden ist.[59]

---

[57] Dazu im einzelnen unter F.II., III.2.

[58] Anders die herrschende Meinung (für die *beruflichen Sonderpflichten*: *Lackner/Kühl* § 34 Rdn. 6; LK-*Hirsch* § 34 Rdn. 67; SK-*Günther* § 34 Rdn. 46; SK-*Samson* § 34 Rdn. 46; Sch-Sch-*Lenckner/Perron* § 34 Rdn. 34; *Blei* AT, S. 152; *Bockelmann/Volk* AT, S. 100; *Eser/Burkhardt* Strafrecht I, Fall 12 A 33; *Freund* AT § 3 Rdn. 65; *Gropp* AT § 6 Rdn. 134; *Haft* AT, S. 98; *Jakobs* AT 13/28; *Kühl* AT § 8 Rdn. 147ff; *Roxin* AT 1 § 16 Rdn. 56f; *Wessels/Beulke* AT Rdn. 311; *Delonge* Interessenabwägung, S. 97, 114f; *Janker* Aids-Tests, S. 173, 176f; *Keller* Provokation, S. 310; *Krey* Rechtsprobleme, Rdn. 575; *ders.* Jura 1979, 320; *Küper* Pflichtenkollision, S. 106f; *ders.* JZ 1980, 755f; *Bergmann* JuS 1989, 111; *Lenckner* GA 1985, 311; *Weber* Jura 1984, 371f; für die *verschuldete Notstandslage*: KK-*Rengier* § 16 OWiG Rdn. 54; *Lackner/Kühl* § 34 Rdn. 2; LK-*Hirsch* § 34 Rdn. 70; NK-*Neumann* § 34 Rdn. 95; SK-*Günther* aaO; *Baumann/Weber/Mitsch* AT § 17 Rdn. 75, 79; *Blei* aaO; *Bockelmann/Volk* aaO; *Eser/Burkhardt* aaO Rdn. 34; *Freund* aaO; *Gropp* aaO Rdn. 140; *Jakobs* aaO Rdn. 27; *Jescheck/Weigend* AT § 33 IV 3c; *Kindhäuser* AT, S. 292f; *Kühl* aaO Rdn. 61, 142; *Otto* AT § 8 Rdn. 174; *Roxin* aaO Rdn. 51ff; *Wessels/Beulke* aaO Rdn. 312; *Kiefner* Provokation, S. 107; *Küper* Notstand, S. 25ff, 161ff; *Onagi* Notstandsregelung, S. 120ff; *Dencker* JuS 1979, 780f; *Küpper* JuS 1990, 188; *Luzón* JRE 2 (1994) 355; *Rudolphi* GS Armin Kaufmann, S. 396).

[59] Wenig konsistent ist die Position *Neumanns*. Er betont einerseits zu Recht, daß das Autonomieprinzip *als solches* nicht in die Abwägung eingehen dürfe (NK-*Neumann* § 34 Rdn. 66). Andererseits will er aber die Verschuldung der Notstandslage sehr wohl in die Abwägung einstellen (Nachweis in der vorigen Fn.), obgleich es sich bei diesem Gesichtspunkt um eine spezielle Ausprägung des Selbstverantwortungsgedankens und damit um einen Unterfall des Autonomieprinzips handelt. – Vereinzelt werden die beruflichen Gefahrtragungspflichten und das Vorverschulden des Gefährdeten unter dem Gesichtspunkt der Angemessenheit erörtert (für das Vorverschulden: *Tröndle/Fischer* § 34 Rdn. 15; *Kienapfel* ÖJZ 1975, 427; *ders.* JR 1977, 28; für die beruflichen Gefahrtragungspflichten: Begründung E 1962, S. 159; NK-*Neumann* § 34 Rdn. 100; *ders.* JRE 2 [1994] 87; *Tröndle/Fischer* § 34 Rdn. 13 f; *Ebert* AT, S. 85; *Jescheck/Weigend* AT § 33 IV 3 d; *Maurach/Zipf* AT 1 § 27 Rdn. 35, 39f; *Lee* Interessenabwägung, S. 107f). Damit werden diese Faktoren zwar zu Recht der Interessenabwägungsklausel des § 34 S. 1 StGB entzogen. Dennoch kann ihre Lozierung unter § 34 S. 2 StGB nicht voll überzeugen. Erstens werden damit der Angemessenheitsklausel, die in ihrer Interpretation durch die herrschende Meinung ohnehin ein „Sammelbecken" unterschiedlichster Gesichtspunkte darstellt (dazu näher unter E.III.2.), zwei weitere heterogene Elemente hinzugefügt. Zweitens erlaubt die Angemessenheitsklausel lediglich „Ja/Nein"-Entscheidungen. Der Gesichtspunkt des Vorverschuldens führt hingegen zumeist nur zu einer Einschränkung, nicht zum Wegfall der Notstandsbefugnis (so auch NK-*Neumann* § 34 Rdn. 95). Gleiches gilt für jene beruflichen Gefahrtragungspflichten, die im abstrakten Recht verwurzelt sind (dazu näher unter F.II.). *Kein* zwingendes Argument gegen diese Lösung stellt allerdings der Hin-

Eine Vermischung dieser Erörterungsebenen im Namen einer undifferenzierten „Gesamtabwägung" verbietet sich umso mehr, als die Maßstabsverschiebung, die das Eingreifen zuständigkeitsbeeinflussender Faktoren nach sich zieht, häufig nicht auf die *Relation* zwischen den beteiligten Interessen beschränkt ist, sondern sich auch auf die *absoluten* Voraussetzungen und Grenzen der Notstandsrechtfertigung – das erforderliche Mindestgewicht der notstandsbegründenden Notlage und die Größe des allenfalls zu fordernden Freiheitsopfers – auswirkt. Mit einem Wort: Die Maßstabsverschiebung in diesen Fällen bezieht sich (jedenfalls potentiell) auf die *Notstandsnorm als ganze*. Deshalb kommt es in erster Linie darauf an zu ermitteln, wie im konkreten Fall die Zuständigkeiten zwischen den Konfliktbeteiligten verteilt und welche Rechtfertigungsvoraussetzungen demnach einschlägig sind. Um eine „Abwägung", so wie § 34 S. 1 StGB sie meint, kann es hingegen erst gehen, *nachdem* die einschlägige Norm formuliert, *nachdem* also festgestellt worden ist, welche absoluten Grenzen der Abwägung gezogen sind und welche Relation zwischen geschütztem und beeinträchtigtem Interesse *in concreto* gegeben sein muß, um den in Rede stehenden Eingriffsakt als rechtmäßig qualfizieren zu können. Zur Durchführung der Abwägung stehen dann freilich nur mehr jene Gesichtspunkte zur Verfügung, die nicht bereits im Zuge der Normformulierung „verbraucht" wurden und die vorstehend als „rechtsgutsbezogen" gekennzeichnet worden sind.[60]

---

weis *Küpers* dar, auf diese Weise könne allenfalls begründet werden, daß dem sonderpflichtigen *Gefährdeten* nur eingeschränkte Notstandsbefugnisse zustünden; die erhöhte Duldungspflicht des sonderpflichtigen *Eingriffsadressaten* lasse sich mithilfe der Restriktionsklausel des § 34 S. 2 StGB hingegen nicht erfassen (für den Gesichtspunkt des „Vorverschuldens": *Küper* Notstand, S. 34f; für die beruflichen Gefahrtragungspflichten: *ders.* Pflichtenkollision, S. 106 Fn. 258; *ders.* JZ 1980, 756). Das „Vorverschulden" des Eingriffsadressaten führt zu dem eigenständigen Rechtfertigungsgrund des Defensivnotstands. Auch wenn der Eingriffsadressat seine berufliche Pflicht zur Gefahrtragung nicht erfüllt, beantwortet sich die Frage nach den ihm gegenüber zulässigen Notrechten nicht nach Maßgabe des § 34 StGB: Bleibt er (garanten-)pflichtwidrig untätig (zur Garantenstellung speziell von Amtsträgern *Verf.* ZStW 111 [1999] 335ff), so begeht er bei entsprechender zeitlicher Zuspitzung einen Angriff durch Unterlassen; er darf dann sogar mit den Mitteln des § 32 StGB zur Erfüllung seiner Pflichten angehalten bzw. so gestellt werden, wie er bei ordnungsgemäßer Erfüllung seiner Pflichten stehen würde. (Beispiel für letzteres: Wenn die Pflicht des Polizisten P darin bestünde, sich in die Schußbahn eines auf den Bürger B abgefeuerten Schusses zu werfen, so darf P notfalls auch hineingestoßen werden.)

60 Ebenso *Lugert* Gefahrtragungspflichtige, S. 80; *Renzikowski* Notstand, S. 74. – Für eine strikte Trennung zwischen „teleologischen" (= auf den Wert der kollidierenden Rechtsgüter bezogenen) und „deontologischen" Bewertungsprinzipien tritt auch *Meißner* Interessenabwägungsformel, S. 173ff ein. Jedoch faßt er den Kreis der zuständigkeitsrelevanten Faktoren zu eng, indem er aufgrund seines „utilitaristischen" Notstandsverständnisses manchen „deontologischen" Kriterien (etwa der Verschuldung der Notstandslage) jede Notstandsrelevanz abspricht (S. 250ff). Andere zuständigkeitsbeeinflussende Faktoren (z. B. besondere berufliche Gefahrtragungspflichten) berücksichtigt er zwar, aber nur im Rahmen der Ab-

Wie nunmehr deutlich wird, empfiehlt sich die unter A. eingeführte Trennung zwischen der „Grundsituation" des rechtfertigenden Notstands – der Konstellation des „reinen" Aggressivnotstands – und den „Sonderlagen" dieses Rechtsinstituts, in denen die Zuständigkeitsverteilung zwischen den Konfliktparteien komplexer beschaffen ist, nicht lediglich aus Darstellungsrücksichten. Sie hat vielmehr ihre Wurzel in der Unterscheidung von rechtsguts- und zuständigkeitsbezogenen Beurteilungsgesichtspunkten. Das Eingreifen zuständigkeitsmodifizierender Gesichtspunkte bewirkt eine Veränderung der Voraussetzungen, unter denen ein Notstandseingriff zulässig ist. Entgegen der herrschenden Meinung, die sämtliche Notstandsfälle unter *eine* Notstandsnorm – die Bestimmung des § 34 StGB – subsumiert, wird in den „Sonderlagen" des rechtfertigenden Notstands also nicht eine identisch bleibende Norm auf verschiedenartige Situationen *angewendet*; es verändert sich vielmehr die Notstandsnorm als solche. Es gibt mithin nicht eine einzige – „die" – Regelung über den rechtfertigenden Notstand, sondern, entsprechend ihren je unterschiedlichen Eingriffsvoraussetzungen, eine ganze Palette von Notstandsnormen; die Komplexität des Freiheitskonflikts verweigert sich einer einheitlichen Lösungsformel.[61] Infolge der außerordentlich vagen Vorgaben im Wortlaut des § 34 S. 1 StGB können zwar auch zahlreiche jener anderweitigen Notstandsnormen unter dem Dach dieses Paragraphen untergebracht werden. An ihrer materiellen Eigenständigkeit ändert dieser Umstand aber nichts.[62]

---

wägung (S. 245ff). Dies ist doppelt bedenklich: zum einen wegen der darin liegenden Fehllozierung eines genuin „deontologischen" Moments; zum anderen deshalb, weil trotz der Bemühungen *Meißners* nicht klar wird, worin der *grundsätzliche* systematische Unterschied zwischen einer berufsbedingten und einer ingerenzbegründeten Gefahrtragungspflicht liegen soll. – Ähnliches gilt für *Delonge*. Dieser betont ebenfalls, die dem § 34 StGB zugrundeliegende Interessenabwägung sei die Abwägung der widerstreitenden Rechtsgüter (Interessenabwägung, S. 95). Statt aber konsequent zwischen zuständigkeits- und rechtsgutsbezogenen Bewertungsfaktoren und -stufen zu trennen, sucht *Delonge* der Eigenverantwortlichkeit („Autonomie") beider Konfliktparteien mithilfe eines diffusen „Sphären-Rechtsguts" Rechnung zu tragen, das in die Abwägung einzubeziehen sei (S. 136ff, 141ff, 154ff). Auch die besonderen Gefahrtragungspflichten begreift er als die „Formulierung eines zusätzlichen Einzelinteresses, nämlich des allgemein geteilten Interesses an der Effektivität und Verläßlichkeit von staatlichen Hilfsorganisationen" (S. 97). Damit nähert er sich in wichtigen Teilbereichen der von ihm ursprünglich (S. 85 ff) kritisierten herrschenden Meinung wieder weitgehend an.

61 Aus diesem Grund standen bekanntlich eine Reihe namhafter Autoren einer Kodifizierung des sogenannten „überpositiven Notstands" außerordentlich kritisch gegenüber; exemplarisch *Gallas* ZStW 80 (1968) 23f. – Weitere Nachweise bei *Lenckner* Notstand, S. 204ff.

62 Umgekehrt muß ein und derselben Zuständigkeitsverteilung eine einheitliche Fassung der Eingriffsvoraussetzungen korrespondieren. Deshalb muß die Aggressivnotstandsvorschrift des § 904 BGB entsprechend den für die Grundsituation des rechtfertigenden Notstands geltenden Vorgaben ausgelegt werden (so auch NK-*Neumann* § 34 Rdn. 123; *Hruschka* AT, S. 116; *ders.* JuS 1979, 390; *Jakobs* AT 11/17, 13/6; *Kindhäuser* AT, S. 295; *Köhler* AT, S. 287; *Schmidhäuser* AT 9/64, 79; *Hellmann* Anwendbarkeit, S. 164; *Küper* Notstand, S. 106f.

Die Ausfüllung des flexiblen Rahmens von § 34 StGB – und erst recht seine in manchen Fällen notwendige Überschreitung – richtet sich aus diesem Grund nach wie vor weitgehend nach „übergesetzlichen“ Maßstäben. Methodisch ist dies unbedenklich, denn eine Exklusivwirkung in dem Sinne, daß Notstandstaten *allein* dann nicht rechtswidrig seien, wenn die Voraussetzungen eines der kodifizierten Rechtfertigungsgründe vorliegen, besteht nicht.[63] Indem der Gesetzgeber die Grundsituation des rechtfertigenden Notstands, den Aggressivnotstand, und zudem (zumindest ausschnitthaft) auch den Defensivnotstand regelte, hat er getan, was von ihm erwartet werden durfte.[64] Für die Vielzahl der abweichenden Notstandskonstellationen hat die Dogmatik die Rechtfertigung *praeter legem* aus ergänzenden „überpositiven“ Erwägungen heraus zu begründen.[65] Die inhaltliche Ausgestaltung dieser nicht-kodifizierten Notstandsnormen steht nicht etwa im „rechtspolitischen“ Belieben des jeweils Entscheidenden; sie muß vielmehr bei jenen zuständigkeits-

---

Fn. 357; *ders.* JZ 1976, 517 Fn. 20; *Lugert* Gefahrtragungspflichtige, S. 32; *Renzikowski* Notstand, S. 244; *Hruschka* JuS 1979, 390; zurückhaltender LK-*Hirsch* § 34 Rdn. 82: Die Wertungen, die in § 34 StGB ihren Ausdruck gefunden hätten, seien auch bei der Auslegung des § 904 BGB „zu beachten“; ähnlich Sch-Sch-*Lenckner/Perron* § 34 Rdn. 6; *Roxin* AT 1 § 14 Rdn. 48f, § 16 Rdn. 96; *Lenckner* Notstand, S. 153). Beispielsweise limitiert der Vorrang staatlicher Verfahren zur Notbekämpfung – verbreitet in § 34 S. 2 StGB loziert – auch den Anwendungsbereich des § 904 BGB. Gleiches gilt für die Eingriffsschwelle und die Aufopferungsgrenzen im rechtfertigenden Notstand. (Die Anwendbarkeit der Angemessenheitsklausel auf § 904 BGB bejahen auch NK-*Neumann* aaO; *Jakobs* AT 13/6 Fn. 17; *Jescheck/Weigend* AT § 33 III 3; *Stratenwerth* AT § 9 Rdn. 95; kritisch LK-*Hirsch* § 34 Rdn. 82; ablehnend StK-*Joecks* § 34 Rdn. 9.) – Gegen die generelle Harmonisierung beider Vorschriften *Tröndle/Fischer* § 34 Rdn. 23; *Jescheck/Weigend* AT § 31 VI 2 Fn. 43; *Stratenwerth* AT § 9 Rdn. 95 [vgl. allerdings auch Rdn. 108]; *Thiel* Konkurrenz, S. 150ff, 225; *Warda* FS Maurach, S. 161). *Thiel* aaO S. 151 begründet dies damit, daß die Abwägung nach § 34 S. 1 StGB sämtliche Umstände des Einzelfalls berücksichtigen müsse, während im Rahmen des § 904 BGB ein bloßer Wertvergleich der betroffenen Rechtsgüter genüge. Diese Ausgangsthese gibt *Thiel* bei der Behandlung problematischer Einzelfälle jedoch stillschweigend preis. So verneint er die Rechtfertigung des mittellosen Kranken, der einem Dritten Geld stiehlt, um die rettende Reise in den Süden antreten zu können; die Behebung einer solchen Notlage sei eine öffentliche Aufgabe (S. 154). Ebensowenig sei das Handeln der Dame im Pelzmantel, die einer einfach gekleideten Frau bei einsetzendem Platzregen den Schirm entreißt, nach § 904 BGB zu rechtfertigen: Es würde einen unerträglichen Eingriff in die Autonomie der einfach gekleideten Frau bedeuten, müßte sie ihren Schirm preisgeben (S. 219). Was derartige Erwägungen noch mit einem „bloßen Wertvergleich des betroffenen Rechtsgüter“ zu tun haben, verrät der Autor nicht.

[63] Zutreffend *Küper* JZ 1983, 91. – A. A. *Haft* AT, S. 91: Heute sei angesichts des § 34 StGB für einen übergesetzlichen Notstand kein Raum mehr.

[64] Höhere Ansprüche stellt LK-*Hirsch* § 34 Rdn. 81 an den Gesetzgeber: Die teilweise generalklauselhafte Fassung des rechtfertigenden Notstands könne nur ein Durchgangsstadium auf dem Weg zu schärferer gesetzlicher Vertypung seiner verschiedenen Erscheinungsformen sein.

[65] *Küper* JZ 1983, 91.

bezogenen Erwägungen ansetzen, die in der Einleitung zu dieser Arbeit sowie im Schlußabschnitt ihres 1. Kapitels angestellt worden sind. Deshalb bedeutet das hiesige Verfahren zwar einen „Schritt über das *Gesetz* hinaus, aber nicht über das *Recht* hinaus" – ein Schritt, der nach dem Urteil *Eberhard Schmidts* bei der Behandlung von Notstandskonflikten ohnehin nicht zu vermeiden ist.[66] Freilich läßt sich auch auf diesem Weg die Lösung von Notstandskonflikten nicht gleichsam mathematisieren. Eine Formulierung, die eine sichere Subsumtion erlaubt, läßt sich hier schlechterdings nicht erreichen.[67] Wohl aber erlaubt es die vorliegend vorgeschlagene Art und Weise des Vorgehens, den Bereich unvermeidlicher Grauzonen nicht durch innersystematische Konfusionen noch weiter zu vergrößern. Zusammenfassend läßt sich also feststellen: Zwischen den Grund- und den Sonderfällen des rechtfertigenden Notstands besteht keine qualitative, sondern lediglich eine graduelle Differenz. Was sie zusammenhält und die systematische Einheit des Regelungskomplexes „rechtfertigender Notstand" gewährleistet, ist ihre Verwurzelung in einem legitimationstheoretisch einheitlich fundierten und axiologisch geschlossenen System der allgemeinen Begründungsfiguren strafrechtlicher Zuständigkeit mit dem Begriff einer quasi-institutionell fundierten Solidarität als Kristallisationspunkt.

Ihre gemeinsame Zentrierung im Solidaritätsgedanken *begründet* freilich nicht nur die Einheit der verschiedenen Notstandsnormen; sie *begrenzt* zugleich auch den Bereich der Fälle, die legitimerweise dem Institut des rechtfertigenden Notstands zugerechnet werden können. Will man an einem materiell gehaltvollen und dogmatisch leistungsfähigen Begriff des rechtfertigenden Notstands festhalten, so muß man insbesondere anerkennen, daß der sogenannte Defensivnotstand keine echte Notstandskonstellation darstellt. Die Eingriffsbefugnis im Defensivnotstand wird zwar durch Solidaritätsrücksichten limitiert; ihre systematische Wurzel findet sie aber nicht im Gedanken der Solidarität.[68] Nach der konzisen Darstellung *Leschs* handelt es sich beim defensiven Notstand vielmehr um eine „kleine Notwehr": Hier wie dort gehe es um die Verteidigung des Rechts gegenüber dem Unrecht – beim Defensivnotstand lediglich mit der Maßgabe, daß das abzuwehrende Unrecht nicht das Unrecht einer gleichen, vernünftigen Person, sondern bloß ein objektives Erfolgsunrecht darstelle, für welches der „Angreifer" nur aufgrund seiner Herrschaft über einen Organisationskreis zuständig sei.[69] Der Defensivnotstand teilt deshalb mit dem Aggressivnotstand und dessen Modifizierungen zwar den „Familien-

---

[66] *Schmidt* Ndschr Bd. 12, 174.
[67] Ebenso, stellvertretend für viele, *Stree* JuS 1973, 463.
[68] Näher dazu unter F.III.3.d).
[69] *Lesch* Notwehrrecht, S. 48 f.

namen", nicht aber die systematische Basis.[70] Aus diesem Grund werden die Fälle des defensiven Notstands in der vorliegenden Arbeit weniger detailliert als diejenigen des aggressiven Notstands behandelt.[71]

---

[70] Im wesentlichen wie hier NK-*Neumann* § 34 Rdn. 86ff. – Nicht zuzustimmen ist demgegenüber jenen Autoren, die § 228 BGB als (bloße) *lex specialis* zu § 34 StGB verstehen (KK-*Rengier* § 16 OWiG Rdn. 64; LK-*Hirsch* § 34 Rdn. 72, 82, 87; SK-*Günther* Vor § 32 Rdn. 51f, § 34 Rdn. 57; Sch-Sch-*Lenckner/Perron* § 34 Rdn. 6, 16; *Baumann/Weber/Mitsch* AT § 17 Rdn. 85f; *Freund* AT § 3 Rdn. 70, 74; *Gropp* AT § 6 Rdn. 123; *Hoyer* AT 1, S. 79; *Kindhäuser* AT, S. 285; *Kühl*, AT § 9 Rdn. 13). Erst recht gilt der Befund systematischer Verschiedenheit für das Verhältnis zwischen dem Notstand und der „echten", in § 32 StGB kodifizierten Notwehr. Abzulehnen ist deshalb auch die Auffassung, die die Notwehr statt als *aliud* als *lex specialis* gegenüber § 34 StGB ansieht (Nachweise oben Fn. 19; wie hier LK-*Hirsch* § 34 Rdn. 86, 93; NK-*Neumann* § 34 Rdn. 13; *Haas* Notwehr, S. 345f; *Kiefner* Provokation, S. 66; *Renzikowski* Notstand, S. 321f; *Thiel* Konkurrenz, S. 100f). Beide Normen haben jeweils eigenständige Anwendungsbereiche, die sich nur gelegentlich überschneiden, stehen also im Verhältnis der *Interferenz* zueinander (*Gropengießer* Jura 2000, 265). Der im Sinne des § 32 StGB Angreifende darf freilich der Verteidigung, die der Angegriffene in rechtmäßiger Ausübung seines Notwehrrechts unternimmt, nicht seinerseits unter Berufung auf rechtfertigenden Notstand entgegentreten (NK-*Neumann* § 34 Rdn. 13; *Thiel* Konkurrenz, S. 194; *Gropengießer* aaO). Hat er durch sein Vorverhalten die Situation als eine solche der Notwehr definiert, so muß er sich an dieser Definition (und der mit ihr einhergehenden weitgehenden Zurücknahme seiner Solidaritätsansprüche) festhalten lassen. Nur wer Kontinuitätserwartungen einlöst, kann Person sein; ebensowenig wie vor seinem „kooperativen" darf der einzelne sich aus einem „destruktiven" Vorverhalten davonstehlen (näher dazu unter F.III.3.).

[71] Die abstrakt-rechtliche (Mit-)Zuständigkeit des Eingriffsadressaten kann von unterschiedlichem Gewicht sein. Zwischen der Konstellation seiner gänzlich fehlenden (Mit-)Zuständigkeit – der „Grundsituation" des Aggressivnotstands – und dem Fall seiner abstrakt-rechtlichen Vollzuständigkeit – der „idealtypischen" Notwehrsituation – gibt es eine Reihe von Abstufungen (näher dazu unter F.III.3.c). *Hruschka* hat sehr früh angedeutet, daß das Begriffspaar „Aggressiv- und Defensivnotstand" das Spektrum möglicher Notrechte „diesseits" der Notwehr nicht hinlänglich erfasse. So könne der axiologisch gebotenen Erweiterung der (in *Hruschkas* Terminologie:) Obhutsduldungspflichten bei engen Beziehungen zwischen den Beteiligten gesetzessystematisch nur durch die Annahme Rechnung getragen werden, daß § 34 StGB für Obhutsgaranten von vornherein nicht gelte (*Hruschka* JuS 1979, 392). Hruschkas Schüler *Lugert*, Gefahrtragungspflichtige, passim und *Eue* JZ 1990, 767 haben die einschlägigen Fallkonstellationen später einer genaueren Analyse unterzogen (dazu näher unter F.II.). Damit erledigt sich das Bedenken der herrschenden Meinung, wer lediglich die beiden Grundmodelle des Aggressiv- und des Defensivnotstands, kodifiziert in § 34 StGB und § 228 BGB, zur Verfügung habe, der müsse in zahlreichen „Zwischenkonstellationen" einen unakzeptabel großen Verlust an Einzelfallgerechtigkeit in Kauf nehmen (*Roxin* AT 1 § 16 Rdn. 67; *ders.* FS Jescheck, Bd. 1, S. 466ff; *ders.* FS Oehler, S. 190; ihm folgend *Otte* Defensivnotstand, S. 97ff; ebenso *Thiel* Konkurrenz, S. 99). Dies trifft zwar zu; jedoch folgt daraus nicht, daß nur eine umfassende Abwägung aller jeweils relevanten Umstände flexibel genug sei, um der Verschiedenartigkeit der denkbaren Notstandskonstellationen angemessen Rechnung zu tragen. Angesichts des mittlerweile erreichten Standes der Lehre von der objektiven Zurechnung ist die Strafrechtsdogmatik durchaus dazu in der Lage, durch die Modifizierung der einzelnen Rechtfertigungsvoraussetzungen die in Rede stehenden Zwischenkonstellationen systematisch befriedigenden Lösungen zuzuführen (so auch *Lugert* Gefahrtragungspflichtige, S. 36).

C. Die Grundsituation des rechtfertigenden Notstands (1): Gefahr für ein Rechtsgut von erheblichem Freiheitswert

I. Überblick

Die Eingriffsvoraussetzungen im rechtfertigenden Notstand lassen sich zu drei Gruppen zusammenfassen:

(a) Es muß die gegenwärtige Gefahr eines erheblichen Freiheitsverlusts bestehen.

(b) Der Handelnde muß zur eigenmächtigen Gefahrbekämpfung grundsätzlich befugt sein.

(c) Er darf die Grenzen seines Eingriffsrechts nicht überschreiten.

Dem ersten dieser Punkte gelten die Ausführungen des vorliegenden Abschnitts; die weiteren Eingriffsvoraussetzungen werden in den Abschnitten D. und E. erörtert. Unter II. wird dargelegt, weshalb eine Notstandsrechtfertigung nicht schon dann in Betracht kommt, wenn irgendein Schaden sich abzeichnet, sondern erst dann, wenn ein *Rechtsgut von erheblichem Freiheitswert* verlorenzugehen droht. Gegenstand der Ausführungen unter III. ist die Frage, wann von der *gegenwärtigen Gefahr* eines solchen Schadens gesprochen werden kann.

II. Erheblichkeit des drohenden Schadens

1. Überblick

Die These, daß eine Notstandstat nur dann gerechtfertigt werden kann, wenn sie auf die Gefahr eines erheblichen Freiheitsverlusts reagiert, mag angesichts des Wortlauts von § 34 S. 1 StGB, der eine solche Qualifizierung nicht vorsieht, auf den ersten Blick überraschend erscheinen. Ein Blick auf die Dogmengeschichte (unter 2.) zeigt jedoch, daß damit lediglich eine Position wiederaufgegriffen wird, die in der älteren Notstandsdogmatik weit verbreitet war. Heutzutage wird der „Schwellenwert" freilich zumeist niedriger angesetzt. Auf die heute herrschende Meinung wird unter 3. eingegangen. Die vereinzelt vertretenen abweichenden Positionen werden unter 4. erörtert. Auf der Basis der dortigen Überlegungen wird unter 5. die hiesige Auffassung dargelegt.

An die Begründung der These, daß die Gefahr eines erheblichen Freiheitsverlusts Voraussetzung für einen rechtfertigungsfähigen Notstandseingriff ist, muß sich nach dem unter B. Ausgeführten die Behandlung eines zweiten Fragenkomplexes anschließen: Wann kann davon gesprochen werden, daß einem Rechtsgut ein erheblicher Freiheitswert in dem hier interessierenden Sinne zukommt? In der Terminologie des vorigen Abschnitts gesprochen, geht es also zum einen um die *Ermittlung der* unter Legitimationsgesichtspunkten angemessenen *Zuständigkeitsverteilung* zwischen den Konfliktbeteiligten und zum anderen um die *rechtsgutsbezogene Umsetzung* der dort gefundenen Ergebnisse. Der letzteren Problematik widmen sich die Ausführungen unter 6.

2. Dogmengeschichtlicher Hintergrund

Einer verbreiteten Auffassung gilt *Hegel* als der Begründer einer auf den Abwägungsgedanken gestützten Konzeption des rechtfertigenden Notstands.[1] Wie zweifelhaft diese Interpretation ist, zeigt sich nicht zuletzt daran, daß *Hegel* nur für außerordentlich gravierende Gefahrensituationen eine Rechtfertigungsmöglichkeit vorsieht. Nach dem veröffentlichten Text seiner *Grundlinien* begründet lediglich der Lebensnotstand eine Befugnis zu Notstandseingriffen.[2] In einer seiner Vorlesungen deutet *Hegel* zwar an, daß er seiner Hervorhebung der Lebensnot keinen Ausschließlichkeitscharakter zubillige;[3] jedoch fordert er auch hier, daß die „moralische Absicht" einen „umfassenden Inhalt" haben müsse.[4] Allein existentielle Grenzsituationen kommen danach als Auslöser eines Notstandsrechts in Betracht.

Mit der Verdrängung von *Hegels* anspruchsvoller freiheitstheoretischer Herleitung des Notstandsrechts durch eine holistisch orientierte Sozialnützlichkeitslehre mußte sein Beharren auf einer derart hohen Eingriffsschwelle zusehends implausibel erscheinen; denn auch ein geringfügiger Güterverlust beeinträchtigt den Gesamt-Güterbestand einer Gesellschaft. Demgemäß tadelte *Stammler Hegel* dafür, daß er den Kreis der notrechtsfähigen Güter zu eng gezogen[5] und deshalb seinen „richtigen Gedanken" nicht konsequent durchgeführt habe.[6] Darin liege „eine Schranke ..., die nicht zu rechtfertigen ist, ... und es ist dem gegenüber zu behaupten, daß jedes Rechtsgut fähig sei, in Nothstand zu geraten, und unter den nöthigen Voraussetzungen darin vertheidigt werden dürfe"[7]. Dennoch hielten auch die Autoren der Jahrhundertwende überwiegend an dem Satz fest, daß erst die Gefahr eines qualifizierten Schadens die Möglichkeit einer Notstandsrechtfertigung eröffne. Dies galt nicht nur für diejenigen Diskussionsteilnehmer, die der „utilitari-

---

[1] Nachweise 1. Kap. D.I. Fn. 3, 4.

[2] *Hegel* Grundlinien, § 127 (Werke Bd. 7, S. 239 f).

[3] *Hegel* Vorlesungen, Bd. 4, S. 340 *(v. Griesheim)*.

[4] *Hegel* aaO.

[5] *Stammler* Bedeutung des Nothstandes, S. 49.

[6] *Stammler* aaO S. 74.

[7] *Stammler* aaO S. 38.

stischen“ Begründung skeptisch gegenüberstanden.[8] Ungeachtet des offenkundigen Widerspruchs, der zwischen einer strikt „utilitaristischen“ Notstandsdeutung und der Statuierung einer „absoluten“ Eingriffsschwelle besteht,[9] galt es vielmehr auch für einige der Wortführer jenes Ansatzes. So plädierte *v. Tuhr* dafür, ein Notstandsrecht nur in solchen Fällen anzuerkennen, in denen wesentliche Rechtsgüter verlorenzugehen drohten – Güter, die für den Betroffenen von hohem Nutzen oder gar unersetzlich seien.[10] Auch *Rudolf Merkel* sprach sich dafür aus, dem „utilitaristischen“ Prinzip Grenzen zu ziehen: „Notstand“ setze das Vorliegen einer Not, einer Zwangslage voraus,[11] und an einer solchen fehle es bei der Gefahr eines geringfügigen Übels.[12] Restriktionsbestrebungen finden sich auch in der Literatur der 20er- und 30er-Jahre: Nur wenn ein erheblicher Schaden drohe, könne ein Notstandseingriff gerechtfertigt werden.[13] *Gallas* forderte noch 1968, daß der Gesetzgeber die Möglichkeit der Notstandsrechtfertigung von der „Gefahr eines erheblichen Schadens“ abhängig machen solle.[14]

3. Position der herrschenden Meinung: Ausklammerung von Bagatellschäden

Die heute herrschende Meinung begnügt sich mit geringeren Anforderungen. Eine am Vorverständnis einer echten „Not“ orientierte restriktive Interpretation erklärt *Lenckner* ausdrücklich für unvereinbar mit den gesetzlichen Vorgaben.[15] Dementsprechend verneinen die meisten der neueren Autoren, soweit sie die Frage der

---

[8] Vgl. etwa *Fischer* Rechtswidrigkeit, S. 229 (Notstandsrecht nur bei „wirklich ernste[r] Not“); *Oetker* Notstand, S. 329f; *ders.* DJZ 1908, Sp. 616; *ders.* FG Frank, Bd. I, S. 363 (Unverbotensein der Notstandshandlung nur bei Gefahr wesentlicher Schädigung der Person); *v. Buri* Notstand, S. 123 (der drohende Verlust müsse „ein recht ansehnlicher“ sein). – *Hold v. Ferneck* Rechtswidrigkeit, Bd. II/1, S. 103 fordert, vor dem Hintergrund seiner subjektivistischen Notstandskonzeption nicht überraschend, als Voraussetzung der Straffreiheit eine „schwer zu ertragende“, „Leid erweckende“ Lage.

[9] Dieser Widerspruch ist in der zeitgenössischen Literatur nicht unbemerkt geblieben; vgl. etwa *Hold v. Ferneck* aaO S. 69, 86f, der in *Rudolf Merkels* Ausklammerung geringfügiger Nöte aus dem Notstandsbereich eine Inkonsequenz und künstliche Zurechtstutzung von dessen Theorie erblickt.

[10] *v. Tuhr* Nothstand, S. 79.

[11] *Merkel* Kollision, S. 16.

[12] *Merkel* aaO S. 18.

[13] *Köhler* Notstand, S. 51; *Wachinger* FG Frank, Bd. I, S. 512f; *Henkel* Notstand, S. 112f; wohl auch *Maurach* Kritik, S. 80, 84.

[14] *Gallas* ZStW 80 (1968) 27.

[15] *Lenckner* GS Noll, S. 251.

„Eingangsschwelle" überhaupt noch ansprechen, die Zulässigkeit eines Notstandseingriffs lediglich für den Fall, daß ein geringfügiger, bagatellarischer Schaden abgewendet werden soll.[16] Auch diese Einschränkung wird zudem regelmäßig nicht als absolute Eingriffsvoraussetzung ausgewiesen, sondern als das Ergebnis einer „Abwägung" ausgegeben: Indem der Notstandstäter in einen für ihn fremden Rechtskreis eingreife, störe er zugleich auch den allgemeinen Rechtsfrieden. Diese Beeinträchtigung wiege so schwer, daß die Errettung eines unerheblichen Rechtsguts sie nicht wesentlich überwiegen könne.[17]

Die Bedenken gegen diese „Abwägungslösung" sind zum einen *methodischer* Natur. Bereits die prinzipielle Zulassung eines Notstandsrechts beeinträchtigt das „Interesse der Allgemeinheit an der Ordnungs- und Friedensfunktion des Rechts"[18]. Dieses „Interesse" geht also in die Erörterung der Frage ein, unter welchen *Voraussetzungen* ein Notstandsrecht gewährt werden darf. Das genannte Interesse ist mit anderen Worten – um die unter B. getroffene Unterscheidung aufzunehmen – mitbestimmend für die *Formulierung* des Beurteilungsmaßstabs. Damit aber ist dieser Gesichtspunkt argumentativ „verbraucht", er darf also nicht nochmals bei der Maßstabs*anwendung* – d. h. im Rahmen der Interessenabwägung nach § 34 S. 1 StGB – herangezogen werden.[19] Für diese Interessenabwägung sind

---

[16] LK-*Hirsch* § 34 Rdn. 76; SK-*Günther* § 34 Rdn. 18; Sch-Sch-*Lenckner/Perron* § 34 Rdn. 40; *Blei* AT, S. 150f, 152; *ders.* PdW AT, S. 101f (*Blei* spricht zwar von „Erheblichkeit", läßt aber bei der Behandlung seines Beispielsfalls erkennen, daß es ihm lediglich um die Ausgrenzung „kleiner" Schäden geht); *Jakobs* AT 13/31; *Arzt* FS Rehberg, S. 36ff; *Lenckner* GA 1985, 312; ähnlich *Maurach/Zipf* AT 1 § 27 Rdn. 23 (erforderlich sei das Vorliegen einer „das Normalrisiko übersteigenden Not").

[17] KK-*Rengier* § 16 OWiG Rdn. 6; LK-*Hirsch* aaO; Sch-Sch-*Lenckner/Perron* aaO; *Blei* aaO; *Jakobs* aaO; *Arzt* aaO; *Lenckner* aaO. Ähnlich hatten bereits die älteren Autoren argumentiert (*v. Buri* Notstand, S. 123; *Oetker* Notstand, S. 328f; *Henkel* Notstand, S. 113). Die in der älteren Literatur ansonsten vorgebrachten Begründungen waren offenkundig unzureichend: Dem Verweis auf den angeblichen „natürlichen Wortsinn" von „Not", der zur Ausklammerung unerheblicher Schäden führen müsse (*Fischer* Rechtswidrigkeit, S. 229; *Merkel* Kollision, S. 16; *Hold v. Ferneck* Rechtswidrigkeit, Bd. II/1, S. 87), läßt sich entgegenhalten, daß „etwas benötigen" zunächst einmal nicht mehr bedeutet als „etwas begehren, das der Betroffene als relevant für seine Lebensplanung ansieht". Die Not in diesem Sinne ist „ein Lebensbegriff, nicht rechtlich qualifiziert" (zutreffend *Oetker* FG Frank, Bd. I, S. 359). Zudem spricht der Normtext des heutigen § 34 StGB nicht von „Not", sondern lediglich von „Gefahr". Die Bezeichnung „Notstand" in der amtlichen Überschrift läßt sich als Bezugnahme auf einen eingebürgerten *terminus technicus* verstehen. Der Hinweis *Köhlers*, die Zulassung von Notstandsmaßnahmen zur Abwendung unbedeutender Nachteile fördere die Sorglosigkeit in eigenen Angelegenheiten (*Köhler* Notstand, S. 25), verfängt ebenfalls nicht, weil zwischen der Gewichtigkeit des drohenden Schadens und der Art und Weise der Gefahrentstehung kein Zusammenhang besteht.

[18] Sch-Sch-*Lenckner/Perron* § 34 Rdn. 22.

[19] Dazu mwN oben B.III.

vielmehr, wie unter B. dargelegt, nur rechtsgutsbezogene Kriterien von Bedeutung, und dazu gehört das Ordnungsinteresse der Allgemeinheit nicht.

Auch unter *inhaltlichen* Gesichtspunkten ist der Minimalismus der herrschenden Meinung überraschend. Immerhin setzt die Vorschrift des § 323c StGB, die nach dem heute herrschenden Verständnis ebenfalls eine Rechtspflicht zur Solidarität statuiert, die Eingangsschwelle sehr hoch an; nach dieser Bestimmung ist zur Auslösung einer Hilfeleistungspflicht nichts Geringeres erforderlich als ein „Unglücksfall" bzw. eine vergleichbar schwerwiegende Gefährdungssituation („gemeine Gefahr oder Not").[20] Man mag geneigt sein, die darin liegende Diskrepanz[21] mit dem Argument für axiologisch unbedenklich zu erklären, daß die Belastungsintensität des § 323c StGB, der eine Pflicht nicht lediglich zur Duldung fremder Eingriffe, sondern zur aktiven Hilfeleistung begründet, eine Pflicht, die zudem unmittelbar strafbewehrt ist, *ceteris paribus* größer sei als diejenige der Notstandsregelung.[22] Dieses Argument ist jedoch weniger stark als es auf den ersten Blick erscheint. Man kann nämlich mit guten Gründen bezweifeln, daß die Belastungsintensität der Duldungspflicht nach § 34 StGB so viel niedriger als die der Handlungspflicht nach §323c StGB sei, wie die Diskrepanz zwischen „Bagatelle" und „Unglücksfall" es nahelegt.

[20] Die Entstehungsgeschichte der beiden Rechtsinsitute weist beträchtliche Unterschiede auf. Um die Wende vom 19. zum 20. Jahrhundert gewannen, nicht zuletzt aufgrund der Kodifizierung des § 904 BGB, in der strafrechtlichen Notstandsdiskussion die Befürworter eines Notrechts die Oberhand (dazu 1. Kap. B.II.). Dagegen wurde der Aufnahme einer despektierlich als „Liebesparagraph" bezeichneten Hilfeleistungsvorschrift in das StGB weiterhin massiver Widerstand entgegengesetzt (Nachweise bei *Harzer*, Situation, S. 4f Fn. 5). Eine Übertragung jener sozialpragmatisch-holistischen Betrachtungsweise, deren man sich zur Legitimation des Notstandsrechts zu bedienen pflegte, auf die systematisch verwandte Problematik der unterlassenen Hilfeleistung wurde nicht vollzogen. Erst im Jahre 1935 wurde eine der heutigen Regelung weitgehend entsprechende Vorschrift über die unterlassene Hilfeleistung in das StGB aufgenommen (zur Entstehungsgeschichte dieser Vorschrift ausführlich *Gieseler* Unterlassene Hilfeleistung, passim; *Harzer* aaO S. 33ff). In der Notstandsliteratur der Nachkriegszeit ist der legitimationstheoretische Zusammenhang zwischen der Vorschrift des (heutigen) § 323c StGB und dem rechtfertigenden Notstand zwar erkannt worden (vgl. nur *Lenckner* Notstand, S. 49f; *Hruschka* AT, S. 91ff; *ders.* JuS 1979, 385ff; *Seelmann* Solidaritätspflichten, S. 295f; zuletzt *Haubrich* Unterlassene Hilfeleistung, S. 41f). Dogmatische Konsequenzen für die hier interessierende Frage wurden daraus jedoch regelmäßig nicht gezogen (Ergänzungen in den folgenden Fn.).

[21] Auf sie hat vor allem *Jakobs* hingewiesen: *Jakobs* AT 13/8; *ders.* Befreiung, S. 167; vgl. ferner *Küper* Notstand, S. 30.

[22] *Küper* aaO S. 30 Fn. 84; ferner *Kelker* Nötigungsnotstand, S. 80; *Roxin* FS Jescheck, Bd. 1, 471. – Diese Annahme liegt auch der verbreiteten Erwägung zugrunde, in dem Umfang, in dem eine Pflicht zur *aktiven Nothilfe* bestehe, müsse *erst recht* eine Pflicht zur *Duldung fremder Eingriffe* existieren. (Aus der älteren Literatur: *v. Weber* Notstandsproblem, S. 23; aus dem neueren Schrifttum: *Hruschka* JuS 1979, 386; *Lippold* Reine Rechtslehre, S. 355).

Nicht durchschlagend ist zwar der folgende Hinweis des Pflichtigen: „Mit der Pflicht zur aktiven Hilfeleistung konfrontiert, habe immerhin *ich selber* die Wahl, ob ich meine Maxime, mich von der Not meiner Mitmenschen nicht behelligen zu lassen, suspendieren oder ob ich sie durchhalten will, sei es auch um den Preis, mich dadurch strafbar zu machen." Dieses Argument bestimmt den Umfang der Handlungsfreiheit des Pflichtadressaten unter Einbeziehung einer *rechtswidrigen* Verhaltensoption und stellt damit einen Rückfall in ein naturalistisches, d. h. vorrechtliches Freiheitsverständnis dar. Durchaus gewichtig ist demgegenüber ein anderer Unterschied zwischen den Sachlagen des § 323c StGB und des § 34 StGB. In der Situation des § 323c StGB habe ich als Pflichtiger *selber* die Steuerungsmacht über das Geschehen. Ich werde als „Herr der Lage" in die Pflicht genommen, aber damit zugleich auch in dieser Rolle anerkannt. Auch habe ich die Möglichkeit, bei der Auswahl des Mittels der Hilfeleistung etwaigen Affektionsinteressen Rechnung zu tragen, die ich an meinen Gütern habe. Als Notstandspflichtiger muß ich hingegen dulden, daß *eine andere Privatperson* in meinen Rechtskreis *eingreift* und mich insoweit (nach jedenfalls im Kern *objektiven* Bewertungskriterien) fremdverwaltet. Sofern ich zufällig am Ort des Geschehens anwesend bin, habe ich zwar das Recht, dem Eingreifenden ein gleich wirksames „Ersatzmittel" aus meinem Bestand anzubieten, doch im übrigen bleibe ich hier auf die Pflicht zur Duldung beschränkt; ich muß es hinnehmen, daß ein Fremder mir durch seine Verfügung über meine Rechtsgüter meine Entmachtung demonstriert. Diese Zumutung mag der einzelne als ebenso schwerwiegend ansehen wie die Pflicht zur aktiven Hilfeleistung. Zudem muß berücksichtigt werden, daß auch die Nichterfüllung der Duldungspflicht eine Strafbarkeit des Sich-Verweigernden zur Folge haben kann. So haftet nach einem von *Jakobs* gebildeten Beispiel derjenige, der ohne sonstige Veranlassung schnell sein Fahrrad wegschließt, wenn der benachbarte Bauer es benutzen will, um für sein erkranktes, sehr hochwertiges Vieh Medikamente zu holen, wegen der sich aus § 34 StGB ergebenden Duldungspflicht bei entsprechendem Vorsatz und Erfolg nach § 303 StGB.[23] Weder der Unterschied zwischen Handlungs- und Duldungspflicht

[23] *Jakobs* AT 7/63 mit Nachweisen zum Meinungsstand in Fn. 109. *Jakobs*, der mit der herrschenden Meinung davon ausgeht, daß die Eingriffsschwelle des § 34 StGB jedenfalls *de lege lata* niedriger sei als die des § 323c StGB (kritisch dazu unter 5.), stellt aaO klar, daß dies selbst dann gelte, wenn der Nachbar zu irgendeinem rettenden Verhalten (etwa zur Herausgabe des schon zuvor verschlossenen Rads) mangels einer § 323c StGB genügenden Katastrophenlage nicht verpflichtet wäre. – In den im Text angesprochenen Fällen wird der Strafrahmen zumeist höher liegen als der Strafrahmen des § 323c StGB. Wer also eine Pflicht zur *passiven* Solidarität (Duldung) verletzt, riskiert sogar eine höhere Strafe als derjenige, der seine Verpflichtung zur *aktiven* Solidarität nicht erfüllt. Dies ist axiologisch wenig überzeugend und spricht für die Umgestaltung des § 323c StGB zu einem Erfolgsdelikt sowie – damit einhergehend – für eine Anhebung seines Strafrahmens. Die Frage harrt freilich noch einer genaueren Untersuchung.

noch derjenige zwischen unmittelbarer und mittelbarer Strafbewehrung ist deshalb so erheblich, daß er das Bestehen drastisch verschiedener Eingangsvoraussetzungen – im Fall des Notstands: jede nicht bagatellarische Gefahr reicht aus, wenn sie nur gegenwärtig ist, im Fall des § 323c StGB: Erforderlichkeit eines Unglücksfalls – plausibel machen könnte.[24]

4. Neuere Restriktionsversuche (Bockelmann, Hirsch, Köhler)

In der neueren Literatur werden vereinzelte Versuche unternommen, den Anwendungsbereich der Notstandsvorschrift über das von der herrschenden Meinung vertretene Maß hinaus einzuschränken. Auch diese Ansätze sind jedoch beträchtlichen Einwänden ausgesetzt.

Nach der Auffassung *Bockelmanns* müssen die im Notstand aufgeopferten Rechtsgüter in einem „spezifischen Kollisionsverhältnis" zu dem gefährdeten Gut stehen. Daran fehle es, wenn nicht ein oder eines von mehreren bestimmten Gütern, unter Ausschluß aller übrigen, als das zu opfernde in Betracht komme, weil gerade die Preisgabe eines dieser Güter zur Erhaltung des überwiegenden Interesses nötig sei, sondern wenn schlechthin jedes Rechtsgut gleicher Art zur Rettung des gefährdeten Interesses in Anspruch genommen werden könnte.[25] Die These *Bockelmanns* überzeugt nicht.[26] Sie läuft auf eine axiologisch unbegründbare Benachteiligung jener Notstandstäter hinaus, die die bestehende Gefahrenlage nur mithilfe von Massengütern abwenden können. Die Rechtfertigbarkeit eines Notstandseingriffs

---

[24] Die weiteren Voraussetzungen, an die die Pflicht zur Solidarität in den beiden Vorschriften geknüpft wird, sind nicht dazu geeignet, die Diskrepanz auszugleichen, die sich aus ihren unterschiedlichen Eingangsvoraussetzungen ergibt. Zwar statuiert § 34 StGB ein Eingriffsrecht nur für den Fall, daß das Erhaltungsinteresse das Eingriffsinteresse wesentlich überwiegt. Aber auch die Hilfspflicht nach § 323c StGB steht unter dem zusätzlichen Tatbestandserfordernis der Zumutbarkeit; dieses Erfordernis ist richtigerweise entsprechend den Maßstäben des § 34 StGB auszulegen (grundlegend *Hruschka* AT, S. 94ff; *ders.* JuS 1979, 390f; i.E. ebenso NK-*Seelmann* § 323c Rdn. 41, 48; *ders.* JuS 1995, 285f; *Gropp* Schwangerschaftsabbruch, S. 94; *Verf.* GA 1995, 371f; kritisch *Küper* Notstand, S. 30f). Deshalb ist es mißverständlich, wenn *Jakobs* AT 11/3 formuliert, die Erheblichkeit des Überwiegens korrespondiere der Beschränkung der allgemeinen Hilfspflicht nach § 323c StGB auf Unglücksfälle.

[25] *Bockelmann* JZ 1959, 498; zustimmend *Eser/Burkhardt* Strafrecht I, Fall 12 A 25; *Kienapfel* ÖJZ 1975, 428.

[26] Ablehnend auch *Lackner/Kühl* § 34 Rdn. 4; LK-*Hirsch* § 34 Rdn. 24, 50; NK-*Neumann* § 34 Rdn. 64; Sch-Sch-*Lenckner/Perron* § 34 Rdn. 21; *Bockelmann/Volk* AT, S. 97; *Jescheck/Weigend* AT § 33 IV 3b; *Köhler* AT, S. 289; *Kühl* AT § 8 Rdn. 37; *Maurach/Zipf* AT 1 § 27 Rdn. 24; *Otto* AT § 8 Rdn. 176; *Roxin* AT 1 § 16 Rdn. 21; *Gropp* Schwangerschaftsabbruch, S. 87; *Grebing* GA 1979, 87; *Küper* JZ 1976, 515; *Lenckner* FS Lackner, S. 97 Fn. 8.

hängt nicht davon ab, wie groß die Anzahl der alternativ in Betracht kommenden Eingriffsmöglichkeiten ist, sondern davon, ob irgendein anderer Eingriff milder gewesen wäre als jener, für den sich der Notstandstäter entschieden hat. Dieser Gesichtspunkt wird freilich schon durch das Erforderlichkeitsmerkmal erfaßt. Ihn nochmals – und gar in der von *Bockelmann* vertretenen Erweiterung – zu berücksichtigen besteht kein Anlaß.[27]

Hirsch plädiert dafür, die von ihm sogenannten „Jedermannsgefahren" von vornherein aus dem Anwendungsbereich der Notstandsvorschrift auszuklammern. Dazu rechnet er die gewöhnlich mit Schwangerschaft und Geburt verbundenen Risiken, die sogenannte Sozialnot, Risiken aufgrund meteorologischer Gegebenheiten, Gefahren, die sich für das Vermögen des einzelnen als Folge der vom Vermögensträger getroffenen finanziellen Dispositionen ergeben, die generell einkalkulierten Folgen einer gesetzlichen Regelung sowie die allgemeinen Risiken des Straßenverkehrs.[28] Die Bezeichnung als „Jedermannsgefahren" stellt jedoch nicht mehr als einen gemeinsamen Namen zur Bezeichnung dieser außerordentlich heterogenen Sachverhalte dar.[29] So geht es beispielsweise bei der Verteilung von Schwangerschafts- und Geburtsrisiken (Stichworte: Abtreibung, Perforation) um die Abgrenzung der Zuständigkeitsbereiche von Mutter und Kind, d. h. um die Unterscheidung zwischen Aggressiv- und Defensivnotstand.[30] Die Fälle, in denen sich jemand auf Notstand beruft, um den generell einkalkulierten Folgen einer gesetzlichen Regelung zu entgehen, betreffen hingegen die ganz anders gelagerte Frage nach dem Verhältnis zwischen staatlich-regelhafter und privat-freihändiger Notbekämpfung.[31] Bei anderen der von *Hirsch* genannten Fallgruppen schließlich ist es außerordentlich zweifelhaft, ob sie tatsächlich *generell* aus dem Notstandsbereich herausgenommen werden dürfen. So müssen nach *Hirsch*, wie soeben erwähnt, „die von den *meteorologischen Gegebenheiten* ausgehenden gewöhnlichen … Gefahren" bei der Notstandsprüfung von vornherein außer Acht bleiben; die Gefahr, daß man durch einen Platzregen eine Erkältung oder Schäden an der Kleidung davontrage, begründe deshalb schon keine Notstandslage.[32] Auf diese Weise will *Hirsch* den bekannten *Regenschirmfall* lösen.[33] Sofern er mit seiner soeben zitierten

---

27 Ebenso *Bockelmann/Volk* aaO; *Kühl* aaO; *Grebing* aaO; *Küper* aaO.

28 LK-*Hirsch* § 34 Rdn. 38.

29 Wie hier i. E. auch *Meißner* Interessenabwägungsformel, S. 226 ff. – Kritisch zu *Hirschs* Position ferner Sch-Sch-*Lenckner/Perron* § 34 Rdn. 8; *Joerden* GA 1991, 413.

30 Dazu unter F.III.3.f).

31 Dazu ausführlich unter D.

32 LK-*Hirsch* § 34 Rdn. 38; zustimmend *Onagi* Notstandsregelung, S. 150.

33 Die reich gekleidete Dame entreißt bei einem plötzlichen Gewitterregen der einfach gekleideten Frau deren Regenschirm; näher dazu unter E.III.5.

Äußerung sagen will, daß in Fällen, in denen lediglich ein geringer Schaden drohe, die Notstandsvorschrift von vornherein unanwendbar sei, ist ihm durchaus zuzustimmen.[34] Entgegen dem durch seine Darlegungen hervorgerufenen Eindruck hängt die Gültigkeit dieser Feststellung jedoch nicht davon ab, daß es ausgerechnet „meteorologische Gegebenheiten" sind, welche den Schaden herbeizuführen drohen. Der Ursprung einer Gefahr ist im Rahmen des Notstands nur in jenen – verhältnismäßig eng begrenzten – Fällen beachtlich, in denen er eine Sonderzuständigkeit des Gefährdeten zu begründen vermag;[35] die Ubiquität der Bedrohung als solche genügt insofern nicht. Auch nach *Hirschs* eigener Ansicht schließt der „meteorologische Ursprung" das Vorliegen einer Notstandslage keineswegs *per se* aus; bei Erfrierungsgefahr will selbstverständlich auch *Hirsch* dem Betroffenen ein Notrecht gewähren.[36] Damit gesteht *Hirsch* selber ein, daß letztlich nicht ein bestimmter Ursprung der Gefahr den Ausschlag gibt, sondern ihre Gewichtigkeit. Seine Rede von der „Jedermannsgefahr" erweist sich auch in dieser Fallgruppe als irritierende Leerformel.

In seiner theoretischen Fundierung weitaus anspruchsvoller ist der jüngst von *Köhler* vorgenommene Versuch, das Notrecht als Ausdruck distributiver Gerechtigkeit auszuweisen[37] und es auf diese Weise zugleich zu begrenzen. Die freiheitstheoretische Basis von Solidaritätspflichten erblickt *Köhler* in dem Vernunftgebot, selbstzweckhaft zu existieren. Daraus folge nicht nur die Forderung an die Rechtsgenossen, die personal äußere Freiheit wechselseitig allgemeingültig füreinander zu definieren – also jenes Moment der Rechtsidee, das in der hiesigen Arbeit als „abstraktes Recht" bezeichnet wird. Im „erweiterten Schlußzusammenhang positiver Freiheitsgewähr" müßten darüber hinaus auch die „Daseinsbedingungen personaler Existenz" einbezogen werden.[38] „Die Pflicht zur Selbstaffirmation vernünftigen Daseins übersetzt sich in die Pflicht, die äußere Zufallsausgesetztheit möglichst aufzuheben".[39] Worauf stützt *Köhler* diese erweiternde Lesart des allgemeinen Vernunftgebots? Er führt dazu aus: „Da das rechtliche Dasein der freien Person sich vernunftnotwendigerweise wechselseitig auf das der anderen beziehen muß, sofern das Rechtsverhältnis in seinen Konstituenten kategorisch bestehen soll, begründet sich das (begrenzte) Gebot, für die Existenz des anderen in Not einzustehen"[40]. Die Gefahr, daß der andere ausfällt und infolgedessen das Verhältnis wechselseitiger

[34] Dazu sogleich unter 4.
[35] Näheres dazu unter F.III.
[36] LK-*Hirsch* § 34 Rdn. 38.
[37] Vgl. *Köhler* AT, S. 282, 284; sachlich übereinstimmend *Klesczewski* FS E. A. Wolff, S. 243.
[38] *Köhler* aaO S. 208; ausführlicher *ders.* Teilhabegerechtigkeit, S. 114 ff.
[39] *Köhler* AT S. 208.
[40] *Köhler* aaO S. 285.

Anerkennung zusammenbricht, besteht freilich nur im Fall einer existenzbedrohenden Notlage. Dementsprechend folgert *Köhler*, daß das Notstandsrecht auf die „Daseinsbedingungen personaler Existenz"[41] beschränkt und daher an die Voraussetzung einer „existentiell schweren Notlage"[42] – den Lebensnotstand oder eine vergleichbar schwere Rechtsgutsgefahr –[43] geknüpft sei.[44] Dies hat zur Folge, daß bei *Köhler* die Eingangsvoraussetzungen des § 34 StGB einerseits und des § 323c StGB andererseits einander entsprechen,[45] die unter 3. festgestellte axiologische Diskrepanz zwischen beiden Vorschriften also aufgelöst ist. Dogmengeschichtlich betrachtet, bedeutet dies im Ergebnis die Rückkehr zu der restriktiven Position *Hegels*.[46]

Die Begründung *Köhlers* ist allerdings massiven Bedenken ausgesetzt. Zwar bezieht das „rechtliche Dasein der freien Person" sich in der Tat notwendigerweise auf andere Personen; Personalität ist nämlich ihrem Begriff nach nichts anderes als die Fähigkeit, Träger von Rechten und Pflichten zu sein. Diese rein analytische Aussage besagt aber noch nichts über den Inhalt der betreffenden Verpflichtungen. Ebenso unergiebig ist *Köhlers* Bezugnahme auf die „Pflicht zur Selbstaffirmation vernünftigen Daseins". Sofern *Köhler* damit sagen will, daß ein *fremdes* vernünftiges Dasein affirmiert werden müsse, so läßt sich dieser These die Frage entgegensetzen, weshalb es der *Vernunft*natur des anderen geschuldet sein soll, ihm den Fortbestand seiner *physischen Existenz* zu sichern. Einen anderen als Vernünftigen zu ehren heißt, ihn der Idee des Rechts als dem Inbegriff realer Freiheit gemäß zu behandeln. Ob dieser Maßstab eine (begrenzte) Pflicht zur Solidarität impliziert, ist eben die Frage. Um sie fundiert zu beantworten, bedarf es einer systematischen Analyse, nicht lediglich einer thesenhaften Behauptung. Falls *Köhler* hingegen meint, mit der

---

41 *Köhler* aaO S. 208.

42 *Köhler* aaO S. 288.

43 *Köhler* aaO S. 290.

44 Eine ähnlich restriktive Auslegung befürwortet *Harzer* Situation, S. 105 für den Bereich des § 323c StGB: Ein „Unglücksfall" liege nur bei der Bedrohung solcher Rechtsgüter vor, „welche das existentielle Dasein des Einzelnen betreffen".

45 So ausdrücklich *Köhler* AT, S. 285.

46 Eine Anhebung der üblicherweise angenommenen Eingriffsschwelle im Notstand legt auch die Notstandstheorie *Merkels* nahe. *Merkel* gründet die Notstandsbefugnis auf den Gedanken, daß zumindest solche Interessen, die mit den sogenannten „Grundgütern" in direktem Zusammenhang stünden, der Solidaritätsobhut der Bürger untereinander anvertraut werden sollten (*Merkel* Zaungäste? S. 184). Da *Merkel* aaO mit *Rawls* unter „Grundgütern" solche Güter versteht, die nicht bloß als Mittel zur Verwirklichung irgendeines konkreten, sondern als Grundlage jedes nur denkbaren Lebensplans innerhalb der Gesellschaft erforderlich sind, dürfte seine Position zu der hier interessierenden Frage zwar etwas großzügiger als die Auffassung *Köhlers*, aber immer noch deutlich strenger als die der herrschenden Meinung sein. – Zu den Bedenken gegen *Merkels* Ansatz 1. Kap. C.II. sowie oben A.

Statuierung einer Pflicht zur Solidarität werde das *eigene* vernünftige Dasein des Handelnden affirmiert, so steht dem der Umstand entgegen, daß der eigene Status als Rechtsperson für den einzelnen nicht von der Anerkennung durch einen konkreten anderen und deshalb auch nicht von dessen physischer Fortexistenz abhängt. Im Unterschied zu den stets labilen Voraussetzungen privaten Lebensglücks sind die Garantien des Rechts *institutioneller* Natur und daher unabhängig von individuellen Einzelvollzügen. *Köhlers* Argumentation führt mithin in keiner ihrer beiden denkbaren Varianten zum Ziel: Die erste Variante erschöpft sich in einer thesenhaften Behauptung, die zweite Variante läuft auf ein offenkundiges *non sequitur* hinaus.

5. Die hiesige Auffassung: Erheblichkeit des drohenden Schadens als Eingangsvoraussetzung des rechtfertigenden Notstands

Die *Begründung*, welche *Köhler* zugunsten seiner restriktiven Position anführt, kann nach dem soeben Dargelegten nicht überzeugen. An der Berechtigung seines *Anliegens* ändert dieser Befund allerdings nichts. Ein erneuter Blick auf das Recht des Wohls, dessen Kollision mit dem abstrakten Recht des Eingriffsadressaten den Notstandskonflikt hervorruft, zeigt, daß nur die Gefahr eines *erheblichen* – allerdings nicht notwendig eines existenzbedrohenden – Schadens dem Eingreifenden die Befugnis zum Zugriff auf eine ihm fremde Rechtssphäre verschaffen kann.

Das Recht des Wohls ist eine spezifische Ausprägung dessen, was *Hegel* als das „Recht der Besonderheit" bezeichnet: Der einzelne hat ein Recht darauf, sich als *Individuum* darstellen zu dürfen. Diese Berechtigung steht ihm freilich grundsätzlich nur innerhalb der Schranken des abstrakten Rechts zu. Im Unterschied zur abstrakt-rechtlichen Rechtsperson erhebt nämlich das Individuum den Anspruch, sich über sich selber, nicht über seine (wie auch immer formalisierte) Beziehung zu anderen Personen zu definieren. Dementsprechend vermag der Umstand, daß dem einen ein Rechtsgut verlorenzugehen droht, welches ihm zur Definition und Darstellung seiner individuellen Identität dienlich sein kann, einen anderen prinzipiell nicht dazu zu verbinden, seine Rechtsgüter dem eigenmächtigen Zugriff des ersten aufzuopfern. Die Enge der nicht-verallgemeinerungsfähigen Besonderheit überschreitet lediglich das Interesse des Gefährdeten, sozial *überhaupt* als Individuum wahrnehmbar zu bleiben. Wann von einer hinreichend nachhaltigen Bedrohung dieses Interesses gesprochen werden kann, ist indes, nicht anders als die Existenz des rechtfertigenden Notstands überhaupt, eine „Kulturfrage"[47]. Je ausgeprägter

[47] Der Begriff stammt von *v. Buri* Notstand, S. 123.

innerhalb einer Gesellschaft das Individualitätsbewußtsein ist, desto leichter findet derjenige Gehör, der dem Ansinnen, einen bestimmten Gutsverlust hinzunehmen und ihn nicht auf fremde Kosten abzuwenden, entgegenhält, dies heiße ihn dazu anzuhalten, wesentliche Grundlagen des eigenen Lebensplans preiszugeben.

Die Position *Hegels* markiert das rechtsphilosophische Plausibilitätsniveau seiner Zeit. Sie stand zum einen noch unter dem unmittelbaren Eindruck des bürgerlich-liberalen Emanzipationsdenkens eines *Kant* und des diesem Denken korrespondierenden formellen Rechtsbegriffs; zum anderen ging sie aus einer Gesellschaft hervor, in welcher die Diversifizierung der Lebensstile, die Gütervielfalt und, damit einhergehend, der Prozeß der Individualisierung weit hinter dem heute erreichten Niveau zurückstanden. Vor diesem Hintergrund war es naheliegend anzunehmen, daß erst der Verlust (oder zumindest die nachhaltige Schmälerung) der physischen Existenz das Recht auf individuelle Selbstdarstellung ins Mark treffe. Seither haben sich auf der semantischen Makroebene jedoch weitreichende Veränderungen zugetragen, die auch im Mikrokosmos der Notstandsdogmatik sichtbar werden müssen: Aus der Republik der Vernunftsubjekte ist eine Gesellschaft der Individuen geworden. In einer solchen Gesellschaft, in der Individualität als steigerbar verstanden und diese Steigerung an die Vervielfältigung der Möglichkeiten angeknüpft wird, die es für ein Individuum in seiner Welt gibt,[48] kann der Verweis auf kreatürliche Mindestbedürfnisse schwerlich noch als abschließende Antwort auf die Frage ausgegeben werden, was „man" *als* Individuum jedenfalls braucht. Individualität ist das Ergebnis eines quasi-theatralischen Prozesses, der in der kontinuierlichen Bestätigung, Modifizierung oder Zurücknahme früherer Selbstdarstellungen besteht; in einer Gesellschaft der Individuen kann sie bereits dann als ernsthaft gefährdet ausgegeben werden, wenn dem Betroffenen ein Schaden droht, der seine Lebensführung über einen geraumen Zeitraum hinweg nachhaltig beeinträchtigen würde – ein Schaden, der, in einem Wort gesprochen, *erheblich* ist.[49] Dadurch wird dem Recht des Wohls ein konkretisierbarer Inhalt verliehen; zudem wird die unter 3. monierte axiologische Ungereimtheit zwischen den „Eingangsschwellen" der §§ 34, 323c StGB auf diese Weise bereits *de lege lata* behoben.[50]

---

[48] *Hampe* Gesetz und Distanz, S. 86.

[49] Ebenso gravierend muß die Notlage desjenigen sein, der für seinen Eingriff in den Rechtskreis eines unbeteiligten anderen nach § 35 StGB entschuldigt werden will. (Die „Eingangsschwelle" des entschuldigenden Notstands bestimmt im wesentlichen wie hier *Timpe* JuS 1984, 864 f.)

[50] Für ein Verständnis von „Unglücksfall", das zu der hier für § 34 StGB vorgeschlagenen Interpretation parallel verläuft, plädiert *Verf.* GA 1995, 367.

6. Rechtsgutsbezogene Konkretisierung des Erheblichkeitskriteriums

a) Der Grundsatz: Nötigung zur Umstellung der Lebensführung

Ein Eingriff im Aggressivnotstand darf nach dem soeben Ausgeführten nur erfolgen, wenn die Gefahr eines erheblichen Freiheitsverlusts droht. Dieser Satz bedarf noch der rechtsgutsbezogenen Umsetzung und Konkretisierung. Ihr sind die nachfolgenden Bemerkungen gewidmet. Sie konzentrieren sich auf die Gruppe der *Individualrechtsgüter*; die wichtigsten Besonderheiten, die im Hinblick auf den Notstandsschutz von *Rechtsgütern der Allgemeinheit* gelten, werden unter D. diskutiert.

Rechtsgüter sind nach einer bereits an früherer Stelle zitierten Wendung *Zazcyks* „Daseinselemente der Freiheit“[51]: Erst die tatsächliche Verfügbarkeit von Gütern eröffnet einer Person *reale Handlungsmöglichkeiten*. In der bürgerlichen Gesellschaft, die eine Gesellschaft weniger der Besitzenden als der Erwerbenden ist, hat sich der Schwerpunkt der rechtlich gesicherten Sachherrschaft von der Möglichkeit der Ausgrenzung anderer zu der Befugnis der Teilnahme an der gesellschaftlichen Interaktion verlagert.[52] Dementsprechend haben die Individualrechtsgüter in dieser Gesellschaft ihre primäre freiheitstheoretische Funktion darin, daß sie es ihrem Inhaber ermöglichen, sich handelnd selbst darzustellen, sich eine bestimmte Identität zu geben, kurz: *sein* Leben zu führen. Die Freiheitsrelevanz eines Rechtsguts ist aus diesem Grund umso höher, je mehr Entfaltungschancen in der betreffenden Gesellschaft davon abhängen, daß das betreffende Gut zur Verfügung steht.[53] Das Spektrum reicht dabei von Rechtsgütern, die ein Handeln, gleich welchen Inhalts, überhaupt erst ermöglichen (Prototyp: das Leben als die Gestalt, in der die einzelnen Besonderungen des Willens zu einer Totalität zusammengefaßt sind[54]), über Güter, die der einzelne nach sozialem Urteil mindestens zur Verfügung haben muß, um seine wirtschaftliche Existenz zu sichern[55] und sich auch im übrigen als vollwertiger Teilnehmer am sozialen Leben anerkannt zu wissen (insofern kommt den Unpfändbarkeitsvorschriften eine gewisse indizielle Bedeutung zu),[56] bis

---

[51] *Zaczyk* Unrecht, S. 165.

[52] *Klesczewski* Rolle der Strafe, S. 169; *Suhr* Staat 9 (1970) 82 ff.

[53] *Jakobs* AT 13/25. – Der Höhe der gesetzlichen Strafdrohung kommt vor diesem Hintergrund allenfalls eine Indizfunktion zu (eine indizielle Bedeutung der Strafdrohung bejahen KK-*Rengier* § 16 OWiG Rdn. 27; NK-*Neumann* § 34 Rdn. 71; SK-*Samson* § 34 Rdn. 40; *Maurach/Zipf* AT 1 § 27 Rdn. 29; *Schmidhäuser* AT 9/72; *Welzel* Lehrbuch, S. 91; zurückhaltender Sch-Sch-*Lenckner/Perron* § 34 Rdn. 43; *Tröndle/Fischer* § 34 Rdn. 10; *Eser/Burkhardt* Strafrecht I, Fall 12 A 32; *Jakobs* AT 13/20; *Stratenwerth* AT § 9 Rdn. 101).

[54] *Bockelmann* Hegels Notstandslehre, S. 47.

[55] Zu diesem Bewertungsgesichtspunkt *Baumann/Weber/Mitsch* AT § 17 Rdn. 71; allgemein *Klesczewski* Rolle der Strafe S. 169 f.

[56] Zu dem hier angedeuteten Zusammenhang vgl. bereits *Hegel* Grundlinien, § 127 Z (Werke Bd. 7, S. 241).

hin zu Gütern, deren Hauptfunktion darin liegt, der privaten Lebensgestaltung ihres Inhabers zu dienen. Ferner wiegt der Verlust eines unersetzbaren Guts *ceteris paribus* schwerer als der eines ersetzbaren Guts.[57] Die Schreibmappe, die das Manuskript eines bislang noch unveröffentlichten Romans enthält, ist unter Notstandsgesichtspunkten weitaus wertvoller als später das gedruckte Buch. *Erheblich* ist der drohende Verlust von Rechtsgütern dann, wenn er die Fähigkeit des Betroffenen, sich in der sozialen Kommunikation *als* Individuum darzustellen, in einem nach dem Urteil eines objektiven Dritten nachhaltigen Umfang beeinträchtigen würde. Diese Voraussetzung ist dann erfüllt, wenn die Auswirkungen des Verlusts sich innerhalb der Lebenspraxis des Betroffenen nicht isolieren und auf diese Weise marginalisieren lassen. Positiv gewendet: Der Verlust muß so gewichtig sein, daß er den Betroffenen zu einer nachhaltigen Umstellung seiner Lebensführung nötigt.[58]

Sofern eine *körperliche* Beeinträchtigung droht, muß sie so beschaffen sein, daß sie die Handlungsfähigkeit des Betroffenen für einen *geraumen Zeitraum* – regelmäßig mehrere Wochen – *beträchtlich* schmälern würde. Beeinträchtigungen, die zwar lästig sind, sich aber für gewöhnlich ohne nennenswerte Umstellung der Lebensführung meistern lassen, reichen nicht aus; man denke etwa an die Verstauchung einer Hand, die den Betroffenen für einige Zeit zur Anlegung eines Verbands zwingt. Erst recht genügen solche Beeinträchtigungen nicht, die nur knapp oberhalb der Grenze des Ubiquitären liegen: Um eine harmlose Zerrung oder eine leichte Verkühlung abzuwenden, darf eine durchschnittlich robuste Person nicht per Notstand fremde Rechtsgüter in Anspruch nehmen, egal wie geringwertig diese sein mögen. Droht ein *Eigentums- bzw. Vermögensverlust*, so kommt es ebenfalls darauf an, ob er einen erheblichen Einfluß auf die Lebensführung des Betroffenen ausüben würde. Der Verlust muß also so schwerwiegend sein, daß er nur durch Vermögensumschichtungen „aufgefangen" werden kann, die die finanziellen Planungen des Betroffenen nachhaltig in Verwirrung bringen. Deshalb fehlt es jedenfalls so lange an der Gefahr eines notstandsrelevanten Schadens, wie ein objektiver Dritter

---

[57] Vgl. Sch-Sch-*Lenckner/Perron* § 34 Rdn. 26; *Jakobs* AT 13/20; von zivilrechtlicher Seite unterstreicht die Bedeutung dieses Kriteriums auch *Münzberg* Verhalten und Erfolg, S. 300 f.

[58] Damit fallen jene Fälle von vornherein aus dem Anwendungsbereich des rechtfertigenden Notstands heraus, in denen dem Betroffenen nicht eine Verschlechterung seiner gegenwärtigen Lebenssituation, sondern lediglich der Verlust einer rechtlich ungesicherten Chance droht, diese Situation in Zukunft zu verbessern. Beispiel: Auf dem Weg zu einem Vorstellungsgespräch gerät der Bewerber B in einen plötzlichen Gewitterregen. Um in ordentlichem Zustand zu erscheinen – sonstige nennenswerte Schäden drohen ihm nicht –, flüchtet B sich gegen den Protest des Hauseigentümers in einen fremden Hausflur. Er kann sich nicht auf § 34 StGB berufen.

davon ausgehen darf, der Inhaber des gefährdeten Gegenstands könne diesen ohne größere Mühe aus seinem laufenden Einkommen bzw. aus den üblicherweise für unvorhersehbare Ereignisse des Alltags vorgehaltenen Rücklagen ersetzen.

Dies läßt freilich noch eine wichtige Frage offen: Soll ein typisierend gedachter Durchschnittsbürger oder soll der konkret Betroffene in seinen individuellen Vermögensverhältnissen zum Maßstab der Bewertung gemacht werden? Dies ist deshalb von Bedeutung, weil ein und derselbe Verlust je nach dem individuellen Vermögensstand ganz verschiedene Auswirkungen auf die reale Handlungsfreiheit des Betroffenen hat: Was dem Millionär allenfalls ein Achselzucken abnötigt, mag sich für den Sozialhilfeempfänger als tiefgreifender Einschnitt darstellen.[59] Wie dargelegt, kommt es dem quasi-institutionell fundierten Rechtsinstitut des rechtfertigenden Notstands darauf an, dem Betroffenen ein Instrument zur Sicherung seiner realen Freiheit an die Hand zu geben. Reale Freiheit wird durch reale Not bedroht. Wenn ein bestimmter Verlust den konkret Betroffenen aufgrund von dessen Vermögenslage in einer untypisch *harten* Weise treffen würde, so darf dies folglich nicht unberücksichtigt bleiben. In derartigen Fällen hat deshalb die Erheblichkeitsprüfung von den *individuellen* Vermögensverhältnissen des Betroffenen auszugehen. Anders liegt es in bezug auf denjenigen, dessen Lebensführung der drohende Verlust nur in einer untypisch *geringfügigen* Weise beeinträchtigen würde. Auch hier zu individualisieren, liefe darauf hinaus, den Betroffenen zu verpflichten, sich zunächst auf das soziale Durchschnittsniveau an Vermögensgütern drücken zu lassen, bevor er die Solidarität seiner Rechtsgenossen in Anspruch nehmen dürfte. Ein solches Ansinnen stellt in einer Rechtsordnung, die Reichtum zuläßt und ihn nur im Rahmen des Abgabenrechts besonderen Belastungen unterwirft, eine axiologisch inakzeptable Mißachtung des Bürgerstatus des Betroffenen dar. Hier muß also *typisiert* werden.[60] Kurzum: Der typisierend festzustellende Erheblichkeitsstandard darf zwar unter Umständen zugunsten des Gefährdeten *abgesenkt*, nicht aber zu seinen Lasten *angehoben* werden. Beispielsweise begründet der drohende Verlust eines neuen Autoradios typischerweise keine notstandsrelevante Gefahr, wohl aber der Verlust eines neuen Autos. Letzteres gilt auch dann, wenn der Eigentümer des

---

[59] Ein paralleles Problem kann auch dort bestehen, wo *körperliche* Einbußen drohen; eine geringfügige Beweglichkeitseinbuße an einem Finger mag für den Durchschnittsbürger kaum eine Rolle spielen, für einen Pianisten aber desaströse Folgen haben. Da die körperliche Ausstattung der einzelnen Menschen sich indes weit weniger stark unterscheidet als ihre Ausstattung mit Vermögensgütern, ist das Problem des adäquaten Beurteilungsmaßstabes im ersteren Fall praktisch weniger dringlich als im letzteren. Sofern es sich doch stellt, ist es den nachfolgenden Grundsätzen entsprechend zu behandeln.

[60] Insoweit zutreffend *Renzikowski* Notstand, S. 64; i. E. auch *Meißner* Interessenabwägungsformel, S. 240.

Autos Deutsche Bank heißt; ersteres gilt hingegen nicht (jedenfalls nicht notwendig), wenn von dem Verlust ein Kleinrentner mit 1 000 DM Rente betroffen ist.[61] Daß ein Unschärfebereich bleibt, sei ohne weiteres zugestanden. Daß die Strafrechtswissenschaft dazu in der Lage ist, ihn sachgerecht auszufüllen, hat sie jedoch bereits in anderen systematischen Zusammenhängen unter Beweis gestellt; es sei insofern nochmals auf § 323c StGB verwiesen, an dessen „Eingangsschwelle" sich nach hiesigem Verständnis diejenige des § 34 StGB zu orientieren hat.[62]

---

[61] Entsprechendes gilt, wenn der drohende Verlust, obschon bei rein ökonomischer Betrachtung gering, sich für den Betroffenen aus sonstigen, objektiv plausibilisierbaren Gründen als schwerwiegende Zäsur darstellen würde. Beispiel: Student S kann seine unersetzbare Examenshausarbeit nur durch den Eingriff in die Rechtssphäre eines Unbeteiligten vor dem Verlust bewahren. Für ihn kommt eine Notstandsrechtfertigung in Betracht (ebenso NK-*Neumann* § 34 Rdn. 82; *Roxin* AT 1 § 16 Rdn. 62).

[62] Wo der drohende Schaden den vorstehend erläuterten „Schwellenwert" nicht erreicht, kommt eine Rechtfertigung aufgrund tatsächlicher oder mutmaßlicher *Einwilligung* in Betracht. Im Hinblick auf die mutmaßliche Einwilligung stellt sich freilich folgendes Problem: Inwiefern darf einem Eingriffsadressaten, über dessen individuelle Wertvorstellungen nichts bekannt ist, eine *altruistische Disposition*, nämlich die Zustimmung zur Aufopferung einiger seiner Güter zugunsten eines bedrohten Mitbürgers zugeschrieben werden? Hier allzu großzügig zu verfahren hieße, die soeben für den rechtfertigenden Notstand entwickelte Restriktion in einer axiologisch nicht unproblematischen Weise zu relativieren. Die Lösung dieser schwierigen Frage kann hier nur angedeutet werden. Die dem Notstand gewidmeten Überlegungen befassen sich damit, weshalb und unter welchen Voraussetzungen den Eingriffsadressaten in seiner Rolle als Bürger eine *Rechtspflicht* zur solidarischen Aufopferung eigener Güter trifft. Das Bürger-Sein beinhaltet jedoch mehr als die Erfüllung zwangsbewehrter Verpflichtungen. Nur derjenige füllt seine Bürgerrolle vollständig aus, der das Wohlergehen seines Gemeinwesens als seine eigene Angelegenheit versteht. Dazu gehört zum einen die Habitualisierung einer loyalen, prinzipiell zustimmenden Haltung gegenüber dem eigenen Staat. Darüber hinaus umfaßt die bürgerliche Tugend aber auch eine über den ziemlich engen Kreis des rechtlich Gebotenen hinausgehende Bereitschaft zur Förderung des Wohls der Mitbürger. Wenn sich nämlich das Wohl des Gemeinwesens auch nicht im Wohl seiner einzelnen Bürger erschöpft, so stellt deren individuelles Wohl doch eine bedeutsame Komponente des Gemeinwohls dar. Ausdruck bürgerlicher Tugend ist es daher, auch dann für einen Mitbürger einzustehen, wenn nicht die Grundfesten von dessen Existenz, sondern lediglich untergeordnete Elemente von dessen Lebensgestaltung bedroht sind. Jedoch sinkt mit der „Eingangsschwelle" der Rechtfertigung auch die absolute Aufopferungsgrenze. (Zu deren Verlauf im Gebiet des rechtfertigenden Notstands siehe E.III.) Allgemein unterstellt werden darf bei Abwesenheit abweichender Willensbekundungen lediglich der Wille, in der Verwaltung des eigenen Rechtskreises die Idee bürgerlicher Tugend *überhaupt* zum Ausdruck zu bringen. Dem entspricht es, einem unbekannten Eingriffsadressaten die Bereitschaft zur Hinnahme nur solcher Opfer zuzuschreiben, die geringfügig über den Bereich sozial ubiquitärer (und rechtlich daher ohnehin irrelevanter) Belästigungen hinausgehen. Zudem muß der dem Mitbürger drohende Verlust wesentlich größer sein als das eigene Opfer des Eingriffsadressaten. Selbst schwerwiegende Gefahren dürfen nur unter dieser Voraussetzung abgewehrt werden (§ 34 S. 1 StGB). Dann muß, sofern über abweichende Verhaltensmaximen des konkreten Eingriffsadressaten nichts bekannt ist, Gleiches erst recht für die Abwehr von weniger bedeutsamen Gefahren gelten.

b) Insbesondere: Erheblichkeit bei mehreren betroffenen Rechtsgutsinhabern

Bislang ist stillschweigend davon ausgegangen worden, daß es ein einzelnes Rechtsgut sei, welches in Gefahr schwebe, bzw. daß, sofern es sich um mehrere Güter handele, diese demselben Inhaber zuständen. Wie verhält es sich aber in folgendem Fall: Eine Palette mit 1 000 Paketen droht umzustürzen und zu verderben. Jedes der Pakete ist 50 DM wert. Um die Palette zu retten, müßte ein im Eigentum eines Dritten stehender Gegenstand im Wert von 500 DM in Anspruch genommen werden. Wäre der betreffende Eingriff durch Notstand gerechtfertigt? Wenn die Pakete einem einzelnen Eigentümer gehörten, fiele es nicht schwer, diese Frage zu bejahen. Wie ist es aber, wenn es sich um 1 000 verschiedene Eigentümer handelt? Muß dann die Notstandsprüfung für jeden der betroffenen Rechtsgutsinhaber *separat* erfolgen – mit der Konsequenz, daß es mangels Erheblichkeit des drohenden Schadens jeweils an einer beachtlichen Notstandslage fehlt; oder dürfen die drohenden Einzelschäden *addiert* werden – mit dem Ergebnis, daß der Notstandseingriff zulässig ist, nicht anders als ob es sich um die Güter eines einzelnen Eigentümers handelte?[63]

Gegen die Zulässigkeit einer additiven Betrachtung scheint die Erwägung zu sprechen, für jeden der betroffenen 1 000 Paketeigentümer sei es ein zufälliger Umstand, daß sein Paket nicht allein, sondern in Gesellschaft von 999 anderen Paketen reise; weshalb solle dieser Zufall für ihn eine Befugnis begründen, die er ansonsten gerade nicht hätte – die Befugnis, die gefährdeten Pakete auf Kosten eines unbeteiligten Dritten zu retten? Dieses Argument ist indes weniger stark, als es auf den ersten Blick erscheint. Zwar läßt es sich nicht durch den Hinweis entkräften, der betreffende Eigentümer rette doch immerhin nicht nur sein eigenes Gut, sondern auch

---

[63] Noch schärfer tritt die Problematik hervor, wenn es sich bei den gefährdeten Rechtsgütern nicht um vertretbare, sondern um unvertretbare Güter handelt. So darf beispielsweise ein einzelner, um die Gefahr eines Schnupfens von sich abzuwenden, nicht in die Rechtssphäre eines unbeteiligten Dritten eingreifen. Wie ist es aber, wenn nicht allein ihm diese Gefahr droht, sondern neben ihm noch weiteren 99 Personen? Läßt sich das körperliche Unbehagen – emphatischer gesprochen: läßt sich das Leiden – mehrerer Personen addieren? (Nachweise zur philosophischen Diskussion bei *Merkel* Zaungäste? S. 193 f.) *Eines* läßt sich aufgrund der bisherigen Überlegungen bereits feststellen: Die Höchstpersönlichkeit des Rechtsguts der körperlichen Unversehrtheit mag zu einem „Unterschied der Technik und der Schwierigkeit" einer Addition führen (so auch *Merkel* aaO S. 194); die prinzipielle *Möglichkeit* einer „additiven" Betrachtungsweise schließt sie jedoch nicht von vornherein aus (skeptisch *Merkel* aaO). Die einzelnen Notstandsvoraussetzungen beziehen sich nämlich nicht unmittelbar auf die betroffenen Rechtsgüter als solche, sondern auf deren jeweilige *Freiheitsbedeutung* (B.III.; C.II.5); dabei handelt es sich um eine Kategorie, die allgemeinverbindliche Relevanzurteile und damit auch die Zusammenfassung der Beeinträchtigungen mehrerer Einzelpersonen grundsätzlich erlaubt. Die Frage, ob es *gerechtfertigt* sei, die Freiheitswerte der einzelnen betroffenen Rechtsgüter zu addieren, stellt sich deshalb bei der Bedrohung unvertretbarer Güter *prinzipiell* in der gleichen Weise wie bei der Gefährdung vertretbarer Güter.

die 999 anderen Pakete. Daß er den Gesamtwert bewahrt, kann sich für ihn nämlich nur dann befugnisbegründend auswirken, wenn es auf diesen Gesamtwert *ankommt* – und dies ist eben die Frage. Der Behauptung von der angeblich grundlosen Bevorzugung des eingriffswilligen *Eigentümers* läßt sich jedoch die Erwägung entgegenhalten, daß es für den *Duldungspflichtigen* nicht weniger zufällig sei, ob die Güter, die auf seine Kosten gerettet werden könnten, einen oder ob sie mehrere Inhaber hätten. Damit ist der Wettstreit zwischen beiden Betrachtungsweisen wieder offen.

Jakobs, einer der wenigen Autoren, die überhaupt zu diesem Problem Stellung nehmen, gibt der Auffassung den Vorzug, die die Kumulation der betroffenen Einzelinteressen gestattet. Er hält die Sachlage sogar für so eindeutig, daß er sich auf eine knappe und apodiktische Bemerkung beschränkt: „Werden durch eine Notstandshandlung *mehrere Interessen* gewahrt ..., so sind die Gewichte der nebeneinanderstehenden Interessen zu *addieren*, auch wenn die Interessen ungleichartig sind“[64]. So eindeutig wie von *Jakobs* unterstellt liegen die Dinge indes nur dann, wenn man ein utilitaristisch-holistisches Notstandsverständnis zugrundelegt: Der Blick auf den kollektiven Gesamtnutzen erzwingt in der Tat eine additive Betrachtung. Eine individualisierende Beurteilung würde, wie *Joerden*, einer der Hauptvertreter einer solchen Notstandsdeutung,[65] mit Bezug auf das Parallelproblem für die Eingriffsseite bemerkt, die „Idee, daß der (Gesamt-)Nutzen durch einen Aggressivnotstandseingriff maximiert werden soll“, in ihr Gegenteil verkehren.[66] Der utilitaristische Begründungsansatz kann jedoch unter freiheitstheoretischen Gesichtspunkten nicht befriedigen;[67] auf ihn läßt sich daher eine überzeugende Lösung des hier interessierenden Problems nicht stützen.

Dennoch ist der von *Jakobs* zum Ausdruck gebrachten Bewertung im Ergebnis zuzustimmen. Dies lehrt ein erneuter Blick auf die Struktur des Notstandskonflikts. In diesem stehen einander gegenüber das zugunsten des Eingriffsopfers streitende abstrakte *Recht der Person* und das ebenso abstrakte, da sich in der Negation jenes Freiheitsmoments erschöpfende *Recht des Wohls*, auf das der Notstandstäter sich stützt. Während das abstrakte Recht das Recht der *einzelnen* Person ist, nimmt das Subjekt der Moralität – dem Anspruch seiner Handlungsmaxime auf formelle Verallgemeinbarkeit gemäß – *„das Wohl auch anderer“* in den Blick.[68] Güter sollen da-

---

[64] *Jakobs* AT 13/32; ebenso Sch-Sch-*Lenckner/Perron* § 34 Rdn. 23, der freilich für die Parallelkonstellation auf der Eingriffsseite umgekehrt entscheidet; skeptisch hingegen NK-*Neumann* § 34 Rdn. 11.

[65] Zu *Joerdens* Position 1. Kap. B.III.2.b).

[66] *Joerden* GA 1993, 253.

[67] Dazu 1. Kap. B.II.2./3., III.

[68] *Hegel* Grundlinien, § 125 (Werke Bd. 7, S. 236).

nach derjenigen Seite zugute kommen, die sie *in der konkreten Situation* – unabhängig von ihrer abstrakt-rechtlichen Verteilung – am nötigsten hat. In seiner Qualität als Antipodin des Rechts der Person führt das Recht des Wohls somit in der Tat zu einer additiven Betrachtung.

Das *so verstandene* Recht des Wohls ist es, welchem gegenüber die abstrakt-rechtliche Position des Eingriffsopfers „aufgehoben" *werden* und *bleiben* muß. „Aufgehoben-Bleiben", das besagt nach den Darlegungen des 1. Kapitels: die betreffende Position muß ihrer Substanz nach erhalten bleiben. Dieses Erfordernis beinhaltet weitreichende Sicherungen für den Eingriffsadressaten; in den beiden nächsten Abschnitten dieser Arbeit wird darauf zurückzukommen sein. „Aufgehoben bleiben" muß freilich *nicht nur* das abstrakte Recht, *sondern auch* das Recht des Wohls. Einen Verzicht auf *konstitutive Merkmale* dieses Rechts darf der Eingriffsadressat deshalb *nicht* verlangen. Darauf liefe die Rückkehr von der additiven zu einer individualisierenden Betrachtung jedoch hinaus. Deshalb bleibt das abstrakte Recht hier auf die Rolle beschränkt, seinem Inhaber Schutz *gegen* das Recht des Wohls zu gewährleisten; hingegen darf die prinzipielle Berechtigung des mit diesem verknüpften Berechnungsmodus nicht unter Berufung auf das Recht der Person bestritten werden. Es ist also in der Tat möglich, daß ein einzelnes Rechtsgut allein darum notstandsfähig wird, weil es gemeinsam mit fremden Rechtsgütern in Gefahr gerät. Für den begünstigten Rechtsgutsinhaber liegt darin einer jener glücklichen Zufälle, die auch eine normativierende Strafrechtswissenschaft anzuerkennen hat.

III. Gegenwärtige Gefahr

1. Überblick

Angesichts einer bestimmten Situation – der gegenwärtigen Gefahr eines erheblichen Schadens – begründet die Regelung über den rechtfertigenden Notstand eine *Eingriffsbefugnis*, und zwar zu Lasten eines „Unschuldigen". Der systematische Kontext, in dem der Begriff der Gefahr hier steht, ist ein gänzlich anderer als beispielsweise im Bereich der Gefährdungsdelikte, wo die Voraussetzungen und Grenzen von *Strafbarkeitsvorverlagerungen* zur Diskussion stehen.[69] Nicht von einem vermeintlichen *allgemeinen* Gefahrbegriff hat die hiesige Erörterung deshalb ihren Ausgang

---

[69] Schlagwortartig ausgedrückt geht es in dem einen Fall um Gefahr als Ausgangspunkt, im anderen Fall hingegen um Gefahr als Endpunkt menschlichen Verhaltens (*Demuth* Gefahrbegriff, S. 81).

zu nehmen,[70] sondern von der *spezifischen* Funktion, die diesem Erfordernis im Rahmen des rechtfertigenden Notstands zukommt.[71] Das Merkmal der Gefahr – im Kontext des § 34 StGB qualifiziert zu dem Erfordernis einer „gegenwärtigen Gefahr" – muß, kurz gesagt, so ausgelegt werden, daß es die Befugnis, in den Rechtskreis eines bislang Unbeteiligten einzugreifen, legitimationstheoretisch „trägt".

Conditio sine qua non eines solchen Eingriffsrechts ist die Konfrontation des Täters mit einer Situation, die über das allgemeine Lebensrisiko hinausgeht. Ubiquitäre Risiken – „auch diejenigen in einer modernen, durch die Fortschritte der Technik geprägten Gesellschaft (Atomkraft!)"[72] – muß der Täter stets hinnehmen, ohne daß er die sich ihm etwa bietenden Chancen zu ihrer Abwendung ergreifen darf. Insoweit fehlt es bereits an einer „Gefahr" im Sinn der Bestimmungen über den rechtfertigenden Notstand.[73] Man darf nicht mittels einer *Ausnahmebefugnis* auf Risiken reagieren, die in einer Gesellschaft bestimmter Gestalt zur *Normalität* gehören.[74]

---

70 So aber *Maurach/Zipf* AT 1 § 27 Rdn. 15; *Hirsch* FS Arthur Kaufmann, S. 555ff.

71 Sch-Sch-*Lenckner/Perron* § 34 Rdn. 12; *Roxin* AT 1 § 16 Rdn. 11; *Demuth* Gefahrbegriff, S. 14, 80f; *Dimitratos* Gefahr, S. 51ff, 97, 163. Zweifel an der Gegenauffassung läßt auch *Jakobs* AT 13/13 Fn. 27 erkennen.

72 Sch-Sch-*Lenckner/Perron* § 34 Rdn. 8; kritisch dazu *Reichert-Hammer* Fernziele, S. 182f.

73 LK-*Hirsch* § 34 Rdn. 38 (allerdings mit zweifelhafter Fallgruppenbildung; dazu bereits unter II.4.); NK-*Neumann* § 34 Rdn. 40; Sch-Sch-*Lenckner/Perron* § 34 Rdn. 8, 15; *Jakobs* AT 13/12; *Kühl* AT § 8 Rdn. 40; *Maurach/Zipf* AT 1 § 27 Rdn. 23; *Pfeffer* HIV-Tests, S. 117f. – Mit dieser Minimalanforderung an den Gefahrbegriff gibt sich die herrschende Meinung freilich nicht zufrieden. Sie verlangt, daß der Eintritt eines Schadens darüber hinaus „wahrscheinlich" sein müsse (KK-*Rengier* § 16 OWiG Rdn. 12; LK-*Hirsch* § 34 Rdn. 26, 32; *ders.* FS Arthur Kaufmann, S. 554 [„wirkliche Ausnahmesituation"]; *Baumann/Weber/Mitsch* AT § 17 Rdn. 48; *Kühl* AT § 8 Rdn. 39; *Maurach/Zipf* AT 1 § 27 Rdn. 15; *Krey* Rechtsprobleme Rdn. 570; *Bergmann* JuS 1989, 110; abschwächend [„nicht ganz unwahrscheinlich"] *Roxin* AT 1 § 16 Rdn. 11; ebenso *Dimitratos* Gefahr, S. 116; *Merkel* Früheuthanasie, S. 534, 543; ähnlich *Janker* Aids-Tests, S. 108). Das hinter dieser Forderung stehende Bestreben, die Aufopferungspflicht des Eingriffsadressaten auf ernsthafte („zugespitzte") Konfliktsituationen zu beschränken, verdient zwar Anerkennung. Daß der Eingriffsadressat nicht über Gebühr belästigt wird, stellen jedoch bereits eine Reihe anderer Rechtmäßigkeitsvoraussetzungen für Notstandseingriffe sicher: der „Schwellenwert" des „erheblichen Schadens", das Erfordernis der „Gegenwärtigkeit" der Gefahr, der Vorrang institutionalisierter Mechanismen der Notbekämpfung und schließlich die Interessenabwägung nach § 34 S. 1 StGB, innerhalb derer nach ihrem ausdrücklichen Wortlaut weitergehende Erwägungen über den Grad der Gefahr ihren Platz haben. Um dem Anliegen einer restriktiven Auslegung der Notstandsvorschrift gerecht zu werden, bedarf es deshalb keiner weitergehenden Anforderungen an den Begriff der Gefahr – zumal wenn die betreffende Qualifikation an einen solch vagen Maßstab wie den der Wahrscheinlichkeit anknüpfen soll (ebenso *Jakobs* AT 13/12).

74 Aus diesem Grund ist die sogenannte „Sozialnot" nicht notstandsfähig (zutreffend NK-*Neumann* § 34 Rdn. 40; *ders.* JRE 2 [1994] 88; i. E. übereinstimmend LK-*Hirsch* § 34 Rdn. 38; Sch-Sch-*Lenckner/Perron* § 34 Rdn. 41d, 47; *Jescheck/Weigend* AT § 33 III 3; *Kühl* AT § 8 Rdn. 40;

Ob eine jenseits des Ubiquitären liegende Gefahr die Befugnis zu Eingriffen als normativ plausible Rechtsfolge erscheinen läßt, kann nicht ohne Blick auf die dem Notstandstäter verfügbaren *Verhaltensalternativen* festgestellt werden. Stets hat dieser die Möglichkeit, den ihm drohenden Verlust hinzunehmen; unter Umständen kann er andere als die von ihm zunächst ins Auge gefaßten Rechtsgüter in Anspruch nehmen; möglicherweise kann er mit seinem Eingriff auch noch warten, um zu sehen, wie sich die Situation ohne sein Dazwischentreten weiterentwickelt. Gerechtfertigt ist der Täter erst dann, wenn die Bewertung dieser Verhaltensalternativen ergibt, daß er sich auf sie nicht verweisen zu lassen braucht. Sein Verhalten muß *normativ alternativenlos* in dem Sinn sein, daß sich angesichts der gegebenen Situation keine „bessere" Verhaltensalternative ausmachen läßt.[75] Es ist also zu zeigen, daß er, um sein bedrohtes Rechtsgut zu retten, *jetzt so* handeln muß.[76] Das letztere Erfordernis, das „so", bezieht sich zum einen auf die *generelle Eingriffskompetenz* des Täters in der gegebenen Situation und zum anderen auf die *inhaltliche Reichweite* dieser (an sich gegebenen) Eingriffsbefugnis. Die beiden folgenden Abschnitte werden darauf ausführlich eingehen. Das erstgenannte Erfordernis, das „jetzt", verweist auf das *temporale Rechtfertigungselement* der „gegenwärtigen Gefahr": Nicht nur in sachlicher, sondern auch in zeitlicher Hinsicht muß das Verhalten des Notstandstäters sich als normativ alternativenlos darstellen. Die „Gegenwärtigkeit" ist „die Kehrseite des Erfordernisses, dass die Gefahr nicht anders abwendbar sein darf"[77]. Der Frage, wann dies der Fall ist, gehen die Erörterungen des vorliegenden Unterabschnitts nach. Sie konzentrieren sich auf zwei systematisch besonders bedeutsame Probleme. Unter 2. wird untersucht, wessen Kenntnisstand der Beurteilung einer Situation als „gefährlich" im Sinn des § 34 S. 1 StGB zugrunde zu legen ist. Unter 3. wird der Begriff der „Gegenwärtigkeit" näher bestimmt. Die dortigen Überlegungen werden einmal mehr bestätigen, daß die Mühe, die hier auf die Entwicklung einer adäquaten Theorie zur Legitimation des

---

Maurach/Zipf AT 1 § 27 Rdn. 40; *Roxin* AT 1 § 16 Rdn. 49; *Lenckner* Notstand, S. 118; *Reichert-Hammer* Fernziele, S. 201f). Ergänzend läßt sich dieses Ergebnis auch auf den Gesichtspunkt des Vorrangs der institutionalisierten Notbekämpfung stützen: Der von seiten der zuständigen Behörden vorgenommenen Definition des den Bürgern zustehenden Wohls, wie sie sich etwa in den Regeln über die Zuteilung von Lebensmitteln äußert, muß der ihr gebührende legitimationstheoretische Primat gesichert werden.

75 In der Regel wird nur *ein* bestimmtes Verhalten als „*das* beste" in Betracht kommen. Manchmal hat der Täter allerdings auch die Wahl zwischen *mehreren* „gleich guten" Verhaltensoptionen. In diesen Fällen hat er entgegen dem insoweit mißverständlichen Wortlaut des § 34 („nicht anders abwendbar") ein Auswahlermessen (KK-*Rengier* § 16 OWiG Rdn. 19; *Jakobs* AT 13/18; *Kühl* AT § 8 Rdn. 89; *Maurach/Zipf* AT 1 § 27 Rdn. 18; *Roxin* AT 1 § 16 Rdn. 21).

76 In der Sache wie hier *Stratenwerth* AT § 9 Rdn. 44 (zu § 904 BGB).

77 *Kindhäuser* AT S. 288. – *Lenckner* Notstand, S. 82 behandelte die „Gegenwärtigkeit" ausdrücklich noch als Teilmoment der „Erforderlichkeit".

rechtfertigenden Notstands verwendet worden ist, nicht vergebens war, weil eine solche Theorie zur systematisch befriedigenden Behandlung zahlreicher dogmatischer Einzelfragen unverzichtbar ist.

2. Die kognitive Basis der Gefahrprognose

Die Einschätzung einer Situation als „gefährlich" hängt ebenso wie das Urteil über die zur Gefahrbekämpfung erforderlichen Gegenmaßnahmen von der Informationsausstattung des Beurteilenden ab. Aus diesem Grund ist es eine systematisch wie praktisch bedeutsame Frage, wessen Kenntnisstand dem Gefahr- und parallel dazu dem Erforderlichkeitsurteil im Bereich des rechtfertigenden Notstands zugrunde zu legen ist. Anders formuliert: Es geht darum, unter welchen Voraussetzungen eine bestimmte prognostische und deshalb mit der Möglichkeit von Fehlern behaftete *Situationseinschätzung* als eine auch für den Eingriffsadressaten *verbindliche Situationsdefinition* behandelt werden darf. Für beide Seiten *verbindlich* kann die Situationseinschätzung nur dann sein, wenn sie auf einer kognitiven Basis beruht, die nach unparteiischem Urteil *beide* Konfliktparteien als für sich gültig anzuerkennen haben: Nur was *verbindend* ist, kann *Verbindlichkeiten* begründen.[78] Welche Beurteilungsperspektive aber ist *verbindend* in dem hier gemeinten Sinne?

Der Umstand, daß der Notstandseingriff einen „Unschuldigen" trifft, scheint auf den ersten Blick dafür zu sprechen, das Prognoserisiko insgesamt dem Eingreifenden aufzuerlegen, was zu einer (objektiven) *ex post*-Perspektive führen würde.[79] Eine solche Lösung wäre jedoch axiologisch ungereimt: Die Rechtsordnung kann nicht einerseits Notstandseingriffe, die sich auf prognostische Einschätzungen stützen *müssen*, ausdrücklich zulassen, andererseits aber denjenigen, der von der betreffenden Eingriffsbefugnis Gebrauch macht, einem unkalkulierbaren Prognoserisiko aussetzen. Im Ergebnis hieße dies nämlich nichts anderes, als daß die Rechtsordnung „in dieser Situation auf eine *umsetzbare* Verhaltensrichtlinie *prak-*

---

[78] Abzulehnen ist aus diesem Grund die Position *Freunds* (AT § 3 Rdn. 55) und *Zielinskis* (Handlungs- und Erfolgsunwert, S. 232), die auf den Blickwinkel desjenigen abstellen, dessen Verhalten auf seine Rechtfertigung hin überprüft wird. Die bloße Berufung auf Individualität vermag für andere Personen keine Verbindlichkeit zu begründen (ähnlich *Jakobs* FS Hirsch, S. 56 [mit Fn. 41]; *Rudolphi* GS Armin Kaufmann, S. 388); das „Individuum" ist eben das „Un-Teilbare".

[79] So in der Tat SK-*Samson* § 34 Rdn. 19 (anders aber jetzt SK-*Günther* § 34 Rdn. 21f); *Tröndle/Fischer* § 34 Rdn. 3; *Bockelmann/Volk* AT, S. 97; *Otto* AT § 8 Rdn. 166, 209 f (mit einer Ausnahme für den Fall, daß der Eingriffsadressat den Irrtum des Eingreifenden bewußt begründet hat, aaO Rdn. 211); *Stratenwerth* AT § 9 Rdn. 97.

tisch verzichtete"[80]. Dies würde zu einer „Entwertung der Erlaubnis" führen;[81] das Recht des Notstandstäters auf sein Wohl, das jene Eingriffsbefugnis legitimationstheoretisch „trägt", würde dadurch seiner begrifflichen Substanz nach infrage gestellt werden: Eine Rechtsposition, deren Ausübung unüberschaubare Risiken für den Handelnden nach sich zieht, stellt ein außerordentlich reduziertes „Recht" dar. Statt in der Notstandsregelung (auch) „aufbewahrt" zu werden, würde das Recht des Wohls in einer solchen Konfliktlösungsformel einseitig negiert werden.

Umgekehrt gewendet, nämlich auf die Position des Eingriffsadressaten bezogen, besagt dies: Wem von der Rechtsordnung angesonnen wird, die Existenz eines Eingriffsrechts mit prognostischer Basis anzuerkennen, der kann sich nicht zur Gänze von den tatsächlichen Bedingungen distanzieren, unter denen die Stellung einer Prognose allein möglich ist. Die *objektiv unvermeidlichen* Risiken einer solchen Prognosestellung muß er deshalb tragen. Dies ist nicht lediglich eine Frage der Zweckmäßigkeit,[82] sondern, soweit der Gesetzgeber *überhaupt* den Rechtfertigungsgrund des Notstands anerkennt, ein Gebot axiologischer Konsequenz.[83]

---

[80] *Frisch* Vorsatz, S. 426 (Hervorhebungen im Original); ebenso *Rudolphi* GS Armin Kaufmann, S. 384.

[81] *Rudolphi* aaO.

[82] So aber *Jakobs* AT 11/12.

[83] Daher ist auch der Eingriffsadressat, der aufgrund von Sonderkenntnissen, die dem Eingreifenden selber unzugänglich sind, weiß, daß tatsächlich kein Schaden droht, das Mißverständnis aber nicht rechtzeitig aufklären kann, dazu verpflichtet, den Notstandseingriff hinzunehmen; dies ist noch Teil seiner Solidaritätspflicht (a. A. *Roxin* AT 1 § 16 Rdn. 14, der dem Betroffenen in diesem Fall das Recht zu „schonendem" Widerstand einräumt). Entgegen SK-*Samson* § 34 Rdn. 23 hat dieser Umstand nicht zur Folge, daß eine „einheitliche Bewertung des objektiven Geschehens" unmöglich würde. Der Eingriffsadressat darf sein Urteil über die Rechtmäßigkeitsvoraussetzungen des Notstandseingriffs eben nicht als *dieses Individuum* – also auf der Grundlage seines *faktisch vorhandenen* Wissens – bilden; als *Bürger* muß er sich vielmehr auf das objektiv erreichbare Wissensniveau seines Kontrahenten einstellen. Ist damit die legitimationstheoretische Vorzugswürdigkeit der objektiven *ex ante*-Perspektive erwiesen, so entfällt auch der zweite der von *Samson* erhobenen Einwände. Er rügt die „Asymmetrie", die darin liege, daß im Bereich der Notstandsrechtfertigung *ex ante* geurteilt werde, nachdem zuvor der Erfolgsunwert des Täterhandelns auf der Tatbestandsebene anhand einer *ex post*-Betrachtung begründet worden sei (SK-*Samson* § 34 Rdn. 22). Dabei verkennt *Samson* jedoch die unterschiedlichen legitimationstheoretischen Zusammenhänge, in denen die beiden Urteile stehen: Im Bereich der Rechtfertigungsvoraussetzungen geht es um die definitiven Legitimationsbedingungen eines solidaritätsgestützten Eingriffsrechts. Dagegen haftet der objektiven Lagebeurteilung im Bereich des Tatbestands mit Blick auf die Verbrechensfrage etwas Vorläufiges an: „Über die beste mit hinreichender Rechtstreue erreichbare subjektive Lagebeurteilung geht die Haftung doch nicht hinaus" (*Jakobs* FS Hirsch, S. 57). Aber selbst wenn man von diesem Umstand absieht, greift *Samsons* „begriffsjuristisches" Argument nicht durch: Der – um in *Samsons* Terminologie zu sprechen – „Erfolgswert" der Notstandsrechtfertigung ist identisch mit den Bedingungen, von denen die Duldungspflicht des Eingriffsadressaten abhängt. Gehört dazu die Verpflichtung, sich auf eine objektive *ex*

Zutreffend an dem Verweis auf die Schutzwürdigkeit des „unschuldigen" Eingriffsadressaten ist also lediglich, daß dieser sich nicht die Folgen solcher Informationsdefizite des Notstandstäters aufbürden lassen muß, die sich aus dessen *individuellen* Verhältnissen ergeben, nach *objektiven* Maßstäben aber vermeidbar gewesen wären. Die Individualität des Täter vermag bereits begrifflich dessen Opfer nicht zu verbinden; der Umstand, daß der Informationsstand des konkreten Notstandstäters unterhalb des objektiv Möglichen liegt, entlastet ihn daher nicht von seinem, dem objektiv vermeidbaren Teil des Prognoserisikos. Mit einem Wort: Die Beurteilungsperspektive muß zwar eine im Kern *objektive* sein, jedoch ist grundsätzlich nicht der Informationsstand *ex post*, sondern derjenige *ex ante* zugrunde zu legen.[84]

---

ante-Perspektive einzulassen, so liegt darin eine vollwertige Kompensation des durch die Tatbestandsverwirklichung begründeten „Erfolgsunwerts".

[84] Ebenso KK-*Rengier* § 16 OWiG Rdn. 12, 35; *Lackner/Kühl* § 34 Rdn. 2; LK-*Hirsch* § 34 Rdn. 27ff; *ders.* FS Arthur Kaufmann, S. 552; StK-*Joecks* § 34 Rdn. 14; *Baumann/Weber/Mitsch* AT § 17 Rdn. 48; *Blei* AT, S. 148; *Gropp* AT § 6 Rdn. 117; *Jakobs* AT 11/12, 13/13; *Jescheck/Weigend* AT § 33 IV 3 a; *Kühl* AT § 8 Rdn. 45; *Maurach/Zipf* AT 1 § 27 Rdn. 15; *Roxin* AT 1 § 16 Rdn. 12 f; *Wessels/Beulke* AT Rdn. 304; *Demuth* Gefahrbegriff, S. 81 Fn. 1; *Dimitratos* Gefahr, S. 141; *Janker* Aids-Tests, S. 101; *Merkel* Früheuthanasie, S. 535; *Reichert-Hammer* Fernziele, S. 179 f; *Wolter* Zurechnung, S. 171; *Dornseifer* JuS 1982, 763 f; *Rudolphi* GS Armin Kaufmann, S. 387 f; *Schaffstein* FS Bruns, S. 92, 94; vom Standpunkt des Zivilrechts aus auch *Münzberg* Verhalten und Erfolg, S. 286. – *Lenckner* und *Perron* wollen im Anschluß an *Gallas* FS Heinitz, S. 177 ff die *ex ante*-Sicht auf die Prognose beschränken; die der Prognose zugrundegelegten Umstände, jedenfalls soweit sie objektiv feststellbar seien, müßten hingegen *tatsächlich* vorhanden sein (Sch-Sch-*Lenckner/Perron* § 34 Rdn. 13 f; ebenso SK-*Günther* § 34 Rdn. 21; *Haft* AT, S. 96; *Demuth* Gefahrbegriff, S. 108 ff; *Pfeffer* HIV-Tests, S. 118; nahestehend *Herzberg* JA 1989, 250; ähnlich NK-*Neumann* § 34 Rdn. 50: Die Behauptung, es habe eine Gefahr vorgelegen, müsse auch aus der Sicht *ex post* noch einer möglichen Typisierung der Situation entsprechen). Jedoch läßt sich die Stellung der Prognose nicht von deren kognitiver Basis abspalten (LK-*Hirsch* § 34 Rdn. 28; *ders.* FS Arthur Kaufmann, S. 551; *Roxin* AT 1 § 16 Rdn. 15; *Dimitratos* aaO S. 147, 150; *Janker* aaO S. 102; *Wolter* aaO S. 172; *Schaffstein* aaO S. 97); „die Anlage zu einer bestimmten Entwicklung kann stets als Eigenschaft der Lage definiert werden" (*Jakobs* AT 13/13). Die Sachfrage, um deren Beantwortung es vorliegend geht, ist eine einzige: Auf welche der gemäß einer objektiven *ex post*-Betrachtung zur Verfügung stehenden Verhaltensalternativen darf der Notstandstäter zumutbarerweise verwiesen werden? Diese *eine* Frage muß anhand eines *einheitlichen* Beurteilungsmaßstabs beantwortet werden. – NK-*Neumann* § 34 Rdn. 48 reagiert auf die von *Jakobs* geäußerte Kritik mit der Formulierung einer „einfache(n) Zusatzbedingung", wonach Umstände, die nur mit Dispositionsbegriffen zu bezeichnen seien, bei der Sachverhaltsdiagnose außer Betracht zu bleiben haben. Deshalb darf nach einem Beispiel *Neumanns* aaO eine Gefahr nicht mit der Begründung verneint werden, daß angesichts der besonderen Widerstandsfähigkeit des Unfallopfers der von diesem erlittene Blutverlust von vornherein nicht lebensgefährlich gewesen sei. Positiv gewendet: Nach *Neumann* liegt eine Gefahr vor, wenn der Blutverlust nur aufgrund der besonderen Robustheit des Opfers für dieses nicht lebensgefährlich war, für ein Opfer mit lediglich durchschnittlicher Widerstands-

Dieser Grundsatz bedarf freilich noch der Präzisierung: *Wessen Beurteilungsperspektive* verdient es, als „objektiv" ausgezeichnet zu werden? Mit welchen intellektuellen Fähigkeiten muß „die den ‚personifizierten Gefahrbegriff' verkörpernde Beurteilerfigur"[85] ausgestattet werden, damit die Gefahrprognose rechtlich maßgebend ist? Die Antwort auf diese genuin normative Frage[86] ergibt sich aus dem subsidiären Charakter der Notstandsbefugnis. Die Bekämpfung von „Nöten" ist in erster Linie die Angelegenheit spezieller Organisationen, die zumeist der unmittelbaren oder mittelbaren Staatsverwaltung angehören. Nur wenn diesen Stellen die konkrete Notlage gleichsam unerreichbar ist, darf der einzelne Bürger als eine Art Geschäftsführer ohne Auftrag an ihre Stelle treten.[87] Für den Eingriffsadressaten birgt die privat-freihändige Inanspruchnahme ein weitaus höheres Maß an Unberechenbarkeit als eine Inanspruchnahme im Rahmen von regelhaft-professionellen Abläufen. Diese Gefahr würde noch weiter vergrößert werden, wenn der Eingriffsadressat auch Abstriche im Hinblick auf das Wissensniveau machen müßte, für dessen Erreichung sein Gegenüber zuständig ist. Die Subsidiarität der privat-freihändigen gegenüber der organisierten Gefahrenabwehr führt deshalb dazu, daß jenes Niveau an Kenntnissen als „objektiv" zugrunde zu legen ist, das in der konkreten Handlungssituation von demjenigen zu erwarten gewesen wäre, der professionell mit der Bekämpfung einer Gefahr nach Art der in Rede stehenden befaßt ist –[88] und sei

---

kraft hingegen Lebensgefahr bestanden hätte. Die von *Neumann* hier praktizierte Beschränkung des von ihm im Ausgangspunkt *ex post* bestimmten Gefahrbegriffs auf typische Schadensrisiken hat mit der Ausklammerung von Dispositionsbegriffen indes nichts zu tun. Der infolge eines bestimmten Blutverlusts gewöhnlich eintretende Tod ist nicht weniger die Folge einer „Disposition" (nämlich der [lediglich] durchschnittlichen körperlichen Widerstandsfähigkeit des Betreffenden) als es das ausnahmsweise, auf einer besonders robusten Konstitution beruhende Überleben ist. *Neumanns* vermeintliche Zusatzbedingung würde also, ernst genommen, den Notstandssachverhalt nicht lediglich von Sonderumständen entlasten, sondern ihn gänzlich unbeschreibbar machen.

[85] *Demuth* aaO S. 74.

[86] Vgl. *Demuth* aaO S. 107.

[87] Näheres dazu sogleich unter D.III./IV.

[88] NK-*Neumann* § 34 Rdn. 51; *Jakobs* AT 13/13; *ders.* FS Hirsch, S. 56; *Kühl* AT § 8 Rdn. 52; für Situationen, die den Fachmann erfordern, auch *Roxin* AT 1 § 16 Rdn. 15; *Dimitratos* Gefahr, S. 171; nahestehend ferner KK-*Rengier* § 16 OWiG Rdn. 12; *Wessels/Beulke* AT Rdn. 304; *Reichert-Hammer* Fernziele, S. 180, die auf einen „sachkundigen Beurteiler/Beobachter" abstellen. – Dieser legitimationstheoretische Kontext würde verzeichnet, wenn man mit *Schaffstein* FS Bruns, S. 100ff (diesem zustimmend *Maurach/Zipf* AT 1 § 27 Rdn. 15; *Frisch* Vorsatz, S. 426f; *Wolter* Zurechnung, S. 171; *Dornseifer* JuS 1982, 764; *Rudolphi* GS Armin Kaufmann, S. 388f) auf die Leistungsfähigkeit der Angehörigen des Verkehrskreises abstellte, dem der Handelnde angehört. Nach dem bislang Festgestellten läßt das Eingriffsrecht des Notstandstäters sich nur dadurch legitimieren, daß dieser als Platzhalter eines Allgemeininteresses auftritt. Wenn ihm das *ad hoc* übergeworfene Gewand zu weit ist und ihm ein kognitiver Fehler unterläuft, der für einen Laien typisch ist, den ein Fachmann jedoch ver-

der betreffende professionelle Rollenstandard ein so vager wie der des pflichtgetreuen Polizeibeamten.[89]

Für zwei Fallgruppen bedarf der Maßstab des „objektiv *ex ante*“ zudem der Modifikation. Erstens ist es denkbar, daß eine Situation zwar *ex ante* als ungefährlich erscheint, sie sich jedoch im nachhinein (*ex post*) als gefährlich erweist. Wer hier in einer nach Notstandsmaßstäben zulässigen Weise auf fremde Rechtsgüter zugreift, der handelt objektiv gerechtfertigt: Der Satz, daß regelmäßig eine *ex ante*-Perspektive zugrunde zu legen ist, soll nach dem soeben Ausgeführten der Rechts-

---

mieden hätte, modifiziert die Begrenztheit seines *tatsächlichen* Erkenntnishorizonts nicht die *normativ* maßgeblichen Erwartungen an sein Verhalten (ähnlich *Jakobs* AT 13/13 Fn. 24). *Schaffsteins* Hinweis, daß im Fall des rechtfertigenden Notstands die Opferung gerade zur Rettung der höherwertigen Güter geschehe und daß jede besondere Einschränkung des Gefahrbegriffs in § 34 StGB auf Kosten der Rettungschancen dieser höherwertigen Güter gehe (aaO S. 100), ist ohne Beweiskraft (ablehnend auch *Dimitratos* aaO S. 164f). Die Ausgestaltung der Notstandsvorschrift beruht auf einem Werturteil darüber, in welchem Umfang das von *Schaffstein* unterstrichene Rettungsanliegen in Anbetracht der Rechtsposition des Eingriffsadressaten *Anerkennung verdient*. Aus argumentationslogischen Gründen darf zur Begründung des betreffenden *Beurteilungsmaßstabs* nicht auf das *zu bewertende Anliegen* zurückgegriffen werden (ähnlich *Hirsch* FS Arthur Kaufmann, S. 547). – LK-*Hirsch* § 34 Rdn. 27 bezieht „alle Umstände, die in der *Gesamtsituation* überhaupt feststellbar sind“, in das Urteil über das Vorliegen einer Gefahr ein (ähnlich *Münzberg* Verhalten und Erfolg, S. 286 [maßgeblich sei die „vom Tatort aus wahrnehmbare Sachlage“], etwas unbestimmter *Otto* AT § 8 Rdn. 166 [es komme auf einen Beobachter an, „dem die in der Handlungssituation wesentlichen Umstände bekannt sind“]). Er begründet dies damit, daß die notstandsbegründende Gefahr ein „objektiver, nicht durch einseitige Blickrichtungen relativierbarer Zustand“ sei (LK-*Hirsch* § 34 Rdn. 27; *ders.* FS Arthur Kaufmann, S. 551). Auch diese Position überzeugt nicht: Der Rechtfertigungsgrund „Notstand“ eröffnet eine Handlungs-, genauer gesagt, eine Eingriffsbefugnis. Wie sämtliche anderen Notstandsvoraussetzungen ist auch das Gefahrerfordernis durch diesen *Handlungskontext* geprägt. Wer statt auf den Handlungskontext auf die „Geschehenssituation“ abstellt, die sich einem imaginären außenstehenden Beobachter darbiete, vernachlässigt die spezifische normative Funktion des Gefahrbegriffs in § 34 StGB. – Erst recht trifft die vorstehende Kritik die Position *Bleis* AT, S. 150. Dieser legt dem Gefahrurteil die Sachkunde zugrunde, „welche alle Gegenwartskenntnisse umfaßt“. Mit dieser rigoros externalistischen Position würde der Handlungsbezug der Notstandsregelung endgültig gesprengt (ablehnend auch LK-*Hirsch* § 34 Rdn. 30; *ders.* FS Arthur Kaufmann, S. 553f; ferner *Dimitratos* aaO S. 153f; *Janker* Aids-Tests, S. 104f; *Schaffstein* aaO S. 101). Die Sicherungen für den Eingriffsadressaten, die sich aus dem quasi-institutionellen Charakter der Notstandspflicht ergeben, würden überspannt, denn die Kumulierung sämtlicher Gegenwartskenntnisse ist „selbst bei fehlendem Zeitdruck nicht organisierbar, sondern allenfalls zufällig möglich“ (*Jakobs* AT 13/13 Fn. 25).

[89] Zu Recht bemerkt *Hirsch* FS Arthur Kaufmann, S. 554 zu *Roxins* Differenzierung zwischen Fällen, in denen zur Beurteilung einer Gefahr besondere Fachkenntnisse notwendig seien, und Fällen, in denen eine solche Notwendigkeit nicht bestehe (*Roxin* aaO), dabei handle es sich um ein „Scheinproblem“: „Wenn ein sachverständiges Urteil gefordert wird, schließt dies notwendig die Möglichkeit ein, daß es Situationen gibt, in denen schon jeder verständige Mensch den erforderlichen Sachverstand aufbringen kann“.

position des Eingreifenden Rechnung tragen und im Vergleich zu einer strengen *ex post*-Perspektive die Risiken für diesen verringern. Rechtfertigt deshalb in dem soeben umschriebenen Umfang bereits die *prognostische Annäherung* an die tatsächliche Sachlage objektiv die zwangsweise Herbeiführung eines für den Betroffenen belastenden Ergebnisses, so gilt Gleiches erst recht für die *tatsächliche Sachlage selbst*, auch wenn sie erst im nachhinein vollständig begriffen werden kann.[90] Zweitens ist es möglich, daß der konkrete Notstandstäter über Kenntnisse verfügt, die über das generell zu erwartende Wissensniveau hinausgehen. Muß er dieses *Sonderwissen* in den Notstandskonflikt einbringen? Dies ist der Fall.[91] Das Recht des Wohls, dessen Beachtung der Notstandstäter reklamiert, dient dem Schutz grundlegender Ermöglichungsbedingungen seiner Individualität.[92] Wer aber seine Individualität *auf Kosten* der Güter eines anderen behaupten darf, dem darf, ja muß umgekehrt abverlangt werden, diese seine Individualität (d.h. hier: seine Sonderfähigkeiten) auch *zugunsten* desjenigen einzusetzen, den er in Anspruch zu nehmen beabsichtigt. Entgegen der Auffassung *Samsons*[93] liegt somit keine Inkonsequenz darin, daß der Notstandstäter zwar nicht unter die objektiven Rollenstandards *fallen* darf, er aber unter Umständen darüber *hinausgehen* muß. Diese Asymmetrie ergibt sich vielmehr aus der Eigenart *solidaritätsgestützter* Ansprüche und Pflichten.[94]

---

90 Ebenso *Jakobs* AT 11/12, 13/13.

91 So auch KK-*Rengier* § 16 OWiG Rdn. 12; *Lackner/Kühl* § 34 Rdn. 2; NK-*Neumann* § 34 Rdn. 51; SK-*Günther* § 34 Rdn. 21; StK-*Joecks* § 34 Rdn. 14; *Haft* AT, S. 96; *Jakobs* AT 13/13; *Kühl* AT § 8 Rdn. 53; *Wessels/Beulke* AT Rdn. 304; *Dimitratos* Gefahr, S. 172; *Frisch* Vorsatz, S. 427 Fn. 48; *Reichert-Hammer* Fernziele, S. 180; *Wolter* Zurechnung, S. 171; *Rudolphi* GS Armin Kaufmann, S. 388.

92 Dazu 1. Kap. D.II.2.

93 SK-*Samson* § 34 Rdn. 24.

94 Entgegen der herrschenden Meinung läßt sich das hiesige Ergebnis nicht – jedenfalls nicht bedenkenlos – auf solche Rechtsverhältnisse übertragen, die im Kern von abstrakt-rechtlicher Qualität sind. Da nämlich das abstrakte Recht den Umfang der Verpflichtung einer Person gerade unter Absehung von deren Individualität bestimmt, muß es der Berücksichtigungsfähigkeit von Sonderkenntnissen und -fertigkeiten von vornherein ablehnend gegenüberstehen (exemplarisch dazu *Verf.* Betrug, S. 149 ff). Dies schließt freilich die Möglichkeit nicht aus, daß abstrakt-rechtlich fundierte Rechtsverhältnisse durch gewisse Solidaritätserwartungen überformt werden. Ob und gegebenenfalls inwieweit dies der Fall ist, stellt ein systematisch bedeutsames Problem dar, kann an dieser Stelle allerdings nicht weiter verfolgt werden.

3. Die Gegenwärtigkeit der Gefahr

Nach den Bemerkungen unter 1. ist die Gefahr gegenwärtig, wenn der Betroffene zu ihrer Abwendung *jetzt* handeln muß, ihm also ein weiteres Abwarten nicht zugemutet werden kann. Wann von einer derartigen Zuspitzung der Situation gesprochen werden kann, hängt nicht von der *psychischen* Befindlichkeit des Betroffenen ab, sondern ist das Ergebnis einer *normativen* Bewertung. Die Erlaubnis an den Gefährdeten, sein Recht des Wohls auf Kosten eines „Unschuldigen" eigenhändig zu exekutieren, berührt nicht nur dessen von dem Eingriff betroffene *abstrakt-rechtliche* Position, sondern auch – in einem Bürgerstrafrecht sogar primär – seine *institutionell* (d. h. in seiner Bürgerrolle) gründende Erwartung, zur Erbringung solidarischer Leistungen grundsätzlich nur im Rahmen geregelter Verfahren (und zumeist lediglich in Form von Geldzahlungen) in Anspruch genommen zu werden.[95] Dieser Gesichtspunkt prägt auch die Interpretation des Merkmals der „Gegenwärtigkeit" und erweist dessen Affinität zu den Überlegungen, die im Rahmen der Angemessenheitsprüfung angestellt zu werden pflegen;[96] er gebietet eine restriktive Interpretation jenes Rechtfertigungserfordernisses. Die gebotene Zurückhaltung darf freilich nicht dazu führen, das Eingriffsrecht so weit zurückzudrängen, daß es im Ergebnis nahezu gegenstandslos gemacht wird. Das Recht des Wohls muß vielmehr, wie bei der Auflösung des Notstandskonflikts insgesamt, so auch in der Interpretation der „gegenwärtigen Gefahr" als *eigenständige Größe* erkennbar bleiben. Einmal mehr gilt, daß dieses Recht nicht nur aufgehoben *werden* darf, sondern auch aufgehoben *bleiben* muß.

Aus diesem Grund ist der Begriff der „Gegenwärtigkeit" im hiesigen Zusammenhang nicht in erster Linie vom zeitlichen Abstand des drohenden Schadenseintritts her zu bestimmen; maßgeblich sind vielmehr der Zwang zur Entscheidung[97] und „die Notwendigkeit zu sofortigem Handeln"[98]. Die Pflicht zum weiteren Ab-

---

[95] Dazu bereits Einl. A.; näher sogleich unter D.III.

[96] Zutreffend *Jakobs* ZStW 91 (1979) 648; vgl. auch *dens.* AT 13/15.

[97] Vgl. *Frisch* Vorsatz, S. 428; *Rudolphi* GS Armin Kaufmann, S. 384.

[98] Sch-Sch-*Lenckner/Perron* § 34 Rdn. 17; ebenso KK-*Rengier* § 16 OWiG Rdn. 14; LK-*Hirsch* § 34 Rdn. 37; NK-*Neumann* § 34 Rdn. 56; StK-*Joecks* § 34 Rdn. 16; *Blei* AT, S. 150; *Ebert* AT, S. 81; *Freund* AT § 3 Rdn. 52; *Jakobs* AT 13/15; *Jescheck/Weigend* AT § 33 IV 3 a; *Kindhäuser* AT, S. 288; *Kühl* AT § 8 Rdn. 68; *Stratenwerth* AT § 9 Rdn. 97; *Krey* Rechtsprobleme Rdn. 304, 572f; *Ludwig* „Gegenwärtiger Angriff", S. 123; *Pfeffer* HIV-Tests, S. 118; *Reichert-Hammer* Fernziele, S. 184f; *Eisenberg/Müller* JuS 1990, 121; *Haft/Eisele* Jura 2000, 315; *Lenckner* GS Noll, S. 251; *ders.* JuS 1988, 353; *Meyer-Gerhardt*, JuS 1972, 660; *Weber* Jura 1984, 370; *Wölfl* Jura 2000, 233. – Inhaltlich im wesentlichen gleichbedeutend, wenngleich weniger prägnant ist die Formel, daß der aktuelle Zustand den Eintritt eines Schadens „ernstlich befürchten" lassen muß, sofern nicht „alsbald" Abwehrmaßnahmen ergriffen werden (StK-*Joecks* § 34 Rdn. 15; *Otto* AT § 8 Rdn. 167; *Wessels/Beulke* AT Rdn. 303; ähnlich *Eser/Burkhardt* Strafrecht I, Fall 12 A 26).

warten darf deshalb zeitlich nicht so weit ausgedehnt werden, daß das gefährdete Rechtsgut statt durch planmäßig-rationale Gegenmaßnahmen nur noch durch einen glücklichen Zufall gerettet werden kann. Positiv gewendet: Erst im „letztmöglichen Zeitpunkt“[99], nämlich dann, wenn sich die Situation so weit zugespitzt hat, daß ein weiteres Abwarten den Verlust des bedrohten Guts als durch planmäßiges Handeln nicht mehr oder nur mit einem unverhältnismäßig größeren Aufwand verhinderbar erscheinen läßt, ist die Gegenwärtigkeit der Gefahr zu bejahen. Ist diese Voraussetzung erfüllt, schadet es auch nicht, daß der Eintritt des Schadens selbst erst nach dem Ablauf einer gewissen Zeit zu erwarten steht.[100] Erst recht sind Dauergefahren – Zustände, die jederzeit, also auch alsbald in einen Schaden umschlagen können – „gegenwärtig“ im Sinn des rechtfertigenden Notstands.[101] Aufgrund der primär *institutionellen* Verankerung des Gegenwärtigkeitserfordernisses greift diese Eingriffsschwelle unabhängig von der Wertigkeit des gefährdeten Rechtsguts ein. Die Befugnis zur Rettung eines hochwertigen Guts per Notstand setzt also keinen geringeren Gefahrengrad voraus als die Befugnis zur Rettung eines niederwertigen Guts.[102] Von einem Notstand im Sinn des § 34 StGB kann demnach nur dort die Rede sein, wo die Situation sowohl in sachlicher als auch in zeitlicher Hinsicht die Notwendigkeit eines Eingriffs nachdrücklich indiziert: Der drohende Schaden muß ein erheblicher und die Notwendigkeit, jetzt einzugreifen, muß unabweislich sein.

---

[99] *Stratenwerth* AT § 9 Rdn. 97.

[100] KK-*Rengier* § 16 OWiG Rdn. 14; LK-*Hirsch* § 34 Rdn. 37; *ders.* JR 1980, 115; NK-*Neumann* § 34 Rdn. 57; SK-*Samson* § 34 Rdn. 28; Sch-Sch-*Lenckner/Perron* § 34 Rdn. 17; *Kühl* AT § 8 Rdn. 66; *Roxin* AT 1 § 16 Rdn. 17; *Krey* Rechtsprobleme Rdn. 573; *Küper* Nötigungsnotstand, S. 24; *Ludwig* „Gegenwärtiger Angriff“, S. 123; *Schroeder* JuS 1980, 336.

[101] *Lackner/Kühl* § 34 Rdn. 2; LK-*Hirsch* § 34 Rdn. 36; *ders.* JR 1980, 116; NK-*Neumann* § 34 Rdn. 56; SK-*Samson* § 34 Rdn. 27; Sch-Sch-*Lenckner/Perron* aaO; *Tröndle/Fischer* § 34 Rdn. 4; *Baumann/Weber/Mitsch* AT § 17 Rdn. 58; *Kühl* AT § 8 Rdn. 70; *Maurach/Zipf* AT 1 § 27 Rdn. 16; *Roxin* AT 1 § 16 Rdn. 18; *ders.* FS Jescheck, Bd. 1, S. 479; *Krey* aaO Rdn. 572; *Ludwig* aaO S. 122; *Arzt* JuS 1982, 451; *Tenckhoff* JR 1981, 257.

[102] So aber *Ludwig* „Gegenwärtiger Angriff“, S. 125, 210; *Merkel* Früheuthanasie, S. 542; *Reichert-Hammer* Fernziele, S. 181 f; *Grebing* GA 1979, 102 f Fn. 126; *Rudolphi* GS Armin Kaufmann, S. 385; *Schaffstein* FS Bruns, S. 105; *Schlehofer* Jura 1989, 265. – Wie hier LK-*Hirsch* § 34 Rdn. 34; *Jakobs* AT 13/12; *Maurach/Zipf* AT 1 § 27 Rdn. 16; *Roxin* AT 1 § 16 Rdn. 11; *Dimitratos* Gefahr, S. 112.

D. Die Grundsituation des rechtfertigenden Notstands (2): Befugnis des Täters zur Geltendmachung des Notstandsrechts

I. Überblick

1. Der quasi-institutionelle Charakter der Notstandspflicht

Wie im 1. Kapitel gezeigt worden ist, verdankt der rechtfertigende Notstand seine freiheitstheoretische Brisanz dem Umstand, daß in der Notstandssituation zwei Teilmomente der komplexen Idee rechtlicher Freiheit zusammentreffen, die es beide verdienen, als prinzipiell beachtlich anerkannt zu werden. Bei diesen Freiheitsmomenten handelt es sich einerseits um den abstrakt-rechtlichen Anspruch des Eingriffsadressaten, sich die von ihm nicht herausgeforderten Eingriffe anderer Personen in seinen regulären Rechtskreis verbitten zu dürfen, und andererseits um das Recht des Wohls, das zugunsten des Eingreifenden streitet. Diesen Zusammenhang erstmals auf den Begriff gebracht zu haben ist das große Verdienst von *Hegels* Notrechtslehre.[1] Frei von Einwendungen ist allerdings auch dessen Konzeption nicht. Am schwersten wiegt der Umstand, daß *Hegel*, indem er das Notrecht in der Moralität verortet, dieses Recht zu eng faßt, und zwar in doppelter Hinsicht.

Erstens schneidet er sich damit von vornherein die Möglichkeit ab, Notstandseingriffe zugunsten bzw. zu Lasten von *Rechtsgütern der Allgemeinheit* zuzulassen: Wie sollen Belange der Allgemeinheit auf einer Systemstufe adäquat thematisiert werden können, die nur erst die *Personen* des abstrakten Rechts und die *Subjekte* der Moralität kennt?[2] Zweitens erweckt *Hegel* durch die Lozierung des Notrechts innerhalb der Moralität den unzutreffenden Eindruck, daß der Notstandskonflikt sich abschließend in *intersubjektivistischen* Kategorien beschreiben lasse: hier das sich in seiner Formalität erschöpfende abstrakte Recht, dort das die „Verflüssigung" der Rechtsform fordernde Anliegen des Wohls. Wer sein eigenes bzw. ein fremdes Wohl in dieser Weise versteht, wird jeglicher „Formierung" desselben – jeder näheren Bestimmung seines Inhalts und seiner Grenzen in rechtlichen Einzelregelungen – kritisch gegenüberstehen; er wird sie statt als Erfüllung als Beschränkung des individuellen Wohls ansehen, die dessen „wahren" Forderungen gegenüber prinzipiell äußerlich bleibe. Diese Einstellung legt es für den Betreffenden nahe, sich für befugt zu erachten, jene vorgeblich zu engen Regeln in einer konkreten Notstandssituation unter Berufung auf seine vermeintlich tiefere Einsicht in

---

[1] Dazu 1. Kap. D.II.

[2] Zur Begründung näher 1. Kap. D.IV.2.

die Forderungen der Gerechtigkeit beiseite zu schieben. Eine solche Selbstermächtigung aber widerspricht diametral dem Selbstverständnis eines vernünftigen Staates, der von *Hegel* nicht zuletzt deshalb freiheitstheoretisch ausgezeichnet wird, weil er es vermag, die formlose Subjektivität der Moralität institutionell zu domestizieren.[3] Der genuin *Hegel*sche Gedanke vom *Primat der Institutionen* hat in *Hegels* Notstandslehre nicht den ihm gebührenden Ausdruck gefunden.

Die vorstehend in Erinnerung gerufenen Überlegungen führten zu der Schlußfolgerung, daß der Befugnis zur Durchführung und der Verpflichtung zur Duldung von Notstandseingriffen ein *quasi-institutioneller* Charakter zukommt: Aufgrund seiner Bürgerpflicht, an der Aufrechterhaltung eines Systems realer Freiheit mitzuwirken, muß der Pflichtige den Notstandseingriff dulden; kraft seines Bürgerstatus kann er aber zugleich darauf verweisen, daß er zur Erbringung solidarischer Leistungen grundsätzlich nur im Rahmen geregelter Verfahren (und zumeist lediglich in Form von Geldzahlungen) herangezogen werden darf und daß „freihändige" Notstandseingriffe deshalb auf seltene Ausnahmefälle beschränkt bleiben müssen. Die Befugnis zur Vornahme eines Notstandseingriffs muß mit anderen Worten als homogener Bestandteil einer Rechtsordnung interpretiert werden, die das Wohl aller Bürger regelmäßig *institutionell* definiert und gegen typische Gefährdungen schützt. Ein möglicherweise zur Rechtfertigung führender Notstandskonflikt liegt deshalb nur dann vor, wenn die spezifische Gefahrensituation, in der sich der Eingreifende befindet, innerhalb des Rechtsverhältnisses, dessen Regeln er übertritt, keine – jedenfalls keine abschließende – Berücksichtigung gefunden hat. Nur unter dieser Voraussetzung kann der Eingreifende mit Aussicht auf Erfolg geltend machen, das gesatzte Recht erweise sich seinem, des Täters, Wohl gegenüber als gleichgültig und dürfe von ihm deshalb als „abstrakt" behandelt werden. Ist hingegen das Anliegen des Eingreifenden bereits institutionell verarbeitet – „aufgehoben" i. S. v. „aufbewahrt" – worden, so hebt dieser Umstand ein auf dessen Gefährdung gestütztes Notstandsrecht auf, bringt es also gemäß der zweiten Bedeutungsvariante dieses doppelsinnigen Worts zum Wegfall.[4] Es fehlt in einem solchen Fall auf seiten der beeinträchtigten Institution jenes (Rest-)Moment von Formalität, an dem sich ein freiheitstheoretisch berechtigter Widerspruch entzünden könnte.

Die hiesige Einordnung der Duldungspflicht im Notstand als *quasi-institutionelle* Verpflichtung vermag die bedenklichen Folgen zu korrigieren, die sich aus *Hegels* verfehlter Einordnung des Notrechts ergeben. *Einerseits* ist es danach ohne weiteres möglich, die kategorische Ausgrenzung von Eingriffen zu Gunsten oder zu Lasten

---

[3] Auch dazu 1. Kap. D.IV.2.

[4] *Abegg* Lehrbuch, S. 167 bemerkt, bereits im Begriff der Not liege die Voraussetzung, daß Rettung auf dem regelmäßigen Wege des öffentlichen Rechtsschutzes jetzt nicht möglich sei.

von Rechtsgütern der Allgemeinheit aus dem Begriff des rechtfertigenden Notstands rückgängig zu machen. Eingriffe *zugunsten* derartiger Güter sind schon deshalb nicht prinzipiell ausgeschlossen, weil der Eingreifende *als Bürger* handelt und (sofern der Eingriff sich gegen ein fremdes Individualrechtsgut richtet) der Eingriffsadressat *als Bürger* in Anspruch genommen wird. Als Bürger aber tragen beide eine unmittelbare Mitverantwortung für das Allgemeine, und mit dem Begriff einer solchen Mitverantwortung ist die Befugnis, in Notfällen als Vertreter der Allgemeinheit auftreten zu dürfen, sowie eine Pflicht des Inhalts, unter Umständen eigene Güter zugunsten der Allgemeinheit aufopfern zu müssen, zwanglos vereinbar.[5] Eingriffe *zu Lasten* von Rechtsgütern der Allgemeinheit sind auf der Basis der hiesigen systematischen Einordnung des Notrechts im Prinzip ebenfalls möglich. Richtet sich nämlich das Recht des einzelnen auf die Berücksichtigung seines Wohls in erster Linie an die staatlich formierte Gemeinschaft, dann darf es in einer Konfliktsituation nicht von vornherein ausgeschlossen sein, daß der einzelne Bürger sein Wohl unmittelbar durch den Eingriff in ein Rechtsgut der Allgemeinheit zu wahren sucht. *Andererseits* – und in der praktischen Auswirkung durchaus gegenläufig dazu – gebietet es die im vorigen Kapitel vorgenommene Einordnung des rechtfertigenden Notstands, die Zulässigkeit von Notstandseingriffen *weitreichenden institutionellen Beschränkungen* zu unterwerfen. Darauf ist im folgenden näher einzugehen.

---

[5] Daß Rechtsgüter der Allgemeinheit, insbesondere des Staates, grundsätzlich notstandsfähig sind, wird heute im strafrechtlichen Schrifttum nahezu einhellig anerkannt (*Lackner/Kühl* § 34 Rdn. 4; LK-*Hirsch* § 34 Rdn. 23; Sch-Sch-*Lenckner/Perron* § 34 Rdn. 10; *Tröndle/Fischer* § 34 Rdn. 3; *Baumann/Weber/Mitsch* AT § 17 Rdn. 53; *Eser/Burkhardt* Strafrecht I, Fall 12 A 21; *Freund* AT § 3 Rdn. 49; *Jakobs* AT 13/9f; *Jescheck/Weigend* AT § 33 IV 3a; *Kühl* AT § 8 Rdn. 21, 26ff; *Roxin* AT 1 § 16 Rdn. 10; *Stratenwerth* AT § 9 Rdn. 97; *Wessels/Beulke* AT Rdn. 300f; *Krey* Rechtsprobleme Rdn. 562; *Reichert-Hammer* Fernziele, S. 175ff; ausführlich zu dieser Frage *Keller* Provokation, S. 279ff). Zurückhaltender ist die ordnungswidrigkeitenrechtliche Literatur (dazu KK-*Rengier* § 16 OWiG Rdn. 9ff mwN). Freilich muß das im Einzelfall betroffene Rechtsgut klar erfaßbar sein; „nicht konkretisierbare Allgemeininteressen erfüllen schon nicht die Voraussetzungen eines notstandsfähigen Rechtsguts" (LK-*Hirsch* § 34 Rdn. 23; ebenso *Keller* aaO S. 285, 286f; *Krey* aaO; *Lenckner* Notstand, S. 90ff). – Eine abweichende Ansicht vertritt neuerdings SK-*Günther* § 34 Rdn. 23. Er verneint die Notstandsfähigkeit von Rechtsgütern der Allgemeinheit. Einzelnen Bürgern zum Schutz des Gemeinwohls Sonderopfer aufzuerlegen sei dem Staat vorbehalten und setze einen hoheitlichen Eingriff voraus. Dieser Hinweis ist jedoch zu unspezifisch, um die Position *Günthers* argumentativ tragen zu können. Die Frage nach der Legitimität des dem Eingriffsadressaten auferlegten Sonderopfers stellt sich nämlich in prinzipiell gleicher Weise auch im Hinblick auf den Schutz von Individualrechtsgütern (1. Kap. D.IV.3. a. E.). Mehr noch, die Rechtsgüter der Allgemeinheit stehen immerhin *auch* dem Eingriffsadressaten selbst (als Mitglied der Allgemeinheit) zu, die Individualrechtsgüter hingegen *nur* dem Begünstigten. Das von *Günther* aufgeworfene Problem der *persönlichen* Kompetenz zur Wahrnehmung des Notstandsrechts läßt sich mithin nicht durch die *gegenständliche* Begrenzung dieses Rechts auf den Schutz von Individualrechtsgütern lösen.

2. Der Notstand und der Primat der Institutionen

Dem Recht des Wohls, das den Notstandseingriff freiheitstheoretisch „trägt", ist eine hochgradige Unbestimmtheit eigen. Wie schon an früherer Stelle erwähnt, knüpft *Hegel* mit seiner Erörterung des Wohls an die klassische moral- und rechtsphilosophische Diskussion über die Glückseligkeit an;[6] der Unterschied zwischen Glückseligkeit und Wohl besteht lediglich darin, daß *Hegel* letzteres unter dem Gesichtspunkt *berechtigter Ansprüche* betrachtet.[7] Einer Pflicht zur Beförderung fremder Glückseligkeit kommt indes, wie *Kant* im Anschluß an eine lange Tradition betont, ein *material-teleologischer* Charakter zu:[8] Anders als aus den von *Hegel* sogenannten abstrakt-rechtlichen Pflichten, die kraft ihrer *deontologischen* Struktur grundsätzlich aus sich heraus operabel sind, weil sie lediglich auf die Respektierung fremder Rechtspositionen ausgehen,[9] lassen sich aus dem Gesichtspunkt der Beförderung fremder Glückseligkeit lediglich allgemeine Handlungszwecke, nicht aber konkrete Handlungspflichten ableiten –[10] insofern mag der Terminus „*Recht* des Wohls" ohne nähere Erläuterung zu Mißverständnissen Anlaß geben. Der Entscheidung, die zum „Wohl" transformierte alte Glückseligkeit für juridisch *grundsätzlich* beachtlich zu erklären, läßt sich deshalb noch nicht entnehmen, *welches Niveau des Wohls* der einzelne innerhalb des Notstandskonflikts allenfalls fordern darf. Ein verbindlicher Konkretisierungsakt hat in dieser Situation den großen legitimationstheoretischen Vorzug, das zunächst noch diffuse Recht des Wohls zu „formieren" und es auf diese Weise zu einem Stück konkreter Rechtlichkeit umzugestalten.

Je unbestimmter der *Inhalt* der zu interpretierenden Norm ist, desto größeres Gewicht erlangt die *Kompetenz* zu ihrer Interpretation.[11] Unter rechts*technischen* Gesichtspunkten stellt sich demgemäß die rechts*begriffliche* Frage nach dem Niveau des Wohls in erster Linie als ein *Zuständigkeitsproblem* dar.[12] Daß die Kompetenz zur Vornahme des betreffenden Konkretisierungsakts demjenigen zukommt, der gerade zur Stelle und zur Durchsetzung jenes Rechts bereit ist, mag dort noch im großen und ganzen einleuchten, wo es um die Abwendung existentieller Gefahren geht und zum Räsonnieren keine Zeit bleibt.[13] Je niedriger aber die Eingriffs-

---

[6] 1. Kap. D.IV.3.

[7] Vgl. *Hegel* Enzyklopädie III, § 505 (Werke Bd. 10, S. 314).

[8] Dazu oben Einl. C.

[9] Deshalb kann *Hegel* sagen, im abstrakten Recht gebe es „nur *Rechtsverbote*" (*Hegel* Grundlinien, § 38 [Werke Bd. 7, S. 97]).

[10] Vgl. *Kersting* Gesetz der Schuldigkeit, S. 198 ff.

[11] *Isensee* HdbStR Bd. V, S. 415.

[12] Zutreffend *Wilhelm* Eingriffsbefugnisse, S. 53.

[13] *Kersting* Solidarität, S. 414 f bemerkt, in erhaltungsriskanten Grenzsituationen gebe es keinen Interpretationsspielraum; hier herrsche der schlichte Imperativ der wahrgenommenen Not.

schwelle angesetzt wird – und diejenige des rechtfertigenden Notstands ist seit *Hegels* Zeiten ganz erheblich gesunken –,[14] desto weniger selbstverständlich erscheint es, der Diffusität des Konkretisierungs*maßstabs* eine Diffusion auch der Konkretisierungs*kompetenz* an die Seite zu stellen. Hier spricht vielmehr alles dafür, diese Kompetenz den einzelnen Bürgern bzw. der (nur) mittelbar demokratisch legitimierten Exekutiven weitgehend zu entziehen und sie stattdessen bei jener Instanz zu konzentrieren, die in einem demokratischen Staat als die primäre Repräsentantin des *Allgemein*willens gilt – dem demokratisch unmittelbar legitimierten Parlament. Dies gilt umso mehr, als der moderne Leistungsstaat, der seine Hauptaufgabe in der Verhütung bzw. Bekämpfung von „Nöten" aller Art erblickt, trotz der von ihm praktizierten „Materialisierung" der Rechtsidee doch nicht aufhört, (auch) formaler Rechtsstaat zu sein;[15] als solcher aber kann er einem dermaßen amorphen Recht wie dem Notstandsrecht nur dann Eingang in seine Rechtsordnung gewähren, wenn dadurch die regulären Mechanismen der Notbekämpfung nicht in ihrer normativen Maßgeblichkeit herabgesetzt werden.

Dies führt zunächst dazu, daß Privatpersonen nur in seltenen Ausnahmefällen *zugunsten von Rechtsgütern der Allgemeinheit* (insbesondere des Staats) tätig werden dürfen. Mit seinem Tätigwerden aktualisiert der Eingreifende seine allgemeine Rolle als Bürger, die ihn zur Sorge um die Belange der Allgemeinheit berechtigt und verpflichtet. Zu dieser Bürgerrolle gehört es jedoch auch, sich der Vorläufigkeit und Fehlbarkeit der eigenen Einschätzung des gemeinen Besten bewußt zu sein und deshalb den Regelungs- und Beurteilungsprimat der Repräsentanten des organisierten Staats anzuerkennen. Wo der parlamentarische Gesetzgeber ein spezifisches Verfahren zum Umgang mit der betreffenden Notlage zur Verfügung gestellt hat und es *in concreto* tatsächlich möglich ist, sich dieses Verfahrens zu bedienen, oder wo ein Amtsträger im Einzelfall eine an den einschlägigen Rechtsvorschriften orientierte Entscheidung über den Umgang mit der Gefahr getroffen hat, dort kommt der einzelnen Privatperson eine rechtlich relevante Beurteilungskompetenz nicht mehr zu; die allgemeine Notstandsvorschrift ist in diesen Fällen von vornherein unanwendbar. Gleiches gilt in zahlreichen jener Fälle, in denen der Täter sich unter Berufung auf Notstand die Befugnis anmaßt, *in Rechtsgüter der Allgemeinheit einzugreifen*. Regelmäßig fehlt es hier an jener Abstraktheit der übertretenen Regelungen gegenüber dem Anliegen des Täters, derer es nach dem soeben Bemerkten bedarf, damit von einer notstandsrelevanten Konfliktsituation die Rede sein kann.

---

[14] Dazu oben C.II.2.

[15] *Isensee* JZ 1999, 272 betont zu Recht, der Sozialstaat löse den Rechtsstaat nicht ab, sondern bereichere ihn um eine Zweckdimension, den Schutz der Freiheit in ihren realen Voraussetzungen.

Zumeist haben die vom Täter „freihändig" geltend gemachten Belange seines eigenen oder eines fremden Wohls nämlich im Rahmen der gesetzlichen Regelung der betreffenden Rechtsmaterie bereits die ihnen gebührende Berücksichtigung gefunden. Aber auch die Beurteilung der von *Hegel* selber erörterten Konstellation – des Konflikts eines privaten *Rechts der Person* (etwa des Eigentums) mit dem Recht des subjektiven Wohls – wird vor dem soeben angedeuteten Hintergrund weitaus schwieriger als sie bei *Hegel* erscheint. Solange man allein auf das Eigentumsrecht als solches blickt, läßt sich die Position des Eingriffsadressaten zwar unschwer als abstrakt gegenüber den Ansprüchen des Wohls qualifizieren. Seinen Anspruch, zum Zwecke der Verwirklichung realer rechtlicher Freiheit tätig zu werden, kann der Eingreifende, ohne sich in Widersprüche zu verwickeln, jedoch nur unter der weiteren Voraussetzung einlösen, daß sich seinem Tun die Respektierung auch der sonstigen institutionellen Garantien der Bürgerfreiheit entnehmen läßt, namentlich derjenigen, die unter den Oberbegriffen der Rechtsstaatlichkeit und der Demokratie versammelt werden. Demzufolge ist für die Heranziehung der Notstandsvorschrift von vornherein nur dort Raum, wo sich zeigen läßt, daß auch die um jene institutionellen Garantien verstärkte Position des Eingriffsadressaten gegenüber dem Eingriffsanliegen abstrakt ist. Sehr häufig ist dies nicht der Fall. – Im einzelnen werden die vorstehend angesprochenen Fallgruppen unter III. abgehandelt.

Zweifelhaft ist schließlich auch, ob *hoheitliche Eingriffe* in die Rechtssphäre eines Bürgers auf ein Recht des Wohls in dem bislang erörterten Sinne gestützt werden können. Nach den Ergebnissen des 1. Kapitels beansprucht der Täter bürgerschaftliche Solidarität in einem institutionell „unformierten" Raum. Der rechtfertigende Notstand dient der „freihändigen" Schließung von Lücken, die sich aus der punktuell-zufälligen *Abwesenheit* von Repräsentanten des organisierten Staats ergeben. Dieser Legitimationszusammenhang würde gesprengt werden, wenn darüber hinaus auch der *anwesende* Staat, vertreten durch seine Amtsträger, sich zur Intensivierung seiner Präsenz in der Rechtssphäre eines Bürgers der Notstandsvorschrift bedienen dürfte. Unter II. wird genauer gezeigt, daß deren Anwendungsbereich nicht auf derartige Fallkonstellationen erstreckt werden darf, und zwar vor allem deshalb, weil ansonsten die Verwaltung Kompetenzen usurpieren könnte, zu deren Wahrnehmung der parlamentarische Gesetzgeber verpflichtet ist.

3. Der Anwendungsbereich der Notstandsregelung

Dem zuletzt genannten Problemkreis – der Frage, ob Amtsträgern die Berufung auf die Notstandsvorschrift offenstehe – widmet die Notstandsliteratur seit geraumer Zeit starke Aufmerksamkeit. Auch führende Vertreter der herkömmlichen Notstandsdogmatik erkennen an, daß es dabei um die Bestimmung des *Anwendungsbereichs* der Notstandsvorschrift und mithin um ein Problem geht, das der Prüfung der einzelnen Notstands*voraussetzungen* systematisch vorgelagert ist.[16] Die zuvor angesprochene Frage, inwieweit die Verfügbarkeit staatlicher Verfahren die Notstandsbefugnis von *Privat*personen begrenzt, ordnen dieselben Autoren demgegenüber anderweitig ein – vereinzelt bereits unter dem Gesichtspunkt der (fehlenden) Schutzwürdigkeit des bedrohten Guts,[17] verbreitet unter den Prüfungspunkten der Erforderlichkeit[18] bzw. der Interessenabwägung,[19] mitunter aber auch erst unter der Angemessenheitsklausel.[20] Diese unterschiedliche Rubrizierung vermag nicht zu überzeugen. In beiden Zusammenhängen geht es nämlich um ein *einheitliches* Problem: Dem Beurteilungs- und Regelungsprimat des (parlamentarischen) Gesetzgebers soll auch in strafrechtlicher Hinsicht Geltung verschafft werden – einmal gegen die (immerhin mittelbar demokratisch legitimierte) Exekutive, das andere Mal gegen eine einzelne Privatperson.

Andere Autoren erörtern die mit dem Regelungsprimat des parlamentarischen Gesetzgebers zusammenhängenden Fragen *insgesamt* im Rahmen des § 34 S. 2 StGB: Darin, daß sie die generelle – und deshalb der Verrechnung mit anderweitigen Einzelfallinteressen prinzipiell entzogene – Vorgängigkeit von dessen Regelungskompetenz gegenüber der „freihändigen Nutzenoptimierung durch Interessenabwägung“[21] zum Ausdruck bringe, soll nach dieser Auffassung, *eine*, ja *die* Hauptaussage der Angemessenheitsklausel liegen.[22] Die Vertreter dieser Auffassung betonen zu Recht, daß den sondergesetzlichen Vorgaben zum Umgang mit Notlagen in *sämtlichen* hier zur Diskussion stehenden Fallgruppen die Bedeutung inkommensurabler Größen zukommt. Diese Vorgaben bedürfen deshalb einer *selbständigen* Würdigung, und als gesetzlicher Anknüpfungspunkt dafür bietet sich in der Tat die Angemessenheitsklausel des § 34 S. 2 StGB an. Festzuhalten ist insofern lediglich, daß die in § 34 StGB zum Ausdruck kommende Regelungsreihenfolge

---

[16] LK-*Hirsch* § 34 Rdn. 6ff; Sch-Sch-*Lenckner/Perron* § 34 Rdn. 3; *Roxin* AT 1 § 16 Rdn. 88f; *Stratenwerth* AT § 9 Rdn. 96; ausführlich *Huber* § 34 StGB als Rechtfertigungsgrund, S. 182ff. – Ebenso wohl auch NK-*Neumann* § 34 Rdn. 113ff; SK-*Samson* § 34 Rdn. 10; *Tröndle/Fischer* § 34 Rdn. 24f.

[17] *Lenckner* Notstand, S. 76, 121.

[18] LK-*Hirsch* § 34 Rdn. 52; Sch-Sch-*Lenckner/Perron* § 34 Rdn. 20; *Tröndle/Fischer* § 34 Rdn. 5.

[19] LK-*Hirsch* § 34 Rdn. 67; Sch-Sch-*Lenckner/Perron* § 34 Rdn. 41; *Roxin* AT 1 § 16 Rdn. 45ff; *ders.* FS Jescheck, Bd. 1, S. 481; ebenso *Keller* Provokation, S. 319ff.

[20] NK-*Neumann* § 34 Rdn. 119ff; SK-*Samson* § 34 Rdn. 52; *Stratenwerth* AT Rdn. 463. – Für eine Behandlung des gesamten Problemkomplexes (erst) auf der Konkurrenzebene spricht sich neuerdings *Thiel* Konkurrenz, S. 213 aus.

[21] *Jakobs* AT 13/36.

[22] KK-*Rengier* § 16 OWiG Rdn. 43ff; *Jakobs* AT 13/36ff; *Jescheck/Weigend* AT § 33 IV 3 d; *Kühl* AT § 8 Rdn. 168, 175ff; *Lee* Interessenabwägung, S. 104; *Grebing* GA 1979, 106.

das systematische Verhältnis der einzelnen Regelungselemente nur unzureichend widerspiegelt. Systematisch gesehen geht es bei dem hier zur Erörterung stehenden Problem nicht um eine *Abschluß-*, sondern um eine *Einleitungsfrage*. Die Erwägungen, nach denen sich das Verhältnis der allgemeinen Notstandsnorm zu den sondergesetzlichen Regelungsprogrammen richtet, betreffen nach den bisherigen Überlegungen nämlich nichts Geringeres als die Frage, ob ein bestimmter Konflikt seiner normativen Beschaffenheit nach *überhaupt* dazu geeignet sei, unter Notstandsgesichtspunkten behandelt zu werden. Den systematischen Stellenwert der betreffenden Erwägungen würde daher mißdeuten, wer sie als eine gegenüber der Strategie freihändig-individueller Interessenmaximierung *externe* Schranke begriffe, die auf einer nachgelagerten Prüfungsstufe der Verfolgung jener Strategie gewisse Grenzen setze. Richtig verstanden, bilden sie vielmehr die enge Pforte, die durchschreiten muß, wer *überhaupt* Einlaß finden will in den Raum des rechtfertigenden Notstands. Ihre Feststellung und Anwendung muß daher unter systematischen Gesichtspunkten der *erste* und darf nicht etwa der *letzte* Schritt der Notstandsprüfung sein.

Sofern über diese systematischen Verhältnisse Klarheit herrscht, ist, wie gesagt, nichts dagegen einzuwenden, den § 34 S. 2 StGB als positiv-rechtlichen „Aufhänger" zu benutzen. Dennoch zeigt sich an dieser Stelle auf's Neue, daß derjenige, welcher die *Dogmatik* des rechtfertigenden Notstands ergründen will, sich nicht damit begnügen darf, den Text der vorhandenen Gesetzesvorschriften erläuternd nachzuerzählen; der Wortlaut der gesetzlichen Notstandsvorschriften, auch des § 34 StGB, bringt die dogmatische Struktur dieses Rechtsinstituts nämlich nur unvollkommen zum Ausdruck. Der Aufgabe, das gegebene Rechtsmaterial in axiologisch befriedigender Weise zu systematisieren, wird deshalb nur gerecht, wer sich nicht scheut, die systematischen Linien, die in den gesetzlichen Regelungen häufig nur schemenhaft zu erkennen sind, mit kräftigem Stift und mit dem Mut zur Konsequenz nachzuzeichnen.

II. Rechtfertigung von Amtsträgern kraft Notstands?

1. Überblick

Der neuzeitliche Staat legitimiert sich anders als das mittelalterliche Gemeinwesen nicht mittels seines natürlichen Orts innerhalb der von Gott geschaffenen Seinsordnung. Er rechtfertigt sich vielmehr dadurch, daß er, in den Worten *Hegels*, die „Wirklichkeit der konkreten Freiheit" ist,[23] daß seine Bürger ihn also als Objektiva-

---

[23] *Hegel* Grundlinien § 260 (Werke Bd. 7, S. 406).

tion ihrer eigenen Freiheit begreifen können. Um im Staat ihre Freiheit zu finden, bedürfen die Bürger nach den Ausführungen des vorigen Kapitels mannigfacher Leistungen von seiten staatlicher Institutionen. Aus seiner Fähigkeit, die Defizite einer (rein) bürgerlichen Gesellschaft zu beheben, bezieht der Staat demnach einen beträchtlichen Teil seiner Legitimation. „Defizit" ist freilich nur ein anderes Wort für „Not". Man kann deshalb auch sagen: Der neuzeitliche Staat rechtfertigt sich zu einem erheblichen Teil kraft seiner Fähigkeit, *Nöte* im großen und ganzen *erfolgreich zu bekämpfen*. Dabei handelt es sich nach der „Drei-Stufen-Teleologie" *Isensees* um die Bedürfnisse nach physischer Sicherheit, nach bürgerlicher Freiheit und schließlich nach sozialer Sicherheit.[24] Das letztgenannte „Bedürfnis" ist bereits im vorigen Kapitel angesprochen worden. Im hiesigen Zusammenhang sind die ersten beiden der von *Isensee* unterschiedenen „Stufen" von besonderem Interesse.

Demnach steht am Anfang der Legitimation des modernen Staates das Bedürfnis des einzelnen nach physischer Sicherheit; es geht hier um die Überwindung des Bürgerkriegs als des „politische(n) Grundtrauma(s)"[25]. Dies war bekanntlich das Thema des *Hobbes*. Dieser blieb jedoch gewissermaßen auf halbem Wege stehen: „Sein anthropologisches Mißtrauen richtet sich gegen den Bürger, nicht gegen den Herrscher"[26]. Erst *Locke* „fordert das Neminem-laedere-Gebot umfassend ein und unternimmt institutionelle Anstrengungen, auch die Inhaber der Staatsgewalt an das Recht zu binden"[27]. Der von *Locke* theoretisch grundgelegte Rechtsstaat überwindet die „schroffe hobbesianische Alternative zwischen ungesicherter Freiheit und unfreier Sicherheit ... zugunsten staatlich gesicherter Freiheit in den Grenzen des Rechts"[28]. Der Rechtsstaat ist dadurch definiert, daß er seine Bemühungen um einen möglichst effizienten Schutz seiner Bürger vor Kriminalität bereits im Vorfeld des jeweils aktuellen Konflikts regelhaft eingeschränkt hat. Der Rechtsstaat ist kein Gefahrenabwehrstaat, dessen Amtsträger zudem noch einer Vielzahl von Eingriffsbeschränkungen unterworfen sind; er existiert vielmehr von vornherein nur als limitierter Staat. Dies aber bedeutet: Die hobbesianische Grundstufe der Staatslegitimation – Verhinderung von Anarchie – darf im Rechtsstaat nicht verselbständigt werden gegenüber der auf *Locke* zurückgehenden Ergänzung – der verläßlichen Sicherung der Bürger gegen die Macht des Staates. Ein sich als freiheitlich gerierender Staat würde sich in einen fundamentalen Selbstwiderspruch verstricken, wenn

---

[24] Zuletzt: *Isensee* JZ 1999, 271 f; ähnlich *Kersting* Theorien, S. 32.

[25] *Isensee* aaO S. 271.

[26] *Isensee* aaO.

[27] *Isensee* aaO.

[28] *Isensee* aaO. – Auch *Hobbes* kennt freilich Bindungen des Souveräns; allerdings handelt es sich dabei nicht um solche des Rechts, sondern um solche der Klugheit; dazu *Kersting* Thomas Hobbes, S. 162 f.

er es zuließe, jene Mechanismen der Selbstbeschränkung, die ihn als Rechtsstaat auszeichnen, dadurch zu unterlaufen, daß man sie den Anliegen etwa der Gefahrenabwehr oder der Strafverfolgung gegenüber als lediglich „abstrakt" und daher der Relativierung im Einzelfall zugänglich ausgäbe. „Legitimation" bedeutet auch und gerade für den Rechtsstaat zugleich „Limitation"[29]. „Der Rechtsstaat erhält in seiner Form sein Maß".[30]

Der Staat, der nach dem oben zitierten Wort *Hegels* die Wirklichkeit der konkreten Freiheit *ist*, bezieht seine Legitimation indessen nicht abschließend aus den Leistungen, die er als Rechts- oder Sozialstaat erbringt. Allein als Pflichtsubjekt einer Leistungsbeziehung verstanden, bliebe er seinen Bürgern gegenüber nämlich noch äußerlich. Erst der demokratische Staat, der seine Bürger entweder *in persona* oder (was der Regelfall ist) durch ihre gewählten Repräsentanten am *Prozeß der Rechtserzeugung selbst* beteiligt, konstituiert sich – in Ergänzung zu „vorrechtlichen" Integrationsformen wie derjenigen der Nation –[31] als *rechtsförmige Einheit freier Bürger*.

Beide Begründungsstränge, der rechtsstaatliche und der demokratietheoretische, sind im 19. Jahrhundert zusammengewachsen und bis heute verbunden geblieben.[32] Sie münden in die Forderung, für Normen, die zu Eingriffen in die Rechtssphäre der Bürger ermächtigen, aber auch für sonstige Entscheidungen, die die Identität der betreffenden Rechtsgemeinschaft nachhaltig beinflussen, einen Regelungsprimat des parlamentarischen Gesetzgebers anzuerkennen – eine Forderung, die in der Lehre vom Vorbehalt des Gesetzes ihren Niederschlag gefunden hat. Das damit bezeichnete Problem hat freilich mit der Umwandlung des Staates von der konstitutionellen Monarchie zur parlamentarischen Demokratie einen Teil seiner früheren Brisanz verloren: Zwar beansprucht das rechtsstaatliche Anliegen, staatliche Eingriffe für den *in concreto* betroffenen Bürger vorhersehbar und kalkulierbar zu machen, nach wie vor Beachtung. Im übrigen aber geht es nicht mehr darum, eine dem Bürger letztlich fremd bleibende Obrigkeit zu zähmen und die vorhandene „realpolitische Rivalität"[33] zwischen unterschiedlichen sozialen Klassen – dem bürgerlich bestimmten Parlament auf der einen und der monarchisch kontrollierten Verwaltung auf der anderen Seite – in einer für beide Teile akzeptablen Weise zu schlichten. Die Aufgabe liegt vielmehr „nur" noch darin, dem unmittelbar demo-

---

[29] Vgl. *Isensee* aaO S. 270. – Zutreffend bemerkt *Ruppelt* Maßnahmen ohne Rechtsgrundlage, S. 154, ohne „Sicherheit" der Freiheit gäbe es letztere nicht, ohne „Freiheit" aber ginge deren Sicherung ins Leere.

[30] *Kirchhof* HdbStR Bd. III, S. 139.

[31] Dazu *Isensee* HdbStR Bd. V, S. 410ff.

[32] *Pietzcker* JuS 1979, 712.

[33] *Ossenbühl* Rechtsquellen, S. 195.

kratisch legitimierten Parlament nicht die Flucht aus seiner Regelungsverantwortung zugunsten der (lediglich) mittelbar demokratisch legitimierten Exekutiven zu gestatten.[34] Insgesamt ergibt sich daraus eine Verlagerung des Problemschwerpunkts von der traditionellen rechtsstaatlichen hin zu der demokratischen Komponente der modernen Staatsidee.[35] Dementsprechend geht auch in strafrechtlicher Hinsicht die vorrangige Frage dahin, ob es mit den heutigen Anforderungen an den Regelungsprimat des Parlaments vereinbar ist, wenn Amtsträger sich zur Rechtfertigung ihres Handelns auf die allgemeinen Rechtfertigungsgründe des Strafrechts, insbesondere den rechtfertigenden Notstand, berufen dürfen.

Die Frage, von *Jung* als „Brennpunkt der Rechtsfortentwicklung im Grenzbereich von öffentlichem Recht und Strafrecht" bezeichnet,[36] gilt nach wie vor als äußerst kontrovers.[37] Jedoch haben die unterschiedlichen Positionen sich einander mittlerweile deutlich angenähert. Insbesondere nimmt kaum jemand mehr ein uneingeschränktes Nebeneinander etwaiger sondergesetzlicher Eingriffsnormen und des rechtfertigenden Notstands an.[38] Ein solches Verständnis würde nämlich all diejenigen Regelungen des öffentlichen Rechts, die staatliche Gewaltausübung ausdrücklich begrenzen und an besondere Voraussetzungen binden, unter den Vorbehalt einer Interessenabwägung im Einzelfall stellen und sie auf diese Weise relativieren.[39] Die Feststellung *Amelungs* und *Schalls*, es sei ein Kennzeichen des

---

[34] Dazu *Ossenbühl* HdbStR Bd. III, S. 323 ff, 335 ff; *Kloepfer* JZ 1984, 685 ff.

[35] *Ossenbühl* aaO S. 332; *Krey* Gesetzesvorbehalt, S. 244. – Vgl. auch *Isensee* HdbStR Bd. V, S. 422: „Die grundrechtskonstitutive Differenz zwischen Individuum und Staatsgewalt wird durch die demokratische Legitimation der Staatsgewalt nicht aufgehoben. Doch sie wird verringert".

[36] *Jung* Züchtigungsrecht, S. 76.

[37] Vgl. etwa *Buttel/Rotsch* JuS 1996, 717: „Das Problem ist von einer abschließenden Klärung weit entfernt".

[38] Davon gingen die ältere Literatur und Rechtsprechung in aller Regel noch ohne weiteres aus (Übersicht bei *Huber* § 34 StGB als Rechtfertigungsgrund, S. 16ff). Entsprechende Gerichtsentscheidungen finden sich bis in die 70er-Jahre hinein (vgl. OLG München NJW 1972, 2275; OLG Frankfurt NJW 1975, 271; ähnlich auch BGHSt 27, 260 ff). In der neueren Lehre wurde eine im Ergebnis umfassende Berufungsmöglichkeit von Amtsträgern auf die allgemeinen Notrechte vertreten von *Bockelmann* FS Dreher, S. 242; *Gössel* JuS 1979, 165; *Kinnen* MDR 1974, 634; *R. Lange* NJW 1978, 784 ff; *Rupprecht* JZ 1973, 265; dazu näher die folgende Fn.

[39] LK-*Hirsch* § 34 Rdn. 13. – Zur Verteidigung der Gegenansicht wurde behauptet, ein Amtsträger, der von den allgemeinen Notrechten Gebrauch mache, handle insoweit nicht als Hoheitsträger, sondern als Privatperson (*Kinnen* MDR 1974, 634; *Rupprecht* JZ 1973, 265; wohl auch *Zuck* MDR 1988, 922). Diese Konstruktion ist jedoch auf berechtigte Ablehnung gestoßen: Für die Beurteilung des Verhaltens eines Amtsträgers als hoheitlich oder nicht-hoheitlich ist die *Zurechnung* des Handelns zur öffentlichen Gewalt entscheidend, nicht aber seine (vorgebliche) *Legitimation* (*Lerche* FS v. d. Heydte, S. 1040; ebenso *Huber* aaO S. 67 ff; *Jung* Züchtigungsrecht, S. 84; *Ruppelt* Maßnahmen ohne Rechtsgrundlage, S. 84; *Wilhelm*

Rechtsstaats, daß er dem Erfolgs- und Zweckmäßigkeitsdenken, das in § 34 S. 1 StGB im Vordergrund stehe, nicht freien Raum gebe, sondern es normativ begrenze,[40] ist dementsprechend als *Ausgangspunkt* der Überlegungen heute weitestgehend anerkannt. Dies hat zur Folge, daß der Anwendungsbereich des rechtfertigenden Notstands im Bereich hoheitlichen Eingriffshandelns von allen Meinungen jeweils recht weitreichend eingeschränkt wird. Dessen ungeachtet weisen die verschiedenen Auffassungen nach wie vor beträchtliche Unterschiede auf.

Die herrschende Meinung steht der älteren, undifferenzierten Ansicht insofern noch nahe, als auch sie die hoheitlichen Eingriffsbefugnisse und die allgemeinen Rechtfertigungsgründe als prinzipiell gleichwertige Eingriffsnormen innerhalb eines *homogenen Rechtsraums* begreift. Allerdings soll die Notstandsvorschrift nur dann anwendbar sein, wenn der Gesetzgeber nicht eine engere und von ihm erkennbar als abschließend gemeinte Sonderregelung getroffen habe.[41] Einige Vertreter dieses Ansatzes wollen darüber hinaus selbst dort, wo eine solche Sonderregelung fehlt, den Rückgriff auf das allgemeine Notrecht des § 34 StGB nur unter der zusätzlichen Voraussetzung gestatten, daß der Gesetzgeber eine Sonderregelung sinnvollerweise nicht hätte *treffen können*, weil es sich um eine außergewöhnliche und nicht typisierbare Ausnahmesituation handele.[42] Dem Ausgangspunkt dieser Ansicht widerspricht die Gegenauffassung: Allgemeine Rechtfertigungsgründe und

---

Eingriffsbefugnisse des Staates, S. 15; ablehnend ferner LK-*Hirsch* § 34 Rdn. 19; *Fechner* Notwehr, S. 45 ff; *Schwabe* Notrechtsvorbehalte, S. 15 ff; *Buttel/Rotsch* JuS 1996, 717 f). Damit ist auch der These *Bockelmanns* der Boden entzogen, der das Verhältnis zwischen allgemeinen Rechtfertigungsgründen und öffentlich-rechtlichen Spezialvorschriften als Nebeneinander von (privater) Handlungs*befugnis* und (hoheitlicher) Handlungs*verpflichtung* in ein und derselben Handlung interpretiert (*Bockelmann* FS Dreher, S. 242; ebenso *Gössel* JuS 1979, 165): Ein Handeln, das sich sachlich als Ausübung von Hoheitsgewalt darstellt, läßt sich nicht auf eine privatrechtliche Eingriffsgrundlage stützen (kritisch zu *Bockelmann* auch *Huber* aaO S. 43; *Wilhelm* aaO S. 16 ff).

40 *Amelung/Schall* JuS 1975, 569.

41 KK-*Rengier* § 16 OWiG Rdn. 45; *Lackner/Kühl* § 34 Rdn. 14; Sch-Sch-*Lenckner/Perron* § 34 Rdn. 7; *Tröndle/Fischer* § 34 Rdn. 24f; *Eser/Burkhardt* Strafrecht I, Fall 12 A 23; *Haft* AT, S. 101; *Jescheck/Weigend* AT § 33 IV 3 d; *Kühl* AT § 8 Rdn. 179f; *Maurach/Zipf* AT 1 § 27 Rdn. 33; *Otto* AT § 8 Rdn. 196; *Roxin* AT 1 § 16 Rdn. 89 f; *Stratenwerth* AT § 9 Rdn. 96; *Wessels/Beulke* AT Rdn. 288f; *Ostendorf/Meyer-Seitz* StV 1985, 79; *Schaffstein* GS Schröder, S. 116f; *Schwabe* NJW 1977, 1906f; *Huber* § 34 StGB als Rechtfertigungsgrund, S. 188 ff (allerdings nur für den rechtfertigenden Notstand; die Berufung auf Notwehr soll dem handelnden Amtsträger umfassend offenstehen: aaO S. 233 f).

42 *Thiel* Konkurrenz, S. 220 ff; *Bottke* JA 1980, 95 (gänzlich ablehnend zur Tauglichkeit des § 34 StGB als Befugnisnorm für hoheitliches Handeln allerdings *ders.* Lebensbeginn, S. 74 Fn. 134); *Dencker* FS Dünnebier, S. 457 Fn. 54; *Krekeler* AnwBl 1987, 445; *Seelmann* ZStW 95 (1983) 811; abschwächend (ausreichend seien „erhebliche Normierungsprobleme“, zu denen beispielsweise auch die „sachwidrige ‚Blockadehaltung‘ eines Koalitionspartners“ zähle) *Krey* Rechtsprobleme Rdn. 312 f, 604 ff. – Zitat: Rdn. 313.

hoheitliche Eingriffsbefugnisse gehörten nicht ein und demselben Regelungssystem an; unter dem Gesichtspunkt ihrer Tauglichkeit zur Legitimation hoheitlicher Eingriffe seien sie vielmehr von vornherein *verschiedenen* Normensystemen zuzurechnen.[43] Deshalb sei die Heranziehung der Notstandsvorschrift zur Rechtfertigung des Eingriffshandelns von Amtsträgern *grundsätzlich unzulässig*.[44] Lediglich in seltenen Ausnahmefällen komme die Berufung eines Amtsträgers auf Notstand in Betracht: genannt werden der Staatsnotstand,[45] eine persönliche Notlage des Amtsträgers,[46] eine Gefahr, in die dieser „bei Gelegenheit" seiner Amtsausübung verwickelt wird,[47] sowie die Rettung eines Menschenlebens.[48] Damit schränkt diese Ansicht die Rechtfertigbarkeit hoheitlichen Handelns kraft Notstands noch weitergehend ein als die herrschende Meinung. Dennoch haben beide Auffassungen eines gemeinsam: Sie legen ihren Erörterungen einen *einheitlichen Begriff der Rechtswidrigkeit* zugrunde. Eine dritte Meinungsgruppe befürwortet demgegenüber eine „Spaltung" des Rechtswidrigkeitsbegriffs: Zwar begründeten die allgemeinen Rechtfertigungsgründe keine öffentlich-rechtlichen Eingriffsbefugnisse; den handelnden Amtsträger treffe aber bei ihrem Vorliegen keine strafrechtliche Haftung.[49]

---

43 *Amelung* NJW 1977, 834.

44 LK-*Hirsch* § 34 Rdn. 6ff; NK-*Neumann* § 34 Rdn. 113; SK-*Samson* § 34 Rdn. 10f; *Jakobs* AT 13/36, 42; *Köhler* AT, S. 318f; *Schenke* Polizei- und Ordungsrecht, S. 189; *Jung* Züchtigungsrecht, S. 86; *Ruppelt* Maßnahmen ohne Rechtsgrundlage, S. 114; *Schwarzburg* Tatprovokation, S. 102ff; *Amelung* NJW 1977, 833ff; *ders.* NJW 1978, 622f; *ders.* JuS 1986, 331ff; *ders./Schall* JuS 1975, 569; *Grebing* GA 1979, 106; *Hassemer* FS Coing Bd. I, S. 523f; *Klinkhardt* VerwArch 55 (1964) 340f; *Lerche* FS v.d. Heydte, S. 1043; *Lübbe-Wolff* ZParl 1980, 111ff; *Schünemann* GA 1985, 365f; *Wölfl* Jura 2000, 232. – I. E. übereinstimmend *Runte* Veränderung von Rechtfertigungsgründen, S. 356; grundsätzlich zustimmend auch StK-*Joecks* § 34 Rdn. 35f (mit einer Ausnahme für den Fall, daß der Amtsträger zugunsten der Individualrechtsgüter des Bedrohten in die Individualrechtsgüter desjenigen eingreift, von dem die Gefahr ausgeht, aaO Rdn. 37).

45 LK-*Hirsch* § 34 Rdn. 17; *Köhler* AT, S. 319.

46 LK-*Hirsch* § 34 Rdn. 18f; NK-*Neumann* § 34 Rdn. 116; *Schwarzburg* Tatprovokation, S. 104ff; *Amelung* NJW 1977, 839f; *ders.* JuS 1986, 333; *Klinkhardt* VerwArch 55 (1964) 340f; *Schünemann* GA 1985, 366.

47 *Jakobs* AT 13/44; *Amelung* NJW 1977, 839; *Lerche* FS v. d. Heydte, S. 1042; ähnlich *Schünemann* GA 1985, 366; i. E. auch *Fechner* Notwehr, S. 48f; *Thiel* Konkurrenz, S. 219; *Wilhelm* Eingriffsbefugnisse des Staates, S. 6.

48 *Grebing* GA 1979, 106.

49 *Drews/Wacke/Vogel/Martens* Gefahrenabwehr, S. 39; *Götz* Polizei- und Ordnungsrecht, Rdn. 414; *Knemeyer* Polizei- und Ordnungsrecht, Rdn. 291; *Fechner* Notwehr, S. 82ff, 98; *Reichert-Hammer* Fernziele, S. 207f; *Rotta* Nachrichtensperre, S. 66; *Thiel* Konkurrenz, S. 73ff; *Wilhelm* Eingriffsbefugnisse des Staates, S. 121; *Beisel* JA 1998, 722f; *Böckenförde* NJW 1978, 1883; *Kirchhof* NJW 1978, 972f; *ders.* JuS 1979, 430; *Klose* ZStW 89 (1977) 79; *W. Lange* MDR 1974, 358f; *ders.* MDR 1977, 12; *Pielow* Jura 1991, 487f; *Riegel* NVwZ 1985, 640; *Seebode* FS Klug, Bd. II, S. 371f; *Sydow*, JuS 1978, 224. – SK-*Günther* § 34 Rdn. 15f. bekennt sich im Grundsatz ebenfalls zu der differenzierenden Lösung. Er betont aber, daß im

Im folgenden wird zunächst – unter 2. – der gegenwärtige Stand der Diskussion kritisch erörtert. Sodann – unter 3. – wird der hiesige Standpunkt begründet. Es wird gezeigt, daß die soeben an zweiter Stelle genannte „notstandsunfreundliche" Ansicht im Prinzip Zustimmung verdient: § 34 StGB vermag hoheitliches *Tätigwerden* nicht zu rechtfertigen. Anschließend – unter 4. – wird auf die eng verwandte Frage eingegangen, ob einem Amtsträger jedenfalls dann die Berufung auf rechtfertigenden Notstand offensteht, wenn er sich einer „aufgabenspezifischen" Gefahr zu *entziehen* sucht. Es wird sich herausstellen, daß die mit einer institutionell fundierten Berufsrolle verknüpften Gefahrtragungspflichten auch insoweit den Rückgriff auf die allgemeinen Rechtfertigungsgründe sperren.

2. Der gegenwärtige Stand der Diskussion

Der gegenwärtige Diskussionsstand ist wenig befriedigend; zahlreiche der üblichen Argumente erweisen sich bei näherem Hinsehen als tautologisch.[50] Dies sei zunächst illustriert anhand einiger Argumente *zugunsten* der These, daß die allgemeinen Rechtfertigungsgründe prinzipiell auch auf das Eingriffshandeln von Amtsträgern angewendet werden dürfen. Häufig wird diese Auffassung auf den Grundsatz von der Einheit der Rechtsordnung gestützt: Eine Handlung, die von irgendeinem Rechtssatz erlaubt werde, sei in jeder Hinsicht als der Rechtsordnung entsprechend und damit als rechtmäßig anzusehen.[51] Nicht selten findet sich auch eine Art von „Spiegelbildlichkeits"-Erwägung: Da die generellen strafrechtlichen *Verbotsnormen* unstreitig auf die Hoheitstätigkeit von Amtsträgern anwendbar seien, müsse das gleiche für die verbotsdurchbrechenden *Rechtfertigungsgründe* (Notwehr und Notstand) gelten.[52] Eng verwandt mit diesem Argument ist der Verweis darauf, der mit einer Notlage konfrontierte Amtsträger bleibe dennoch Bürger

---

Rahmen der strafrechtlichen Beurteilung sowohl die gesteigerten Gefahrtragungspflichten der Amtsträger als auch die Angemessenheitsklausel (§ 34 S. 2 StGB) Berücksichtigung finden müßten. Die Angemessenheitsklausel schließe Selbstschutzmaßnahmen nach § 34 StGB aus, soweit die Rechtsordnung formale Verfahren zur Konfliktlösung bereitstelle. Damit trifft *Günther* sich im Ergebnis weitgehend mit jenen Autoren, die auf dem Primat des öffentlichen Rechts auch für die strafrechtliche Beurteilung bestehen.

[50] Als „erstaunlich oberflächlich" kennzeichnet auch *Seelmann* ZStW 89 (1977) 50 die üblichen Argumente.

[51] *Huber* § 34 StGB als Rechtfertigungsgrund, S. 120ff; *Gössel* JuS 1979, 164f; *Schwabe* Notrechtsvorbehalte, S. 42; *ders.* NJW 1977, 1904ff.

[52] *Huber* aaO S. 85f; *Thiel* Konkurrenz, S. 74 Fn. 271; *Ostendorf/Meyer-Seitz* StV 1985, 79; *Schaffstein* GS Schröder, S. 107; *Schwabe* Notrechtsvorbehalte, S. 44; *ders.* NJW 1977, 1903.

– wenngleich „in Uniform" – und müsse deshalb auch über die allgemeinen Bürgerrechte verfügen können.[53]

Sämtliche dieser Überlegungen erweisen sich als zirkulär, sobald man erkennt, daß in den hier zur Erörterung stehenden Fällen schon der Regelungsbereich der Notstandsvorschrift nicht eröffnet ist. Was den Grundsatz von der Einheit der Rechtsordnung betrifft, so verlangt er lediglich die Einheitlichkeit der Wertungsmaximen;[54] der Grundsatz fordert hingegen nicht, eine Erlaubnisnorm dort für anwendbar zu erklären, wo – wie es sich nach der hier befürworteten Ansicht in den vorliegend zur Diskussion stehenden Fällen verhält – schon ihre Anwendungsvoraussetzungen nicht gegeben sind.[55] Was die These vom angeblichen Entsprechungsverhältnis zwischen der Reichweite der strafgesetzlichen Verbote und derjenigen der strafrechtlichen Erlaubnissätze angeht, so ist sie zumindest mißverständlich formuliert.[56] Selbstverständlich können auf eine konkrete Konfliktsituation nur jene Erlaubnisnormen Anwendung finden, deren tatbestandliche Anwendungsvoraussetzungen erfüllt sind. Bei Licht besehen, erschöpft sich deshalb die genannte These in dem Hinweis, daß, wenn die Anwendungsvoraussetzungen eines Rechtfertigungsgrundes im übrigen gegeben sind, die Amtsträgereigenschaft des Handelnden als solche keinen Grund darstellt, die betreffende Norm auf ihn nicht anzuwenden.[57] So verstanden, kommt diese These weitgehend mit dem Grundsatz von der Einheit der Rechtsordnung überein. Wenn man davon ausgeht, daß in den hier zur Erörterung stehenden Fällen die einschlägigen Anwendungsvoraussetzungen *nicht* erfüllt seien, so ist die Angelegenheit damit ebenfalls abschließend entschieden. Beide soeben behandelten Argumente setzen also voraus, was sie erst beweisen müßten – nämlich daß der rechtfertigende Notstand sich (jedenfalls im Prinzip) auch zur Legitimation staatlichen Eingriffshandelns eigne. Demjenigen, der diese Ansicht nicht teilt, geben sie keinen zusätzlichen Anlaß, sie sich zu eigen zu machen.

Aus einem ähnlichen Grund ist auch der ebenfalls weit verbreitete Verweis auf die sogenannten Notrechtsvorbehalte des Polizeirechts argumentativ weit weniger

---

53 *Beisel* JA 1998, 722; *Bockelmann* FS Dreher, S. 240; *Buttel/Rotsch* JuS 1996, 718; *Gössel* JuS 1979, 164f; *W. Lange* MDR 1977, 12.

54 *Jakobs* AT 11/6.

55 Grundlegend *Kirchhof* Rechtswidrigkeiten, S. 8ff, 27, 37f. – Gegen eine „Bagatellisierung" des Sachproblems durch den Hinweis auf die „Einheit der Rechtsordnung" wendet sich auch *Böckenförde* NJW 1978, 1883.

56 Kritisch auch LK-*Hirsch* § 34 Rdn. 12 („oberflächlich").

57 Die Existenz unechter Amtsdelikte, die (auch) das Vertrauen in die Beachtung des Gesetzmäßigkeitsprinzips zum Schutzgut haben, schließt entgegen *Ostendorf/Meyer-Seitz* StV 1985, 79 nicht die Möglichkeit aus, daß die besonderen Rollenanforderungen an Amtsträger sich auch an *anderen* Stellen der Rechtsordnung (etwa bei der Auslegung der Rechtfertigungsgründe) bemerkbar machen können.

gehaltvoll als es auf den ersten Blick erscheint. „Unberührt“ können die Notrechte nämlich nur insoweit bleiben, wie sie ihrem Tatbestand nach überhaupt einschlägig sind. Sind sie auf hoheitliches Eingriffshandeln von vornherein unanwendbar, so geht der Verweis der herrschenden Meinung auf sie ins Leere.[58] Entsprechendes gilt für das auf das grundgesetzliche System der Gesetzgebungszuständigkeiten gestützte Argument, die allgemeinen strafrechtlichen Rechtfertigungsgründe könnten als Bundesrecht durch Landesrecht nicht eingeschränkt werden.[59] Beruht der Satz, daß Amtsträgern die allgemeinen Rechtfertigungsgründe grundsätzlich nicht offenstehen, auf Überlegungen, die sich aus der *strafrechtlichen* Struktur der betreffenden Rechtfertigungsgründe ergeben, so ist er diesen Zuständigkeitsbedenken gegenüber von vornherein immun.[60] Zudem versteht sich bereits die stillschweigende Vorannahme keineswegs von selbst, die akzeptiert werden muß, damit das soeben geschilderte Kompetenzargument zum Tragen kommen kann. Insofern muß nämlich vorausgesetzt werden, daß die Gesetzgebungskompetenz des Bundes für das Strafrecht die Zuständigkeit beinhaltet, Normen zu erlassen, die, indem sie die Eingriffsbefugnisse (insbesondere) von Polizeivollzugsbeamten modifizieren, Einfluß auf eine genuine Regelungsmaterie der Länder nehmen. Diese Prämisse pflegt mit dem Hinweis darauf verteidigt zu werden, daß die allgemeinen Rechtfertigungsgründe des Strafrechts keinen speziellen polizeirechtlichen Zuschnitt besäßen.[61] Zu diesem Hinweis auf die polizeirechtliche *Indifferenz* der allgemeinen Rechtfertigungsgründe paßt jedoch eine Auslegung schlecht, deren Bestreben es ist, die genannten Normen der Anwendung durch die Polizei zu *öffnen* – dies umso mehr, als die problematischen Fälle von den übrigen Anwendungssituationen der allgemeinen Rechtfertigungsgründe eindeutig zu unterscheiden sind und ihre Ausklammerung diesen noch immer einen beträchtlichen Anwendungsbereich beließe.[62]

Der seit Jahrzehnten allgemein anerkannte Satz, daß auch derjenige, der, wie der Amtsträger, in einem öffentlich-rechtlichen Sonderrechtsverhältnis steht, damit seinen allgemeinen Bürgerstatus nicht vollständig einbüßt, ist im hiesigen Zusammen-

---

[58] Zutreffend bemerkt *Hirsch*, indem die Notrechtsvorbehalte die §§ 32, 34 StGB *unberührt* ließen, träfen sie selbst keine Aussage darüber, ob sich hoheitliche Notrechte aus den §§ 32, 34 StGB überhaupt ergäben oder aber nicht bereits aus anderen Erwägungen ausschieden (LK-*Hirsch* § 34 Rdn. 18); sachlich übereinstimmend *Seelmann* ZStW 89 (1977) 53. – Zur hiesigen Interpretation der Notrechtsvorbehalte unter 3. a. E.

[59] Sch-Sch-*Lenckner/Perron* § 32 Rdn. 42b.

[60] Ebenso (allerdings beschränkt auf den Fall des *Notwehrrechts*) *Haas* Notwehr, S. 329; ähnlich (ebenfalls mit Bezug auf die Notwehr) *Jung* Züchtigungsrecht, S. 86.

[61] Exemplarisch *Huber* § 34 StGB als Rechtfertigungsgrund, S. 162f.

[62] Ähnlich LK-*Hirsch* § 34 Rdn. 11.

hang ebenfalls ohne Beweiskraft, denn er ist zu unspezifisch.[63] Aus dieser Aussage folgt nämlich nicht, daß der Amtsträger *jedes einzelne* seiner allgemeinen Bürgerrechte behalten müsse. Deshalb erschöpft sich auch das „Bürger-in-Uniform"-Argument in einer Tautologie: Es setzt voraus, was es erst begründen müßte – daß nämlich zum „harten Kern" der Amtsträgerstellung die Befugnis zum Rückgriff auf die allgemeinen Notrechte gehöre. Wer diese Prämisse bestreitet, weil derjenige, der die Freiheit zu schützen und zu wahren habe, in dieser seiner Rolle selbst nicht frei sein dürfe,[64] kann das Argument unbeachtet lassen.[65] Zudem begründet nach ganz überwiegender Auffassung die Eigenschaft als Amtsträger im Umfang der übernommenen Aufgabe eine spezifische Gefahrtragungspflicht, die das betreffende Notrecht unter Umständen bis nahezu auf Null einschränken könne.[66] Auch nach herrschender Meinung findet also eine weitreichende Überformung der allgemeinen Bürgerrechte durch die spezifische Rechtsrolle als Amtsträger statt.[67] Die These, daß Amtsträgern die allgemeinen Notrechte dem Grunde nach zustehen müßten, weil sie ungeachtet der Uniform, die sie trügen, doch Bürger blieben, wird, was das Recht zum *Selbst*schutz angeht, bereits dadurch beträchtlich erschüttert.[68] Was die Befugnisse der Amtsträger zum *Fremd*schutz anbetrifft, so wird – vor allem bezogen auf die Parallelproblematik bei der Notwehr – häufig geltend gemacht, kein Bürger würde es verstehen, wenn ihm der herbeigerufene Polizeibeamte weniger Beistand leisten dürfe als sein Nachbar.[69] Diese vermeintliche Inkongruenz entfällt, sobald man mit der Erkenntnis Ernst macht, daß der Vorrang staatlicher Verfahren auch die Notrechte Privater weitreichend einschränkt: Wo ein Amtsträger eine an rechtlichen Maßstäben orientierte Entscheidung über den Umgang mit der Gefahr getroffen hat, dort ist für privates Tätigwerden grundsätzlich kein Raum mehr.[70] Der soeben

---

63 Ähnlich *Klinkhardt* VerwArch 55 (1964) 347; auch *Jung* Züchtigungsrecht, S. 81 f qualifiziert die zur Stützung dieser These vorgebrachten Argumente als „formelhaft, soweit nicht ohnehin vom Ergebnis her argumentiert wird".

64 Vgl. *Isensee* HdbStR Bd. V, S. 418 sowie *Seelmann* ZStW 89 (1977) 54 f.

65 Erhellend ist die ablehnende Reaktion *Hirschs*: Die an die Rechtmäßigkeit staatlicher Gewaltausübung zu stellenden strengeren Anforderungen machten deutlich, daß die Behauptung, der Amtsträger dürfe hinsichtlich der Notrechte aus §§ 32, 34 StGB nicht schlechter gestellt werden als jeder andere, in dieser Allgemeinheit nicht gelte (LK-*Hirsch* § 34 Rdn. 12).

66 Dazu näher unter 4.

67 Darauf weisen bereits *Amelung/Schall* JuS 1975, 570 und im Anschluß an sie *Jung* Züchtigungsrecht, S. 83, *Kunz* ZStW 95 (1983) 984 f sowie *Seelmann* ZStW 89 (1977) 52 f hin; ähnlich *Bernsmann* FS Blau, S. 33.

68 *Amelung* JuS 1986, 333 kennzeichnet das Hin und Her zwischen allgemeinen Notrechten und besonderen Gefahrtragungspflichten von Amtsträgern zutreffend als „eine Art Ping-Pong-Spiel".

69 Sch-Sch-*Lenckner/Perron* § 32 Rdn. 42 b; *Roxin* AT 1 § 15 Rdn. 90; *Seebode* FS Klug, Bd. II, S. 365; *Rupprecht* JZ 1973, 264; vgl. auch *W. Lange* MDR 1977, 11 („absurde Ergebnisse").

70 Näher dazu unter III.3.

erwähnte Nachbar darf nach dem Hinzukommen des Polizisten also nicht etwa mehr tun als dieser, sondern er darf im Regelfall überhaupt nichts (mehr) tun.

Aber auch eine Reihe der Argumente, die *gegen* die Tauglichkeit des rechtfertigenden Notstands als Ermächtigungsgrundlage für hoheitliche Eingriffe ins Feld geführt werden, tragen apodiktische Züge. So weisen eine Reihe von Autoren auf die Veränderung der Normfunktion hin, die mit einem derartigen Gebrauch des rechtfertigenden Notstands einhergehe: Diese Vorschrift gehöre dem „Jedermannsrecht" des StGB an. Dort fungiere sie als Entlastungsnorm gegenüber strafrechtlicher Verantwortlichkeit; sie *begrenze* also die staatliche Strafgewalt. Damit sei es unvereinbar, die Notstandsvorschrift zu einer kompetenz- und befugnis*begründenden* Norm umzufunktionieren.[71] Diese Argumentation ist ersichtlich unvollständig: Eine *Veränderung* (genauer: eine Erweiterung) der ursprünglichen Normfunktion braucht nicht notwendig *unzulässig* zu sein. Um diese Schlußfolgerung zu ziehen, bedarf es vielmehr einer zusätzlichen Begründung. So kann man für die *Notwehr* etwa darauf hinweisen, daß die besondere Rigorosität, die dieser Rechtfertigungsgrund in Deutschland erhalten hat, sich maßgeblich aus dem liberalen Anliegen erklärte, die Rechtsstellung des einzelnen Bürgers möglichst stark zu gestalten.[72] Eben dieses Ziel drückte sich auch in dem Bestreben der liberalen Bewegung aus, die Machtfülle des Staates mithilfe der Lehre vom Gesetzesvorbehalt rechtlich einzuhegen. Diese Intention würde geradezu auf den Kopf gestellt, wenn die staatliche Exekutive sich ausgerechnet auf die Notwehrvorschrift berufen dürfte, um über das Maß des sondergesetzlich Vorgesehenen hinaus in die Rechtssphäre eines Bürgers einzugreifen.[73] Was die *Notstands*vorschrift anbetrifft, so läßt sich, worauf *Böckenförde* und in seinem Gefolge zahlreiche weitere Autoren aufmerksam machen, ihre Heranziehung als öffentlich-rechtliche Ermächtigungsgrundlage nicht mit der differenzierten innerstaatlichen Zuständigkeitsordnung vereinbaren.[74] So schwerwiegend dieser im Ergebnis berechtigte Einwand auch ist, mit ihm räumen seine Vertreter selbst ein, daß ihre ursprüngliche Gegenüberstellung von Befugnis*begrenzung* und Befugnis*begründung* den systematisch entscheidenden Punkt nicht getroffen hat. Heikel ist nicht, daß § 34 StGB, im Sinne der herrschenden Meinung interpre-

---

[71] LK-*Hirsch* § 34 Rdn. 8; *Rotta* Nachrichtensperre, S. 66f; *Böckenförde* NJW 1978, 1883; *Breuer* Terrorismus, S. 87; *Riegel* NVwZ 1985, 640; *Sydow* JuS 1978, 224.

[72] *Schroeder* FS Maurach, S. 128 ff zeigt, daß das weitreichende Notwehrrecht des § 32 StGB in Deutschland das Produkt der liberalen Rechtslehre des 19. Jahrhunderts ist. – Eine Zusammenfassung der rechtsphilosophischen und strafrechtstheoretischen Diskussion, die im 19. Jahrhundert über die Grundgedanken der Notwehr geführt worden ist, gibt *Kühl* Notrechte, S. 316ff.

[73] Ähnlich *Kirchhof* NJW 1978, 969; *Kinnen* MDR 1974, 633.

[74] Nachweise in Fn. 129.

tiert, *überhaupt* befugnisbegründend wirken würde; problematisch ist, daß sich das *Ausmaß* dieser Befugnisbegründung nicht in systematisch überzeugender Weise limitieren ließe.

Ein weiteres Argument gegen die Eignung des rechtfertigenden Notstands, als Ermächtigungsgrundlage für hoheitliche Eingriffe zu dienen, geht auf *Amelung* zurück. Unter Rückgriff auf die aus dem Verwaltungsrecht bekannte sogenannte modifizierte Subjektstheorie behauptet er, § 34 StGB enthalte kein staatliches Sonderrecht und damit keine spezifisch öffentlich-rechtliche Eingriffsermächtigung.[75] Zwar geht der Vorwurf fehl, das Argument *Amelungs* sei zirkelschlüssig;[76] denn *Amelung* extrapoliert das von ihm zugrundegelegte Verständnis von öffentlichem Recht nicht dem hier zur Beurteilung anstehenden Problem, sondern er macht sich eine allgemeine und weitverbreitete Begriffsbestimmung zu eigen.[77] Eine andere Frage ist es freilich, ob die von *Amelung* rezipierte Begriffsbestimmung, die zu dem Zweck entwickelt worden ist, öffentliches Recht und Privatrecht voneinander abzugrenzen, auch zur Einordnung strafrechtlicher Normen taugt;[78] immerhin würde *Amelungs* Argumentation dazu führen, daß beispielsweise auch der Norm des § 127 Abs. 1 StPO der öffentlich-rechtliche Charakter abgesprochen werden müßte.[79] Aber selbst auf der Grundlage von *Amelungs* eigenen Vorannahmen erscheint sein Ergebnis nicht zwingend. Aus der Veränderung der Normfunktion, die in der Wandlung des rechtfertigenden Notstands von einem Bürgerrecht zu einem staatlichen Eingriffsrecht liegt, kann man nämlich auch schlußfolgern, axiologisch betrachtet handle es sich bei Bürgerrecht und Staatsbefugnis um *zwei selbständige* Eingriffsnormen, die lediglich äußerlich in einer einzigen Vorschrift des positiven Rechts zusammengefaßt seien. Sieht man die Dinge so, hätte man keinerlei Schwierigkeiten, die „amtsträgerbezogenen" Anwendungsfälle des § 34 StGB (und des § 127 Abs. 1 StPO) als öffentliches Recht zu qualifizieren.[80]

---

[75] *Amelung* NJW 1977, 834; ebenso *Wilhelm* Eingriffsbefugnisse des Staates, S. 37 f.

[76] So aber *Fechner* Notwehr, S. 49 f; *Huber* § 34 StGB als Rechtfertigungsgrund, S. 115; *Buttel/Rotsch* JuS 1996, 718; *Schwabe* NJW 1977, 1904.

[77] Gegen den Zirkularitätsvorwurf verwahrt sich auch *Amelung* selbst: *ders.* NJW 1978, 623.

[78] Zweifel daran äußert *Huber* § 34 StGB als Rechtfertigungsgrund, S. 109, 114 f.

[79] *Huber* aaO S. 109; *Schwabe* NJW 1977, 1904.

[80] Ähnlich wie hier *Ruppelt* Maßnahmen ohne Rechtsgrundlage, S. 95 f.

3. Hiesige Ansicht: Der rechtfertigende Notstand und der Regelungsprimat des parlamentarischen Gesetzgebers

a) Die Unbestimmtheit der Notstandsnorm

Die Pflicht zur Duldung von Notstandseingriffen ist quasi-institutioneller Natur, es handelt sich bei ihr um eine allgemeine *Bürgerpflicht*:[81] Das Institut des rechtfertigenden Notstands konkretisiert in einer bestimmten Hinsicht den Status des Eingriffsadressaten als des Angehörigen einer Rechtsgemeinschaft, die ein *System realer Freiheit* etabliert zu haben beansprucht. Nur integriert in dieses komplexe Gesamtsystem, zu dessen weiteren Hauptkomponenten die Prinzipien der Rechtsstaatlichkeit und der Demokratie gehören, läßt sich die Pflicht des Bürgers zur solidarischen Aufopferung einzelner seiner Rechtsgüter legitimieren. Dieser Umstand schließt es aus, unter Berufung auf eine (angebliche) Notstandslage jene anderweitigen Komponenten als (bloß) abstrakte und daher einer „Abwägung" zugängliche Größen zu behandeln. In Ermangelung einer übergeordneten Systemkategorie könnte ein derartiger Konflikt nämlich nicht mehr überzeugend aufgelöst werden. Die Interpretation des rechtfertigenden Notstands darf aus diesem Grund nicht dazu führen, jenes Niveau an Freiheitlichkeit zu unterlaufen, das die anderen wesentlichen Systemelemente der Rechtsordnung der Rechtsgemeinschaft als ganzer sowie dem einzelnen Bürger gewährleisten.

Wie bereits unter 1. erwähnt, ist eine bedeutsame Ausprägung sowohl des Prinzips der Rechtsstaatlichkeit als auch (und vor allem)[82] desjenigen der Demokratie die unter dem Stichwort des „Gesetzesvorbehalts" rubrizierte Anforderung an den parlamentarischen Gesetzgeber, sich zu den hoheitlichen Eingriffen zu „bekennen", deren Duldung dem betroffenen Bürger kraft seiner Friedens- und Gehorsamspflicht abverlangt wird. Diese Anforderung impliziert ein Delegationsverbot sowie, als dessen Kehrseite, ein Gebot verstärkter Regelungsdichte:[83] Dem parlamentarischen Gesetzgeber soll jeder Ausweg versperrt werden, seiner Gestaltungsaufgabe auszuweichen, sei es durch offene, sei es durch versteckte Delegationen, wie sie beispielsweise in Gestalt von Generalklauseln gegeben sind.[84] Der allgemeine Vorbehalt des Gesetzes ist insofern unlösbar mit dem verfassungsrechtlichen Grundsatz der Bestimmtheit verbunden:[85] „Unbestimmtheit in der Gesetzgebung be-

---

[81] 1. Kap. D.IV.2.

[82] *Lippold* Recht und Ordnung, S. 321.

[83] *Ossenbühl* HdbStR Bd. III, S. 337; ähnlich *Gassner* Genehmigungsvorbehalte, S. 83.

[84] *Ossenbühl* aaO S. 337 f.

[85] *Ossenbühl* aaO S. 329. – Ausführlich zur verfassungsrechtlichen Herleitung des Bestimmtheitsgebots *Gassner* Genehmigungsvorbehalte, S. 85 ff; *Papier/Möller* AöR 122 (1997) 178 ff.

deutet der Sache nach Verlagerung der Entscheidungsmacht auf die Exekutive … Bestimmtheitserfordernisse dienen demnach der Intensivierung des Gesetzesvorbehalts“[86]. Der Gesetzgeber muß die Eingriffsvoraussetzungen deshalb mit einem solchen Maß an Bestimmtheit vorgeben, daß *ihm* der Eingriff plausiblermaßen inhaltlich zugerechnet werden kann.

Der sozialgeschichtliche Hintergrund, der dieses Zurechnungsverlangen speist, hat sich allerdings seit dem 19. Jahrhundert erheblich verändert. Wie schon unter 1. angesprochen wurde, geht es im demokratischen Staat nicht mehr darum, die Interessen des im Parlament repräsentierten Bürgertums gegen die monarchisch kontrollierte Exekutive zur Geltung zu bringen. Die Forderung an das Parlament, seinem Regelungsprimat Genüge zu tun, fußt heutzutage eher auf dem verstärkten sozialen Bewußtsein von der Kontingenz – der puren Positivität – vieler rechtlicher Regelungsinhalte:[87] Wo Legitimation über allgemein geteilte *Inhalte* problematisch geworden ist, nimmt die Legitimation durch *Verfahren* an Bedeutung zu.[88] Daß die parlamentarische Gesetzgebung diese Legitimation durch Verfahren in besonders überzeugender Weise leistet, macht ihren „spezifische(n) demokratische(n) Mehrwert“ aus:[89] Das Gesetzgebungsverfahren gewährleistet „ein höheres Maß an Öffentlichkeit in der Auseinandersetzung und Entscheidungssuche“ als ein Verwaltungsverfahren und bietet deshalb auch „größere Möglichkeiten eines Ausgleichs widerstreitender Interessen“[90]. Deshalb ist dem Parlament eine „legitimatorische Vorrangstellung“ zugewiesen.[91]

Diese Bemerkungen über die rechtsstaatliche und demokratische Bedeutsamkeit des Bestimmtheitserfordernisses bedürfen noch der Konkretisierung; mit ihnen ist die Frage der verfassungsrechtlich gebotenen Regelungsdichte zwar abstrakt verortet, nicht aber konkret gelöst.[92] Einigkeit besteht insofern, als aus der Forderung

---

[86] *Ossenbühl* aaO.

[87] Dazu eindringlich *Luhmann* Rechtssoziologie, S. 207 ff; *ders.* Ausdifferenzierung, S. 122 ff. – Zu Recht bemerkt *Isensee* JZ 1999, 273, dem modernen Staat sei das Gemeinwohl nicht Vorgabe, sondern Aufgabe und, ungeachtet aller Rationalisierungserfordernisse, Gegenstand des Entscheidens.

[88] Grundlegend *Luhmann* Legitimation durch Verfahren, S. 137 ff; aus dem verfassungsrechtlichen Schrifttum vgl. die zusammenfassende Darstellung *Kirchhofs* HdbStR Bd. III, S. 143 f.

[89] *Gassner* Genehmigungsvorbehalte, S. 103.

[90] BVerfGE 40, 249; vgl. auch *Kirchhof* HdbStR Bd. III, S. 141 ff.

[91] *Gassner* Genehmigungsvorbehalte, S. 103; *Ruppelt* Maßnahmen ohne Rechtsgrundlage, S. 99 f.

[92] Vgl. *Gassner* aaO S. 94. – Immerhin schließen aber bereits die bisherigen Feststellungen es aus, das hier zur Erörterung stehende Legitimationsproblem durch den Hinweis darauf zu trivialisieren, daß mit dem § 34 StGB doch immerhin eine rechtssatzmäßig umschriebene Ermächtigungsgrundlage vorliege; entscheidend ist nämlich die Frage nach der erforderlichen *Regelungsintensität* einer Eingriffsnorm (zutreffend *Ruppelt* aaO S. 90). Ebensowenig kann

nach gesetzlicher Bestimmtheit keineswegs folgt, daß Generalklauseln *per se* unzulässig seien; vielmehr ist die Verwendung von Generalklauseln häufig unvermeidbar. Die Mannigfaltigkeit der denkbaren (oder auch gerade noch nicht denkbaren) Regelungssachverhalte macht in vielen Fällen eine ins Einzelne gehende Bestimmung unmöglich:[93] Für einen bestimmten Sachbereich mag es (noch) an der Kodifikationsreife fehlen, er mag eine besondere Dynamik aufweisen oder er mag durch die Unvorhersehbarkeit und Plötzlichkeit auftretender Sonderlagen gekennzeichnet sein.[94] Deshalb hat die Vorstellung einer „‚gewaltenpluralen‘ Arbeit am Gesetz“ nichts Erschreckendes an sich, vielmehr wird sie in der grundgesetzlichen Gewaltenteilung geradezu vorausgesetzt.[95] Der parlamentarische Gesetzgeber darf das Instrument der Generalklausel allerdings nicht dazu mißbrauchen, sich mit dessen Hilfe von seiner primären Regelungsverantwortlichkeit freizuzeichnen – vor allem dort, wo es um die Voraussetzungen hoheitlicher Eingriffe geht. Jedenfalls „seinen Grundgedanken, das Ziel seines gesetzgeberischen Wollens“ muß der Gesetzgeber deutlich machen;[96] der Generalklausel muß sich das intendierte *Regelungsprogramm* nach Zweck und Mitteln zumindest in seinen Umrissen entnehmen lassen.[97]

---

die Heranziehung des rechtfertigenden Notstands freilich mit der Begründung abgelehnt werden, die nach dem Wortlaut des § 34 StGB zulässigen Mittel seien nach einer anderweitigen Regelung unzulässig: „Gegen die Zulassung von Ausnahmen ist der Hinweis auf die Regel nicht triftig, denn sie wird mit der Zulassung von Ausnahmen anerkannt“ (*Keller* Provokation, S. 289).

93 Allg. Ansicht, z. B. BVerfGE 8, 326; 13, 161; st. Rspr; *v. Münch/Kunig/Schnapp* Art. 20 GG Rdn. 25; *Schmidt-Aßmann* HdbStR Bd. I, S. 1018. – Bei weitem zu undifferenziert ist es daher, die Auffassung von der Unanwendbarkeit des rechtfertigenden Notstands auf hoheitliches Eingriffshandeln auf solch pauschale Feststellungen zu gründen wie den Satz, daß es allein dem Gesetzgeber vorbehalten sei, aus einer Abwägung der Interessen der Allgemeinheit und der einzelnen rechtlich relevante Folgerungen zu Lasten der Individualfreiheit zu ziehen (*Sydow* JuS 1978, 225; ähnlich pauschal argumentiert auch *Wilhelm* Eingriffsbefugnisse des Staates, S. 53). Derartige Äußerungen klingen zwar besonders „liberal“, sind aber so unspezifisch, daß sie in Wahrheit überhaupt nichts beweisen. Auch die Verwaltung ist nämlich demokratisch legitimiert (*Ossenbühl* Rechtsquellen, S. 196; *ders.* Verwaltungsvorschriften, S. 199 f); im Verhältnis zum Gesetzgeber darf sie daher nicht nur eine dienende und instrumentelle, sondern eine ergänzende Aufgabe beanspruchen (*Gassner* aaO S. 93).

94 *Ossenbühl* HdbStR Bd. III, S. 347 f.

95 *Schmidt-Aßmann* HdbStR Bd. I, S. 1018.

96 BVerfGE 17, 314; in der Sache ebenso BverfGE 54, 247; 87, 317; *Stern* Staatsrecht, Bd. I, S. 829; *Gassner* Genehmigungsvorbehalte, S. 126.

97 Der Sache nach wird damit der in Art. 80 Abs. 1 S. 2 GG für die Delegation rechtsetzender Gewalt an die Exekutive formulierte Maßstab zu einem allgemeinen Grundsatz für die gesetzliche Ermächtigung der Verwaltung zu Eingriffen in die Individualsphäre erweitert (*Gassner* aaO S. 87 mwN). – Allerdings soll insoweit die Zeit manche Wunde heilen. So läßt sich der verfassungsrechtlichen Rechtsprechung und Lehre der (nicht ganz unbedenkliche, da auf einer einseitigen Hervorhebung der rechtsstaatlichen Funktion des Bestimmtheitserfordernisses beruhende) Satz entnehmen, daß eine Norm desto eher dem Bestimmtheitsgrundsatz zu

Dies beinhaltet, daß die betreffende Vorschrift erkennen lassen muß, wer zu ihrer Anwendung *zuständig* sein soll; denn einer unter Kompetenzgesichtspunkten gleichsam freischwebenden (und daher allen interessierten Behörden potentiell zugänglichen) Generalklausel läßt sich kein konkretisierbarer Regelungszweck entnehmen.

Diesem Maßstab genügt der „amorphe Erlaubnissatz"[98] des § 34 StGB nicht. Es überzeugt nicht, wenn den Amtsträgern die Berufung auf Notstand mit der Begründung zugestanden wird, daß der Notstand doch immerhin eine Abwägung aller irgendwie relevanten Gesichtspunkte voraussetze[99] und daß das ihm (angeblich) zugrundeliegende Prinzip des überwiegenden Interesses zu den allgemeinen Grundsätzen der gesamten Rechtsordnung gehöre.[100] Die dogmatische Unfruchtbarkeit dieses Prinzips ist schon zu Beginn des vorliegenden Kapitels hervorgehoben worden. Rein formal gemeint, läßt sich ihm ein inhaltliches Regelungsprogramm nicht einmal in vagen Umrissen entnehmen. Wie heikel der Versuch ist, einen (angeblichen) allgemeinen Rechtsgrundsatz unmittelbar zu einer Eingriffsnorm umzufunktionieren, ist auch denjenigen nicht verborgen geblieben, die die genannte Transformation für zulässig halten: *Richard Lange* bemerkt ausdrücklich,

---

genügen vermöge, je länger die Gesetzesinterpreten und -anwender, insbesondere die Gerichte, an ihrer Konkretisierung gearbeitet hätten (dazu *Gassner* aaO S. 134ff mwN; *Papier/Möller* AöR 122 [1997] 189 ff). Beispielsweise wird die polizeiliche Generalklausel heutzutage deshalb als hinreichend bestimmt angesehen, weil sie im Laufe einer mehr als 100-jährigen Tätigkeit von Rechtsprechung und Lehre in mannigfacher Weise präzisiert worden ist (BVerfGE 54, 144f; 69, 392; LK-*Hirsch* § 34 Rdn. 9; NK-*Neumann* § 34 Rdn. 113; *Drews/Wacke/Vogel/Martens* Gefahrenabwehr, S. 37f; *Schenke* Polizei- und Ordnungsrecht, S. 177; *Schneider* Gesetzgebung § 4 Rdn. 67; *Fechner* Notwehr, S. 59; *Wilhelm* Eingriffsbefugnisse des Staates, S. 74; *Kirchhof* NJW 1978, 971). Zudem ist der Anwendungsbereich dieser Generalklausel durch die Kompetenzzuweisungen des Polizeirechts beschränkt (LK-*Hirsch* § 34 Rdn. 9; *Krey* Rechtsprobleme Rdn. 602; *Ruppelt* Maßnahmen ohne Rechtsgrundlage, S. 142). Im Bereich der Notstandsvorschrift ist jedoch eine auch nur annähernd vergleichbare Konkretisierung für das Staat-Bürger-Verhältnis weder bereits erfolgt noch in Sicht (*Ruppelt* aaO S. 112); auch eine Zuständigkeitsbeschränkung läßt sich ihr nicht entnehmen (dazu sogleich). Deshalb trifft die Behauptung nicht zu, daß die polizeiliche Generalklausel dem § 34 StGB an Unbestimmtheit nicht nachstünde (so aber Sch-Sch-*Lenckner/Perron* § 34 Rdn. 7; *Roxin* AT 1 § 16 Rdn. 88; *Schaffstein* GS Schröder, S. 116).

[98] Vgl. *Klinkhardt* VerwArch 55 (1964) 270.

[99] *Blei* JZ 1955, 629 (der mit diesem Argument begründet, daß die von ihm ansonsten vertretene These von der Unanwendbarkeit der allgemeinen Rechtfertigungsgründe auf Amtsträgerhandeln für den [Aggressiv-]Notstand nicht gelte; kritisch zu diesem Bruch innerhalb von *Bleis* Argumentation *Klinkhardt* VerwArch 55 [1964] 322); *Schaffstein* GS Schröder, S. 114; nahestehend *Lange* NJW 1978, 784f (§ 34 StGB enthalte ein austariertes System von *checks and balances*).

[100] BGHSt 27, 262ff; Sch-Sch-*Lenckner/Perron* § 34 Rdn. 7; *Tröndle/Fischer* § 34 Rdn. 24; *Huber* § 34 StGB als Rechtfertigungsgrund, S. 162; *Schaffstein* GS Schröder, S. 116f.

die Artikulation eines allgemeinen höchsten Rechtsgedankens und der ihm immanenten Wertungen habe nichts zu tun mit der Konstituierung von Rechten und Pflichten einer Behörde.[101] Dem kann man im Prinzip nur zustimmen: Allgemeine Rechtsgedanken sind bereichsspezifisch zu konkretisieren, und dies ist in den Eingriffsermächtigungen des öffentlichen Rechts abschließend geschehen.[102] Daß *Lange* selbst den gegenteiligen Schluß gezogen und ein umfassendes Nebeneinander von Spezialermächtigungen und Notstandsrechtfertigung bejaht hat,[103] erscheint vor dem Hintergrund seiner soeben zitierten Äußerung überraschend und wenig überzeugend.

b) Kritik an den Eingrenzungsversuchen der herrschenden Meinung

Wie bereits unter 1. ausgeführt worden ist, geht die herrschende Meinung weniger weit als *Lange*: Sie gestattet Amtsträgern zwar grundsätzlich den Rückgriff auf § 34 StGB, schließt ihn aber insoweit aus, wie abschließende Sonderregelungen vorliegen.[104] Dies hat zwar zur Folge, daß die praktische Relevanz der vorliegend zur Diskussion stehenden Streitfrage kleiner wird. Ein zusätzliches Argument dafür, weshalb die Notstandsvorschrift *überhaupt* – und sei es auch nur für einen beschränkten Kreis von Fällen – auf die Hoheitstätigkeit von Amtsträgern anwendbar sein soll, läßt sich dem Spezialitätsgedanken hingegen nicht entnehmen.[105] Es kommt hinzu, daß unter seinen Vertretern dort, wo nicht gesetzliche Bestimmungen ausdrücklich ein Eingriffsverbot begründen, „regelmäßig umstritten (ist), ob und in welchem Umfang der entsprechende Regelungsbereich durch vorhandene Vorschriften abschließend erfaßt wird“[106]. *Roxin* versucht, dem Vorwurf mangelnder Bestimmtheit dadurch die Spitze zu nehmen, daß er die Notstandsabwägung an thematisch verwandten Regelungen des positiven Rechts orientiert. Er entwickelt seine Position anhand eines Falls, den das OLG Frankfurt zu entscheiden hatte: Auf der Heimfahrt von seinem Arbeitsplatz verunglückte der X tödlich. Noch an der Unfallstelle stellte der Amtsarzt A den Leichenschauschein aus. Daraufhin wurde die Leiche des Verunglückten von der Staatsanwaltschaft zur Bestattung freigegeben und in die Leichenhalle des Wohnorts der Witwe W überführt. Da es sich um einen Arbeitswegunfall handelte, erhielt gleichzeitig die zuständige Berufsgenossenschaft Nachricht. Ihr Geschäftsführer veranlaßte wegen des Verdachts der

[101] *Lange* NJW 1978, 784f.
[102] LK-*Hirsch* § 34 Rdn. 13.
[103] *Lange* NJW 1978, 784ff.
[104] Nachweise in Fn. 41.
[105] Zutreffend *Fechner* Notwehr, S. 69, 72f.
[106] LK-*Hirsch* § 34 Rdn. 14 mwN; vgl. auch NK-*Neumann* § 34 Rdn. 114.

Alkoholbeeinflussung den A dazu, bei dem Verunglückten eine Blutprobe zu entnehmen. Die Entnahme, die der A unverzüglich in der Leichenhalle durchführte, ergab einen BAK-Wert von 1,5 Promille. Dies hatte zur Folge, daß der W die Hinterbliebenenrente aus der gesetzlichen Unfallversicherung versagt wurde.[107]

A hat den Tatbestand des § 168 StGB erfüllt. Die sachlich einschlägige RVO enthielt zum damaligen Zeitpunkt keine Ermächtigungsgrundlage für sein Tun.[108] Den Eingriff auf die polizeiliche Generalklausel zu stützen wäre zwar prinzipiell in Betracht gekommen;[109] dann hätte der Eingriff freilich von der Polizei angeordnet werden müssen, was nicht der Fall war. Entscheidend war daher die Frage, ob A sich auf § 34 StGB berufen konnte. Das OLG Frankfurt bejahte diese Frage, ohne dabei auf das Verhältnis der Notstandsregelung zur RVO überhaupt nur einzugehen; *Roxin* hat der Entscheidung im Ergebnis zugestimmt.[110] Amtsträger dürfen sich nach seiner Auffassung nicht nur in den Fällen „mehr oder weniger unwiederholbare(r) Güterkonflikte", sondern auch in solchen Situationen auf § 34 StGB berufen, die einer Spezialregelung zwar prinzipiell zugänglich wären, vom Gesetzgeber aber bisher übersehen, vernachlässigt oder wegen ihrer Neuheit noch nicht eigens behandelt worden seien.[111] Dieser Fallgruppe rechnet *Roxin* den hier zur Beurteilung anstehenden Fall zu.

Zur Begründung argumentiert er zunächst rein pragmatisch: Es hieße „unsachgemäße Lösungen ertragen, wenn man den rechtfertigenden Notstand nicht heranziehen dürfte, wo der Gesetzgeber zur Rechtfertigung von Eingriffen zwar eine Detailregelung schaffen könnte, aber noch nicht geschaffen hat". Wollte man hier konfliktbedingte Eingriffe unabhängig von ihrer Förderlichkeit für das Gemeinwohl von der Möglichkeit einer Notstandsrechtfertigung ausnehmen und auf eine gesetzliche Spezialregelung warten, so würde das Strafrecht sich eines der wichtigsten Hilfsmittel lebensdienlicher Sozialgestaltung berauben.[112] Dieses Argument allein würde zur Stützung von *Roxins* Position freilich nicht ausreichen: Die (etwaige)

---

[107] Nach OLG Frankfurt NJW 1975, 271.

[108] Heute ist dieser Fall in § 63 Abs. 3 SGB VII geregelt.

[109] § 229 BGB zeigt, daß der Verlust oder die Aushöhlung eines Rechts ein Problem der Polizei sein kann; ansonsten wäre der Vorbehalt, obrigkeitliche Hilfe dürfe nicht rechtzeitig zu erlangen gewesen sein, überflüssig.

[110] *Roxin* JuS 1976, 510 f; ebenso *Thiel* Konkurrenz, S. 216; a. A. NK-*Neumann* § 34 Rdn. 29, 72; *Jakobs* AT 13/41; *Jescheck/Weigend* AT § 33 IV 3 d; *Maurach/Zipf* AT 1 § 27 Rdn. 32; *Geilen* JZ 1975, 382 ff; *Grebing* GA 1979, 98 f.

[111] *Roxin* aaO S. 510. – *Huber* § 34 StGB als Rechtfertigungsgrund, stimmt der Differenzierung *Roxins* zwar im Prinzip zu (S. 194); er will den Rückgriff auf § 34 StGB jedoch nur für die Fälle zulassen, in denen ein bestimmter Regelungsbereich eine vom Gesetzgeber nicht beabsichtigte Lücke aufweise (S. 188 ff).

[112] *Roxin* aaO; auch *Gössel* JuS 1979, 164 macht geltend, der Verwaltung dürfe „notwendiges Handeln nicht unmöglich" gemacht werden.

rechtspolitische Wünschbarkeit eines Eingriffs vermag dessen rechtsstaatliche und demokratietheoretische Bedenklichkeit nicht aus der Welt zu schaffen; *Roxins* Formel von der „Förderlichkeit für das Gemeinwohl" umschreibt eine Aufgabe *aller* staatlichen Tätigkeit und läßt deshalb die eigentlich heikle Frage unbeantwortet, wie hoch der nicht-delegierbare Konkretisierungsanteil des parlamentarischen Gesetzgebers an Eingriffsakten der Verwaltung sein muß. Auch *Roxin* selbst erkennt die Notwendigkeit, seine Argumentation näher zu substantiieren; deshalb spricht er dem „Vergleich mit gesetzgeberisch eindeutigen Entscheidungen paralleler Kollisionsfälle" entscheidende Bedeutung zu.[113] So zeigten die §§ 81 a, c StPO, daß der Gesetzgeber keine Bedenken hätte, zur Aufklärung eines Verkehrsunfalls sogar lebenden Personen eine Blutprobe abzuverlangen.[114] Diese Begründung trägt indessen die Position *Roxins* letztlich ebenfalls nicht. Sie gestattet es, das Erfordernis einer *wirklichen* durch den Verweis auf eine – mit einem mehr oder weniger hohen Grad an Wahrscheinlichkeit – *denkbare* spezialgesetzliche Ermächtigungsgrundlage für staatliches Eingriffshandeln zu unterlaufen. Unberücksichtigt bleibt dabei der unter a) betonte Umstand, daß in dem Recht einer Gesellschaft, die sich nur noch auf einen schmalen Vorrat lebensweltlicher Gemeinsamkeiten stützen kann, entscheidendes Gewicht einer *Legitimation durch Verfahren* zuwächst. Die erforderliche soziale Legitimationswirkung aber kann ein Normsetzungsverfahren nur dann entfalten, wenn es tatsächlich durchgeführt, nicht hingegen, wenn es im Kopf eines einzelnen Normanwenders substituiert wird. Eine *mutmaßliche* Entscheidung des Gesetzgebers ist unter legitimationstheoretischen Gesichtspunkten kein hinreichendes Äquivalent zu seiner – fehlenden – *tatsächlichen* Entscheidung.[115]

Damit bleibt lediglich noch die Frage zu erörtern, ob Amtsträger sich jedenfalls dann auf rechtfertigenden Notstand berufen können, wenn sie mit Gefahren kon-

---

[113] *Roxin* aaO S. 511; vgl. auch *dens.* AT 1 § 16 Rdn. 46; ebenso *Lackner/Kühl* § 34 Rdn. 11; Sch-Sch-*Lenckner/Perron* § 34 Rdn. 43; *Huber* § 34 StGB als Rechtfertigungsgrund, S. 207; *Thiel* Konkurrenz, S. 216.

[114] *Roxin* aaO S. 511.

[115] Ablehnend zu *Roxin* auch LK-*Hirsch* § 34 Rdn. 14; *Jakobs* AT 13/41 Fn. 80; *Schwarzburg* Tatprovokation, S. 100; *Wilhelm* Eingriffsbefugnisse des Staates, S. 73; *Amelung* NJW 1977, 838. – Nur am Rande sei bemerkt, daß eine Argumentation wie diejenige *Roxins* etwas von einer *self-fulfilling prophecy* hat: Solange der Gesetzgeber sich darauf verlassen kann, daß Rechtslehre und Rechtspraxis die Ausfüllung sondergesetzlicher Regelungslücken *qua* Notstand für zulässig erachten, gibt es für ihn keinen hinreichenden politischen Grund, sich der Mühe zu unterziehen, jene Sondergesetze zu vervollständigen (ähnlich LK-*Hirsch* § 34 Rdn. 14). Der Gegenansicht Effektivitätslücken vorzuhalten (gegen diesen Vorwurf LK-*Hirsch* § 34 Rdn. 17), läuft, so gesehen, auf ein methodisch höchst anfechtbares, da die Unableitbarkeit eines Sollens aus einem Sein mißachtendes Argument hinaus: Weil die Gegenansicht sich bislang noch nicht durchgesetzt *habe*, *dürfe* sie sich auch in Zukunft nicht durchsetzen.

frontiert werden, die nicht typisierbar und deshalb sondergesetzlich kaum adäquat regelbar sind.[116] Aus der Existenz derartiger Fälle läßt sich indessen nur die – unstreitige – Schlußfolgerung ableiten, daß der Gesetzgeber recht daran getan hat, ja daß er gar nicht umhin konnte, die Amtsträger in einem gewissen Umfang mit Generalklauseln auszustatten. Dies impliziert aber nicht, daß die Amtsträger dort, wo „regionale" Generalklauseln fehlen oder (angeblich) nicht umfassend genug sind, befugt sein müßten, auf die allgemeine Notstandsregelung als eine Art von „Supernorm"[117], als eine Generalermächtigung der zweiten Linie zurückzugreifen. Gegen ein solches Rückgriffsrecht spricht bereits, daß es an brauchbaren Kriterien für die Grenzziehung zwischen noch regelungsfähigen und nicht mehr kodifizierbaren Gefahrensituationen fehlt.[118] Vor allem aber weist die Notstandsnorm ein solches Maß ein Unbestimmtheit auf, daß die Berufung auf sie auch dann nicht mehr tolerabel erscheint, wenn man die inhaltliche Vielfältigkeit möglicher Gefahrenlagen in Rechnung stellt. Nach den bisherigen Darlegungen läßt sich der allseits offenen und im Unterschied zu der polizeilichen Generalklausel nicht durch eine gefestigte Auslegungspraxis konkretisierten Regelung des § 34 StGB keine Beschränkung auf einen *begrenzten* Kreis zulässiger Eingriffszwecke entnehmen. Einer solchen Limitierung aber bedarf auch eine Generalklausel, wenn ihre Anwendung dem parlamentarischen Gesetzgeber inhaltlich zurechenbar sein, d. h. wenn sie als Grundlage für hoheitliches Handeln taugen soll.[119]

Es kommt hinzu, daß die „ungebundene Notstandsrechtfertigung"[120] des § 34 StGB in einem höchst prekären Verhältnis zu der öffentlich-rechtlichen Zuständigkeitsordnung steht. Welche Behörden sollen zur Anwendung der strafrechtlichen Notstandsvorschrift befugt sein? Etwa alle nebeneinander? Ausdrücklich sagt die Norm dazu nichts.[121] Aus dem Schweigen des Strafgesetzes zu dieser Frage wird bisweilen der Schluß gezogen, daran zeige sich, daß § 34 StGB in seiner Eigenschaft als

---

[116] Nachweise in Fn. 42. – Nahestehend *Schwabe* NJW 1977, 1907, der Amtsträgern den Rückgriff auf § 34 StGB vor allem dann gestatten will, wenn sie mit Situationen konfrontiert werden, die weder einplanbar noch zielstrebig herbeigeführt sind. Diese „Öffnungsklausel" geht jedoch in jedem Fall zu weit. So sind beispielsweise Art und Ausmaß der Gegenwehr, mit der der Betroffene auf eine hoheitliche Maßnahme reagiert, vorher zumeist nicht konkret „einplanbar". Dennoch gehört es zu den typischen Aufgaben eines Vollzugsbeamten, mit einer derartigen Situation in geregelter Form „fertig zu werden". Schon aus diesem Grund muß er sich hier auf die seiner Amtsträgerrolle korrespondierenden sondergesetzlichen Eingriffsermächtigungen beschränken.

[117] SK-*Samson* § 34 Rdn. 4.

[118] LK-*Hirsch* § 34 Rdn. 15.

[119] LK-*Hirsch* § 34 Rdn. 9; NK-*Neumann* § 34 Rdn. 113; *Schenke* Polizei- und Ordnungsrecht, S. 176; *Beisel* JA 1998, 722.

[120] *Jakobs* AT 13/42.

[121] *Amelung* NJW 1977, 837.

Eingriffsbefugnis die sachliche und örtliche Zuständigkeit des Handelnden bereits voraussetze.[122] Daher dürfe nur diejenige Behörde sich auf die Notstandsvorschrift berufen, die zur Wahrnehmung der betreffenden Aufgabe sachlich zuständig sei.[123] Dieser Versuch, das Unbestimmtheitsproblem zu entschärfen, vermag jedoch unter systematischen Gesichtspunkten nicht zu überzeugen. Zwar trägt nach heutigem öffentlichen Recht eine bestimmte Aufgabenzuweisung nicht die betreffende Ermächtigung in sich,[124] wohl aber impliziert eine erteilte Ermächtigung die Verleihung der entsprechenden Zuständigkeit: Wer zu bestimmten Handlungen *ermächtigt* wird, den kann man schwerlich für *unzuständig* zu ihrer Durchführung halten. Einer Jedermanns*ermächtigung*, wie sie der § 34 StGB nach üblichem Verständnis darstellt, korrespondiert dementsprechend konsequenterweise eine Jedermanns*zuständigkeit*. Aus diesem Grund ist § 34 StGB mit einer differenzierten Zuständigkeitsordnung unvereinbar. Der Versuch, die Zuständigkeitsfrage von vornherein aus dem § 34 StGB auszuklammern, ist aber noch einem weiteren Einwand ausgesetzt. Nimmt man die These der herrschenden Meinung ernst, wonach § 34 S. 1 StGB die Abwägung aller irgendwie entscheidungserheblichen Faktoren verlangt,[125] so läßt sich jene Position nicht konsequent durchhalten. Wenn nämlich „alle relevanten Faktoren" in die Abwägung einzubeziehen sind, so muß dazu auch das öffentliche Interesse an der regelmäßigen Wahrung der „normalen" Kompetenzordnung gehören. Dieses Interesse in die Abwägung einzustellen, bedeutet zugleich, es prinzipiell als der Relativierung durch anderweitige Gesichtspunkte zugänglich auszugeben. Da aber weder der Inhalt noch das Gewicht dieser „anderweitigen Gesichtspunkte" im vorhinein näher bestimmbar sind, birgt dies ebenfalls die Gefahr einer unkontrollierbaren Unterhöhlung der öffentlich-rechtlichen Kompetenzverteilung in sich.[126] Die Befürchtung *Böckenfördes* erweist sich insofern als berechtigt: Im Sinne der herrschenden Meinung und damit einseitig „output"-orientiert verstanden begründet die Notstandsvorschrift einen „*Generalvorbehalt* für jedes Organ",[127] „sich nach der gebotenen Verhältnismäßigkeitsabwägung über die gesetzliche Kompetenzordnung und -begrenzung hinwegzusetzen"[128]. Auf diesem Weg entstünde in der Tat „eine perfekte, in sich offene Generalermächtigung zur Bewäl-

---

[122] *Huber* § 34 StGB als Rechtfertigungsgrund, S. 103.

[123] So bereits *Blei* JZ 1955, 629; ebenso *Huber* aaO S. 103, 213 f; *Gössel* JuS 1979, 164.

[124] Zur rechtsgeschichtlichen Genese dieser Auffassung *Huber* aaO S. 16 ff; *Klinkhardt* VerwArch 55 (1964) 264 ff.

[125] Nachweise dazu 1. Kap. B.III.1. Fn. 103 f.

[126] Dem Erst-recht-Schluß *Roxins*, daß § 34 StGB, wenn er den gesteigerten Bestimmtheitsanforderungen des Strafrechts standhalte, nicht gut für das übrige öffentliche Recht zu unbestimmt sein könne (*Roxin* AT 1 § 16 Rdn. 88), ist damit endgültig die Grundlage entzogen.

[127] *Hassemer* FS Coing, Bd. I, S. 510.

[128] *Böckenförde* NJW 1978, 1883.

tigung von Notständen/Notlagen, der gegenüber jede verfassungsrechtliche oder gesetzliche Ausformung und Begrenzung von Befugnissen *vorläufig* wird"[129].

Auch die hiesige Notstandskonzeption kann und will *diesen* Bestimmtheitsmangel nicht beheben. Zwar erhebt sie den Anspruch, die hochgradige inhaltliche Unbestimmtheit der herkömmlichen Auffassung dadurch abzumildern, daß sie den rechtfertigenden Notstand anhand von allgemeinen Figuren stafrechtlicher Verantwortlichkeitsbegründung interpretiert. Auf diesem Weg läßt sich jedoch lediglich die Verantwortungsverteilung zwischen rechtlich gleichgeordneten Konfliktparteien präziser und systematisch gehaltvoller erörtern als dies herkömmlicherweise geschieht; hingegen sind die betreffenden Kriterien weder dazu bestimmt noch dazu in der Lage, Nennenswertes zu der Frage beizutragen, in welchem Umfang der parlamentarische Gesetzgeber von seinem Regelungsprimat Gebrauch machen muß. Auch Anhaltspunkte zur Lösung der intrikaten Zuständigkeitsproblematik lassen sich diesen Kriterien nicht entnehmen. Auf der Grundlage des hiesigen Ansatzes läßt sich deshalb die Notstandsvorschrift nicht als Konkretisierung eines Regelungsprogramms für hoheitliche Eingriffe ansehen, für das der parlamentarische Gesetzgeber die erforderliche inhaltliche Verantwortung übernommen hat.

Selbst zur Bekämpfung von nicht typisierbaren Gefahrenlagen darf ein Amtsträger sich somit nicht auf § 34 StGB berufen. Sind bestimmte Maßnahmen, mögen sie auch aus der Sicht der Allgemeinheit wünschenswert und vertretbar erscheinen, rechtlich nicht möglich, weil eine spezielle Ermächtigungsgrundlage fehlt und auch die Voraussetzungen der polizeilichen Generalklausel nicht vorliegen, so muß der Gesetzgeber die Verantwortung dafür übernehmen. Die Indifferenz der Notstandsvorschrift gegenüber einer gestuften Zuständigkeitsordnung bestimmt auch die Lösung jener Fälle, in denen der hoheitliche Eingriff ausschließlich staatliche oder anderweitige Rechtsgüter der Allgemeinheit betrifft. Ein bekanntes Beispiel sind die

---

129 *Böckenförde* aaO. – Die Gefährdung der innerstaatlichen Zuständigkeitsordnung durch ein zur Ermächtigungsgrundlage umfunktioniertes Notstandsrecht betonen auch LK-*Hirsch* § 34 Rdn. 9; NK-*Neumann* § 34 Rdn. 113; SK-*Samson* § 34 Rdn. 11; StK-*Joecks* § 34 Rdn. 35; *Drews/Wacke/Vogel/Martens* Gefahrenabwehr, S. 39; *Köhler* AT, S. 318; *Fechner* Notwehr, S. 66; *Rotta* Nachrichtensperre, S. 67 ff; *Ruppelt* Maßnahmen ohne Rechtsgrundlage, S. 101 ff, 142; *Schwarzburg* Tatprovokation, S. 98 f; *Wilhelm* Eingriffsbefugnisse des Staates, S. 55; *Amelung* NJW 1977, 837; *ders.* JuS 1986, 332; *Breuer* Terrorismus, S. 87; *Kirchhof* NJW 1978, 970; *ders.* JuS 1979, 429; *Klinkhardt* VerwArch 55 (1964) 312; *Lübbe-Wolff* ZParl 1980, 112 ff; *Pielow* Jura 1991, 487; *Wölfl* Jura 2000, 232; ähnlich *M. Schröder* AöR 103 (1978) 137. – Zuvor hatte bereits *Blei* JZ 1955, 626 auf die Gefahr hingewiesen, daß mithilfe der allgemeinen Rechtfertigungsgründe die gesamte öffentlich-rechtliche Zuständigkeitsordnung aus den Angeln gehoben werden könnte; lediglich dem Rechtfertigungsgrund des (Aggressiv-) Notstands sollte nach seiner (in diesem Punkt inkonsequenten) Ansicht im Rahmen des Polizeirechts uneingeschränkte Geltung zukommen (Kritik daran im Text zu Fn. 123).

Freipressungsfälle: Darf „der Staat" den Forderungen terroristischer Gewalttäter nachgeben und deren inhaftierte Gesinnungsgenossen freilassen, um auf diesem Weg das Leben von Geiseln zu retten? Die herrschende Meinung bejaht dies.[130] Die Bedenklichkeit dieser Auffassung wird deutlich, wenn man sich die Frage vorlegt, *wer* hier *in concreto* für „den Staat" soll entscheiden dürfen. Daß die Entscheidung bei einer einzigen Instanz (der Bundesregierung) liegen müßte[131] und nicht jeder einzelne Gefängnisdirektor nach seinem eigenen Rechtsgewissen entscheiden dürfte, ist zwar im Ergebnis einleuchtend; nur läßt sich nach dem soeben Ausgeführten dem Institut des rechtfertigenden Notstands diese Zuständigkeitszuweisung nicht entnehmen.[132] Sie ihm in *ad hoc*-Manier unterzuschieben, ist ein weder systematisch noch rechtspolitisch befriedigender Ausweg.

Wenn in diesem wie auch in vergleichbaren anderen Grenz- und Härtefällen trotzdem niemand an eine Bestrafung der Beteiligten denkt, so sollte der Grund dafür nicht in § 34 StGB gesucht werden. Der rechtfertigende Notstand ist in der hier entwickelten Interpretation ein Institut der rechtsstaatlichen „Normallage" und als solches legitimiert. Freilich muß auch der *Rechtsstaat* sich zunächst als *Staat* behaupten. In existentiell bedrohlichen Krisen des Gemeinwesens ist es deshalb den Bürgern, die die Segnungen des Rechtsstaats genießen, zuzumuten, gewisse Abstriche von den normalen rechtsstaatlichen Standards hinzunehmen.[133] „Die Erhaltung des Rechts der Normallage setzt die Anerkennung des Ausnahmezustands voraus … Entfällt die vorausgesetzte Normallage, entfällt der Bezugspunkt für die intendierte Regulierungskraft der Norm".[134] In der die Existenz des Staats bedrohenden Krise wird der von *Carl Schmitt* perhorreszierte „Sieg des Bürgers über den Soldaten" partiell zurückgenommen: Dem einzelnen Bürger wird eine quasi-soldatische Duldungspflicht auferlegt. Das sogenannte „Staatsnotrecht", das inhaltlich eng zu beschränken und an strenge prozedurale Sicherungen zu knüpfen

---

130 LK-*Hirsch* § 34 Rdn. 6, 8, 20; NK-*Neumann* § 34 Rdn. 115; Sch-Sch-*Lenckner/Perron* § 34 Rdn. 41b; StK-*Joecks* § 34 Rdn. 35; *Jescheck/Weigend* AT § 33 IV 3 c; *Köhler* AT, S. 318 Fn. 275; *Kühl* AT § 8 Rdn. 133; *Maurach/Zipf* AT 1 § 27 Rdn. 34; *Roxin* AT 1 § 16 Rdn. 61; *Krey* Rechtsprobleme Rdn. 305, 556; *ders.* ZRP 1975, 97 ff; *Küper* Staat, S. 89 ff; *Amelung* NJW 1977, 839; *Meyer* NJW 1987, 425; im Ergebnis auch BVerfGE 46, 160 (164 f).

131 LK-*Hirsch* § 34 Rdn. 20; *Roxin* AT 1 § 16 Rdn. 60; *Krey* ZRP 1975, 100.

132 Ähnlich *Jakobs* AT 13/42; ablehnend zur Anwendbarkeit des § 34 StGB in diesen Fällen auch *Tröndle/Fischer* § 34 Rdn. 24; kritisch ferner *Welp* GA 1987, 516.

133 *v. Jhering* Zweck im Recht, Bd. I, S. 417 bemerkte, wo die Staatsgewalt sich vor die Alternative gestellt sehe, entweder das Recht oder die Gesellschaft preiszugeben, sei sie nicht bloß befugt, sondern verpflichtet, das Recht zu opfern. In dieser Pauschalität und Schärfe kann dies ein Rechtsstaat auch dann nicht akzeptieren, wenn er sich in einer Situation existentieller Not befindet.

134 *Böckenförde* NJW 1978, 1881, 1884.

ist,[135] darf jedoch nicht mit der Regelung des rechtfertigenden Notstands, wie sie in § 34 StGB niedergelegt ist, konfundiert werden. Maßregeln, die zur Sicherung fundamentaler Existenzbedingungen von (Rechts-)Staatlichkeit unabweislich erscheinen, stehen geltungstheoretisch nicht auf derselben Ebene wie Maßnahmen, die vor dem Hintergrund gesicherter rechtsstaatlicher Rahmenbedingungen getroffen werden.[136] Die Gleichstellung beider Sachverhalte würde das Institut des rechtfertigenden Notstands mit einem prinzipiellen Ausnahmevorbehalt versehen und damit das Verhältnis von Regel und Ausnahme, von rechtsstaatlich unbedenklicher Normal- und rechtsstaatlich heikler Grenzsituation buchstäblich auf den Kopf stellen. Die Normalsituation erschiene in dieser Perspektive als Zustand eines bloß suspendierten Ausnahmerechts und nicht, wie dies dem rechtsstaatlichen Selbstverständnis entspricht, als *aliud* zu ihm. Nur durch das offene Überwechseln zu einem anderen Normensystem bringt man diesen geltungstheoretischen Sachverhalt in angemessener Weise zum Ausdruck. Jenseits der äußerst seltenen Fälle, in denen eine Krisensituation plausiblermaßen als existentiell bedrohlich ausgegeben werden kann, bestätigt sich der demokratische Rechtsstaat hingegen am eindrucksvollsten dadurch, daß er sich *nicht* soweit provozieren läßt, daß er zu einer Reduzierung seiner üblichen Standards greift.[137]

c) Kritik an der These von der gespaltenen Rechtswidrigkeit

Ebensowenig wie die herrschende Meinung, die die Notstandsvorschrift als öffentlich-rechtliche Ermächtigungsgrundlage behandelt, vermag die von einem Teil der Rechtslehre angenommene „Spaltung" des Rechtswidrigkeitsbegriffs zu überzeugen. Nach dieser Auffassung begründen die allgemeinen Rechtfertigungsgründe zwar keine öffentlich-rechtlichen Eingriffsbefugnisse, jedoch entfällt bei ihrem Vor-

---

[135] Zu den Einzelheiten *Böckenförde* FS M. Hirsch, S. 264 ff. – Für die Anerkennung eines Staatsnotrechts treten ferner ein: *Stern* Staatsrecht II § 52 V 2; *Schröder* AöR 103 (1978) 134 ff. – Strikt ablehnend *Lübbe-Wolff* ZParl 1980, 117 ff.

[136] Ebenso *Böckenförde* NJW 1978, 1884 ff; a. A. *Stern* aaO S. 1338.

[137] Insoweit übereinstimmend LK-*Hirsch* § 34 Rdn. 17. – Auch Straftaten polizeilicher Lockspitzel können nicht aufgrund Notstands gerechtfertigt werden (ebenso die herrschende Meinung: LK-*Hirsch* § 34 Rdn. 17a mwN; NK-*Neumann* § 34 Rdn. 116; *Schwarzburg* Tatprovokation, S. 91 ff mwN; *Krekeler* AnwBl 1987, 445 f; *Seelmann* ZStW 95 [1983] 810 ff; a. A. Sch-Sch-*Lenckner/Perron* § 34 Rdn. 41c [für Maßnahmen zur Gefahrenabwehr]; *Suhr* JA 1985, 632 ff), und zwar unabhängig davon, ob der Lockspitzel „nur" in Rechtsgüter der Allgemeinheit oder (auch) in Individualrechtsgüter eingreift. Auch in diesen Fällen gilt nämlich, daß ein demokratischer Rechtsstaat sich in einen massiven Selbstwiderspruch verwickeln würde, wenn er es seinem Rechtsstab erlaubte, unter Berufung auf die „offene" Notstandsregelung wichtige der Freiheitsgarantien, über deren Gewährleistung er sich legitimiert, als „abstrakt" und damit vorläufig zu behandeln.

liegen die strafrechtliche Haftung der Amtsträger.[138] Hinter dieser Differenzierung steht die Überlegung, die *strafrechtlich* maßgebliche Opfergrenze für den von einem Eingriff betroffenen Bürger werde *generell* durch die allgemeinen Rechtfertigungsgründe – hier: den § 34 StGB – definiert. Müsse der Bürger nach diesen Normen den in Rede stehenden Eingriff dulden, so bedeute der Umstand, daß dieser nach den einschlägigen öffentlich-rechtlichen Sondernormen nicht zulässig sei, lediglich, daß dem handelnden Amtsträger ein *amtspflichtwidriges Tun* vorzuwerfen sei; die Ahndung *dieses* Unrechts aber sei nicht eine straf-, sondern eine disziplinarrechtliche Angelegenheit.[139] Die These von der gespaltenen Rechtswidrigkeit hat insofern zur praktischen Konsequenz, daß die polizeirechtlichen Regelungen, soweit sie sich mit den allgemeinen Rechtfertigungsgründen überlagern, zu bloßen dienstrechtlichen Vorschriften herabgesetzt werden.[140]

Inhaltlich unergiebig ist es allerdings, gegen diese Lehre den Grundsatz von der „Einheit der Rechtsordnung" ins Feld zu führen.[141] Zwar gibt es eine Einheit der Rechtsordnung bei den Wertungsmaximen, „nicht aber wird in allen Rechtsgebieten stets derselbe Zusammenhang gewertet"[142]. Dementsprechend gebietet das Postulat von der Einheit der Rechtsordnung lediglich eine unter axiologischen Gesichtspunkten im Hinblick auf die Gesamtrechtsordnung widerspruchsfreie Unrechtsbestimmung; es verlangt hingegen nicht, sachgerechte Differenzierungen innerhalb einer komplexen Rechtsordnung auf der Rechtfertigungsebene wieder aufzuheben.[143] Deshalb läßt sich dem Grundsatz von der Einheit der Rechtsordnung nur die

---

[138] Nachweise oben Fn. 49.

[139] Vgl. *Seebode* FS Klug, Bd. II, S. 373.

[140] Kritisch vermerkt dies auch *Lerche* FS v.d. Heydte, S. 1045. – Daß diese Position darauf hinauslaufe, den vom Gesetzesvorbehalt gewollten Schutz der Bürger systemwidrig zu verkürzen, monieren LK-*Hirsch* § 34 Rdn. 16, 18 sowie *Schwarzburg* Tatprovokation, S. 104.

[141] So aber LK-*Hirsch* § 34 Rdn. 16; *Krey* Rechtsprobleme Rdn. 557, 615; *Gössel* JuS 1979, 165; zur Parallelproblematik bei § 32 StGB ferner Sch-Sch-*Lenckner/Perron* § 32 Rdn. 42b; *Schwabe* Notrechtsvorbehalte, S. 46ff; *Buttel/Rotsch* JuS 1996, 718. – Der Gedanke von der Einheit der Rechtsordnung dürfte auch im Hintergrund von *Schaffsteins* These stehen, es gebe keine bloße „Rechtfertigung im Hinblick auf die Rechtsfolge Strafe", die das dienstliche Verbot unberührt lassen könnte (*Schaffstein* GS Schröder, S. 108f).

[142] *Jakobs* AT 11/6.

[143] Grundlegend *Kirchhof* Rechtswidrigkeiten, S. 8ff, 27, 37f; *ders.* NJW 1978, 972; *ders.* Notwehr und Nothilfe, S. 70; ferner *Günther* Strafrechtswidrigkeit, S. 98; *Hellmann* Anwendbarkeit, S. 93; *Thiel* Konkurrenz, S. 71; *Beisel* JA 1998, 723; *Schmidhäuser* Notwehr und Nothilfe, S. 59; vgl. auch *Fechner* Notwehr, S. 98; *W. Lange* MDR 1977, 12. – Die Gegenansicht spricht der „Einheit der Rechtsordnung" eine weitergehende Bedeutung zu und gestattet den verschiedenen Rechtsgebieten nur die Möglichkeit abweichender *Rechtsfolgeregelungen* (repräsentativ *Engisch* Einheit der Rechtsordnung, S. 58). Indessen ist es unter axiologischen Gesichtspunkten wenig überzeugend, zwar einerseits Unterschiede in den Zwecksetzungen der einzelnen Rechtsgebiete anzuerkennen, andererseits aber diesen Unterschieden Auswir-

Aussage entnehmen, daß jedes zivil- oder öffentlichrechtlich rechtmäßige Verhalten auch im strafrechtlichen Sinn gerechtfertigt sein müsse und keine Sanktion nach sich ziehen dürfe.[144] Der Grundsatz besagt aber nicht umgekehrt, daß zivil- oder polizeirechtswidriges Verhalten stets auch strafrechtlich als Unrecht anzusehen sei.[145] Immerhin läßt sich ihm aber ein Hinweis auf die Verteilung der Begründungslast entnehmen: Den Vertretern der Lehre von der gespaltenen Rechtswidrigkeit obliegt der Nachweis, daß die von ihnen behauptete selbständige Beurteilung der strafrechtlichen Rechtslage sachlich („teleologisch") zu überzeugen vermag. Diesen Nachweis haben sie bislang nicht geführt.[146]

Um ihre Auffassung zu begründen, daß die Amtsträger sich in strafrechtlicher Hinsicht vollumfänglich auf die allgemeinen Rechtfertigungsgründe berufen dürften, machen sich die Vertreter dieser Ansicht zumeist Argumente zu eigen, die bereits an früherer Stelle zurückgewiesen worden sind – so die Behauptung, daß ein Amtsträger nicht schlechter gestellt werden dürfe als jeder private Dritte auch,[147] oder die These, die Kompetenzordnung des Grundgesetzes lasse eine Verengung der strafrechtlichen Rechtfertigungsgründe durch die landesrechtlichen Polizeigesetze nicht zu.[148] Was darüber hinaus an Argumenten zugunsten einer gespaltenen Rechtswidrigkeit vorgebracht wird, ist wenig ergiebig.

So behauptet *Kirchhof*, die Verfassung unterscheide zwischen der Beurteilung von Zuständen und derjenigen von Verhaltensweisen. Die rechtliche Gestattung eines *Verhaltens* rechtfertige nicht immer den dadurch bewirkten *Erfolg*.[149] Das Strafrecht beziehe sich auf das die Rechtsordnung gefährdende *Verhalten*;[150] hier sei wegen Notwehr gerechtfertigt, wer ein Rechtsgut in der erforderlichen Weise gegen einen Angriff verteidige.[151] Demgegenüber sei das Polizeirecht *erfolgs*orientiert; es

---

kungen auf die Grenzziehung zwischen Recht und Unrecht und damit im Hinblick auf jene Codierung abzusprechen, die für das Rechtssystem die grundlegende ist (vgl. *Luhmann* Recht der Gesellschaft, S. 67ff, 165ff). Ablehnend zu dieser Auffassung auch *Jakobs* AT 11/6 Fn. 11; *Roxin* AT 1 § 14 Rdn. 35; *Kirchhof* Rechtswidrigkeiten, S. 10f; *Thiel* Konkurrenz, S. 72.

144 *Roxin* AT 1 § 14 Rdn. 31.

145 *Roxin* AT 1 § 14 Rdn. 32; *Felix* Einheit, S. 298; *Kirchhof* Notwehr und Nothilfe, S. 69; *Kratzsch* NJW 1974, 1546; *Seebode* FS Klug, Bd. II, S. 367f.

146 Mitunter bleibt es gar bei bloßen Behauptungen. So begnügt *Böckenförde* sich mit der Feststellung: „Gewiß, gegenüber eventueller *strafrechtlicher* Verantwortlichkeit eines Beamten oder auch Ministers für Kompetenzüberschreitungen greift § 34 als Rechtfertigungsgrund ein ..." (*Böckenförde* NJW 1978, 1883).

147 *Beisel* JA 1998, 723.

148 *Beisel* aaO; *Seebode* FS Klug, Bd. II, S. 368, 372.

149 *Kirchhof* Notwehr und Nothilfe, S. 70f.

150 *Kirchhof* aaO S. 70.

151 *Kirchhof* NJW 1978, 972.

nehme den handelnden Polizeibeamten gleichermaßen für die Rechtsgüter des Angegriffenen und des Angreifers in die Pflicht.[152] Die Unterscheidung *Kirchhofs* zwischen erfolgs- und verhaltensorientierten Rechtsgebieten ist bereits im Ansatz wenig überzeugend: In keinem Rechtsgebiet, auch nicht im Polizeirecht, dürfen Gefahren ohne Blick darauf zugerechnet werden, wer für ihre Genese zuständig ist. Lediglich die Kriterien, anhand derer ein Bürger als *Urheber* des drohenden Erfolgs identifiziert wird, können von einem Rechtsgebiet zum anderen differieren. Auch *Kirchhofs* Gegenüberstellung der (angeblichen) Regelungsinhalte des Straf- und des Polizeirechts trifft in dieser pauschalen Form nicht zu. Dies gilt bereits für den Rechtfertigungsgrund der Notwehr, auf den *Kirchhof* seine Darlegungen zugeschnitten hat: Selbst der Angreifer hat einen gewissen Anspruch auf die Solidarität des Angegriffenen.[153] Noch weniger erklärungstauglich ist *Kirchhofs* Aussage für den Notstand, denn diesem ist die beiderseitige Pflicht zur Rücksichtnahme von vornherein eingeschrieben.

Seebode konzentriert sich ebenfalls auf Fälle der Notwehr. Zur Begründung eines differenzierenden Rechtswidrigkeitsurteils beruft er sich vor allem auf den Satz, daß die Sanktion der Strafe auf besonders unerträgliche Rechtsgutsverletzungen beschränkt bleiben müsse; dazu zählten notwehrbedingte Gutsbeeinträchtigungen gerade nicht.[154] Um in dieser, abstrakt gesehen, unwidersprechlichen Feststellung eine Antwort auf das hier interessierende konkrete Problem erblicken zu können, muß *Seebode* indessen *voraussetzen*, daß die allgemeinen Rechtfertigungsgründe unter strafrechtlichen Gesichtspunkten indifferent gegenüber den öffentlichrechtlichen Anforderungen seien. Damit verfängt sich sein Argument in einem Zirkel. Aber auch inhaltlich überzeugen seine Ausführungen nicht. Die in § 34 StGB statuierte Duldungspflicht kann, wie gezeigt, in ihrer Eigenschaft als quasi-institutionelle Verpflichtung nur insoweit legitimiert werden, wie sie sich ohne nennenswerten Freiheitsverlust für den Betroffenen in die verfassungsrechtliche Gesamtstruktur einfügen läßt, die seine Bürgerstellung begründet. Im rechtfertigenden Notstand geht es eben nicht in erster Linie um *Güter-*, sondern um *Freiheits*schutz. Die Freiheitsrelevanz eines Eingriffs aber ist, jedenfalls vor dem Hintergrund eines liberal geprägten Rechtsverständnisses, eine andere, je nachdem ob der Eingriff von einem staatlichen Amtsträger oder von einer Privatperson ausgeht. Der allgemeine Notstand vermag daher das Eingriffshandeln eines Amtsträgers auch in „nur“ strafrechtlicher Hinsicht lediglich dann zu rechtfertigen, wenn es unter solch außergewöhnlichen Umständen erfolgt, daß ihm die Bedeutung einer zurechenbaren

---

152 *Kirchhof* aaO.

153 Dazu näher *Jakobs* AT 12/46 ff.

154 *Seebode* FS Klug, Bd. II, S. 366, 368.

Schmälerung der zugunsten des Betroffenen bestehenden institutionellen Garantien nicht zugeschrieben werden kann.[155]

d) Fazit: Anwendungsbereich des rechtfertigenden Notstands bei hoheitlichem Handeln

Dem rechtfertigenden Notstand verbleibt im Bereich hoheitlichen Eingriffshandelns demnach nur ein marginaler Anwendungsbereich. Seine Heranziehung läßt sich nur dort systematisch legitimieren, wo die vorstehend geäußerten Bedenken ausnahmsweise nicht zum Zuge kommen. Dies bedeutet vor allem zweierlei: *Erstens* darf die spezialgesetzlich vorgegebene *Kompetenzordnung* nicht unterlaufen werden; Amtsträgern ist es deshalb untersagt, sich unter Berufung auf § 34 StGB die Erledigung *fremder* Aufgaben anzumaßen. Darüber hinaus muß *zweitens* auch die *Regelung der Eingriffsbefugnisse*, die den Amtsträgern zur Wahrnehmung ihrer *eigenen* Aufgaben zustehen, den Spezialgesetzen überlassen bleiben.

Dem Amtsarzt in dem oben geschilderten Fall des OLG Frankfurt ist es daher versagt, sich auf § 34 StGB zu berufen. Auch dem Polizeibeamten stehen zur Rechtfertigung von Maßnahmen, die er zu den Zwecken der Gefahrenabwehr oder der Strafverfolgung ergreift, lediglich die Bestimmungen des einschlägigen Polizei- oder Sonderordnungsgesetzes bzw. der StPO zur Verfügung.[156] Sogar dort, wo der Amts-

---

[155] *Haas* Notwehr, S. 326ff sucht die Lehre von der gespaltenen Rechtswidrigkeit für den Bereich des rechtfertigenden Notstands mit dem Hinweis darauf zu verteidigen, der Sinn dieses Rechtsinstituts liege nicht in der Aufrechterhaltung der öffentlichen Sicherheit und Ordnung, sondern unmittelbar im Güterschutz. Dies ist jedoch in doppelter Hinsicht unzutreffend. Erstens ist der primäre Sinn (auch) des rechtfertigenden Notstands nicht der Schutz von Gütern, sondern von Freiheit. Freiheit manifestiert sich im Güterbesitz, aber sie erschöpft sich nicht darin. Und zweitens steht auch der Notstandseingriff in einer engen – und zwar, wie gesehen, außerordentlich prekären – Beziehung zur „öffentlichen Sicherheit und Ordnung“: Nicht schlicht als Eigentümer wird der Notstandspflichtige in Anspruch genommen, sondern als über Eigentum verfügender Bürger. Sein Bürgerstatus begründet seine institutionell-strafrechtliche Pflicht nicht nur, er begrenzt sie auch. Um den Umfang dieser Begrenzung geht es vorliegend. Statt dieses Problem zu lösen, hat *Haas* es wegdefiniert.

[156] Dies gilt selbst in solchen Fällen, wo der Amtsträger, äußerlich betrachtet, nicht in seiner tatsächlichen Rolle als Hoheitsträger, sondern in seiner vermeintlichen Rolle als Privatperson attackiert wird. Beispiel: Der Polizist in Zivil wird Opfer eines Raubüberfalls (Fall nach *Ostendorf* JZ 1981, 172). Das „zivile“ Erscheinungsbild des Polizeibeamten ändert nichts an der öffentlich-rechtlichen Qualität der Rechtsrolle, in der er sich befindet; sie färbt sein Handeln unvermeidlich entsprechend ein. Eine Absenkung der Eingriffsanforderungen kommt auch nicht deshalb infrage, weil derjenige, gegen den sich der in Rede stehende Eingriff richtet, diesen durch sein rechtswidriges Vorverhalten herausgefordert hat: „Der Vorbehalt des Gesetzes kommt dem Bürger auch dann zugute, wenn er sich im Bereich evidenter Illegalität bewegt und noch nicht einmal prima facie die Möglichkeit des Grundrechtsschutzes in Betracht kommt“ (*Isensee* FS Sendler, S. 42).

träger im Rahmen einer „aufgabentypischen" Konfrontation mit dem Bürger zum Zwecke des Selbstschutzes tätig werden muß, steht ihm die Berufung auf rechtfertigenden Notstand nicht offen.[157] Nicht überzeugend ist das Argument der Gegenmeinung, wer den Amtsträger auch in diesen Fällen auf das für ihn einschlägige Sonderordnungsrecht verweise, der übersehe, daß es einem Beamten prinzipiell verwehrt sei, öffentliche Rechtsmacht im eigenen Interesse auszuüben.[158] Zutreffend ist zwar, daß der Eingriffsakt eines Vollzugsbeamten seinen öffentlich-rechtlichen Charakter nicht deshalb einbüßt, weil er dem Selbstschutz des Betreffenden dient.[159] Unzutreffend ist jedoch die Schlußfolgerung, die die Gegenmeinung aus diesem Befund zieht. Die Selbsterhaltung des gefährdeten Amtsträgers liegt nicht weniger im öffentlichen Interesse als der Schutz, den er einem „gewöhnlichen" Bürger angedeihen läßt –[160] sei es unter dem Gesichtspunkt des Schutzes der Rechtsordnung vor Straftaten, sei es unter dem Aspekt der Verteidigung von Rechtsgütern eines einzelnen. Darin, daß auch der Amtsträger Destinatär des allgemeinen staatlichen Schutzauftrags sein kann, schlägt sich sein Bürgerstatus nieder, der, wie schon unter 2. erwähnt, durch seine Amtsträgerrolle zwar überlagert, aber nicht aufgehoben wird.[161]

Positiv gewendet, ist für den Rückgriff auf die allgemeine Rechtfertigungsnorm des § 34 StGB im Bereich hoheitlichen Handelns nur in jenen Fällen Raum, in denen ein Eingriff nicht zur Durchsetzung einer Eingriffskompetenz, sondern lediglich „bei Gelegenheit" der Amtsausübung erfolgt.[162] So liegt es insbesondere dort, wo der nunmehr Bedrohte zwar ursprünglich in aufgabenspezifischer Weise tätig geworden ist, wo aber sein nunmehr in Rede stehender Eingriff nicht mehr als Bestandteil jener ursprünglichen Konfliktsituation erscheint, sondern sich als Begründung eines *neuen* Rechtsverhältnisses zu einem bislang unbeteiligten Dritten darstellt und nach objektivem Urteil eine genuin hoheitliche Regelungsintention nicht mehr erkennen läßt. Weil ein derartiger Eingriff nicht als Ausdruck eines spezifisch

---

157 A. A. LK-*Hirsch* § 34 Rdn. 18f mwN; NK-*Neumann* § 34 Rdn. 116; *Schwarzburg* Tatprovokation, S. 104ff; *Amelung* NJW 1977, 839f; *ders.* JuS 1986, 333; *Klinkhardt* VerwArch 55 (1964) 340f; *Schünemann* GA 1985, 366.

158 *Amelung* JuS 1986, 333.

159 LK-*Hirsch* § 34 Rdn. 19; *Schwarzburg* Tatprovokation, S. 105; *Lerche* FS v.d. Heydte, S. 1042.

160 So zu Recht *Fechner* Notwehr, S. 75; *Schaffstein* GS Schröder, S. 115.

161 Der Hinweis *Schwarzburgs* Tatprovokation, S. 105f, daß der gefährdete Amtsträger bei der Vornahme der betreffenden Selbstschutzmaßnahme nicht primär um der Aufrechterhaltung der öffentlichen Sicherheit willen, sondern zum Zweck seiner eigenen Rettung handele, läßt als Feststellung eines psychischen *Faktums* dessen – hier allein interessierende – rechtliche *Bewertung* unberührt.

162 Nachweise in Fn. 47.

hoheitlichen Gestaltungsansinnens erscheint – nicht aber, weil ihm die Intention der Selbsterhaltung zugrundeliegt –, bedeutet er keine Infragestellung des gesetzgeberischen Regelungsprimats. So liegt es in dem von *Amelung* in die Diskussion eingeführten Fall des Gerichtsvollziehers, der sich vor einem tobenden Vollstreckungsschuldner ungefragt in die Wohnung eines Dritten rettet.[163] Die ganze Bedeutung der sogenannten „Notrechtsvorbehalte" in den Polizeigesetzen liegt darin, auf die Existenz derartiger Fälle hinzuweisen.[164]

4. Berufliche Gefahrtragungspflichten und Notstandsbefugnis

Dem soeben erörterten Themenkomplex steht die Frage nahe, wie das Verhältnis zwischen besonderen beruflichen Gefahrtragungspflichten und allgemeinem Notstandsrecht beschaffen ist. Genauer gesprochen: Darf der Inhaber einer institutionell fundierten Berufsrolle sich unter Berufung auf die Notstandsvorschrift aus einer Gefahr befreien, die in die spezifische Risikosphäre der von ihm wahrgenommenen Tätigkeit fällt? Für einen bedeutsamen Teilbereich ist diese Frage soeben beantwortet worden: Im Fall einer „aufgabenspezifischen" Gefährdung seiner eigenen Belange darf der betroffene Amtsträger nicht unter Berufung auf die allgemeinen Notrechte in den Rechtskreis eines Bürgers *eingreifen*. Seine Berufsrolle sperrt den Rückgriff auf die Notstandsvorschrift. Das Recht der Institution, welcher er angehört, konkretisiert die kollidierenden Freiheitsbelange in verbindlicher Weise, mit der Folge, daß für subjektives Meinen und Wägen, wie die Vorschrift über den rechtfertigenden Notstand es erlaubt, kein Raum mehr ist. Im Umfang der Differenz zwischen allgemeiner Notstands- und spezieller Amtsbefugnis trifft den Amtsträger mithin eine besondere Gefahrtragungspflicht.[165]

Nicht anders steht es, wenn der betroffene Amtsträger sich entgegen seinen Rollenpflichten einer „aufgabenspezifischen" Gefahr zu *entziehen* sucht.[166] Der Primat

---

163 *Amelung* NJW 1977, 839.

164 Zu abweichenden Interpretationen der Notrechtsvorbehalte und der Kritik an ihnen oben 2.

165 *Bernsmann* „Entschuldigung", S. 396.

166 Beispiel: Ein Feuerwehrmann oder ein Polizeibeamter unterläßt es entgegen seiner Berufspflicht, einem gefährdeten Bürger beizuspringen, weil der erforderliche Beistand ihn selber in Gefahr bringen würde. – Im Schrifttum wird bisweilen die Ansicht vertreten, § 34 StGB sei auf derartige Konstellationen von vornherein unanwendbar (NK-*Neumann* § 34 Rdn. 100; *Renzikowski* Notstand, S. 71 f). *Renzikowski* aaO S. 71 begründet dies erstens mit dem unterschiedlichen Rechtsgüterbezug von Begehungs- und Unterlassungstaten. Eine Gefahr könne nur durch aktives Tun abgewendet werden; § 34 StGB rechtfertige die zu diesem Zweck erforderlichen Eingriffe in *fremde* Güter. Im Bereich der Unterlassungstaten gehe es hingegen darum, ob jemand eine Einbuße an *eigenen* Rechtsgütern hinnehmen müsse. Solange der Handlungspflichtige untätig bleibe, liege noch keine Notstandslage vor, da aus seiner

der *institutionellen* Rollennormen, in denen die berechtigten subjektiven Belange des betroffenen Amtsträgers verbindlich verarbeitet sind, gegenüber dem (lediglich) *quasi-institutionellen* Notstandsrecht gilt auch hier. Negativ gewendet besagt dies: Im Bereich „aufgabenspezifischer" Gefahren ist für die allgemeine Notstandsvorschrift kein Raum.[167] Wie weit dieser Bereich genau reicht, ist keine genuin strafrechtliche Frage, sondern ein Problem des öffentlichen Dienstrechts, und wird aus diesem Grund in der vorliegenden Arbeit nicht weiter verfolgt.[168]

Untätigkeit für ihn keine Gefahr erwachse. *Renzikowski* läßt sich hier von der phänomenologisch faßbaren, rechtsgüterbezogenen „Außenseite" des Notstandskonflikts dazu verführen, dessen pflichtentheoretische „Innenseite" zu übersehen. Pflichtentheoretisch besteht die Besonderheit des Notstands darin, daß dem Notstandstäter die Befugnis eingeräumt wird, den ihn *generell* treffenden Pflichten *ausnahmsweise* zuwiderzuhandeln, weil die Pflichterfüllung eine (gegenwärtige) Gefahr für ihn nach sich ziehen würde. So gesehen, besteht zwischen Unterlassungs- und Handlungspflichten kein prinzipieller Unterschied (i. E. wie hier *Küper* Notstand, S. 168f). Gegen die Anwendbarkeit des § 34 StGB auf die hier interessierende Fallkonstellation macht *Renzikowski* aaO S. 71 f zweitens geltend, der Umfang der Handlungspflichten des Gefährdeten sei infolge einer Abwägung seiner Interessen mit den Interessen des Begünstigten schon tatbestandlich begrenzt. Dann aber dürfe das Ergebnis dieser Abwägung, nämlich die Begründung einer bestimmten Pflichtenstellung, nicht seinerseits wiederum in eine Interessenabwägung eingestellt werden. *Renzikowski* vernachlässsigt hier den Unterschied zwischen der Festlegung des normalen Pflichtumfangs und seiner Modifizierung angesichts konkreter Konfliktsituationen. Normtheoretisch wäre es freilich ohne weiteres möglich, den Umfang der Pflicht von vornherein situationsbezogen, also unter Einbeziehung der etwaigen Sonderrechte zu formulieren, die dem Pflichtigen in einer Notlage zur Verfügung stehen. So wird gewöhnlich allerdings nicht verfahren, wie die Unterscheidung zwischen „Tatbestandsmäßigkeit" und „Rechtswidrigkeit" lehrt. *Renzikowski* gibt keine Begründung dafür, weshalb ausgerechnet für die hier zur Diskussion stehende Konstellation von diesem Schema abgewichen werden sollte. In jedem Fall geht es dabei um eine pragmatische, nicht um eine systematisch gebotene Entscheidung. – Für den Sonderfall der *institutionell* begründeten Gefahrtragungspflichten kommt die hiesige Position allerdings im Ergebnis mit der Meinung *Renzikowskis* überein: Wer hier eine „aufgabenspezifische" Gefahr nicht auf sich nimmt, der kann dieses Verhalten nicht per Notstand rechtfertigen. Grund dafür ist aber die besondere Qualität institutioneller Pflichten und nicht ein angeblicher Unterschied zwischen Unterlassungs- und Handlungspflichten.

167 Nicht überzeugend ist die Gegenposition *Lugerts*. Nach seiner Auffassung stehen Amtsträgern sowohl Defensiv- als auch Aggressivnotstandsbefugnisse zu. Im Defensivnotstand soll der Amtsträger insoweit zur Duldung verpflichtet sein, wie nicht das von ihm geschützte Rechtsgut wesentlich mehr wert ist als das beeinträchtigte Gut; im Aggressivnotstand sollen sogar die allgemeinen Regeln gelten (*Lugert* Gefahrtragungspflichtige, S. 81). Gegen die hier vertretene Lösung wendet *Lugert* ein, daß ein etwaiger Verzicht auf Notstandsbefugnisse jederzeit frei widerruflich sei; allein die Vornahme der Notstandshandlung müsse als ein solcher Widerruf ausgelegt werden (*Lugert* aaO S. 68). Dabei verkennt *Lugert* jedoch, daß es vorliegend um die aus Gründen der Leistungsfähigkeit der betreffenden Institution unverzichtbare *Zuschreibung* von Rollenkonstanz geht. Deshalb darf die Aufkündigung der Rolle nicht „zur Unzeit" erfolgen; insoweit fehlt dem Rolleninhaber die Dispositionsbefugnis.

168 Positiv-rechtliche Vorgaben finden sich nur vereinzelt, und dort, wo sie existieren (etwa in § 6 WStG), sind sie zumeist außerordentlich vage. Mitunter wird deshalb in der öffentlich-

Die herkömmliche Notstandsdogmatik kommt mit der hier vertretenen Auffassung insofern überein, als die meisten ihrer Vertreter im Bereich berufsspezifischer Gefahren einen Rückgriff auf den rechtfertigenden Notstand für ausgeschlossen halten.[169] Allerdings unterscheiden sie[170] regelmäßig nicht zwischen institutionell und abstrakt-rechtlich begründeten Gefahrtragungspflichten.[171] Dies ist systematisch, aber auch inhaltlich unbefriedigend. Ein rigoroses Rückgriffsverbot gilt nämlich lediglich für Amtsträger, während die Träger von abstrakt-rechtlich begründeten Gefahrtragungspflichten in einem gewissen (engen) Umfang auf die allgemeine Notstandsvorschrift zurückgreifen dürfen.[172] Zudem besteht eine bedenkliche Inkonsistenz zwischen dem von der herrschenden Meinung befürworteten Ergebnis und dessen argumentativer Herleitung. Die herrschende Meinung bezieht die berufsbedingten Gefahrtragungspflichten in die „Gesamtabwägung" nach § 34 S. 1 StGB ein und spricht den Gütern des Gefahrtragungspflichtigen die volle

rechtlichen Literatur sogar die Meinung vertreten, nach dem Wegfall des traditionell verstandenen besonderen Gewaltverhältnisses gebe es keine verfassungsmäßige Rechtsgrundlage mehr, die für Angehörige öffentlich-rechtlicher Dienstverhältnisse die Verpflichtung begründen könne, ernsthafte Gefährdungen der körperlichen Unversehrtheit oder des Lebens auf sich zu nehmen (*Sachs* BayVBl 1983, 460ff, 489ff). Die herrschende Meinung, die dem widerspricht (exemplarisch *Battis* § 54 BBG Rdn. 3 mwN), sieht sich mit schwierigen Auslegungsproblemen konfrontiert. Allgemeine Formeln, etwa die verbreitete Wendung von den „berufstypischen Gefahren" (exemplarisch *Kühl* AT § 8 Rdn. 147) helfen nur begrenzt weiter (zutreffend *Lugert* Gefahrtragungspflichtige, S. 42; *Kuhnt* Pflichten, S. 98 [„Die Pflichtenstellung bestimmt Art und Umfang der zu bestehenden Gefahr und nicht umgekehrt die Art der Gefahr die Pflichtenstellung"]; *Bernsmann* FS Blau, S. 40). Ob beispielsweise die Bedrohung durch Angeklagte zu den „typischen" Risiken der richterlichen Tätigkeit gerechnet werden kann, erscheint angesichts der Seltenheit derartiger Vorkommnisse eher zweifelhaft. Von einem „sicheren" Pflichtenbestand und hinreichend klar bestimmbaren Pflichtgrenzen kann gegenwärtig schwerlich die Rede sein (*Bernsmann* aaO S. 48). Generell gilt freilich, daß Unverhältnismäßiges nicht gefordert werden darf (vgl. *Kuhnt* aaO S. 92). Der Feuerwehrmann, der davon absieht, sich in ein brennendes Haus zu stürzen, um einen Wellensittich zu retten, verhält sich rechtens.

169 SK-*Samson* § 34 Rdn. 46; *Blei* AT, S. 152; *Jescheck/Weigend* AT § 33 IV 3 d; *Kindhäuser* AT, S. 294; *Maurach/Gössel* AT 1 § 27 Rdn. 39; *Schmidhäuser* AT 9/74; *Janker* Aids-Tests, S. 179; *Küper* Pflichtenkollision, S. 106; *ders.* JZ 1980, 755f; *Lee* Interessenabwägung, S. 105, 107f; *Kienapfel*, ÖJZ 1975, 430; grundsätzlich auch *Köhler* AT, S. 292.

170 Ausnahmen sind *Lenckner/Perron* und *Lugert*, die – in der Sache ähnlich wie hier – zwischen Schutzpflichten gegenüber der Allgemeinheit und einer Garantenstellung gegenüber dem gefährdeten Gut differenzieren (Sch-Sch-*Lenckner/Perron* § 34 Rdn. 34; *Lugert* Gefahrtragungspflichtige, S. 40ff).

171 Während mittels institutionell fundierter Tätigkeiten Leistungen erbracht werden, die für die soziale „Infrastruktur" als schlechthin unverzichtbar angesehen werden (Polizei, Feuerwehr, Rechtspflege etc.), fehlt abstrakt-rechtlich begründeten Tätigkeiten jener explizite Allgemeinheitsbezug. Träger von abstrakt-rechtlichen Gefahrtragungspflichten sind etwa der Bergführer und der private Wachmann.

172 Dazu näher unter F.II.

„Schutzwürdigkeit" ab.[173] Nimmt man die These von der Gesamtabwägung ernst, so läßt sich jedoch die Möglichkeit nicht ausschließen, daß im Einzelfall etwaigen Gegeninteressen der Vorzug gebührt.[174] Die Gesamtabwägung kann deshalb allenfalls zu einer regelmäßigen, nicht aber zu einer kategorischen Geltung des Rückgriffsverbots führen. Die hier vertretene Auffassung hat derartige Probleme nicht. Danach ist der Parameter „Art der Gefahrtragungspflicht" auf der „Ebene der Konstituierung von Pflichten" angesiedelt.[175] Damit steht er *vor* oder (im Fall abstrakt-rechtlicher Gefahrtragungspflichten) allenfalls *neben* der Abwägungsklausel des § 34 S. 1 StGB;[176] er ist jedenfalls nicht ihr Bestandteil. Im Bereich der institutionell begründeten Gefahrtragungspflichten geht es demnach nicht um die situationsadäquate *Anwendung* der Notstandsregelung, sondern um die systematisch vorgelagerte Frage nach ihrer prinzipiellen *Anwendbarkeit*. Daß im Umfang institutionell verwurzelter Gefahrtragungspflichten eine Berufung auf Notstand ausscheidet, ist das Ergebnis nicht einer „Abwägung", sondern des von vornherein nur begrenzten Anwendungsbereichs dieses Rechtsinstituts.

III. Umgehung staatlicher Verfahren durch Privatpersonen

1. Überblick

Soeben ist gezeigt worden, daß es Amtsträgern nur in seltenen Ausnahmefällen erlaubt ist, sich zu ihrer Rechtfertigung auf den allgemeinen strafrechtlichen Notstand zu berufen: Die Gefahr, der ihr Eingriff wehren soll, darf weder im Zusammenhang mit ihrer eigenen amtlichen Aufgabe stehen noch als illegitimer Übergriff auf einen fremden Aufgabenbereich erscheinen. Diese restriktive Position findet ihre Begründung hauptsächlich darin, daß ansonsten dem Primat des parlamentarischen Gesetzgebers, Regeln zur rechtsförmigen Auflösung bestimmter Typen von Interessenkonflikten zu erlassen, nicht hinreichend Rechnung getragen würde. Der Gedanke des gesetzgeberischen Primats entfaltet auch dort seine Wirkung, wo es nicht ein staatlicher Amtsträger, sondern eine Privatperson ist, die zur Behebung

---

[173] Exemplarisch *Küper* Pflichtenkollision, S. 106; *ders.* JZ 1980, 756; *Krey* Jura 1979, 320; *Lenckner* GA 1985, 311. – Eine Mindermeinung weist die berufsbedingten Gefahrtragungspflichten der Angemessenheitsklausel des § 34 S. 2 StGB zu (Begründung E 1962, 159; NK-*Neumann* § 34 Rdn. 100; *ders.* JRE 2 [1994] 87; *Tröndle/Fischer* § 34 Rdn. 13f; *Ebert* AT, S. 85; *Jescheck/Weigend* AT § 33 IV 3 d; *Maurach/Zipf* AT 1 § 27 Rdn. 35, 39f; *Lee* Interessenabwägung, S. 107 f); dazu oben B.III. Fn. 58.

[174] Allgemein dazu unter B.I.

[175] Insoweit zutreffend *Lugert* Gefahrtragungspflichtige, S. 17.

[176] Im letztgenannten Sinne *Lugert* aaO S. 80.

einer Notlage – und an dem „eigentlich" vorgesehenen staatlichen Verfahren vorbei – in einen ihr fremden Rechtskreis eingreift. Der moderne Leistungsstaat erblickt seine Hauptaufgabe in der Bekämpfung von „Nöten" der verschiedensten Art;[177] deshalb hält er umfangreiche Hilfsmittel bereit, deren Einsatz der Gesetzgeber allerdings mannigfaltigen, zum Teil außerordentlich detaillierten Regulierungen unterwirft. Hilfe hat hier eine neue, von individuellen Entschlüssen unabhängige Form angenommen;[178] die helfende Aktivität wird nicht mehr durch den Anblick der Not, sondern durch einen Vergleich von Tatbestand und Programm ausgelöst und kann in dieser Form generell und zuverlässig stabilisiert werden.[179] Die Solidarität wird im Wohlfahrtsstaat zur „bürokratischen Pragmatik"[180], Individual- oder diffuses Sozialvertrauen wird auch insoweit auf Systemvertrauen umgestellt.[181]

Der normativen Relevanz der einschlägigen Konfliktlösungsvorgaben kann derjenige nur unzureichend gerecht werden, der wie *Hegel* den Notstandskonflikt allein als Kollision des abstrakten Rechts mit dem Recht des Wohls – in *Hegels* Beispiel: des Eigentums mit dem Leben – auffaßt und die Auflösung dieses Konflikts der noch subjektiv befangenen Moralität zutraut. Diese Betrachtungsweise hat nämlich zur Konsequenz, die gesetzgeberischen Bewertungen einem außerordentlich weitreichenden individuellen Nachprüfungs- und Billigungsvorbehalt zu unterstellen. Dies wiederum bedeutet, daß jene Bewertungen, statt die ihnen als Gewährleistungen konkreter Freiheit gebührende Anerkennung zu erfahren, auf den Status abstrakt-vorläufiger Einschätzungen reduziert werden – eine Konsequenz, die in einem massiven axiologischen Widerspruch zu dem Selbstverständnis einer parlamentarischen Demokratie steht.[182] Um dies zu vermeiden, müssen die betreffenden Regelwerke auch gegenüber dem Tätigwerden von Privatpersonen eine weitreichende Sperrwirkung entfalten, müssen sie also die rechtlich geforderte Solidarität gegen die Möglichkeit einer freihändigen Interessenmaximierung „immunisieren"[183]. Ebenso wie im Bereich der Eingriffstätigkeit von Amtsträgern schlägt sich diese Sperrwirkung auch hier dahingehend nieder, daß es innerhalb des sondergesetzlich geregelten Bereichs bereits an einem normativ beachtlichen Notstandskonflikt fehlt, die allgemeine Notstandsvorschrift also von vornherein unanwendbar ist.

Im Grundsatz ist es weitgehend unstreitig, daß eine Rechtfertigung über Notstand ausgeschlossen ist, wo für die Abwendung von Gefahren rechtlich geordnete

---

177 Dazu oben II.1.

178 *Luhmann* Aufklärung 2, S. 141.

179 *Luhmann* aaO S. 143.

180 *Metz* Solidarität, S. 191.

181 *Göbel/Pankoke* Grenzen, S. 469ff.

182 Dazu bereits unter I.

183 So treffend *Lesch* Notwehrrecht, S. 54.

Verfahren zur Verfügung stehen.[184] Problematisch ist freilich wiederum die Frage, *wie weit* die Sperrwirkung genau reicht. Mit allzu schneidigen Formeln läßt sich der Problematik nicht beikommen. Insbesondere ist es bei weitem zu unspezifisch, die Verfügbarkeit von Rechtsverfahren in dem formellen und gleichsam minimalistischen Sinne einer Verfügbarkeit *von Rechts wegen* zu verstehen. Prinzipiell ist nämlich *jede Not* der Prüfung und (gegebenenfalls) der Behandlung in einem staatlichen Verfahren zugänglich. Wie *Keller* festellt, steht zur Abwendung des Schadens „theoretisch immer ein rechtlich geordnetes Verfahren zur Verfügung: Behördliches Eingreifen gemäß der polizeilichen Generalklausel oder gerichtliche Klage; der Betroffene hat einen Rechtsgewährungsanspruch“[185]. So verstanden, hätte § 34 StGB keinerlei Anwendungsbereich mehr.[186] Bereits diese schlichte Überlegung zeigt, daß die Frage nach dem Verhältnis zwischen privat-“freihändiger“ und staatlich-gebundener Notbekämpfung nicht nur einige mehr oder weniger exotische „Randfälle“ des rechtfertigenden Notstands betrifft. Diese Frage kennzeichnet vielmehr einen Konflikt, der *einem jeden* Notstands- (und auch einem jeden Notwehr-)Fall zugrunde liegt; nur springt mitunter die Unzumutbarkeit des Verweises auf organisierte Formen der Notbekämpfung so deutlich ins Auge, daß das systematische Problem dort verdeckt wird. Untergründig ist es jedoch auch in diesen Fällen präsent.

Es muß also etwas anderes als die rechtliche Zugänglichkeit eines staatlichen Verfahrens gemeint sein. Worum es sich dabei handelt, läßt sich nach den Überlegungen des 1. Kapitels unschwer ausmachen: Die Freiheit, die der *formelle* Rechtsstaat *immer* gewährt, kann angesichts der Umstände des *Einzelfalls* gegenüber der Forderung nach *realer*, nicht nur auf dem Papier stehenden Freiheit als so defizitär erscheinen, daß ein einzelner Bürger diese Kluft unter Eingriff in die Rechtssphäre eines an sich „unschuldigen“ anderen Bürgers eigenmächtig schließen darf. Diese Voraussetzung ist freilich nur in seltenen Ausnahmefällen erfüllt. In aller Regel schließen die Regelungen der öffentlich organisierten Notbekämpfung das Recht zum privaten Tätigwerden aus. Drei systematisch wie auch praktisch bedeutsame Fallgruppen aus diesem Bereich werden nachfolgend genauer untersucht. Unter 2. wird der Fall privater „Umverteilungsmaßnahmen“ erörtert. Unter 3. wird die Konstellation behandelt, daß der Bürger als selbsternannter „Hilfspolizist“ auftritt.

---

[184] Exemplarisch KK-*Rengier* § 16 OWiG Rdn. 41 ff; SK-*Samson* § 34 Rdn. 52; Sch-Sch-*Lenckner/Perron* § 34 Rdn. 41; StK-*Joecks* § 34 Rdn. 29; *Eser/Burkhardt* Strafrecht I, Fall 12 A 41; *Hoyer* AT 1, S. 63; *Jescheck/Weigend* AT § 33 IV 3 d; *Kindhäuser* AT, S. 293 f; *Lee* Interessenabwägung, S. 104; *Neuheuser* Duldungspflicht, S. 112 f; *Schall* Arbeitsplätze, S. 7 f; *Thiel* Konkurrenz, S. 213 ff; *Abramenko* NStZ 2001, 72; *Bergmann* JuS 1989, 111; *Böse* ZStW 113 (2001) 57 f.

[185] *Keller* Provokation, S. 319 f.

[186] *Keller* aaO S. 320.

Unter 4. geht es schließlich um jene Fälle, in denen ein Prozeßbeteiligter sich entgegen den einschlägigen prozeßrechtlichen Vorschriften um eine Verbesserung seiner Beweislage bemüht.

2. Private „Umverteilungsmaßnahmen"

Folgender Fall mag die Problematik dieser Fallgruppe veranschaulichen: Der A ist Auszubildender in einer kleinen Bankfiliale. Das Elend in der Dritten Welt erschüttert ihn tief. Er möchte durch eine Geldspende helfen. Die Ausbildungsvergütung, die er erhält, muß er jedoch zur Gänze für seinen eigenen Lebensunterhalt aufwenden; sonstige Einkünfte oder Ersparnisse hat er nicht. In einem unbewachten Augenblick gelingt es ihm jedoch, einen 1000 DM-Schein aus der Kasse zu entnehmen. Er überweist das Geld an eine Hilfsorganisation. Dadurch können zwei Kinder gerettet werden, die ansonsten mit Sicherheit gestorben wären.[187]

Dieser Fall entspricht insofern den Vorgaben *Hegels*, als in ihm das Eigentümerinteresse der Bank mit dem Lebensinteresse der Kinder kollidiert. Stellt man allein diese Interessen einander gegenüber, so fällt es nicht schwer, das von § 34 S. 1 StGB geforderte wesentliche Überwiegen des geretteten gegenüber dem beeinträchtigten Interesse zu bejahen: Auf die Vermögensverhältnisse der Bank wirkt sich der Verlust der 1 000 DM nur in minimaler Weise aus; für die Kinder geht es dagegen um Leben und Tod. Diese Feststellung schöpft die Problematik des Falls jedoch nicht aus. Für einen Vertreter der Bank läge es nahe, ihr folgendes entgegenzuhalten: „Immerhin unterliegt dieses Unternehmen der Steuerpflicht. Der Gesetzgeber mag entscheiden, welcher Anteil am Gesamt-Steueraufkommen für humanitäre Hilfe aufgewendet wird. Daß aber über den von ihm bewilligten Umfang hinaus selbsternannte Robin Hoods berechtigt sein sollen, nach eigenem Gutdünken andere Leute zu diesem Zweck um ihr Geld zu bringen, kann in einer Rechtsordnung, die die Ungleichverteilung von Vermögen ausdrücklich akzeptiert, nicht zulässig sein". Dieser Einwand lenkt den Blick erneut auf den teleologischen Charakter jenes Freiheitsmoments, welches *Hegel* als das „Recht des Wohls" bezeichnet, und auf seine daraus resultierende Unbestimmtheit.[188] Der Satz, *daß* die zum „Wohl" transformierte alte Glückseligkeit in einem gewissen Umfang juridisch beachtlich sei, besagt noch nichts für die Frage, *welches Niveau des Wohls* der einzelne unter Notstandsgesichtspunkten allenfalls fordern darf. Deshalb stellt sich die rechtsbegriffliche Frage nach dem Niveau des Wohls in rechtstechnischer Hinsicht als *Kompe-*

---

[187] Ein ähnlicher Fall findet sich bei *Joerden* GA 1991, 424.
[188] Dazu bereits unter I.

tenzproblem dar. Im vorliegenden Zusammenhang ist es allerdings nicht die Exekutive – und damit eine (wenn auch nur mittelbar) selbst demokratisch legitimierte Instanz –, sondern es ist der eingriffswillige einzelne Bürger, der mit dem Parlament um die Definitionskompetenz rivalisiert.

Wer von diesen beiden Kandidaten den Vorzug verdient, kann nach den bisherigen Überlegungen schwerlich zweifelhaft sein. Entwickelte Rechtlichkeit ist wesentlich durch ihren *institutionalisierten Charakter* gekennzeichnet. Es stellt eines der bedeutsamsten Ergebnisse von *Hegels* Kritik an der politischen Philosophie *Rousseaus* und an der französischen Revolution dar, daß es nicht primär die sittliche Gesinnung und der gute Wille der Bürger als solche sind, die der Freiheit objektive Realität sichern – der gute Wille, der dazu neigt, jede institutionelle Verfestigung als prinzipiell inadäquate Erscheinungsform der „wahren" Freiheit anzusehen, kann allzu leicht zum Schrecknis werden, zu einer „Furie des Verschwindens" entarten.[189] Sittliche Gesinnung kommt erst als „formierte" zu ihrer Wahrheit – als Gesinnung, die in die institutionell verfestigte soziale Welt eingelassen, auf diese Welt bezogen ist und die, um ihre Abhängigkeit wissend, dieser Welt prinzipiell affirmativ gegenübersteht. Ist mithin eine der Idee des Rechts entsprechende Lebensform durch einen, wie man sagen kann, sowohl ontologischen wie ethischen Primat der Institutionen gekennzeichnet, so muß auch die Zuständigkeit, die allgemeinen Bestands- und Ermöglichungsbedingungen realer Freiheit zu verwalten, in erster Linie den dafür vorgesehenen „allgemeinen" Institutionen zukommen – in einer repräsentativen Demokratie also dem parlamentarischen Gesetzgeber und den sonstigen zur Artikulation überindividueller Interessen berufenen Instanzen.[190] Ein privater Gegengesetzgeber kann für seine Einschätzung und gewaltsame Exekution dessen, was er für politisch oder moralisch geboten hält, eine vergleichbare Verpflichtungskraft nicht in Anspruch nehmen. Er muß sich vorhalten lassen, anderen sein indivi-

---

[189] Dazu im einzelnen *Verf.* Staat 38 (1999) 37 ff.

[190] Sich deren Entscheidungen auch dort zu beugen, wo sie den eigenen Überzeugungen wehtun, kann dem betroffenen Bürger nach demokratischem Selbstverständnis deshalb zugemutet werden, weil das Parlament auch ihn und seine Interessen repräsentiert. Diesen legitimationstheoretischen Zusammenhang bringt nur unvollkommen zum Ausdruck, wer die Unzulässigkeit des Unterlaufens staatlicher Verfahren allein auf das formelle Prinzip der Verallgemeinerung stützt und dementsprechend die Frage stellt, was wohl wäre, wenn jedermann so handeln würde (so vor allem *Joerden* GA 1991, 425; vgl. auch *Meißner* Interessenabwägungsformel, S. 245 sowie LK-*Hirsch* § 34 Rdn. 69, der sich auf den Gleichheitssatz, das rechtsbegriffliche Korrelat des Verallgemeinerungsprinzips, beruft). Zweifellos würde dann der Maßgeblichkeitsanspruch der mißachteten Verfahrensregeln geschwächt; daß dies eine negativ zu bewertende Konsequenz ist, ergibt sich indes nicht aus der genannten Feststellung selbst, sondern erst aus dem *unabhängig von ihr zu begründenden legitimationstheoretischen Primat* der regulären Verfahren (so auch *Renzikowski* Notstand, S. 253, 256).

duelles Bild von Verteilungsgerechtigkeit aufzuzwingen und dadurch seine Besonderheit unzulässigerweise zum Prinzip zu erheben. „Das Dasein und die Perspektive anderer, namentlich des konkreten Opfers, ist ihm aber gleichgültig".[191]

Grundsätzlich kommt der Bürger eines modernen Abgabenstaats seiner Mitverantwortung für das Wohl der anderen mithin dadurch nach, daß er an der Finanzierung der zuständigen staatlichen Stellen mitwirkt. Die Steuer ist sein normaler Solidarbeitrag für das Umverteilungssystem des Sozialstaats.[192] Damit entfremdet der Staat sich in gewisser Weise seinen Bürgern:[193] Deren Beziehung zum demokratischen Rechtsstaat ist „rechenhaft und berechenbar, distanziert und frei"[194]. Der rechtfertigende Notstand darf nicht dazu benutzt werden, den Bürgern diesen Freiheitsgewinn streitig zu machen. Wo deshalb der parlamentarische Gesetzgeber abschließend über die Verteilung der zur Verfügung stehenden öffentlichen Finanzmittel entschieden hat, kann derjenige, der sein eigenes oder ein fremdes Wohl durch diese Entscheidung nicht hinreichend gewahrt sieht und diese seine Einschätzung nunmehr zwangsweise zu Lasten Dritter durchsetzt, sich nicht auf rechtfertigenden Notstand berufen. Die regelmäßig *indirekte* Solidaritätspflicht des einzelnen Bürgers kann sich nur in jenen seltenen Ausnahmefällen zu einer *unmittelbaren* Aufopferungspflicht aktualisieren, in denen seine punktuelle Inanspruchnahme (und anschließende Entschädigung) typischerweise erheblich weniger aufwendig ist als das Unterfangen, das entsprechende Ergebnis mittels dauerhafter institutioneller Vorkehrungen zu erreichen: „Die Gefahr ist allgegenwärtig, die Staatsorgane aber sind es nicht"[195]. Dieser Gesichtspunkt stellt weder einen Rückfall in den im 1. Kapitel perhorreszierten Utilitarismus dar,[196] noch liegt ihm der dort gleichfalls kritisierte Gedanke einer Notstandslegitimation allein kraft individueller Klugheit zugrunde[197]. Er trägt vielmehr dem Umstand Rechnung, daß der Staatszweck, einen Zustand herzustellen, der nach Möglichkeit allen Bürgern ein gewisses Maß an realer Freiheit sichert, in einer *Situation der Güterknappheit* verwirklicht werden muß. Deshalb erfordert die Erreichung dieses Ziels einen effizienten Einsatz der vorhandenen Mittel. Der Schutz der Freiheitsinteressen des Eingriffsopfers erfolgt

---

[191] So kennzeichnet *Klesczewski* Rolle der Strafe, S. 375 allgemein den strafrechtlichen Vorwurf an den Delinquenten.

[192] 1. Kap. D.IV.3. mit Nachweisen in Fn. 232.

[193] *Isensee* FS Ipsen, S. 423.

[194] *Isensee* DÖV 1982, 617. – Zu Recht erblickt *Lübbe-Wolff* ARSP 68 (1982) 230 die Bedeutung der gemeindlichen Armenpflege nach lutherischen Grundsätzen darin, daß der einzelne, zu festen Beiträgen (aber nicht zu mehr) verpflichtete Bürger dadurch von der prinzipiellen uferlosen Inanspruchnahme durch einzelne Notleidende entlastet worden sei: „Das Liebesgebot hatte kaufmännisch kalkulierbare Dimensionen angenommen".

[195] *Binding* Handbuch, S. 733.

[196] Dazu 1. Kap. B.II.2., III.2.

[197] Dazu 1. Kap. C.II.

hier nicht durch seine *generelle Bewahrung* vor Notstandseingriffen, sondern durch die restriktive *Auslegung der Notstandsvorschrift* selber; es ist nicht ein Schutz *vor der*, sondern ein Schutz *durch die* Notstandsvorschrift. Im Unterschied zum Utilitarismus schließt dieses Modell die Opferung eines Bürgers zugunsten der Allgemeinheit kategorisch aus; und auch wo es auf das verständige Eigeninteresse der Bürger setzt – ein Interesse, das als Motivationsverstärker stets willkommen ist –, bleibt der normativ maßgebliche Bezugspunkt der Argumentation doch die Idee rechtlich-realer Freiheit.

Aus diesem Grund ist der eingriffswillige Bürger nicht dazu berechtigt, „freihändig" die *materiellen Voraussetzungen* eines Leistungsanspruchs bzw. den *Umfang* einer zu gewährenden Leistung gegenüber den gesetzlichen Vorgaben zu verschieben. Die Forderung, der Tatsache der Güterknappheit das ihr gebührende Gewicht einzuräumen, läßt nach dem hier entwickelten Gedankengang nämlich die Definitionskompetenz im Hinblick auf das anzustrebende *Ziel* unberührt: Welches Niveau des Wohls den Bürgern jeweils zustehen soll, hat nicht der einzelne Täter, sondern der Gesetzgeber zu entscheiden. So ist es dem Vater untersagt, sich ein von der Krankenkasse nicht bezahltes teures Medikament für sein Kind durch einen Diebstahl zu beschaffen.[198] Ebensowenig darf eine Geldsumme per Notstand herangeschafft werden, auf die der Destinatär keinen rechtlichen Anspruch hat.[199] Geld ist das „absolute Mittel"[200]; es ist gekennzeichnet durch seine nahezu universelle Verwendbarkeit, deren Kehrseite seine Neutralität gegenüber jedwedem konkreten Verwendungszweck ist. Die Verteilung von Geldmitteln ist aufgrund dieser spezifischen „Offenheit" ihres Bezugsgegenstandes eine in einem eminenten Sinne politische Frage;[201] zu Recht wird daher betont, daß die Folgen von Geldmangel abschließend in den einschlägigen Spezialgesetzen geregelt seien.[202] Damit steht auch die Lösung des eingangs geschilderten Falls fest: In der Bereitstellung eines bestimmten Betrags zum Zwecke der Katastrophenhilfe durch den Haushaltsgesetzgeber liegt eine

---

198 *Jakobs* AT 13/37. – Ebenso LK-*Hirsch* § 34 Rdn. 69; NK-*Neumann* § 34 Rdn. 10; Sch-Sch-*Lenckner/Perron* § 34 Rdn. 41e; StK-*Joecks* § 34 Rdn. 29; *Blei* PdW AT, S. 98 f; *Freund* AT § 3 Rdn. 73; *Jescheck/Weigend* AT § 33 III 3; *Wessels/Beulke* AT Rdn. 317; *Lenckner* Notstand, S. 161 f; *ders.* GS Noll, S. 255; *Thiel* Konkurrenz, S. 154; vgl. auch *Papageorgiou* Schaden und Strafe, S. 170. – Aus der älteren Literatur: *Baumgarten* Notstand, S. 46; *v. Weber* Notstandsproblem, S. 20 f.

199 Verfehlt daher BGHSt 12, 304 f. – Ablehnend zu dieser Entscheidung auch LK-*Hirsch* § 34 Rdn. 38; NK-*Neumann* § 34 Rdn. 120; *Jakobs* AT 13/37 f; *Jescheck/Weigend* AT § 33 IV 3 d; *Roxin* AT 1 § 16 Rdn. 49.

200 *Heinemann* Grundzüge, S. 76.

201 Zutreffend *Papageorgiou* Schaden und Strafe, S. 203.

202 NK-*Neumann* § 34 Rdn. 120; *Jakobs* AT 13/37; *Roxin* AT 1 § 16 Rdn. 49; *Renzikowski* Notstand, S. 253.

autoritative Festlegung des insoweit maßgeblichen Solidaritätsniveaus; ihr hat sich der einzelne Bürger unterzuordnen.[203]

Dem Notstandstäter ist es lediglich gestattet, institutionell ungebundene Güter als eine Art Geschäftsführer ohne Auftrag, d. h. unter Respektierung der gesetzlichen Zielvorgaben in Anspruch zu nehmen. Notstandseingriffe sind deshalb dort, aber auch nur dort zulässig, wo die Nichtinanspruchnahme der „regulären" Hilfe ausnahmsweise keine Mißachtung der gesetzgeberischen Definitionskompetenz beinhaltet.[204] Auf den ersten Blick mag es so scheinen, als könne es derartige Fälle von vornherein nicht geben. Je besser nämlich der Staat die zur Bekämpfung von Notlagen regulär zuständigen Behörden und Organisationen in personeller und sachlicher Hinsicht ausstattet, je mehr Finanzmittel er also auf sie verwendet, in desto mehr Fällen können sie helfen. Angesichts der heutigen technischen Möglichkeiten gibt es insoweit kaum eine absolute Obergrenze: Bei entsprechendem Aufwand könnten die regulär zuständigen Stellen theoretisch fast jede Gefährdung rechtzeitig entdecken und – soweit technisch überhaupt möglich – abwenden. Dennoch kommt der Entscheidung des Gesetzgebers, die für eine optimale Notbekämpfung erforderlichen Finanzmittel *nicht* zur Verfügung zu stellen, kein abschließender Charakter in dem hier interessierenden Sinne zu. Ansonsten gelangte man nämlich zu einer Konsequenz, die sich im praktischen Ergebnis weitgehend mit der unter 1. verworfenen Position treffen würde, welche die Sperrwirkung besonderer Verfahren auf den bloßen Umstand ihrer rechtlichen Verfügbarkeit stützte: Dem „suboptimal" versorgten Bürger stünden Eingriffsrechte nicht zu, der Vorschrift über den rechtfertigenden Notstand bliebe (nahezu) kein Anwendungsbereich mehr. Ein solches Verständnis vom Primat des Gesetzgebers wäre nicht weniger formell als die unter 1. kritisierte Betrachtungsweise. Deshalb darf dem einzelnen Bürger in einem gewissen Ausmaß angesonnen werden, an der Herstellung einer „Sicherheits-Infrastruktur" mitzuwirken, die ansonsten überhaupt nicht oder jedenfalls nur zu inakzeptabel hohen Kosten zu haben wäre.[205]

Zur Illustration ein einigermaßen krasses Beispiel: Einem in Bergnot geratenen Wanderer das Recht zuzusprechen, in eine fremde Jagdhütte einzubrechen, und hernach die Entschädigung des Aufopferungspflichtigen sicherzustellen, stellt einen

[203] In der Begründung weitgehend wie hier *Jakobs* AT 13/38; *Lesch* Notwehrrecht, S. 44.

[204] Ähnlich *Jakobs* AT 13/37.

[205] Die hier entwickelte Lösung ist nicht identisch mit der Entgegensetzung „rechtlicher" und „tatsächlicher" Gründe für die Nichterreichbarkeit, wie sie *Papageorgiou* Schaden und Strafe, S. 213 vorzuschweben scheint. Nach den Ausführungen des Textes ist das, was in einer Notsituation *tatsächlich* möglich ist, zu einem guten Teil das Ergebnis vorangegangener *rechtlicher* Entscheidungen. Deren in die konkrete Konfliktsituation hinein fortwirkender Maßgeblichkeit sucht die hiesige Sprechweise von der „Geschäftsführung ohne Auftrag" auch terminologisch Rechnung zu tragen.

weitaus klügeren Umgang mit den begrenzten öffentlichen Mitteln dar als der Versuch, die Sicherheit der Wanderer dadurch zu gewährleisten, daß allabendlich vorsorglich Suchtrupps ausgesandt werden. Ebenso liegt es, wenn in dem oben erwähnten Fall des erkrankten Kindes die Krankenkasse als Interessenwahrerin der Gemeinschaft der Versicherten das Medikament am nächsten Morgen bewilligen müßte, das kranke Kind aber nicht so lange warten kann. Sofern hier andere Möglichkeiten der (legalen) Beschaffung ausscheiden, darf der Vater sich die Arznei eigenmächtig verschaffen.[206] Zur tatsächlichen Abwendung der Not muß also eine Art Geschäftsführung ohne Auftrag für die „eigentlich“ (d.h. institutionell) zuständige Stelle kommen.

3. Der Bürger als selbsternannter „Hilfspolizist“ (insbesondere: die sogenannte Staatsnotstandshilfe)

Die nunmehr zu behandelnde Fallgruppe bildet gewissermaßen das Gegenstück zu den unter II. erörterten Fällen. Dort suchte ein *Amtsträger* durch den Rückgriff auf die „Generalklausel“ des rechtfertigenden Notstands seine Eingriffsbefugnisse zu erweitern; hier dagegen unternimmt ein *Bürger* unter Berufung auf die Notstandsnorm eigenmächtig einen Eingriff, dessen Vornahme der „eigentlich“ zuständigen Polizei selber verwehrt wäre. Beispiel: T verdächtigt seinen Nachbarn N, in seiner, des N, stets sorgfältig verschlossenen Garage gestohlene Motorräder versteckt zu halten. T teilt seine Vermutung der Polizei mit, die aber zutreffend erklärt, auf solchermaßen vage Anschuldigungen hin nichts unternehmen zu können. Daraufhin erbricht T selber das Garagenschloß (Wert: 10 DM). In der Garage befinden sich in der Tat eine Reihe von Motorrädern, deren Nummern der T photographiert. Die Bilder schickt er an die Polizei, die nunmehr feststellen kann, daß es sich um gestohlene Maschinen handelt. N wird wegen Diebstahls verurteilt; die Motorräder erhalten die Eigentümer zurück. So hatte es T beabsichtigt.[207]

T hat die Tatbestände der §§ 123, 303 StGB verwirklicht. Eine Rechtfertigung seines Handelns unter dem Gesichtspunkt des Notstands kommt nicht in Betracht. T besitzt nicht die Kompetenz, das *Strafverfolgungsinteresse der Allgemeinheit* eigenmächtig zu exekutieren. Der Konflikt, der zwischen dem öffentlichen Interesse an effizienter Strafverfolgung – einer bedeutsamen „infrastrukturellen“ Voraussetzung auch des individuellen Wohls der einzelnen Bürger – und dem weiteren rechtsstaatlichen Anliegen, verdächtige Personen vor übermäßiger Inanspruchnahme zu

---

[206] *Jakobs* AT 13/37.

[207] Es handelt sich um einen Klausurfall von Herrn Professor Dr. *G. Jakobs*.

schützen, besteht, läßt sich ebensowenig *einer*, *der richtigen* Lösung zuführen wie die Frage nach der angemessenen Verteilung der verfügbaren Haushaltsmittel. Hier wie dort steht am Ende des erforderlichen Abwägungsprozesses nicht ein Ergebnis, das einer Beurteilung nach dem Schema von wahr und falsch zugänglich wäre, sondern eine *Entscheidung*, die (innerhalb eines gewissen Rahmens) auch anders hätte ausfallen dürfen. Die betreffende Entscheidung verdankt ihre Legitimität deshalb nicht primär ihrer inhaltlichen Richtigkeit, sondern wesentlich auch dem Verfahren, aus dem sie hervorgegangen ist. Aus diesem Grund darf die Schlichtung des erwähnten Interessenkonflikts nicht einer beliebigen Einzelperson überlassen werden; vielmehr muß sie eine Sache des demokratisch legitimierten staatlichen Gesetzgebers bleiben. Daraus folgt: Ebensowenig wie der Staat dazu befugt ist, sich bei der Wahrnehmung seines „Gewaltmonopols" durch den Rückgriff auf die Notstandsnorm seiner sondergesetzlich begründeten Selbstbindung zu entledigen, darf ein einzelner Bürger diese Norm dazu benutzen, *seine* Vorstellungen über den angemessenen Umgang mit Verdächtigen an die Stelle der Auffassung des Gesetzgebers zu setzen. Die Regelungen der StPO umschreiben die Rechtsposition des Verdächtigen abschließend, und zwar nicht nur gegenüber staatlichen Amtsträgern, sondern auch gegenüber Privaten, die eine Neigung zum Hilfspolizistentum verspüren.[208] Das Rechtsgut „Strafverfolgung" existiert deshalb von vornherein nur innerhalb der gesetzlichen Grenzen.[209]

T's Handeln kann auch nicht als Notstandshilfe *zugunsten der bestohlenen Eigentümer* gerechtfertigt werden. In dem Kompetenzkonflikt zwischen einem Amtsträger, dessen Entscheidungsprogramm sondergesetzlich (etwa durch die Regelungen des Polizeirechts) vorgeprägt und der zur Anwendung dieses Programms in spezifischer Weise demokratisch legitimiert ist,[210] und einem Privaten, der für seine abweichende Beurteilung der Situation keinerlei demokratische Legitimation ins Feld führen kann, muß der Amtsträger obsiegen.[211] Allgemeiner gesprochen besagt dies: Wenn der zuständige Amtsträger eine an den für ihn geltenden rechtlichen Vor-

---

[208] NK-*Neumann* § 34 Rdn. 119; Sch-Sch-*Lenckner/Perron* § 34 Rdn. 41 (allerdings lediglich als Faktor im Rahmen der Interessenabwägung); *Jakobs* Befreiung, S. 163.

[209] *Seelmann* ZStW 95 (1983) 812; ebenso *Keller* Provokation, S. 288.

[210] Auf die eigenständige demokratische Legitimation der Exekutive ist im Anschluß an *Ossenbühl* bereits an früherer Stelle (in Fn. 93) hingewiesen worden.

[211] Es sei betont, daß diese Begründung nicht als „Deduktion" aus dem sogenannten „Gewalt-" oder „Rechtsschutzmonopol" des Staats auftritt. Die §§ 32, 34 StGB stellen gerade Durchbrechungen dieses angeblichen Monopols dar. Um die Reichweite von Ausnahmen festzustellen, genügt nicht der Verweis auf die Regel, deren begrenzten Anwendungsbereich eben diese Ausnahmen manifest gemacht haben (zutreffend *Keller* Provokation, S. 319; kritisch zu Argumentationen aus dem „staatlichen Rechtsschutzmonopol" auch *W. B. Schünemann* Selbsthilfe, S. 10).

gaben orientierte Entscheidung über das Ob (und gegebenenfalls über das Wie) seines Eingreifens getroffen hat, ist für ein Tätigwerden von Privatpersonen rechtlich kein Raum mehr.[212] In solchen Fällen sind weder die Regelungen über den Notstand noch diejenigen über die Notwehr anwendbar; denn für letztere gilt der soeben skizzierte Gedankengang ersichtlich in gleicher Weise.[213] Die Pflicht zum Rechts-

---

212 Ebenso wohl *Jakobs* AT 13/44a; a. A. *Pelz* NStZ 1995, 309. (Etwas mißverständlich ist es allerdings, wenn *Jakobs* aaO davon spricht, die private Abwehr einer Gefahr sei unangemessen, soweit eine zur Abwehr zuständige und fähige Behörde deren *Bekämpfung übernommen* habe [Hervorhebung hinzugefügt]. Die betreffende Sperrwirkung kommt nicht erst irgendeinem der Gefahrbekämpfung dienenden *Tätigwerden*, sondern bereits der [in irgendeiner Weise äußerlich kundgemachten] *Entscheidung* über ein solches Tätigwerden zu. Andernorts formuliert *Jakobs* selber, auch die „Verweigerung der Hilfe durch handlungsfähige Staatsorgane" binde den Privaten [*Jakobs* AT 13/11].) – Zu kurz griffe es, das Unrecht, welches der Bürger in derartigen Fällen verwirklicht, auf die Qualität eines zurechenbaren Eingriffs in die Kompetenzsphäre staatlicher Amtsträger, also auf eine Art Amtsanmaßung zu verkürzen (in dieser Richtung aber *Pelz* aaO S. 306). Eine solche Interpretation würde gleichsam die Kehrseite der schon unter II.3. kritisierten Auffasung darstellen, nach welcher das Unrecht des Amtsträgers, der unter Berufung auf die allgemeinen Notrechte seine sondergesetzlichen Ermächtigungsgrundlagen überschreitet, nicht straf-, sondern bloß disziplinarrechtlicher Natur ist. Beiden Thesen liegt die Prämisse zugrunde, die Reichweite der strafrechtlich relevanten Aufopferungspflicht des Eingriffsadressaten lasse sich mithilfe einer gleichsam kontextlosen Interpretation der allgemeinen Rechtfertigungsgründe ermitteln; fordere „der Falsche" das Opfer ein, so stelle dies der Sache nach einen Fall bloßer Unzuständigkeit und damit einen vom Unrechtsgrad her weniger schwerwiegenden Mangel dar. (Explizit formuliert *Pelz* aaO S. 309, die Möglichkeit, daß obrigkeitliche Hilfe zu erlangen gewesen wäre, falle nicht zugunsten desjenigen in die Waagschale, in dessen Rechte eingegriffen werde. Für ihn mache es keinen Unterschied, ob der Eingriff durch staatliche Organe oder im Weg privaten Notstands erfolge, da das Maß der Rechtsgutsverletzung im letzteren Fall nicht erhöht werde.) Es trifft jedoch nicht zu, daß bei einer so prekären Befugnis wie derjenigen zu innerstaatlicher Gewaltanwendung der Inhalt von der Form, der zulässige Eingriffsumfang von der Eingriffszuständigkeit isoliert werden kann. Einem unbefugten Eingriff in fremde Freiheit allein deshalb einen erheblichen Teil seines strafrechtlichen Gewichts abzusprechen, weil dieser Eingriff in einem fiktiven „staatslosen" Zustand zulässig gewesen wäre, hieße die Sicherungswirkung gröblich zu unterschätzen, die die Einhaltung des vorgesehenen Verfahrens zugunsten des Eingriffsadressaten entfaltet. Der organisierte Staat *modifiziert* nicht eine Situation ursprünglicher Rechtlichkeit, sondern er *begründet* allererst einen Zustand, der den Namen eines *Rechts*zustands verdient.

213 Dazu überzeugend *Lesch* Notwehrrecht, S. 55ff („Angemessenheit als generelles Regulativ sämtlicher Notrechte", S. 59); teilweise abweichend *Rudolphi* GS Armin Kaufmann, S. 391f mwN. – Entgegen einer verbreiteten Neigung, die Subsidiarität privater gegenüber öffentlich organisierter Notbekämpfung vorrangig im Rahmen der „nicht anders abwendbar"-Klausel zu erörtern (BGHSt 39, 133 [137]; KK-*Rengier* § 16 OWiG Rdn. 19; *Lackner/Kühl* § 34 Rdn. 3; LK-*Hirsch* § 34 Rdn. 52; NK-*Neumann* § 34 Rdn. 58; SK-*Günther* § 34 Rdn. 34; Sch-Sch-*Lenckner/Perron* § 34 Rdn. 20; StK-*Joecks* § 34 Rdn. 21; *Tröndle/Fischer* § 34 Rdn. 5; *Baumann/Weber/Mitsch* AT § 17 Rdn. 62; *Kühl* AT § 8 Rdn. 27, 86; *Wessels/Beulke* AT, Rdn. 308; *Reichert-Hammer* Fernziele, S. 190; *Haft/Eisele* Jura 2000, 315; *Roxin* NStZ 1993, 335), ist dies ist *keine* Frage der *Erforderlichkeit der Notstandshandlung*. Das Kriterium

gehorsam, neben der allgemeinen Friedenspflicht die zweite „apriorische Grundpflicht" des Bürgers,[214] verlangt von diesem, den Beurteilungs- und Regelungsprimat der staatlichen Amtsträger nicht mittels Notstands aus den Angeln zu heben.

Ähnlich wie unter 2. gilt freilich auch hier die Sperrwirkung insoweit nicht, wie das Tätigwerden des Bürgers keine Infragestellung des Kompetenzvorrangs der institutionalisierten Notbekämpfung bedeutet, wie also, positiv gewendet, der Bürger als eine Art Geschäftsführer ohne Auftrag tätig wird. So liegt es nach dem oben Ausgeführten dann, wenn angesichts der Begrenztheit der öffentlichen Ressourcen in der konkreten Situation keine praktikable Alternative zu der Zulassung privater Selbsthilfemaßnahmen besteht. Deshalb ist es beispielsweise dem Bürger, der von einem gefährlichen Tier angefallen wird und der bemerkt, daß die Pistole des ihm zur Hilfe eilenden Polizeibeamten eine Ladehemmung aufweist, gestattet, sich innerhalb der Grenzen des § 228 BGB selber gegen das Tier zur Wehr zu setzen. Die Option, Polizeibeamte für den Fall des Versagens ihrer Erstwaffe mit einer Zweit- oder gar Drittwaffe auszustatten, besteht nur in der Theorie, und zudem würde eine solche Hilfe für den bedrohten Bürger regelmäßig zu spät kommen.[215]

„nicht anders abwendbar" reflektiert nämlich nicht notwendig die rechtsstaatlichen und demokratischen Vorzüge geordneter Verfahren (*Keller* Provokation, S. 317; für die Parallelproblematik im Bereich der Notwehr i.E. übereinstimmend *Lesch* aaO S. 62). Nach der hier entwickelten Konzeption darf der Bürger beispielsweise auch dann nicht eigenmächtig in einen fremden Rechtskreis eingreifen, wenn der zuständige Amtsträger beschlossen hat, selber nichts zu unternehmen. Unter dem Blickwinkel der „Erforderlichkeit" – jedenfalls in ihrer üblichen Interpretation als „Erforderlichkeit zum Schutz des bedrohten (Rechtsguts-)Interesses" – müßte man in einem derartigen Fall ein Notrecht des Privaten bejahen; denn die – wenngleich rechtskonforme – Passivität eines Amtsträgers ist kein „milderes Mittel" zur Abwendung der drohenden Gefahr. Damit wird jedoch das Problem der legitimationstheoretisch geforderten Anwendungsgrenzen der allgemeinen Notrechte zu einer bloßen Effektivitätsfrage verzeichnet; Staats- und Bürgerhandeln unterscheiden sich nicht mehr qualitativ, sondern nur noch graduell in ihrer vermuteten Wirksamkeit zum Schutz von Rechtsgütern.

214 *Isensee* FS Sendler, S. 49.

215 *Keller* will einen strikten Vorrang staatlicher (*in concreto*: polizeilicher) Verfahren nur dort anerkennen, wo es um die Abwehr abstrakter Gefahren für Individualrechtsgüter sowie um die Verteidigung von Rechtsgütern geht, die ihren Wert primär in sozialer Sicherheit und weniger in der unmittelbaren Existenz einzelner Bürger haben. Wo der Schutz von Individualrechtsgütern vor konkreten Gefahren in Rede stehe, könne dagegen die Norm, den Erfolg in geordneten Verfahren zu erstreben, zugunsten des individuellen Interesses an Güterbewahrung zurückgenommen werden (*Keller* Provokation, S. 323 f). Diese Differenzierung stützt *Keller* auf die Erwägung, daß die Verfahren „im Verhältnis zu den in ihnen thematisierten Rechtsgütern sehr unterschiedliche Bedeutung" hätten (aaO S. 322). Dahinter steht offenbar der Gedanke, das Interesse an der Erhaltung von Rechtsgütern und dasjenige an der Respektierung der staatlichen Verfahren stünden prinzipiell gleichrangig nebeneinander, mit der Folge, daß beide Interessen erst vermittels einer „Abwägung" zu einem – stets prekär bleibenden – Ausgleich gebracht werden könnten. Diese Konzeption ist bereits am Beginn

Ein heikler Fall aus diesem Bereich bedarf der gesonderten Erwähnung: Die Entscheidung des zuständigen Amtsträgers zum Untätigbleiben war *rechtswidrig*. Beispiel: In dem eingangs erwähnten *Motorradfall* hätten die gegen N vorliegenden Verdachtsmomente eine Hausdurchsuchung geboten. Wäre es dem T trotzdem versagt gewesen, unter Berufung auf rechtfertigenden Notstand die erforderlichen Maßnahmen in Eigenregie durchzuführen? In einer Rechtsordnung, die auch das Vorgehen gegen rechtswidrige behördliche Maßnahmen verfahrensmäßig kanalisiert, muß die Antwort bejahend lauten; die Sperrwirkung greift also auch in solchen Fällen ein. Dies gilt selbst dann, wenn das rechtswidrige behördliche Handeln dazu führt, daß nicht ein Dritter – eine andere Person oder die Rechtsgemeinschaft als ganze –, sondern der eingriffswillige Bürger selbst einen (vermeidbaren) Schaden erleidet. Man stelle sich etwa vor, eine der Maschinen in dem abgewandelten *Motorradfall* habe dem T selber gehört. Selbst wenn die polizeiliche Untätigkeit seine Aussicht endgültig vereitelt hätte, die Maschine zurückzuerlangen, wäre dem T ein eigenmächtiges Tätigwerden verwehrt gewesen. Seine Stellung als Staatsbürger beschränkt ihn darauf, zu *dulden* und (wenn es ihm gelingt, die Erfüllung der Haftungsvoraussetzungen nachzuweisen) zu *liquidieren*.[216]

---

des vorliegenden Abschnitts (unter I.) zurückgewiesen worden. Hier sei ergänzend darauf hingewiesen, daß die Vorstellung von „vorstaatlich" gegebenen – nämlich unabhängig von den spezifischen staatlichen Garantien konstituierten – „Rechtsgütern" unter den Bedingungen neuzeitlicher Gesellschaften eine Fiktion ohne heuristischen Wert darstellt. *Rechts*güter verdanken ihre Existenz allererst der staatlichen *Rechts-* als einer freiheitlich orientierten *Friedens*ordnung; sie können deshalb den Verfahrensanforderungen, denen diese Ordnung einen bedeutsamen Teil ihrer freiheitstheoretischen Akzeptabilität verdankt, nicht als prinzipiell gleichbedeutsame und gleichberechtigte Entitäten gegenübergestellt werden. – *Haas* hält die *Notwehr* Privater neben präsenter und eingriffsfähiger obrigkeitlicher Gewalt weitgehend für unzulässig; lediglich für den Fall, daß die Polizei pflichtwidrig ihre Kompetenzen nicht ausnutze, solle das Notwehrrecht bestehen bleiben (*Haas* Notwehr, S. 297, 299). Den rechtfertigenden *Notstand* will er dem Privatmann dagegen erhalten wissen, denn die Sicherung privater Rechtsgüter – darin erblickt *Haas* die spezifische Aufgabe des Notstands – sei nicht primär Aufgabe der Polizei (aaO S. 298). Mit dieser These bleibt *Haas* einem Notstandsverständnis treu, das bereits an früherer Stelle (Fn. 155) für unangemessen befunden wurde. *Haas* verkennt, daß der Notstand, der zwar weniger weitreichende Befugnisse verleiht als die Notwehr, freiheitstheoretisch aber weitaus prekärer ist als diese, nicht weniger der institutionellen Disziplinierung und Limitierung bedarf als die Notwehr.

216 Die Sperrwirkung hat freilich zur Voraussetzung, daß eine zwar unter Umständen *rechtswidrige*, aber doch jedenfalls *rechtswirksame* hoheitliche Entscheidung vorliegt. Anders ist es, wenn die betreffende Entscheidung evidentermaßen an einem schwerwiegenden Fehler leidet, wenn sie also im verwaltungsrechtlichen Sinne (§ 44 Abs. 1 VwVfG) *nichtig* ist. Ein nichtiger Verwaltungsakt vermag seine gewollten Rechtswirkungen von vornherein nicht hervorzubringen; er ist unwirksam, unverbindlich (*Maurer* Allgemeines Verwaltungsrecht § 10 Rdn. 35). Die nichtige Entscheidung eines Amtsträgers kann deshalb auch in dem hier interessierenden Notstandskontext keine Sperrwirkung entfalten. So wird es insbesondere

Diese Feststellung mag hart erscheinen; sie ruft jedoch den Umstand in Erinnerung, daß die Existenz als Bürger eines demokratischen Rechtsstaats nicht nur Vorzüge, sondern auch Lasten mit sich bringt; wer die Lasten über Gebühr zu verringern sucht, kann auf die Dauer auch der Vorzüge nicht sicher sein. Unter II.1. ist gezeigt worden, daß die Selbstbindung des Rechtsstaats durch Rechtsvorschriften mit seiner Aufgabe, Anarchie – „Bürgerkrieg" – zu verhüten, nicht in einer bloß äußerlichen Weise verbunden ist; vielmehr verbietet es der *Begriff des Rechtsstaats* als solcher, einen normativ relevanten Gegensatz zwischen diesen beiden Momenten zu konstruieren. Entsprechendes gilt für den Status des einzelnen Bürgers: Seine Gehorsamspflicht ist nicht ein Moment, das sein Interesse an Selbsterhaltung von außen her beschränkt und deshalb mit diesem Interesse in einen normativ beachtlichen Konflikt geraten kann. Sein Status als Bürger stellt für den einzelnen vielmehr die fundamentale Bedingung der Möglichkeit von realer Freiheit dar – zumal in einer Demokratie, in der er durch seine Repräsentanten auch an dem Prozeß der Normsetzung selber beteiligt wird. Dieses Abhängigkeitsverhältnis schließt es bereits *begrifflich* aus, der Rechtsstellung einer Person einen Inhalt zu geben, der im Widerspruch zu ihren staatsbürgerlichen Grundpflichten steht.[217] Die erste dieser Pflichten aber besteht seit *Hobbes* in dem ebenso simplen wie harten Imperativ: „Gehorche!"

4. Verfahrensordnungswidrige Verschaffung von Vorteilen (insbesondere: prozeßordnungswidrige Verbesserung der eigenen Beweislage)

Die bürgerliche Freiheit wird realisiert nicht *jenseits*, sondern *innerhalb* der Institutionen des demokratischen Rechtsstaats. Es kommt deshalb nicht in Betracht, die einschlägigen institutionellen Regelungen unter Notstandsgesichtspunkten als abstrakt zu klassifizieren und auf diesem Wege der individuellen Rechtsmeinung des einzelnen Notstandstäters (bzw. deren richterlichem Nachvollzug) das letzte Wort bei der Konfliktlösung zuzugestehen. Deshalb greift die Notstandsvorschrift dort von vornherein nicht ein, wo das Gesetz Genehmigungs-, Erlaubnis- oder sonstige Verwaltungsverfahren bereitstellt.[218] Beispielsweise kann der Aufenthalt eines Ausländers im Bundesgebiet nicht nach § 34 StGB gerechtfertigt werden, weil anson-

---

dann liegen, wenn der Amtsträger dem bedrohten Bürger in einer existentiellen Gefahrsituation seinen Beistand aus offenkundig unsachlichen Erwägungen verweigert. (Für die Parallelproblematik aus dem Bereich der Notwehr i. E. weitgehend wie hier *Lesch* Notwehrrecht, S. 67.)

[217] Unter grundrechtsdogmatischen Gesichtspunkten dazu *Isensee* FS Sendler, S. 48 ff.

[218] KK-*Rengier* § 16 OWiG Rdn. 43.

sten die diesbezüglichen differenzierenden Regelungen im Asyl- und Ausländerrecht ihre Bedeutung verlieren würden.[219] Der Unternehmer, der ein Umweltdelikt damit zu rechtfertigen sucht, daß es der Erhaltung von Arbeitsplätzen habe dienen sollen, muß sich entgegenhalten lassen, daß dieses Anliegen – allenfalls abgesehen von akuten, mit den „regulären" Mitteln nicht erfaßbaren Notfällen – bereits im Umweltverwaltungsrecht berücksichtigt worden ist.[220] Ebensowenig dürfen eine versagte Ausfuhrgenehmigung oder ein unerlaubtes Kartell über Notstandsgesichtspunkte (Betriebs- und Arbeitsplatzsicherung) umgangen werden.[221] Für Gefahren, die aus Steuerschulden drohen, stellt die AO Abwehrmittel wie Stundung, Aufschub und Erlaß zur Verfügung (§§ 222, 223, 227 AO).[222] Der Zeuge, der aus Angst vor Repressalien falsch aussagt, ist auf die dem Zeugenschutz dienenden Regelungen der StPO zu verweisen.

Der Primat der Institution gilt auch dann, wenn das ordnungsgemäß durchgeführte Verfahren mit einem materiell unrichtigen Ergebnis zu enden droht. Beispiel: G hatte dem S vor Jahren ein Darlehen in Höhe von 10 000 DM gewährt, das S seit langem zurückgezahlt hat. Versehentlich hat G es jedoch versäumt, den Empfang des Geldes in seinen Unterlagen zu vermerken. Nach G's Tod findet in dessen Papieren sein Erbe E den Darlehensvertrag. Da E von der erfolgten Rückzahlung nichts weiß, fordert er S dazu auf, seine angebliche Schuld endlich zu begleichen. S bemerkt zu seinem Entsetzen, daß er aus Nachlässigkeit die ihm von G erteilte Quittung verloren hat. Da er nicht nochmals bezahlen will, verfällt er schließlich darauf, die Quittung zu fälschen. Die gefälschte Quittung legt er in dem Prozeß vor, den E mittlerweile gegen ihn angestrengt hat. S hat hier den Tatbestand des § 267 Abs. 1 1. und 3. Alt. StGB erfüllt. Auf Notstand kann er sich zu seiner Rechtfertigung nicht berufen. Wie bereits unter 3. ausgeführt worden ist, entzieht der Konflikt zwischen materieller Gerechtigkeit und Rechtssicherheit sich einer Auflösung nach dem Schema „richtig" und „falsch"; es besteht vielmehr ein beträchtlicher Beurteilungsspielraum. Ihn autoritativ auszufüllen muß dem demokratisch legitimierten Gesetzgeber vorbehalten bleiben;[223] die Konfliktlösung kann nicht der *ad hoc-*

---

219 *Abramenko* NStZ 2001, 72 f.

220 KK-*Rengier* § 16 OWiG Rdn. 41; LK-*Hirsch* § 34 Rdn. 38; NK-*Neumann* § 34 Rdn. 31, 120; SK-*Samson* § 34 Rdn. 5; Sch-Sch-*Lenckner/Perron* § 34 Rdn. 35, 41; *Jakobs* AT 13/42; *Kühl* AT § 8 Rdn. 176; *Maurach/Zipf* AT 1 § 27 Rdn. 14; *Abramenko* aaO S. 73; *Schall* Arbeitsplätze, S. 8 ff; grundsätzlich auch *Meißner* Interessenabwägungsformel, S. 248 sowie *Weber* ZStW 96 (1984) 395.

221 KK-*Rengier* § 16 OWiG Rdn. 43.

222 KK-*Rengier* aaO.

223 Der Gesetzgeber der ZPO hat den Beweismangel einer Partei insbesondere dadurch berücksichtigt, daß er ihr das Recht einräumt, Parteivernehmung (§§ 445 ff ZPO) bzw. Urkundenvorlegung durch den Gegner (§§ 421 ff ZPO) zu beantragen (*Jakobs* AT 13/40). Die durch das Prozeßrecht gezogenen Schranken würden durchbrochen, wenn der Notstand zu einem

Entscheidung eines konkret Betroffenen überantwortet werden. Allgemein gesprochen: Es ist Teil der staatsbürgerlichen Gehorsams- und Friedenspflicht eines jeden Verfahrensbeteiligten, die Nachteile auf sich zu nehmen, die ihm aus einem prozessual ordnungsgemäßen, obschon materiell ungerechtfertigten Urteil erwachsen.[224]

Heikler erscheint auf den ersten Blick folgende Abwandlung des vorstehenden Falls: Dem E ist aufgrund einer mündlichen Mitteilung G's bekannt, daß S das Darlehen bereits zurückgezahlt hat. Vor Gericht sagt er jedoch aus, G habe ihm mitgeteilt, daß die Schuld noch offen stünde. Nunmehr fälscht S die Quittung und legt sie im Prozeß vor. – Im Unterschied zum Ausgangsfall hat E hier seinerseits pflichtwidrig gehandelt; er hat gegen seine zivilprozessuale Wahrheitspflicht (§ 138 ZPO) verstoßen und durch die gerichtliche Geltendmachung seines angeblichen Anspruchs eine Täuschung im Sinne des § 263 StGB begangen.[225] Darf der Gedanke des Vorrangs staatlicher Verfahren auch hier Geltung beanspruchen? Man könnte geneigt sein, dies mit der Begründung zu verneinen, daß die Handlung des S nicht die Autorität des staatlichen Gerichts in Frage stelle, sondern nur jene Nachteile kompensiere, die dem S durch die Illoyalität seines Prozeßgegners entstanden seien.[226] Diese Erwägung überzeugt jedoch nicht. Ebenso wie die Rechtsbehelfe gegen rechtswidriges Verwaltungshandeln sind nämlich auch die rechtlichen Mittel gegen pflichtwidriges Verhalten des Prozeßgegners *verfahrensmäßig kanalisiert* – bis hin zur Restitutionsklage nach § 580 ZPO. Das sorgfältig austarierte Geflecht der betreffenden zivilprozessualen Regeln würde buchstäblich zerrissen werden, wenn man den beiden Parteien zusätzlich das weitaus gröbere Instrument des rechtfertigenden Notstands zur Verfügung stellte. Auch hier muß deshalb der Grundsatz gelten: Das Verfahren sperrt den Rückgriff auf die allgemeinen Notrechte.[227]

Damit aber nicht genug. Abschließend sei eine weitere Variante des *Darlehensfalls* vorgestellt: E ist hinsichtlich des Bestands der von ihm geltend gemachten Forderung gutgläubig. Er hat den zahlungsunwilligen S bislang noch nicht verklagt, droht allerdings an, dies demnächst zu tun. Auf die Vorlage der gefälschten Quittung hin sieht er davon ab und erklärt die Angelegenheit für erledigt. – Findet die

---

„Vehikel eigenmächtiger Beweissicherung" umfunktioniert werden könnte (*Geilen* JZ 1975, 384; ebenso NK-*Neumann* § 34 Rdn. 119; *Jakobs* aaO; *Maurach/Zipf* AT 1 § 27 Rdn. 32).

[224] Ebenso NK-*Neumann* § 34 Rdn. 119; SK-*Samson* § 34 Rdn. 52; Sch-Sch-*Lenckner/Perron* § 34 Rdn. 41; StK-*Joecks* § 34 Rdn. 29; *Baumann/Weber/Mitsch* AT § 17 Rdn. 55; *Eser/Burkhardt* Strafrecht I, Fall 12 A 41; *Freund* AT § 3 Rdn. 73; *Hoyer* AT 1, S. 83 f; *Jakobs* AT 13/40; *Kindhäuser* AT, S. 294; *Kühl* AT § 8 Rdn. 178; *Roxin* AT 1 § 16 Rdn. 49; *Neuheuser* Duldungspflicht, S. 113; *Renzikowski* Notstand, S. 257; *Thiel* Konkurrenz, S. 214, 217, 231; *Abramenko* NStZ 2001, 72 f; *Britz/Müller-Dietz* JuS 1998, 239 f.

[225] Dazu *Verf.* Betrug, S. 199 ff.

[226] So i. E. NK-*Neumann* § 34 Rdn. 25.

[227] So auch *Jakobs* AT 13/40.

Notstandsvorschrift wenigstens in diesem Fall Anwendung? Immerhin besteht zwischen E und S zum Zeitpunkt der Quittungsvorlage noch kein Prozeßrechtsverhältnis; es besteht also nicht unmittelbar die Gefahr, daß der Rückgriff auf die Notstandsregelung etwaige vorrangige Verfahrensnormen unterlaufen könnte. Allerdings dürfte es den Konfliktbeteiligten schwerlich plausibel zu machen sein, daß S – die weiteren Notstandsvoraussetzungen als gegeben unterstellt – nur deshalb straflos bleiben soll, weil er die Quittung statt am Tag *nach* der Zustellung der Klage einen Tag *vor* der geplanten Klageeinreichung präsentiert hat. Beide Fälle verlangen nach einer *einheitlichen* Behandlung – und das kann nach den bisherigen Überlegungen nur heißen: die Berufung auf Notstand muß in *beiden* Fällen ausscheiden.[228] Verallgemeinernd gesprochen besagt dies: Schwächen der eigenen Rechtsposition (insbesondere der eigenen Beweislage), deren „freihändige" Korrektur dem Betroffenen *innerhalb* des einschlägigen Verfahrens untersagt wäre, darf er auch in dessen *Vorfeld* nicht per Notstand kompensieren.

Per Notstand darf man lediglich dort vorgehen, wo dies nicht eine Infragestellung des Kompetenzvorrangs der „eigentlich" zuständigen Institutionen bedeutet. Wenn die Erstreckung der institutionellen Gefahrenvorsorge auf Fälle der in Rede stehenden Art so aufwendig wäre, daß sie in keinem akzeptablen Verhältnis mehr zu dem mutmaßlichen Sicherheitsgewinn stände, der daraus für die Bürgerschaft als ganze erwachsen würde, dann, aber auch erst dann stellt das eigenmächtige Tätigwerden des Bürgers nicht die Usurpation einer ihm nicht zustehenden Definitionsmacht, sondern wiederum eine Art berechtigter Geschäftsführung ohne Auftrag dar. Beispiel: Wer zufällig bemerkt, daß sein Vertragspartner gerade im Begriff ist, sich unliebsamer Urkunden zu entledigen, zu deren Vorlegung er prozeßrechtlich hätte angehalten werden können, der darf dies per Notstand verhindern; eine Omnipräsenz staatlicher Amtsträger ist weder technisch möglich noch unter Freiheitsgesichtspunkten wünschenswert. Weiteres Beispiel: Ein Zeuge verweigert in einer Zivilsache die Aussage; der Richter erleidet aus Verärgerung einen Herzinfarkt. Der Zeuge macht sich sofort auf den Weg zum nächsten Flughafen. Wenn sich in der knappen Zeit keinem (zuständigen) Amtsträger der Vorgang hinreichend eindrucksvoll schildern läßt, darf der Prozeßgegner den Zeugen bis zur (Wieder-)Verfügbarkeit „obrigkeitlicher Hilfe" festhalten. Auf die Möglichkeit institutioneller Vorkehrungen auch noch für derart exzeptionelle Sachlagen zu verweisen, hieße, evidentem Unverstand bei der Verwendung öffentlicher Mittel das Wort zu reden.[229]

---

[228] Auch nach KK-*Rengier* § 16 OWiG Rdn. 43 greift im Fall der Verfügbarkeit eines staatlichen Verfahrens die Notstandsnorm nicht ein, unabhängig davon, ob der Prozeß (zu Unrecht) verloren oder das Verfahren erst gar nicht in Anspruch genommen wurde.

[229] Ähnlich wie hier *Jakobs* AT 13/41. – Nicht anders als § 34 StGB ist § 229 BGB auszulegen. Diese Vorschrift (bzw. den in ihr enthaltenen Rechtsgedanken) heranzuziehen scheint vor

Das Fazit aus diesen Überlegungen ist rasch gezogen: Ihrem nackten Wortlaut nach ist die in § 34 StGB enthaltene Regelung über den rechtfertigenden Notstand außerordentlich weit. Der Anwendungsbereich der Vorschrift reduziert sich jedoch beträchtlich, wenn man sich über ihre systematische Stellung, insbesondere über den subsidiären Charakter privat-„freihändiger" gegenüber öffentlich-regelhafter Notbekämpfung Rechenschaft ablegt. Dies gelingt nicht ohne rechtsphilosophische, insbesondere staatstheoretische Überlegungen. Das Ziel dieses Abschnitts bestand nicht zuletzt darin nachzuweisen, daß derartige Ausgriffe keine bedauerlichen „Schritte vom Wege" darstellen, sondern daß sie systematisch unverzichtbar sind. Erst die Bezugnahme auf eine Reflexionsstufe *jenseits* der jeweils zur Interpretation anstehenden Einzelregelung gewährleistet nämlich, daß die Hervorbringungen der Strafrechtsdogmatik sich zu jener axiologisch-wertungsmäßigen Einheit zusammenschließen lassen, auf der zu bestehen sowohl ein wissenschaftstheoretisches als auch ein rechtsstaatliches Gebot ist.

---

allem in solchen Fällen verlockend, wo der Täter sich Beweismittel in einer Weise verschafft, die den Tatbestand eines Strafgesetzes erfüllt. In der Tat können auch Beweismittel im Wege der Selbsthilfe gesichert werden, allerdings nur als Notbehelf für eine sonst in Frage gekommene „obrigkeitliche" Hilfe (*Geilen* JZ 1975, 384). Für § 229 BGB ist deshalb nur dort Raum, wo die Unerreichbarkeit institutionalisierter („obrigkeitlicher") Hilfe die Folgewirkung einer plausiblen Verteilung der öffentlichen Ressourcen ist, *Rechtsgründe* der Gewährung jener Hilfe hingegen nicht entgegengestanden hätten. Auch im Rahmen des § 229 BGB muß der Täter also als „Geschäftsführer ohne Auftrag" agieren.

E. Die Grundsituation des rechtfertigenden Notstands (3): Die Reichweite der Eingriffsbefugnis

I. Überblick

Das Eingriffsrecht des Notstandstäters wird durch die *Rechtsposition* (die „Interessen") *des Eingriffsadressaten* in mehrfacher Weise limitiert. Erstens sind lediglich solche Notstandseingriffe zulässig, die zur Abwendung der Gefahr erforderlich sind. Zweitens muß der Vergleich der kollidierenden Interessen ein wesentliches Übergewicht des Interesses an der Vornahme des Eingriffs ergeben. Über diese *relativen* Momente hinaus setzt die Stellung des Eingriffsadressaten der Eingriffsbefugnis drittens auch eine *absolute* Grenze: Opfer von einem gewissen Gewicht dürfen dem Eingriffsadressaten selbst dann nicht auferlegt werden, wenn dadurch die Wahrung von erheblich stärkeren Gegeninteressen bewirkt werden kann.

Auf diese Gesichtspunkte wird nachfolgend näher eingegangen. Eine sachlich zwingende Prüfungsreihenfolge gibt es insofern nicht. Allerdings liegt es nahe, zunächst das durch das Stichwort der Erforderlichkeit umschriebene Abhängigkeitsverhältnis zwischen Notstandstat und Gefahrsituation zu erörtern. Zwar läßt sich häufig nicht ohne Rückgriff auf legitimationstheoretische Erwägungen – und das heißt insbesondere: auf die berechtigten Belange des Eingriffsadressaten – bestimmen, welche von mehreren zur Verfügung stehenden Maßnahmen „erforderlich" ist. Jedoch wird die Rechtsposition des Notstandspflichtigen in diesen Fällen nicht unmittelbar, sondern *vermittelt* durch eine Analyse der Gefahrenlage in den Blick genommen. Was die *unmittelbaren* Auswirkungen der Rechtsstellung des Notstandspflichtigen auf die Position des Notstandstäters angeht, so empfiehlt es sich, die absoluten vor den relativen Schranken abzuhandeln. Ist nämlich die absolute Grenze der Aufopferungspflicht überschritten, so kommt es auf den relativen Wert der Interessen des Gefährdeten gegenüber den Belangen des Eingriffsadressaten nicht mehr an. Demgemäß gehen die nachfolgenden Ausführungen zunächst (unter II.) auf einige Probleme aus dem Bereich der Erforderlichkeit ein. Daraufhin wenden sie sich (unter III.) den absoluten sowie (unter IV.) den relativen Grenzen zu, die dem Eingriffsrecht des Notstandstäters gezogen sind.

II. Erforderlichkeit des Eingriffs

1. Überblick

Das Kriterium der Erforderlichkeit – verstanden als „Zweckrationalität der Gefahrabwendungsmaßnahme“[1] – wird verbreitet als gemeinsames Merkmal aller Notrechte angesehen.[2] In einem rein *formalen* Sinn trifft dies zu: Bei der Prüfung sämtlicher Notrechte ist darauf einzugehen, ob die in Rede stehende Maßnahme das „mildeste Mittel“, ob sie „erforderlich“ war.[3] Der *systematische* Stellenwert und, damit zusammenhängend, der *materiale* Gehalt des Erforderlichkeitskriteriums weist für die verschiedenen Notrechte allerdings beträchtliche Unterschiede auf.

Die „Erforderlichkeit“ reguliert die Auswahl innerhalb der *Mittel*, die zur Erreichung eines bestimmten, *als legitim vorausgesetzten Zwecks* zur Verfügung stehen. Kraft seiner Abhängigkeit von dem Zweck, mit dem es jeweils verknüpft ist, teilt das Erforderlichkeitskriterium den systematischen Status der betreffenden Zweckbestimmung. Im Bereich der *Notwehr* und des *Defensivnotstands* dient es der Ausgestaltung des abstrakt-rechtlichen Verhältnisses zwischen den Konfliktparteien – dem für die Bedrohung des fremden Rechtskreises Zuständigen und dem Verteidiger dieses Rechtskreises. Zwar darf der Verteidiger es in diesen Fällen in die eigene Hand nehmen, die Integrität seiner Rechtssphäre wiederherzustellen; der Respekt, den er der fortbestehenden – auch durch den Angriff nicht aufgehobenen – Personalität des Angreifers schuldet, gebietet es ihm jedoch, diesen Zweck so schonend wie möglich zu realisieren. Kurzum: Die Eingriffsbefugnis des Angegriffenen und die ihr entsprechende Duldungspflicht des Angreifers werden durch ihre freiheitstheoretische Funktion *legitimiert*, aber zugleich auch *limitiert*. Die Duldungspflicht des Eingriffsadressaten im *Aggressivnotstand* ist hingegen *quasi-institutionell* verankert. Im Unterschied zu den Notrechten der Notwehr und des Defensivnotstands, deren Schärfe die vorrangige, abstrakt-rechtlich begründete *Konfliktzuständigkeit des Angreifers* widerspiegelt, ist der Eingriffszweck im Aggressivnotstand grundsätzlich an der *Bedürftigkeit des Bedrohten* (seinem

[1] *Frister* GA 1988, 291.

[2] Grundlegend *Armin Kaufmann* Lebendiges und Totes, S. 253f; ferner SK-*Günther* § 34 Rdn. 27; *Roxin* AT 1 § 14 Rdn. 40; *Frister* aaO; *Rudolphi* GS Armin Kaufmann, S. 389.

[3] Zur Beantwortung dieser Frage kann eine Prognose notwendig sein. Ebenso wie bei der Beurteilung des Vorliegens einer Gefahr – die Parallelität beider Fragen ist unbestritten (*Dimitratos* Gefahr, S. 117 Fn. 1) – ist dabei eine objektive *ex ante*-Perspektive maßgeblich (so auch KK-*Rengier* § 16 OWiG Rdn. 16; LK-*Hirsch* § 34 Rdn. 50; *Baumann/Weber/Mitsch* AT § 17 Rdn. 66; *Kindhäuser* AT, S. 290; *Kühl* AT § 8 Rdn. 79; *Wessels/Beulke* AT Rdn. 308; *Janker* Aids-Tests, S. 133; *Reichert-Hammer* Fernziele, S. 186; *Schaffstein* FS Bruns, S. 94).

„Wohl") orientiert und in diesem Sinne ergebnisbezogen ausgerichtet. Primärer Richtpunkt des Handelns muß deshalb hier die Abwendung der bestehenden Gefahr sein, nicht, wie bei der Notwehr, die Zurückschlagung des Angriffs.[4] Dies hat zur Folge, daß der Kreis der zur Zweckerreichung in Betracht kommenden Mittel hier häufig sehr viel weiter zu ziehen ist als bei den im abstrakten Recht wurzelnden Notrechten. So ist beispielsweise im Rahmen einer „normalen" Notwehrsituation die „schimpfliche Flucht" kein taugliches Äquivalent zur Verteidigung. Anders im Aggressivnotstand: Wer sich der Gefahr durch Flucht entziehen kann, muß diese Gelegenheit nutzen und darf sich nicht an den Rechtsgütern eines unbeteiligten Dritten vergreifen.[5]

Schwierigkeiten ergeben sich jedoch daraus, daß ein strikter Ergebnisbezug unter gänzlicher Hintansetzung der abstrakt-rechtlichen Zuordnung der involvierten Rechtsgüter sich bei der Interpretation des Erforderlichkeitsmerkmals ebensowenig durchhalten läßt wie bei der Auslegung der übrigen Notstandsvoraussetzungen. An der Erforderlichkeit der Notstandshandlung könnte es zum einen in solchen Fällen fehlen, in denen der Eingriffsadressat um seine *Einwilligung* hätte ersucht werden können (dazu unter 2.). Erforderlichkeitsprobleme stellen sich zum anderen dort, wo die *Güter mehrerer Personen* zur Abwendung der Gefahr in Betracht kommen (dazu unter 3.).

2. Fehlende Erforderlichkeit, wenn Einwilligung erfragt werden könnte?

In Lehre und Rechtsprechung wird teilweise die Ansicht vertreten, an der Erforderlichkeit (bzw. der Angemessenheit) des Notstandseingriffs fehle es, wenn die Einwilligung des Eingriffsadressaten (bzw. einer anderen einwilligungsberechtigten Person) erfragt werden könnte.[6] Diese Auffassung wird jedoch der legitimationstheoretischen Eigenständigkeit des rechtfertigenden Notstands nicht gerecht. Der Aggressivnotstand bezieht sich auf den Fall, daß ein Eingriff in den Rechtskreis einer bislang unbeteiligten Person ohne deren (wirklichen oder mutmaßlichen) Willen erfolgt. Deshalb sind die Eingriffsvoraussetzungen hier so ausgestaltet, daß es für die Rechtmäßigkeit des Eingriffs auf den Willen von dessen Adressaten nicht

---

[4] Im Grundsatz wie hier NK-*Neumann* § 34 Rdn. 58.

[5] Allg. Ansicht; vgl. nur KK-*Rengier* § 16 OWiG Rdn. 19; LK-*Hirsch* § 34 Rdn. 52; NK-*Neumann* § 34 Rdn. 58; SK-*Samson* § 34 Rdn. 35; Sch-Sch-*Lenckner/Perron* § 34 Rdn. 20; *Baumann/Weber/Mitsch* AT § 17 Rdn. 62; *Kühl* AT § 8 Rdn. 77; *Lenckner* FS Lackner, S. 101.

[6] LG Bonn JZ 1971, 56ff; *Tröndle/Fischer* § 168 Rdn. 4; *v. Bubnoff* GA 1968, 74; ebenso unter Berufung auf den Gesichtspunkt der Angemessenheit *Jescheck/Weigend* AT § 33 IV 3d; *Eser/Burkhardt* Strafrecht I, Fall 12 A Rdn. 43.

ankommt, anders gewendet: daß der Eingriff selbst dann gerechtfertigt ist, wenn der Wille des Adressaten ihm entgegensteht. Die Ausgangssituationen der rechtfertigenden Einwilligung und des rechtfertigenden Notstands stehen insofern, ungeachtet mancher prekärer Grenzfälle, in einem Verhältnis *wechselseitiger Indifferenz* zueinander: In Einwilligungsfällen wird *mit* dem (mutmaßlichen) Willen des Berechtigten auf dessen Güter zugegriffen, in den Notstandsfällen wird *ohne Blick* auf den Willen des Betroffenen Solidarität eingefordert. Der rechtfertigende Notstand ist somit seiner systematischen Struktur nach keine Residualkategorie der Einwilligung, sondern er ist von ihr unabhängig. Deshalb besitzt er auch ein eigenständiges legitimationstheoretisches Fundament. Eine *quasi-institutionelle*, d. h. überpersonale Verpflichtung *ersetzt* beim Notstand die in der Personalität des (mutmaßlich) Einwilligenden wurzelnde, abstrakt-rechtliche Dispositionsmacht. Kurzum: Der rechtfertigende Notstand ist ein *aliud* gegenüber der Einwilligung, nicht ein *minus*.

Aus diesem Grund verbietet sich eine Auslegung des Erforderlichkeitsmerkmals, die dazu führen würde, den Notstand gleichsam unter der Hand der Einwilligung nachzuordnen. Dies würde die systematische und legitimationstheoretische Eigenständigkeit des rechtfertigenden Notstands in einer axiologisch höchst unbefriedigenden Weise konterkarieren. Anders gewendet: *Innerhalb* des Rechtfertigungsgrundes „Notstand“ darf es keinen Schutz *vor* diesem Rechtfertigungsgrund geben. Diesen systematischen Befund mißachtet, wer die Erforderlichkeit der Notstandshandlung davon abhängig macht, daß die Einholung einer Einwilligung nicht möglich war. Der Notstand wird in dieser Auslegung der Sache nach als ein gegenüber der Einwilligung *subsidiärer* Rechtfertigungsgrund behandelt. Richtigerweise wird deshalb ein im übrigen rechtmäßiger Notstandseingriff nicht darum unzulässig, weil der Notstandstäter sich zuvor nicht um die Einwilligung des Eingriffsadressaten bemüht hat.[7] Dies gilt nicht nur dort, wo eine alternative Rettungsmaßnahme ohnehin nicht in Betracht gekommen wäre. Es gilt vielmehr auch in solchen Fällen, in denen verschiedene, gleichermaßen geeignete Rettungshandlungen möglich gewesen wären. Beispiel: Am Unfallort sind mehrere Pkw's verfügbar, mit denen das schwerverletzte Unfallopfer abtransportiert werden könnte. Der Gesichtspunkt, daß die systematische Eigenständigkeit des rechtfertigenden Notstands es verbietet, diesen Rechtfertigungsgrund als subsidiär zu demjenigen der Einwilligung zu inter-

---

[7] Wie hier LK-*Hirsch* § 34 Rdn. 52; SK-*Samson* § 34 Rdn. 37; *ders.* NJW 1974, 2031 f; Sch-Sch-*Lenckner/Perron* § 34 Rdn. 20; *Jakobs* AT 13/19; *Kühl* AT § 8 Rdn. 92; *Roxin* AT 1 § 16 Rdn. 20; *ders.* JuS 1976, 508 f; *Janker* Aids-Tests, S. 94 ff, 155; *Pfeffer* HIV-Tests, S. 112 f; *Seelmann* Verhältnis, S. 71; *Thiel* Konkurrenz, S. 82; *Geilen* JZ 1971, 47; *Grebing* GA 1979, 97 Fn. 97; *Schreiber* FS Klug, Bd. I, S. 351.

pretieren, trifft nämlich in dieser Fallkonstellation ebenso zu wie in jener; eine Pflicht zum vorgängigen *Bemühen* um die Erlangung einer Einwilligung würde aber nach dem soeben Ausgeführten auf eine solche Subsidiarität hinauslaufen. Lediglich dort, wo von zwei potentiellen Eingriffsadressaten der eine die Inanspruchnahme seiner Güter *anbietet*, während der andere seine Zustimmung verweigert, muß der Notstandstäter den ersteren in Anspruch nehmen.[8]

Freilich ist es für jemanden, der auf den Rechtskreis eines anderen zuzugreifen beabsichtigt, dennoch ratsam, sich zuvor um die Einwilligung des Betroffenen zu bemühen: Bestimmte Eingriffe (etwa im Rahmen der Heilbehandlung) lassen sich *nur* auf Einwilligung oder mutmaßliche Einwilligung, nicht auf rechtfertigenden Notstand stützen.[9] Eine Einwilligung kann dem Handelnden zudem deutlich weitergehende Befugnisse verleihen als die Berufung auf Notstand. Wer aus diesem Grund um die Zustimmung des potentiellen Eingriffsadressaten nachsucht, folgt indes nur einer Empfehlung der Klugheit, nicht einem Gebot des Rechts.

3. Rechtsgüter verschiedener Personen kommen zur Gefahrabwendung in Betracht

Unproblematisch ist der Fall, daß neben den Rechtsgütern eines Unbeteiligten auch *Güter des durch die Notstandshandlung Begünstigten* zur Gefahrabwendung in Betracht kommen. Eine liberale Rechtsordnung erkennt den Primat der abstraktrechtlichen Zuständigkeitsverteilung an. Dementsprechend gebietet sie, daß Gefahren prinzipiell mit den eigenen Gütern des Gefährdeten abzuwehren sind; eine Ausnahme läßt sie nur für den Fall des Notstands zu.[10] Die Frage, welches Gewicht dem Integritätsinteresse des Gefährdeten im Verhältnis zu dem des Unbeteiligten zukommt, ist deshalb *durchgängig* anhand der Wertungen des rechtfertigenden Notstands zu beurteilen. Dies gilt nicht nur im Hinblick auf das Interesse des Gefährdeten, sein *unmittelbar* in einer Notstandslage befindliches Gut zu erhalten; es gilt auch für das Interesse, das er an seinem *mittelbar* gefährdeten Gut hegt – „mittelbar

---

[8] NK-*Neumann* § 34 Rdn. 62; *Jakobs* AT 13/19; *Kühl* AT § 8 Rdn. 92; *Lenckner* FS Lackner, S. 105.

[9] Nach der hiesigen Auffassung ergibt sich dies schon aus dem Umstand, daß bei Identität zwischen dem Träger des geschützten und dem Träger des beeinträchtigten Interesses rechtfertigender Notstand von vornherein ausgeschlosen ist; dazu 1. Kap. D.IV.1. Fn. 140. – I. E. wie hier LK-*Hirsch* § 34 Rdn. 52; Sch-Sch-*Lenckner/Perron* § 34 Rdn. 8a; *Ebert* AT, S. 83; *ders.* JuS 1976, 322f; *Haft* AT, S. 98, der treffend von einem „Gefahrtragungsrecht" spricht; *Jakobs* AT 13/19; *Roxin* AT 1 § 16 Rdn. 42, 62; *Müller-Dietz* JuS 1989, 281.

[10] Dazu im einzelnen Einl. B.

gefährdet" in dem Sinne, daß es grundsätzlich vorrangig zur Rettung des unmittelbar bedrohten Guts eingesetzt werden muß. Daraus folgt: Nur sofern *auch* das mittelbar gefährdete Gut *per Notstand* auf Kosten des fremden Guts erhalten werden darf, das zur Rettung des unmittelbar gefährdeten Guts alternativ in Betracht kommt, darf auf das fremde Gut zugegriffen werden.[11] Das mittelbar gefährdete Gut muß also seinerseits einen erheblichen Freiheitswert für den Betroffenen verkörpern, und das Interesse an seiner Erhaltung muß das Integritätsinteresse des Unbeteiligten wesentlich überwiegen.

Regelmäßig unproblematisch ist auch die zweite Fallgruppe. Kommen neben den Gütern einer Person, die allein kraft Aggressivnotstands zur Duldung eines etwaigen Eingriffs verpflichtet ist, auch die *Güter eines Sonderzuständigen* zur Abwendung der bestehenden Gefahr in Betracht (zu denken ist vor allem an den Angreifer i. S. d. Vorschriften über die Notwehr bzw. den defensiven Notstand), so muß grundsätzlich primär der Sonderzuständige in Anspruch genommen werden. So zu verfahren ist nicht nur *klug*, weil gegenüber sonderzuständigen Personen weitergehende Eingriffsbefugnisse bestehen; es ist auch *rechtlich geboten.*[12] Der Gefährdete kann nicht geltend machen, daß sein Verhältnis zu dem Aggressivnotstandspflichtigen unabhängig von seiner Beziehung zu dem Sonderzuständigen sei und daher in keine gemeinsame Rangordnung mit dieser gestellt werden dürfe. Er darf die Solidarität des Aggressivnotstandspflichtigen vielmehr erst dann in Anspruch nehmen, wenn die „Regelkompetenzen" des abstrakten Rechts (einschließlich der in ihrem Kern dem abstrakten Recht zugehörigen Rechtfertigungsgründe der Notwehr und des Defensivnotstands) sein, des Gefährdeten, Wohl nicht in dem gebotenen Umfang zu sichern vermögen. Demnach darf der Gefährdete *aus eigenem Recht* nur insoweit auf den nachrangig (d. h. allein aufgrund aggressiven Notstands) Zuständigen zurückgreifen, wie das Opfer, das der Sonderzuständige zur Abwendung der Gefahr erbringen müßte, über die Grenze von dessen Aufopferungspflicht hinausgehen würde.[13] Auch der Solidaritätsanspruch, den der *Sonderzuständige selbst* gegenüber dem Adressaten eines etwaigen Notstandseingriffs

---

[11] Ebenso NK-*Neumann* § 34 Rdn. 63; Sch-Sch-*Lenckner/Perron* § 34 Rdn. 20; *Jakobs* AT 13/18; *Lenckner* FS Lackner, S. 105, 107. – Ungenau SK-*Samson* § 34 Rdn. 35; StK-*Joecks* § 34 Rdn. 22; *Baumann/Weber/Mitsch* AT § 17 Rdn. 65 (der im Notstand Handelnde müsse „vorrangig" bzw. „zunächst" eigene Mittel zur Beseitigung der Gefahr einsetzen); *Kühl* AT § 8 Rdn. 90 (milder sei „normalerweise" der Einsatz eigener Güter); *Roxin* AT 1 § 16 Rdn. 21 (der vorrangige Einsatz eigener Mittel brauche „nur im Rahmen vernünftiger Abwägung" zu erfolgen).

[12] Wie hier NK-*Neumann* § 34 Rdn. 63; Sch-Sch-*Lenckner/Perron* § 34 Rdn. 20; *Baumann/Weber/Mitsch* AT § 17 Rdn. 64; *Jakobs* AT 13/18; *Kühl* AT § 8 Rdn. 91; *Lenckner* FS Lackner, S. 104.

[13] Ebenso *Jakobs* aaO.

besitzt, ist hier, wie auch sonst,[14] durch das Vorverhalten des ersteren eingeschränkt. Ausnahmsweise kann freilich zwischen dem Gut, das der Sonderzuständige im Fall seiner Inanspruchnahme durch den Angegriffenen einbüßen würde, und dem Gut, das der Adressat eines Notstandseingriffs preisgeben müßte, eine solche Disproportionalität bestehen, daß unter diesen Bedingungen letzterer selbst sein Gut gegen einen Angriff des ersteren nicht nach §§ 32 StGB, 228 BGB verteidigen dürfte. Die darin zum Ausdruck gelangende Wertung wirkt sich auch auf diejenigen Fälle aus, in denen nicht der Angreifer selbst, sondern der um seine Schonung bemühte Angegriffene in die Rechtssphäre des Dritten eingreift. Beispiel: Um den sonst erforderlichen Einsatz einer Schußwaffe mit möglicherweise tödlichen Folgen für den Angreifer zu vermeiden, bringt der Angegriffene sich in ordnungswidriger Weise über den bestellten Acker seines Nachbarn in Sicherheit.[15] Zwar ist der Angegriffene nicht verpflichtet, sich so zu verhalten. Sofern er es jedoch tut, so muß der Nachbar es dulden. Wenn nämlich der Angreifer selber dessen Acker bedrohen würde, dürfte er ihn gleichfalls nicht durch einen möglicherweise tödlichen Schuß abwehren. Die darin zum Ausdruck kommende Pflicht des Nachbarn zur Mindestsolidarität auch gegenüber einem rechtswidrig Angreifenden macht der Angegriffene, sozusagen als Notstandshelfer des letzteren, hier geltend.[16]

Etwas prekärer erscheint auf den ersten Blick die dritte Fallgruppe. Es handelt sich um die Konstellation, daß der Notstandstäter mit dem durch die Notstandshandlung Begünstigten nicht identisch ist. Muß der Notstandshelfer hier vorrangig auf seine eigenen Güter zugreifen oder stehen seine Güter und die Güter dritter Personen normativ auf ein und derselben Stufe, so daß er, gleiche Eignung zur Gefahrenabwehr unterstellt, insoweit ein Auswahlermessen hat? Für das *Zweipersonenverhältnis* ist in Fallgruppe (1) eine Pflicht zum vorrangigen Einsatz der eigenen Güter angenommen worden. Die dortigen Erwägungen lassen sich allerdings auf die hiesige Konstellation nicht übertragen: Von demjenigen, der zur Abwendung einer ihm selbst drohenden Gefahr tätig wird, verlangt man nicht mehr als eine den Vorgaben der Notstandsregelung entsprechende Umschichtung *innerhalb seiner eigenen Gütersphäre*. Dem Notstandshelfer würde man hingegen abverlangen, ein Opfer zugunsten einer *fremden* Güter- und Freiheitssphäre zu erbringen. Deshalb könnte den Notstandshelfer eine Pflicht zur vorrangigen Aufopferung seiner eigenen Güter nur unter der Voraussetzung treffen, daß ihm aus seiner Übernahme der Gefahrbekämpfung eine im Verhältnis zu dem unbeteiligten Dritten *gesteigerte Konfliktzuständigkeit* erwachsen wäre. Dies ist jedoch nicht der Fall: Nach den allgemeinen

[14] Dazu im einzelnen unter F.III.3.

[15] Nach *Lenckner* FS Lackner, S. 104.

[16] Ebenso *Lenckner* aaO und wohl auch *Kühl* AT § 8 Rdn. 91.

Regeln strafrechtlicher Zuständigkeitsbegründung kann die *berechtigte* Wahrnehmung der Kompetenz zu Notstandseingriffen dem Eingreifenden insoweit keine Sonderzuständigkeit aufbürden.[17]

Zu einer abweichenden Beurteilung dieser Fallgruppe gelangt *Lenckner*. Zugunsten einer Pflicht des Notstandshelfers zum vorrangigen Einsatz seiner eigenen Güter macht er geltend, auf diese Weise könne der Notstandshelfer die mit jedem Notstandseingriff einhergehende Störung des allgemeinen Rechtsfriedens vermeiden. Deshalb dürfe der Notstandshelfer erst dann nicht mehr auf die ihm mögliche Inanspruchnahme eigener Güter verwiesen werden, wenn diese „erheblich" schutzwürdiger seien.[18] Richtet man den Blick auf die *tatsächlichen Handlungsmöglichkeiten* des Notstandshelfers, so trifft die Feststellung *Lenckners* über dessen Vermeidemöglichkeit zu. Daraus folgt allerdings noch nicht, daß der Notstandshelfer auch dazu *verpflichtet* sei, die von *Lenckner* bezeichnete Möglichkeit zu ergreifen. Entgegen der Auffassung *Lenckners* läßt sich dieser Nachweis auch mithilfe des Argumentationstopos „Störung des allgemeinen Rechtsfriedens" nicht überzeugend führen. Nimmt man das Erfordernis einer genuin normativen, auf den Selbstverpflichtungsgedanken gestützten Rechtsbegründung ernst, so können die Kriterien dafür, was den allgemeinen Rechtsfrieden stört, nicht auf dem Weg sozialpsychologischer Hypothesen, sondern nur vermittels einer konsequenten Normativierung gewonnen werden. Es geht also nicht darum, was einem (möglicherweise weder in tatsächlicher noch in rechtlicher Hinsicht hinreichend informierten) Rechtsgenossen *faktisch* als Störung erscheinen mag, sondern darum, was einem objektiven Beobachter als eine Störung der Rechtsordnung erscheinen *darf*, von der er weiß, daß sie neben den abstrakt-rechtlichen Regelkompetenzen auch institutionell bzw. quasi-institutionell begründete Ausnahmebefugnisse enthält. Ein solcher Beobachter ist freilich von vornherein darauf festgelegt, jene Verantwortungsverteilung *gutzuheißen*, die sich aus der Anwendung der allgemeinen Figuren strafrechtlicher Zuständigkeitsbegründung auf den in Rede stehenden Einzelfall ergibt. Er vermag jene Verantwortungsverteilung nicht zu *modifizieren*, indem er auf zusätzliche Gesichtspunkte verweist, die bislang angeblich noch unberücksichtigt geblieben seien. Normativ beachtliche Gesichtspunkte dieser Art kann es definitionsgemäß nicht mehr geben.

Besonderheiten gelten im Bereich der dritten Fallgruppe lediglich dort, wo der Notstandshelfer mit seinem Tätigwerden eine strafrechtlich relevante *Sonderpflicht*

---

17 Ebenso NK-*Neumann* § 34 Rdn. 63; *Jakobs* AT 13/18; *Kühl* AT § 8 Rdn. 90. – Zur Begründung notstandsrelevanter Sonderzuständigkeiten im einzelnen unter F.

18 *Lenckner* FS Lackner, S. 108; für eine Pflicht des Notstandshelfers zum vorrangigen Einsatz seiner eigenen Güter auch *Maurach/Zipf* AT 1 § 27 Rdn. 18.

erfüllt, die ihn dem Gefährdeten gegenüber trifft.[19] Hier gilt der Grundsatz, daß der Notstandshelfer zunächst die von ihm geschuldete Leistung erbringen muß, bevor er die (subsidiäre) Solidarität unbeteiligter Rechtsgenossen aufrufen darf. Im Umfang seiner Verpflichtung muß er mithin seine eigenen Rechtsgüter vorrangig einsetzen. Dies ist kein Bruch mit den vorangegangenen Überlegungen, sondern deren konsequente Fortführung: Der Notstandshelfer, der dem Gefährdeten nicht mehr schuldet als die übrigen Rechtsgenossen, ist diesen anderen Rechtsgenossen auch im Hinblick auf den Umfang seiner Aufopferungspflicht im Notstand gleichgestellt. Wer jedoch mehr schuldet, dessen Einstandspflicht geht derjenigen der anderen im Umfang jenes Mehr prinzipiell vor. Auch dieser Satz gilt allerdings nicht unbeschränkt. Er findet seine Grenze dort, wo der Verlust, den die Erfüllung seiner Hilfspflicht für den Sonderpflichtigen nach sich ziehen würde, so schwerwiegend ist und wo zwischen diesem Verlust und der Beeinträchtigung, die eine Inanspruchnahme des unbeteiligten Dritten für diesen darstellen würde, eine solch erhebliche Diskrepanz besteht, daß *dadurch* die Voraussetzungen des rechtfertigenden Notstands erfüllt werden. In diesem Fall darf der Sonderzuständige unbeschadet seiner grundsätzlich vorrrangigen Aufopferungspflicht auf die Güter des Dritten zugreifen; die Situation ist insoweit derjenigen der ersten Fallgruppe vergleichbar.

III. Absolute Schranken der Eingriffsbefugnis

1. Überblick

Bei der Auslegung des Erforderlichkeitsmerkmals ging es vorrangig um die Frage, inwiefern das Eingriffsrecht des Notstandstäters von dem Umstand beeinflußt wird, daß ihm Handlungsalternativen zur Verfügung stehen. Wie sich gezeigt hat, richtet sich die Lösung derartiger Fälle keineswegs nur danach, wie intensiv der Eingriff die Inhaber der in Betracht kommenden Rechtsgüter jeweils treffen würde. Von wesentlicher Bedeutung (auch) für die Beurteilung der Erforderlichkeit ist es vielmehr, inwieweit die betreffenden Personen für die notstandsbegründende Gefahrenlage *zuständig* sind. Freilich bestimmte das Erforderlichkeitskriterium die Stellung des Notstandspflichtigen noch in Abhängigkeit von der Stärke der Rechtspositionen der anderen potentiellen Eingriffsadressaten und in diesem Sinne *relativ*. Demgegenüber richtet sich mit der Frage nach der *absoluten* Grenze der Aufopferungspflicht der Blick auf den Eingriffsadressaten *allein*. Es geht darum, inwieweit

[19] Beispielsweise mag er die betreffende Schutzaufgabe zuvor in verbindlichkeitsbegründender Weise übernommen haben.

die abstrakt-rechtliche Position, die er in den Notstandskonflikt einbringt, seine Güter davor schützt, *überhaupt* zum Gegenstand vergleichender Abwägungen gemacht zu werden. Zunächst (unter 2.) wird gezeigt, daß die Annahme einer absoluten Aufopferungsschranke legitimationstheoretisch geboten ist. Daraufhin wenden die Überlegungen sich der inhaltlichen Bestimmung dieser Schranke zu. In einem ersten Schritt (unter 3.) werden die diesbezüglichen Begründungsdefizite der herkömmlichen Notstandsdogmatik aufgezeigt. Auf dieser Grundlage wird sodann (unter 4.) die hiesige Position dargelegt. Nur *unerhebliche* Opfer – Verluste, die seine Lebensführung nicht nennenswert beeinflussen – können danach dem Notstandspflichtigen zugemutet werden. Abschließend (unter 5.) wird der „Grenzwert" der Unerheblichkeit anhand einiger bedeutsamer Fallgruppen näher konkretisiert.

2. Begründung der Existenz absoluter Schranken

Üblicherweise wird der Streit über die Frage, ob der Eingriffsbefugnis im Notstand absolute Grenzen gesetzt seien, in das Gewand einer Auseinandersetzung über die systematische Bedeutung der in § 34 S. 2 StGB kodifizierten Angemessenheitsklausel gekleidet. Ein beträchtlicher Teil der Lehre erblickt den Mittelpunkt der Notstandsprüfung in einer umfassenden Abwägung aller entscheidungsrelevanten Gesichtspunkte.[20] Konsequent durchgeführt, muß dieses Notstandsverständnis sich feindlich gegenüber der Annahme einer absoluten Aufopferungsgrenze verhalten. Umfassende Abwägbarkeit bedeutet umfassende Relativierbarkeit.[21] „Absolutheit" in dem hier interessierenden Sinne läuft hingegen darauf hinaus, einzelne Interessen der Verrechnung zu entziehen.[22] Die Gesamtabwägungsthese darf eine solche Strategie der Ausklammerung nicht akzeptieren.

Ein Teil ihrer Vertreter nimmt in der Tat diesen Standpunkt ein. Die betreffenden Autoren meinen, dem Interesse des Eingriffsopfers an einer Limitierung seiner Aufopferungspflicht könne innerhalb der Interessenabwägung hinreichend Rechnung getragen werden. Konsequenterweise wird der Angemessenheitsklausel eine selbständige Bedeutung abgesprochen –[23] welche Prüfungsgesichtspunkte sollten für sie

---

20 Nachweise 1. Kap. B.III.1. Fn. 103f.

21 *Renzikowski* Notstand, S. 42.

22 Allgemein zu der Forderung nach absoluten Aufopferungsgrenzen *Griffin* Well-Being, S. 82 ff.

23 LK-*Hirsch* § 34 Rdn. 3, 79; SK-*Günther* § 34 Rdn. 50; Sch-Sch-*Lenckner/Perron* § 34 Rdn. 46; *Baumann/Weber/Mitsch* AT § 17 Rdn. 83; *Bockelmann/Volk* AT, S. 100; *Eser/Burkhardt* Strafrecht I, Fall 12 A 39; *Freund* AT § 3 Rdn. 72; *Gropp* AT § 6 Rdn. 145; *ders.* Schwangerschaftsabbruch, S. 97; *Haft* AT, S. 100; *Otto* AT § 8 Rdn. 178; *Roxin* AT 1 § 16 Rdn. 80; *Delonge* Interessenabwägung, S. 164; *Janker* Aids-Tests, S. 192f; *Kiefner* Provokation, S. 100; *Krey*

noch übrig bleiben? Die Funktion des § 34 S. 2 StGB soll sich auf die einer bloßen „Kontrollklausel" beschränken: § 34 S. 2 StGB ermahne dazu, nicht vorschnell die Rechtmäßigkeit der Notstandshandlung zu bejahen, sondern wirklich umfassend abzuwägen.[24] Zahlreiche andere Autoren sehen sich hingegen durch ihr grundsätzliches Bekenntnis zur Gesamtabwägungsthese nicht daran gehindert, der Angemessenheitsklausel eine selbständige systematische Bedeutung, nämlich die Funktion einer „zweiten Wertungsstufe" zuzusprechen.[25] Im Rahmen der Angemessenheit müsse – so die für diese Meinungsgruppe repräsentative Darstellung von *Jescheck/Weigend* – geprüft werden, ob das Ergebnis der Interessenabwägung „sachgemäß, billigenswert und im Interesse der Gerechtigkeit erlaubt" sei.[26] Eine „zweite Wertungsstufe" für erforderlich zu halten heißt, das Ergebnis der vorangegangenen ersten Wertungsstufe als bloß vorläufig anzusehen. Wie man dann dieses erste Ergebnis noch als Resultat einer „*Gesamt*abwägung", einer Abwägung „*aller* schutzwürdigen Interessen"[27] verstehen kann, bleibt dunkel.[28] Nicht weniger inkonsistent ist die Position *Roxins*. Wenn er die Menschenwürde – und nur sie – einer „relativierenden Abwägung" entziehen will,[29] so ist dies ein nur mit Blick auf das gewünschte Ergebnis erklärbarer Bruch mit der Grundaussage der Gesamtabwägungsthese.[30]

Ohne systematischen Bruch können somit nur diejenigen Autoren der Aufopferungspflicht im Notstand absolute Grenzen setzen, die die Berechtigung der Gesamtabwägungsthese bestreiten. Nicht zufällig war es mit *Gallas* einer der profilier-

---

Rechtsprobleme Rdn. 584, 593; *ders.* ZRP 1975, 98; *Lenckner* Notstand, S. 147; *Onagi* Notstandsregelung, S. 151 f; *Pfeffer* HIV-Tests, S. 132; *Reichert-Hammer* Fernziele, S. 205; *Küper* JZ 1980, 755 ff; *Schröder* FS Eb. Schmidt, S. 293; *Stree* JuS 1973, 464.

24 LK-*Hirsch* § 34 Rdn. 3, 21, 53, 78 f; Sch-Sch-*Lenckner/Perron* § 34 Rdn. 46 f; *Eser/Burkhardt* aaO Rdn. 46; *Freund* aaO; *Gropp* aaO; *Stree* JuS aaO.

25 KK-*Rengier* § 16 OWiG Rdn. 40; SK-*Samson* § 34 Rdn. 52; *Lackner/Kühl* § 34 Rdn. 6; *Tröndle/Fischer* § 34 Rdn. 12; *Ebert* AT, S. 85; *Jescheck/Weigend* AT § 33 IV 3 d; *Kühl* AT § 8 Rdn. 166 f; *Maurach/Zipf* AT 1 § 27 Rdn. 22, 38; *Schmidhäuser* AT 9/75; *Wessels/Beulke* AT Rdn. 310.

26 *Jescheck/Weigend* aaO.

27 So beispielsweise *Wessels/Beulke* AT Rdn. 311 (Hervorhebung hinzugefügt).

28 Auch *Maurach/Zipf* AT 1 § 27 Rdn. 38 konzedieren, „daß die Konturen beider Wertungsvorgänge ineinanderfließen".

29 *Roxin* AT 1 § 16 Rdn. 84; *ders.* FS Jescheck, Bd. 1, S. 466 Fn. 30; ähnlich *Wessels/Beulke* AT Rdn. 319, die auf den „essentiellen Kern der Grundrechte" abstellen.

30 Die Wortwahl *Roxins*, wonach die Angemessenheitsklausel nicht eine selbständige Wertungsstufe begründet, sondern einen in der Frage der Menschenwürde „bindenden Interpretationshinweis für § 34 S. 1" gibt (*Roxin* AT 1 § 16 Rdn. 86), vermag über diese Ungereimtheit nicht hinwegzutäuschen. „Bindend" heißt „abwägungsfest", und dies ist unvereinbar mit der Grundaussage der Gesamtabwägungsthese, nach der gerade keine der verschiedenen „Richtlinien für die Auslegung" absolut gilt (so ausdrücklich *Roxin* aaO Rdn. 22).

testen älteren Kritiker dieser These, der nachdrücklich auf die Existenz einer absoluten Aufopferungsgrenze im Notstand hingewiesen hat: Es gebe Gerechtigkeitsgrundsätze, die unverfügbar und aus diesem Grund einer relativierenden Abwägung entzogen seien.[31] Insbesondere dürfe die dem Betroffenen angesonnene Hinnahme des Eingriffs nicht das Maß des ihm mit Rücksicht auf sein Selbstbestimmungsrecht und seine Personenwürde noch Zumutbaren überschreiten.[32] Wie *Keller* ergänzt, liegt in der Weigerung, das qualitativ Besondere auf ein der vergleichenden Abwägung zugängliches (bloßes) Quantum zu reduzieren, die Anerkennung der Freiheit des Eingriffsadressaten.[33] Gesetzessystematisch pflegt man die Verrechnungsgrenze zumeist in der Angemessenheitsklausel zu verankern. Ungeachtet der hochgradigen Unbestimmtheit, die der Angemessenheitsklausel – der Reverenz des historischen Gesetzgebers vor der Zwecktheorie –[34] anhaftet,[35] soll ihr nach jener Ansicht also durchaus eine selbständige und unverzichtbare Bedeutung zukommen; eine ihrer inhaltlichen Hauptaufgaben soll darin bestehen, die „Grenzen des Nutzenkalküls"[36] aufzuzeigen und den Notstandspflichtigen vor einer absolut „überobligationsmäßigen" Inanspruchnahme zu bewahren.[37]

Von ihren praktischen Ergebnissen her unterscheiden sich die beiden Auffassungen zumeist nicht.[38] Die Anhänger der Gesamtabwägungsthese verhindern kontraintuitive Ergebnisse dadurch, daß sie neben rechtsgutsbezogenen Aspekten auch das „Freiheitsprinzip" als solches – manifestiert in dem Interesse des Betroffenen, gegenüber etwaigen Eingriffen seine „Personenautonomie"[39] wahren zu können – in die Abwägung einbeziehen und diesem Interesse eine gewichtige, mitunter sogar eine überragende Bedeutung zuerkennen. So gelangen in dem „Paradefall" der

---

[31] *Gallas* ZStW 80 (1968) 27.

[32] *Gallas* aaO S. 26.

[33] *Keller* Provokation, S. 283 Fn. 26.

[34] Zur Verknüpfung von Zwecktheorie und Angemessenheitsformel umfassend *Lenckner* Notstand, S. 78ff.

[35] So bemerkt *Schröder* FS Eb. Schmidt, S. 293, diese Klausel sei weit davon entfernt, eine wirkliche gesetzgeberische Entscheidung zu enthalten; sie gebe lediglich einen Hinweis auf die Problematik.

[36] *Renzikowski* Notstand, S. 205; ähnlich *Lesch* Notwehrrecht, S. 54 Fn. 31.

[37] NK-*Neumann* § 34 Rdn. 21, 117f; *ders.* JRE 2 (1994) 89; *Renzikowski* aaO S. 204f, 256; *Bockelmann* JZ 1959, 498; *Gallas* Pflichtenkollision, S. 70; *ders.* ZStW 80 (1968) 23ff; *Hruschka* JuS 1979, 390; *Kienapfel* JR 1977, 28; *Noll* ZStW 77 (1965) 29 f. – Für eine eigenständige Bedeutung der Angemessenheitsklausel auch *Jakobs* AT 13/36, nach dessen Auffassung die Klausel allerdings lediglich den Vorrang des formellen Rechtsstaats garantiert; auch *Lesch* aaO S. 44f, 53f, *Schall* Arbeitsplätze, S. 7ff und *Abramenko* NStZ 2001, 72f thematisieren die Angemessenheitsklausel lediglich unter diesem Gesichtspunkt.

[38] Dies betonen Vertreter beider Lager; vgl. KK-*Rengier* § 16 OWiG Rdn. 40; *Lackner/Kühl* § 34 Rdn. 6; NK-*Neumann* § 34 Rdn. 21; *Tröndle/Fischer* § 34 Rdn. 12.

[39] Sch-Sch-*Lenckner/Perron* § 34 Rdn. 47.

zwangsweisen Blutentnahme, der den Gesetzgeber dazu veranlaßt hat, im heutigen § 34 StGB die Interessenabwägungs- um eine Angemessenheitsklausel zu ergänzen[40], auch die meisten Vertreter der Gesamtabwägungsthese zur Bewertung des Eingriffs als rechtswidrig: Das Freiheitsprinzip falle so schwer ins Gewicht, daß es trotz der relativen Geringfügigkeit des Eingriffs sogar das Interesse des von dem Eingriff Begünstigten an der Erhaltung seines Lebens überwiege.[41] Dies ist freilich eher eine Behauptung als eine Begründung. Das „Freiheitsprinzip", auf das hier Bezug genommen wird, erweist sich als eine innerhalb des prinzipiell konsequentialistischen Begründungsgangs der Gesamtabwägungsthese gleichsam freischwebende und deshalb jedes konkreten Inhalts bare Größe, der man je nach gewünschtem Ergebnis einmal mehr und einmal weniger Gewicht zuschreibt.

Die Bedenken gegen die Gesamtabwägungsthese betreffen indes nicht nur, ja in systematischer Perspektive nicht einmal primär die argumentative Beliebigkeit, die bei ihrer inhaltlichen Ausfüllung waltet. Es sind vielmehr systematische und legitimationstheoretische Gründe, die die Gesamtabwägungsthese als unzutreffend erscheinen lassen. Daß sie sich nicht konsequent durchführen läßt, ist schon unter B.II. dargelegt worden: Die Erfordernisse, die das Gesetz als *Voraussetzungen* dafür benennt, in die Abwägung nach § 34 S. 1 StGB eintreten zu dürfen, lassen sich nicht als *Bestandteile* dieser Abwägung auffassen. Vor allem aber bleibt auf der Basis der Gesamtabwägungslehre die Rechtsposition des Eingriffsadressaten eine *grundsätzlich prekäre*. Der Umstand, daß sie *insgesamt* in die Abwägung mit den betroffenen Gegeninteressen eingeht, bedeutet, daß sie im Prinzip *jederzeit in ihrem gesamten Umfang* zur Disposition des Abwägenden steht. Vor der Logik ihres konsequentialistischen Ansatzes kann die Gesamtabwägungsthese sich nicht davonstehlen. Ebenso wie für den philosophischen Utilitarismus gilt *cum grano salis* auch für sie, daß in ihr Begründungsfundament eine prinzipielle Negierung der eigenständigen Personalität „unschuldiger" Eingriffsopfer eingelassen ist.

Daß diese *Negierung* sich unter legitimationstheoretischen Gesichtspunkten als unzulässige *Mißachtung* darstellt, ergibt sich daraus, daß die abstrakt-rechtliche Rechtsposition des Notstandspflichtigen nicht nur (durch den Eingriff) *aufgehoben werden* darf, sondern (ungeachtet des Eingriffs) auch *aufgehoben bleiben* muß.[42] Die

---

[40] Vgl. Begründung E 1962, 160. – Näheres zur Behandlung dieses Falls in der herkömmlichen Notstandsdogmatik unter 3.; zur hiesigen Begründung vgl unter 5.

[41] Exemplarisch *Lenckner* GA 1985, 313; in diesem Sinne bereits *Dreher* Ndschr. Bd. 12, 178; *Schröder* SchZStrR 75 (1960) 11.

[42] Zu Recht bemerkt *Bartuschat* ZphilF 41 (1987) 31 f, das Personsein sei die Grundlage, an der alles zwischenmenschliche Zusammenleben, das unter Rechtsansprüchen stehe, orientiert bleiben müsse. Zwar könne der Begriff der Person in höherreichende Zusammenhänge integriert werden; aber er sei nur zu integrieren und nicht etwa zu beseitigen.

Rede vom Aufgehoben-Bleiben weist eine formelle und eine materielle Komponente auf. In *materieller* Hinsicht muß die abstrakt-rechtliche Position ihrer inhaltlichen Substanz nach erhalten bleiben, darf sie also nur in ihren „Randzonen" beeinträchtigt werden. Unter 4. wird darauf näher eingegangen werden. Diesem materiellen ist der *formelle* Aspekt vorgelagert: Der Eigenwert, welcher der *Kategorie* abstraktrechtlicher Freiheit *als solcher* zukommt, muß auch im Rahmen der Notstandsregelung honoriert werden. Dieses Erfordernis bezeichnet die Minimalbedingung, die *conditio sine qua non*, ohne deren Erfüllung nicht davon gesprochen werden kann, daß die abstrakt-rechtliche Position des Eingriffsadressaten ihrer begrifflichen Substanz nach bewahrt werde. Eine Position des abstrakten Rechts garantiert ihrem Inhaber „Unabhängigkeit von eines anderen nötigender Willkür" *(Kant)*, d.h. positiv gewendet: Eigenständigkeit. Diese systematische Eigenart des abstrakten Rechts würde begrifflich in prinzipieller Weise negiert, wenn die Reichweite abstrakt-rechtlicher Positionen *durchgängig relativ* zu den Interessen anderer Personen bestimmt werden dürfte. Wie soeben nachgewiesen, ist eben dies aber die Folge der Gesamtabwägungsthese. Die Begründungskoordinaten dieser Auffassung lassen sich deshalb nicht in das legitimationstheoretische Koordinatensystem des rechtfertigenden Notstands einschreiben. *Inhaltlich* mögen die Anhänger der Gesamtabwägungsthese umfangreiche Konzessionen machen – das prinzipielle *systematische* Defizit dieses Notstandsverständnisses läßt sich dadurch nicht heilen.

Damit kann festgehalten werden: In dem Gebot, die abstrakt-rechtliche Repräsentations*form* der Personalität des potentiellen Eingriffsadressaten zu respektieren, liegt der legitimationstheoretische Grund dafür, daß der Abwägung *überhaupt* eine absolute Grenze „nach oben" gesetzt werden muß. Der Form kommt nach dem soeben Ausgeführten in einem gewissen Umfang ein nicht-übertrumpfbares Eigenrecht zu, und dieses steht insoweit den Notstandseingriffen Dritter *absolut* entgegen. Die mit der Gesamtabwägungsthese konkurrierende Ansicht verdient somit Beifall dafür, daß sie die Aufopferungspflicht im Notstand (auch) in absoluter Hinsicht limitiert. Weniger unanfechtbar ist hingegen die Verankerung der betreffenden Schranke in der Angemessenheitsklausel des § 34 S. 2 StGB. Zwar kann man diese Einordnung ohne weiteres hinnehmen, solange sie auf ihre pädagogischen und prüfungstechnischen Vorzüge gestützt wird. In systematisch-legitimationstheoretischer Hinsicht bedarf sie jedoch mehrerer klarstellender Erläuterungen.

Zum einen darf sie nicht zu dem Mißverständnis verleiten, daß die unter der Angemessenheitsklausel angesiedelten Gesichtspunkte die Interessenabwägung erst in einem mit der Abwägungsformel systematisch wie inhaltlich unverbundenen zweiten Schritt nachträglich limitierten. Unglücklich ist es daher, wenn *Gallas* davon spricht, die Angemessenheit stelle einen „zusätzlichen Akzent" dar, der die „Korrektur" des Ergebnisses der Interessenabwägung, seine „Einschränkung und Ergänzung" ermögliche.[43] Diese Auffassung verhindert die Herausarbeitung eines *Begriffs* des rechtfertigenden Notstands, der die *systematische Zusammengehörigkeit* beider Prüfungsschritte zum Ausdruck bringt. Nach der hier entwickelten Auffassung stellt die Statuierung einer absoluten Aufopferungsgrenze nicht die äußerliche *Beschränkung* einer „an sich" umfassenden Interessenabwägung dar. Vielmehr trägt sie wesentlich mit dazu bei, den Raum zu *konstituieren*, innerhalb dessen die mit der Interessenabwägung zwangsläufig einhergehende Relativierung abstrakt-rechtlicher Positionen freiheitstheoretisch überhaupt nur akzeptabel ist.

Damit eng verbunden ist ein weiterer Punkt: Die Auslegung der Angemessenheitsklausel durch die herkömmliche Notstandsdogmatik erweckt häufig den Eindruck, als würden dort eine Reihe heterogener Gesichtspunkte aneinandergereiht, die nur das eine miteinander gemeinsam haben, daß man sie intuitiv für bedeutsam hält, sie aber anderswo nicht recht unterzubringen weiß.[44] So läßt sich den üblichen Darstellungen regelmäßig nicht entnehmen, welche systematischen Bezüge zwischen dem Gesichtspunkt des „Vorrangs staatlicher Verfahren" und dem Bekenntnis zu gewissen absoluten Schranken der Aufopferungspflicht bestehen. Diesen Mangel der üblichen Notstandsdogmatik behebt die hiesige Konzeption dadurch, daß sie weitaus energischer als die bisherigen Interpretationen die einzelnen Notstandsvoraussetzungen als Ausprägungen eines einheitlichen freiheitstheoretischen Grundschemas auffaßt. Die in dieses Schema eingefügten Freiheitsmomente bilden in ihrer spannungsvollen Verbundenheit gleichsam den begrifflichen Rahmen, in den sich die verschiedenen Notstandsvoraussetzungen einfügen lassen müssen. Nur auf diese Weise, also durch die Rückführung des Verschiedenen auf eine übergeordnete Ebene der Gemeinsamkeit (in der Sprache der klassischen Philosophie gesprochen: durch den Nachweis der Einheit des Vielen), können der jeweilige systematische Stellenwert und der Zusammenhang der verschiedenen Einzelerfordernisse überzeugend bestimmt und kann der Notstandsdogmatik eine solide strafrechtstheoretische Grundlage verschafft werden. Die Bemerkung *Joerdens*, wolle man die Angemessenheitsklausel mit Leben erfüllen, müsse dabei jedenfalls ein anderer Gedanke bestimmend sein als der der Interessenabwägungsformel,[45] bringt deshalb nur die halbe Wahrheit zum Ausdruck: Während die differenzlose Einheit nichtig ist, bleibt die ungeeinte Verschiedenheit begriffslos. Geht man in der hier vorgeschlagenen Weise vor, so ist es nur von sekundärer Bedeutung, ob man die absoluten Eingriffsschranken

---

[43] *Gallas* ZStW 80 (1968) 24, 26f.

[44] Treffend bezeichnen *Maurach/Zipf* AT 1 § 27 Rdn. 38 die Angemessenheitsklausel in ihrem üblichen Verständnis als „Sammelbecken all der Grenzfälle ..., die zwar die Interessenabwägung bestehen, dennoch aber als nicht gerechtfertigt erscheinen"; kritisch insofern auch LK-*Hirsch* § 34 Rdn. 81.

[45] *Joerden* GA 1991, 414.

unter das gesetzliche Merkmal der „Angemessenheit" rubriziert oder ob man sie als ungeschriebene Notstandsvoraussetzungen begreift; denn auch insoweit gilt, daß nicht eine einzelne positiv-rechtliche Norm den Notstandskomplex zusammenhält, sondern eine „übergesetzliche" (metapositive) Lehre von der freiheitstheoretisch legitimen Zuständigkeitsverteilung im Strafrecht.[46]

3. Begründungsdefizite der herkömmlichen Notstandsdogmatik

Nicht nur in der Frage, wie dem berechtigten Anliegen des Notstandspflichtigen, in einem gewissen Kernbereich von Eingriffen *absolut* verschont zu bleiben, in *konstruktiver* Hinsicht angemessen Rechnung zu tragen ist, setzt die herkömmliche Notstandsdogmatik sich Einwänden aus. Unsicherheit legt sie auch bei der *inhaltlichen* Fixierung jener absoluten Aufopferungsgrenze an den Tag. Dies sei illustriert anhand der Argumente, mit denen die herrschende Lehre in einem nach dem Urteil *Hruschkas*[47] geradezu prototypischen Fall aus diesem Bereich die Unzulässigkeit des Notstandseingriffs zu begründen versucht. Dabei handelt es sich um den von *Gallas* stammenden Fall der erzwungenen Blutentnahme –[48] einen Fall, der bereits auf die Beratungen der Großen Strafrechtskommission einen nachhaltigen Einfluß

---

[46] Ähnlich wie hier wohl *Köhler* AT, S. 293, der bemerkt, die Angemessenheitsklausel verweise nicht auf einen eigenen positiven Inhalt, sondern habe nur bestätigende Funktion. In der Tat bestätigt sie, was legitimationstheoretisch ohnehin geboten ist und daher ebenso gelten müßte, wenn es die Angemessenheitsklausel in § 34 StGB nicht gäbe.

[47] *Hruschka* AT, S. 145.

[48] Für die Unzulässigkeit eines solchen Eingriffs sprechen sich aus: Begründung E 1962, 160; LK-*Hirsch* § 34 Rdn. 68; NK-*Neumann* § 34 Rdn. 118; SK-*Samson* § 34 Rdn. 48; *ders.* NJW 1974, 2032; SK-*Günther* § 34 Rdn. 51; Sch-Sch-*Lenckner/Perron* § 34 Rdn. 41e, 47; StK-*Joecks* § 34 Rdn. 41; *Tröndle/Fischer* § 34 Rdn. 16; *Blei* AT, S. 151; *ders.* PdW AT, S. 100f; *Bockelmann/Volk* AT, S. 99; *Ebert* AT, S. 85; *Gropp* AT § 6 Rdn. 144; *ders.* Schwangerschaftsabbruch, S. 93; *Hruschka* aaO; *Jakobs* AT 13/25; *Jescheck/Weigend* AT § 33 IV 3 d; *Köhler* AT, S. 291; *Maurach/Zipf* AT 1 § 27 Rdn. 43; *Otto* AT § 8 Rdn. 185; *Schmidhäuser* AT 9/72; *Stratenwerth* AT § 9 Rdn. 109; *Wessels/Beulke* AT Rdn. 320; *Felber* Rechtswidrigkeit, S. 119f; *Janker* Aids-Tests, S. 169ff; *Kunz* Bagatellprinzip, S. 243; *Lee* Interessenabwägung, S. 108ff; *Lenckner* Notstand, S. 117; *ders.* GA 1985, 313; *Meißner* Interessenabwägungsformel, S. 211f; *Onagi* Notstandsregelung, S. 89f; *Pfeffer* HIV-Tests, S. 133; *Bergmann* JuS 1989, 110; *Dreher* Ndschr. Bd. 12, 178; *Gallas* Pflichtenkollision, S. 70; *ders.* Ndschr. Bd. 2, 151; ähnlich *ders.* Ndschr. Bd. 12, 164, 178; *Hilgendorf* JuS 1993, 97; *Kienapfel* ÖJZ 1975, 429; *Neumann* JRE 2 (1994) 89; *Noll* ZStW 77 (1965) 29; *Rüping* GA 1978, 133; *Schröder* SchZStR 75 (1960) 11; *Unberath* JRE 3 (1995) 443; *Welzel* Ndschr. Bd. 12, 178f. – A. A. *Baumann/Weber/Mitsch* § 17 Rdn. 78; *Haft* AT, S. 99; *Kühl* AT § 8 Rdn. 169 ff; *Roxin* AT 1 § 16 Rdn. 44; *ders.* Kriminalpolitik, S. 27f; *Delonge* Interessenabwägung, S. 151f; *Seelmann* Verhältnis, S. 70f; *Bottke* Aids-Bekämpfung, S. 226f (von dieser Position abrückend *ders.* Lebensbeginn, S. 85f); *Hassemer* FS Maihofer, S. 201f; *Horstkotte* Prot. V, 1799.

ausgeübt hat.[49] Eine auf den Gesichtspunkt des Notstands gestützte zwangsweise Blutentnahme sei – so wird verbreitet geltend gemacht – deshalb unzulässig, weil sie auf eine unzulässige Instrumentalisierung des in Anspruch Genommenen hinauslaufe. Mit der Gestattung eines solchen Eingriffs würde die Rechtsordnung das Freiheitsprinzip, eine Voraussetzung ihres eigenen Geltungsanspruchs, preisgeben,[50] ja sogar eine Verletzung der Menschenwürde des Betroffenen zulassen:[51] Die Zwangsblutentnahme reduziere den Betroffenen zu einer lebenden Blutbank[52] und verstoße deshalb gegen den „ alte(n) Grundsatz, den Kant formuliert hat, daß der Mensch niemals bloß als Mittel benutzt werden darf“[53]. Es könne nicht rechtens sein, „einen anderen über seine Freiheitsrechte und seine verantwortliche sittliche Entscheidung hinweg zu zwingen, seinen Körper als bloßes Mittel zur Erreichung eines, wenn auch wünschenswerten Zweckes verwenden zu lassen“[54].

Diese Begründung ist erheblichen Bedenken ausgesetzt. Sie leidet vor allem daran, daß sie zu unspezifisch ist.[55] Dies wird deutlich, sobald man fragt, woraus sich die

---

[49] Vgl. Ndschr. Bd. 2, 151 (*Gallas*); Bd. 12, 164 (*Gallas*), 178 f (*Dreher, Gallas, Lackner, Simon, Schäfer, Welzel*).

[50] *Gallas* Pflichtenkollision, S. 70; ebenso Sch-Sch-*Lenckner/Perron* § 34 Rdn. 47; *Bockelmann/Volk* AT, S. 99; *Maurach/Zipf* AT 1 § 27 Rdn. 43; *Gropp* Schwangerschaftsabbruch, S. 93; *Lenckner* GA 1985, 313.

[51] Begründung E 1962, 160; NK-*Neumann* § 34 Rdn. 118; *ders.* JRE 2 (1994) 89; Sch-Sch-*Lenckner/Perron* § 34 Rdn. 41e; *Blei* AT, S. 151; *Maurach/Zipf* AT 1 § 27 Rdn. 43; *Lenckner* Notstand, S. 117; *Meißner* Interessenabwägungsformel, S. 211 f; *Gallas* Ndschr. Bd. 12, 178; *Welzel* Ndschr. Bd. 12, 178 f; ähnlich („unverlierbarer Wert der Person“) *Schmidhäuser* AT 9/72.

[52] NK-*Neumann* § 34 Rdn. 118; *ders.* JRE 2 (1994) 89; *Hruschka* AT, S. 145; *Jakobs* AT 13/25; *Meißner* Interessenabwägungsformel, S. 112; *Dreher* Ndschr. Bd. 12, 178. – Verwandt mit der Rede vom Menschen als lebender Blutbank ist *Joecks'* rhetorische Frage, wie oft denn ein Mensch mit einer seltenen Blutgruppe spenden müsse (StK-*Joecks* § 34 Rdn. 41). Darf man ihn bei Bedarf immer wieder anzapfen? Die Schwierigkeit der diesbezüglichen Grenzziehung bestätigt nach *Joecks* aaO die Position der herrschenden Meinung, wonach es keine Solidaritätspflicht zur Blutspende gibt. Die Äußerung *Joecks'* rückt zwei bedeutsame Gesichtspunkte in den Vordergrund: Erstens darf die für „unplanbare“ Notlagen gedachte Notstandsregelung nicht dazu mißbraucht werden, bestehende Bevorratungspflichten zu umgehen. Der Primat der institutionalisierten Notbekämpfung gilt auch insoweit (zutreffend *Jakobs* ZStW 91 [1979] 648; zu diesem Gesichtspunkt bereits unter C.II.3.). Zweitens stellt auch dort, wo dieser Gesichtspunkt nicht eingreift, der Notstandseingriff also nicht von vornherein unzulässig ist, ein sich wiederholender Eingriff für den Betroffenen *ceteris paribus* ein gewichtigeres Freiheitsopfer dar als ein vereinzelt bleibender Eingriff. Bei der Anwendung der Notstandsvoraussetzungen ist dies zu berücksichtigen. Beide Überlegungen sind jedoch ebenso wie das von SK-*Günther* § 34 Rdn. 51 vorgebrachte Argument der „schiefen Ebene“ *allgemeiner* Natur; sie gelten für *jeden* Notstandseingriff und nicht lediglich im Hinblick auf Zwangsblutspenden. Weshalb gerade letztere unzulässig sein sollen, läßt sich daraus allein nicht erschließen.

[53] *Welzel* Ndschr. Bd. 12, 178 f; ebenso *Onagi* Notstandsregelung, S. 90.

[54] Begründung E 1962, 160.

[55] Kritisch gegenüber dem „unvermittelten Rekurs“ auf den Gesichtspunkt der Autonomieverletzung bei der Behandlung dieses Falls auch *Jakobs* AT 13/25 Fn. 56. – Grundsätzliche

Herabsetzung des in Anspruch Genommenen zum bloßen Mittel denn *genau* ergeben solle. Der Umstand als solcher, daß in eines seiner Rechtsgüter gegen seinen Willen eingegriffen wird, kann nicht entscheidend sein; die Notstandsbefugnis ist ja gerade dadurch definiert, daß ihre Ausübung nicht von der Zustimmung des von dem Notstandseingriff Betroffenen abhängt.[56] Anders geprochen: In einer Rechtsordnung, die einen rechtfertigenden Aggressivnotstand anerkennt, ist in einem gewissen Umfang *jeder* Bürger eine wandelnde Hilfsressource für andere. Seine bürgerliche Freiheit oder gar seine Menschenwürde stehen nach den Erörterungen des 1. Kapitels der *prinzipiellen Zulässigkeit* einer solchen „Instrumentalisierung" nicht entgegen.[57] Freilich beschränken sie deren Umfang; zur Feststellung der konkreten Eingriffsvoraussetzungen und -grenzen sind deshalb vertiefende Erwägungen erforderlich. Vorschnelle Festlegungen helfen dabei nicht weiter. Zu argumentativer Sorgfalt besteht nicht zuletzt deshalb Anlaß, weil die §§ 81c StPO, 372a ZPO vergleichbare Eingriffe bei unverdächtigen Personen ausdrücklich zulassen.[58] Aus diesem Grund muß gezeigt werden, daß die zwangsweise Entnahme einer beträchtlichen Menge Bluts, die zudem nicht durch die vielfältigen Kautelen eines staatlichen Verfahrens diszipliniert wird, eine spezifische Mißachtung zum Ausdruck bringt, die ein „unschuldiger" Eingriffsadressat nicht hinzunehmen braucht. Wer sich durch den schlichten Verweis auf die Zweck-Mittel-Formel oder das „Freiheitsprinzip" von dieser Aufgabe zu dispensieren versucht, formuliert statt einer Begründung eine bloße These.[59]

Kritik an der Vagheit der Zweck-Mittel-Formel übt bereits *Schopenhauer* Welt als Wille und Vorstellung, Bd. I, S. 452.

[56] Ähnlich *Thiel* Konkurrenz, S. 209f; *Joerden* GA 1991, 425f. – Zu Recht hat das BVerfG sich gegen eine unkritische Orientierung am Objektbegriff ausgesprochen: „Der Mensch ist nicht selten bloßes Objekt ... des Rechts, insofern er ohne Rücksicht auf seine Interessen sich fügen muß. Eine Verletzung der Menschenwürde kann darin allein nicht gefunden werden" (BVerfGE 30, 1 [25f]).

[57] Vgl. *Kühl* AT § 8 Rdn. 172: Gerade wenn Solidarität die Freiheit eines anderen erst ermögliche, ihn aus der Todesgefahr und dem damit verbundenen vollständigen Freiheitsverlust befreie, könne sie auch in einer Freiheitsordnung rechtlich gefordert werden. – Kennzeichnenderweise wird eine Pflicht der *Eltern*, zugunsten ihrer Kinder eine zwangsweise Blutentnahme zu dulden, verbreitet bejaht (*Hruschka* AT, S. 146f; *Wessels/Beulke* AT Rdn. 320; *Kunz* Bagatellprinzip, S. 243; *Renzikowski* Notstand, S. 269; *Unberath* JRE 3 [1995] 443). Wäre die Blutentnahme eine *per se* unzulässige „Instrumentalisierung" oder gar ein Menschenwürdeverstoß, käme eine solche Ausnahme nicht in Frage.

[58] Darauf ist in der Lehre schon wiederholt hingewiesen worden: *Roxin* AT 1 § 16 Rdn. 44; *ders.* Kriminalpolitik, S. 27; *Delonge* Interessenabwägung, S. 104, 152; *Seelmann* Verhältnis, S. 70f; *Bottke* Aids-Bekämpfung, S. 226; *Hassemer* FS Maihofer, S. 201f.

[59] Die Behauptung, daß in der Zwangsblutentnahme ein Menschenwürdeverstoß liege, weisen *Roxin* aaO § 16 Rdn. 44, *Kühl* AT 8/171f und *Delonge* Interessenabwägung, S. 151 zu Recht zurück; Skepsis gegenüber diesem Argument ließ bereits *Lackner* erkennen (Ndschr. Bd. 12, 179). – Gegen die Argumentation aus dem „Freiheitsprinzip" sprechen sich *Kühl* aaO, *Hassemer* aaO S. 202 sowie *Joerden* GA 1991, 425f aus.

Ebenso unbefriedigend wie der Verweis auf die Zweck-Mittel-Formel oder das „Freiheitsprinzip“ ist der gleichfalls beliebte Rückgriff auf die Abgrenzung zwischen rechtlichen und sittlichen Pflichten. So beschränkt *Gallas* sich in seinen für die weitere Erörterung der Frage grundlegenden Überlegungen auf die Feststellung: „Es ist eine Frage der Moral, ob jemand bereit ist, ein bestimmtes Opfer zu bringen; ein Zwang erscheint hier ... im Freiheitsinteresse nicht möglich“[60]. Auch in einer repräsentativen neueren Darstellung – dem Lehrbuch von *Wessels/Beulke* – heißt es schlicht: „Ob das persönliche Opfer einer Blutspende erbracht wird oder nicht, muß in einem freiheitlichen Rechtsstaat grundsätzlich der eigenen sittlichen Entscheidung des einzelnen überlassen bleiben“[61]; denn – so die Erläuterung *Wessels'* aus einer früheren Auflage – bei einer Blutspende handele es sich „wertungsmäßig um einen Akt mitmenschlicher Hilfsbereitschaft, durch den der Spender für einen anderen etwas aus seinem eigenen Lebensreservoir aufopfert“[62]. Es trifft zwar zu, daß eine sittliche Leistung nicht rechtlich erzwungen werden kann – dadurch verlöre sie ihren spezifisch sittlichen Charakter. Indes: Daß die *freiwillige* Blutspende ein Akt der Moral bzw. der Nächstenliebe ist, schließt die Möglichkeit nicht aus, die *unfreiwillige* Blutentnahme zum Gegenstand einer erzwingbaren Rechtspflicht zu machen.[63] Diese Möglichkeit unter Hinweis auf den (bloß) sittlichen Charakter einer Blutspende zu bestreiten, stellt entweder ein *non sequitur* oder eine offenkundige *petitio principii* dar.

Das Fazit fällt ernüchternd aus: Die Begründungsversuche der herkömmlichen Notstandsdogmatik zu der hier interessierenden Frage sind im Ansatz meist zu unspezifisch, und in der konkreten Durchführung erschöpfen sie sich häufig in bloßen Behauptungen. Ihre selbstgesteckten Begründungsziele erreichen sie auf diesem Weg nicht. Daran zeigt sich erneut, wie Versäumnisse im *metadogmatischen* Bereich, dem Bereich der legitimationstheoretischen Voraussetzungen dogmatischen Argumentierens, sich in Unsicherheiten und Defiziten auf der *dogmatischen* Ebene niederschlagen. Die hier entwickelte Notstandskonzeption ist dank ihres ausgearbeiteten freiheitstheoretischen Unterbaues derartigen Schwierigkeiten nicht im gleichen Maße ausgesetzt. Sie kann vielmehr auch in der Frage nach der absoluten Grenze notstandsbegründeter Aufopferungspflichten auf systematisch abgesicherte Interpretationsvorgaben zurückgreifen. Deren Konkretisierung sind die weiteren Ausführungen dieses Abschnitts gewidmet.

---

[60] *Gallas* Ndschr. Bd. 2, 151; ähnlich *ders.* Ndschr. Bd. 12, 164.

[61] *Wessels/Beulke* AT Rdn. 320; ähnlich *Kunz* Bagatellprinzip, S. 243; *Jescheck/Weigend* AT § 33 IV 3 d.

[62] *Wessels* AT (27. Aufl.) Rdn. 321; zustimmend Sch-Sch-*Lenckner/Perron* § 34 Rdn. 41e; *Janker* Aids-Tests, S. 170f; *Pfeffer* HIV-Tests, S. 133.

[63] Zutreffend *Roxin* AT 1 § 16 Rdn. 44.

4. Die hiesige Position: „Unerheblichkeit des Verlusts" als Aufopferungsgrenze

Die abstrakt-rechtlich begründete Freiheit des Eingriffsadressaten muß auch im Notstandsfall aufgehoben, d. h. ihrer Substanz nach erhalten bleiben. Deshalb ist es ausgeschlossen, die Rechtsposition des Eingriffsadressaten einer umfassenden Relativierung auszuliefern; der Aufopferungspflicht im Notstand muß vielmehr eine *absolute* Grenze gezogen werden. Aber wo verläuft sie? Was genau besagt die Formel, daß die Rechtsposition des Eingriffsadressaten ihrem materiellen Gehalt nach erhalten bleiben müsse? Auf diese Frage ist nunmehr einzugehen. Den Blick auf sie verstellt sich von vornherein, wer innerhalb des dem abstrakten Recht eigenen Wahrnehmungs- und Begründungshorizonts verharrt. Danach ist das abstrakte Recht durch eine rigorose freiheitstheoretische *Negativität* gekennzeichnet; es stellt nichts anderes – und vor allem nicht mehr – dar als ein System wechselseitiger Abgrenzung und gegenseitiger Beschränkung. Dies hat zur Folge, daß es jeder Quantifizierung und damit auch jeder „Materialisierung" unzugänglich ist. Jeder Eingriff wiegt hier gleich schwer, weil jeder Eingriff in gleicher Weise die (rein formell verstandene) Integrität der Rechtssphäre des Betroffenen infrage stellt. Vom *institutionellen*, die Idee des Rechts in ihrer Totalität in den Blick nehmenden Standpunkt aus – und nur als quasi-institutionell begründete Verpflichtung läßt sich, wie gesehen, die Duldungspflicht im Notstand legitimieren – verhalten die Dinge sich jedoch anders. Die Idee des Rechts verkörpert einen genuin *positiven* Begriff (die *Wirklichkeit*) von Freiheit. Als eines der Teilmomente der Rechtsidee muß das abstrakte Recht an deren freiheitstheoretischer Positivität jedenfalls in indirekter Form partizipieren. Neben seiner *unmittelbar-negativen* kommt ihm daher innerhalb der Idee des Rechts eine *mittelbar-positive* Rolle zu. Das abstrakte Recht erscheint hier also nicht nur in seinem – freilich irreduziblen – freiheitstheoretischen *Eigenwert*, seiner „Negativität", sondern auch in seiner mittelbar-positiven *Funktion*, die darin besteht, der gemeinverträglichen *Beförderung des Wohls* seines jeweiligen Inhabers zu dienen. Dieser mittelbar-positive Charakter des positiven Rechts trägt dessen freiheitstheoretische Legitimation ebenso mit, wie seine unmittelbare Negativität dies tut. Genauso wie diese muß daher auch jene Komponente bei der Lösung des Notstandskonflikts aufgehoben (erhalten) bleiben.

Wie weit erstreckt sich danach der Bereich der absolut „eingriffsfesten" Interessen des Notstandspflichtigen? Wenig verwunderlich ist, daß diejenigen Autoren, die prinzipiell der Gesamtabwägungsthese zustimmen und deshalb mit der Anerkennung absoluter Aufopferungsgrenzen gegen ihren eigenen Ausgangspunkt anschreiben müssen, den der Abwägung entzogenen Bereich eng fassen. So soll nach *Roxin*, wie bereits erwähnt, lediglich „die Wahrung der Menschenwürde einer relativierenden Abwägung unzugänglich" sein.[64] Ähnlich hoch setzen – jedenfalls dem ersten Anschein nach – auch eine Reihe weiterer Vertreter des herkömmlichen Notstandsverständnisses die absolute Aufopferungsgrenze an: Der „essentielle Kern der Grundrechte des Menschen" müsse unangetastet bleiben;[65] die Autonomie des Betroffenen dürfe nicht in einer für die Rechtsgemeinschaft unerträglichen Weise beeinträchtigt werden.[66] Auch bei jenen Autoren, die der Gesamtabwägungsthese nicht folgen, finden sich Formulierungen, die auf den ersten Blick außerordentlich restriktiv anmuten. So sind nach *Köhler* unter Notstandsgesichtspunkten solche Eingriffe unzulässig, die „die personale Autonomie eines anderen in ihrer moralisch-rechtlichen Substantialität betreffen"[67]. Nach *Gallas* sind es die „fundamentale(n) Werte, an denen sich die Rechtsgemeinschaft orientiert", die der Relativierung entzogen seien.[68] Es zeigt sich jedoch rasch, daß diese Äußerungen weitaus weniger strikt gemeint sind als sie zunächst erscheinen. So erläutert *Gallas* seine Position dahingehend, daß dem Notstandspflichtigen grundsätzlich nur Opfer an Sachgütern und ansonsten allenfalls geringfügige Einbußen an seiner Körperintegrität oder Freiheit zugemutet werden dürften.[69] Auch nach *Köhler* darf im Notstand regelmäßig nur auf „partikulär-ersetzliche" Rechtsgüter zugegriffen werden;[70] fremdem Nothandeln sei dagegen „weder das Leben noch die Körperintegrität oder Freiheit anderer in irgend erheblicher Betroffenheit verfügbar"[71]. Zu einem ähnlichen Ergebnis gelangt *Jakobs*: Unter Berufung auf ein allgemeines Solidaritätsverlangen dürfe nicht die Duldung eines Eingriffs in solche Güter gefordert werden, deren Aufopferung selbst in engen Gemeinschaften nicht nach deren Regeln rechtlich gefordert sei.[72] Lebensverlust, Verlust nicht nur beiläufiger Stücke der körperlichen Integrität, nicht nur beiläufiger Freiheitsverlust oder irreparabler Ehrverlust könnten daher im Aggressivnotstand in der Regel nicht gerechtfertigt werden.[73] Darüber hinaus müßten die dem Notstandspflichtigen entstehenden Kosten im Grundsatz ersetzbar sein: Nur eine vorübergehende, nicht aber eine dauernde Umgestaltung des Lebens dürfe solidarisch verlangt werden.[74]

---

64 *Roxin* aaO § 16 Rdn. 83.
65 *Wessels/Beulke* AT Rdn. 319.
66 *Jescheck/Weigend* AT § 33 III 3.
67 *Köhler* AT, S. 290.
68 *Gallas* ZStW 80 (1968) 27.
69 *Gallas* aaO S. 25.
70 Dem Gesichtspunkt der Reparabilität des eingetretenen Verlusts wird auch in der herkömmlichen Notstandsdogmatik beträchtliche Bedeutung zuerkannt; vgl. dazu Sch-Sch-*Lenckner/Perron* § 34 Rdn. 26; *Krey* Rechtsprobleme Rdn. 593; *Küper* Nötigungsnotstand, S. 114ff, 121.
71 *Köhler* AT, S. 290; ebenso *ders.* GA 1988, 443.
72 *Jakobs* AT 13/21; *ders.* Befreiung, S. 166.
73 *Jakobs* AT 13/21.
74 *Jakobs* Befreiung, S. 166.

Nach der hier zugrundegelegten Konzeption befördert der Inhaber einer abstrakt-rechtlichen Position sein Wohl dadurch, daß er die ihm zugewiesenen Rechtsgüter seinen Zwecken entsprechend einsetzt. Der ihm zustehende Rechtsgüterbestand bildet gleichsam das materielle Substrat seiner abstrakt-rechtlichen Stellung und das Medium zur Wahrnehmung von deren positiv-freiheitsfördernder Funktion. Ebenso wie die abstrakt-rechtliche Stellung als solche muß daher auch der Rechtsgüterbestand des Eingriffsadressaten im Notstand seiner Substanz nach erhalten bleiben. Wann aber wird ein durch die berechtigte Innehabung eines bestimmten Rechtsgüterbestandes gekennzeichneter Freiheitsstatus substantiell beeinträchtigt? Die Frage ist bereits beantwortet worden, und zwar mit Blick auf den Notstands*täter*: Wenn der Verlust, der dem Betroffenen droht, sein Freiheitspotential erheblich beschneiden würde, so betrachtet die Rechtsordnung diese Situation als so prekär, daß sie ihr die Qualität einer Notstandslage im Sinne des § 34 StGB zuspricht. Diese Feststellung läßt sich in gleichsam spiegelbildlicher Weise auch auf die hiesige Problematik anwenden.[75] Dementsprechend kann der unter C. entwickelte Schwellenwert der Erheblichkeit auch im vorliegenden Zusammenhang Anwendung finden, allerdings nicht in dem Sinne einer *Unter-*, sondern in dem einer *Obergrenze*. Der Eingriffsadressat braucht es sich demnach in der Grundsituation des rechtfertigenden Notstands nicht gefallen zu lassen, in eine Situation gebracht zu werden, die für ihn nach objektiver Beurteilung eine *erhebliche Freiheitseinbuße* bedeuten würde. Nur eine sachlich wie zeitlich beschränkte, nur eine punktuelle Beeinträchtigung seiner Lebensführung braucht er hinzunehmen. Er darf hingegen nicht dazu genötigt werden, seine Lebensführung über einen beträchtlichen Zeitraum (oder gar auf Dauer) in merklicher Weise umzustellen. Ihn trifft, kurz gesagt, keine strafrechtliche Pflicht, zugunsten eines beliebigen Dritten sein Leben zu ändern. Damit kommt die hiesige Auffassung im Ergebnis mit der von *Jakobs* vertretenen Position überein. Was bei *Jakobs* freilich noch als recht unvermittelte Ableitung aus dem hochabstrakten Solidaritätsbegriff und insofern eher als These denn als vollständig begründete dogmatische Aussage erscheint, wird vorliegend aus der legitimationstheoretischen Struktur des rechtfertigenden Notstands heraus entwickelt.

---

[75] Das hiesige Argument ist seiner Struktur nach bereits von *Thomasius* vorweggenommen worden. Nach dessen Ansicht sind Notstandsmaßnahmen nur insoweit zulässig, wie sie nicht dazu führen, daß andere Menschen in einen Notstand geraten (vgl. *Lichtblau* Art. Notstand, Sp. 942).

5. Konkretisierung des „Grenzwerts“ der Unerheblichkeit

a) Allgemeines

Wann liegt ein (unter Notstandsgesichtspunkten absolut unzulässiges) *erhebliches* Freiheitsopfer des Notstandspflichtigen vor? Auch in dieser Hinsicht stellt die hiesige Problematik gleichsam das Spiegelbild der im Abschnitt C. erörterten Konstellation dar. Insbesondere wird hier wie dort nicht ein isoliertes Besitzinteresse an dem betroffenen Gut geschützt, sondern die durch den Rechtsgutsbesitz vermittelte Fähigkeit zur Teilnahme an der gesellschaftlichen Interaktion. Die Bedeutung einer abstrakt-rechtlichen Position vorrangig in der Möglichkeit zur Ausgrenzung anderer Personen zu erblicken entspricht zwar der „Innensicht“ einer sich in abstrakt-rechtlichen Kategorien erschöpfenden Rechtsanschauung. Eine *institutionell* ansetzende Begründung hat jedoch die Formalität und Enge jener Auffassung überwunden. Sie bewertet die Freiheitsbedeutung der abstrakt-rechtlichen Position des Eingriffsadressaten auch, ja primär nach Maßgabe von deren *Funktion*, und diese Funktion besteht darin, dem Betreffenden Interaktionschancen zu eröffnen.

Von besonderer Bedeutung für die Freiheitsrelevanz eines aufgenötigten Rechtsgutsverlustes ist es, welche rechtlichen Ersatzansprüche dem Eingriffsadressaten zustehen: Die Aussicht auf einen nachfolgenden Ausgleich kann den Einfluß abschwächen, den das gegenwärtige Opfer auf die (bereits ihrem Begriff nach zukunftsbezogenen) Interaktionschancen des Betroffenen hat. Vor allem dort, wo das von dem Notstandseingriff betroffene Gut innerhalb der Gesamtorganisation seines Inhabers weniger in seiner Individualität und stärker als Repräsentant eines allgemeinen Vermögensinteresses auftaucht, ist der Einfluß der Sekundäransprüche auf die Beurteilung der Freiheitsrelevanz des Primäropfers beträchtlich. Bei Gütern, deren Bedeutung gerade darin liegt, daß sie ihrem Inhaber *aktuell* zuhanden sind (Beispiele: körperliche Unversehrtheit, Fortbewegungsfreiheit), tritt dieser Einfluß zwar zurück, unbedeutend ist er aber auch dort nicht. Auch ein Eingriff, dessen Auswirkungen sich im nachhinein nur teilweise aus der Welt schaffen lassen, wiegt *ceteris paribus* leichter, wenn kraft der Zubilligung eines Ausgleichsanspruchs wenigstens das Mögliche geschieht, als wenn dem Opfer das Odium der vollständigen Endgültigkeit anhaftet. Im übrigen läßt sich allgemein sagen: Je umfassender und „sicherer“ der Ersatzanspruch und je weniger problematisch und zeitaufwendig seine Durchsetzung ist, desto eher erscheint das auf der primären Eingriffsebene geforderte Opfer als bloß vorläufig und desto geringer sind demgemäß die Rücksichten, die der Notstandspflichtige bei seinen weiteren Planungen auf diese Einbuße zu nehmen braucht.

Am weitesten ginge die Aufopferungspflicht des Eingriffspflichtigen auf der Primärebene demgemäß dort, wo *der Staat* ihm einen Ausgleich für seine Verluste garantierte. In diesem Modell, das aus legitimationstheoretischen Gründen den Vorzug vor dem gegenwärtig geltenden verdient,[76] nimmt der Staat dem Notstandspflichtigen die Risiken der Unerreichbarkeit sowie der Illiquidität seines Gegenübers ab. Absolut unzulässig wäre angesichts dieser bedeutenden Entlastung nur die Beibringung von außerordentlich schwerwiegenden Primärverletzungen. Genauer gesprochen: Unzulässig wären Eingriffe, die die Grundlagen der selbstbestimmten Lebensführung des Betroffenen so nachhaltig erschüttern würden, daß ihre Erbringung selbst in engen Gemeinschaften (Eltern-Kind-Verhältnis, Ehe) nicht gefordert wird.[77] Das andere Extrem würde ein Notstandsregime bilden, das überhaupt *keinen Ausgleich* vorsähe. Hier wäre ein jedes Opfer, das der Eingriffsadressat auf der Primärebene erbringen muß, von vornherein als endgültiger Verlust von Entfaltungschancen definiert. In einer Rechtsgemeinschaft, deren Angehörige ihrer Rechtspflicht zur Solidarität grundsätzlich in indirekter Form – nämlich mittels Steuern – nachkommen, dürfte ein solches Sonderopfer den Bereich des Geringfügigen nicht nennenswert überschreiten. Das geltende Recht hält die Mitte zwischen diesen beiden Modellen. Danach steht dem Eingriffsadressaten ein Ersatzanspruch zu, der sich im Zweipersonenverhältnis gegen den Notstandstäter und im Dreipersonenverhältnis nach richtiger Ansicht gegen den Begünstigten richtet.[78] Bei dieser Lösung trägt der Notstandspflichtige das Risiko der Nicht-Realisierbarkeit seiner Forderung; zudem dauert es regelmäßig einige Zeit, bis er über die ihm zustehenden finanziellen Mittel auch tatsächlich verfügen kann. Gleichsam spiegelbildlich zu der unter C. behandelten Konstellation verläuft die absolute Grenze der Aufopferungspflicht hier zwar einerseits unterhalb des Bereichs existenznotwendiger Grundgüter, andererseits aber deutlich oberhalb des Bereichs bloßer Geringfügigkeiten.

Gewisse Eingriffe sind so schwerwiegend, daß sie danach als absolut unzulässig betrachtet werden müssen. So liegt es beispielsweise bei der Entnahme eines Organs zu Transplantationszwecken.[79] Aber auch sonstige Eingriffe in seine Körperintegrität, die für ihn eine im Vergleich zu seinen bisherigen Lebensumständen *nachhal-*

---

[76] Dazu 1. Kap. D.IV.3. (zu Fn. 238).

[77] Zur näheren Eingrenzung dieses Bereichs *Jakobs* AT 13/21.

[78] Dazu Einl. B. Fn. 5.

[79] Dies entspricht der Regelung des § 8 TPG und der allgemeinen Ansicht in der Notstandsdogmatik: NK-*Neumann* § 34 Rdn. 118; SK-*Samson* § 34 Rdn. 48; *Baumann/Weber/Mitsch* AT § 17 Rdn. 78; *Jescheck/Weigend* AT § 33 IV 3 d; *Köhler* AT, S. 291; *Kühl* AT § 8 Rdn. 174; *Maurach/Zipf* AT 1 § 27 Rdn. 43; *Roxin* AT 1 § 16 Rdn. 42; *Delonge* Interessenabwägung, S. 151 Fn. 29a; *Seelmann* Verhältnis, S. 71; *v. Bubnoff* GA 1968, 70; *Cerezo Mir* GS H. Kaufmann, S. 702; *Frister* GA 1988, 293; *Rüping* GA 1978, 133; *Schröder* SchZStR 75 (1960) 11. Aus der älteren Litertur: *Baumgarten* Notstand, S. 66 (Hauttransplantation); von philosophischer Seite: *Steinvorth* Solidarität, S. 78.

tige, wenn auch vielleicht nur vorübergehende Belastung nach sich ziehen würden, braucht der Eingriffsadressat nicht hinzunehmen.[80] Beispielsweise ist in der Grundsituation des rechtfertigenden Notstands niemand dazu verpflichtet, sich eine Verletzung zufügen zu lassen, die einen längeren Krankenhausaufenthalt oder sonstige vergleichbar schwerwiegende Auswirkungen hat. In zahlreichen anderen Fällen ergibt sich die volle Freiheitsbedeutung eines Guts erst aus seiner Stellung im Lebensgefüge des Betroffenen. Unzulässig ist deshalb beispielsweise auch der Zugriff auf solche Vermögenswerte, die trotz ihres abstrakt gesehen geringen Werts aufgrund ihres konkreten Einsatzes beim Eingriffsadressaten für dessen soziale (vor allem seine wirtschaftlich-berufliche) Existenz von besonderer Bedeutung sind (Beispiel: die mit Notizen angefüllte Kladde des Schriftstellers). Für weitere Einzelheiten kann weitgehend auf die unter C.III. entwickelten Überlegungen verwiesen werden, die hier entsprechend gelten. In einem Punkt bedürfen die dortigen Erörterungen allerdings der Ergänzung: Es muß dem *symbolischen Freiheitswert* gesondert Rechnung getragen werden, den unsere Kultur der autonomen Verfügungsbefugnis des einzelnen über seine leibliche Sphäre zuerkennt.

b) Der symbolische Freiheitswert der leiblichen Sphäre

Dem Interesse des Notstandspflichtigen, von körperlichen Eingriffen verschont zu bleiben, kommt angesichts des engen Zusammenhangs, der zwischen leiblicher Integrität und Handlungsfreiheit besteht, von vornherein ein hoher freiheitstheoretischer Rang zu; darauf ist soeben eingegangen worden. Eine Betrachtungsweise, welche die Freiheitsrelevanz eines Rechtsguts *ausschließlich* aus der Bedeutung ableitet, die ihm nach objektivem Urteil für die Handlungsfreiheit seines Inhabers zukommt, wird den Ansprüchen eines Strafrechts, das seine Aufgabe in der Garantie der fundamentalen Ermöglichungsbedingungen realer Freiheit erblickt,[81] indessen nicht in vollem Umfang gerecht. Was unter „realer Freiheit" genau zu verstehen ist und welcher Garantien sie bedarf, wird durch anthropologische Vorgaben (kurzum:

[80] Daß nur geringfügige Beeinträchtigungen der körperlichen Integrität einer Notstandsrechtfertigung zugänglich seien, betonen auch LK-*Hirsch* § 34 Rdn. 68; *ders.* JR 1980, 116; *Schmidhäuser* AT 9/72; *Bergmann* JuS 1989, 110; *Gallas* ZStW 80 (1968) 25; *Weber* FG v. Lübtow, S. 766f. Ebenso aus der älteren Literatur *Baumgarten* aaO S. 66; *Henkel* Notstand, S. 103; *Oetker* FG Frank, Bd. I, S. 372; noch restriktiver *Goldschmidt* Notstand, S. 47f (die Verletzung fremder persönlicher Güter könne nur entschuldigt werden). Weitergehend *Baumann/Weber/Mitsch* AT § 17 Rdn. 78, die meinen, daß erst die „Zufügung schwerer Verletzungen (§ 224)" gegenüber einem neutralen Opfer nie zu rechtfertigen sei. Eine Mittelposition nehmen *Roxin* AT 1 § 16 Rdn. 42 und *Renzikowski* Notstand, S. 256 ein: Selbst der Zweck der Lebensrettung gestatte es nicht, einem Unbeteiligten „erhebliche Verletzungen" zuzufügen.

[81] Dazu Einl. D.

durch Natur) zwar in beträchtlichem Ausmaß vorgeprägt, aber keineswegs abschließend bestimmt. Freiheit ist eine genuin *gesellschaftliche* Kategorie; frei bin ich, wenn ich mich unter Zugrundelegung der in meiner Gesellschaft allgemein als maßgeblich erachteten Gewährleistungsstandards als einen vollwertigen Bürger ansehen und achten kann. Freisein und Anerkanntsein sind identische Begriffe.[82] Der Satz, daß dem Adressaten eines Notstandseingriffs nicht zugemutet werden darf, sein Leben zu ändern, impliziert daher das Verbot, ihn in seinem Selbstverständnis als geachtetes *Subjekt* dieses Lebensentwurfs herabzusetzen. Eine durch die gesellschaftliche Überhöhung natürlicher Tatsachen begründete und in diesem Sinn *symbolische* Komponente ist daher ein originärer Bestandteil der rechtlich-realen Freiheit des Betreffenden.

Dieser symbolischen Komponente kommt bei Eingriffen in die leibliche Integrität einer Person besonderes Gewicht zu. Der Leib ist „ein sich zu sich selbst verhaltender Körper, der sich nicht nur durch seine Oberfläche, sondern wesentlich *durch seine eigene Aktivität* von seiner Umgebung abgrenzt" und der diese, weil er sich zugleich auf sie bezieht, zu seiner *Umwelt* macht.[83] Der Leib ist nicht etwa nur der physische Platzhalter eines Vernunftwesens. In einer Gesellschaft der Individuen gilt er vielmehr in ausgezeichneter Weise als Symbol, als äußerer Repräsentant von Freiheit:[84] Die relative Konstanz des Leibes ist eine wesentliche Voraussetzung für die Ausbildung einer zeitübergreifenden Identität.[85] Die Bedeutung und Verletzlichkeit des Leibes lassen es als erstrebenswert erscheinen, ihn mit einem besonderen Tabubereich zu umgeben. Dessen Etablierung ist eine bedeutsame zivilisatorische Errungenschaft. Sie verdankt sich dem Umstand, daß mit der äußerlichen Disziplinierung und Zivilisierung des gesellschaftlichen Zusammenlebens durch den gewaltmonopolisierenden Staat der Neuzeit ein zweiter Mechanismus der sozialen Disziplinierung einher geht. Dieser setzt im Inneren der Gewaltunterworfenen an und formt deren Mentalität um.[86] Die Internalisierung einer Norm, die den Leib mit einem besonderen Tabu umgibt, trägt in einem ganz handgreiflichen Sinne dazu bei, für die Ordnung des gesellschaftlichen Zusammenlebens das Ideal wechselseitig-respektvoller Distanziertheit zu etablieren – ein Ideal, das im klassischen Liberalismus dann zum Maßstab für Rechtlichkeit schlechthin aufgewertet werden soll. Die Einseitigkeit dieser Ansicht ändert nichts daran, daß nur in einer Gesellschaft, in der das Ideal der wechselseitig-respektvollen Distanz fest verankert

[82] Dazu *Verf.* Betrug, S. 31 ff.

[83] *Gerhardt* Selbstbestimmung, S. 173; Hervorhebungen im Original.

[84] *Borsche* Rechtszeichen, S. 256.

[85] *Gerhardt* Selbstbestimmung, S. 286.

[86] Dazu grundlegend *Elias* Prozeß der Zivilisation, Bd. 2, S. 312 ff.

ist, der Staat in der Lage ist, trotz seiner begrenzten Zwangsmittel seinen Bürgern jenen Schutz zu gewähren, der das Fundament ihrer rechtlich-realen Freiheit ist.

Der Gedanke, daß insbesondere die leibliche Sphäre einer Person – also ihr Leib als solcher und die in dessen unmittelbarer Nähe befindlichen Gegenstände – unter dem Schutz eines rigiden Eingriffstabus steht, ist der Strafrechtswissenschaft aus einem anderen Zusammenhang seit langem geläufig. Dabei handelt es sich um die Diskusssion über die Kriterien der Gewahrsamszuordnung in § 242 StGB. Unter dem Stichwort der „Gewahrsamsenklave“ findet dort die symbolisch verstärkte Unantastbarkeit der leiblichen Sphäre eines anderen ebenfalls Berücksichtigung.[87] Um eben dies – nämlich um die Unantastbarkeit des Leibes als Symbol rechtlicher Freiheit – geht es auch im vorliegenden Zusammenhang. Die zu Notstandszwecken in Anspruch genommene Person in ihrer Leiblichkeit anzuerkennen, verlangt aus diesem Grund mehr, als diese Person nicht nachhaltig in den Ausübungsbedingungen ihrer Handlungsfreiheit zu behindern; es erfordert vielmehr, auch den gleichsam überschießenden symbolischen Eigenwert der leiblichen Sphäre dieser Person zu respektieren. Erst mit Hilfe dieses Gedankens lassen sich notorisch problematische Fälle wie der bereits erwähnte Fall der zwangsweisen Blutentnahme oder der nicht weniger intrikate *Regenschirmfall*[88] überzeugend behandeln.[89]

---

[87] Grundlegend *Welzel* GA 1960, 257ff; aus der gegenwärtigen Literatur exemplarisch NK-*Kindhäuser* § 242 Rdn. 43; SK-*Hoyer* § 242 Rdn. 28.

[88] Bei einem plötzlichen Gewitterregen entwindet die schutzlose, reich gekleidete Frau zum Erhalt ihrer Kleidung einer wertlos gekleideten Frau deren Schirm. (Nach *Bockelmann* Ndschr. Bd. 12, 162).

[89] So auch *Jakobs* AT 13/25. – Im Ergebnis ist es (nahezu) unstreitig, daß im *Regenschirmfall* eine Rechtfertigung ausscheidet (LK-*Hirsch* § 34 Rdn. 38; *Jakobs* aaO; *Jescheck/Weigend* AT § 33 III 3; *Roxin* AT 1 § 14 Rdn. 48; *Schmidhäuser* AT 9/82; *Stratenwerth* AT § 9 Rdn. 46; *Delonge* Interessenabwägung, S. 152 [mit einer Ausnahme für den Fall eines extrem großen Wertunterschiedes der Kleidung]; *Göbel* Einwilligung, S. 108; *Hellmann* Anwendbarkeit, S. 161; *Bockelmann* aaO; *Kienapfel* ÖJZ 1975, 429f; *ders.* JR 1977, 28). Die Begründungen sind jedoch zumeist ähnlich unbefriedigend wie diejenigen für die Rechtswidrigkeit einer zwangsweisen Blutentnahme. *Bockelmann*, der den Fall in die Beratungen der Großen Strafrechtskommission einführte, beschränkte sich aaO auf einen Appell an die Evidenzvorstellungen seiner Zuhörer: Es sei „völlig einleuchtend“, daß das Verhalten der Dame unzulässig sei. Kaum gehaltvoller ist die Erörterung bei *Jescheck/Weigend* aaO (ähnlich *Roxin* aaO und *Hellmann* aaO). Sie führen den *Regenschirmfall* als einen jener Fälle an, „in denen der Eingriff in fremdes Eigentum eine für die Rechtsgemeinschaft unerträgliche Verletzung der Autonomie des Betroffenen bedeuten würde und deswegen nicht erlaubt sein kann“. Worin das „Unerträgliche“ des Eingriffs genau bestehe, legen auch sie nicht näher dar. Unzureichend ist auch die Argumentation *Kienapfels* ÖJZ 1975, 429f. Nach seiner Ansicht liegt im *Regenschirmfall* die rechtsmißbräuchliche Ausnutzung einer Notstandslage vor. Die Billigung eines solchen Vorgehens würde auf eine krasse Bevorzugung der Bessergestellten hinauslaufen und letztlich gegen das Prinzip der Gleichheit verstoßen. Abgesehen davon, daß die einseitige Durchsetzung eigener Interessen schwerlich schon die harte Bezeichnung als „rechtsmißbräuchlich“ verdienen würde, geht *Kienapfels* Argument auch in sachlicher Hin-

Beurteilte man die Schwere des Freiheitsopfers, das den Betroffenen in diesen Fällen abverlangt wird, allein nach den Auswirkungen, die der konkrete Gutsverlust auf ihre Fähigkeit zur eigenständigen Lebensgestaltung hat, so spräche in beiden soeben genannten Konstellationen vieles dafür, die Freiheitseinbuße jeweils als bloß geringfügig zu veranschlagen und eine Notstandsrechtfertigung im Ergebnis zu bejahen. Die Garantie der Freiheit zur Gestaltung des eigenen Lebens erschöpft sich indes nicht darin, einer Person ihre *Handlungsmöglichkeiten* im wesentlichen zu erhalten. Wie soeben ausgeführt worden ist, setzt sie auch voraus, daß diese Person die ihr gebührende (und, wie gesehen, teilweise symbolisch vermittelte) Anerkennung als *Subjekt jenes Lebensentwurfs* erfährt. Deshalb verändert sich die Bewertung, sobald die *symbolische* Dimension der rechtlichen Freiheit in die Beurteilung einbezogen wird. Danach kommt es maßgeblich darauf an, ob ein Eingriff nach der Deutung eines objektiven Dritten die betroffene Person unmittelbar in ihrer *Leiblichkeit* oder ob er sie vor allem als *Körper* – als *res extensa* im Sinn der philosophischen Tradition – trifft. Der Leib ist, wie nochmals in Erinnerung gerufen sei, der sich kraft seiner Lebendigkeit zu sich selbst verhaltende Körper; der Leib, nicht der Körper, bietet der Zuschreibung von Personalität die physiologische Basis. Der Zugriff auf Ingredienzien von Leiblichkeit ist daher von größerer Anerkennungsrelevanz und wiegt aus diesem Grund *ceteris paribus* schwerer als ein Eingriff, der seiner kommunikativen Bedeutung nach den Betroffenen primär als Körper *(res extensa)* in Anspruch nimmt.[90]

In die erste Gruppe fällt beispielsweise die *zwangsweise Blutentnahme*: Hier kann der Eingriffszweck nur durch den Zugriff auf einen fremden menschlichen Leib erreicht werden (das Blut ist geradezu der Inbegriff von dessen Lebendigkeit).[91] Der zweiten Kategorie unterfällt der Fall des Notstandstäters, der einen anderen Passanten beiseite stößt, um sich auf diese Weise selber in Sicherheit zu bringen; der Passant wird hier primär in seiner Eigenschaft als *physisches* Hindernis betroffen, selbst wenn sein Leib hernach einige Dellen aufweist. Auch der *Regenschirmfall*

---

sicht fehl: Den Wohlhabenden trifft unter Notstandsgesichtspunkten keine gesteigerte Aufopferungspflicht (dazu oben C.II.6.a); so ist es ihm beispielsweise beim Vorliegen der allgemeinen Notstandsvoraussetzungen ohne weiteres gestattet, seine Luxusgüter auf Kosten von Haushaltsgegenständen eines Ärmeren zu schützen. Die Besonderheit des *Regenschirmfalls* läßt sich daher mit der Erwägung *Kienapfels* nicht hinreichend erfassen. – Zu dem Begründungsansatz *Hirschs* und dessen Mängeln oben C.II.4.

90 Dabei wird selbstverständlich vorausgesetzt, daß der Eingriff nicht bereits unter dem Gesichtspunkt „Beeinträchtigung von Handlungsmöglichkeiten" als erheblich einzustufen ist – in diesem Fall käme es zur Feststellung der Rechtswidrigkeit des Eingriffs auf seinen (zusätzlichen) symbolischen Bedeutungsgehalt ohnehin nicht mehr entscheidend an.

91 Wo die zwangsweise Blutentnahme mit der Begründung für unzulässig erklärt wird, dadurch werde der Betroffene zum „Organdepot" erniedrigt (Nachweise in Fn. 52), schimmert dieser Gesichtspunkt immerhin durch.

gehört hierher: Was an der wertlos gekleideten Frau interessiert, ist allein ihre tatsächliche Verfügungsgewalt über den Schirm; mit einer Reklamefigur, die einen Regenschirm in Händen hält, wäre der reichen Dame ebenso gut gedient gewesen. Eingriffe der erstgenannten Art sind ihrer symbolischen Schwere wegen in der Grundsituation des Aggressivnotstandes regelmäßig *absolut unzulässig*.[92] In den Fällen der zweiten Gruppe muß die symbolische Qualität des Eingriffs dagegen vorrangig im Rahmen der *Abwägung* Berücksichtigung finden. Als allgemeine Leitlinie kann man hier formulieren: Je stärker der (bloße) *Körper*bezug des Eingriffs hervortritt, desto eher kann der Eingriff gerechtfertigt werden.

Beispielsweise darf der Fußgänger, den ein entgegenkommendes Moped umzufahren und erheblich zu verletzen droht, einen neben ihm gehenden Passanten beiseite drängen, um sich in Sicherheit zu bringen – auch wenn der Betroffene dadurch vorhersehbarerweise ins Stolpern kommt und sich beim Festhalten an einer Hauswand die Hand aufschürft oder wenn er hinfällt und sich dadurch eine leichte Prellung oder eine ungefährliche Platzwunde zuzieht. Gleiches gilt auch dann, wenn der Eingriff „nur" der Rettung von Sachgütern dient. Deshalb ist etwa der Juwelier gerechtfertigt, der bei der Verfolgung eines flüchtenden Diebs einen im Weg stehenden

---

[92] Entgegen einer Mindermeinung in der Literatur (Nachweise oben Fn. 58) gilt dies, obwohl beim Vorliegen der entsprechenden straf- oder zivilprozessualen Voraussetzungen eine Blutprobe auch zwangsweise entnommen werden darf, und zwar nicht nur bei Verdächtigen (§ 81a Abs. 1 S. 2 StPO), sondern auch bei Unverdächtigen, die als Zeugen in Betracht kommen (§ 81c Abs. 2 StPO, § 372a ZPO). Diese Regelungen belegen zwar, daß Zwangsblutentnahmen nicht etwa *per se* gegen die Menschenwürde verstoßen. Ihnen läßt sich hingegen nicht entnehmen, daß die zwangsweise Blutabnahme auch unter Notstandsgesichtspunkten als zulässig eingestuft werden müsse. Erstens liegt die für die Bluttransfusion erforderliche Blutmenge erheblich über der Menge, die für eine Blutprobe entnommen werden muß (*Janker* Aids-Tests, S. 169ff; *Bottke* Lebensbeginn, S. 85f). Zudem unterscheiden sich die Eingriffe von ihrem sozialen Bedeutungsgehalt her tiefgreifend voneinander: Geht es in den §§ 81a, c StPO allein um eine körperliche Untersuchung, die lediglich aus technischen Gründen die Entnahme von Blut erfordert, „ist im Falle der erzwungenen Blutspende Ziel des Eingriffs gerade die Wegnahme und anderweitige Verwendung körpereigener Substanzen" (NK-*Neumann* § 34 Rdn. 123). Schließlich ist es weder verwunderlich noch kritikwürdig, daß die Pflicht des einzelnen Bürgers, an Verfahren der staatlich-autoritativen Streitschlichtung teilzunehmen, unter Umständen weiter geht als seine Pflicht, als Repräsentant der bürgerschaftlichen Solidargemeinschaft dem bedrohten Wohl eines Mitbürgers ein Opfer zu bringen (ähnlich *Köhler* AT, S. 291f). Im erstgenannten Fall steht die seit *Hobbes* als schlechthin grundlegend erkannte staatliche Aufgabe der Friedensstiftung in Rede, im letzteren Fall geht es hingegen um eine unter legitimationstheoretischen Gesichtspunkten eher periphere Pflicht (dazu 1. Kap. D.IV.3.). Zudem wird im Rahmen staatlicher Verfahren die im Einzelfall größere Intensität der Inanspruchnahme durch den Umstand ausgeglichen, daß deren Voraussetzungen zumeist präzise gefaßt und zudem unmittelbar parlamentarisch legitimiert sind. Derartige Sicherungen der Rechtsposition des betroffenen Bürgers bestehen gegenüber den „freihändig" erfolgenden Notstandseingriffen nicht.

Passanten zu Boden stößt und ihn dadurch leicht verletzt.[93] Wie bereits erwähnt, wird der Passant hier allein als *physische Barriere*, als *res extensa* wahr- und in Anspruch genommen. Die symbolische Anerkennungsrelevanz des betreffenden Akts ist deshalb gering; der Anerkennungsanspruch des Passanten wird nur ganz marginal, sozusagen beiläufig beeinträchtigt.

Anders verhält es sich im *Regenschirmfall*: Hier dominiert nach dem soeben Ausgeführten zwar noch immer das Moment des Körperbezugs; im Unterschied zum *Juwelierfall* wird aber immerhin das Ergebnis einer *zweckvollen Lebensorganisation* des Eingriffsadressaten den Interessen des Eingreifenden an *seiner* individuellen Lebensgestaltung entsprechend umgeleitet. In einer Gesellschaft, die von der prinzipiellen Gleichwertigkeit aller individuellen Lebenspläne ausgeht, ist das symbolische Gewicht dieses Umstands so stark, daß jedenfalls in der bislang behandelten Grundkonstellation des *Regenschirmfalls* eine Rechtfertigung ausscheidet.[94] Eine abweichende Beurteilung ist freilich dann geboten, wenn die reiche Dame den Schirm nicht zur Sicherung ihrer Spaziergangsfreuden, sondern zur Verteidigung vor einem bissigen Hund an sich nimmt:[95] Hier kollidieren nicht zwei prinzipiell gleichrangige Lebensgestaltungsinteressen; die reiche Dame sucht vielmehr ihre körperliche Integrität zu bewahren, und *dieses* Interesse ist dem Besitzerhaltungsinteresse ihrer Kontrahentin wesentlich überlegen.[96] Der Eingriff dürfte auch dann zu rechtfertigen sein, wenn statt der reichen Müßiggängerin ein junger Musiker nach dem fremden Regenschirm greift, der, in einen nagelneuen Frack gekleidet, auf dem Weg zu seinem ersten öffentlichen Konzert ist und verhindern will, daß er gänzlich durchnäßt im Konzertsaal anlangt. In einer Erwerbsgesellschaft kommt den zu Berufszwecken eingesetzten Rechtsgütern *ceteris paribus* eine höhere Freiheitsrelevanz zu als den zur privaten Verlustierung verwendeten. Es ist die Berufsausübung, welcher der Betroffene im Regelfall sowohl seinen wirtschaftlichen

---

[93] Auch in der herkömmlichen Notstandsliteratur ist anerkannt, daß zugunsten hoher Sachwerte leichte Eingriffe in Personenwerte vorgenommen werden dürfen (LK-*Hirsch* § 34 Rdn. 64; Sch-Sch-*Lenckner/Perron* § 34 Rdn. 26; *Jakobs* AT 13/26; *Jescheck/Weigend* AT § 33 IV 3c). Der angebliche prinzipielle Vorrang von Personengütern gegenüber Sachgütern (dafür beispielsweise LK-*Hirsch* § 34 Rdn. 56; NK-*Neumann* § 34 Rdn. 72; *Roxin* AT 1 § 16 Rdn. 25; berechtigte Einwände dagegen bei *Jakobs* AT 13/25) wird insoweit relativiert.

[94] Dieser Satz ist verallgemeinerungsfähig: Ein Gut, das der individuellen Lebensgestaltung dient, darf nicht zu Lasten des Guts einer anderen Person erhalten werden, das in deren Leben eine vergleichbare Rolle spielt. Dies gilt selbst dann, wenn der reine Vermögenswert des ersten Guts deutlich über dem des zweiten liegt. Beispiel: A darf nicht den Hund des B (Wert: 50 DM) töten, um seinen eigenen Liebling (Wert: 1000 DM) zu retten. Die Gleichheit der Funktion kompensiert hier die Ungleichheit des Vermögenswerts (überzeugend *Göbel* Einwilligung, S. 108).

[95] Nach *Jakobs* AT 13/25.

[96] Ebenso *Jakobs* aaO.

Unterhalt als auch einen erheblichen Teil seiner Selbstachtung verdankt; Verluste, die ihn in seiner Berufsausübung beeinträchtigen, wiegen deshalb deutlich schwerer als der Zwang, einen Spaziergang vorzeitig abzubrechen. Das Tun des Musikers ist mithin nach objektiv-sozialen Maßstäben weitaus weniger anstößig als das Verhalten der reichen Dame im Ausgangsfall. Dieser Umstand stärkt die Position des Musikers und gestattet es, ihn bei entsprechend großer Differenz der Güterwerte als gerechtfertigt anzusehen.

c) Inanspruchnahme von Rechtsgütern verschiedener Inhaber

Das Problem, um das es hier geht, stellt das Gegenstück zu der unter C.II.6.c) erörterten Konstellation dar. Waren es dort die *bedrohten* Rechtsgüter, die verschiedenen Inhabern zugeordnet waren, so sind es hier die *in Anspruch genommenen* Güter. Denkbar ist zunächst, daß mehrere *gleichartige* Rechtsgüter von dem Eingriff betroffen sind. Beispiel: Ein Gegenstand im Wert von 10 000 DM droht vernichtet zu werden; zu seiner Erhaltung müßten 10 Gegenstände zu je 500 DM aufgewendet werden, die im Eigentum von 10 verschiedenen Personen stehen. In bezug auf *jeden einzelnen* von ihnen überwiegt jeweils das Interesse wesentlich, den 10 000 DM werten Gegenstand zu retten. *Addiert* man hingegen die Einzelinteressen, so ist dieses Erfordernis nicht mehr erfüllt. Noch problematischer stellt sich die Situation dar, wenn *ungleichartige* Interessen von dem Eingriff betroffen sind. Beispiel: „Wenn eine abstrakte Gefährdung der Gewässerreinheit zur Durchsetzung eines an sich überwiegenden Interesses an der Erhaltung von Eigentum erlaubt ist, sollte sie dann für den Fall verboten werden, daß neben die Gewässerreinheit ein weiteres – eventuell für sich auch nicht ausreichend starkes – Interesse tritt, etwa fremdes Eigentum?“[97]

In derartigen Fällen scheint eine Addition der verschiedenen betroffenen Interessen sich dem Einwand auszusetzen, es sei nicht der Zweck der Norm, die *eines* der Interessen schützt, den Notstandseingriff nur darum zu verbieten, weil *ein anderes* Interesse hinzutritt. So läßt sich im Hinblick auf die erstgenannte Fallgruppe geltend machen: Eigentum ist ein personal gebundenes Rechtsgut, und dementsprechend schützen die Eigentumsdelikte des StGB keinen abstrakten Rechtsgüterbestand, sondern konkret-personale Güterzuordnungen. Weshalb sollte es dann aber der Person A nützen, wenn zu dem Eingriff in ihre Rechtsgüter ein Eingriff in die Interessen der Person B hinzutritt? Entsprechendes müßte dann für die zweite Fallgruppe gelten. Einige Autoren ziehen daraus den Schluß, wenn durch den Notstandseingriff Rechtsgüter verschiedener Rechtsgutsträger beeinträchtigt würden, so sei im Rahmen der Interessenabwägung jeder Eingriff selbständig und unabhän-

[97] *Jakobs* AT 13/32.

gig von dem anderen Eingriff zu würdigen.[98] Noch rigoroser ist die Position *Denckers*. Er vertritt die Ansicht, nur solche Interessen, welche der Tatbestand der vom Notstandstäter übertretenen Straf- oder Ordnungswidrigkeitsnorm unmittelbar schütze, dürften im Sinne des § 34 StGB als „beeinträchtigt" anerkannt werden.[99] Diese Auffassung hat nicht nur Auswirkungen auf die hier zur Diskussion stehenden Fälle *mehrerer* Eingriffsadressaten; sie verbietet es darüber hinaus auch, auf seiten *eines* Betroffenen andere Interessen zu berücksichtigen als dasjenige, das gerade durch den heranzuziehenden Straftatbestand geschützt wird.[100]

Zugunsten einer additiven Betrachtung auf der Eingriffsseite spricht sich *Jakobs* aus. Unter Bezugnahme auf den soeben geschilderten Fall ungleichartiger Rechtsgüter macht er geltend, dort stehe das durch den Eingriff zu wahrende Interesse (das Eigentum des Eingreifenden) jedem einzelnen Interesse, in das eingegriffen werde (entweder der Gewässerreinheit oder dem fremden Eigentum), nur vermindert um das Gewicht der zudem noch aufzuopfernden Interessen (entweder das fremde Eigentum oder die Gewässerreinheit) gegenüber, und als so gemindertes Interesse sei es kein hinreichender Grund für einen Eingriff.[101] Zur Begründung von *Jakobs'* Position ist dieser Hinweis schwerlich ausreichend. Indem man nämlich das Eingriffsinteresse in seinem Verhältnis zum Gut X von vornherein um das Gewicht des von dem Eingriff ebenfalls betroffenen Gutes Y vermindert, wiederholt man im Endeffekt lediglich die zu beweisende Behauptung: nämlich die These, *daß* das Gut Y die Abwägung zugunsten des Gutes X zu beeinflussen vermöge.

Größeren Erfolg verspricht der Verweis auf die Lösung, die für die Parallelproblematik auf der *Erhaltungsseite* gefunden worden ist.[102] Daß dort eine additive Betrachtung geboten war, ergab sich aus dem spezifischen Charakter des „Rechts des Wohls". Dieses „Recht" verkörpert den Gegenpart zum Moment abstrakter Rechtlichkeit. Während das abstrakte Recht auf die *einzelne* Person abstellt, nimmt die Moralität das Wohl *aller* bedrohten Subjekte in den Blick. Darf deshalb der Eingreifende zu seinen *Gunsten* ein buchstäblich „entgrenztes" Wohl in Anspruch neh-

---

98 Sch-Sch-*Lenckner/Perron* § 34 Rdn. 23; NK-*Neumann* § 34 Rdn. 70; *Otto* AT § 8 Rdn. 177; tendenziell auch *Merkel* Zaungäste? S. 191ff.

99 *Dencker* JuS 1979, 779; zustimmend SK-*Günther* § 34 Rdn. 41; *ders.* Strafrechtswidrigkeit, S. 104; *Janker* Aids-Tests, S. 162.

100 Ablehnend zu *Denckers* Vorschlag: KK-*Rengier* § 16 OWiG Rdn. 26; LK-*Hirsch* § 34 Rdn. 55; *Jakobs* AT 13/22; *Keller* Provokation, S. 303f; *Küper* Notstand, S. 146ff; *ders.* Staat, S. 118; *Joerden* GA 1993, 253f; *Stein/Onusseit* JA-Übungsblätter 1980, 75f; gegen die Ausklammerung mittelbarer Interessen des Eingriffsadressaten durch *Dencker* auch NK-*Neumann* § 34 Rdn. 69.

101 *Jakobs* AT 13/32.

102 Für die Übertragung der dort entwickelten Begründung auf die hiesige Konstellation plädieren auch LK-*Hirsch* § 34 Rdn. 55; *Keller* Provokation, S. 303f; *Küper* Notstand, S. 147f.

men, so kann er sich nicht beklagen, wenn dieser von ihm reklamierte Berechnungsmodus auch zu seinen *Lasten* Anwendung findet.[103] Ein weiterer Umstand kommt hinzu: Es ist in dieser Arbeit bereits mehrfach betont worden, daß die Atypizität des Notstandsrechts nur unvollständig beschreibt, wer es lediglich als Befugnis zum Eingriff in die Rechtssphäre einer bestimmten anderen Person kennzeichnet. Derjenige, der im Notstand eigenmächtig auf fremde Rechtsgüter zugreift, nimmt damit stets auch eine Ausnahme vom staatlichen Rechtsschutzvorrang – dem auf seiten der Bürger eine generelle Friedenspflicht korrespondiert – für sich in Anspruch.[104] Kurzum: Vom Notstandseingriff sind nicht nur einzelne Bürger in ihren abstrakten Rechtspositionen, sondern ist stets auch die Allgemeinheit als solche betroffen. Diesem Umstand kann nur dadurch adäquat Rechnung getragen werden, daß *sämtliche* von der Allgemeinheit zu wahrenden Freiheitsinteressen in die Abwägung einzustellen sind, gleichgültig ob sie der Allgemeinheit unmittelbar zustehen (wie beispielsweise das Rechtsgut „Umwelt“) oder ob die durch den Staat repräsentierte Rechtsgemeinschaft lediglich zu deren Hüterin bestellt ist (wie im Fall der Eigentumspositionen verschiedener Inhaber). Nicht nur die ihrerseits abstrakte *Negation* der Abstraktheit – wie auf der Erhaltungsseite –, sondern auch und vor allem deren *Fundierung* in einer überpersonal (nämlich auf die Rechtsgemeinschaft als ganze) ausgerichteten *Allgemeinheit* ist es, die auf der Eingriffsseite eine additive Betrachtung fordert.[105]

IV. Das Verhältnis zwischen Eingriffs- und Erhaltungsinteresse; das Merkmal des „wesentlichen Überwiegens“

1. Überblick

Die bislang erörterten Eingriffsvoraussetzungen haben den Bereich abgesteckt, innerhalb dessen ein *Vergleich* zwischen dem Eingriffs- und dem Erhaltungsinteresse überhaupt nur angestellt werden darf. Der Umstand, daß diese Voraussetzungen

---

[103] Daß die Eingriffsadressaten sich auf ihr (starkes) abstraktes Recht berufen können, bedeutet schließlich nicht, daß ihnen die Berufung auf das (schwächere) Recht des Wohls verwehrt wäre; immerhin soll jede abstrakt-rechtliche Position der Beförderung des Wohls ihres Inhabers dienen.

[104] Dazu oben Einl. A.

[105] Ähnlich *Küper* Notstand, S. 148; *ders.* Staat, S. 118. – Die Freiheitsbedeutung von Rechtsgütern der *Allgemeinheit* ergibt sich freilich nicht aus ihrer unmittelbaren Bedeutung für konkrete individuelle Lebenspläne, sondern aus ihrer Funktion, einer unbestimmten Anzahl von Bürgern einen verläßlichen Existenzrahmen zu bieten. Dessen Beeinträchtigung – etwa die Verschlechterung der ökologischen Beschaffenheit eines durch Fäkalien verunreinigten Feldes – *ist* der Freiheitsschaden, den der Eingreifende der Allgemeinheit zugefügt hat.

sich als recht anspruchsvoll erwiesen haben, hat zur Folge, daß im Unterschied zu der üblichen Auslegung des § 34 StGB der vergleichenden Abwägung nur eine verhältnismäßig geringe Bedeutung zukommt. Gleichgültig ist die Verhältnisbestimmung jedoch keineswegs; die Notstandsprüfung auf die bislang abgehandelten Merkmale zu beschränken, würde der freiheitstheoretischen Problematik des rechtfertigenden Notstands nicht in vollem Umfang gerecht werden. Bei der Erörterung der Fragen, wie gewichtig die notstandsbegründende Gefahrenlage mindestens sein müsse[106] und wie schwerwiegend das dem Eingriffsadressaten abverlangte Opfer allenfalls sein dürfe,[107] treten die betroffenen Interessen dogmatisch in der Gestalt zweier voneinander isolierter – eben „absoluter" – Größen auf, die dementsprechend einer je gesonderten Behandlung unterzogen werden. Dieser Art der Betrachtung läßt sich noch eine gewisse Abstraktheit vorhalten: Der konkrete Interessenkonflikt als solcher bleibt dem dogmatischen Zugriff entzogen. Die wechselseitige Bezogenheit der involvierten Freiheitsinteressen kommt lediglich auf der metadogmatischen Ebene, bei der Erörterung der freiheitstheoretischen Struktur des Notstandskonflikts zum Tragen. Dieser Stand der Dinge legt es nahe, die bisherigen Rechtfertigungsvoraussetzungen um ein weiteres Erfordernis zu ergänzen, das die betroffenen Interessen *in der konkreten Konfliktsituation* in den Blick nimmt, in welcher sie aktuell stehen. Mit der Prüfung des „wesentlichen Überwiegens" wird dieser Übergang vollzogen. Der dort geforderte unmittelbare Vergleich der kollidierenden Interessen thematisiert das Notstandsgeschehen explizit in dem ihm eigenen Konfliktcharakter. Erst damit hat die dogmatische Behandlung des rechtfertigenden Notstands dessen freiheitstheoretische Analyse voll eingeholt.

Es ist eine Banalität, daß das Eingriffsinteresse des Notstandstäters das zugunsten des Eingriffsadressaten streitende Erhaltungsinteresse überwiegen muß. Nicht mehr banal – und prompt auch umstritten – ist die Frage, wie die „Überwiegens"-Formel genau zu verstehen ist, insbesondere: wie stark das Eingriffs- das Erhaltungsinteresse überwiegen muß. Auf die bisherigen Stellungnahmen zu diesem Thema wird unter 2. eingegangen. Unter 3. wird die hiesige Position entwickelt. Die dortigen Erörterungen beschließen zugleich die Behandlung der Grundsituation des rechtfertigenden Notstands.

2. Bisherige Interpretationen des Wesentlichkeitsmerkmals

Wie stark muß das Eingriffs- das Erhaltungsinteresse überwiegen, um die Notstandstat rechtfertigen zu können? Einen bedeutsamen Anhalt zur Beantwortung dieser Frage bietet der Wortlaut des § 34 S. 1 StGB; danach ist erforderlich, daß

---

[106] Dazu unter C II.
[107] Dazu soeben unter III.

das geschützte Interesse das beeinträchtigte „wesentlich" überwiegt. Der Streit, der innerhalb der Notstandsdogmatik über Inhalt und Reichweite der Überwiegensklausel herrscht, kreist dementsprechend um die Auslegung des Worts „wesentlich".

Wer die „Interessenabwägung" als umfassende Abwägung aller irgendwie entscheidungserheblichen Gesichtspunkte versteht, der kann dem Merkmal der „Wesentlichkeit" neben dieser Gesamtabwägung keine eigenständige systematische Funktion mehr zuerkennen. Als einer der profiliertesten Vertreter der Gesamtabwägungslehre hat *Küper* diesen Zusammenhang auf den Begriff gebracht. „Abwägung" ist in *Küpers* Worten „im Grunde nur eine plastisch-bildhafte Metapher" für die normative *Präferenzentscheidung* darüber, welches Interesse in der konkreten Konfliktlage unter allen maßgeblichen Wertgesichtspunkten *vorzugswürdig* sei.[108] Diese Entscheidung könne zugunsten des wahrgenommenen oder des verletzten Interesses, sie könne auch „indifferent" ausfallen, als Zu- oder Aberkennung einer Präferenz sei sie jedoch nicht „graduell" quantifizierbar.[109] Dem Wesentlichkeitserfordernis kommt nach diesem Verständnis lediglich die Funktion einer erkenntnisleitenden „Warn- und Kontrollklausel" zu; das positive Abwägungsresultat müsse *zweifelsfrei* und *eindeutig* ausfallen.[110] Dem Eingriffsadressaten wird danach zwar das (wegen der Bewertungsunsicherheiten im Bereich des Notstands durchaus beträchtliche) „Beurteilungsrisiko" weitgehend abgenommen;[111] einen weitergehenden Schutz verschafft ihm das Wesentlichkeitsmerkmal jedoch nicht.

Im Unterschied zu dieser in sich geschlossenen Position verwickeln diejenigen Autoren, die das generelle Bekenntnis zur Gesamtabwägungsthese mit einem Verständnis der „Wesentlichkeit" im Sinne eines qualifizierten Überwiegens verknüpfen,[112] sich in einen axiologischen Widerspruch. Exemplarisch sind insofern die Ausführungen *Hirschs*, der gegen die von *Küper* begründete Position folgendes geltend macht: „Wenn ... eine drohende Eigentumsschädigung von 50 000 DM nur dadurch abgewendet werden kann, daß man das Eigentum eines anderen in Höhe von 48 000 DM schädigt, so liegt bereits ein zweifelsfreies Interessenübergewicht auf

---

108 *Küper* Notstand, S. 28f; *ders.* GA 1983, 295.

109 *Küper* GA 1983, 295; vgl. auch *Lenckner* GS Noll, S. 248.

110 *Küper* aaO S. 296f; anders („disproportionaler Abstand") noch *ders.* Notstand, S. 106. – Ebenso *Lackner/Kühl* § 34 Rdn. 6; Sch-Sch-*Lenckner/Perron* § 34 Rdn. 45; *Baumann/Weber/Mitsch* AT § 17 Rdn. 82; *Bockelmann/Volk* AT, S. 99; *Eser/Burkhardt* Strafrecht I, Fall 12 A 36; *Gropp* AT § 6 Rdn. 136; *ders.* Schwangerschaftsabbruch, S. 98; *Jescheck/Weigend* AT § 33 IV 3c; *Kühl* AT § 8 Rdn. 99ff; *Roxin* AT 1 § 16 Rdn. 77f; *ders.* FS Oehler, S. 184f; *Wessels/Beulke* AT Rdn. 295; *Lenckner* GS Noll, S. 251f.

111 Sch-Sch-*Lenckner/Perron* § 34 Rdn. 45; *Kühl* AT § 8 Rdn. 101; *Roxin* AT 1 § 16 Rdn. 78f.

112 KK-*Rengier* § 16 OWiG Rdn. 38; LK-*Hirsch* § 34 Rdn. 76; *Freund* AT § 3 Rdn. 66; *Janker* Aids-Tests, S. 189f; *Krey* Rechtsprobleme Rdn. 585; *Bergmann* JuS 1989, 111.

seiten des in Gefahr geratenen Rechtsguts vor, weshalb die dies als ausreichend ansehende Auffassung hier konsequenterweise Zulässigkeit der Notstandshandlung anzunehmen hätte. Ein solches Ergebnis wäre jedoch weder gesetzesgemäß noch sachentsprechend“[113]. Daß dies nicht dem Selbstverständnis der von *Hirsch* kritisierten Autoren entspricht, zeigt eine Bemerkung *Roxins*, der sogar über ein Verhältnis von 80 000 DM zu 5 000 DM sagt, „viel geringer hätte der Unterschied aber auch nicht sein dürfen“[114]. Die Inkonsequenz *Hirschs* besteht darin, daß er sich entgegen seinem grundsätzlichen Bekenntnis zur Gesamtabwägungslehre bei der Auslegung des „Wesentlichkeits“-Merkmals auf eine bloße Güterabwägung beschränkt; *Roxins* Beispiel beruht demgegenüber auf der (innerhalb der Gesamtabwägungslehre folgerichtigen) Annahme, daß dem „Autonomieprinzip“ ein beträchtliches Gewicht innerhalb der Interessenabwägung zukomme. Unter den Prämissen der Gesamtabwägungslehre ist *Küpers* „minimalistische“ Interpretation des Wesentlichkeitserfordernisses systematisch zwingend: Wenn man *alle* beurteilungsrelevanten Gesichtspunkte schon in die Interessenabwägung einbezieht, dann verarbeitet diese Abwägung die normative Problematik in der Tat vollständig, mit der Konsequenz, daß das Ergebnis der Abwägung, so „knapp“ es möglicherweise ausfallen mag, abschließend sein muß. Es liefe auf eine unzulässige *Doppelverwertung von Argumenten* hinaus, wenn man einige Beurteilungsgesichtspunkte (etwa den Aspekt der „besonderen Schutzwürdigkeit des Eingriffsopfers“) hernach *nochmals* verwenden würde, um das zunächst ermittelte Ergebnis unter Berufung auf die Wesentlichkeitsklausel erneut in Frage zu stellen. Nimmt man die Gesamtabwägungslehre ernst, so taugt die „Wesentlichkeit“ ebensowenig als zweite Bewertungsstufe wie die „Angemessenheit“[115].

Die Mängel der Gesamtabwägungsthese, auf der diese „Wesentlichkeits“-Interpretation beruht, sind bereits zu Beginn des vorliegenden Kapitels – unter B. – aufgezeigt worden: Eine umfassende, d. h. eine sämtliche Einzelgesichtspunkte berücksichtigende und damit zugleich relativierende Gesamtabwägung läßt sich weder mit den legitimationstheoretischen Rahmenbedingungen noch mit der positiv-rechtlichen Ausgestaltung des rechtfertigenden Notstands in Einklang bringen. Im Abschnitt B. ist ferner nachgewiesen worden, daß zwischen der für die Grundsituation des rechtfertigenden Notstands angemessenen *Zuständigkeitsverteilung* und der *rechtsgutsbezogenen Anwendung* der zuvor ermittelten Maßstäbe strikt unterschieden werden muß. Beiden Untersuchungsstufen ist ein je eigener Kreis von Beurteilungsgesichtspunkten zugeordnet: Um die legitimationstheoretische *Berechtigung*

---

113 LK-*Hirsch* § 34 Rdn. 76.

114 *Roxin* AT 1 § 16 Rdn. 42.

115 Zur Diskussion um den systematischen Stellenwert der Angemessenheitsklausel oben III.2.

der Interessenabwägungsformel nachzuweisen, darf ausschließlich auf zuständigkeitsbezogene Momente zurückgegriffen werden; bei der *Handhabung* der Formel dürfen dagegen nur rechtsgutsbezogene Aspekte herangezogen werden. Mit dieser Differenzierung ist der soeben geschilderten Auslegung des Worts „wesentlich" der Boden entzogen. Sobald man nämlich bestimmte Beurteilungsgesichtspunkte (hier: die gesamte Gruppe der zuständigkeitsbezogenen Momente) aus der Interessenabwägung heraushält, verschafft man sich die Möglichkeit, die betreffenden, noch „unbesetzten" Gesichtspunkte zur Legitimation einer eigenständigen weiteren Prüfungsstufe, eben jener der „Wesentlichkeit", heranzuziehen; der Vorwurf der „Doppelverwertung" läßt sich gegen ein solches Vorgehen nicht mehr erheben. Diese Feststellung schreibt dem Merkmal der „Wesentlichkeit" noch keinen positiven Inhalt zu; sie zeigt aber, daß das Bemühen um eine solche Auslegung methodisch legitim ist.

Im neueren Schrifttum zur „Wesentlichkeit" findet sich noch eine weitere restriktive Position. Ihr liegt eine „utilitaristische" Deutung des rechtfertigenden Notstands zugrunde. Die Notstandsregelung dient diesem Verständnis gemäß primär dem (angeblichen) gesellschaftlichen Interesse an der Erhaltung eines möglichst großen Gesamt-Güterbestands. Im vorliegenden Zusammenhang sind zwei Konsequenzen dieser Auffassung von Bedeutung. Erstens dürfen danach im Rahmen der Abwägung (§ 34 S. 1 StGB) nur rechtsgutsbezogene Interessen berücksichtigt werden. Diese Auffassung entspricht im Ergebnis der hier vertretenen, unterscheidet sich in der Begründung aber tiefgreifend von dieser. Zweitens erscheint in „utilitaristischer" Perspektive das Erfordernis des „wesentlichen" Überwiegens als eine dysfunktionale (und deshalb nach Möglichkeit eng auszulegende) Modifizierung des Gütermaximierungsgedankens; denn auch ein geringer Gesamtnutzen ist immerhin ein Nutzen.[116] Dementsprechend versteht *Meißner*, einer der Hauptvertreter einer „utilitaristischen" Lesart der Notstandsregelung, das Erfordernis der Wesentlichkeit lediglich als „Evidenzregel": Das Überwiegen müsse von vornherein einleuchten.[117] Bei oberflächlicher Betrachtung scheint diese Position der auf *Küper* zurückgehenden Auffassung zu entsprechen; tatsächlich jedoch besteht zwischen den beiden Auffassungen ein beträchtlicher Unterschied. Die Interpretation *Küpers* hatte einen *methodischen* Ausgangspunkt – die Gesamtabwägungsthese in Verbindung mit dem Verbot der Doppelverwertung von Argumenten. Die Auslegung *Meißners* beruht dagegen auf einem spezifischen *legitimationstheoretisch-inhalt-*

---

[116] Dies unterstreicht, freilich in kritischer Absicht, auch NK-*Neumann* § 34 Rdn. 10.

[117] *Meißner* Interessenabwägungsformel, S. 220; ähnlich schon *Merkel* Kollision, S. 79. – Noch weitergehend sieht *Delonge* Interessenabwägung, S. 168f die Rettungshandlung schon bei Kollision *gleichwertiger* Interessen für gerechtfertigt an.

lichen Fundament – der These vom „utilitaristischen“ Grundcharakter des rechtfertigenden Notstands. Nach den Überlegungen des 1. Kapitels ist dieser Ansatz allerdings ebensowenig überzeugend wie jener: Konsequent durchgeführt, negiert er die Personalität des Eingriffsadressaten. Mit Blick auf die gewünschten Ergebnisse modifiziert, ergibt er keinen Begriff des rechtfertigenden Notstands mehr.[118] Ist somit die „utilitaristische“ Notstandsdeutung bereits im Prinzip verfehlt, so gilt Gleiches für die auf ihrer Grundlage entwickelten Einzelinterpretationen.

3. Hiesige Position

Die hiesige Notstandskonzeption kommt aufgrund der unter B. angestellten Überlegungen in *einem* Punkt mit der Position *Meißners* überein: Nach beiden Ansichten ist das Abwägungsmaterial, auf das sich das Entscheidungskriterium des „wesentlichen Überwiegens“ bezieht, auf *rechtsgutsbezogene Gesichtspunkte* zu beschränken. Die Konsequenzen für die Auslegung des Wesentlichkeitsmerkmals, die der hiesige Ansatz aus diesem Befund zieht, sind allerdings andere als die von *Meißner* angenommenen. Eine legitimationstheoretisch adäquate Behandlung dieses Merkmals hat – wieder einmal – bei der Erkenntnis anzusetzen, daß die abstrakt-rechtliche Ausgangsposition des Eingriffsadressaten in der Notstandsregelung *aufgehoben bleiben* muß. Das „Aufgehoben-Bleiben“ beinhaltet eine materielle und eine begrifflich-formelle Komponente.[119] Die *materielle* Komponente besagt, daß die abstrakt-rechtliche Position ihrer inhaltlichen Substanz nach erhalten bleiben muß, also nur in ihren „Randzonen“ beeinträchtigt werden darf. Dieser Gesichtspunkt hat bei der Fixierung der absoluten Aufopferungsgrenze – unter III.4. – seinen Niederschlag gefunden. Hinzu tritt die *begrifflich-formelle* Komponente. Danach muß der Eigenwert, welcher der Kategorie abstrakt-rechtlicher Freiheit bereits an sich, also unabhängig von dem konkreten Inhalt der jeweils betroffenen Position zukommt, innerhalb der Notstandsregelung angemessen honoriert werden. Dies geschieht zum einen dadurch, daß nicht der gesamte Personalitätsbereich des Betroffenen in die (relativierende) Abwägung einbezogen wird. Zum anderen aber manifestiert sich der Respekt vor der abstrakt-rechtlichen Position des Eingriffsadressaten auf formell-begrifflicher Ebene darin, daß der Wortsinn von „wesentlich“ ernstgenommen und nicht reduktionistisch verkürzt wird.

Es konnte vorstehend gezeigt werden, daß die Notstandsregelung erst auf der Stufe des konkreten Interessenvergleichs ihren systematisch gebotenen Abschluß

---

[118] 1. Kap. B.II.3; III.2.c).
[119] Näher dazu oben III.2.

erreicht: Zwar besteht die *legitimationstheoretische Aufgabe* der Notstandsinterpretation insgesamt darin, die bestehende (Interessen-)Diskrepanz zwischen den Konfliktparteien so aufzulösen, daß deren rechtliche Verbundenheit dadurch nicht gesprengt (sondern lediglich in komplexerer Weise bestätigt) wird. Nur unter dieser Voraussetzung läßt sich der rechtfertigende Notstand als ein Institut des *Rechts* ausweisen. Die *dogmatische Umsetzung* dieses Ansatzes hat sich in den vorangegangenen Unterabschnitten jedoch auf die *absoluten* (und insofern weitgehend kontextunabhängigen) Voraussetzungen und Grenzen einer Notstandsinanspruchnahme konzentriert. Erst auf der Stufe der Interessenabwägung findet der Konflikt zwischen den Notstandsbeteiligten seinen unmittelbaren dogmatischen Ausdruck. Dann aber muß auch, ja gerade auf dieser Stufe die freiheitstheoretische Bedeutsamkeit der Position des Eingriffsadressaten bestätigt werden. Gerade hier, wo die Interessenkollision dogmatisch allererst *als Konflikt* wahrgenommen und thematisiert wird, darf die Manifestation des Eigenwerts abstrakter Rechtlichkeit nicht gleichsam in die zweite Reihe abgedrängt und darf daher auch der positiv-rechtliche Platzhalter dieses Eigenwerts, das Wesentlichkeitsmerkmal, nicht marginalisiert werden.

Es genügt deshalb nicht, daß die Interessenbilanz einfach – wenn auch eindeutig – positiv ist; dies fordert sogar die „utilitaristische" Notstandskonzeption *Meißners*, die sich doch gerade die Mißachtung der Personalität des Eingriffsadressaten vorhalten lassen muß. Die Interessenbilanz muß vielmehr *erheblich* positiv ausfallen.[120] Solidarität kann mit anderen Worten nicht schon verlangt werden, wenn sich dies per Saldo lohnt, sondern erst, wenn der Saldo die Notwendigkeit nachdrücklich indiziert.[121] So darf ich zwar Güter im Wert von 1000 DM zerstören, um Güter im Wert von 5000 DM zu retten; viel weniger drastisch darf die Differenz indes nicht ausfallen. Ein Verhältnis von 1:2 beispielsweise wäre zu wenig. Daß die Bewertung und der Vergleich von Interessen beträchtliche methodische Schwierigkeiten zu meistern haben, bedarf kaum der Hervorhebung.[122] Jedoch sind diese Probleme keineswegs unüberwindlich.[123] Zu Recht bemerkt *Griffin*: „Our powers of measurement may be limited. But our demand on measurement may also be limited"[124]. Im

---

[120] Ebenso NK-*Neumann* § 34 Rdn. 9, 11f, 21, 67; *Jakobs* AT 13/33; *Renzikowski* Notstand, S. 241; *Frister* GA 1988, 293 Fn. 5; *Joerden* ARSP 74 (1988) 321. – Aus der älteren Literatur: *Heinitz* Rechtswidrigkeit, S. 38; *Henkel* Notstand, S. 89.

[121] Ähnlich *Jakobs* AT 13/33.

[122] Dieser Umstand ist bereits früh betont worden; vgl. etwa *v. Bar* Gesetz und Schuld, Bd. III, S. 250ff; *Fischer* Rechtswidrigkeit, S. 226f; *Oetker* FG Frank, Bd. I, S. 384. – Aus der neueren Literatur: *Renzikowski* Notstand, S. 39ff.

[123] So bereits *Merkel* Kollision, S. 77f sowie *Henkel* Notstand, S. 84.

[124] *Griffin* Well-Being, S. 75.

Kontext des Notstands geht es nicht um Rechenkunststücke,[125] sondern darum, Wertungen, die stets mit einer gewissen Unschärfe behaftet sind, rational nachvollziehbar zu begründen. Ein Überwiegen, welches so beträchtlich ist, daß es das Prädikat der „Wesentlichkeit" verdient, wird sich in den meisten Fällen mit hinreichender Sicherheit feststellen lassen. Zudem ist der Unschärfebereich nach der hiesigen Ansicht weitaus geringer als er es im Gefolge der Gesamtabwägungsthese ist. Während dort *sämtliche* Umstände der Notstandslage, die das wesentliche Überwiegen des Erhaltungsinteresses begründen, in die Interessenabwägung einbezogen werden, dürfen nach hiesiger Ansicht bei der Durchführung der Abwägung bekanntlich nur *rechtsgutsbezogene* Gesichtspunkte Berücksichtigung finden.[126] Zahlreiche der Probleme, die bei der Ermittlung des Freiheitswerts von Rechtsgütern auftreten, sind außerdem bereits an früherer Stelle angesprochen worden; die dortigen Überlegungen gelten hier entsprechend.[127] Das verbleibende Bewertungsrisiko hat der Eingreifende zu tragen.[128]

Damit ist die Erörterung der Rechtfertigungsvoraussetzungen in der Grundsituation des rechtfertigenden Notstands zum Abschluß gelangt. Es hat sich gezeigt, daß der Rechtfertigung eines Notstandstäters deutlich höhere Hürden entgegenstehen als dies gewöhnlich angenommen wird. Rechtliche Freiheit hat ihren Preis. Die Pflicht, zufällige Verluste grundsätzlich zu ertragen, ist ein Teil davon.

---

125 Zutreffend *Montenbruck* In dubio pro reo, S. 128f.

126 Der Umstand, daß darüber, welche Gesichtspunkte beurteilungsrelevant sind, weitgehend Einigkeit herrscht und der Streit im wesentlichen nur deren Lozierung innerhalb der Notstandsprüfung betrifft, führt freilich dazu, daß die beiden Auffassungen zumeist zu den gleichen Ergebnissen gelangen werden (so auch *Jakobs* AT 13/33 Fn. 71a; *Merkel* Zaungäste? S. 190; *Mitsch* JuS 1989, 965). *Günther* meint sogar, es bestehe hier „nur ein terminologischer Dissens" (*Günther* JR 1985, 273 Fn. 66; zur inhaltlichen Gleichsetzung beider Positionen neigt auch *Stratenwerth* AT § 9 – vgl. Rdn. 105 einerseits, Rdn. 108 andererseits). Dennoch ist der Meinungsstreit nicht gleichgültig, führt er doch auf der Ebene einer Detailfrage eine *grundsätzliche* Kontroverse über Legitimationsgrund und systematische Struktur des rechtfertigenden Notstands fort.

127 Auf eine Besonderheit, die die Anwendung der Interessenabwägungsformel mit sich bringt, sei allerdings ausdrücklich hingewiesen. Die weitgehende Ausblendung der konkreten Konfliktsituation, welche die Bestimmung der absoluten Eingriffsvoraussetzungen und -grenzen kennzeichnete, erlaubte es, die Position des Notstandspflichtigen nicht nur beschränkt auf ihre unmittelbar in den Konflikt involvierten Komponenten, sondern umfassend in den Blick zu nehmen, insbesondere also auch die gesetzlichen Ersatzansprüche zu berücksichtigen. Thematisiert man auf der Stufe der Interessenabwägung hingegen den Konflikt als solchen, so legt man sich darauf fest, das *Eingriffsgeschehen selbst* zu bewerten. Hier muß deshalb gelten: Nur die unmittelbar konfligierenden Gutsinteressen können Berücksichtigung finden, nicht hingegen etwaige Sekundäransprüche; der Bezug auf die aktuelle Konfliktsituation, der die Beurteilungsperspektive jetzt definiert, begrenzt sie zugleich. Wie auch sonst im Leben, korrespondiert dem Zuwachs an Breite ein Verlust an Tiefe.

128 *Jakobs* AT 13/35.

F. Sonder- und Grenzfälle des rechtfertigenden Notstands

I. Überblick

In den vorigen Abschnitten ist die *Grundsituation* des rechtfertigenden Aggressivnotstands erörtert worden. Bei ihr handelte es sich um eine quasi-institutionell begründete Rechtsbeziehung zwischen einander im übrigen fremden Bürgern; sonstige zuständigkeitsrelevante Faktoren spielten dort definitionsgemäß keine Rolle. Der vorliegende Abschnitt widmet sich der Frage, ob und gegebenenfalls in welchem Ausmaß sich die vorstehend entwickelten Maßstäbe der Konfliktlösung verschieben, wenn die *Konfliktsituation komplexer beschaffen* ist. „Komplexer" besagt im hiesigen Zusammenhang, daß die Notstandslage *zusätzliche Merkmale* aufweist, die für die Zuweisung von Zuständigkeiten an die einzelnen Beteiligten des Konflikts von Bedeutung sind. Derart beschaffene Konfliktsituationen sind es, die hier unter dem Titel von *Grenz- und Sonderfällen* des rechtfertigenden Notstands zusammengefaßt werden. Unter welchen Voraussetzungen und in welchem Ausmaß trifft den Notstandstäter bzw. den Eingriffsadressaten hier eine *gesteigerte* Pflicht des Inhalts, die Kosten des Konflikts auf sich zu nehmen, also die Notlage bzw. den Notstandseingriff zu ertragen?

Weitgehend einig ist die neuere Notstandsdogmatik sich lediglich darin, daß Faktoren wie eine besondere Gefahrtragungspflicht oder die „Verschuldung" der Notstandslage durch den Gefährdeten die Anforderungen an die Notstandsrechtfertigung erhöhen und daß umgekehrt die Situation des sogenannten Defensivnotstands eine Herabsetzung dieser Anforderungen nach sich zieht. Zahlreiche Einzelheiten sowohl systematischer als auch inhaltlicher Art sind dagegen nach wie vor ungeklärt.[1] Die Frage nach dem *systematischen Ort* der genannten Gesichtspunkte ist bereits unter B. beantwortet worden. Entgegen der herrschenden Güterabwägungslehre wurde dort gezeigt, daß in die Abwägung nach § 34 S. 1 StGB nur rechtsgutsbezogene Gesichtspunkte einbezogen werden dürfen; die – hier einschlägigen – zuständigkeitsbezogenen Faktoren beeinflussen ausschließlich die Formulierung der einschlägigen Eingriffsnorm als solche. Dies hat zur Konsequenz, daß es nicht eine, *die* Norm über den rechtfertigenden Notstand, sondern eine Vielzahl derartiger Normen gibt. Ihre systematische Verbundenheit gewährleistet nicht eine einzelne Vorschrift des positiven Rechts (§ 34 StGB), sondern die ihnen allen zugrundeliegende freiheitstheoretische Struktur – eine Struktur, die sich in ihrer vollen Komplexität freilich nur demjenigen erschließt, der es auf einer nochmals höheren Abstraktionsstufe unternimmt, das Rechtsinstitut des Notstands in einer Theorie der allgemeinen Figuren strafrechtlicher Zuständigkeitsbegründung zu verankern.

[1] *Bernsmann* „Entschuldigung", S. 395.

Ein Modell der allgemeinen Figuren strafrechtlicher Zuständigkeitsbegründung ist in der Einleitung zu der vorliegenden Arbeit skizziert worden. Danach sind zwei Typen zuständigkeitsbegründender Tatbestände zu unterscheiden: die *unmittelbaren Korrelate* und die *institutionellen Ermöglichungsbedingungen* von Organisationsfreiheit. Zu den Tatbeständen der *ersten Gruppe* gehören vor allem die tatsächliche Übernahme und das zurechenbar-gefährliche Vorverhalten. Beide Tatbestände konkretisieren die Kategorie der *Folgenverantwortung*. Ihre soziale Funktion besteht jeweils darin, die Identität, welche eine Person sich gegenüber ihrer sozialen Umwelt eigenverantwortlich gegeben hat, über den Zeitablauf hinweg sicher- und damit ein „Heilmittel gegen Unabsehbarkeit“[2] bereitzustellen.[3] „Das Individuum muß im Handlungskontext *mit sich identisch* sein, wenn die im Erkennen und Wollen immer schon mitintendierte Kooperation effektiv sein soll“[4]. Die Existenz eines komplexen, auf einem hohen Niveau der Arbeitsteilung beruhenden Systems gesellschaftlicher Kooperation ist ohne eine solche Garantie nicht vorstellbar.[5] In freiheitstheoretischer Wendung besagt dies: Indem das Recht die einzelne Person prinzipiell an den Konsequenzen ihres vergangenen Verhaltens festhält, gewährleistet es den übrigen Bürgern verläßliche „Randbedingungen“ für ihr eigenes Planen und Handeln. Damit konkretisiert das Recht den Respektierungsanspruch der Betreffenden. Letztlich wurzelt der Satz über die Verknüpfung von Handlungsfreiheit und Folgenverantwortung also in der Grundnorm des abstrakten Rechts: Fremde Rechtssphären sind zu respektieren. Eine *zweite Gruppe* von Figuren der Zuständigkeitsbegründung wird hier unter dem Oberbegriff der *institutionellen Ermöglichungsbedingungen von Organisationsfreiheit* zusammengefaßt. Die Pflichten dieser Gruppe treffen vor allem Amtsträger[6] sowie Eltern im Verhältnis zu ihren minderjährigen Kindern.[7] Sie sichern solche „Hintergrundsleistungen“ ab, deren Erfüllung allererst gewährleistet, daß auch eine Rechtsordnung, die von dem Gedanken *negativer* Freiheit ausgeht, im Regelfall jenes Maß an *positiver* Freiheitlichkeit repräsentiert, welches die – insoweit im modernen Rechtsbewußtsein fest verankerte – Idee des Rechts verlangt.[8]

Organisationszuständigkeit und institutionelle Zuständigkeit haben ihren traditionellen Hauptanwendungsbereich in der Lehre von den Garantenstellungen. Es

---

[2] *Arendt* Vita Activa, S. 231, bezogen auf das Versprechen.

[3] Treffend *Hegel* Jenaer Systementwürfe III, S. 211.

[4] *Gerhardt* Selbstbestimmung, S. 286.

[5] Mit Recht bezeichnet *Jakobs* (zuletzt in: FS Hirsch, S. 48) das „Synallagma von Handlungsfreiheit und Folgenverantwortung“ als „die überhaupt wichtigste Institution der Gesellschaft“.

[6] Dazu *Verf.* ZStW 111 (1999) 341ff.

[7] Zur institutionellen Qualität dieser Beziehung *Verf.* Betrug, S. 136f.

[8] Ausführlicher dazu *Verf.* aaO S. 135ff, 194ff.

hieße indes das systematische Potential dieser Begründungsfiguren gröblich zu unterschätzen, wenn man ihnen lediglich zutraute, die Voraussetzungen anzugeben, unter denen von einer *Begehungsgleichheit des Unterlassens* die Rede sein kann. Über dieses enge Verständnis der Garantenstellungen geht eine neuere, von *Jakobs* begründete Ansicht in einem wichtigen Punkt hinaus; danach kann auch einem *Begehungstäter* ein schädigender Erfolg nur dann zugerechnet werden, wenn ihn eine Garantenpflicht zur Erfolgsabwendung traf.[9] Aber auch dieses erweiterte Garantenverständnis schöpft die dogmatischen Möglichkeiten nicht vollständig aus, die der Umgang mit den hier zugrundegelegten Figuren der Zuständigkeitsbegründung eröffnet. Sie stellen die *erste Entfaltungs- und Konkretisierungsstufe* des – selbst noch auf dem Gedanken der *Einheit* von Recht und Pflicht beruhenden – grundlegenden Rechtsprinzips der Autonomie dar.[10] Deshalb sind sie *überall dort* von Bedeutung, wo es im Strafrecht um die Begründung von Zuständigkeiten geht – also auch im Bereich des rechtfertigenden Notstands.[11]

Eine Garantenlehre nach Art der formellen Rechtsquellenlehre, die sich in der summierenden Aneinanderreihung einzelner Tatbestände der Zuständigkeitsbegründung erschöpft, ohne die Voraussetzungen der einzelnen Fallgruppen aus einem inhaltlich gehaltvollen System von Oberbegriffen abzuleiten, verstellt sich die Einsicht in diese Zusammenhänge bereits im Ansatz.[12] Gleiches gilt für die in der neueren Literatur herrschende Funktionenlehre, die mit ihren Systematisierungsbemühungen statt beim Rechtsgrund der verschiedenen zuständigkeitsbegründenden Tatbestände bei deren vermeintlich unterschiedlichem Inhalt ansetzt. Tatsächlich jedoch sind die von der Funktionenlehre unterschiedenen Typen von Garantenstellungen inhaltlich austauschbar – ein Umstand, der zeigt, daß die Funktionenlehre letztlich einer phänomenologischen Betrachtungsweise verhaftet bleibt.[13] Auch diese Konzeption ist deshalb nicht dazu in der Lage, eine Lehre von den allgemeinen Figuren strafrechtlicher Zuständigkeitsbegründung zu tragen. Der hiesige Ansatz vermeidet die Schwächen beider Ansichten: Im Unterschied zur Funktionenlehre werden die zuständigkeitsbegründenden Tatbestände hier nicht von ihrem angeblichem Inhalt, sondern von ihren Rechtsgründen her entwickelt; im Gegensatz zur formellen Rechtsquellenlehre aber werden die verschiedenen in Betracht kommenden Rechtsgründe nicht einfach aufgelesen und aneinander-

---

[9] Grundlegend *Jakobs* Tun und Unterlassen, S. 19ff.

[10] Einl. D.

[11] Eine maßgebliche Rolle spielen sie beispielsweise auch für die Auslegung des Betrugstatbestandes; dazu *Verf.* Betrug, S. 127ff (Allgemeines), 139ff (Täuschung), 205ff (Dreiecksbetrug). – Daß das Garantenprinzip ein „wesentliches Strukturelement des gesamten Strafrechts" darstelle, betont auch *Marxen* Notwehr, S. 41.

[12] Weitere Kritik an dieser Lehre bei *Rudolphi* Gleichstellungsproblematik, S. 27ff.

[13] Dazu im einzelnen *Verf.* ZStW 111 (1999) 338ff.

gereiht, sondern aus übergeordneten strafrechtlichen Systemgrundsätzen – letztlich dem Autonomieprinzip – abgeleitet.

Aus diesem Grund wird hier nicht etwa behauptet, die Lehre von den Garantenstellungen lasse sich gleichsam Punkt für Punkt auf die hiesige Fragestellung übertragen. Diese Lehre stellt nach hiesigem Verständnis lediglich einen speziellen Anwendungsfall von Grundsätzen dar, die in gegebenenfalls entsprechend modifizierter Form auch für sonstige Fälle der Begründung und Verteilung von Zuständigkeiten, etwa im Bereich des rechtfertigenden Notstands, von Bedeutung sind. Deshalb ist die hier vertretene Position nicht den Bedenken ausgesetzt, die *Neumann* und *Küper* gegen die verbreitete Behandlung von Garantenpflichten als besondere Gefahrtragungspflichten im Sinne der Notstandsregelung[14] erheben. *Neumann* macht geltend, eine Garantenpflicht *erweitere* zwar die Rechtsposition des Begünstigten, indem sie ihm einen strafrechtlich abgesicherten Anspruch auf aktive Hilfeleistung gebe; sie *verstärke* aber nicht seine Rechtsposition, d. h. sie führe nicht zu einer Intensivierung seiner Abwehrrechte.[15] In die gleiche Richtung zielt der Einwand *Küpers*: Der Solidaritätsgedanke gebe im Bereich der Garantenlehre nur den Entstehungsgrund der Handlungspflicht an und erkläre ihren Garantiecharakter, d.h. ihre Qualität als Erfolgsabwendungspflicht. Darin liege aber keine zureichende Begründung dafür, daß die Rechtsgüter des Garanten im „Innenverhältnis" – gegenüber verletzenden oder gefährdenden Eingriffen des Pflichtdestinatärs – weniger schutzwürdig seien als außerhalb der Solidaritätsbeziehung.[16] In der Tat erklärt sich dies nicht aus der den Garanten treffenden Erfolgsabwendungspflicht als solcher. Der gemeinsame Oberbegriff der herkömmlichen Garantenlehre und der hiesigen Konzeption von den notstandsrelevanten Sonderzuständigkeiten ist jedoch nicht derjenige der „Erfolgsabwendungspflicht", sondern derjenige der „Zuständigkeit". So wie dem Zuständigen in seiner Eigenschaft als Garant eine spezifische Erfolgsabwendungspflicht obliegt, so treffen ihn in seiner Eigenschaft als Beteiligter an einem Notstandskonflikt erhöhte Duldungspflichten; dabei handelt es sich um nichts Spektakuläreres als um die „zwei Seiten der Medaille Sonderpflicht"[17].

---

[14] In diesem Sinne LK-*Hirsch* § 34 Rdn. 67; Sch-Sch-*Lenckner/Perron* § 34 Rdn. 34; *Bockelmann/Volk* AT, S. 100; *Hruschka* AT, S. 145 ff; *ders.*, JuS 1979, 392 f; *Jakobs* AT 13/28; *Kühl* AT § 8 Rdn. 149; *Jescheck/Weigend* AT § 33 IV 3c; *Roxin* AT 1 § 16 Rdn. 57; *Janker* Aids-Tests, S. 173, 180; *Lenckner* Notstand, S. 101 f; *Lugert* Gefahrtragungspflichtige, S. 17, 43, 47; *Bernsmann* FS Blau, S. 36; *Hilgendorf* JuS 1993, 101.

[15] NK-*Neumann* § 34 Rdn. 102 (Hervorhebungen hinzugefügt).

[16] *Küper* Pflichtenkollision, S. 108.

[17] Treffend *Janker* Aids-Tests, S. 180. – Auch *Küper* erkennt beruflichen Gefahrtragungspflichten sowie dem Vorverschulden des Gefährdeten Notstandsrelevanz zu (Nachweise oben B.III. Fn. 58). Damit inkorporiert er der Sache (wenn auch nicht dem Begriff) nach die aus der allgemeinen Garantenlehre wohlbekannten Figuren der tatsächlichen Übernahme, der institu-

Zur Begründung notstandsrelevanter Sonderzuständigkeiten stehen als Ergebnis der vorangegangenen Überlegungen *nur solche* Argumentationsfiguren zur Verfügung, die unmittelbare oder mittelbare Ausprägungen der rechtlichen Autonomie des Betroffenen darstellen. Umgekehrt *müssen* diese Argumentationsfiguren im Rahmen der Notstandsprüfung berücksichtigt werden, weil der rechtfertigende Notstand ansonsten nur unvollständig in das strafrechtliche Zuständigkeitssystem integriert wäre.[18] Der Umstand, daß zwischen den Garantenstellungen im engeren Sinne und den notstandsrelevanten Sonderzuständigkeiten beträchtliche Parallelen bestehen, bedeutet freilich nicht, daß sämtliche der in Betracht kommenden Begründungsfiguren im vorliegenden Zusammenhang gleichermaßen bedeutsam wären. Die *institutionellen Zuständigkeiten*, aber auch die Zuständigkeit kraft *tatsächlicher Übernahme* können verhältnismäßig knapp abgehandelt werden;

---

tionell begründeten Sonderpflichten und der Ingerenz in die Notstandsdogmatik. Daß er das in der allgemeinen Garantenlehre nicht weniger fest etablierte Eltern-Kind-Verhältnis aus dem Notstandskontext ausschließen will (vgl. *Küper* Pflichtenkollision, S. 107ff), erscheint vor diesem Hintergrund axiologisch wenig überzeugend. – NK-*Neumann* § 34 Rdn. 103 bemerkt ergänzend, die von ihm abgelehnte Auffassung führe zu der „kaum akzeptablen Konsequenz", daß der gefährdete Garant im weiteren Umfang auf die Rechtsgüter Dritter als auf die des von der Garantenpflicht Begünstigten zugreifen dürfe. Weshalb soll diese Konsequenz inakzeptabel sein? Den Dritten geschieht dadurch kein Unrecht; ihnen gegenüber gelten die gewöhnlichen Regeln des Aggressivnotstands.

[18] Die von *Bernsmann* konstatierte „enge Verwandtschaft" der im Rahmen des § 34 StGB diskutierten mit den in § 35 Abs. 1 S. 2 StGB genannten Figuren der Zuständigkeitsbegründung ist, so gesehen, „eigentlich wenig verwunderlich" (so *Bernsmann* selbst in: *ders.* „Entschuldigung", S. 395; vgl. auch *dens.* FS Blau, S. 37). „Die verbrechenssystematischen Ebenen existieren nicht isoliert voneinander" (*Bernsmann* „Entschuldigung", S. 397); im Rahmen des § 34 StGB kann die Dogmatik sich ebensowenig wie innerhalb des § 35 StGB von den allgemeinen Grundsätzen der Zuständigkeitsbegründung dispensieren (zutreffend *Onagi* Notstandsregelung, S. 138 [bezogen auf den Ingerenzgedanken]). – Der Umstand, daß seine Balastung mit einer Sonderzuständigkeit den Notstandstäter im Rahmen des § 35 StGB (*Ausschluß* der Entschuldigungsmöglichkeit) zumeist härter trifft als im Rahmen des § 34 StGB (dort führt dieser Umstand regelmäßig nur zu einer *Verschärfung* der Rechtfertigungsvoraussetzungen), widerspricht dem hiesigen Ansatz nicht. Während der Täter im rechtfertigenden Notstand bürgerschaftliche Solidarität einfordert, hat ein Täter, der sich auf entschuldigenden Notstand beruft, die Grenzen jener Solidarität überschritten. Indem er geltend macht, *ihm* sei die Normerfüllung *unzumutbar*, klammert er das Schicksal seines Opfers aus dem Begründungskontext aus. Diese Blickverengung zu übernehmen ist für die Strafrechtsordnung *per se* problematisch, weil sie sich dadurch dem Verdacht einer Exklusion des Opfers aus der Rechtsgemeinschaft aussetzt. Hinnehmbar ist die Rücknahme der Strafdrohung in § 35 StGB nur unter der Voraussetzung, daß die Position des Täters die denkbar stärkste ist, ihn also keine Sonderzuständigkeiten beschweren. Demjenigen, der durch seine jetzige Notstandstat sein vorangegangenes Verhalten und damit die Kontinuität seiner Selbstdarstellung massiv konterkariert, muß dementsprechend die Tür zum entschuldigenden Notstand versperrt bleiben.

ihnen sind die Ausführungen unter II. gewidmet. Unter III. geht es sodann um die eigentlich heiklen Fälle aus dem Grenzbereich des rechtfertigenden Notstands: die Fälle einer Zuständigkeit aufgrund zurechenbar-gefährlichen Vorverhaltens.

II. Institutionell sowie kraft tatsächlicher Übernahme begründete Sonderzuständigkeiten

Soweit die Regeln einer Institution die Pflichtenstellung ihrer Angehörigen im öffentlichen Interesse rechtsverbindlich festlegen, ist ein Rückgriff auf die allgemeine Notstandsnorm *ausgeschlossen*: Die Ausgestaltung der *Institution* sperrt den Rückgriff auf die *quasi-institutionelle* Notstandsbefugnis. Die Rechtsrolle desjenigen, der unmittelbar mit der Erbringung grundlegender öffentlicher Leistungen befaßt ist, wird durch die dafür jeweils maßgeblichen spezialgesetzlichen Regelungen bestimmt. Dies gilt auch für eine eventuelle Pflicht zur Tragung besonderer Gefahren. Soweit ein funktionsspezifischer Bezug zu der dienstlichen Tätigkeit des Betreffenden besteht, ist ihm deshalb die Berufung auf die Notstandsregelung von vornherein verwehrt. Seine individuellen Belange werden abschließend durch die berufsspezifischen Rollennormen gewährleistet.[19]

Die Beziehung zwischen den Eltern und ihren (minderjährigen) Kindern ist entscheidend durch das Moment der *Fürsorge* gekennzeichnet. Den Eltern ist mit dem Recht (und der Pflicht), ihr Kind zu erziehen, eine unter Freiheitsgesichtspunkten zentrale Aufgabe anvertraut: Sie sollen dem Kind einen wesentlichen Teil jener Fähigkeiten vermitteln, derer es bedarf, um die abstrakt-rechtliche Freiheit, die ihm schon aufgrund seines Person-Seins zukommt, in reale Freiheit zu verwandeln.[20] Einen eigenständigen Korpus von Eingriffsregeln sieht das Eltern-Kind-Verhältnis hingegen nicht vor. Deshalb kommt ein gänzlicher Ausschluß der elterlichen Aggressivnotstandsbefugnisse nicht in Betracht. Die Pflicht der Eltern zum fürsorglichen Einsatz für ihre Kinder hat jedoch zur Kehrseite, daß sie ihnen drohende Gefahren nur unter verschärften Voraussetzungen auf ihre Kinder ablenken dürfen.[21] Dabei kommt es nicht entscheidend darauf an, ob sie aktiv in deren Rechts-

---

[19] Dazu im einzelnen oben D.II.4.

[20] Freilich erfahren Kinder selbst in intakten Familien ihre (Primär-)Sozialisation nicht allein durch ihre Eltern. Sozialisation geschieht „in jedem sozialen Kontakt, sofern die Beteiligten in der wechselseitigen Beobachtung oder in der Reaktion auf Zumutungen lernen" (*Luhmann* Soziologische Aufklärung 5, S. 211). Dennoch kommt der familiären Sozialisation eine besondere Bedeutung zu, „weil sie von einem System ausgelöst wird, das darauf eingestellt ist, die gesellschaftliche Inklusion ganzer Personen zu ermöglichen" (*Luhmann* aaO).

[21] *Kühl* AT § 8 Rdn. 149; *Roxin* AT 1 § 16 Rdn. 57.

güter eingreifen oder ob sie die Vornahme einer pflichtigen Handlung, die ihnen selber gefährlich werden würde, unterlassen.[22] Genügt in der Grundsituation des Aggressivnotstands das wesentliche Überwiegen des Erhaltungsinteresses, so muß dieses Interesse hier so stark überwiegen, daß die Zubilligung eines Eingriffsrechts sich angesichts der fortbestehenden Subjektstellung des betroffenen Elternteils förmlich aufdrängt.[23]

Unter den abstrakt-rechtlichen Figuren der Zuständigkeitsbegründung ist zunächst die *tatsächliche Übernahme* zu nennen. Das Recht des einzelnen, unter

---

[22] Die Preisgabe *existentieller Persönlichkeitsgüter* wird freilich selbst von Eltern nicht gefordert (*Jakobs* AT 15/15; *Kuhnt* Pflichten, S. 141 f; *Renzikowski* Notstand, S. 266; i. E. auch *Köhler* AT, S. 292; für den Fall des Lebensopfers ferner *Otto* Pflichtenkollision, S. 118 [unter Aufgabe seiner früheren Position]). Auch § 1603 Abs. 2 BGB fordert für den Fall knapper Ressourcen lediglich eine gleichmäßige Verteilung der vorhandenen Mittel, nicht aber die elterliche Selbstaufopferung.

[23] In der Literatur wird zum Teil Abweichendes gelehrt. *Lugert* Gefahrtragungspflichtige, S. 62f gestattet einem speziell Obhutspflichtigen den *Eingriff* in Rechtsgüter seines Schützlings unter den üblichen Voraussetzungen des Aggressivnotstands. Daß das Erhaltungsinteresse, sofern es das Eingriffsinteresse wesentlich überwiegt, auch im Eltern-Kind-Verhältnis den Vorzug verdiene, stützt *Lugert* auf den „Utilitarismus", den er hinter der Interessenabwägungsklausel des § 34 S. 1 StGB stehen sieht. Diese Argumentation ist unschlüssig, weil *Lugert* aaO S. 80 zu Recht darauf hinweist, daß der Parameter „Art der Gefahrtragungspflicht" *neben* der Abwägungsklausel des § 34 S. 1 StGB stehe und folglich nicht deren Bestandteil sei. Weshalb sollte die (angebliche) Aussage dieser Klausel dann über die Behandlung besonderer Gefahrtragungspflichten bestimmen können? Gehören nicht vielmehr die Gefahrtragungspflichten zu jenen „deontologischen" Komponenten der Notstandssituation, die nach der Auffassung *Hruschkas* und seiner Schüler (dazu 1. Kap. B.III.2.c) das konsequentialistisch-holistische Abwägungsdenken *transzendieren*? – Für die Fälle *unterlassener Erfolgsabwendung* vertritt *Küper* Pflichtenkollision, S. 87ff den Standpunkt, der fürsorgerische Garant brauche seine Eigeninteressen schon dann nicht preiszugeben, wenn sie den bedrohten Interessen seines Schützlings zumindest gleichwertig seien. Die darin liegende Privilegierung des unterlassenden gegenüber dem aktiv eingreifenden Notstandstäter ist angesichts der systematischen Gleichwertigkeit beider Fälle (dazu unter D.II.4.) axiologisch nicht gerechtfertigt. Der Gefahr einer (buchstäblich) totalen Inanspruchnahme zugunsten ihrer Kinder sind die Eltern auch nach der hiesigen Lösung nicht ausgesetzt, weil ihre Fürsorgepflicht sich nicht auf die Preisgabe existentieller Persönlichkeitsgüter erstreckt (dazu die vorige Fn.). Soweit es um den Zugriff auf diese Güter geht, genießen also auch die Eltern den Schutz durch die „normalen" Aggressivnotstandsregeln. Beispiel: Zwar darf ein Vater es nicht unter Berufung auf rechtfertigenden Notstand ablehnen, die zur Rettung seines verunglückten Sohns erforderliche Blutspende zu erbringen: Ein solches Opfer liegt innerhalb des für ihn prinzipiell pflichtigen Bereichs, und ein drastisches Überwiegen des väterlichen Unterlassungsinteresses gegenüber dem kindlichen Rettungsinteresse ist nicht gegeben (i. E. wie hier *Hruschka* AT, S. 146f; *Wessels/Beulke* AT Rdn. 320; *Kunz* Bagatellprinzip, S. 243; *Renzikowski* Notstand, S. 269; *Unberath* JRE 3 [1995] 443). Dem Ansinnen, zudem noch eine Niere zu spenden, dürfte er sich jedoch widersetzen (so auch *Jakobs* AT 15/15; *Unberath* aaO). So weit reicht seine Fürsorgepflicht nicht, und nach Aggressivnotstandsregeln kann Derartiges nicht verlangt werden.

Berufung auf sein „Wohl" der Gefährdung seiner Rechtsgüter entgegenzuwirken, steht in einem gewissen Umfang zu seiner *Disposition*: Er kann durch einen tatsächlichen Übernahmeakt *zuvor* in der Person seines nunmehrigen Kontrahenten eine strafrechtlich beachtliche Vertrauensposition des Inhalts begründet haben, er werde einer bestimmten Gefahr standhalten. Diese Konstellation unterscheidet sich sowohl konstruktiv als auch inhaltlich von jener der institutionell begründeten Gefahrtragungspflichten.[24] Während dort im Bereich aufgabenspezifischer Gefahrenlagen der Rückgriff auf rechtfertigenden Notstand generell ausscheidet, kommt ein solcher Rückgriff hier – wenngleich unter veränderten Voraussetzungen – prinzipiell in Betracht. Der Grund dafür liegt in der systematischen Stellung der Notstandsregelung: Aufgrund ihres quasi-institutionellen Charakters tritt sie zwar hinter rechtlich voll ausgeformte *Institutionen* zurück. Im Vergleich zu dem *abstrakt-rechtlich* fundierten Gesichtspunkt der tatsächlichen Übernahme kommt dem Recht des Wohls hingegen eine „unerledigte" eigene Bedeutung zu. Die übernommene Gefahrtragungspflicht schlägt sich in diesem Fall *innerhalb* der Notstandsregelung nieder, deren „Nullpunkt" sich verschiebt und die deshalb gleichsam neu justiert werden muß. Die Anwendbarkeit der Regelung als solche ist in diesem Fall jedoch nicht ausgeschlossen.[25]

Im Ergebnis kann sich trotzdem nur in seltenen Ausnahmefällen auf rechtfertigenden Notstand berufen, wer in einer Gefahrsituation die von ihm zuvor übernommene Pflicht zum Schutz eines anderen nicht erfüllt, sondern diesen im Stich läßt oder aktiv in seine Güter eingreift. Wie soeben erwähnt, hat er mit der Übernahme seiner Aufgabe zugleich auch das „aufgabenspezifische" Risiko übernommen.[26] In dem Umfang, in dem er bei seinem Partner eine diesbezügliche Vertrauensposition

---

[24] Dazu unter D.II.4. – Auch im Bereich des *entschuldigenden* Notstands spielt dieser Unterschied eine Rolle: Während Personen, deren Schutzpflichten sich nur auf bestimmte individualisierte Rechtsgutsträger beziehen, in den Genuß der fakultativen Strafmilderung nach § 35 Abs. 1 S. 2 2. HS kommen können, besteht für diejenigen, die eine besondere Schutzpflicht der Allgemeinheit gegenüber innehaben, diese Möglichkeit nicht (*Lugert* Gefahrtragungspflichtige, S. 47).

[25] Auch aus einem weiteren Grund wäre es zumindest mißverständlich, die strafrechtliche (Sonder-)Zuständigkeit öffentlicher Funktionsträger auf die abstrakt-rechtliche Figur der tatsächlichen Übernahme zu stützen. Da sich nämlich die Erwartungen an den institutionell Zuständigen nach seiner Position *ohne Blick auf die zufälligen Bedingungen bei Antritt dieser Position* richten, kommt es anders als bei der „gewöhnlichen" Zuständigkeit per Übernahme nicht darauf an, ob durch den Antritt dieser Position ein anderweitig bestehender Schutz ausgeschaltet wurde (*Jakobs* AT 29/73; zu dem Erfordernis der Chancenverschlechterung aaO 29/47).

[26] Jenseits der personellen und sachlichen Grenzen seiner Übernahme steht dem Übernehmer das volle Notstandsrecht zu (NK-*Neumann* § 34 Rdn. 101; Sch-Sch-*Lenckner/Perron* § 34 Rdn. 34; *Janker* Aids-Tests, S. 182; *Küper* Pflichtenkollision, S. 106; *ders.* JZ 1980, 756). Beispielsweise besitzt ein Bergführer zwar nicht gegenüber seinem Gast, wohl aber gegenüber

geschaffen hat, hat er das Gewicht des ihm zustehenden Rechts auf sein eigenes Wohl geschwächt. Um einen dennoch erfolgenden Eingriff zu rechtfertigen, muß die ihm drohende Einbuße im Verhältnis zu den von ihm in Anspruch genommenen Gütern seines Gegenübers von einem solchen Gewicht sein, daß es einer inhaltlichen Negierung seines Subjektstatus nahekäme, ihm das Eingriffsrecht zu verweigern. Ebenso wie im zuvor behandelten Eltern-Kind-Verhältnis muß die Interessendifferenz deshalb *erheblich* oberhalb der gewöhnlichen „Wesentlichkeits"-Schwelle liegen. So darf ein Bergführer aufgrund Notstands zwar den Rucksack seines Gasts (Wert: 300 DM) opfern, um dadurch eine schwere Verletzung von sich selbst abzuwenden; seine Filmkamera im Wert von 2 000 DM darf er hingegen nicht auf Kosten des fremden Rucksacks retten.[27] Schickt der Übernehmer sich dazu an, den engen Kreis seines Notstandsrechts zu überschreiten, so ist ihm gegenüber – je nach der zeitlichen Zuspitzung der Lage – Notwehr oder Defensivnotstand zulässig.[28]

III. Zuständigkeit aufgrund zurechenbar-gefährlichen Vorverhaltens

1. Überblick

Der normativen Brisanz des Notstandskonflikts wird nur gerecht, wer ihn als eine Kollision von Freiheitsansprüchen auffaßt: Dem Moment abstrakt-personaler Freiheit, das zugunsten des Eingriffsadressaten spricht, steht in der Grundsituation des

---

dritten Bergsteigern die gewöhnlichen Notstandsbefugnisse. Greift er zur Abwendung einer ihm drohenden Gefahr sowohl in die Rechtsgüter seines Gastes als auch in die Güter eines Dritten ein, kann es deshalb dazu kommen, daß diese Handlung lediglich im Hinblick auf den Dritten, nicht aber in bezug auf den Gast gerechtfertigt ist. Aber auch seinem eigenen Gast gegenüber unterliegt der Bergführer Einschränkungen nur insofern, wie es sich bei den Gefahren, die ihm drohen, um „Berggefahren" handelt; denn nur in diesem Umfang hat er gegenüber dem Gast eine spezifische Schutzaufgabe übernommen. Das volle Notstandsrecht steht ihm hingegen zu, soweit es um die Bekämpfung anderweitiger Notlagen geht. Wird er beispielsweise auf dem Weg vom Parkplatz zur Talstation der Seilbahn von einem Hund angefallen, so darf er nach Maßgabe der „normalen" Notstandsregelung auf Rechtsgüter seines Gastes zugreifen, wenn dies erforderlich ist, um das Tier abzuwehren.

[27] Häufig wird ihm freilich daneben der Rechtfertigungsgrund der Einwilligung oder, wenn äußerste Eile geboten ist, derjenige der mutmaßlichen Einwilligung mit seinen weiterreichenden Eingriffsbefugnisen zur Seite stehen. So liegt es beispielsweise, wenn dem Bergführer eine Verletzung droht, die zwar nicht besonders schwerwiegend ist, aber dennoch eine Beeinträchtigung der Belange des Gasts zur Folge haben würde (etwa weil der Führer ihn nun nicht mehr so gut sichern kann wie zuvor).

[28] Der Fall eines rechtswidrigen, aber schuldlosen Angriffs, der ebenfalls nach Defensivnotstandsregeln zu behandeln ist (dazu III.3.c/e), wird hier so gut wie nie vorliegen, da eine notstandsbedingte *Entschuldigung* des Übernehmers in aller Regel an § 35 Abs. 1 S. 2 StGB scheitern wird.

rechtfertigenden Notstands das Interesse an gewissen basalen Verwirklichungsbedingungen subjektiver Freiheit gegenüber, das als „Recht des Wohls" zugunsten des Notstandstäters wirkt. Die Grundsituation des rechtfertigenden Notstands ist dadurch gekennzeichnet, daß beide Positionen jeweils ihre volle Stärke entfalten. Daran kann es aus unterschiedlichen Gründen fehlen. Es ist z. B. möglich, daß einer der Beteiligten *vor* der Konfrontation die Verfügungsmacht über ein Stück der „an sich" ihm selbst zustehenden Handlungsfreiheit auf seinen nunmehrigen Gegenspieler *übertragen* hat; diese Konstellation ist soeben erörtert worden. Es ist auch denkbar, daß der Gefährdete in anderer Weise *verbindlich definiert* hat, was er in der konkreten Konfliktsituation als seinem Wohl am meisten dienlich ansieht: Er verbittet sich das Eingreifen Dritter, um den potentiellen Eingriffsadressaten nicht zu schädigen. Eine solche Entscheidung ist von Dritten zu respektieren; es gibt keine „aufgedrängte" Notstandshilfe.[29] Schließlich kann der Selbst- oder Fremdgefährdungscharakter des eigenen Vorverhaltens die Notstandsposition des betroffenen Kontrahenten schwächen. Um Fälle dieser Art geht es im folgenden.

Im Ergebnis allgemein anerkannt ist, daß derjenige, der im Vorfeld der eigentlichen Konfliktsituation ein *rechtlich relevantes Sonderrisiko* für die Rechtssphäre seines späteren Kontrahenten *gesetzt* hat, sich einen härteren „Gegenschlag" gefallen lassen muß.[30] In der Vorschrift des § 228 BGB hat dieser Satz seinen positivrechtlichen Niederschlag gefunden. Eine erhöhte Aufopferungspflicht trifft nach der herrschenden und, wie sich zeigen wird, zutreffenden Ansicht auch denjenigen, der sich eigenverantwortlich in seine jetzige Notlage hineinmanövriert hat.[31] Im übrigen bestehen zwischen den beiden Fallgruppen des „Vorverschuldens" allerdings erhebliche Unterschiede. Trifft den *Gefährdeten* eine Sonderzuständigkeit aufgrund gefährlichen Vorverhaltens, so schmälert dieser Gesichtspunkt zwar den Umfang seines Eingriffsrechts (näher dazu unter 2.); unberührt läßt er jedoch den Umstand, daß Grundlage dieses Eingriffsrechts der Gedanke der Solidarität ist. Gerade *weil* die Position des Gefährdeten aus abstrakt-rechtlichen Gründen geschwächt ist, kommt allein der Solidaritätsgedanke als Grundlage eines *trotzdem* bestehenden Notrechts in Betracht. Anders ist es, wenn die Eingriffsbefugnis an ein gefährliches Vorverhalten des *Eingriffsadressaten* anknüpft (dazu unter 3.). Wer in einem solchen Fall von seinem Notrecht Gebrauch macht, der appelliert nicht an die mitbürgerliche *Solidarität* des anderen, sondern hält diesen primär an seiner *abstrakt-rechtlichen* Grundpflicht fest, bei der Organisation seines Rechtskreises normativ beachtliche Gefährdungen anderer zu unterlassen. Der Gedanke der

---

[29] StK-*Joecks* § 34 Rdn. 32; *Hruschka* AT, S. 166ff; *Jakobs* AT 13/29; *Kühl* AT § 8 Rdn. 35.

[30] Nachweise oben B.II. Fn. 29, 21.

[31] Nachweise in Fn. 35.

Solidarität bleibt freilich auch hier präsent. Ein einzelner Bürger besitzt nämlich nicht die Rechtsmacht, das *quasi-institutionell* begründete Verhältnis, das ihn mit seinen Mitbürgern verbindet, *gänzlich* zu zerstören. Der argumentative Status des Solidaritätsgedankens hat sich in diesen Fällen allerdings tiefgreifend gewandelt: Statt die Befugnis zum Eingriff in eine fremde Rechtssphäre zu *begründen*, erschöpft sich seine Bedeutung nunmehr darin, sie zu *beschränken*[32].

Dieser Befund bedeutet keineswegs, daß die Forderung nach einer *einheitlichen Theorie der Notrechte* aufgegeben werden müßte. Die allgemeinen Figuren der Zuständigkeitsbegründung schlagen sich in *sämtlichen* Notrechten nieder. Lediglich die „Mischungsverhältnisse" zwischen den verschiedenen Begründungsfiguren sind jeweils unterschiedlich. Deshalb handelt es sich bei den einzelnen Notrechten nicht um *alia*, sondern gleichsam um Knoten innerhalb eines durchgehenden Fadens.[33] Daß die Anzahl dieser Knoten größer ist, als die übliche Unterscheidung zwischen Notwehr und Notstand (und vielleicht noch zwischen Aggressiv- und Defensivnotstand) vermuten läßt, werden die weiteren Ausführungen zeigen.

2. Sonderzuständigkeit des Gefährdeten

a) Überblick

Der Text des § 34 StGB ist zugeschnitten auf das Handeln des Täters *in* einer Gefahrenlage; deren entstehungsgeschichtliches „Vorfeld" wird sprachlich nicht ausdrücklich thematisiert.[34] Dennoch steht demjenigen, der sich eigenverantwortlich in seine Notlage hineinmanövriert hat, nach herrschender Meinung nur ein eingeschränktes Notstandsrecht zu.[35] Diese Position in einer praktisch durchaus

---

[32] Näher dazu unter 3.d).

[33] Daß es sich aus diesem Grund verbietet, eine der Notrechtsbestimmungen – den § 34 StGB – zur *lex generalis* gegenüber anderen Notrechten wie Defensivnotstand und Notwehr zu erklären, wurde unter B.III. gezeigt.

[34] *Küper* Notstand, S. 13 f.

[35] KK-*Rengier* § 16 OWiG Rdn. 54; *Lackner/Kühl* § 34 Rdn. 2; LK-*Hirsch* § 34 Rdn. 70; NK-*Neumann* § 34 Rdn. 95f; SK-*Günther* § 34 Rdn. 46; *Tröndle/Fischer* § 34 Rdn. 15; *Baumann/Weber/Mitsch* AT § 17 Rdn. 75, 79; *Blei* AT, S. 152; *Bockelmann/Volk* AT, S. 100; *Eser/Burkhardt* Strafrecht I, Fall 12 A 34; *Freund* AT § 3 Rdn. 65; *Gropp* AT § 6 Rdn. 134; *Jakobs* AT 13/27; *Jescheck/Weigend* AT § 33 IV 3c; *Kindhäuser* AT, S. 292 f; *Köhler* AT, S. 288, 292; *Kühl* AT § 8 Rdn. 61, 142; *Otto* AT § 8 Rdn. 174; *Roxin* AT 1 § 16 Rdn. 51ff; *Wessels/Beulke* AT Rdn. 312; *Bernsmann* „Entschuldigung", S. 395ff; *Kiefner* Provokation, S. 86ff, 107; *Küper* aaO S. 25ff, 161ff; *ders.* JZ 1976, 518; *Onagi* Notstandsregelung, S. 120ff; *Dencker* JuS 1979, 780 f; *Kienapfel* ÖJZ 1975, 427; *ders.* JR 1977, 28; *Küpper* JuS 1990, 188; *Luzón* JRE 2 (1994) 355; *Rudolphi* GS Armin Kaufmann, S. 396. – Für die Beschränkung des Verschuldens-

bedeutsamen Frage[36] ist allerdings nicht unangefochten. *Hruschka* führt gegen sie seine Interpretation des rechtfertigenden Notstands als eines im Kern utilitaristischen, dem Verrechnungsgedanken verpflichteten Rechtsinstituts ins Feld.[37] Nach seiner Darstellung fragt ein utilitaristisches Kosten-Nutzen-Kalkül „nur danach, wie man aus der bedrohlichen Situation mit möglichst geringem Aufwand wieder hinauskommt, und es fragt nicht danach, wie die in Rede stehenden Interessen in die Situation hineingeraten sind"[38]. *Hruschka* zieht aus diesem Befund die Konsequenz, das Vorverhalten des Notstandstäters könne allenfalls *de lege ferenda* pönalisiert werden, und zwar dadurch, daß man einen Gefährdungstatbestand schaffe, der die verschuldete Herbeiführung einer Notstandslage unter Strafe stelle.[39]

Entgegen dem ersten Anschein stellt die Position *Hruschkas* keine zwingende Folge seines utilitaristischen Notstandsverständnisses dar.[40] Eine Rechtsordnung,

---

gesichtspunkts auf Ausnahmefälle Sch-Sch-*Lenckner/Perron* § 34 Rdn. 42; einschränkend auch *Maurach/Zipf* AT 1 § 27 Rdn. 47; *Weber* FG v. Lübtow, S. 768.

[36] KK-*Rengier* § 16 OWiG Rdn. 50.

[37] Dazu 1. Kap. B.III.2.

[38] *Hruschka* AT, S. 359; ebenso *ders.* JR 1979, 126; *ders.* GA 1981, 248; *ders.* JZ 1984, 243. Die Position *Hruschkas* wird bis in die Wortwahl hinein vorweggenommen von *Broglio* Notstand, S. 54. – Andere Autoren, die auf den ersten Blick die Auffassung *Hruschkas* zu teilen scheinen, argumentieren bei genauerem Hinsehen eigentümlich zwiespältig. So erklärt *Rudolf Merkel* zunächst, dem Gesichtspunkt des Verschuldens könne ein Einfluß auf die Rechtmäßigkeit der Notstandshandlung nicht zuerkannt werden (*Merkel* Kollision, S. 81). Anders soll es, wie *Merkel* auf der folgenden Seite ergänzt, bei einem „besonders qualifizierte(n) Verschulden" sein (S. 82). Eine übergeordnete Theorie ist hier nicht erkennbar. Kaum besser sieht es bei *Merkels* späten Erben aus. Auch *Joerden* stellt unter Berufung auf die angeblich utilitaristische *ratio* des rechtfertigenden Notstands zunächst fest, das Urteil, eine Handlung sei rechtmäßig, werde nicht dadurch berührt, daß der Täter die Situation selbst zurechenbar herbeigeführt habe (*Joerden* JRE 5 [1997] 50). Nur wenige Zeilen weiter (S. 51) äußert er sich hingegen viel vorsichtiger: In den betreffenden Fällen möge man allenfalls über eine angemessene Reduzierung der Notrechte nachdenken, völlig aufheben sollte man sie aber nicht. Ein Utilitarismus *à la Hruschka* aber deckt nicht einmal die „angemessene Reduzierung" der genannten Rechte. In einer älteren Arbeit geht *Joerden* sogar noch weiter. Er bemerkt dort, es spreche vieles dafür, daß nur dann eine Pflicht zur Hilfe bestehe, wenn der Hilfsbedürftige unverschuldet in Not geraten sei (*Joerden* ARSP 74 [1988] 320). Gleiches müßte dann konsequenterweise auch für die Pflicht zur Duldung gelten. Innere Widersprüche kennzeichnen auch die Position von *Delonge*. Einerseits stellt er (in enger Anlehnung an *Hruschka*) fest, unter Notstandsgesichtspunkten sei es gleichgültig, wie man in die aktuelle Notlage hineingeraten sei (*Delonge* Interessenabwägung, S. 137 f). Andererseits behauptet er, den Schutz des eigenen Sicherheitsbedürfnisses müsse man sich dadurch verdienen, daß man den eigenen Verantwortungsbereich in Ordnung gehalten habe (S. 149). Dann muß es konsequenterweise zu einer Minderung des Werts jenes Sicherheitsbedürfnisses führen, wenn man den eigenen Bereich *nicht* in Ordnung gehalten hat. Diese Folgerung aus seiner zweiten These stellt *Delonges* Ausgangsbehauptung auf den Kopf.

[39] *Hruschka* AT, S. 361.

[40] A. A. NK-*Neumann* § 34 Rdn. 94; SK-*Günther* § 34 Rdn. 10.

die an unsorgfältiges Verhalten die „Sanktion" einer Einschränkung der Notstandsbefugnis knüpfte, würde damit nämlich den Vermeideanreiz für die einzelnen Rechtsgutsinhaber erhöhen und auf diese (indirekte) Weise zur Sicherung des gesellschaftlichen Gesamtgüterbestandes beitragen. Nur wenn man sich eine bestimmte *Variante* des utilitaristischen Denkens zu eigen macht und die Betrachtung auf die eingetretene Konfliktlage als solche verengt,[41] erzwingt *Hruschkas* Ansatz die von ihm gezogene Schlußfolgerung. Die Grundlage seiner Interpretation, die utilitaristische Deutung des rechtfertigenden Notstands, ist bereits an früherer Stelle einer umfassenden Kritik unterzogen worden.[42] Damit verliert auch die Folgerung, die *Hruschka* im vorliegenden Zusammenhang aus ihr zieht, ihre Überzeugungskraft. Aber selbst wenn man von der Zweifelhaftigkeit der utilitaristischen Prämisse absieht, erscheint *Hruschkas* Behandlung der Verschuldensproblematik wenig konsistent. Auf der Basis eines utilitaristischen Notstandsverständnisses läßt sich die Beachtlichkeit des *Opfer*-Vorverhaltens ebensowenig begründen wie die des *Täter*-Vorverhaltens.[43] Der Konsequenz, auch ersteres aus dem Zusammenhang des Notstands zu verbannen, verschließt *Hruschka* sich jedoch. Er sieht sich freilich dazu gezwungen, den Defensivnotstand auf einen dem holistischen „Verrechnungsprinzip" diametral entgegengesetzen Gedanken zu gründen – nämlich auf das von ihm sogenannte „Sicherungsprinzip", nach dem jeder für die Gefahren einstehen muß, die aus seiner Rechtssphäre stammen.[44] Das „Verrechnungsprinzip" soll im Rahmen des Defensivnotstands nur eine untergeordnete Rolle spielen; es soll hier statt als konstitutives lediglich als limitierendes Moment fungieren.[45] Unter systematischen Gesichtspunkten befriedigt diese Art des Vorgehens wenig; denn die bloße Aneinanderreihung gegenläufiger Prinzipien vermag die gegenwärtige Rechtslage allenfalls zu *beschreiben*, aber (in Ermangelung eines ihnen gemeinsamen Oberbegriffs) nicht zu *erklären* oder gar zu *legitimieren*[46]. Wenn man diesen Einwand ebenfalls zurückstellt und anerkennt, daß das „Sicherungsprinzip" im Kontext der Notstandsregelung offenbar eine Rolle spielt, so wirft dies die Frage auf, weshalb dieses „Prinzip" nur zu Lasten des *Eingriffsadressaten*, nicht aber auch zum Nachteil des *Notstandstäters* soll herangezogen werden können. Konsequenterweise hätte *Hruschka* neben der in § 34 StGB enthaltenen Bestimmung über die

---

[41] So ausdrücklich *Meißner* Interessenabwägungsformel, S. 220: Entscheidend seien im Rahmen des § 34 StGB nur Kriterien, die folgenorientiert sozialpragmatisch und aktuell den besten Ausweg aus der Not wiesen.

[42] 1. Kap. B.II.3./III.2.

[43] Zutreffend SK-*Günther* § 34 Rdn. 10; vgl. auch *Küper* Notstand, S. 29.

[44] Vgl. *Hruschka* AT, S. 111 ff.

[45] Vgl. *Hruschka* aaO S. 115 f.

[46] Dazu 1. Kap. B.III.2.c).

Grundsituation des Aggressivnotstands und der sie modifizierenden Regelung über den Defensivnotstand die Existenz (mindestens) einer *weiteren Notstandsnorm* annehmen müssen, die dem selbstbelastenden Vorverhalten des Notstandstäters Rechnung trägt. Dies hat er nicht getan. Deshalb kann seine Ansicht weder von ihrer Prämisse noch von ihrer Durchführung her überzeugen.[47]

Auch *Renzikowski* erklärt das „Vorverschulden" des Gefährdeten für unbeachtlich. Die beiden Argumente, die er zugunsten dieser Position vorbringt, überzeugen allerdings ebensowenig wie die Ausführungen *Hruschkas*. Zum einen macht *Renzikowski* geltend, aufgrund von § 904 S. 2 BGB trage im Aggressivnotstand der Notstandstäter ohnehin die Kosten der Gefahrabwendung. Daher sei eine weitere Verschiebung der Zuständigkeiten nicht mehr möglich.[48] Der Ersatzanspruch aus § 904 S. 2 BGB kompensiert aber weder das Risiko der Insolvenz noch das der faktischen Unerreichbarkeit des Begünstigten. Noch weniger macht der finanzielle Ausgleich die ideelle Zumutung ungeschehen, die in der Auferlegung einer Duldungspflicht liegt.[49] Ein „entscheidendes Argument" gegen die Einschränkung der Aggressivnotstandsbefugnis bei schuldhaft herbeigeführter Notstandslage erblickt *Renzikowski* zum anderen darin, daß die Rücksichtnahme und der Beistand anderer einen jeden von eigenen Vorsorgeaufwendungen entlasteten und auf diese Weise die

---

[47] Die hier monierte Inkonsistenz von *Hruschkas* Position sucht *Meißner* in seiner (ansonsten ebenfalls utilitaristisch geprägten) Notstandskonzeption zu vermeiden: Wenn der Gesichtspunkt des „Vorverschuldens" die Rechtsposition des Eingriffsadressaten beeinflussen könne (Defensivnotstand!), so müsse Entsprechendes auch für die Stellung des Notstandstäters gelten (*Meißner* Interessenabwägungsformel, S. 252 f). Allerdings zieht auch *Meißner* aus dieser Einsicht nicht die Konsequenz, die letztgenannte Situation einer (ungeschriebenen) eigenständigen Notstandsnorm zu unterstellen; er begnügt sich vielmehr mit einem pauschalen Hinweis auf die Rechtsfigur der *actio illicita in causa* (*Meißner* aaO S. 253). Ebensowenig erläutert er, wie seine Behandlung der Vorverschuldensfrage zu seiner Ausgangsthese paßt, wonach es im Rahmen des § 34 StGB auf den aktuell besten Ausweg aus der Not ankommt (dazu Fn. 41). Indem *Meißner* die offene Flanke von *Hruschkas* Position schließt, reißt er mithin eine neue Lücke auf. Die Inhomogenität von *Meißners* Gedankengebäude zeigt sich auch an seiner Stellungnahme zum Einfluß beruflicher Gefahrtragungspflichten auf die Notstandsbefugnis. Ginge es beim Notstand tatsächlich um die situativ beste Konfliktlösung, so müßten diese Pflichten ebenfalls unberücksichtigt bleiben; ein Rechtsgut ist ja nicht allein deshalb weniger wert, weil es dem Träger einer besonderen Gefahrtragungspflicht zusteht. Ein solches Ergebnis widerstrebt *Meißner*, und deshalb schaltet er insoweit auf eine regelutilitaristische Sichtweise um (*Meißner* aaO S. 245 ff). Über die *Theorie*, die seinem Hin- und Herspringen zwischen Akt- und Regelutilitarismus zugrunde liegt, läßt *Meißner* seine Leser leider im Dunkeln.

[48] *Renzikowski* Notstand, S. 57f. – Mit einem ähnlichen Argument begründet *Kiefner* Provokation, S. 77f ihre These, daß im Rahmen des § 904 BGB die der Gefahr zugrundeliegende Vorgeschichte irrelevant sei: Nach dieser Vorschrift dürfe lediglich in Sachen eingegriffen werden, und Sachen seien grundsätzlich ersetzbar.

[49] Dazu Einl. B.

Möglichkeiten der Lebensgestaltung vermehrten.[50] Dabei vernachlässigt *Renzikowski* jedoch den Umstand, daß der *Ent*lastung des einen eine *Be*lastung der anderen korrespondiert, die damit rechnen müssen, auch zur Abwendung solcher Gefahren in Anspruch genommen zu werden, die bei durchschnittlicher Sorgfalt zu vermeiden gewesen wären. Bürgern, die sich selbst hinreichend sorgfältig zu verhalten pflegen, ein solches Opfer aufzuerlegen, läßt sich unter Reziprozitätsgesichtspunkten nicht rechtfertigen. Ein einzelner hat nicht das Recht, den anderen die Kosten seiner Extravaganz aufzudrängen. Das Argument *Renzikowskis* dementiert insofern die These, die sein Urheber mit ihm zu beweisen gedenkt.

Begründungsdefizite weist aber auch die Gegenansicht auf, die das Vorverschulden des Gefährdeten für beachtlich hält. *Küper* sieht darin eine Konsequenz des Rechts zum „freien" Umgang mit den eigenen Gütern. Wer mit dem eigenen Interessenpotential unsachgemäß umgehe, den treffe als Kehrseite jener Freiheit eine erhöhte Verantwortung, sobald er zur Befriedigung seines Interesses auf die Solidarität anderer Rechtsgutsträger angewiesen sei.[51] *Küper* ist darin zuzustimmen, daß Organisationsfreiheit ohne Folgenverantwortung nicht denkbar ist.[52] Weshalb folgt aber daraus, daß der einzelne lediglich für *verschuldete* und nicht – wie dies ein orthodoxer Kantianer behaupten würde – auch für *unverschuldete* Notlagen zuständig ist? Zur Antwort mag man darauf verweisen, daß das Institut des rechtfertigenden Notstands als solches eine Entscheidung gegen einen rigiden Kantianismus beinhaltet. Wenn aber der rechtfertigende Notstand den einzelnen von Risiken entlastet und das Prinzip der Eigenverantwortlichkeit insoweit einschränkt, dann bedarf der Satz, daß dieses Prinzip für den Fall verschuldeter Notlagen wiederum Geltung beanspruchen darf, einer über die Berufung auf das Prinzip hinausgehenden Begründung. Das Argument *Küpers* ist von daher zwar nicht unzutreffend, aber noch zu pauschal. Es muß durch den Nachweis ergänzt werden, daß *ungeachtet der prinzipiellen Anerkennung des rechtfertigenden Notstands* das Vorverschulden des Gefährdeten nicht unberücksichtigt gelassen werden darf. Dieser Nachweis läßt sich in der Tat führen.

Der rechtfertigende Notstand bezieht nach den Ausführungen des 1. Kapitels seine Legitimation aus dem Gedanken, daß der *Zufall* kein *per se* hinreichender Grund dafür ist, Verluste dort eintreten zu lassen, wohin sie zu fallen drohen. Einen weitaus besseren Ruf als der Zufall hat in einer liberalen Rechtsordnung das Verteilungsprinzip des *Verdienstes*. Wer aufgrund seines vorangegangenen Verhaltens den ihm jetzt drohenden Verlust „verdient", dessen Notstandsposition ist weitaus

[50] *Renzikowski* Notstand, S. 196f mit Fn. 164.

[51] *Küper* Notstand, S. 26f; *ders.* JZ 1976, 518.

[52] Dazu Einl. B.

schwächer als die Stellung desjenigen, der sich mit einer für ihn nach rechtlichen Maßstäben zufälligen Gefahr konfrontiert sieht. Eine „Gegenprobe" bestätigt diesen Befund. Das Vorverschulden des Gefährdeten unberücksichtigt zu lassen heißt letztlich, die personale Identität des Betroffenen nicht hinreichend ernst zu nehmen: Der Verzicht darauf, ein „irrationales" Vorverhalten als Enttäuschung einer rechtlich relevanten Erwartung zu behandeln, ist nur in bezug auf denjenigen plausibel, von dem man ein rationales Planen ohnehin nicht erwartet.[53] Deshalb muß das Vorverschulden eines rechtlich vollverantwortlichen Gefährdeten für diesen eine Sonderzuständigkeit nach sich ziehen. Diese Feststellung läßt freilich noch zwei Fragen offen: Zum einen muß geklärt werden, *wie* das Vorverhalten *beschaffen* sein muß, um eine notstandsrelevante Sonderzuständigkeit begründen zu können. Zur Beantwortung dieser Frage sind nach einer treffenden Bemerkung *Küpers* „verantwortungsbegrenzende und -konkretisierende Zurechnungsprinzipien ebenso unentbehrlich ... wie bei der (primären) Risikozurechnung im Tatbestandsbereich"[54]. Zum anderen ist auf das Problem einzugehen, *in welchem Umfang* sich in den einschlägigen Fällen die aus der Grundsituation des rechtfertigenden Notstands bekannten Eingriffsvoraussetzungen verschieben. Das Schwergewicht der nachfolgenden Erörterungen wird auf der Frage nach den *Entstehungsvoraussetzungen* der Sonderzuständigkeit liegen; soweit es um das *Ausmaß der Zuständigkeitsmodifikation* geht, die sich an ihr Vorliegen knüpft, kann weitgehend auf die Diskussion der Parallelproblematik im Bereich der tatsächlichen Übernahme verwiesen werden.

Die Frage nach dem Zusammenhang von Vorverschulden und Notstandsbefugnis wird im Hinblick auf *Zweipersonenverhältnisse* unter b) erörtert. Unter c) werden die in Betracht kommenden *Dreipersonenverhältnisse* behandelt. Zunächst geht es dort um jene Fälle, in denen der Inhaber des gefährdeten Rechtsguts mit dem Notstandstäter nicht identisch ist. Hier ist es möglich, daß zwar dem betroffenen Rechtsgutsinhaber, nicht aber dem Notstandstäter oder daß umgekehrt nur dem Notstandstäter, nicht aber dem Rechtsgutsinhaber ein beachtliches Vorverschulden vorzuwerfen ist. Die Frage ist dann jeweils, welches Notstandsregime zur Anwendung kommt: das gewöhnliche oder ein zu Lasten des Rechtsgutsinhabers verschärftes? Allgemeiner gesprochen, geht es also um die Voraussetzungen der Zurechenbarkeit von Fremdverhalten. Eben dies ist auch das Problem in der zweiten der nachfolgend näher zu erörternden Dreipersonenbeziehungen – der Konstellation des sogenannten „Nötigungsnotstands". Hier ist zwar üblicherweise der Gefährdete (= das Opfer der von dem Nötiger angedrohten Straftat) mit dem Not-

---

[53] Zu diesem Zusammenhang *Bierhoff* Psychologie hilfreichen Verhaltens, S. 69.

[54] *Küper* Staat, S. 125.

standstäter identisch; es fragt sich aber, ob das Verhalten des Nötigers dem Genötigten unter Notstandsgesichtspunkten zugerechnet werden muß, mit der Folge, daß sich daraus eine Schwächung seiner Rechtsposition gegenüber dem Dritten ergibt, dessen Verletzung das eigentliche Ziel des Nötigers ist.

b) Die Rechtslage im Zweipersonenverhältnis

Eine Sonderzuständigkeit trifft den Notstandstäter zunächst in dem Fall, daß die Gefahr, in der er sich befindet, die zurechenbare Folge eines *rechtspflichtwidrigen* Verhaltens darstellt. Beispiel: A befährt mit seinem Lkw einen für den öffentlichen Verkehr gesperrten privaten, unbefestigten Feldweg. Als sein Wagen einsinkt und umzustürzen droht, kippt er die Ladung – Fäkalien – rasch auf das an den Weg grenzende Grundstück.[55] A's Notstandsrecht ist hier eingeschränkt, gleichgültig ob er das Verbotsschild bewußt ignoriert oder ob er es aus purer Unachtsamkeit übersehen hat. Der Gebrauch rechtlicher Organisationsfreiheit ist in Fällen, in denen ihre Ausübung fremde Rechtspositionen *unmittelbar* tangiert, nur um den Preis einer sehr weitgehenden Selbstdisziplinierung des Handelnden sozial akzeptabel; die für die Neuzeit generell charakteristische Tendenz zur Verlagerung äußerer Handlungsbeschränkungen in das Innere der Handelnden[56] wird hier, im Bereich echter Rechtspflichten, in strikter Weise in die Form eines rechtlichen Anforderungsprofils umgesetzt: Wer die Sorgfaltspflichten unterbietet, die sich an seine Rechtsrolle knüpfen, der muß eine Beschneidung seiner Befugnis zu Notstandseingriffen in Kauf nehmen.[57]

Wie aber verhält es sich im Fall einer bloßen *Obliegenheitsverletzung*? Daß derjenige Abstriche an seiner Notstandsbefugnis hinnehmen muß, der die Gefahr für seine eigenen Güter oder gar die Kollisionslage selbst[58] vorsätzlich herbeigeführt hat, erklärt sich aus der Massivität des Selbstwiderspruchs, in den der Betreffende

---

[55] Nach BayObLG NJW 1987, 2046. – Weitere Beispiele bei KK-*Rengier* § 16 OWiG Rdn. 52.

[56] Grundlegend *Elias* Prozeß der Zivilisation, Bd. 2, S. 312ff.

[57] Die Mindestanforderungen an jene Rolle sind – entsprechend der auf Entindividualisierung abzielenden Begründungslogik des abstrakten Rechts – objektiv-typisierend zu bestimmen. Zudem sind Sonderfähigkeiten und -kenntnisse des Betreffenden zu berücksichtigen; die unter C.III.2. a. E. entwickelte Begründung gilt im hiesigen Zusammenhang entsprechend. – In seltenen Fällen kann, entsprechend der Situation im Bereich der tatbestandlichen Zurechnung, eine *Unterbrechung des Zurechnungszusammenhangs* in Betracht kommen (zur Anwendbarkeit der allgemeinen Zurechnungsgrundsätze im hiesigen Kontext *Jakobs* AT 13/27). Zu denken ist insbesondere an das Dazwischentreten kraß deliktisch handelnder Dritter. Beispiel: A geht unbefugterweise in einem Privatwald spazieren, da wird er von der verirrten Kugel eines Wilderers getroffen. Hier hat A ungeachtet seines unerlaubten Vorverhaltens das volle Notstandsrecht.

[58] Diese Unterscheidung stammt von *Küper* Notstand, S. 20, 32.

sich durch ein solches Verhalten verwickelt.[59] Praktisch weitaus häufiger sind freilich die Fälle des bloßen Leichtsinns. Gelten hier ebenso rigide Rationalitätsstandards? Beispiel: Bergtourist B bricht am späten Nachmittag und zudem mit gänzlich unzureichendem Schuhwerk ausgerüstet zu einer längeren Bergtour auf. An einer einsamen Stelle knickt er um und verstaucht sich den Fuß. Er muß die Nacht im Gebirge verbringen; ihm drohen ernsthafte Erfrierungen. Darf er unter Berufung auf Notstand in eine nahegelegene fremde Jagdhütte einbrechen? Eine *Rechtspflicht* zur Sorgfalt hat B hier nicht verletzt. Andere Personen haben kein *Recht* darauf, daß B auf seinen Bergtouren ordentliche Schuhe trägt; ihr Recht geht allenfalls dahin, daß B es im Fall einer Notlage unterlassen möge, in ihre Rechtskreise einzugreifen.[60] Einer Person auch im Hinblick auf solche Handlungen strikte Sorgfalt abzuverlangen, die als solche den abstrakt-rechtlichen Respektierungsanspruch anderer Personen nicht tangieren, hätte etwas gleichsam Überdimensioniertes. An unkluges Verhalten knüpfen sich nämlich regelmäßig massive „natürliche" Sanktionen. So hängt es weitgehend vom Zufall ab, ob jemand, der sich leichtfertig in eine Notlage hineinmanövriert hat, dort gerade jene fremden Güter vorfinden wird, die er benötigt, um der Gefahr zu entrinnen. Das Leben ist für die Unklugen und Leichtfertigen ein viel rigiderer Lehr- und Zuchtmeister als es das Recht je sein kann. Aus diesen Gründen schadet dem Notstandstäter nicht jeder – auch nicht jeder eindeutige – Unverstand im Vorfeld der Notlage, sondern erst ein Verhalten, das ein Außenstehender als drastische Zurückdrängung rationaler Steuerungsmomente interpretieren muß, mit einem Wort: ein *kraß obliegenheitswidriges* Verhalten.[61]

---

[59] Verbreitet wird für diese Fallgruppe sogar ein gänzlicher Ausschluß des Notstandsrechts befürwortet; dazu sogleich im Text.

[60] In der Sache wie hier *Küper* Notstand, S. 26. – Zumeist zeigt die herkömmliche Notstandsdogmatik, die nach einer Bemerkung *Kiefners* die „Notstandsprovokation" ohnehin „eher stiefmütterlich" behandelt (*Kiefner* Provokation, S. 59), hier wenig Problembewußtsein: Sie spricht pauschal von der „schuldhaften" Herbeiführung der Notstandslage, ohne näher auf den systematischen Status und den Inhalt dieses „Verschuldens" einzugehen. Auch *Kiefner* selbst hält es in ihrer dem hier behandelten Thema gewidmeten Dissertation nicht für erforderlich, den Begriff des „Verschuldens" genauer zu untersuchen.

[61] Diese Einschränkung wird zumeist nicht vorgenommen. So läßt etwa *Küper* jeden „sorgfaltswidrigen oder gar bewußten Verstoß des Täters gegen seine eigenen Interessen", der „mißbilligenswert" erscheine und insofern die Gefahrverursachung zu einer „verschuldeten" mache, zu Lasten des Täters in die Abwägung einfließen (*Küper* JZ 1976, 518). Restriktivere Positionen finden sich nur vereinzelt: Nach *Kiefner* aaO S. 93 hat einfache Fahrlässigkeit bei der Herbeiführung der Gefahr „in der Regel" keine nachteiligen Auswirkungen auf den Umfang der Notstandsbefugnis. Eine fahrlässige Mitverantwortung des Täters läßt auch nach *Köhler* AT, S. 292 die – bei ihm freilich von vornherein stark eingeschränkte – Notstandsbefugnis bestehen. Noch weitergehend meint *Luzón* JRE 2 (1994) 355, fahrlässige, aber auch vorsätz-

Welche *Rechtsfolge* knüpft sich an die „verschuldete" Herbeiführung einer Notstandslage? *Binding* hatte in der ihm eigenen Rigorosität für diese Fälle noch einen generellen *Ausschluß* des Notstandsrechts angenommen: „Wer sich in Gefahr begibt, komme darin um"[62]. Die heute herrschende Meinung stimmt dem nur für den Sonderfall zu, daß der nachmalige Notstandstäter sich vorsätzlich[63] oder gar absichtlich[64] in Gefahr gebracht hat. Ansonsten will sie das Verschulden im Rahmen der Interessenabwägung und damit jeweils einzelfallbezogen berücksichtigen. In beiden Punkten bestehen Bedenken gegen diese Position. Daß der Verschuldensgesichtspunkt nicht in die Interessenabwägung gehört, ihm vielmehr auf der Ebene der Normformulierung Rechnung getragen werden muß, ist bereits an früherer Stelle dargelegt worden.[65] Aber auch die These von einem gänzlichen Ausschluß des Notstandsrechts in den Fällen vorsätzlicher bzw. absichtlicher Gefahrverursachung überzeugt nicht.[66] Zwar erscheint derjenige, der sich vorsätzlich in eine Gefahrenlage hineinbegeben hat, nicht als Opfer, sondern als Schöpfer der Verhältnisse, in denen er sich befindet. Der Vergleichsfall der *Notwehr* lehrt jedoch, daß sogar ein in subjektiver Vollzuständigkeit („schuldhaft")[67] vorgetragener Angriff den Solidaritätsanspruch des Angreifers nicht gänzlich entfallen läßt. Weil dieser Anspruch nämlich *quasi-institutionell* begründet ist, kann sein Inhaber ihn durch sein *subjektives* Gebaren nicht zur Gänze verspielen. Institutionell oder quasi-institutionell verankerte Rechtsbeziehungen transzendieren Subjektivität und werden nicht von ihr aufgesogen.[68]

---

liche Provokationen unterhalb der Absicht seien „wahrscheinlich nicht schwer genug", um die Interessenabwägung zu Lasten des Bedrängten zu verändern. – Über die qualifizierte Obliegenheitswidrigkeit hinaus muß nach hiesiger Ansicht auch zwischen dem obliegenheitswidrigen Vorverhalten und der späteren Notlage ein normativ relevanter Zurechnungszusammenhang bestehen. Fehlt er, so gelten die „normalen" Notstandsvoraussetzungen. Beispiel: Ein Bergtourist bricht trotz dringender Gewitterwarnungen zu einer Bergtour auf. Tatsächlich gerät er in Bergnot – allerdings nicht aufgrund eines Wetterumschwungs (dieser bleibt erstaunlicherweise aus), sondern weil er sich infolge einer leichten Unaufmerksamkeit den Fuß verstaucht. Er hat das volle Notstandsrecht.

[62] *Binding* Handbuch, S. 778.

[63] LK-*Hirsch* § 34 Rdn. 70; *Kiefner* Provokation, S. 91f; mit der Einschränkung auf disponible Güter auch *Jakobs* AT 13/27.

[64] *Tröndle/Fischer* § 34 Rdn. 6; *Bockelmann/Volk* AT, S. 100; *Kühl* AT § 8 Rdn. 142; *Maurach/Zipf* AT 1 § 27 Rdn. 47; *Roxin* AT 1 § 16 Rdn. 53; *Küper* Notstand, S. 33f, 97; *Luzón* JRE 2 (1994) 355.

[65] Vgl. B.II.

[66] Ablehnend auch NK-*Neumann* § 34 Rdn. 96; Sch-Sch-*Lenckner/Perron* § 34 Rdn. 42; offenbar auch *Baumann/Weber/Mitsch* AT § 17 Rdn. 79.

[67] Zu diesem Erfordernis unter 3.b) (mit Fn. 113).

[68] Auch auf den *Verzichtsgedanken* läßt sich – entgegen einer Andeutung *Kiefners* Provokation, S. 89 – die Position der herrschenden Meinung nicht stützen. Zwar darf der einzelne Rechtsgutsinhaber (mit Verbindlichkeit auch für eingriffswillige Dritte) auf den Schutz seiner be-

Gleichwohl ist die Rechtsposition dessen, der seine jetzige Notstandslage „verschuldet" hat, schwächer als die Stellung desjenigen, der – normativ gesehen – ausschließlich als Opfer seiner gegenwärtigen Situation erscheint. Der Gefährdete hat seine Gleichgültigkeit gegenüber dem eigenen Wohl dadurch unter Beweis gestellt, daß er es leichtfertig auf's Spiel gesetzt hat. Angesichts dieser „Vorprägung" der Situation genügt ein (bloß) *wesentliches* Überwiegen des von dem Eingreifenden geltend gemachten Interesses hier nicht zu seiner Rechtfertigung. Ebenso wie in den Fällen des Eltern-Kind-Verhältnisses und der tatsächlichen Übernahme[69] muß auch hier das Überwiegen der vom Notstandstäter gewahrten Interessen so massiv sein, daß es einer Negation seines Subjektstatus nahekäme, ihm ein Eingriffsrecht zu verweigern. Die Interessendifferenz muß mithin *erheblich* oberhalb der „Wesentlichkeits"-Schwelle liegen. Sie muß damit jener Diskrepanz nahekommen bzw. sie – in den Fällen der vorsätzlichen Herbeiführung der Gefahrenlage – sogar erreichen, die unter dem Stichwort des „krassen Mißverhältnisses" zu einer Einschränkung des Notwehrrechts führt.[70] Danach hat jedenfalls der sorglose Bergtourist rechtmäßig gehandelt. Für den Fahrer des gefährdeten Lkw gilt Gleiches nur dann, wenn die Diskrepanz zwischen gerettetem und beeinträchtigtem Interesse den ohnehin schon anspruchsvollen Maßstab der „Wesentlichkeit" nochmals deutlich übersteigt.

c) Die Zurechnung innerhalb von Dreipersonenverhältnissen

(1) Der Notstandstäter ist nicht zugleich Inhaber des gefährdeten Rechtsguts

Der Inhaber des gefährdeten Rechtsguts braucht nicht mit der Person identisch zu sein, die den rettenden Eingriff in die Rechtssphäre eines Dritten vornimmt. Der Notstandseingriff darf lediglich nicht *gegen den Willen* des betroffenen Rechtsgutsträgers erfolgen.[71] Das Recht des Wohls, das dem Interesse an der Erhaltung des

---

drohten Güter verzichten. Diese Situation ist aber in dem Fall einer vorsätzlichen Gefährdung der eigenen Rechtsgüter nicht gegeben: In der aktuellen Konfliktsituation will der Gefährdete den ihm drohenden Verlust *gerade nicht* hinnehmen. Die Frage ist hier vielmehr die, ob der Gesichtspunkt der Verhaltenskontinuität – negativ gewendet: das Verbot selbstwidersprüchlichen Verhaltens – seine nunmehrige Inanspruchnahme des Notstandsrechts als normativ inakzeptabel erscheinen läßt. Mit dem Respekt, der einem aktuell erklärten Verzichtswillen geschuldet ist, hat diese kontrafaktische Bindung nichts zu tun.

69 Dazu unter II.

70 Wer einen anderen in voll zurechenbarer Weise, also rechtswidrig und schuldhaft angreift, exponiert sich zwar in deutlich stärkerer Weise als derjenige, dem „nur" eine (wenngleich massive) Obliegenheitsverletzung zur Last gelegt werden kann. Der Angreifer ist jedoch einer fremden Verteidigungshandlung ausgesetzt und selbst zu einer passiven Haltung verurteilt, während dem Notstandstäter weiterhin die (von vornherein keineswegs selbstverständliche) Befugnis zu Eingriffen in die Rechtssphäre eines Unbeteiligten zugestanden wird.

71 Dazu III.1. Fn. 29.

bedrohten Rechtsguts die erforderliche strafrechtstheoretische Legitimation verleiht, ist nämlich seinerseits eine Ausprägung des von *Hegel* sogenannten „Rechts der Besonderheit". Dieses Recht trägt dem Verlangen des Subjekts Rechnung, in seinem individuellen So-sein als Grund seiner Taten und damit seines Lebens anerkannt zu werden.[72] Der eigene Wille der Person, deren „Wohl" in Gefahr schwebt – also des bedrohten Rechtsgutsinhabers –, stellt deshalb sowohl die Grundlage als auch die Grenze der Wahrnehmungskompetenz Dritter dar. Grundlage dieser Kompetenz ist der Wille des Betroffenen dergestalt, daß er, sofern er ausdrücklich erklärt wurde oder verständigerweise vermutet werden kann, die quasi stellvertretende Rechtsausübung durch einen Dritten legitimiert; Grenze ist er insofern, als gegen ihn eine solche stellvertretende Rechtsausübung nicht in Betracht kommt. Zwei Dreieckskonstellationen sind im vorliegenden Zusammenhang denkbar: Zum einen kann lediglich dem *Inhaber des* bedrohten *Rechtsguts*, nicht aber dem Notstandstäter selbst ein Vorverschulden zur Last fallen; zum anderen ist es möglich, daß allein der *Notstandstäter* sich den Vorwurf eines Vorverschuldens gefallen lassen muß. Die Frage geht in beiden Konstellationen jeweils dahin, welches Notstandsregime zur Anwendung gelangt – die für den Eingreifenden günstigere Regelung der Grundsituation oder die restriktiveren Voraussetzungen der soeben behandelten Sonderlage des rechtfertigenden Notstands?

Den Punkt zu bezeichnen, von dem die Beantwortung dieser Frage ihren Ausgang nehmen muß, bereitet auf der Basis der bisherigen Überlegungen keine Schwierigkeiten mehr. Ist es das in der Gestalt von Rechtsgütern gleichsam verdichtete *Wohl des betroffenen Rechtsgutsinhabers*, welches das Eingriffsrecht im Notstand strafrechtstheoretisch „trägt", so muß die Person des Rechtsgutsinhabers den Bezugspunkt aller Zurechnungsurteile darstellen.[73] Die Befugnis zur Notstandshilfe ist, wie *Köhler* formuliert, „akzessorisch" zur Befugnis des Gefahrbetroffenen.[74] Dies gilt auch für die Zurechnung von Vorverhalten. Nur ein dem betroffenen Rechtsgutsinhaber zurechenbares Vorverhalten – dieses aber sehr wohl – kann daher seine Rechtsposition innerhalb des Notstandskonflikts schwächen. Dies hat eine doppelte Konsequenz. Fällt dem Rechtsgutsinhaber ein beachtliches Vorverschulden zur Last, so reduziert es auch die Notstandsbefugnis des selber „unschuldigen" Notstandstäters.[75] Umgekehrt liegen die Dinge, wenn allein dem

---

[72] Dazu 1. Kap. D.II.2.b).

[73] Treffend bemerken *Kindhäuser/Wallau* StV 1999, 381: „Die Notstandshilfe beschreibt allein eine Tätigkeit innerhalb fremder Zuständigkeit, sie bedeutet mit anderen Worten lediglich die Wahrnehmung der Rechte des Gefährdeten".

[74] *Köhler* AT, S. 289.

[75] So auch KK-*Rengier* § 16 OWiG Rdn. 55; LK-*Hirsch* § 34 Rdn. 70; NK-*Neumann* § 34 Rdn. 97; *Küper* Notstand, S. 111; *Onagi* Notstandsregelung, S. 145; *Dencker* JuS 1979, 781.

Notstandstäter ein Vorverschulden zur Last fällt und dieser in keiner rechtlich relevanten Beziehung zum Rechtsgutsinhaber steht: Dieses Vorverschulden belastet den Rechtsgutsinhaber nicht, dem Notstandstäter bleibt also das volle Notstandshilferecht erhalten.[76] Anders ist es, wenn man das Vorverschulden des Notstandstäters dem betroffenen Rechtsgutsinhaber *zurechnen* kann. Die Frage, wann eine solche Zurechnung statthaft ist, stellt das schwierigste Problem im Bereich der hier zu erörternden Fallgruppe dar.

Eines steht nach den Überlegungen unter I. bereits fest: Eine mit dem Anspruch auf systematische Geschlossenheit auftretende Strafrechtsdogmatik kann es nicht zulassen, daß im Bereich des Notstands nach anderen Grundsätzen zugerechnet wird als dies ansonsten im Strafrecht geschieht. Die vorliegend maßgeblichen Zurechnungskriterien müssen daher aus denselben Prinzipien abgeleitet werden, von denen die Begründung strafrechtlicher Zuständigkeiten auch ansonsten ihren Ausgang nimmt. Den (hier primär interessierenden) abstrakt-rechtlichen Figuren der Zuständigkeitsbegründung ist es gemeinsam, daß sie die Konnexität von Organisationsfreiheit und Folgenverantwortung sicherstellen.[77] Anschaulicher formuliert: Derjenige, dem von Rechts wegen die Vorteile einer dezentralen („liberalen") Organisation von Austauschbeziehungen zugutekommen, der muß auch die damit korrespondierenden (Zuständigkeits-)Lasten tragen. Erzielte Vorteile („Gewinne") werden grundsätzlich dem Vermögen desjenigen zugeschlagen, in dessen Rechtskreis sie angefallen sind. Die Chancen, die dieses Zuordnungsprinzip der Privatinitiative des einzelnen bietet, werden dadurch noch wesentlich erhöht, daß er seine Rechtssphäre *arbeitsteilig verwalten* lassen darf. Ob und gegebenenfalls in welchem Umfang der einzelne von dieser Option Gebrauch macht, bleibt freilich seiner eigenen Entscheidung überlassen und wird maßgeblich durch die wirtschaftliche Stellung bestimmt, in der er sich befindet.

Eine abstrakt-rechtliche Zurechnungslehre hat vor diesem Hintergrund nicht zuletzt die Aufgabe, die *Unabhängigkeit* der rechtlichen Zuständigkeitsverteilung gegenüber der faktischen Vermögensverteilung zu gewährleisten: Das abstrakte Recht darf rechtliche Vorteile ebensowenig wie an die Not als solche[78] an den Reichtum als solchen knüpfen. Eine abstrakt-rechtliche Zurechnungslehre muß deshalb dafür sorgen, daß denjenigen Personen, die von der Option Gebrauch machen, ihre Rechtskreise arbeitsteilig verwalten lassen, nicht zugleich auch die Möglichkeit ein-

---

[76] Ebenso KK-*Rengier* § 16 OWiG Rdn. 56; LK-*Hirsch* aaO; NK-*Neumann* aaO; *Kühl* AT § 8 Rdn. 146; *Roxin* AT 1 § 16 Rdn. 53; *Küper* aaO S. 109f; *Onagi* aaO S. 145, 147; *Dencker* aaO; *Luzón* JRE 2 (1994) 355.

[77] Einl. B.

[78] Dazu Einl. B.

geräumt wird, sich von einem Teil jener Verlustrisiken zu entlasten, die einer arbeitsteiligen Organisation immanent sind. Wer Chancen nutzt, der muß sich auch den damit verbundenen Risiken stellen. Bezogen auf die hier interessierende Problematik heißt das: Die arbeitsteilige Organisation seiner Rechtssphäre muß, wenn schon nicht in wirtschaftlicher Hinsicht, so doch jedenfalls im Hinblick auf seine Notrechte für den betroffenen Rechtskreisinhaber auf eine Art von Nullsummenspiel hinauslaufen. Daraus folgt: Solange ein objektiver Beobachter die Maßnahme eines Dritten noch dem Bereich jener Aufgaben zuordnen würde, die dem Dritten von dem betroffenen Rechtskreisinhaber übertragen worden sind, oder er sie jedenfalls als eine zwar neutrale, aber im Kontext der übernommenen Aufgabe übliche Tätigkeit ansehen würde, solange muß der Rechtskreisinhaber sich das Verhalten des Dritten unter Notstandsgesichtspunkten zurechnen lassen.[79] Dies gilt unabhängig davon, ob der Ausführende durch sein Tun eine Weisung des Rechtskreisinhabers übertritt, und es ist auch unabhängig davon, ob diesem der Vorwurf gemacht werden kann, den Handelnden nicht ordnungsgemäß überwacht zu haben.[80] So wie Erfolge, die im Rahmen einer arbeitsteiligen Organisation erzielt werden, dem Rechtskreisinhaber unabhängig von seinen Verdiensten zugerechnet werden, so muß er sich im Kontext des Notstands auch negative Umstände unabhängig von seinem Dafür-Können zurechnen lassen. Erst wenn das Verhalten des Ausführenden so „exzentrisch" ist, daß es als gänzlicher Ausbruch aus der von ihm übernommenen Rolle erscheint, kann es dem „Geschäftsherrn" (der diese Funktion hier gerade eingebüßt hat) nicht mehr zugerechnet werden.

Demnach muß der betroffene Rechtskreisinhaber sich beispielsweise das Fehlverhalten eines bei ihm beschäftigten Lkw-Fahrers zurechnen lassen, der das Eigentum seines Arbeitgebers dadurch gefährdet, daß er mit seinem schweren Wagen einen

---

[79] Nichts anderes gilt im Bereich der Garantenstellungen im engeren Sinne; dazu *Jakobs* AT 29/36 mwN.

[80] Damit läßt die hiesige Konzeption die Zurechnung von Drittverhalten in einem weitergehenden Umfang zu als die von *Küper* begründete Position. Nach *Küper* setzt die Zurechnung voraus, daß der Unternehmer der Hilfsperson nicht nur das gefährdete *Vermögensobjekt*, sondern auch die *Kompetenz* anvertraut hat, es bei der betrieblichen Tätigkeit eventuell in (Notstands-)Gefahr zu bringen. Eine solche Delegation der „Gefährdungskompetenz" werde freilich in der Regel nicht anzunehmen sein (*Küper* Notstand, S. 153f; zustimmend KK-*Rengier* § 16 OWiG Rdn. 56; LK-*Hirsch* § 34 Rdn. 70; *Roxin* AT 1 § 16 Rdn. 54). Dies läuft auf eine beträchtliche Lockerung der Konnexität zwischen den Chancen und den Risiken arbeitsteiliger Rechtskreisverwaltung hinaus: Zur Entlastung des Unternehmers, in dessen (vermeintlichem) Interesse der Handelnde objektiv ersichtlich tätig wird, genügt danach in aller Regel bereits der Umstand, daß sein Arbeitnehmer sich *in concreto* weisungs- oder sonstwie sorgfaltswidrig verhalten hat. – Im Ergebnis ähnlich wie hier *Dencker* JuS 1979, 781; an *Denckers* Begründung übt allerdings Küper aaO S. 152 f zutreffende Kritik.

nichtbefestigten Feldweg befährt.[81] Gleiches gilt für das Tun des Lagerarbeiters, der sich entgegen einer ausdrücklichen Weisung inmitten feuergefährlicher Gegenstände eine Zigarette anzündet. Wenn die Gefährdung der Waren hingegen darauf beruht, daß der Lagerarbeiter – ein Chemiestudent – in einer dunklen Ecke des Lagerraums heimlich seine zu Hause nicht unterzubringenden (da zu gefährlichen) privaten Chemikalien hortet, so kann dieser Rollenbruch dem Arbeitgeber unter Notstandsgesichtspunkten nicht mehr zugerechnet werden.

(2) Insbesondere: Der Nötigungsnotstand

Unter dem Namen des Nötigungsnotstands verbirgt sich eine nach wie vor heftig umstrittene Fallkonstellation. Ihre Struktur ist simpel: A nötigt den B, in den Rechtskreis des C einzugreifen. Die Frage ist, ob und gegebenenfalls unter welchen Voraussetzungen B's Eingriff durch Notstand gerechtfertigt werden kann. Unproblematisch ist die Antwort, wenn die dem B abgenötigte Tat bereits jenen Eingriffsvoraussetzungen nicht genügt, die für die Grundsituation des rechtfertigenden Notstands gelten. Verhält es sich so, weil beispielsweise das dem B drohende Übel zu geringfügig ist oder weil B dem C ein erhebliches Opfer abverlangt, so kommt für B nur eine Entschuldigung in Betracht. Wie aber sind solche Eingriffsakte zu beurteilen, die den Anforderungen der Grundsituation des rechtfertigenden Notstands entsprechen? Beispiel: Um eine ihm von A glaubhaft angedrohte schwere Mißhandlung von sich abzuwenden, wirft B dem C, mit dem A seit langem verfeindet ist, eine Fensterscheibe ein.

Eine verbreitete Ansicht lehnt die Rechtfertigungsfähigkeit von Taten, die im Nötigungsnotstand begangen werden, entweder generell ab[82] oder knüpft die Möglichkeit einer Rechtfertigung doch jedenfalls an strengere Voraussetzungen, als sie in der Grundsituation des rechtfertigenden Notstands gelten.[83] Die Sonderbehand-

---

[81] Nach BayObLG NJW 1978, 2046. – Zu einer Variante dieses Falls oben b).

[82] *Lackner/Kühl* § 34 Rdn. 2; LK-*Spendel* § 32 Rdn. 212; SK-*Günther* § 34 Rdn. 48f; Sch-Sch-*Lenckner/Perron* § 34 Rdn. 41b; *Haft* AT, S. 90f, 98; *Kühl* AT § 8 Rdn. 132; *Wessels/Beulke* AT Rdn. 443; *Lenckner* Notstand, S. 117; *Schumann* Handlungsunrecht, S. 86; *Hartmann* JA 1998, 954f; *Hassemer* FS Lenckner, S. 105, 115; *Lange* NJW 1978, 785; *Weber* Jura 1984, 372f; *ders.* ZStW 96 (1984) 396; i.E. ferner *Kelker* Nötigungsnotstand, S. 150ff und wohl auch *Welp* GA 1987, 516.

[83] Nach *Roxin* soll die Möglichkeit der Rechtfertigung nur in jenen Fällen in Betracht kommen, in denen jemand durch die massiven Nötigungsmittel des § 35 StGB zu einer relativ geringen Rechtsgutsbeeinträchtigung gezwungen wird (*Roxin* AT 1 § 16 Rdn. 59; *ders.* FS Oehler, S. 188f; im wesentlichen übereinstimmend LK-*Hirsch* § 34 Rdn. 69a; NK-*Neumann* § 34 Rdn. 55; *ders.* JA 1988, 325; i.E. auch *Köhler* AT, S. 293; nahestehend *Krey* Rechtsprobleme Rdn. 620; *ders.* Jura 1979, 321 Fn. 33). Diese Lösung krankt an ihrer systematischen Unverbindlichkeit: Statt eine unzweideutige Antwort auf die Frage zu geben, ob eine Sonderzuständigkeit des Genötigten sich in strafrechtstheoretisch verallgemeinerbarer Form begrün-

lung des unter dem Druck einer Nötigung handelnden Täters wird in erster Linie auf die Erwägung gestützt, daß ungeachtet seiner außergewöhnlichen Handlungssituation das Recht ihm gegenüber einer spezifischen Bewährung bedürfe. Ihre einflußreichste Formulierung hat diese Position bei *Lenckner* gefunden: Der Genötigte trete, wenn auch gezwungenermaßen, „auf die Seite des Unrechts“; dies könne die Rechtsordnung nicht billigen, wenn sie nicht auf eine elementare Voraussetzung ihres eigenen Geltungsanspruchs Verzicht leisten wolle.[84] Näher begründet wird dieser „stereotype Hinweis“ [85] weder von *Lenckner* noch von einem anderen seiner Vertreter.[86] Ihm dürfte die Befürchtung zugrundeliegen, daß bei einer Rechtfertigung der abgenötigten Tat anfängliches Unrecht durch eine zwangsweise hergestellte Notsituation des Tatmittlers in Recht verwandelt werden könnte.[87] Nach der anschaulichen Schilderung *Welps* müsse der Betroffene „den Genötigten wie einen Schlafwandler durch die Linien des Rechts gehen lassen und hinnehmen ..., daß sich die kriminellen Pläne des Hintermanns durch *dieses* Werkzeug unter dem Schutz der Rechtsordnung realisieren, während sie im übrigen an seinen Abwehrrechten gescheitert wären“ [88].

Diese Sicht der Dinge vereinfacht die Zurechnungsproblematik indes über Gebühr. Die heutige Strafrechtsdogmatik kennt keinen allgemeinen Satz des Inhalts, daß die Instrumentalisierung zugunsten eines fremden Unrechtsplans für den Betroffenen die Möglichkeit einer Distanzierung von dem fremden Unrecht – insbesondere in Form einer Rechtfertigung – ausschließe. Die seit Jahrzehnten allgemein anerkannte Konstellation der mittelbaren Täterschaft durch ein gerecht-

---

den läßt oder nicht, begnügen ihre Vertreter sich mit der Feststellung, daß beide Parteien des Meinungsstreits in gewisser Weise Recht hätten. Dies hat zur Folge, daß die von ihnen vorgeschlagene Lösung den Charakter eines „freihändigen“, systematisch nicht stringent abgeleiteten Kompromisses trägt und „sozusagen die Übersetzung der Ratlosigkeit in irgendeinen dogmatischen ‚Mittelweg‘“ dokumentiert (*Küper* Staat, S. 65; sachlich übereinstimmend *Kelker* aaO S. 48 ff).

84 *Lenckner* Notstand, S. 117. – Daneben wird verbreitet behauptet, es sei für die Rechtsordnung nicht hinnehmbar, daß demjenigen, in dessen Rechtskreis der Genötigte eingreife, gegen diesen Eingriff kein Notwehrrecht zur Verfügung stehen solle (exemplarisch *Krey* Jura 1979, 321 Fn. 33). Dieser Hinweis kann allenfalls den Status einer „Kontrollüberlegung“ für sich beanspruchen; unter systematischen Gesichtspunkten ist er hingegen uninteressant. Dem nötigenden Hintermann gegenüber behält der Eingriffsadressat selbstverständlich sein volles Notwehrrecht – und ob es tatsächlich „nicht hinnehmbar“ ist, daß ihm gegenüber dem Genötigten, sofern man diesen als gerechtfertigt ansieht, das Recht zur Notwehr versagt wird, ist gerade die Frage.

85 *Küper* Staat, S. 59.

86 Dies moniert auch *Kelker* Nötigungsnotstand, S. 37, 42.

87 So interpretieren auch *Küper* Staat, S. 51; *ders.* GA 1995, 139 und *Kelker* aaO S. 37 die betreffende Ansicht.

88 *Welp* GA 1987, 516.

fertigt handelndes Werkzeug läßt vielmehr erkennen: Unter Täterschaftskategorien ist es ohne weiteres möglich, daß der Vordermann rechtmäßig handelt, obgleich er als Werkzeug eines rechtswidrig-strafbaren Unternehmens verwendet wird.[89] Der Entscheidung der Frage, ob einer Person das Verhalten einer anderen Person im Einzelfall objektiv zuzurechnen ist, darf deshalb nicht dadurch ausgewichen werden, daß man sich hinter der suggestiven Kraft einer geschickt gewählten Metapher verschanzt, die über „schlichte, mehr oder weniger anschauliche Phänomenbeschreibungen" nicht hinausführt.[90] Maßstab der Beurteilung müssen wiederum die *allgemeinen Figuren strafrechtlicher Zuständigkeitsbegründung* sein; denn nur diese Art des Vorgehens gewährleistet die axiologische Geschlossenheit des Systems der strafrechtlichen Zurechnungsregeln. Demnach ist eine gegenüber der Grundsituation des rechtfertigenden Notstands verschärfte Behandlung des genötigten Notstandstäters nur dann legitim, wenn das Unrecht, welches der Hintermann verwirklicht, dem von ihm Genötigten anhand jener allgemeinen Grundsätze – und nicht nur aufgrund von *ad hoc*-Kriterien – zugerechnet werden kann.

Die Frage nach der strafrechtlichen Behandlung des Nötigungsnotstands so zu stellen, heißt zugleich, sie zu beantworten. Unter *abstrakt-rechtlichen* Gesichtspunkten spricht nichts dafür, dem Genötigten das Verhalten des Nötigers zuzurechnen. Dieser „entfremdet" den Genötigten seinem Tun; es ist nur noch in einem naturalistischen, nicht mehr in einem rechtlich relevanten Sinne das seinige. Der Genötigte „tritt" deshalb nicht auf die Seite des Unrechts, sondern er „wird getreten"[91]. Aber auch eine *institutionelle* Sonderzuständigkeit des Genötigten, gegründet auf das Interesse der Rechtsgemeinschaft, die Grenzlinie zwischen Recht und Unrecht nicht verwischen zu lassen, ist nicht überzeugend begründbar. Nur im Rahmen besonderer Pflichtenstellungen – etwa als Polizeibeamter – ist es unzulässig, die Beeinträchtigung, die eigenen Gütern durch das deliktische Handeln

---

[89] Auch *Kelker* Nötigungsnotstand, S. 121 konzediert, das Argument der Rechtfertigungsgegner erweise sich angesichts der Dogmatik der mittelbaren Täterschaft jedenfalls in seiner üblichen, undifferenzierten Form als nicht haltbar. – Gegen die Heranziehung dieses Vergleichsfalls läßt sich nicht etwa einwenden, das gerechtfertigt handelnde Werkzeug wisse typischerweise von den deliktischen Handlungszielen des Hintermannes nichts, während dem B im hiesigen Ausgangsfall die Zusammenhänge durchaus bekannt seien. Auch wer um einen fremden fremden Unrechtszweck weiß und einen objektiven Tatbeitrag zu seiner Verwirklichung leistet, kann unter Umständen von der objektiven Unrechtszurechnung distanziert werden. Beispielsweise ist derjenige grundsätzlich nicht Gehilfe iSd § 27 StGB, der einem anderen einen Gegenstand der täglichen Gebrauchs verkauft, obwohl er damit rechnet, daß der Käufer den Gegenstand zu deliktischen Zwecken einsetzen werde (*Jakobs* AT 24/17). Aufgrund des Gesichtspunkts der „Sozialadäquanz" bleibt hier das Verhalten des Verkäufers seinem *objektiven* Gehalt nach unterhalb der strafrechtlich relevanten Unrechtsschwelle.

[90] So mit Recht *Küper* Staat, S. 59.

[91] Treffend *Felber* Rechtswidrigkeit des Angriffs, S. 164.

anderer droht, per Notstand auf Dritte zu verlagern.[92] Die Verallgemeinerung des Verbots, deliktischen Nötigungen zu Lasten Dritter nachzugeben, liefe auf eine generelle Rechtspflicht, dem Unrecht entgegenzutreten[93] und damit auf „eine Art Verpolizeilichung aller Bürger“[94] hinaus. Einem sozialpsychologischen Befund – hier: der etwaigen Irritation der Rechtsgenossen durch die Statuierung einer Pflicht zur Hinnahme des abgenötigten Eingriffs – kommt innerrechtliche Bedeutung nur insoweit zu, wie die Dogmatik ihn innerhalb ihres eigenen, zumeist weitaus differenzierten und subtileren Kategoriensystems abzubilden vermag. Auch die Frage, ob die Rechtmäßigerklärung abgenötigter Notstandstaten eine den Interessen der Rechtsgemeinschaft abträgliche Grenzverwischung nach sich ziehen würde, kann daher ihre Beantwortung nicht in dem Hinweis auf einen häufig diffusen „sozialen Eindruck“, sondern nur in der Bezugnahme auf die normativen Vorgaben der Rechtsordnung finden, welche eine Gesellschaft allererst als eine Rechtsgemeinschaft konstituiert. Mit anderen Worten: Die angebliche Grenzverwischung und die daraus abgeleitete These, wonach die abgenötigte Notstandstat die Rechtsordnung stärker tangiert als eine „reguläre“ Notstandshandlung,[95] läßt sich nur dann halten,

---

[92] Dazu D.II.4.

[93] *Küper* Staat, S. 63; *Renzikowski* Notstand, S. 69.

[94] *Keller* Provokation, S. 310.

[95] So zuletzt *Kelker* Nötigungsnotstand, S. 84 f; *Hassemer* FS Lenckner, S. 115. – Nach *Kelkers* Ansicht ist es entscheidend, ob der Hintermann die Gefährdung durch ein von ihm gesteuertes *Naturgeschehen* begründet oder ob er einen *Tatmittler* zu einem bestimmten, drittgefährdenden Verhalten *nötigt* (S. 150ff). Im ersten Fall sei eine Rechtfertigung nach § 34 StGB möglich, weil hier die Gefahr von einem für sich betrachtet rechtlich neutralen Ereignis ausgehe (S. 175). Im zweiten Fall komme die Möglichkeit einer Rechtfertigung hingegen nicht in Betracht: Diese Konstellation sei mit einer wesentlich größeren Breite potentieller Rechtsverletzungen verbunden und stelle insoweit auch eine größere Bedrohung für die Rechtsordnung dar (S. 157). Das Solidaritätsinteresse des Genötigten müsse hier gegenüber dem Anliegen der Rechtsbewährung zurücktreten (S. 175). Die Differenzierung *Kelkers* überzeugt schon deshalb nicht, weil der „Handlungsdruck“, der von einem manipulierten Naturgeschehen ausgeht, keineswegs kleiner zu sein braucht als derjenige, der auf einer tatbestandsmäßigen Nötigung beruht. Vor allem aber konfundiert *Kelker* die *Phänotypik* der Gefährdungssituation mit deren rechtlich-normativer *Bewertung*. Unter *Zuständigkeitsgesichtspunkten* unterscheiden sich die beiden Fallgruppen *Kelkers* nicht: Hier wie dort ist die Gefährdung fremder Rechtsgüter dem Hintermann als Ergebnis seiner Rechtskreisorganisation zuzurechnen. „Die faktischen Zufälligkeiten der jeweiligen Nötigungsstrategie können daher eine unterschiedliche Bewertung schwerlich tragen“ (*Küper* GA 1995, 141). Letztlich scheitert *Kelkers* Behandlung des Nötigungsnotstands daran, daß sie nicht über ein axiologisch überzeugendes Kriterium zur Abgrenzung normativ beachtlicher und unbeachtlicher Beurteilungsgesichtspunkte verfügt. *Kelker* hat sich von der Diffusität der „Gesamtabwägungslehre“ in die Irre führen lassen. Diese Lehre birgt generell die Gefahr, die *disziplinierende Wirkung* der allgemeinen Figuren der Zuständigkeitsbegründung zu überspielen und damit die Behandlung des Notstands aus der axiologischen Einheit des Strafrechtssystems herauszulösen. Allerdings sucht diese Lehre in ihrer von *Lenckner* stammenden Fassung dem Abgleiten in eine kriterienlose Beliebigkeit

wenn sie auf bereits *anderweitig anerkannte* Grundsätze der Zuständigkeitsbegründung gestützt werden kann;[96] der Hinweis auf sie vermag hingegen *nicht aus sich heraus* normative Relevanz zu entfalten. Nach den bisher angestellten Überlegungen zum Nötigungsnotstand muß der Genötigte von dem Tun des Nötigers strafrechtlich distanziert werden; dies gilt aufgrund des soeben Dargelegten auch, soweit der Eindruck der abgenötigten Tat auf die Rechtsgemeinschaft als ganze zur Beurteilung steht. Eine institutionell begründete Sonderzuständigkeit des Notstandstäters kommt aus diesem Grund ebensowenig in Betracht wie eine abstraktrechtlich begründete. Für die Beurteilung seines Verhaltens sind daher die Kriterien maßgeblich, die für die Grundsituation des rechtfertigenden Notstands gelten.[97]

Damit trifft die hiesige Position sich mit einer Meinung, die im neueren Schrifttum bereits beträchtliche Zustimmung gefunden hat.[98] Da jedoch eine präzise Einbettung des rechtfertigenden Notstands in eine allgemeine strafrechtliche Zustän-

---

immerhin dadurch einen Riegel vorzuschieben, daß sie einschärft, nur die „relevanten" Umstände dürften in die Abwägung einbezogen werden. *Kelker* hingegen verwässert die Formel *Lenckners* nochmals, indem sie statt der Berücksichtigung „aller relevanten" pauschal die Berücksichtigung „aller" Tatumstände fordert (S. 146). Dann aber dürfe, so fährt sie fort, auch die Tatsache der Vermittlung des Unrechts, welches bei einer Rechtfertigung vom Dritten zu dulden wäre, nicht unberücksichtigt bleiben (aaO). Wie dies mit *Kelkers* dezidiert personalistischem Unrechtsverständnis (S. 103 ff) vereinbar sein soll, bleibt unklar. Ein freiheitstheoretisch ambitionierter Ansatz löst sich hier in Topik auf.

96 A. A. *Hassemer* FS Lenckner, S. 112f.

97 *Baumann/Weber/Mitsch* AT § 17 Rdn. 81 weisen (nach den Überlegungen unter E.II.3.: zu Recht) darauf hin, daß der Rechtfertigungsvoraussetzung der Erforderlichkeit in diesen Fällen besondere Beachtung gebührt: Immerhin hat der Genötigte ja ein Notwehrrecht gegen den Nötiger. „Erst wenn die Ausübung dieses Rechts unmöglich oder unzumutbar ist, kann der Eingriff in das Rechtsgut eines unbeteiligten Dritten toleriert werden." – Die im Text entwickelte Bewertung beansprucht auch dann Geltung, wenn der Hintermann gegen die Mittelsperson nicht *vis compulsiva*, sondern *vis absoluta* einsetzt. Beispiel: Er schleudert den Körper/Eigentumsgegenstände der betreffenden Person gegen einen Dritten. Da die Verteilung der Zuständigkeiten zwischen der Mittelsperson und dem Dritten nicht von der – normativ gesehen, zufälligen – *Technik* abhängen darf, mit deren Hilfe der Hintermann sich der Mittelsperson bemächtigt, geht die Duldungspflicht des Dritten hier so weit, wie sie sich auch gegenüber einem gefahrträchtigen *Handeln* der Mittelsperson erstrecken würde. (Ebenso wohl *Hruschka* JuS 1979, 392: Es sei stets zu fragen, ob ein gefährlicher Vorgang, wäre er ein gefährliches Handeln des Pflichtigen, diesem verboten gewesen wäre.)

98 SK-*Samson* § 34 Rdn. 31; StK-*Joecks* § 34 Rdn. 39; *Baumann/Weber/Mitsch* AT § 17 Rdn. 80f; *Freund* AT § 3 Rdn. 34; *Jakobs* AT 13/14; *Schmidhäuser* AT 9/69; *Stratenwerth* AT § 9 Rdn. 98; *Delonge* Interessenabwägung, S. 134; *Felber* Rechtswidrigkeit, S. 163f; *Göbel* Einwilligung, S. 106f; *Herzberg* Mittelbare Täterschaft, S. 32f; *Keller* Provokation, S. 309f; *Küper* Staat, S. 48ff; *Renzikowski* Notstand, S. 65ff; *Seelmann* Verhältnis, S. 50; *Thiel* Konkurrenz, S. 230f; für den Regelfall auch *Britz/Müller-Dietz* JuS 1998, 242f. – I.E. wie hier *Meißner* Interessenabwägungsformel, S. 255, dessen Begründung – das „Wie" der Gefahrverursachung sei im Rahmen der Interessenabwägung nicht relevant – nach den Überlegungen unter a) freilich keine Zustimmung verdient.

digkeitslehre, wie sie hier versucht wird, bislang noch nicht unternommen worden ist, fehlte den bisherigen Stellungnahmen zur Problematik des Nötigungsnotstands die vollständige systematische Absicherung. Diese Begründungslücke konnte mithilfe der vorstehenden Überlegungen geschlossen werden. Ihnen ging es nicht darum, eine „neue" Begründung zur Lösung einer altbekannten Problematik zu bieten. Überhaupt strebt der dogmatische Teil dieser Arbeit weniger „Neuheit" an als vielmehr dies: eine Reihe von bereits weitgehend bekannten Überlegungen strafrechtssystematisch zu legitimieren und sie nicht in der bisherigen, letztlich fragmentarischen Form, sondern gleichsam im Volltext vorzutragen. Auf diesem Wege bestätigt sich zugleich, daß den weitausholenden Überlegungen der Einleitung und des 1. Kapitels nicht der Status von (gegebenenfalls auch verzichtbaren) strafrechtswissenschaftlichen Luxusprodukten, sondern, um im Bild zu bleiben, der von Grundgütern zukommt.

3. Vorrangige abstrakt-rechtliche Zuständigkeit des Eingriffsadressaten: Die Grenzen des Aggressivnotstands

a) Überblick

Auch dem Eingriffsadressaten kann aus seinem Beitrag zur Konfliktentstehung eine abstrakt-rechtliche Sonderzuständigkeit erwachsen, mit der Folge, daß die in den vorigen Abschnitten entwickelten Regeln über den Aggressivnotstand nicht mehr „passen". Unter welchen Voraussetzungen aber entsteht eine solche Sonderzuständigkeit? Trotz ihrer beträchtlichen systematischen und auch praktischen Bedeutung wird diese Frage häufig bemerkenswert oberflächlich behandelt.[99]

Beliebt ist die an den Wortlaut des § 35 Abs. 1 S. 2 StGB angelehnte Wendung, daß der Eingriffsadressat es sich dann gefallen lassen müsse, nach dem Maßstab des Defensivnotstands behandelt zu werden, wenn er die Gefahr für den Eingreifenden „verursacht" habe.[100] Versteht man diese Antwort, wie es terminologisch naheliegt, als *Kausalitätsaussage*, so ist sie schon deshalb unzureichend, weil der Eingreifende selbst für seine Gefährdung nicht weniger kausal ist als derjenige, in dessen Rechtskreis er zur Abwehr der Gefahr eingreift.[101] Hätte er sich nicht ausgerechnet an

[99] Diese Nachlässigkeit hat Tradition: Bei der Beratung des § 228 BGB wurde ausweislich der Kommissionsprotokolle die sich angesichts des § 904 BGB geradezu aufdrängende Frage, wie eine gefahrdrohende von einer nicht gefahrdrohenden Sache abzugrenzen sei, nicht einmal angesprochen (*Hatzung* Grundlagen, S. 205).

[100] LK-*Hirsch* § 34 Rdn. 73; *ders.* JR 1980, 117; *Blei* AT, S. 152; *Bernsmann* „Entschuldigung", S. 395, 397; *Otte* Defensivnotstand, S. 30, 164ff; *Günther* JR 1985, 273; *Roxin* FS Jescheck, Bd. 1, S. 471, 478.

[101] Zutreffend *Gropp* GA 1988, 8f Fn. 43.

jenen Ort begeben, an dem das abstrakte Gefährdungspotential, das beispielsweise von einem entlaufenen bissigen Hund ausgeht, sich zu einer konkreten Bedrohung aktualisiert – die ausgehungerte Bestie kommt mit großen Sätzen auf ihn zugesprungen –, so könnte ihm nichts geschehen. Die Rede von der „Gefahrverursachung" kann demgemäß die von ihr beanspruchte Unterscheidungsleistung nur dann erbringen, wenn sie nicht als *Kausalitätsaussage*, sondern als *Zurechnungsurteil* verstanden wird.[102] Zahlreich sind die Aussagen im Schrifttum, die diese *normative* Dimension des Problems zum Ausdruck zu bringen suchen: Die Sonderzuständigkeit des Eingriffsadressaten in den Fällen des Defensivnotstands wird darauf gestützt, daß er „erst die Notstandsgefahr geschaffen" habe,[103] daß die Gefahr von ihm selbst oder seinen Gütern ausgehe,[104] daß sie aus seiner „Sphäre"[105], seinem „Herrschafts-"[106] bzw. seinem „Zuständigkeitsbereich"[107] stamme. Unter welchen Voraussetzungen die betreffende Zuordnung im einzelnen möglich ist, wird allerdings zumeist nicht näher ausgeführt; es wird vielmehr lakonisch darauf verwiesen, daß diese Frage noch der Klärung bedürfe.[108] Zur dogmatischen Einhegung der Notrechte ist eine solche Klärung dringend erforderlich. Zu ihr beizutragen ist das Ziel der nachfolgenden Bemerkungen.

---

[102] Die Begründungsrelevanz des Kausalitätsgedankens bestreiten auch *Felber* Rechtswidrigkeit, S. 129, *Fuchs* Notwehr, S. 56, *Ludwig* „Gegenwärtiger Angriff", S. 134 und *Hoyer* JuS 1988, 94f.

[103] *Lackner/Kühl* § 34 Rdn. 9; *Kühl* AT § 8 Rdn. 134.

[104] *Köhler* AT, S. 279; *Maurach/Zipf* AT 1 § 27 Rdn. 47c; *Wessels/Beulke* AT Rdn. 313; *Hellmann* Anwendbarkeit, S. 166; *Pfeffer* HIV-Tests, S. 129; *O. Lampe* NJW 1968, 91; ähnlich *Reichert-Hammer* Fernziele, S. 199.

[105] SK-*Günther* § 34 Rdn. 20; *Ebert* AT, S. 84; *Freund* AT § 3 Rdn. 68; *Hruschka* AT, S. 111; *ders.* JuS 1979, 391; *Roxin* AT 1 § 16 Rdn. 66, 98; *Küper* Notstand, S. 27 Fn. 68; *Lippold* Reine Rechtslehre, S. 354; *Meißner* Interessenabwägungsformel, S. 252; *Renzikowski* Notstand, S. 180; *Bottke* AIDS-Bekämpfung, S. 227; *Eue* JZ 1990, 766; *Merkel* Medizin, Ethik und Strafrecht, S. 162; *Unberath* JRE 2 (1995) 447.

[106] *Lenckner* Notstand, S. 102; *ders.* GS Noll, S. 250; *ders.* GA 1985, 311; *Pfeffer* HIV-Tests, S. 129; *Ebert* JuS 1976, 324; *Maultzsch* JA 1999, 430.

[107] *Pfeffer* HIV-Tests, S. 129; *Frister* GA 1988, 292; ähnlich *Haas* Notwehr, S. 212.

[108] *Hellmann* Anwendbarkeit, S. 167. – Vereinzelt wird vorgeschlagen, das Problem durch die Übertragung der Grundsätze über die polizeirechtliche Störerhaftung zu lösen (*Ludwig* „Gegenwärtiger Angriff", S. 148f, 162ff; *Eue* JZ 1990, 766). Dagegen spricht jedoch die Unterschiedlichkeit der Begründungszwecke, denen die Zuständigkeitszuschreibung jeweils dient. Im Polizeirecht geht es vorrangig darum, die *Eingriffsverwaltung* zu disziplinieren, ohne daß mit der Titulierung als „Störer" ein irgendwie gearteter *Vorwurf* an den Betroffenen verbunden wäre. Im Kontext der Notrechte steht hingegen die Frage im Raum, inwieweit *ein einzelner Bürger* sich über institutionelle Barrieren (das staatliche „Gewaltmonopol") hinwegsetzen darf. Zudem steht hier die *Strafbarkeit* desjenigen in Rede, der die ihm zustehende Eingriffsbefugnis überschreitet bzw. seine Duldungspflicht mißachtet. Diese tiefgreifenden Unterschiede zwischen beiden Regelungskomplexen schließen zwar *punktuelle* Übereinstimmungen zwischen ihren Beurteilungskriterien nicht aus, wohl aber deren *generelle* Parallelisierung.

Unter b) wird erörtert, unter welchen Voraussetzungen den Eingriffsadressaten eine rechtliche *Vollzuständigkeit* für den entstandenen Konflikt trifft. Der Bereich zwischen dieser *Maximalzuständigkeit* des Eingriffsadressaten einerseits und seiner in der Grundsituation des Aggressivnotstands gegebenen *Minimalzuständigkeit* andererseits bezeichnet den potentiellen Anwendungsbereich des Defensivnotstands. Eine Übersicht über die in Betracht kommenden „Zwischenkonstellationen" wird unter c) gegeben. Unter d) bis f) wird näher auf die wichtigsten Problemfälle eingegangen.

b) Vollzuständigkeit des Eingriffsadressaten: Die Grundsituation der Notwehr

Die restriktiven Eingriffsvoraussetzungen in der Grundsituation des rechtfertigenden Notstands beziehen sich auf den Fall, daß den Adressaten des Notstandseingriffs *keine Mitzuständigkeit für die Konfliktentstehung* trifft: Im Vorfeld des Eingriffs hat er sein Wohl, dessen Wahrung er sich als *Subjekt* – gekennzeichnet durch formelle Vernünftigkeit und den Anspruch, sich in dieser Gestalt im Recht zur Geltung zu bringen –[109] angelegen lassen sein darf, in Übereinstimmung mit der Respektierungspflicht verfolgt, die ihm als *Person* nach Maßgabe des abstrakten Rechts dem Gefährdeten gegenüber obliegt. An dem entgegengesetzten Ende der Skala möglicher Zuständigkeitsverteilungen zwischen den Konfliktparteien ist der Fall angesiedelt, daß dem späteren Eingriffsadressaten aufgrund seines Vorverhaltens die *volle Zuständigkeit für die Entstehung des Konflikts* aufgebürdet werden muß, er also, negativ formuliert, weder als Person noch als Subjekt von der Konfliktgenese distanziert werden kann.

Unter abstrakt-rechtlichen Gesichtspunkten, d. h. in seiner Rechtsrolle als *Person*, ist der Eingriffsadressat unter zwei Voraussetzungen vollzuständig. Deren erste ist sachlicher, die zweite ist zeitlicher Natur. Zum einen muß die Bedrohung der fremden Rechtsposition auf der rechtswidrigen Organisation seines Rechtskreises beruhen. Zum anderen darf der Eingriffsadressat auch in zeitlicher Hinsicht nicht von der ihm objektiv zurechenbaren Gefährdung distanziert werden können: Sein Verhalten muß objektiv den Eindruck erwecken, daß er unmittelbar im Begriff dazu sei, seinem Kontrahenten eine rechtswidrige Güterverteilung aufzuzwingen. Umgekehrt gewendet: Eine Erwartung des Inhalts, daß der Urheber der Bedrohung das von ihm in die Welt gesetzte Bedrohungspotential noch von sich aus neutralisieren werde, muß als grundlos erscheinen. In diesem Fall „gefährdet" der Täter nicht nur, sondern er „greift an"[110].

---

[109] Dazu 1. Kap. D.II.2.b).

[110] Auch der *zurechenbar erregte Anschein* einer Attacke stellt mithin einen Angriff in dem hier erläuterten Sinne dar (ebenso *Jakobs* AT 11/9; *ders.* FS Hirsch, S. 56 Fn. 40; *Armin Kaufmann*

Darüber hinaus aber muß der Täter auch als *Subjekt* mit dem ihm in personaler Hinsicht zurechenbaren Tun identifiziert werden können. Die Folgen seines Handelns in der Außenwelt braucht der einzelne sich als Subjekt nur insoweit zurechnen zu lassen, wie sie sich als Ausdruck jener formellen Vernünftigkeit darstellen, die seine Subjektstellung ausmacht. *Klesczewski* meint zwar, daß der Wille desjenigen, der einen anderen zu verletzen trachte, auch dann einer Unrechtsmaxime folge, wenn die Wahl dieser Maxime für ihn aus Not, mangelnder Fähigkeit zur Unrechtseinsicht oder Normirrtum unvermeidbar gewesen sei.[111] Damit versteht *Klesczewski* den strafrechtlich relevanten Willen allerdings nicht in *normativer*, sondern in *naturalistisch-faktischer* Manier. Dies vernachlässigt die anerkennungstheoretische Komponente eines jeden Rechts- (und damit auch eines jeden Unrechts-)Handelns. Die Rechtsordnung stellt ein System institutionalisierter Anerkennung dar.[112] Demzufolge ist ein Angriff die Manifestation einer Anerkennungsverweigerung. Die Erbringung wie auch die Verweigerung von Anerkennung aber gewinnen ihr volles Gewicht erst, wenn sie als Leistungen eines (formell-)vernünftigen Subjekts erscheinen. Deshalb liegt ein Angriff im Vollsinne nur dann vor, wenn der Angreifer seinen Entschluß, mithilfe des Angriffs das eigene Wohl zu Lasten eines anderen deliktisch zu verbessern, als vollverantwortliches (eben formell-vernünftiges) Subjekt faßt und durchführt.[113] Nur dann kann er *frei* das tun, was die Rechtsordnung von ihm

---

FS Welzel, S. 400f; *Rudolphi* GS Armin Kaufmann, S. 384ff; a. A. *Hirsch* FS Arthur Kaufmann, S. 547f). – Die personale Vollzuständigkeit des Angreifers hängt des weiteren davon ab, daß der Angegriffene den Angriff auf sich nicht in rechtlich relevanter Weise provoziert hat. Unter den Kategorien des abstrakten Rechts kann von einer rechtlich erheblichen Provokation nur in jenen Fällen die Rede sein, in denen auch dem (nunmehr) Angegriffenen eine Verletzung seiner Pflicht zur Respektierung der *Rechts*sphäre des (nunmehrigen) Angreifers vorgeworfen werden muß, auch wenn diese Verletzung zum Zeitpunkt des Angriffs nicht mehr gegenwärtig im Sinne des § 32 StGB war (zu Einzelheiten *Jakobs* aaO 12/52ff).

111 *Klesczewski* FS E.A. Wolff, S. 244.

112 Ausführlich dazu *Verf.* Betrug, S. 31ff.

113 Eine geläufigere Einkleidung dieses Erfordernisses besteht in der Wendung, der Angriff dürfe nicht nur rechtswidrig, sondern er müsse auch schuldhaft sein. Diese Formulierung ist nicht unproblematisch, da sie die Gefahr von Mißverständnissen provoziert. Keinesfalls dürfen „Schuld" als Strafbarkeitsvoraussetzung und „Schuldhaftigkeit" als Eigenschaft eines notwehrfähigen Angriffs gleichgesetzt werden; denn Notwehr ist keine Strafe (so zuletzt *Klesczewski* FS E. A. Wolff, S. 244). Zu Recht hat deshalb *Lesch* Notwehrrecht, S. 40 klargestellt, daß zwischen dem Begriff der *strafrechtlichen Schuld* als per Strafe zu negierendem Normwiderspruch und dem Begriff der verantwortungsbegründenden *Quasi-Schuld im Sinne des Notwehrrechts* differenziert werden muß. – Ob § 32 StGB einen in diesem Sinne schuldhaften Angriff voraussetzt, ist bekanntlich umstritten. Die herrschende Meinung verneint es (*Lackner/Kühl* § 32 Rdn. 2; LK-*Spendel* § 32 Rdn. 26; NK-*Herzog* § 32 Rdn. 5; SK-*Günther* § 32 Rdn. 28f; Sch-Sch-*Lenckner/Perron* § 32 Rdn. 24; *Tröndle/Fischer* § 32 Rdn. 4; *Baumann/Weber/Mitsch* AT § 17 Rdn. 16; *Ebert* AT, S. 74; *Eser/Burkhardt* Strafrecht I, Fall 10 A 34; *Gropp* AT § 6 Rdn. 76; *Jescheck/Weigend* AT § 32 III 3a; *Köhler* AT, S. 268; *Maurach/Zipf*

erwartet: den Angriff abbrechen.[114] Der in den vorangegangenen Abschnitten behandelten *Minimal*zuständigkeit des Eingriffsadressaten korrespondiert unter den vorstehend skizzierten Voraussetzungen seine *Maximal*zuständigkeit; und so wie jene der *Grundsituation des rechtfertigenden (Aggressiv-)Notstands* zugrundelag, begründet diese die *Grundsituation der Notwehr*[115].

c) Teilzuständigkeit des Eingriffsadressaten: Die Fallgruppen des Defensivnotstands

In dem Bereich zwischen den beiden vorgenannten Eckpunkten sind eine Reihe von Abstufungen denkbar: Eine Distanzierung des Eingriffsadressaten von der Konfliktgenese ist in größerem oder kleinerem Ausmaß möglich. Die bedeutsamsten jener „Zwischenkonstellationen" sind nachfolgend zu skizzieren. Dabei geht es nicht um mehr als um die Sicherung der Grundlagen; das Ziel besteht lediglich darin zu zeigen, daß diejenigen Fälle, die durch ein mehr oder weniger starkes Verteidigungselement gekennzeichnet sind, sich ohne systematische Friktionen in die hier entwickelte Notrechtskonzeption einfügen lassen. Dabei kommt es auf die Benennung der betreffenden Konstellationen nicht entscheidend an. Ob sie noch

---

AT I § 26 Rdn. 21; *Roxin* AT 1 § 15 Rdn. 57; *ders.* ZStW 93 [1981] 81ff; *Wessels/Beulke* AT Rdn. 327; *Felber* Rechtswidrigkeit, S. 118ff; *Otte* Defensivnotstand, S. 62ff; *Hirsch* FS Dreher, S. 215ff; *Klesczewski* aaO; *Schünemann* GA 1985, 368). Eine gewichtige Mindermeinung widerspricht dem; sie behandelt den rechtswidrig-schuldlosen Angriff als Fall des (Defensiv-) Notstands (*Freund* AT § 3 Rdn. 98; *Hruschka* AT, S. 141f; *ders.* FS Dreher, S. 206; *Jakobs* AT 12/18; *Otto* AT § 8 Rdn. 21; *ders.* FS Würtenberger, S. 140ff; *Schmidhäuser* AT 6/51, 65, 75; *Lesch* aaO S. 39ff; *Ludwig* „Gegenwärtiger Angriff", S. 110f; *Marxen* Notwehr, S. 62; *Renzikowski* Notstand, S. 99, 301; *Frister* GA 1988, 304; *Hoyer* JuS 1989, 95f; *Koriath* JA 1998, 252f). Auch jene Autoren, die das Erfordernis einer „Schuldhaftigkeit" des Angriffs verneinen, erkennen freilich an, daß das Notwehrrecht gegenüber schuldlos Angreifenden besonderen Einschränkungen unterliege (exemplarisch NK-*Herzog* § 32 Rdn. 102ff; SK-*Günther* § 32 Rdn. 119ff; Sch-Sch-*Lenckner/Perron* § 32 Rdn. 52; *Baumann/Weber/Mitsch* aaO Rdn. 40; *Ebert* aaO S. 78; *Jescheck/Weigend* aaO; *Köhler* aaO; *Roxin* aaO; *Wessels/Beulke* aaO Rdn. 344; *Klesczewski* aaO; *Rudolphi* GS Armin Kaufmann, S. 395; *Schumann* JuS 1979, 565). Zahlreiche Vertreter der herrschenden Meinung bemerken sogar ausdrücklich, daß die betreffende Notwehreinschränkung anhand der für den Defensivnotstand geltenden Maßstäbe vorgenommen werden müsse (SK-*Günther* § 32 Rdn. 119; *Köhler* aaO; *Stratenwerth* AT § 9 Rdn. 82; *Schumann* aaO; ähnlich Sch-Sch-*Lenckner/Perron* § 32 Rdn. 52; *Baumann/Weber/Mitsch* aaO Rdn. 39; *Kühl* AT § 7 Rdn. 196; *ders.* Jura 1990, 252; *Krause* GS H. Kaufmann, S. 682; *Lenckner* GA 1968, 4; im Ergebnis auch *Roxin* AT 1 § 15 Rdn. 19). Der Unterschied zu der Gegenauffassung, die unmittelbar auf den Rechtfertigungsgrund des Defensivnotstands zurückgreift, reduziert sich damit auf die terminologische Einordnung des Problems.

[114] *Eue* JZ 1990, 765 f.

[115] Einzelfragen der Notwehr und ihrer rechtlichen Behandlung liegen außerhalb des Themenbereichs der vorliegenden Untersuchung.

unter dem Titel der („sozialethisch" eingeschränkten) Notwehr oder ob sie schon unter dem des rechtfertigenden Notstands erörtert werden, ist eine rein terminologische Frage. Von systematischem Interesse ist allein die Frage, *welche Fallgestaltungen* im hiesigen Zusammenhang in Betracht kommen und *welche Eingriffsvoraussetzungen* sie nach sich ziehen.

Nach den vorstehenden Überlegungen zu den Voraussetzungen einer „Vollzuständigkeit" des Eingriffsadressaten läßt sich die erste dieser Fragen unschwer beantworten. Die „Vollzuständigkeit" des Eingriffsadressaten knüpft an einen *rechtswidrig-schuldhaften Angriff* von seiner Seite an. Dementsprechend kommen als Fälle einer bloßen „Teilzuständigkeit" vor allem die folgenden drei Konstellationen in Betracht.

(1) Denkbar ist zunächst, daß die konfliktauslösende Handlung dem Eingriffsadressaten zwar in personaler Hinsicht – also nach den Maßstäben des abstrakten Rechts – voll zurechenbar ist, er aber als *Subjekt* mit diesem Verhalten nicht zur Gänze identifiziert werden kann, weil es – in herkömmlicher Terminologie gesprochen – *nicht schuldhaft* erfolgte. Kurz: Das Verhalten des Eingriffsadressaten ist rechtswidrig, aber schuldlos (Minus bei der Zurechnung zum Subjekt).[116]

(2) Weiterhin ist es möglich, daß das Verhalten des Eingriffsadressaten, obwohl es rechtswidrig und schuldhaft ist, *keinen Angriff* darstellt, sondern lediglich eine gegenwärtige Gefahr hervorruft (Minus gegenüber der zeitlichen Komponente personaler Vollzuständigkeit). Es kann hier zum einen so liegen, daß das Verhalten des Eingriffsadressaten als solches die gegenwärtige Gefahr bildet. Dies ist die Situation der „notwehrähnlichen Lage", der „Präventivnotwehr"[117]. Zum anderen kann es so sein, daß von einem Rechtsgut, etwa einem Tier, eine Gefahr ausgeht, die dessen Inhaber in pflichtwidriger Weise, etwa durch einen unsorgfältigen Umgang mit dem Gut, ausgelöst hat.[118]

(3) Schließlich ist es denkbar, daß das Verhalten des Eingriffsadressaten, obgleich es nicht rechtswidrig ist, aufgrund des ihm innewohnenden Gefährdungs-

---

[116] Die herrschende Meinung subsumiert diese Fallgruppe unter § 32 StGB; die Eingriffsbefugnisse sollen hier allerdings auf Defensivnotstandsniveau reduziert werden (Nachweise in Fn. 113).

[117] Für die Behandlung der Präventivnotwehr anhand der Regeln über den Defensivnotstand sprechen sich aus: LK-*Hirsch* § 34 Rdn. 73; *ders.* JR 1980, 115ff; NK-*Neumann* § 34 Rdn. 88f; SK-*Günther* § 32 Rdn. 74; § 34 Rdn. 20; Sch-Sch-*Lenckner/Perron* § 34 Rdn. 30f; StK-*Joecks* § 32 Rdn. 42; *Jakobs* AT 12/27; *Jescheck/Weigend* AT § 33 V 5; *Kühl* AT § 8 Rdn. 135 („wichtigste Fallgruppe des Defensivnotstandes"); *Bernsmann* „Entschuldigung", S. 60; *Renzikowski* Notstand, S. 289; *Hruschka* NJW 1980, 22; wohl auch *Wessels/Beulke* AT Rdn. 329. – Für Zurückhaltung plädiert *Roxin*, AT 1 § 16 Rdn. 74; *ders.* FS Jescheck, Bd. 1, S. 478ff; *ders.* FS Oehler, S. 189ff.

[118] Auf die Konstellation der gefahrdrohenden Sache ist die Regelung des § 228 BGB unmittelbar zugeschnitten.

potentials dennoch eine Sonderzuständigkeit des Betreffenden begründet (Minus gegenüber der sachlichen Komponente personaler Vollzuständigkeit).[119]

In den beiden ersten Fallgruppen bestehen keine prinzipiellen Zweifel daran, daß der Urheber der Gefahr sich härter behandeln lassen muß als der Eingriffsadressat im Aggressivnotstand: Derjenige, dessen rechtswidriges Verhalten (mindestens) zu einer gegenwärtigen Gefahr für andere führt, setzt sich einem abstrakt-rechtlich begründeten Abwehrrecht aus. Nicht die prinzipielle Legitimität, sondern lediglich die Reichweite dieser Befugnis ist hier begründungsbedürftig. Insofern stimmen diese Fallgruppen mit der Notwehr überein und erscheint die Notwehr lediglich als Spezialfall des Defensivnotstands,[120] als eine „qualifizierte Form defensiver Gefahrenabwehr"[121]. Die Pflichtwidrigkeit des Eingriffsadressaten wird zumeist auch ihrerseits *abstrakt-rechtliche* Wurzeln haben: Der Eingriffsadressat hat gegen seine Pflicht verstoßen, innerhalb seines Zuständigkeitsbereichs die Sicherheit anderer Personen zu gewährleisten. Die Pflichtwidrigkeit kann sich freilich auch aus der Verletzung *institutioneller* Verpflichtungen, etwa der elterlichen Fürsorgepflicht, ergeben. Einzelheiten dieser Fallgruppen werden unter d) erörtert. Um die Darstel-

---

[119] Auch diese Fallgruppe wird überwiegend dem Defensivnotstand zugeordnet; Nachweise dazu unter e).

[120] SK-*Günther* § 32 Rdn. 12; § 34 Rdn. 14, 30, 39f, 59.

[121] *Ludwig* „Gegenwärtiger Angriff", S. 150. – Die Nähe des Defensivnotstands zur Notwehr wird allgemein anerkannt; vgl. etwa *Lackner/Kühl* § 34 Rdn. 9; NK-*Neumann* § 34 Rdn. 86; *Köhler* AT, S. 237; *Kühl* AT § 8 Rdn. 135; *ders.* JuS 1993, 182; *Welzel* Lehrbuch, S. 90; *Küper* Pflichtenkollision, S. 72; *Lesch* Notwehrrecht, S. 48; *Onagi* Notstandsregelung, S. 103; *Renzikowski* Notstand, S. 183; *Hirsch* FS Arthur Kaufmann, S. 547; *Hruschka* FS Dreher, S. 203; *Jakobs* Befreiung, S. 145; *Mitsch* JuS 1995, 788; aus der älteren Literatur *Fischer* Rechtswidrigkeit, S. 233; *Hueck* Jherings Jb. 68 (1919) 210. – Mißverständlich ist die Bemerkung *Hirschs,* beim Defensivnotstand erlange das Autonomieprinzip keine Bedeutung, weil die Verteidigung sich hier gegen das Rechtsgut richte, von dem die gegenwärtige Gefahr ausgehe (*Hirsch* JR 1980, 116). Tatsächlich kommt dem Gesichtspunkt der Eigenverantwortlichkeit hier sogar ein hervorgehobener Stellenwert zu, freilich nicht zu Gunsten, sondern zu Lasten des Eingriffsadressaten (zutreffend *Stratenwerth* AT § 9 Rdn. 52; *Otte* Defensivnotstand, S. 160). – *Jakobs* aaO S. 145 bemerkt zu dem von ihm sogenannten „Prinzip der Veranlassung", das dem Defensivnotstand zugrunde liege, dieses Prinzip sei, anders als das Prinzip der Verantwortung in seiner starken Ausprägung, für ein Rechtsverhältnis nicht schlechthin unverzichtbar, aber es stärke Organisationsfreiheit. Die darin liegende Relativierung erscheint für jene Defensivnotstandsfälle zweifelhaft, die an eine *personale Vollzuständigkeit* des Eingriffsadressaten, d.h. an dessen *rechtswidriges* Vorverhalten anknüpfen. Sich gegen die Auswirkungen der rechtswidrigen Organisation eines anderen nur nach Aggressivnotstandsgrundsätzen wehren zu dürfen, stellt angesichts der Axiologik des abstrakten Rechts eine schwerlich akzeptable Forderung dar. Insoweit ist der Defensivnotstand vielmehr als *intrasystematischer* Rechtfertigungsgrund einzuordnen (*Renzikowski* aaO S. 182; vgl. auch *Klesczewski* Rolle der Strafe, S. 84). Anders liegt es dort, wo die Reaktionsbefugnis an das *rechtmäßige* Vorverhalten des Eingriffsadressaten anknüpft. Wie unter e) gezeigt wird, *ermöglicht* das abstrakte Recht hier zwar die Annahme einer Sonderzuständigkeit, aber es *erzwingt* sie nicht.

lung übersichtlich zu halten, beschränken die dortigen Ausführungen sich auf den praktisch wichtigsten Fall, die verkehrspflichtwidrige Organisation des eigenen Rechtskreises.

Weitergehende Probleme wirft die dritte Fallkonstellation auf. Es versteht sich keineswegs von selbst, daß eine Sonderzuständigkeit des Eingriffsadressaten sich auch dort begründen läßt, wo dem Betreffenden eine rechtswidrige Organisation seines Rechtskreises nicht vorgeworfen werden kann. Unter e) wird gezeigt, daß die Bedenken gegen eine derart begründete Sonderzuständigkeit sich ausräumen lassen. Allerdings muß die Gefährdung auf einen rechtlich freien Organisationsakt des Eingriffsadressaten zurückgeführt werden können. Unter f) werden anhand von Perforation und medizinisch indizierter Abtreibung die Konsequenzen dieser Feststellung für jene Fälle herausgearbeitet, in denen eine solche Anknüpfung nicht in Betracht kommt.

d) Rechtswidrige Rechtskreisorganisation des Eingriffsadressaten

(1) Überblick

Der Umstand, daß der Eingriffsadressat seinen Rechtskreis unerlaubt riskant organisiert hat, führt nach der Begründungslogik des abstrakten Rechts zu einer weitreichenden Ausweitung der Reaktionsbefugnisse. Der Eingriffsadressat hat demnach sämtliche Maßnahmen hinzunehmen, die erforderlich sind, um die Integrität der von ihm bedrohten Rechtssphäre wiederherzustellen.[122] Beschränkungen der Reaktionsbefugnis des Bedrohten, die diesem mit Rücksicht auf das Wohl seines Kontrahenten auferlegt werden, lassen sich demzufolge nur unter Rückgriff auf den *Solidaritätsgedanken* verstehen: Der Bedrohte muß sich in einem gewissen Umfang sogar dem Urheber der ihn treffenden Gefahr gegenüber solidarisch verhalten.[123] Wie weit aber reicht diese Solidaritätspflicht?

---

[122] Dazu die auf *Kants* Notrechtslehre bezogenen Bemerkungen in: Einl. C. Fn. 14.

[123] *Köhler* AT, S. 279; *Haas* Notwehr, S. 215; *Renzikowski* Notstand, S. 195; in der Sache auch SK-*Günther* § 34 Rdn. 43 (entgegen seiner in JR 1985, 273 vertretenen Ansicht); ähnlich *Otte* Defensivnotstand, S. 167; schwächer *Felber* Rechtswidrigkeit, S. 129, 176. Entsprechendes gilt für die Rechtsstellung des *Notwehr*täters; dazu *Jakobs* AT 12/46 ff; *Kratzsch* Grenzen, S. 158 ff; *ders.* JuS 1975, 439 f. – Dieser Umstand muß sich auch auf der Ebene der zivilrechtlichen Sekundäransprüche auswirken: Wenn der *Aggressivnotstandspflichtige* sein Solidaritätsopfer in direkter oder analoger Heranziehung des § 904 S. 2 BGB ersetzt verlangen kann (dazu Einl B. Fn. 5), dann muß der *Defensivnotstandstäter* für den Verlust, der ihm durch die Verpflichtung zur Zurückhaltung entsteht, ebenfalls Ersatz verlangen dürfen (ebenso *Renzikowski* aaO S. 196 sowie *Löffler* ZStW 21 [1901] 575, 579). Sein diesbezüglicher Anspruch läßt sich auf eine erweiternde Auslegung des § 904 S. 2 BGB stützen. (*De lege ferenda* ist freilich für beide Fälle eine Absicherung des Ersatzanspruchs *durch den Staat* zu fordern: 1. Kap. D.IV. Fn. 238)

Eine positiv-rechtliche Teilantwort auf diese Frage findet sich in § 228 S. 1 BGB. Diese Vorschrift kehrt den für den Aggressivnotstand geltenden Proportionalitätsmaßstab um. Weil jedoch im Vergleich zum Aggressivnotstand in § 228 S. 1 BGB auch die Person des Solidaritätspflichtigen ausgetauscht wird, bedeutet jene Umkehrung keine Verschiebung des geschuldeten Solidaritätsniveaus. *Löffler* hat schon im Jahre 1901, unmittelbar nach dem Inkrafttreten des BGB, gezeigt, daß die Solidaritätspflicht des Eingreifenden in § 228 BGB und die des Eingriffsadressaten in § 904 BGB einander umfangmäßig entsprechen: „Der Eigentümer jenes Hundes, der meine Wurst nicht fahren lassen will, ist es, der an meine soziale Gesinnung appelliert und von mir erwartet, daß *ich aus meiner Rechtsposition weiche*, daß ich sein teures Tier nicht wegen einer Wurst töten werde. Nicht mein Recht zur Verteidigung, sondern sein Recht auf Schonung beruht auf dem Gedanken des Notstandsrechts. Vom Standpunkte desjenigen betrachtet, der aus seinem Rechte weichen muß, sind die beiden Vorschriften über die Proportionalität freilich – als Ausdruck eines und desselben Prinzipes – völlig identisch“ [124].

Unter Hinweis auf den § 228 BGB wird verbreitet die Ansicht vertreten, daß der defensive Notstand generell, also auch über den ausdrücklichen Regelungsbereich jener Vorschrift hinaus, durch die genannte Umkehrung des Proportionalitätsmaßstabs gekennzeichnet sei.[125] Gegenüber dieser pauschalen Behandlung „des“ Defensivnotstands sind jedoch Zweifel angebracht. So ist die personale (Mit-)Zuständigkeit des Eingriffsadressaten in den Fällen seines rechtswidrigen Vorverhaltens stärker als dort, wo die Gefahr aus seiner rechtmäßig organisierten Rechtssphäre hervorgeht. Veränderungen ergeben sich auch dort, wo beide Konfliktbeteiligten sich eine rechtswidrige Organisation ihres Rechtskreises vorwerfen lassen müssen. Diese Unterschiede würden mißachtet, wenn man unbesehen ein einheitliches Raster von Eingriffsvoraussetzungen zugrundelegte.[126] Die Voraussetzungen und

---

124 *Löffler* ZStW 21 (1901) 578.

125 LK-*Hirsch* § 34 Rdn. 72; NK-*Neumann* § 34 Rdn. 86; SK-*Günther* § 34 Rdn. 12f, 39f; SK-*Samson* § 34 Rdn. 45; *Freund* AT § 3 Rdn. 81; *Hruschka* AT, S. 84, 114ff; *ders.* JuS 1979, 391f; *Jakobs* AT 13/46; *Küper* Notstand, S. 169; *Pfeffer* HIV-Tests, S. 129f; *Renzikowski* Notstand, S. 238; *Frister* GA 1988, 291; *Koriath* JA 1998, 256; *Unberath* JRE 2 (1995) 447. – Schwächer Sch-Sch-*Lenckner/Perron* § 34 Rdn. 30 (beim Defensivnotstand sei ein überwiegendes Interesse „wesentlich früher anzuerkennen“); *Gropp* AT § 6 Rdn. 133 (die Modifizierung des § 228 BGB spiele „auch bei der Abwägung in § 34 eine Rolle“); *Kühl* AT § 8 Rdn. 134 („in loser Orientierung an § 228 BGB“); *Wessels/Beulke* AT, Rdn. 313 (der Grundgedanke des § 228 BGB sei „sinngemäß in die Interessenabwägung des § 34 einzubeziehen“).

126 Die sachliche Angemessenheit einer pauschalen Anwendung der Kriterien des § 228 BGB auf die Fälle des Defensivnotstands bestreitet auch *Roxin* AT 1 § 16 Rdn. 67; *ders.* FS Jescheck, Bd. 1, S. 466f; *ders.* FS Oehler, S. 190; ebenso *Günther* Strafrechtswidrigkeit, S. 339f; *Otte* Defensivnotstand, S. 100ff; *Geilen* Jura 1981, 257. *Felber* Rechtswidrigkeit, S. 121 behauptet sogar, dem § 228 BGB könne nur entnommen werden, daß ein Interesse

Grenzen des defensiven Notstands lassen sich somit nicht vermittels einer einfachen, mehr oder weniger mechanischen Umkehrung der zuvor erzielten Ergebnisse feststellen; sie können nur von einem systematisch übergeordneten Standpunkt aus ermittelt werden. Dieser Standpunkt wird repräsentiert durch die allgemeinen Figuren strafrechtlicher Zuständigkeitsbegründung.

Die bedeutsamsten Fälle einer rechtswidrigen Rechtskreisorganisation werden nachfolgend erörtert. Unter (2) geht es um gegenwärtige Gefährdungen ohne Angriffscharakter, unter (3) um die schuldlosen Angriffe. Wie sich zeigen wird, sind diese Fallgruppen in der Tat anhand eines einheitlichen, an § 228 BGB angelehnten Systems von Eingriffskriterien zu behandeln; die Begründungen dafür sind freilich jeweils unterschiedlich. Unter (4) wird auf jene Fälle eingegangen, in denen beide Konfliktparteien rechtswidrig organisiert haben. Hier gelten andere Eingriffsmaßstäbe. Unter e), wo es um die Fälle rechtmäßiger Gefahrschaffung geht, werden sich weitere Modifizierungen als notwendig erweisen.

(2) Rechtswidrig-schuldhafte Gefahrschaffungen ohne Angriffscharakter

Wer ungeachtet der unmittelbar bevorstehenden Konfrontation mit einem anderen an seiner rechtswidrigen Organisation festhält, wer also, in der Terminologie des § 32 StGB, „angreift", der darf nur mehr eine äußerst reduzierte Berücksichtigung seiner subjektiven Belange erwarten. Demgegenüber sind die Fälle der „notwehrähnlichen Lage" dadurch gekennzeichnet, daß die Situation *noch nicht* das Stadium der akuten Konfrontation erreicht hat.[127] Auch in jenen Fällen, in denen aufgrund

auch dann gewahrt werden dürfe, wenn es – isoliert gesehen – nicht höherwertig sei als das verletzte. Die Übertragung des in § 228 BGB enthaltenen Disproportionalitätsmaßstabs auf die gesetzlich ungeregelten Defensivnotstandsfälle laufe hingegen darauf hinaus, den Gedanken dieser Vorschrift doppelt zu verwerten. Dies überzeugt nicht. Zwar trifft es zu, daß § 228 BGB nicht aus sich selbst heraus Aufschluß über seinen Anwendungsbereich gibt. Daraus läßt sich jedoch nicht schließen, daß die erweiternde Anwendung dieser Vorschrift (einschließlich der in ihr enthaltenen Disproportionalitätsklausel) *per se* methodisch unzulässig sei. *Felbers* Verengung des Wortlauts dieser Vorschrift ist ebenso grundlos wie dessen bedenkenlose Generalisierung, die er der Gegenansicht vorwirft.

[127] „Gegenwärtig" muß die Gefahr allerdings sein. Dies ist sie, wenn sie der *Person* des Täters zugerechnet werden kann und ein längeres Abwarten das Abwehrrisiko für den Bedrohten in unkalkulierbarer Weise erhöhen würde (zu letzterem vgl. C.III.3.). Die personale Zurechenbarkeit der Gefahr setzt zunächst voraus, daß Art und (Mindest-)Umfang des kommenden Angriffs sich bereits abzeichnen (*Jakobs* AT 12/27). Zudem muß die spezifische Gefährlichkeit, auf welche die Abwehrmaßnahme reagiert, in dem Verhalten zum Ausdruck kommen, das der Eingriffsadressat in ihrem unmittelbaren zeitlichen Vorfeld an den Tag legt. Bei der Erstellung der Gefährlichkeitsprognose kann zwar ergänzend auf anderweitige Informationen (etwa auf ein länger zurückliegendes Handeln des Eingriffsadressaten) zurückgegriffen werden. Ohne eine Stütze im gegenwärtigen Verhalten des Betreffenden kommt die Zurechnung zur Person jedoch nicht aus. An ein gänzlich unauffälliges Auftreten, das für sich ge-

einer Pflichtwidrigkeit des Rechtsgutsinhabers eines von dessen Gütern zur Gefahr für einen anderen geworden ist, wird dem Betreffenden nicht eine Pflichtwidrigkeit zum Zeitpunkt der Konfrontation, sondern eine *frühere* Pflichtwidrigkeit vorgeworfen, deren Folgen für den anderen sich freilich erst in der Gegenwart manifestieren.[128]

Ebenso wie für den Aggressivnotstand gilt auch für die verschiedenen Konstellationen des Defensivnotstands ein *Vorrang institutionalisierter Konfliktlösungsmechanismen*[129]; private Gewalt beeinträchtigt nämlich das Friedensgebot auch dort, wo sie zu Verteidigungszwecken eingesetzt wird.[130] Insbesondere in den Fällen der „notwehrähnlichen Lage" spielt dieser Gesichtspunkt eine bedeutsame Rolle: Je größer der zeitliche Abstand zum drohenden Schaden vermutlich noch ist, desto eher wird *institutionelle* Abhilfe verfügbar sein.[131] Ferner mag der Einsatz besonders

---

nommen keinerlei Anlaß für die Annahme einer besonderen Gefährlichkeit des Eingriffsadressaten bietet, darf ein Defensivnotstandseingriff nicht anknüpfen. Dies sei illustriert anhand einer Variante des bekannten *Spannerfalls* (BGH NJW 1979, 2053; die Abwandlung ist angelehnt an *Schroeder* JuS 1980, 340): Beim Joggen im Wald erkennt der A zufällig den Spanner B wieder, der ihn und seine Familie seit Monaten terrorisiert. B's letzter „Besuch" liegt zwei Wochen zurück, der Zeitpunkt seines nächsten „Besuchs" ist ungewiß. A kann den äußerst flinken B nur dadurch dingfest machen, daß er ihm in das Bein schießt. A's Verhalten ist einer Rechtfertigung nach Defensivnotstandsgrundsätzen nicht zugänglich, denn B's Verhalten in der Eingriffssituation war gänzlich neutral.

128 Sein Organisationsversagen wird zumeist auf Tun beruhen. Beispiel: Der Hundehalter H führt seinen bissigen Liebling L an einer zu schwachen Leine aus. L reißt sich los und malträtiert einen Passanten. Aber auch ein Unterlassen kommt in Betracht. Beispiel: Ein überraschender nächtlicher Sturm hat die Standfestigkeit einer bislang völlig stabilen Luthereiche erschüttert; nun droht sie auf das Nachbargrundstück des Reichsfreiherrn v. A. zu stürzen und dort dessen liebevoll angelegte Lourdesgrotte zu beschädigen. Dennoch weigert sich der Eigentümer des Baums, Landesbischof L, die Luthereiche zu fällen. Der Reichsfreiherr, der weder beim Ordnungsamt noch bei der Polizei jemanden erreicht hat, läßt dieses Geschäft daraufhin von seinem Hauskaplan besorgen. Er ist nach Defensivnotstandsgrundsätzen gerechtfertigt. – Gleiches gilt dort, wo dem Adressaten des Notstandseingriffs eine Pflichtverletzung nur deshalb nicht vorgeworfen werden kann, weil er zu dem Zeitpunkt, an dem er an sich hätte eingreifen müssen, zur Erfolgsabwendung nicht in der Lage war (*Jakobs* AT 13/47; ebenso *Pfeffer* HIV-Tests, S. 129). So liegt es beispielsweise, wenn in dem soeben geschilderten Fall der Landesbischof seiner Pflicht, für die Beseitigung des Baumes Sorge zu tragen, deshalb nicht nachkommen kann, weil er sich auf einem Workshop zur Einführung in den Zen-Buddhismus befindet und nicht erreichbar ist.

129 Ebenso *Jakobs* AT 14/49.

130 *W. B. Schünemann* Selbsthilfe, S. 8.

131 Beispielhaft sei auf die sogenannten *Haustyrannenfälle* verwiesen: Die Tötung des schlafenden Haustyrannen, der bereits angekündigt hat, nach seinem Erwachen erneut zu schweren Gewalttätigkeiten greifen zu wollen, ist in aller Regel nicht nach Defensivnotstandsgrundsätzen gerechtfertigt (ebenso i. E. *Lackner/Kühl* § 34 Rdn. 9; NK-*Neumann* § 34 Rdn. 90; SK-*Günther* § 34 Rdn. 43; *Kühl* AT § 8 Rdn. 138; *Ludwig* „Gegenwärtiger Angriff", S. 170; *Renzikowski* Notstand, S. 269; *Hillenkamp* FS Miyazawa, S. 152ff). Für den Fall

schwerwiegender Abwehrmitttel bei größerer zeitlicher Distanz weniger häufig *erforderlich* sein als im Fall eines akut zugespitzten Konflikts.

Eine erste Abweichung von der Situation des Aggressivnotstands weist die vorliegende Konstellation im Hinblick auf die maßgebliche „*absolute*" Eingriffsschwelle auf. Der Aggressivnotstandstäter kann die solidarische Aufopferung fremder Güter nur verlangen, wenn ihm ein erheblicher Schaden droht.[132] Die abstrakt-rechtliche Position seines Kontrahenten limitiert die Eingriffsbefugnis des Notstandstäters. Im Fall des Defensivnotstands bildet hingegen das abstrakte Recht nicht die Grenze, sondern die Legitimationsbasis des Eingriffsrechts. Nach der Begründungslogik des abstrakten Rechts genügt zur Begründung einer Befugnis zur Gegenwehr grundsätzlich die Gefahr irgendeines, auch eines geringfügigen Verlusts. Auch unter Solidaritätsgesichtspunkten muß die Forderung an den rechtswidrig Gefährdeten, seine Güter ohne Blick auf die konkret bestehende Relation zu den betroffenen Gegeninteressen preiszugeben, auf wenige Ausnahmefälle – Schäden, die hart am Rand des Sozialadäquaten liegen – beschränkt bleiben. Immerhin hätte es in der Hand des Urhebers der Gefährdung gelegen, durch eine ordnungsgemäße Verwaltung seiner Rechtsgüter den Konflikt gänzlich zu vermeiden.

Die Besonderheit der hier zu behandelnden Fälle manifestiert sich vor allem in der für sie geltenden *Proportionalitätsklausel.* Ihr Inhalt erschließt sich aus einem Vergleich mit der Grundsituation der Notwehr. Selbst der rechtswidrig und schuldhaft Angreifende kann durch sein *subjektives* Gebaren seinen Solidaritätsanspruch nicht zur Gänze verspielen, denn dieser ist *quasi-institutionell* begründet und läßt sich deshalb nicht auf eine Logik des (positiven oder negativen) „Verdienens" herunterrechnen. Wenn aber sogar der Angreifer noch eine Restsolidarität erwarten darf, so muß Gleiches erst recht für denjenigen gelten, der „nur" Urheber einer gegenwärtigen Gefährdung ist. Angesichts der geringeren Intensität seiner Konfliktzuständigkeit muß seinen Belangen weitergehend Rechnung getragen werden als denen des Angreifers. Dem entspricht die Regelung des § 228 BGB. Während der Notwehrtäter lediglich durch das Kriterium des krassen Mißverhältnisses beschränkt wird, findet die Eingriffsbefugnis des Defensivnotstandstäters bereits an einem wesentlichen Überwiegen der Gegeninteressen ihre Grenze. Beispielsweise ist

---

familiärer Konflikte stehen institutionalisierte Hilfs- und Ausweichmöglichkeiten zur Verfügung, die eine „freihändige" Lösung per Notstand ausschließen. – *Sowohl* ein „Angriff" *als auch* eine „gegenwärtige Gefahr" eröffnen allein die Befugnis zur Abwehr der akuten Bedrohung, nicht etwa ein Recht zur späteren „Naturalrestitution": Ich darf demjenigen, der eine meiner Nieren zerstört hat, nicht zwangsweise eine der seinigen abnehmen, um sie mir einpflanzen zu lassen (*Jakobs* AT 13/48; *v. Bubnoff* GA 1968, 70f; *Rüping* GA 1978, 133). Insoweit muß ich mich als Bürger vielmehr auf die institutionalisierten Hilfsmöglichkeiten verweisen lassen.

132 Oben C.II.5.

der im Defensivnotstand Befindliche nicht dazu verpflichtet, einen Beinbruch hinzunehmen, um dem Urheber der Gefährdung eine schwere Folge i. S. d. § 224 StGB zu ersparen.[133] Sogar die Tötung des Eingriffsadressaten ist zulässig, wenn der Primat institutionell gebundener Gefahrbekämpfung dem nicht entgegensteht und die Tötung das einzige Mittel ist, um den Gefährdeten seinerseits vor der Tötung, einer erheblichen Körperverletzung oder – in Ausnahmefällen – einem schwerwiegenden wirtschaftlichen oder ideellen Verlust zu bewahren.[134]

Im Fall des Aggressivnotstands ist die Solidaritätspflicht des Eingriffsadressaten nicht nur *relativ* (mit Blick auf das Gewicht der Gegeninteressen), sondern auch *absolut* beschränkt: Erhebliche Freiheitsbeeinträchtigungen – Verluste, die sich in seinem Leben als gewichtige Zäsuren auswirken oder eine symbolische Mißachtung seiner Person darstellen – braucht der Eingriffsadressat nicht hinzunehmen, egal wie gewichtig die Interessen sind, die für die Gegenseite auf dem Spiel stehen.[135] Diese absolute Grenze gilt spiegelbildlich auch für den Defensivnotstandstäter: Ein Opfer, das ich jemandem verweigern darf, der unverschuldet in seine Notlage geraten ist, darf ich erst recht demjenigen vorenthalten, der sich durch sein rechtswidriges Verhalten meiner Gegenwehr ausgesetzt hat. Nennenswerte praktische Bedeutung kommt diesem Kriterium hier allerdings nicht zu. Die „maximale" Befugnis des Defensivnotstandstäters stellt sein Recht dar, einen ihm drohenden erheblichen Verlust dadurch abzuwenden, daß er den Urheber der Gefahr tötet. Diese Befugnis aber läßt sich bereits auf die im Vergleich zum Aggressivnotstand umgekehrte Proportionalitätsklausel stützen.[136]

---

133 Ähnlich *Otte* Defensivnotstand, S. 168.

134 Für die prinzipielle Zulässigkeit von Tötungen im Defensivnotstand: *Lackner/Kühl* § 34 Rdn. 9; LK-*Hirsch* § 34 Rdn. 74; *ders.* FS Dreher, S. 228 f; SK-*Günther* § 34 Rdn. 43 (unter Aufgabe seiner in Strafrechtswidrigkeit, S. 346 und JR 1985, 273 vertretenen Auffassung); SK-*Samson* § 34 Rdn. 45; *Ebert* AT, S. 84; *Gropp* AT § 6 Rdn. 137; *Jakobs* AT 13/46; *ders.* Befreiung, S. 166; *Roxin* AT 1 § 16 Rdn. 69, 76 (vgl. aber auch Rdn. 74); *ders.* FS Jescheck, Bd. 1, S. 471 f; *Schmidhäuser* AT 9/73; *Küper* Pflichtenkollision, S. 74; *Ludwig* „Gegenwärtige Gefahr, S. 161; *Otte* Defensivnotstand, S. 165 f; *Hillenkamp* FS Miyazawa, S. 156; *Koriath* JA 1998, 256; *Mitsch* JuS 1995, 788. – Dagegen Sch-Sch-*Lenckner/Perron* § 34 Rdn. 24, 30 f (der bloße Umstand der Gefahrverursachung begründe noch kein Tötungsrecht – in der Tat begründet das Ursächlichwerden als solches überhaupt keine Sonderzuständigkeit, aber hier geht es um mehr, nämlich um eine rechtswidrige Gefährdung); *Beisel* JA 1998, 725 (unter Berufung auf den Grundsatz der Menschenwürde – aber weshalb ist es menschenunwürdig, mich entsprechend meiner Verantwortlichkeit zu behandeln?); *Geilen* Jura 1981, 372 (unter apodiktischer Berufung auf einen angeblichen „Grundsatz" des Inhalts, daß außerhalb der Notwehr menschliches Leben nicht relativiert werden dürfe); *Rengier* NStZ 1984, 22 (ebenso).

135 Dazu E.III.

136 Die qualifizierte Gefährlichkeit des Vorverhaltens begründet auch eine Ingerenzgarantenstellung ieS (näher dazu *Jakobs* AT 29/39 ff). Bei der Ingerenz (einschließlich der Verkehrspflichten) geht es ebenfalls um die axiologisch angemessene Verteilung von Zuständigkeiten

(3) Rechtswidrig-schuldlose Angriffe

Der Solidaritätsanspruch des schuldlosen *Angreifers* muß ebenfalls dem des *Notstandstäters* im rechtfertigenden Aggressivnotstand angepaßt werden. Beide haben den Anspruch ihres Kontrahenten beeinträchtigt, in seiner „negativen" Freiheit – der Freiheit, „in Ruhe gelassen" zu werden – respektiert zu werden. Dem Aggressivnotstandstäter kann diese Beeinträchtigung jedoch deshab nicht vorgeworfen werden, weil er einen *guten* (= verallgemeinerungsfähigen) *Grund* für sein Handeln hat.[137] Der schuldlos Angreifende kann zwar einen vergleichbar guten Grund nicht vorweisen – deshalb bleibt sein Tun im Unterschied zu dem des Aggressivnotstandstäters rechtswidrig –; er kann aber immerhin in subjektiver Hinsicht von seinem Unrechtshandeln distanziert werden: Es ist nicht im Vollsinne sein Werk, nicht Ausdruck seiner Freiheit als Subjekt.[138] Der objektive Unrechtsgehalt seines Verhaltens wird dadurch hinreichend sanktioniert, daß er zur Passivität, nämlich zur *Duldung* eines fremden Eingriffs verpflichtet ist, während der Aggressivnotstandstäter *selbst* die Initiative ergreifen darf.

---

zur Bewältigung von Konfliktsituationen (allgemein dazu unter I.); der Notstandstäter *nimmt* sich, während der Ingerenzpflichtige *geben* muß. Auch wenn die eine Situation nicht ohne weiteres als Spiegelung der anderen angesehen werden kann (dazu oben C.II.3.), besteht angesichts ihrer gemeinsamen Problemstellung doch eine unübersehbare Nähe zwischen Ingerenz und Defensivnotstand (so auch *Jakobs* AT 13/47). Dieser Verwandtschaft ist dadurch Rechnung zu tragen, daß man den Umfang der (ingerenzbegründeten) „Gebepflicht" des Garanten an den Umfang des (durch die Situation des Defensivnotstands begründeten) „Nehmerechts" des Bedrohten angleicht, ähnlich wie auch die Duldungspflicht im Aggressivnotstand und die Hilfeleistungspflicht nach § 323c StGB aneinander angeglichen wurden (oben C.II.5.). Beispiel: Ein seinem Eigentümer E entlaufener Hund greift das Opfer O an. 1. Variante: O selbst verteidigt sich unter Inanspruchnahme seines Notrechts nach § 228 BGB. In einem gewissen Umfang – insbesondere wenn der Schaden, den er anrichten würde, wesentlich größer ist als der Schaden, der ihm selbst droht – ist O hier aufopferungs-, d. h. solidaritätspflichtig. – 2. Variante: O selbst ist verteidigungsunfähig, aber zufällig kommt E an den Ort des Geschehens. Nach Ingerenzgrundsätzen ist er dazu verpflichtet, die von seinem Hund ausgehende Gefahr von O abzuwenden. Diese Pflicht kann schwerlich weiter gehen als das Verteidigungsrecht, das dem O selbst zustünde; in einem axiologischen geschlossenen Strafrechtssystem muß der Gesichtspunkt der Solidarität auch auf der Kehrseite des Eingriffsrechts, bei der Beurteilung der Ingerenzproblematik, Anwendung finden. Wo das Eingriffsrecht des Gefährdeten an seine Grenzen stieße, gilt Gleiches auch für die Abwendungspflicht des Gefahrverursachers aufgrund von Ingerenz. – Die Parallelisierung darf freilich nicht die systematischen Besonderheiten der Notstandspflicht außer Acht lassen. Insbesondere muß sie dem Umstand Rechnung tragen, daß im Bereich der Notrechte den organisierten, verfahrensmäßig kanalisierten Mechanismen des Umgangs mit der entstandenen Notlage der Vorrang gegenüber der Befugnis des Betroffenen zur „freihändigen" Konfliktlösung gebührt, und zwar unabhängig davon, ob eine Ingerenzhaftung des Gefahrverursachers fortbesteht oder nicht.

137 1. Kap. D.II.3.

138 Dazu bereits unter b).

Demnach muß der schuldlos Angreifende sich zwar grundsätzlich der Respektierungslogik des abstrakten Rechts fügen – d. h. hier: er muß die Zurückschlagung seines Angriffs hinnehmen. Würde aber der Verlust, den er dadurch zu erleiden droht, den Gewinn seines Kontrahenten wesentlich übersteigen, so darf er von diesem aus Solidaritätsgründen die Nichtvornahme der betreffenden Handlung verlangen. Freilich darf die Wesentlichkeit des Überwiegens hier, wie auch sonst, nicht vorschnell angenommen werden. Das abstrakte Recht gilt auch für den schuldlos Handelnden: Solange dieser nicht zu einem Anstaltsdasein als einer Situation totaler Fremdverwaltung seine Zuflucht nimmt, kann er sich ungeachtet seines fehlenden subjektiven „Dafür-Könnens" von den Lasten abstrakter Rechtlichkeit nicht freizeichnen. Diese Lasten können auch für ihn mitunter groß sein. Schickt sich beispielsweise ein schuldlos Handelnder dazu an, das Manuskript zu zerstören, an dem der Autor jahrelang gearbeitet hat, so ist dieser äußerstenfalls zu einer tödlich wirkenden Gegenwehr befugt.

(4) Rechtswidrige Organisation beider Konfliktbeteiligten

(a) „Symmetrische" Sonderzuständigkeiten

Die vorstehend erörterten Konstellationen waren so gelagert, daß nur den Eingriffsadressaten eine Sonderzuständigkeit traf, die eine Modifizierung der Eingriffsvoraussetzungen erforderlich machte. Die Sachlage verkompliziert sich, wenn *beide* Konfliktbeteiligten sonderzuständig sind. Auch die Lösung derartiger Fälle ist durch die bisherigen Überlegungen allerdings schon im wesentlichen vorgezeichnet. Beispiel: Zwei gleich wertvolle, aber leider auch gleichermaßen bissige Hunde, denen es aufgrund der Unachtsamkeit ihrer jeweiligen Eigentümer gelungen ist, aus ihren Zwingern zu entwischen, gehen aufeinander los. E, der zufällig hinzukommende Eigentümer eines der Tiere, erkennt, daß sein Liebling zu unterliegen droht, und tötet daraufhin dessen Gegner; dies war der einzige Weg, um seinen Hund davor zu bewahren, totgebissen zu werden.

Die Frage, ob E's Tun aufgrund Notstands gerechtfertigt war, beantwortet sich aus einer freiheitstheoretischen Analyse der Konfliktsituation. Es hat sich vorstehend gezeigt, daß ein Defensivnotstandstäter, den selbst keine abstrakt-rechtliche Sonderzuständigkeit trifft, nur in einem sehr eingeschränkten Maß Solidarität mit seinem rechtswidrig agierenden Kontrahenten üben muß. Der vorliegende Sachverhalt ist demgegenüber dadurch gekennzeichnet, daß unter abstrakt-rechtlichen Gesichtspunkten keine der Konfliktparteien einen Vorrang beanspruchen kann. Beide haben nämlich im Vorfeld des Zusammenstoßes gleichermaßen ihre Verpflichtung zur Respektierung der jeweils fremden Rechtssphäre verletzt; damit neutralisieren ihre abstrakt-rechtlichen Freiheitsansprüche einander wechselseitig.

Für den Eingreifenden hat dies zur Folge, daß sein Tun deutlich strengeren Rechtmäßigkeitsanforderungen unterliegt als das Verhalten eines „gewöhnlichen" Defensivnotstandstäters. Da er infolge der erwähnten wechselseitigen Neutralisierung *abstrakt-rechtlich* seinem Kontrahenten nichts voraus hat, läßt sein Eingriffsrecht sich hier nur auf den Gesichtspunkt des *Wohls* stützen. Während das abstrakte Recht auf die *einzelne* Person abstellt, nimmt die Moralität das Wohl *aller* beteiligten Subjekte in den Blick. Für die hier zur Erörterung stehenden Fälle ergibt sich daraus die Entscheidungsmaxime, daß Güter derjenigen Seite zugute kommen sollen, die sie *in der konkreten Situation* – unabhängig von ihrer Verteilung auf unterschiedliche personale Träger – am nötigsten hat.[139] Ein Eingriff ist demnach dann gerechtfertigt, wenn er einen *einfach positiven Gesamtgütersaldo* produziert.[140] Somit ist der Hundeeigentümer E in dem eingangs geschilderten Fall *nicht* gerechtfertigt; denn da die beiden kämpfenden Hunde von gleichem Wert sind, verbessert sein Eingreifen die Gesamt-Güterbilanz nicht.

(b) „Asymmetrische" Sonderzuständigkeiten

In dem soeben erörterten Fall entstand die Sonderzuständigkeit des einen unaufmerksamen Hundeeigentümers unabhängig von dem Fehlverhalten des anderen. Es ist aber auch möglich, daß zwischen den Entstehungsgründen der beiderseitigen Sonderzuständigkeiten ein *Abhängigkeitsverhältnis* besteht: Ohne das Versagen der einen Konfliktpartei wäre es zu der Situation, aus der die Sonderzuständigkeit der anderen Konfliktpartei erwächst, nicht gekommen. Beispiel: E ist Eigentümer eines Grundstücks, auf dem ein großer und bislang stabiler Baum steht. Sein Nachbar ist der Mäuseliebhaber M. Infolge grober Fahrlässigkeit M's gelingt es einigen seiner Schützlinge – sie gehören der fiktiven Gattung der Wurzelknuspermäuse an –, aus ihrem Gehege zu entkommen. Sie gelangen auf E's Grundstück. Binnen kurzer Zeit nagen sie die Wurzeln von dessen Baum so stark an, daß dieser auf das Grundstück M's zu stürzen und dessen heißgeliebte Gartenzwergkolonie zu zerschmettern droht. Da E den Baum nicht entfernen läßt, fällt M ihn angesichts eines heraufziehenden Sturms schließlich selbst.

---

139 Oben C.II.6.c).

140 Weitergehend *Eue* JZ 1990, 767, der hier den Eingriff bereits zur Rettung *gleichwertiger* Rechtsgüter gestattet. Eine solche Ausweitung des Eingriffsrechts läßt sich auch nicht auf eine Parallele zur Pflichtenkollision stützen. Anders als dort treffen den Pflichtigen hier nicht zwei qualitativ gleichrangige *Pflichten*, von denen er nur eine erfüllen kann; er bringt vielmehr *sein Wohl* gegen ein *fremdes Wohl* zur Geltung – eine Zumutung, die sich, wie soeben im Text ausgeführt, freiheitstheoretisch nur für den Fall legitimieren läßt, daß er dadurch zugleich das *Gesamtwohl* fördert. – Eine „absolute" Eingriffsschranke besteht hier nicht. Wo sie existiert, stützt sie sich auf Gründe des abstrakten Rechts. Bei der Beurteilung der vorliegenden Fallgruppe kommt abstrakt-rechtlichen Erwägungen aber kein Gewicht zu.

Hier neutralisieren die abstrakt-rechtlich begründeten Zuständigkeitsbeiträge der Kontrahenten einander nicht zur Gänze; denjenigen Beteiligten, der, wie hier M, den Stein allererst ins Rollen gebracht und den späteren Konflikt heraufbeschworen hat, trifft vielmehr ein gleichsam überschießender Zuständigkeitsanteil. *Jakobs* schlägt vor, hier jene Maßstäbe anzuwenden, die für die Grundsituation des rechtfertigenden Notstands, den Aggressivnotstand, gelten.[141] Diese Lösung kann jedoch nicht voll überzeugen. Die außerordentlich strengen Eingriffsvoraussetzungen, die für die Grundsituation des Aggressivnotstands gelten – vor allem ihre anspruchsvollen „absoluten" Komponenten –, legitimieren sich daraus, daß den Eingriffsadressaten dort nach abstrakt-rechtlichen Maßstäben keinerlei Mitzuständigkeit für die Konfliktentstehung trifft. *Deshalb* darf der Notstandseingriff die Substanz seiner Rechtsposition nicht antasten. So unbeteiligt wie dort ist der Eingriffsadressat hier nicht; vielmehr ist auch er – wenngleich in einem im Vergleich zum Eingreifenden geringeren Umfang – sonderzuständig. Daher liegt es nahe, von den Eingriffsvoraussetzungen des Aggressivnotstands zwar deren *relationales* Element zu übernehmen – entsprechend der *Relation* der beiderseitigen Verantwortungsbeiträge –, nicht aber ihre *absoluten* Komponenten – eben weil von einer *absoluten* abstrakt-rechtlichen Unzuständigkeit des Eingriffsadressaten nicht die Rede sein kann. Auf diese Weise läßt sich auch ein angemessenes Verhältnis zu der Konstellation „symmetrischer" Sonderzuständigkeiten herstellen: In Anbetracht der wechselseitigen Neutralisierung der abstrakt-rechtlichen Zuständigkeiten beider Beteiligten genügte dort zur Rechtfertigung bereits ein *einfaches* Überwiegen der durch den Eingriff geretteten Interessen. Dagegen wird hier der vorrangigen abstrakt-rechtlichen Verantwortlichkeit des Eingreifenden dadurch Rechnung getragen, daß zu seiner Rechtfertigung ein *wesentliches* Überwiegen jener Interessen notwendig ist (woran es in dem Fall des Mäuse- und Gartenzwergliebhabers M fehlt).[142]

---

[141] *Jakobs* AT 13/47.

[142] Die Vorschrift des § 228 S. 2 BGB zwingt nicht zu einer anderen Beurteilung. Dieser Bestimmung läßt sich lediglich entnehmen, daß denjenigen, der sich durch sein Verschulden in eine Defensivnotstandssituation hineinmanövriert hat, eine Ersatzpflicht für den durch seinen Notstandseingriff verursachten Schaden trifft, und zwar selbst dann, wenn der Eingriff rechtmäßig war. § 228 S. 2 BGB besagt hingegen nicht, daß das Verschulden eines solchen Täters *nur* durch die Auferlegung einer Ersatzpflicht sanktioniert werden dürfte (*Baumann/Weber/Mitsch* AT § 17 Rdn. 88; *Hellmann* Anwendbarkeit, S. 169; *Ludwig* „Gegenwärtiger Angriff", S. 159, a. A. *Kiefner* Provokation, S. 81f, 84). Anderenfalls wäre die Regelung kaum nachvollziehbar; denn was würde dem Defensivnotstandstäter das Recht nützen, auf der Gegenseite mehr zu zerstören, als er auf der seinigen bewahrt, wenn er hernach für das von ihm Zerstörte in vollem Umfang Ersatz leisten müßte? Eine vermögensrechtliche Regelung „mit dem Inhalt, seine Interessen verteidigen zu dürfen, dafür freilich mehr, als die Interessen wert sind, zahlen zu müssen, ist sinnlos" (*Jakobs* AT 13/47 Fn. 90a; ähnlich bereits *Baumgarten* Notstand, S. 5). Richtigerweise ist § 228 BGB für die hier interessierende Fall-

e) Rechtmäßige Rechtskreisorganisation des Eingriffsadressaten

Problematisch ist die Frage, ob eine notrechtsrelevante Sonderzuständigkeit auch aus der *rechtmäßigen* Organisation des eigenen Rechtskreises erwachsen kann: Von den *Sachen* des Rechtskreisinhabers oder aber von dessen eigenem *Körper* geht eine Gefahr aus, ohne daß dem Betreffenden der Vorwurf einer Pflichtverletzung gemacht werden kann. Beispiele: (1) Der Hund des E ist diesem entwischt und attackiert nun den Passanten P, ohne daß dem E insofern eine Unaufmerksamkeit vorgeworfen werden kann. Nach welchen Regeln richtet sich P's Abwehrrecht? (2) Auf seinem abendlichen Spaziergang durch den Stadtpark stolpert A über ein vom nachmittäglichen Gewitterregen gerissenes und in der Dämmerung nicht sichtbares Loch auf dem Weg. Er droht auf den entgegenkommenden Spaziergänger S zu stürzen. S versetzt dem A einen Stoß, wodurch dieser an ihm vorbei auf den Weg fällt. Wie von S vorhergesehen, erleidet A dadurch schwerere Verletzungen, als sie der S selbst, der ansonsten gemeinsam mit A auf eine Rasenfläche gefallen wäre, ohne ein Eingreifen erlitten hätte. Hat S rechtmäßig gehandelt? Eine Sonderzuständigkeit E's und A's müßte an den Umstand anknüpfen, daß potentiell gefährliche Bestandteile ihres Rechtskreises – der Hund des E bzw. der Körper des A – ihrer Kontrolle entglitten sind. Genauer gesprochen: Diese haben sich jener Steuerung entzogen, die von Rechtspersonen regulär erwartet wird und auf die Neutralisierung von Gefahren für andere Personen ausgerichtet ist.[143] Gibt es eine notrechtsrelevante *Sonderzuständigkeit aufgrund erlittenen Kontrollverlusts*? Dies ist die Frage, die vorliegend zu beantworten ist.

---

gruppe demgegenüber folgendermaßen zu lesen: Der Notstandstäter darf nur dann in den fremden Rechtskreis eingreifen, wenn er dadurch wesentlich mehr erhält als er zerstört, *und zudem* muß er dem Eingriffsadressaten noch dessen Schaden ersetzen (ähnlich *Jakobs* aaO).

[143] Dreipersonenverhältnisse werfen auch hier besondere Probleme auf: Ein Hintermann wendet gegen eine andere Person Gewalt im Rechtssinne (gleichgültig ob in Form von *vis absoluta* oder von *vis compulsiva*) an und macht die betreffende Person auf diese Weise zum Instrument einer Gefährdung Dritter. Beispiele: (1) Der Hintermann nötigt den Vordermann dazu, in die Rechtsgüter eines Dritten einzugreifen. (2) Der Hintermann stößt den Vordermann auf einen Dritten. Wie ist die Rechtsstellung des Dritten? Unter 2.c) (2) wurde gezeigt, daß der Dritte die drohende Schädigung insoweit dulden muß, wie sie sich innerhalb des nach Aggressivnotstandsregeln zulässigen Eingriffsumfangs bewegt. Dabei kommt es nicht darauf an, welche Form der Gewalt der Hintermann einsetzt (dazu 2.c.(2) Fn. 97). Die Frage nach einer etwaigen Defensivnotstandsbefugnis des Dritten kann sich deshalb nur dort stellen, wo der drohende Schaden über das Maß des von ihm nach Aggressivnotstandsregeln zu Duldenden hinausgeht. In diesem Fall läßt sich das von dem Vordermann verursachte Gefährdungspotential zwar nicht einer rechtswidrigen Organisation seines Rechtskreises zurechnen; immerhin war diese Rechtskreisorganisation aber so beschaffen, daß der Hintermann faktisch an sie anknüpfen konnte. Deshalb finden auf diese Konstellation die nachfolgenden Grundsätze Anwendung.

Hoyer verneint sie kategorisch. Erst eine Gefahrverursachung durch rechtswidriges (zumindest fahrlässiges) Verhalten des Rechtsgutsinhabers lasse dessen Interessen als nur eingeschränkt schutzwürdig erscheinen. „Wer den Geboten der Rechtsordnung in vollem Umfang Genüge getan hat, verdient auch den vollen Schutz der Rechtsordnung". Würde § 228 BGB die Verletzung eines Rechtsgutsobjekts wegen dessen bloßer (wenngleich rechtmäßig geschaffener) Gefahrenursächlichkeit erlauben, so widerspräche dies dem Gedanken, daß die Bürger die von der Rechtsordnung erlaubten Risikoverursachungen als solche hinzunehmen hätten.[144] Die herrschende Meinung widerspricht dieser restriktiven Interpretation des Defensivnotstands und erkennt auch die Möglichkeit von Defensivnotstandsmaßnahmen gegen eine Person an, die ihren Rechtskreis *rechtmäßig* organisiert hat.[145] Die Begründungen, die für diese, sich keineswegs von selbst verstehende Position angeboten werden, sind allerdings zumeist wenig zwingend.[146]

---

[144] *Hoyer* JuS 1988, 95; i. E. ebenso schon *Merkel* Kollision, S. 9f.

[145] LK-*Hirsch* § 34 Rdn. 73; Sch-Sch-*Lenckner/Perron* § 34 Rdn. 31; *Jescheck/Weigend* AT § 33 IV 5; *Kühl* AT § 8 Rdn. 141; *Roxin* AT 1 § 16 Rdn. 64, 68f; *ders.* FS Jescheck, Bd. 1, S. 473; *Felber* Rechtswidrigkeit, S. 148, 176; *Fuchs* Notwehr, S. 56f; *Haas* Notwehr, S. 213; *Küper* Notstand, S. 27 Fn. 68; *Otte* Defensivnotstand, S. 161; *Renzikowski* Notstand, S. 180; *Thiel* Konkurrenz, S. 193f; *Eue* JZ 1990, 766; *Hirsch* FS Dreher, S. 225; *Merkel* Medizin, Ethik und Strafrecht, S. 150f; *Stratenwerth* ZStW 68 (1956) 57. Aus der älteren Literatur: *Hueck* Jherings Jb. 68 (1919) 213. Skeptisch *Delonge* Interessenabwägung, S. 159.

[146] *Haas* aaO S. 213 verweist darauf, der Satz *casum sentit dominus* lasse sich auch so auslegen, daß nicht nur der zufällig entstehende Schaden am eigenen Gut selbst getragen werden müsse, sondern auch der von diesem Gut drohende Schaden für einen anderen auf den Inhaber des drohenden Guts zurückgelenkt werden dürfe. Daß es *möglich* ist, jenen Satz so zu verstehen, besagt aber noch nicht, daß es auch *geboten* sei. – *Stratenwerth* aaO S. 57f macht geltend, die angreifende Sache dürfe prinzipiell abgewehrt werden, weil sie die Herrschaft des Bedrohten in seiner Sphäre gefährde und die normale Ordnung störe. Diese Sachverhalts*beschreibung* beantwortet nicht die entscheidende *normative* Frage, weshalb die Bedrohung nicht als ein rechtlich zufälliges Ereignis hingenommen werden muß. – *Otte* aaO behauptet, auch wenn das Opfer der Defensivnotstandstat sich nicht pflichtwidrig verhalten habe, so überschreite es doch den seinem Herrschaftsbereich zugeordneten Handlungsspielraum und drohe in die Sphäre des Notstandstäters hineinzuwirken, ohne daß dieser verpflichtet sei, die Bedrohung hinzunehmen. Der letzte Teil des Satzes stellt eine offenkundige *petitio principii* dar. Aber auch der erste Satzteil ist methodisch anfechtbar, weil *Otte* dort aus einem *phänotypisch-faktischen* Befund ohne weiteres eine *normative* Konsequenz zieht. Ähnlich wie *Stratenwerth* mißachtet auch *Otte* stillschweigend den Grundsatz, daß sich aus einem Sein kein Sollen ableiten läßt. – *Eue* aaO leitet den Satz, es sei die allgemeine Pflicht eines jeden Eigentümers, für die von seinen Sachen ausgehenden Gefahren einzustehen, aus der Regelung des § 228 BGB ab; die dortige Eingriffssituation sei nämlich der „Prototyp" aller Defensivnotstandslagen. Dieser Hinweis ist zirkulär, weil die „richtige" Auslegung des § 228 BGB gerade im Streit steht. – In sich widersprüchlich ist die Argumentation *Felbers*. Zunächst bemerkt er, solange der Angreifer sich im Rahmen des erlaubten Risikos gehalten habe, gebe es keinen Grund, weshalb die Gefahr vom Angegriffenen auf ihn abgewälzt werden sollte (*Felber* aaO S. 175). Eine Seite später spricht *Felber* nur noch davon, daß das Recht „eine gewisse Soli-

Daß der herrschenden Meinung dennoch der Vorzug gebührt, läßt sich überzeugender durch den Rückgriff auf ein Prinzip begründen, das innerhalb der Lehre von den abstrakt-rechtlichen Sonderzuständigkeiten eine zentrale Rolle spielt. Es handelt sich um den Grundsatz der *Konnexität von Herrschaft und Folgenverantwortung*. Auf ihn bezieht *Renzikowski* sich stillschweigend, wenn er postuliert, daß der Eingriffsadressat deshalb die aus seiner Sphäre hervorgehenden Folgen für die Interessen anderer tragen müsse, weil er umgekehrt auch der Nutznießer seiner Güter sei.[147] So formuliert, entfaltet das Konnexitätsprinzip vorliegend allerdings nur eine begrenzte Überzeugungskraft. Die von *Renzikowski* befürwortete Anknüpfung der Folgentragungspflicht an die Nutznießungsbefugnis ist axiologisch *möglich* – weshalb sollte sie aber axiologisch *geboten* sein? Immerhin erkennt das Zivilrecht sie nicht an, soweit es deliktische Schadensersatzansprüche an die zusätzliche Voraussetzung eines Verschuldens knüpft. Freilich geht es vorliegend nicht um Regeln zum Ausgleich von bereits *eingetretenen* Schäden, sondern um den Umfang der Befugnis einer Konfliktpartei, einen *drohenden* Schaden eigenmächtig auf die Gegenpartei zu verlagern. Auch dieser Umstand vermag allerdings die Lücke in der Begründung *Renzikowskis* nicht zu schließen. Ein näherer Blick auf die Eigenart der hier zur Diskussion stehenden Regelungssituation lehrt vielmehr, daß die Pflicht zur Folgentragung vorliegend nicht primär an die Befugnis zur Nutzenziehung anzuknüpfen hat, sondern an die Rechtsmacht zur Verhinderung des drohenden Schadens.

Wie § 903 S. 1 BGB exemplarisch zeigt, beinhaltet rechtliche Organisationsfreiheit nicht nur die Befugnis zu Gebrauch und Nutzenziehung, sondern auch (und nicht minder wesentlich) die Befugnis zur Ausschließung anderer Personen. Die letztgenannte Befugnis bestimmt über die Verteilung der Rechtsmacht zur Gefahrerforschung und -verhütung *im Vorfeld* akuter Konflikte: Der Inhaber eines Rechtskreises darf sich Eingriffe anderer Personen verbitten. Insbesondere haben diese nicht das Recht, eigenmächtig zu *kontrollieren*, ob seine Rechtssphäre sich in einem ungefährlichen Zustand befindet. Ihnen bleibt nichts anderes übrig als darauf zu *vertrauen*, daß dies der Fall sei. Ihre Ohnmacht ist die Kehrseite der Ausschließungsbefugnis des Rechtskreisinhabers. Wie aber, wenn das Sicherheitsvertrauen enttäuscht wird, zu dem die Rechtsgenossen des Betreffenden für gewöhnlich verurteilt sind? Wie, wenn ein Gegenstand, der seiner Kontrolle unterliegt, sich wider Erwarten als gefährlich für andere erweist? In einem solchen Fall muß der betreffende Rechtskreisinhaber den Preis für jene Freiheit entrichten, die seine

---

darität" selbst für denjenigen fordere, von dem die Gefahr ausgehe. Deshalb brauche der normgemäß handelnde Angreifer sich eine unverhältnismäßige Abwehr nicht gefallen zu lassen (S. 176). Eine Begründung für diese Akzentverschiebung gibt *Felber* nicht.

[147] *Renzikowski* Notstand, S. 180; ebenso *Fuchs* Notwehr, S. 56.

Befugnis zur Ausschließung anderer ihm bislang vermittelt hat. Weil *er* seine Rechtssphäre anders hätte organisieren können, während *den anderen* von vornherein die Rechtsmacht dazu fehlte, steht er bei normativer Betrachtung der Gefahr näher als sie. Dem entspricht auf seiner Seite eine Sonderzuständigkeit in Form einer erhöhten Pflicht zur Duldung fremder Maßnahmen zur Gefahrenabwehr.

Diese Überlegung zeigt nicht nur, *daß* die Annahme einer Sonderzuständigkeit kraft rechtmäßiger Organisation in einem gewissen Umfang systematisch legitim, ja geboten ist; sie markiert darüber hinaus auch die *Grenze* einer solchen Sonderzuständigkeit. Diese kommt zum einen dann nicht in Betracht, wenn ein Kontrollverlust überhaupt nicht eingetreten ist. Beispiel:[148] Zwischen zwei Grundstücken (Eigentümer: A und B) befindet sich ein (rechtmäßig errichteter) Damm; er steht im Eigentum des B. Während eines Unwetters durchsticht A, dem das höhergelegene Grundstück gehört, diesen Damm, um das sich oberhalb seiner anstauende Wasser ablaufen zu lassen. Die Gefahr für A's Eigentum, die sich aus der Wasseransammlung hinter dem Damm ergab, war dem B nicht zurechenbar: Die gefährliche Situation resultierte nicht daraus, daß B die Kontrolle über den Damm verloren hätte, sondern daraus, daß dieses Bauwerk jene Schutzleistung erbrachte, zu deren Zweck es errichtet wurde. Die Rechtsordnung kann schwerlich dem B einerseits zugestehen, daß er seinen Rechtskreis gegen natürliche Gefahren schützen darf, ihm aber andererseits die typischen Auswirkungen dieser Schutzmaßnahmen im Verhältnis zu seinem Nachbarn belastend zurechnen. Deshalb ist A's Verhalten nach den Maßstäben des Aggressivnotstands zu beurteilen.[149]

Eine Haftung für Kontrollverlust scheidet weiterhin in solchen Fällen aus, in denen jemand einen fremden Rechtskreis zur Schädigung eines Dritten mißbraucht, ohne daß die Mittelsperson sich das Verhalten des Hintermanns nach Maßgabe der unter 2.c) entwickelten Grundsätze zurechnen lassen müßte. Eine verschärfte Haftung des Betroffenen läßt sich hier nicht mehr als Korrelat seiner eigenen Organisationsfreiheit darstellen: Selbst Opfer eines fremden Übergriffs, würde er hier nicht den legitimen „Preis" für seinen eigenen Freiheitsgebrauch zahlen; er würde vielmehr mit den Kosten eines fremden Freiheitsmißbrauchs belastet. Beispiel:[150] Erwachsene Personen dringen in ein befriedetes, fremdes Grundstück ein und werfen von dort aus gefährliche Feuerwerkskörper auf Passanten. Gegen die Sachen des Grundstückseigentümers darf nur nach den Regeln des Aggressivnotstands vorgegangen werden, und zwar selbst dann, wenn er dazu fähig wäre, die Eindringlinge an ihrem Tun zu hindern.

---

148 Nach RGZ 71, 240.

149 Ebenso i. E. RG aaO.

150 Nach *Jakobs* AT 13/47.

Es bleibt die Frage zu klären, wie weit die Sonderzuständigkeit kraft rechtmäßiger Organisation genau reicht. Unter welchen Voraussetzungen und in welchem Umfang muß der Sonderzuständige sich Eingriffe zur Abwehr der von seinen Gegenständen ausgehenden Gefahren gefallen lassen? Seine Duldungspflicht, die nicht einer Pflichtverletzung, sondern allein seiner objektiven Organisationshoheit entspringt, kann nicht so weit gehen wie die desjenigen, dessen rechtswidrige Organisation die Gefahr heraufbeschworen hat. Im Unterschied zu diesem trifft ihn abstrakt-rechtlich keine Voll-, sondern lediglich eine Teilzuständigkeit. Die Rechtspositionen beider Konfliktparteien sind damit, bildlich gesprochen, näher zusammengerückt. Daher braucht hier nur noch demonstriert zu werden, *daß* der Rechtsposition des Nicht-Sonderzuständigen im Konfliktfall der Vorzug gebührt; ein *qualifiziertes* Übergewicht gegenüber der Gegenposition kann sie nicht mehr beanspruchen. Dementsprechend darf der Gefährdete dem Eingriffsadressaten hier nicht einen *wesentlich*, sondern nur einen *einfach* größeren Schaden zufügen als er von sich selbst abwendet.[151] Wer eine Sache im Wert von 12000 DM zerstört, um eine andere von 10000 DM zu erhalten, ist danach noch gerechtfertigt; wer in der gleichen Situation einen Schaden von 20000 DM produziert, ist es nicht mehr.

Darf der Eingriffsadressat über die Veränderung des Überwiegensmaßstabs hinaus eine weitere Prämie für sein rechtskonformes Vorverhalten verlangen? Konkret: Ist seiner Pflicht zur Preisgabe eigener Rechtsgüter eine *absolute* Grenze gezogen?[152] Die Existenz einer absoluten Aufopferungsgrenze in der Grundsituation des Aggressivnotstands ergab sich aus dem Umstand, daß dem Eingriffsadressaten seine abstrakt-rechtliche Position in ungeschwächter Form zur Verfügung stand, während der Eingreifende sich lediglich auf sein Recht des Wohls berufen konnte. In der vorliegenden Fallgruppe liegen die Dinge anders: Der Gefährdete kann sich seinerseits auf die Grundsätze des abstrakten Rechts berufen, und seine abstraktrechtliche Position ist derjenigen des Eingriffsadressaten überlegen. Nicht eine *solidarische Aufopferung* wird dem Eingriffsadressaten hier abverlangt; er muß vielmehr

---

151 I. E. wie hier Sch-Sch-*Lenckner/Perron* § 34 Rdn. 31; *Roxin* AT 1 § 16 Rdn. 68. – Restriktiver *Felber* Rechtswidrigkeit, S. 148, 175, der in den hier interessierenden Fällen die Rechtfertigung eines Defensivnotstandseingriffs erst bei *Gleichwertigkeit* der konkurrierenden Rechtsgüter eingreifen läßt.

152 Was die (ebenfalls „absolute") *Eingriffsschwelle* angeht, so spricht die Stärkung der abstraktrechtlichen Position des Eingriffsadressaten an sich für ihre Anhebung auf ein mittleres Niveau zwischen Bagatellschäden und erheblichen Schäden. Eine solche Zwischenstufe läßt sich aber nicht hinreichend präzise bestimmen; zudem wird den Belangen des Eingriffsadressaten schon durch die Modifizierung des Überwiegensmaßstabs Rechnung getragen. Deshalb ist es unschädlich, die Eingriffsschwelle in den hier interessierenden Fällen niedrig anzusetzen, mit der Folge, daß nur drohende Bagatellschäden von vornherein aus dem Bereich möglicher Rechtfertigung herausfallen.

einstehen für seine – wenngleich geminderte – *personale Verantwortlichkeit.* Mit dieser Verschiebung des Haftungsgrundes entfällt die axiologische Basis für die Annahme einer absoluten Opfergrenze des Eingriffsadressaten.[153] Das hat für diesen potentiell weitreichende Konsequenzen. So ist beispielsweise in dem bekannten Schulfall von den zwei Bergsteigern, derer erster in eine Gletscherspalte gestürzt ist und den zweiten nach sich gerissen hat,[154] die zum Tod des ersten führende Kappung des Seils rechtmäßig, sofern der zweite nur auf diese Weise gerettet werden kann. Selbst wenn keiner der beiden Bergsteiger „etwas" für den Absturz „konnte", haftet doch der erste für den bei ihm eingetretenen Kontrollverlust, und zwar bei gleicher Intensität der Bedrohung für beide Betroffenen äußerstenfalls sogar mit seinem Leben.[155]

---

[153] Ebenso i. E. *Roxin* AT 1 § 16 Rdn. 69. – Auch im Bereich der tatsächlichen Übernahme und des Eltern-Kind-Verhältnisses ist es möglich, daß dem Schützling eine Gefahr droht, ohne daß dem für seinen Schutz zuständigen Garanten insofern ein Versäumnis vorgeworfen werden kann. Nach dem soeben Dargelegten trifft den Garanten dennoch eine erweiterte Duldungspflicht. *Jakobs* AT 13/33 und *Renzikowski* Notstand, S. 260 sehen dies prinzipiell genauso; sie meinen aber, zur Rechtfertigung von Eingriffen zu Lasten fürsorgerischer Garanten sei ein einfaches Überwiegen des Erhaltungs- gegenüber dem Eingriffsinteresse erforderlich. Dies ist zu „garantenfreundlich"; nach den Darlegungen des Textes besteht selbst dann noch ein Eingriffsrecht zugunsten des Schützlings, etwa des Kindes, wenn das elterliche das kindliche Interesse einfach überwiegt. Zu beachten ist lediglich, daß die institutionelle Pflicht zur Fürsorge nicht das Gebot zur Preisgabe *existentieller Persönlichkeitsgüter* beinhaltet (dazu unter II. Fn. 22). Hierin liegt eine *absolute* Grenze der elterlichen Duldungspflicht, die in den soeben im Text behandelten Fällen keine Entsprechung findet. (Wo eine abstrakt-rechtliche Pflicht aus tatsächlicher Übernahme eine institutionelle Pflicht partiell *substituiert*, gilt die genannte absolute Grenze ebenfalls. Es wäre angesichts des Ersetzungscharakters jener Pflicht nicht nachvollziehbar, wenn dem Kindermädchen eine weitergehende Duldungspflicht auferlegt werden könnte als den Eltern.)

[154] *Merkel* Kollision, S. 48; *Eb. Schmidt* SJZ 1949, 565.

[155] Anders die heute herrschende Auffassung: SK-*Samson* § 34 Rdn. 50; Sch-Sch-*Lenckner/Perron* § 34 Rdn. 24; *Jakobs* AT 13/23; *Kühl* AT § 8 Rdn. 154 f; *Maurach/Zipf* AT 1 § 27 Rdn. 25f; *Roxin* AT 1 § 16 Rdn. 34f; *Schmidhäuser* AT 9/72; *Stratenwerth* AT § 9 Rdn. 104; *Wessels/Beulke* AT Rdn. 316; *Gropp* Schwangerschaftsabbruch, S. 106f; *Küper* Pflichtenkollision, S. 48ff; *ders.* JuS 1981, 792 ff; *Meißner* Interessenabwägungsformel, S. 202. – Unter Berufung auf die Grundsätze des Defensivnotstands halten die Opferung des ersten Bergsteigers für rechtmäßig: LK-*Hirsch* § 34 Rdn. 74; *ders.* FS Bockelmann, S. 108; SK-*Günther* § 34 Rdn. 20; *Onagi* Notstandsregelung, S. 112 ff; *Renzikowski* Notstand, S. 266. – Nicht überzeugend sind die weiteren Begründungen, die zugunsten des hier vertretenen Ergebnisses angeführt werden. In der älteren Literatur herrschten holistische Begründungen vor: Es sei sozialnützlich, wenn von zwei Leben wenigstens eines erhalten bliebe (vgl. *v. Bar* Gesetz und Schuld, Bd. III, S. 263; *Baumgarten* Notstand, S. 69; *Binding* Handbuch, S. 765; *Broglio* Notstand, S. 32; *Klefisch* MDR 1950, 260ff; *Eb. Schmidt* aaO; *ders.* Ndschr Bd. 2, 145; *Weigelin* GS 116 [1942] 98; *Zimmermann* MDR 1954, 147ff; für „Unverbotenheit" der Notstandshandlung plädierten *Henkel* Notstand, S. 92; *v. Weber* Notstandsproblem, S. 30ff und *Oetker* VD AT, Bd. II, S. 352f; *ders.* FG Frank, Bd. I, S. 373); ausführlich zu dieser Begründungsfigur 1. Kap. B.II./III. Grundlegend für die neuere Behandlung des Themas

Die vorstehenden Überlegungen bestätigen, daß es *den* Defensivnotstand nicht gibt und daß eine einheitliche Problemlösungsformel daher notwendig zu kurz greifen würde. Zwischen den idealtypischen Grenzfällen der Notwehr und des Aggressivnotstands gibt es vielmehr eine Reihe von Zwischenkonstellationen. Um sie rechtlich jeweils angemessen zu behandeln, bedarf es jedoch keines Rückgriffs auf die Gesamtabwägungslehre. Zuständigkeitstheoretische Erwägungen führen zu präziseren und systematisch überzeugenderen Ergebnissen.

f) Perforation und medizinisch indizierter Schwangerschaftsabbruch als Notstandsfälle?

Das abstrakte Recht ist das Recht der Person. Da das abstrakte Recht den *Begriff der Freiheit* entfaltet,[156] ist der Status der Person durch Freiheit bestimmt. Einer jeden Person ist ein *geschützter Rechtsraum* garantiert, zugeschnitten nach dem Maßstab formaler Gleichheit. Gleichheit impliziert Wechselseitigkeit: Ebenso wie eine Person selbst Respekt beanspruchen darf, muß sie anderen Personen ihrerseits Respekt erzeigen. In allgemeinster Form läßt eine Person im Recht sich deshalb als Trägerin von Rechten und Pflichten kennzeichnen.[157] Den ihr garantierten geschützten Rechtsraum darf eine Person prinzipiell nach ihrem Gutdünken organisieren; eine präventive Kontrolle durch andere darf sie sich verbitten. In dieser Organisationshoheit lag der Grund dafür, daß eine Person unter Notrechtsgesichtspunkten selbst dann für den Kontrollverlust über Bestandteile ihres Rechtskreises haftet,

---

sind die Überlegungen *Ottos* geworden. Er stützt die Rechtfertigung des zweiten Bergsteigers auf das Kriterium der (fehlenden) „Chancenanmaßung": Die minimale zeitliche Verschiebung des Geschehens könne bei wertender Betrachtung nicht das Urteil begründen, der gerettete Bergsteiger habe sich Lebensrettungschancen des Geopferten angemaßt (*Otto* AT § 8 Rdn. 193; *ders.* Pflichtenkollision, S. 82f). Dies läuft auf die These hinaus, daß die nahezu auf Null gesunkene faktische Überlebenschance des Abgestürzten sein Lebens*recht* relativiere. In einer dem Autonomiegedanken verpflichteten Zuständigkeitsordnung stellt eine solche Vorstellung einen Fremdkörper dar (detaillierte Kritik an *Otto* übt *Küper* Pflichtenkollision, S. 39ff; *ders.* JuS 1981, 789f). *Cum grano salis* muß *Neumann* sich das Gleiche vorhalten lassen. Er kennzeichnet den *Bergsteigerfall* als Konstellation einer asymmetrischen Verteilung von Rettungschancen. Die Rettungshandlung verlagere nicht eine Gefahr auf einen Unbeteiligten, sondern beschleunige lediglich einen unausweichlichen Schadensverlauf. Die Solidarität des anderen würde überfordern, wer darauf bestünde, ihn um einer ganz geringfügigen Verlängerung des eigenen Lebens willen mit sich in den Tod zu reißen (NK-*Neumann* § 34 Rdn. 76f; ähnlich *Belling* Rechtfertigungsthese, S. 131f; *Eb. Schmidt* aaO). Dies verzeichnet den tatsächlichen Begründungszusammenhang: Nicht weil er ohnehin verloren ist, überfordert der erste Bergsteiger die Solidarität des zweiten, sondern weil er (wenn auch „schuldlos") die Gefahr ausgelöst hat.

[156] Dazu 1. Kap. D.II.1./2.a).

[157] *Hoffmeister* Art. Person, S. 490; *Schischkoff* Art. Person, S. 549.

wenn ihr dieser Verlust nicht als pflichtwidrig vorgeworfen werden kann: *Weil* sie ihrer Rechtssphäre eigenverantwortlich jene Gestalt gegeben hat, die sich nunmehr als gefahrenträchtig erweist, darf sie auf dem Weg des Defensivnotstands in Anspruch genommen werden. Der Verlust, den der Rechtskreisinhaber in diesen Fällen dulden muß, wird dadurch „als Konsequenz personalen Daseins ausgewiesen“ [158]. Eine Sonderzuständigkeit auch desjenigen, der als Leibesfrucht oder als Kind in der Geburt einen solchen Organisationsakt niemals vollzogen hat – ihn niemals hat vollziehen *können* –, läßt sich mit dieser Begründung ersichtlich nicht bejahen.[159]

Dennoch gehen Gesetz und herrschende Lehre für diese Fälle von einer Sonderzuständigkeit des Kindes aus. Nach § 218a Abs. 2 StGB ist der Schwangerschaftsabbruch aufgrund medizinischer Indikation bis zum Beginn der Geburt zulässig. Die Lehre spricht insofern „ohne allzu weit ausholende Problematisierung“ [160] von einem „Sonderfall der Interessenkollision nach § 34“ [161] oder von einer „gesetzlichen Vorwegabwägung“ [162]. Damit erweckt sie den Eindruck, daß das Gesetz nichts weiter getan habe, als ein Abwägungsergebnis verbindlich festzuschreiben, das auch unter der alleinigen Herrschaft der allgemeinen Notstandsregelung zu erreichen gewesen wäre. In der Tat hat das Reichsgericht den Rechtfertigungsgrund des „übergesetzlichen Notstands“ anhand eines medizinisch indizierten Schwangerschaftsabbruchs etabliert.[163] *Zipf* bemerkt, daß wenige Entscheidungen des Gerichts so uneingeschränkte Zustimmung erfahren hätten wie diese.[164] Zur Begründung dieses Ergebnisses greift man heute nicht selten explizit auf den Gedanken des Defensivnotstands zurück: Die Gefahr für die Schwangere gehe von der Leibesfrucht aus, deshalb dürfe diese notfalls auch getötet werden.[165] Der Perforation kommt heutzutage zwar keine große praktische Bedeutung mehr zu. Daß sie als Notstandstat rechtmäßig sei, wenn nur so das Leben der Mutter gerettet werden könne, wird von der herrschenden Rechtslehre aber nach wie vor aner-

---

[158] *Jakobs* JR 2000, 405.

[159] *Krey* BT 1 Rdn. 167 (für die Perforation); *Jakobs* aaO S. 405f (für die Abtreibung).

[160] *Gropp* GA 1988, 2.

[161] *Arzt/Weber* BT § 5 Rdn. 62. – Sachlich übereinstimmend: BGHSt 38, 158; *Lackner/Kühl* § 218a Rdn. 8; LK-*Hirsch* § 34 Rdn. 85; LK-*Jähnke* Vor § 218 Rdn. 24; SK-*Günther* § 34 Rdn. 1, 58; Sch-Sch-*Lenckner/Perron* § 34 Rdn. 43; *Baumann/Weber/Mitsch* AT § 17 Rdn. 43.

[162] SK-*Rudolphi* § 218a Rdn. 10; Sch-Sch-*Lenckner/Perron* § 34 Rdn. 43; Sch-Sch-*Eser* § 218a Rdn. 22; *Eser/Burkhardt* Strafrecht I, Fall 12 A 37; *Küper* Notstand, S. 125f.

[163] RGSt 61, 242ff.

[164] *Maurach/Zipf* AT 1 § 27 Rdn. 11.

[165] SK-*Samson* § 34 Rdn. 45; SK-*Günther* § 34 Rdn. 20, 43; *Lugert* Gefahrtragungspflichtige, S. 53ff; *Bemmann* ZStW 83 (1971) 91ff; *Hruschka* FS Dreher, S. 207 Fn. 28; *ders.* NJW 1980, 22; *O. Lampe* NJW 1968, 91.

kannt.[166] Dabei pflegt man sich ebenfalls auf den Gedanken des Defensivnotstands zu berufen.[167] Auf diese Weise läßt sich freilich nicht begründen, weshalb das Kind nicht nur für seine eigenen Anomalien, sondern auch für eine (in den einschlägigen Konfliktsituationen viel häufiger gegebene)[168] „geburtsunfreundliche" Konstitution der Mutter soll haften müssen.[169] Vor allem aber ist nach den bisherigen Überlegungen bereits das „Ob" einer entsprechenden Sonderzuständigkeit des Kindes alles andere als selbstverständlich.

Die Annahme, daß die Mutter gegenüber dem (ungeborenen oder in der Geburt befindlichen) Kind in einer Defensivnotstandslage sei, setzt nach dem soeben Ausgeführten voraus, daß eine Zuständigkeit für den eigenen Zustand auch gänzlich losgelöst von einem vorherigen Organisationsakt des Eingriffsadressaten angenommen werden kann. *Merkel* sucht nachzuweisen, daß eine solche Erweiterung der Haftungsvoraussetzungen systematisch zulässig sei: Der einzelne sei auch jenseits des Bereichs seiner Verantwortlichkeit, selbst dann, wenn er vom Schicksal zur faktischen Gefahrenquelle gemacht worden sei, zuständig für die schädlichen Folgen seines schicksalhaften „So-Seins", sofern kein anderer vorrangig verpflichtet werden könne, diese Folgen auf sich zu nehmen.[170] Der letzte Satzteil ist insofern mißverständlich, als er ein „Entweder-Oder" suggeriert, das in dieser Form nicht existiert: Neben der Möglichkeit einer gesteigerten Verantwortlichkeit entweder der einen oder der anderen Konfliktpartei besteht auch die Möglichkeit, daß keine der

---

166 *Lackner/Kühl* § 34 Rdn. 9; LK-*Hirsch* § 34 Rdn. 74; LK-*Jähnke* § 212 Rdn. 10; NK-*Neumann*, § 34 Rdn. 91; SK-*Horn* § 212 Rdn. 24; SK-*Rudolphi* Vor § 218 Rdn. 15; Sch-Sch-*Lenckner/Perron* § 34 Rdn. 30; Sch-Sch-*Eser* Vorbem. §§ 218ff Rdn. 41; *Gropp* AT § 6 Rdn. 137; *Haft* AT, S. 99; *Jescheck/Weigend* AT § 33 IV 5; *Kühl* AT § 8 Rdn. 139; *Mauach/Schroeder/Maiwald* BT 1 § 6 Rdn. 24; *Roxin* AT 1 § 16 Rdn. 70; *ders*, FS Jescheck, Bd. 1, S. 459, 475ff; *Gropp* Schwangerschaftsabbruch, S. 117; *Lugert* aaO S. 57ff; *Otte* Defensivnotstand, S. 168, 189; *Renzikowski* Notstand, S. 267f; *Thiel* Konkurrenz, S. 191; *Lenckner* GA 1985, 297. – Zum gleichen Ergebnis gelangen jene Autoren, die eine rechtfertigende Pflichtenkollision annehmen: *Tröndle/Fischer* Vor § 218a Rdn. 1a; *Krey* BT 1 Rdn. 167f; *Maurach/Zipf* AT 1 § 27 Rdn. 47b. – A. A. SK-*Horn* § 212 Rdn. 24; SK-*Rudolphi* Vor § 218 Rdn. 15; *Belling* Rechtfertigungsthese, S. 118 (mit Fn. 118); *Delonge* Interessenabwägung, S. 159f; *Merkel* Früheuthanasie, S. 615 (übergesetzlicher Entschuldigungsgrund); *Gössel* BT 1 § 2 Rdn. 52 (entschuldigende Pflichtenkollision); zweifelnd *Jakobs* AT 13/22 Fn. 44, 47.

167 *Lacker/Kühl*; LK-*Hirsch*; NK-*Neumann*; *Jescheck/Weigend*; *Kühl*; *Maurach/Schroeder/Maiwald*; *Gropp*; *Lugert*; *Otte*; *Renzikowski* (alle aaO).

168 Vgl. *Gropp* aaO S. 114; *dens.* GA 1988, 8 Fn. 43.

169 *Jakobs* AT 13/22 Fn. 44. – NK-*Neumann* § 34 Rdn. 91 „löst" dieses Problem durch einen definitorischen Machtspruch. Er behauptet zunächst, daß die Tötung gerechtfertigt sei, *weil* die Gefahr für Leben oder Gesundheit der Mutter von dem Kind ausgehe, um dann hinzuzufügen, es sei *nicht entscheidend*, ob die Gefährdung von einer besonderen Konstitution des Kindes ausgehe oder nicht (Hervorhebungen hinzugefügt).

170 *Merkel* Medizin, Ethik und Strafrecht, S. 150f; zustimmend *Kühl* AT § 8 Rdn. 134 Fn. 216a.

beiden Seiten sonderzuständig ist; dann gelten die Grundsätze des Aggressivnotstands.[171] Entscheidend ist aber, ob *Merkels* Prinzip der Zuständigkeitsbegründung, von ihm selbst als „Regel der fairen Distribution von Risiken" ausgegeben,[172] noch als Entfaltung abstrakt-rechtlicher Grundsätze angesehen werden kann oder ob *Merkel* die Begründungskapazitäten des abstrakten Rechts überanstrengt. *Prima facie* scheint die Position *Merkels* sich durch die folgende Überlegung stützen zu lassen: Wenn man als *conditio sine qua non* einer abstrakt-rechtlichen Sonderzuständigkeit die Vornahme eines Organisationsaktes verlangt, dann können ungeborenen oder in der Geburt befindlichen Kindern, denen die Fähigkeit zu gesteuertem Handeln aus konstitutionellen Gründen abgeht, derartige Sonderzuständigkeiten *niemals* auferlegt werden. Diese Kinder profitieren dann von den *Garantien* des abstrakten Rechts, ohne von dessen *Lasten* erreicht zu werden. Liegt es angesichts dieser Unausgewogenheit nicht in der Tat nahe, die Haftung des konstitutionell zur Organisation Unfähigen auf seinen natürlichen Zustand, sein schicksalhaftes „So-Sein" zu erstrecken?

Nähere Überlegung zeigt, daß die Begründungslogik des abstrakten Rechts einen solchen Schluß nicht zuläßt. Dafür gibt es zunächst einen *methodischen* Grund: Die soeben skizzierte Begründung würde empirische Elemente in eine abstrakt-rechtliche Begründung inkorporieren; das abstrakte Recht ist aber gerade durch eine rigorose Ausblendung empirischer Gegebenheiten gekennzeichnet.[173] Entscheidend ist aber ein *inhaltliches* Bedenken: Die grundlegende freiheitstheoretische Funktion des abstrakten Rechts besteht darin, einer jeden Rechtsperson einen *gesicherten Rechtsraum* einzuräumen. Die schlechthin basale Garantie ist die des Rechts auf Leben. Das Kind für sein „So-Sein" haften zu lassen, heißt andere Personen zu ermächtigen, ihm sein Leben allein deshalb zu nehmen, weil seine Existenz ihren (wenn auch hochwertigen) Interessen im Weg ist. Es würde ein beträchtliches Maß an Zynismus dazu gehören, eine derartige Haftung des Kindes noch als Korrelat einer ihm „ansonsten" geleisteten Rechtskreisgarantie auszugeben. Der abstraktrechtliche Status desjenigen, der nur dann fortleben darf, wenn seine Existenz mit den Lebensplänen anderer vereinbar ist, entspricht eher dem eines Sklaven als dem einer Person.

Betrachtet man das Kind als *Person* im Sinne des abstrakten Rechts, so darf mithin gegen es nur nach den Grundsätzen über den *Aggressivnotstand* vorgegangen

---

171 Zutreffend weist *Jakobs* AT 15/13 darauf hin, daß das Recht Verbote trotz existentieller Risiken, also Pflichten, die Vernichtung existentieller Güter zu *dulden*, geläufig kenne, nämlich immer dann, wenn ein Rechtfertigungsgrund zur Abwälzung des existentiellen Konflikts fehle.

172 *Merkel* Medizin, Ethik und Strafrecht, S. 151.

173 1. Kap. D.II.2.a).

werden. Eine Tötung des Kindes wäre stets rechtswidrig.[174] Die von Gesetzgebung und Lehre entwickelten Tötungserlaubnisse wären vor diesem Hintergrund nichts anderes als systematisch unfundierte Sonderregeln zu Lasten des Kindes. Will man diese Schlußfolgerung vermeiden, so bleibt nur die Möglichkeit, die Sonderzuständigkeit des Kindes *institutionell* zu begründen.

In diese Richtung weist die Argumentation *Roxins*: „Die Mutter, die dem Kinde das Leben schenkt, muß die Beschwernisse und Gesundheitsbeeinträchtigungen, die mit der Schwangerschaft üblicherweise verbunden sind, auf sich nehmen. Aber das Opfer des Lebens oder die Hinnahme schwerer Gesundheitsschäden dürfen der Lebensspenderin vom Recht nicht angesonnen werden"[175]. *Roxin* scheint hier der Gedanke vorzuschweben, daß das Kind eine besondere, in der hiesigen Terminologie: eine *institutionell* begründete Rücksichtnahmepflicht gegenüber seiner Mutter als derjenigen treffe, der es sein Leben allererst verdanke. Dieses Argument leidet indes daran, daß es, konsequent durchgeführt, *zu viel* rechtfertigen würde. Von dem „Geschenk" seines Lebens profitiert der Mensch nämlich während seiner gesamten Lebenszeit. Dennoch vertritt niemand die Meinung, daß ein Kind dauerhaft die Pflicht habe, sich im Fall eines ihm nach abstrakt-rechtlichen Maßstäben nicht zurechenbaren Konflikts mit seiner Mutter aufopfern zu lassen, wenn dadurch eine schwere Gesundheitsbeschädigung von dieser abgewendet werden kann. Die institutionelle Verbundenheit, die zwischen den Eltern und ihren (minderjährigen) Kindern besteht,[176] begründet als Ausprägung der elterlichen Pflicht zur Fürsorge

---

[174] Gegen eine Sonderzuständigkeit des ungeborenen Kindes *qua* Defensivnotstand: LK-*Jähnke* Vor § 218 Rdn. 24; *Belling* Rechtfertigungsthese, S. 116ff; *Gropp* Schwangerschaftsabbruch, S. 113ff, 152; *ders.* GA 1988, 9ff; *Lenckner* Notstand, S. 267; *Jakobs* JR 2000, 405f. – *Gropp* GA 1988, 16 zieht aus diesem Befund den Schluß, daß die Indikation zum Schwangerschaftsabbruch nicht eine *lex specialis* gegenüber § 34 StGB, sondern eine „vorgehende Sonderregelung" zu dieser Vorschrift sei (anders noch *ders.* Schwangerschaftsabbruch, S. 165, 171 [„positivierte Vorzugsentscheidung"; „Spezialform" des § 34 StGB]); ähnlich *Eser* FS Baumann, S. 177 (§ 218a a. F. sei ein „Rechtfertigungsgrund *sui generis*") und für die Perforation auch Sch-Sch-*Lenckner/Perron* § 34 Rdn. 30 (es handele sich um einen Sonderfall, der nicht verallgemeinerungsfähig sei). Daß diese „Sonderregelung" den Personenstatus des betroffenen Kindes aufhebt, spricht *Gropp* freilich nicht aus. Im Gegenteil: In einer späteren Veröffentlichung sucht er den von ihm konstatierten Bruch mit den ansonsten praktizierten Regeln der Zuständigkeitsverteilung dadurch zu bagatellisieren, daß er das „Verbot der Tötung Unschuldiger" zu einem bloßen „Rechts*prinzip*" herabsetzt, „welches – als ‚Optimierungsgebot' verstanden – im Interesse der Frau eingeschränkt werden darf und muß" (*Gropp* GA 1994, 152; Hervorhebung im Original). Damit gibt *Gropp*, nimmt man ihn beim Wort, das Lebensrecht *generell* zur Verrechnung frei. Die Degradierung von Personen zu Gütern, die bislang noch weitgehend dem ungeborenen Leben vorbehalten ist, würde dann zum allgemeinen Schicksal.

[175] *Roxin* AT 1 § 16 Rdn. 69.

[176] Dazu unter II.

allenfalls eine erhöhte Duldungspflicht der *Eltern* in Notstandssituationen, nicht aber eine gesteigerte Duldungspflicht der *Kinder*.

Medizinisch indizierte Abtreibung und Perforation können demnach nicht als *Anwendungsfälle* einer als gegeben angenommenen institutionellen Zuständigkeit angesehen, sondern allenfalls mit dem Argument gerechtfertigt werden, daß in diesen Fällen die Mutter die *Begründung* eines institutionellen Sonderrechtsverhältnisses zu ihrem Kind *ablehne*. In diesem Sinne argumentiert in bezug auf die Abtreibung *Köhler*. Das Tötungsverbot in bezug auf ungeborenes Leben hänge für die Schwangere von der autonom begründeten Übernahme des Sonderrechtsverhältnisses „Familie" ab. Die Abbruchindikationen in § 218a a. F. StGB seien Auslegungen eines ursprünglichen Mangels bzw. einer immanenten Grenze jener autonomen Sonderpflichtbegründung. Wenn die Mutter aus objektiv plausiblen Gründen die Herstellung eines – in der hiesigen Sprechweise: institutionellen – Verhältnisses zu ihrem Kind ablehne, so habe dieses seine Vernichtung nach den Regeln des Defensivnotstands zu dulden.[177] Diese Begründung führt jedoch ebenfalls nicht zu dem angestrebten Ziel: Wenn die Mutter die Herstellung eines institutionell fundierten Sonderverhältnisses zu ihrem Kind ablehnt und sich zu seiner Abtreibung entschließt, kann auch das Kind selbst keine institutionell begründete Sonderzuständigkeit treffen. Damit steht die Diskussion wieder an ihrem früheren Punkt: Als Basis für die Begründung einer Sonderzuständigkeit des Kindes steht nur das abstrakte Recht zur Verfügung. Als Person betrachtet ist das Kind aber gerade nicht sonderzuständig.

Hält man die Tötung des Kindes dennoch für rechtmäßig, so überträgt man damit der Mutter die Entscheidungsbefugnis nicht nur über die Begründung eines institutionell begründeten *Sonderrechtsverhältnisses* zu ihrem Kind; der Mutter wird es vielmehr anheimgestellt, darüber zu entscheiden, ob dem Kind im Verhältnis zu ihr jener Respektierungsanspruch zukommt, der für den Status des einzelnen als Rechtsperson konstitutiv ist. Beschränkt wird die Mutter dabei lediglich durch die Anforderung, ihre Entscheidung, sofern sie negativ ausfällt, auf objektiv plausible Gründe zu stützen. Die Einräumung einer solchen Befugnis ist unvereinbar mit dem im Strafrecht ansonsten maßgeblichen Verständnis von Rechtspersonalität. Der Status des einzelnen als Person ist weder seiner eigenen noch gar einer fremden Disposition unterworfen. Selbst derjenige, der seine Mißachtung eines anderen in der denkbar krassesten Form, nämlich durch einen massiven, rechtswidrig-schuldhaften Angriff kundtut, wird dadurch nicht zur „Unperson"[178]. Dieser Umstand verdeutlicht, daß die hier zu erörternden Konstellationen sich von den

---

[177] *Köhler* GA 1988, 469.

[178] So mit Recht *Klesczewski* FS E. A. Wolff, S. 230.

sonstigen Notrechtsfällen grundlegend unterscheiden: Anders als dort werden hier mit dem Ausspruch der Rechtfertigung nicht die Konsequenzen aus dem als gegeben anerkannten Personen- und Bürgerstatus der Beteiligten gezogen; mit der Tötungserlaubnis wird vielmehr der *Personenstatus der Leibesfrucht bzw. des in der Geburt befindlichen Kindes als solcher verneint*;[179] das Kind wird „als Gut verwaltet“[180]. Die Frage nach der Berechtigung dieser Exklusion kann hier nicht näher erörtert werden. Strafrechtsdogmatik und Gesetzgebung sollten jedoch nicht länger den Eindruck zu erwecken suchen, daß man ein Recht zur Tötung ungeborener oder in der Geburt befindlicher Kinder aus den im Bereich der Notrechte ansonsten maßgeblichen Grundsätzen der Zuständigkeitsbegründung und -verteilung herleiten könne.

Damit ist das Unternehmen einer legitimationstheoretischen und dogmatischen Neubegründung des rechtfertigenden Notstands an seinen Abschluß gelangt. Dabei ist der Leser bisweilen in recht schwierige und im landläufigen Sinne „abstrakte“ Gedankengänge verwickelt worden. Es dürfte jedoch deutlich geworden sein, daß es dabei nicht darum ging, „sich unbeschwert im Äther philosophischer Spekulationen zu wiegen und großzügig Ideale zu deduzieren“[181]. Mit ihren vielfältigen Ausgriffen über das übliche strafrechtswissenschaftliche Terrain hinaus reagierte die vorliegende Arbeit vielmehr auf die Einsicht, daß (auch) im Bereich des rechtfertigenden Notstands der Anteil begründungsmäßig „gesicherter“ dogmatischer Bestände weitaus geringer ist als dies für gewöhnlich vermutet wird. „Theorie“ reißt der Dogmatik Wunden, schließt diese aber sodann auch wieder. Als Kompaß bei der Neuentdeckung des vermeintlich Bekannten hat sich die Rechtsphilosophie *Hegels* bewährt. Weit davon entfernt, ihre Interpreten in eine „spekulativ-schwüle Philosophenstube“ zu verbannen,[182] enthalten die rechtsphilosophischen Erörterungen *Hegels* ein systematisches Potential, das die Strafrechtsdogmatik sich bis heute noch nicht hinreichend zunutze gemacht hat. Daß ihr dies zum Schaden gereicht, hat die vorstehende Erörterung der Notstandsproblematik exemplarisch erwiesen. Nach einer Bemerkung des Philosophen *Odo Marquard* werden die Schwierigkeiten bei dem Versuch, Hegelianer zu sein, nur übertroffen durch diejenigen, die bei dem Versuch entstehen, kein Hegelianer zu sein.[183]

---

[179] Ebenso (jeweils bezogen auf den Status des Ungeborenen) *Jakobs* JR 2000, 406; *Merkel* Die Zeit v. 25. 1. 2001, 37. – *Hilgendorf* JuS 1993, 101 stellt diese Zusammenhänge buchstäblich auf den Kopf, wenn er davon spricht, gerade im Hinblick auf das Leben der Leibesfrucht sei die Opfergrenze der Mutter „wesentlich erhöht“.

[180] *Jakobs* aaO; ebenso *Verf.* FAZ v. 27. 6. 2001, 45.

[181] *Nagler* FG Frank, Bd. I, S. 346.

[182] So aber *Janka* Notstand, S. 162.

[183] *Marquard* Geschichtsphilosophie, S. 51.

Literaturverzeichnis

Abegg, Julius Friedrich Heinrich Untersuchungen aus dem Gebiete der Strafrechtswissenschaft, Breslau 1830

ders. Lehrbuch der Strafrechts-Wissenschaft, Neustadt a.d. Orla 1836

Abramenko, Andrik Unerlaubter Aufenthalt und rechtfertigender Notstand. Zur Anwendung von § 34 StGB auf ausländerrechtliche Strafvorschriften, NStZ 2001, 71

v. Alberti, O. Gefährdung durch überlegene Gewalt (Notstand), Stuttgart 1903

Amelung, Knut/Schall, Hero Zum Einsatz von Polizeispitzeln: Hausfriedensbruch und Notstandsrechtfertigung, Wohnungsgrundrecht und Durchsuchungsbefugnis – OLG München, DVBl 1973, 221, JuS 1975, 565

Amelung, Knut Erweitern allgemeine Rechtfertigungsgründe, insbesondere § 34 StGB, hoheitliche Eingriffsbefugnisse des Staates? NJW 1977, 833

ders. Nochmals: § 34 StGB als öffentlichrechtliche Eingriffsnorm? NJW 1978, 623

ders. Die Rechtfertigung von Polizeivollzugsbeamten, JuS 1986, 329

Arendt, Hannah Vita Activa oder Vom tätigen Leben, 8. Auflage, München 1994

Arzt, Gunther Strafrecht: Der unter Druck gesetzte Zeuge, JuS 1982, 449

ders. Kleiner Notstand bei kleiner Kriminalität? in: Festschrift für Jörg Rehberg, Zürich 1996, S. 25

ders./Weber, Ulrich Strafrecht Besonderer Teil, Bielefeld 2000

Aselmann, Maike/Krack, Ralf Der Notstand im Notstand, Jura 1999, 254

Auer, Fritz Der strafrechtliche Notstand und das Bürgerliche Gesetzbuch, München 1903

Axelrod, Robert The Evolution of Cooperation, New York 1984

Baecker, Dirk Soziale Hilfe als Funktionssystem der Gesellschaft, Zeitschrift für Soziologie 23 (1994) 93

v. Bar, Ludwig Gesetz und Schuld im Strafrecht. Band III: Die Befreiung von Schuld und Strafe durch das Strafgesetz, Berlin 1909

Bartuschat, Wolfgang Zum Status des abstrakten Rechts in Hegels Rechtsphilosophie, ZphilF 41 (1987) 19

Battis, Ulrich Bundesbeamtengesetz, 2. Auflage, München 1997

Baumann, Jürgen/Weber, Ulrich/Mitsch, Wolfgang Strafrecht Allgemeiner Teil, 10. Auflage, Bielefeld 1995

Baumgarten, Arthur Notstand und Notwehr. Eine Studie im Hinblick auf das künftige Strafrecht, Tübingen 1911

Baur, Fritz/Baur, Jürgen F./Stürner, Rolf Sachenrecht, 17. Auflage, München 1999

Baurmann, Michael Solidarität als soziale Norm und als Norm der Verfassung, in: Kurt Bayertz (Hrsg.) Solidarität. Begriff und Problem, Frankfurt 1998, S. 345

Bayertz, Kurt Die Solidarität und die Schwierigkeiten ihrer Begründung, in: G. Orsi u.a. (Hrsg.) Rechtsphilosophische Hefte IV (Solidarität), Frankfurt 1995, S. 9

ders. Staat und Solidarität, in: ders. (Hrsg.) Politik und Ethik, Stuttgart 1996, S. 305
ders. Vorwort, in: ders. (Hrsg.) Solidarität. Begriff und Problem, Frankfurt 1998, S. 9
ders. Begriff und Problem der Solidarität, in: ders. (Hrsg.) Solidarität. Begriff und Problem, Frankfurt 1998, S. 11
Becker, Werner Elemente der Demokratie, Stuttgart 1985
Beisel, Daniel Straf- und verfassungsrechtliche Problematiken des finalen Rettungsschusses, JA 1998, 721
Belling, Claus Ist die Rechtfertigungsthese zu § 218a StGB haltbar? Zur Rechtsnatur der sogenannten indizierten Abtreibung, Berlin 1987
Bemmann, Günther Zur Frage der Strafwürdigkeit der Abtreibung, ZStW 83 (1971) 81
Bergmann, Alfred Die Grundstruktur des rechtfertigenden Notstandes (§ 34 StGB), JuS 1989, 109
Berner, Albert Friedrich Lehrbuch des Deutschen Strafrechts, 17. Auflage, Leipzig 1895
Bernsmann, Klaus „Entschuldigung" durch Notstand. Studien zu § 35 StGB, Köln 1989
ders. Zum Handeln von Hoheitsträgern aus der Sicht des „entschuldigenden Notstandes" (§ 35 StGB), in: Festschrift für Günter Blau, Berlin 1985, S. 23
Bierhoff, Hans Werner Psychologie hilfreichen Verhaltens, Stuttgart 1990
ders./Küpper, Beate Sozialpsychologie der Solidarität, in: Kurt Bayertz (Hrsg.) Solidarität. Begriff und Problem, Frankfurt 1998, S. 263
Binding, Karl Handbuch des Strafrechts, Bd. I, Leipzig 1885
Birnbacher, Dieter Tun und Unterlassen, Stuttgart 1995
Blei, Hermann Probleme des polizeilichen Waffengebrauchs, JZ 1955, 625
ders. Strafrecht Allgemeiner Teil, 17. Auflage, München 1977
ders. Strafrecht Allgemeiner Teil (Prüfe dein Wissen), 12. Auflage, München 1996
Bockelmann, Paul Hegels Notstandslehre, Berlin 1935
ders. Anmerkung zu BGH JZ 1959, 493, ebd. 495
ders. Notrechtsbefugnisse der Polizei, in: Festschrift für Eduard Dreher, Berlin 1977, S. 235
ders./Volk, Klaus Strafrecht Allgemeiner Teil, 4. Auflage, München 1987
Böckenförde, Ernst Wolfgang Lorenz von Stein als Theoretiker der Bewegung von Staat und Gesellschaft zum Sozialstaat, in: Ernst Forsthoff (Hrsg.) Lorenz von Stein. Gesellschaft-Staat-Recht, Frankfurt 1972, S. 513
ders. Der verdrängte Ausnahmezustand. Zum Handeln der Staatsgewalt in außergewöhnlichen Lagen, NJW 1978, 1881
ders. Ausnahmerecht und demokratischer Rechtsstaat, in: Festschrift für Martin Hirsch, Baden-Baden 1981, S. 259
ders. Staat, Verfassung, Demokratie, Frankfurt 1991
Böse, Martin Die Glaubens- und Gewissensfreiheit im Rahmen der Strafgesetze (insbesondere § 34 StGB), ZStW 113 (2001) 40
Borsche, Tilman Freiheit als Zeichen. Zur zeichenphilosophischen Frage nach der Bedeutung von Freiheit, in: Josef Simon (Hrsg.) Zeichen und Interpretation, Frankfurt 1994, S. 99
Bottke, Wilfried Wege der Strafrechtsdogmatik, JA 1980, 93
ders. Suizid und Strafrecht, Berlin 1982

ders. Das Recht auf Suizid und Suizidverhütung, GA 1982, 346

ders. Strafrechtliche Probleme von AIDS und der AIDS-Bekämpfung, in: Bernd Schünemann/Gerd Pfeiffer (Hrsg.) Die Rechtsprobleme von AIDS, Baden-Baden 1988, S. 171

ders. Strafrechtliche Probleme am Lebensbeginn und am Lebensende. Bestimmungsrecht versus Lebenserhaltung? in: Paul Fritsche/Wilfried Bottke/Hans-Ludwig Schreiber/Wolfgang Haler, Lebensverlängerung aus medizinischer, ethischer und rechtlicher Sicht, Karlsruhe 1995, S. 35

Boucsein, Hildegard John Stuart Mill und die Idee der Solidarität, Frankfurt 1983

Boujong, Karlheinz (Hrsg.) Karlsruher Kommentar zum Gesetz über Ordnungswidrigkeiten, München 1989

Breuer, Rüdiger Terrorismus, wehrfähiger Staat und individuelle Rechte, in: Bernd Rüthers/Klaus Stern (Hrsg.) Freiheit und Verantwortung im Verfassungsstaat, München 1984, S. 79

Britz, Guido/Müller-Dietz, Heinz Der praktische Fall – Strafrecht: Unschuld und Strafe, JuS 1998, 237

Broglio, Rolf Paul Der strafrechtliche Notstand im Lichte der Strafrechtsreform, Bonn 1928

Brox, Hans Allgemeiner Teil des BGB, 22. Auflage, Köln 1998

v. Bubnoff, Eckart Rechtsfragen zur homologen Organtransplantation aus der Sicht des Strafrechts, GA 1968, 65

v. Buri, M. Notstand und Notwehr, in: ders. Beiträge zur Theorie des Strafrechts und zum Strafgesetzbuche, Leipzig 1894, S. 115

Buttel, Michael/Rotsch, Thomas Der praktische Fall – Strafrecht: Der eifersüchtige Jurastudent, JuS 1996, 713

Capaldi, Nicholas Was stimmt nicht mit der Solidarität? in: Kurt Bayertz (Hrsg.) Solidarität. Begriff und Problem, Frankfurt 1998, S. 86

Cerezo Mir, José Grundlage und Rechtsnatur des Notstands im spanischen Strafgesetzbuch, in: Gedächtnisschrift für Hilde Kaufmann, Berlin 1986, S. 689

Coing, Helmut Benthams Bedeutung für die Entwicklung der Interessenjurisprudenz und der allgemeinen Rechtslehre, ARSP 54 (1968) 69

Delonge, Franz-Benno Die Interessenabwägung nach § 34 StGB und ihr Verhältnis zu den übrigen strafrechtlichen Rechtfertigungsgründen, München 1988

Demuth, Hennrich Der normative Gefahrbegriff. Ein Beitrag zur Dogmatik der konkreten Gefährdungsdelikte, Bochum 1980

Dencker, Friedrich Der verschuldete rechtfertigende Notstand – BayObLG, NJW 1978, 2046, JuS 1979, 779

ders. Zur Zulässigkeit staatlich gesteuerter Deliktsbeteiligung, in: Festschrift für Hanns Dünnebier, Berlin 1982, S. 447

Denninger, Erhard Verfassungsrecht und Solidarität, in: Kurt Bayertz (Hrsg.) Solidarität. Begriff und Problem, Frankfurt 1998, S. 319

Dimitratos, Nikolaos Das Begriffsmerkmal der Gefahr in den strafrechtlichen Notstandsbestimmungen, München 1989

Graf zu Dohna, Alexander Die Rechtswidrigkeit als allgemeingültiges Merkmal im Tatbestande strafbarer Handlungen. Ein Beitrag zur allgemeinen Strafrechtslehre, Halle 1905

Dornseifer, Gerhard Strafrecht: Der in Not geratene Giftmischer, JuS 1982, 761

Drescher, Angelika Naturrecht als utilitaristische Pflichtenethik? Berlin 1999

Drews, Bill/Wacke, Gerhard/Vogel, Klaus/Martens, Wolfgang Gefahrenabwehr. Allgemeines Polizeirecht (Ordnungsrecht) des Bundes und der Länder, 9. Auflage, Köln 1986

Dworkin, Ronald Bürgerrechte ernstgenommen, Frankfurt 1990

Ebeling, Hans Das Subjekt in der Moderne. Rekonstruktion der Philosophie im Zeitalter der Zerstörung, Reinbek bei Hamburg 1993

Ebert, Udo Strafrecht: Ärztlicher Eifer, JuS 1976, 319

ders. Strafrecht Allgemeiner Teil, 3. Auflage, Heidelberg 2001

Eisenberg, Ulrich/Müller, Henning Strafrecht: Geldübergabe auf Video, JuS 1990, 120

Elias, Norbert Über den Prozeß der Zivilisation. Soziogenetische und psychogenetische Untersuchungen. Zweiter Band: Wandlungen der Gesellschaft. Entwurf zu einer Theorie der Zivilisation, 17. Auflage, Frankfurt 1992

Engisch, Karl Die Einheit der Rechtsordnung, Nachdruck Darmstadt 1987

Enneccerus, Ludwig/Nipperdey, Hans Carl Allgemeiner Teil des Bürgerlichen Rechts, 2. Halbband, 15. Auflage, Tübingen 1960

Entwurf eines Strafgesetzbuches (StGB) – E 1962

Erdmann, Karl Von der Wandlung zum sozialen Recht, Heidelberg 1932

Ermann, BGB-Handkommentar, Bd. 1, 9. Auflage, Münster 1993

Eser, Albin „Ärztliche Erkenntnis" und richterliche Überprüfung bei Indikation zum Schwangerschaftsabbruch nach § 218a StGB, in: Festschrift für Jürgen Baumann, Bielefeld 1992, S. 155

ders./Burkhardt, Björn Strafrecht I (Schwerpunkt Allgemeine Verbrechenselemente), 4. Auflage, München 1994

Etzel, Jochen Notstand und Pflichtenkollision im amerikanischen Strafrecht, Freiburg 1993

Eue, Jens Anmerkung zu BGH JZ 1990, 763, ebd. 765

Fechner, Frank Grenzen polizeilicher Notwehr, Frankfurt 1991

Feinberg, Joel Freedom and Fulfillment, Princeton, New Jersey 1992

Felber, Roland Die Rechtswidrigkeit des Angriffs in den Notwehrbestimmungen. Zugleich ein Beitrag zur ratio des Notwehrrechts, München 1979

Felix, Dagmar Einheit der Rechtsordnung. Zur verfassungsrechtlichen Relevanz einer juristischen Argumentationsfigur, Tübingen 1998

Fischer, Hans Albrecht Die Rechtswidrigkeit mit besonderer Berücksichtigung des Privatrechts, München 1911

Fletcher, George P. Utilitarismus und Prinzipiendenken im Strafrecht, ZStW 101 (1989) 803

Freund, Georg Strafrecht Allgemeiner Teil. Personale Straftatlehre, Berlin 1998

Frisch, Wolfgang Vorsatz und Risiko, Köln 1983

Frister, Helmut Die Notwehr im System der Notrechte, GA 1988, 291

Fuchs, Helmut Grundfragen der Notwehr, Wien 1986

Fuchs, H.-J. Art. „Interesse I", in: Joachim Ritter/Karlfried Gründer (Hrsg.) Historisches Wörterbuch der Philosophie, Bd. 4, Darmstadt 1976, Sp. 479

Fulda, Hans Friedrich Zum Theorietypus der Hegelschen Rechtsphilosophie, in: Dieter Henrich/Rolf-Peter Horstmann (Hrsg.) Hegels Philosophie des Rechts. Die Theorie der Rechtsformen und ihre Logik, Stuttgart 1982, S. 393

Gallas, Wilhelm Der dogmatische Teil des Alternativ-Entwurfs, ZStW 80 (1968) 1
ders. Pflichtenkollision als Schuldausschließungsgrund, in: ders. Beiträge zur Verbrechenslehre, Berlin 1968, S. 59
ders. Abstrakte und konkrete Gefährdung, in: Festschrift für Ernst Heinitz, Berlin 1972, S. 171
Gassner, Ulrich M. Kriterienlose Genehmigungsvorbehalte im Wirtschaftsverwaltungsrecht. Eine verfassungsrechtliche Studie unter besonderer Berücksichtigung von § 5 Abs. 1 EuWG, Berlin 1994
Geilen, Gerd Probleme der Organtransplantation, JZ 1971, 41
ders. Anmerkung zu OLG Frankfurt, JZ 1975, 379, ebd. 380
ders. Notwehr und Notwehrexzeß, Jura 1981, 200 ff, 256 ff, 308 ff, 370 ff
Gerhardt, Volker Selbstbestimmung. Das Prinzip der Individualität, Stuttgart 1999
Geyer, August Die Lehre von der Nothwehr, Jena 1857
ders. Zur Lehre vom Nothstand, Kritische Vierteljahresschrift V (1863) 63.
Gieseler, Kirsten Unterlassene Hilfeleistung (§ 323c StGB). Reformdiskussion und Gesetzgebung seit 1870, Baden-Baden 1999
Göbel, Alfred A. Die Einwilligung im Strafrecht als Ausprägung des Selbstbestimmungsrechts, Frankfurt 1990
Göbel, Andreas/Pankoke, Eckart Grenzen der Solidarität. Solidaritätsformeln und Solidaritätsformen im Wandel, in: Kurt Bayertz (Hrsg.) Solidarität. Begriff und Problem, Frankfurt 1998, S. 463
Gössel, Karl Heinz Über die Rechtmäßigkeit befugnisloser strafprozessualer rechtsgutsbeeinträchtigender Maßnahmen, JuS 1979, 162
ders. Strafrecht Besonderer Teil (Band 1), Heidelberg 1987
Götz, Volkmar Allgemeines Polizei- und Ordnungsrecht, 12. Auflage, Göttingen 1995
Goldschmidt, James Der Notstand, ein Schuldproblem, Wien 1913
Gouldner, Alvin W. Reziprozität und Autonomie, Frankfurt 1984
Grebing, Gerhardt Die Grenzen des rechtfertigenden Notstands im Strafrecht. Ein Beitrag zur dogmatischen Bedeutung der Angemessenheitsklausel des § 34 Satz 2 StGB, GA 1979, 81
Griffin, James Well-Being. Its meaning, measurement, and moral importance, Oxford 1986
Gronemeyer, Marianne Das Leben als letzte Gelegenheit. Sicherheitsbedürfnisse und Zeitknappheit, 2. Auflage, Darmstadt 1996
Gropp, Walter Der straflose Schwangerschaftsabbruch. Die rechtliche Einordnung der Straffreiheit zu § 218 StGB, Tübingen 1981
ders. § 218a StGB als Rechtfertigungsgrund. Grundfragen zum rechtmäßigen Schwangerschaftsabbruch, GA 1988, 1
ders. Das zweite Urteil des Bundesverfassungsgerichts zur Reform der §§ 218 ff – ein Schritt zurück? GA 1994, 147
ders. Strafrecht Allgemeiner Teil, 2. Auflage, Berlin 2001
Gropengießer, Helmut Das Konkurrenzverhältnis von Notwehr (§ 32 StGB) und rechtfertigendem Notstand (§ 34 StGB), Jura 2000, 263
Grünewald, Anette Zivilrechtlich begründete Garantenpflichten im Strafrecht? Berlin 2001

Günther, Hans-Ludwig Strafrechtswidrigkeit und Strafunrechtsausschluß. Studien zur Rechtswidrigkeit als Straftatmerkmal und zur Funktion der Rechtfertigungsgründe im Strafrecht, Köln 1983

ders. Mordunrechtsmindernde Rechtfertigungselemente, JR 1985, 268

Günther, Horst Auf der Suche nach der Theorie der Begriffsgeschichte, in: Reinhart Koselleck (Hrsg.) Historische Semantik und Begriffsgeschichte, Stuttgart 1979, S. 102

Haas, Robert Notwehr und Nothilfe. Zum Prinzip der Abwehr rechtswidriger Angriffe. Geschichtliche Entwicklung und heutige Problematik, Frankfurt 1978

Habermas, Jürgen Gerechtigkeit und Solidarität, in: Wolfgang Edelstein/Gertrud Nunner-Winkler (Hrsg.) Zur Bestimmung der Moral. Philosophische und sozialwissenschaftliche Beiträge zur Moralforschung, Frankfurt 1986, S. 291

Hälschner, Hugo Das preußische Strafrecht. Teil 2: System des preußischen Strafrechts (Allgemeiner Teil), Neudruck Aalen 1975

ders. Das gemeine deutsche Strafrecht, 1. Band: Die allgemeinen strafrechtlichen Lehren, Bonn 1881

Haft, Fritjof Strafrecht Allgemeiner Teil, 8. Auflage, München 1998

ders./Eisele, Jörg „Sauberes Stuttgart 2000“: Der Gaststättenüberfall, Jura 2000, 313

Hammacher, Emil Der Charakter der Notstandshandlung vom rechtsphilosophischen und legislativen Standpunkte, Borna-Leipzig 1907

Hampe, Michael Gesetz und Distanz. Studien über die Prinzipien der Gesetzmäßigkeit in der theoretischen und praktischen Philosophie, Heidelberg 1996

Hartmann, Arthur „Der Schutz vor Skinheads“, JA 1998, 946

Harzer, Regina Die tatbestandsmäßige Situation der unterlassenen Hilfeleistung gemäß § 323c StGB. Ein Beitrag zu einer Theorie des Besonderen Teils des Strafrechts, Frankfurt 1999

Hassemer, Winfried Über die Berücksichtigung von Folgen bei der Auslegung der Strafgesetze, in: Festschrift für Helmut Coing, Bd. I, München 1982, S. 493

ders. Unverfügbares im Strafprozeß, in: Festschrift für Werner Maihofer, Frankfurt 1988, S. 183

ders. Freistellung des Täters aufgrund von Drittverhalten, in: Festschrift für Theodor Lenckner, München 1998, S. 97

Hatzung, Andreas Dogmengeschichtliche Grundlagen und Entstehung des zivilrechtlichen Notstands, Frankfurt 1984

Haubrich, Edgar Die unterlassene Hilfeleistung. Zur Verfassungsmäßigkeit des § 323c StGB und zur Notwendigkeit seiner verfassungskonformen Restriktion, Frankfurt 2001

Hechter, Michael Principles of Group Solidarity, Berkeley 1987

Hegel, Georg Wilhelm Friedrich Grundlinien der Philosophie des Rechts oder Naturrecht und Staatswissenschaft im Grundrisse (Werke Bd. 7), Frankfurt 1986

ders. Enzyklopädie der philosophischen Wissenschaften III (Werke Bd. 10), Frankfurt 1986

ders. Jenaer Systementwürfe III: Naturphilosophie und Philosophie des Geistes, hrsgg. von Rolf-Peter Horstmann, Hamburg 1987

ders. Die Philosophie des Rechts. Die Mitschriften Wannenmann (Heidelberg 1817/18) und Homeyer (Berlin 1818/19), hrsgg. von Karl-Heinz Ilting, Stuttgart 1983

ders. Philosophie des Rechts. Die Vorlesung von 1819/20 in einer Nachschrift, hrsgg. von Dieter Henrich, Frankfurt 1983

ders. Vorlesungen über Rechtsphilosophie 1818–1831, hrsgg. von Karl-Heinz Ilting, Bd. 3: Philosophie des Rechts. Nach der Vorlesungsnachschrift von H. G. Hotho 1822/23, Bd. 4: Nachschrift von Griesheim 1824/25, Stuttgart-Bad Cannstatt 1974

Hegler, August Die Merkmale des Verbrechens, ZStW 36 (1915) 19

Hegselmann, Rainer Solidarität in einer egoistischen Welt: Eine Simulation, in: Julian Nida-Rümelin (Hrsg.), Praktische Rationalität. Grundlagenprobleme und ethische Anwendungen des *rational choice*-Paradigmas, Berlin 1993, S. 349

Heimberger, Joseph Zur Lehre vom Ausschluß der Rechtswidrigkeit, Gießen 1907

ders. Der Ausschluß der Rechtswidrigkeit und Verwandtes (§§ 20–22 AE), in: P. F. Aschrott/Ed. Kohlrausch (Hrsg.) Reform des Strafrechts. Kritische Besprechung des Amtlichen Entwurfs eines Allgemeinen Deutschen Strafgesetzbuchs, Berlin 1926, S. 76

Heinemann, Klaus Grundzüge einer Soziologie des Geldes, Stuttgart 1969

Heinitz, Ernst Das Problem der materiellen Rechtswidrigkeit, Breslau 1926

ders. Zur Entwicklung der Lehre von der materiellen Rechtswidrigkeit, in: Festschrift für Eberhard Schmidt, Göttingen 1961, S. 266

Hellmann, Uwe Die Anwendbarkeit der zivilrechtlichen Rechtfertigungsgründe im Strafrecht, Köln 1987

Henkel, Heinrich Der Notstand nach gegenwärtigem und künftigem Recht, München 1932

Henrich, Dieter Einleitung des Herausgebers: Vernunft in Verwirklichung, in: ders. (Hrsg.), Georg Friedrich Wilhelm Hegel, Philosophie des Rechts. Die Vorlesung von 1819/20 in einer Nachschrift, Frankfurt 1983, S. 9

Herzberg, Rolf Dietrich Mittelbare Täterschaft bei rechtmäßig oder unverboten handelndem Werkzeug, Berlin 1967

ders. Erlaubnistatbestandsirrtum und Deliktsaufbau (Teil 1), JA 1989, 243

Hilgendorf, Eric Forum: Zwischen Humanexperiment und Rettung ungeborenen Lebens – Der Erlanger Schwangerschaftsfall, JuS 1993, 97

ders. Die mißbrauchte Menschenwürde – Probleme des Menschenwürdetopos am Beispiel der bioethischen Diskussion, Jahrbuch für Recht und Ethik 7 (1999) 137

Hillenkamp, Thomas Einige viktimodogmatische Bemerkungen zur Tötung des Familientyrannen, in: Festschrift für Koichi Miyazawa, Baden-Baden 1995, S. 141

Hirsch, Hans Joachim Die Notwehrvoraussetzung der Rechtswidrigkeit des Angriffs, in: Festschrift für Eduard Dreher, Berlin 1977, S. 211

ders. Strafrecht und rechtsfreier Raum, in: Festschrift für Paul Bockelmann, München 1979, S. 89

ders. Anmerkung zu BGH JR 1980, 113, ebd. 115

ders. Gefahr und Gefährlichkeit, in: Festschrift für Arthur Kaufmann, Heidelberg 1993, S. 545

Hirschman, Albert O. Entwicklung, Markt und Moral. Abweichende Betrachtungen, München 1989

Höffe, Otfried Ethik und Politik. Grundmodelle und -probleme der praktischen Philosophie, Frankfurt 1979 *ders.* Sittlich-politische Diskurse. Philosophische Grundlagen, politische Ethik, biomedizinische Ethik, Frankfurt 1981

ders. Politische Gerechtigkeit, Frankfurt 1987

Hoerster, Norbert Utilitaristische Ethik und Verallgemeinerung, 2. Auflage, Freiburg 1977

Hoffmeister, Johannes Wörterbuch der philosophischen Begriffe, hrsgg. von Armin Regenbogen und Uwe Meyer, Darmstadt 1998

Hold von Ferneck, Alexander Die Rechtswidrigkeit. Eine Untersuchung zu den allgemeinen Lehren des Strafrechts. Bd. I: Der Begriff der Rechtswidrigkeit, Jena 1903, Bd. II. Erste Abteilung: Notstand und Notwehr, Jena 1905

Hollis, Martin Soziales Handeln. Eine Einführung in die Philosophie der Sozialwissenschaft, Berlin 1995

Hondrich, Karl Otto/Koch-Arzberger, Claudia Solidarität in der modernen Gesellschaft, Frankfurt 1992

Horn, Norbert Der Ersatzpflichtige im zivilrechtlichen Notstand, JZ 1960, 350

Hoyer, Andreas Das Rechtsinstitut der Notwehr, JuS 1988, 89

ders. Strafrecht Allgemeiner Teil 1, Neuwied 1996

Hruschka, Joachim Extrasystematische Rechtfertigungsgründe, in: Festschrift für Eduard Dreher, Berlin 1977, S. 189

ders. Rettungspflichten in Notstandssituationen, JuS 1979, 385

ders. Anmerkung zu BayObLG JR 1979, 124, ebd. 125

ders. Rechtfertigung oder Entschuldigung im Defensivnotstand? NJW 1980, 21

ders. Das Strafrecht neu durchdenken! GA 1981, 237

ders. Anmerkung zu OLG Karlsruhe, JZ 1984, 240, ebd. 241

ders./Joerden, Jan C. Supererogation: Vom deontologischen Sechseck zum deontologischen Zehneck. Zugleich ein Beitrag zur strafrechtlichen Grundlagenforschung, ARSP 73 (1987) 93

ders. Strafrecht nach logisch-analytischer Methode, 2. Auflage, Berlin 1988

ders. Rechtfertigungs- und Entschuldigungsgründe: Das Brett des Karneades bei Gentz und Kant, GA 1991, 1

ders. Zurechnung und Notstand. Begriffsanalysen von Pufendorf bis Daries, in: Jan Schröder (Hrsg.) Entwicklung der Methodenlehre in Rechtswissenschaft und Philosophie vom 16. bis zum 18. Jahrhundert, Stuttgart 1998, S. 163

ders. Zur Interpretation von Pufendorfs Zurechnungs- und Notstandslehre in der Rechtslehre der Aufklärung, in: Manfred Beetz/Giuseppe Cacciatore (Hrsg.) Die Hermeneutik im Zeitalter der Aufklärung, Köln 2000, S. 18

Huber, Karl § 34 StGB als Rechtfertigungsgrund für hoheitliches Handeln, Diss. München 1982

Hubmann, Heinrich Grundsätze der Interessenabwägung, AcP 155 (1956) 85

Hübner, Heinz Allgemeiner Teil des Bürgerlichen Gesetzbuches, Berlin 1996

Hueck, Alfred Notstand gegenüber einer mitgefährdeten Sache, Jherings Jahrbücher 68 (1919) 205

Isensee, Josef Steuerstaat als Staatsform, in: Festschrift für Hans Peter Ipsen, Tübingen 1977, S. 409

ders. Die verdrängten Grundpflichten des Bürgers – Ein grundgesetzliches Interpretationsvakuum, DÖV 1982, 609

ders. Das Grundrecht auf Sicherheit. Zu den Schutzpflichten des freiheitlichen Verfassungsstaates, Berlin 1983

ders. Das staatliche Gewaltmonopol als Grundlage und Grenze der Grundrechte, in: Festschrift für Horst Sendler, München 1991, S. 39

ders. Grundrechtsvoraussetzungen und Verfassungserwartungen, in: ders./Paul Kirchhof (Hrsg.) Handbuch des Staatsrechts der Bundesrepublik Deutschland, Bd. V: Allgemeine Grundrechtslehren, Heidelberg 1992

ders. Solidarität – sozialethische Substanz eines Blankettbegriffs, in: ders. (Hrsg.) Solidarität in Knappheit, Berlin 1998, S. 97

ders. Die alte Frage nach der Rechtfertigung des Staates, JZ 1999, 265

Jähnke, Burkhard/Laufhütte, Heinrich Wilhelm/Odersky, Walter (Hrsg.) Leipziger Kommentar zum Strafgesetzbuch, 11. Auflage, Berlin seit 1992

Jakobs, Günther Literaturbericht: Strafrecht – Besonderer Teil (Delikte gegen die Person), ZStW 91 (1979) 637

ders. Strafrecht Allgemeiner Teil. Die Grundlagen und die Zurechnungslehre, 2. Auflage, Berlin 1991

ders. Kommentar: Rechtfertigung und Entschuldigung bei Befreiung aus besonderen Notlagen (Notwehr, Notstand, Pflichtenkollision), in: A. Eser/H. Nishihara (Hrsg.) Rechtfertigung und Entschuldigung IV, Freiburg 1994, S. 143

ders. Die strafrechtliche Zurechnung von Tun und Unterlassen, Opladen 1996

ders. Norm, Person, Gesellschaft. Vorüberlegungen zu einer Rechtsphilosphie, Berlin 1997

ders. Tötung auf Verlangen, Euthanasie und Strafrechtssystem, München 1998

ders. Bemerkungen zur objektiven Zurechnung, in: Festschrift für Hans Joachim Hirsch, Berlin 1999, S. 45

ders. Rechtmäßige Abtreibung von Personen? JR 2000, 404

Janka, Karl Der strafrechtliche Notstand, Erlangen 1878

Janker, Helmut Strafrechtliche Aspekte heimlicher Aids-Tests, Diss. Gießen 1988

Jescheck, Hans-Heinrich/Weigend, Thomas Lehrbuch des Strafrecht. Allgemeiner Teil, 5. Auflage, Berlin 1996

v. Jhering, Rudolph Der Zweck im Recht, Bd. I, Leipzig 1877

Joecks, Wolfgang Strafgesetzbuch – Studienkommentar, 2. Auflage, München 2000

Joerden, Jan C. Drei Ebenen des Denkens über Gerechtigkeit. Dargestellt am Beispiel einiger rechtsethischer Regeln und Prinzipien, ARSP 74 (1988) 307

ders. § 34 Satz 2 StGB und das Prinzip der Verallgemeinerung, GA 1991, 411

ders. Interessenabwägung im rechtfertigenden Notstand bei mehr als einem Eingriffsopfer, GA 1993, 245

ders. Wahlfachklausur – Rechtsphilosophie: Das Notrecht, JuS 1997, 725

ders. Der Widerstreit zweier Gründe der Verbindlichkeit – Konsequenzen einer These Kants für die strafrechtliche Lehre von der „Pflichtenkollision", Jahrbuch für Recht und Ethik 5 (1997) 43

Jung, Heike Das Züchtigungsrecht des Lehrers, Berlin 1977

Kaiser, Hanno Widerspruch und harte Behandlung. Zur Rechtfertigung von Strafe, Berlin 1999

Kant, Immanuel Die Metaphysik der Sitten, in: ders., Werke in zehn Bänden, hrsgg. von Wilhelm Weischedel, Bd. 7, Darmstadt 1983

Kargl, Walter Unterlassene Hilfeleistung (§ 323c). Zum Verhältnis von Recht und Moral, GA 1994, 247

Kaufmann, Armin Lebendiges und Totes in Bindings Normentheorie, Göttingen 1954

ders. Die Dogmatik der Unterlassungsdelikte, Göttingen 1959

ders. Zum Stande der Lehre vom personalen Unrecht, in: Festschrift für Hans Welzel, Berlin 1974, S. 393

Kaufmann, Franz-Xaver Solidarität als Steuerungsform – Erklärungsansätze bei Adam Smith, Frankfurt 1984, S. 158

Kelker, Brigitte Der Nötigungsnotstand, Berlin 1993

Keller, Rainer Rechtliche Grenzen der Provokation von Straftaten, Berlin 1989

Kern, Eduard Grade der Rechtswidrigkeit, ZStW 64 (1952) 255

Kersting, Wolfgang Sittengesetz und Rechtsgesetz – Die Begründung des Rechts bei Kant und den frühen Kantianern, in: Reinhard Brandt (Hrsg.) Rechtsphilosophie der Aufklärung, Berlin 1982, S. 148

ders. Das starke Gesetz der Schuldigkeit und das schwächere der Gütigkeit. Kant und die Pflichtenlehre des 18. Jahrhunderts, Studia Leibnitiana XIV (1982) 184

ders. Thomas Hobbes zur Einführung, Hamburg 1992

ders. John Rawls zur Einführung, Hamburg 1993

ders. Wohlgeordnete Freiheit. Immanuel Kants Rechts- und Staatsphilosophie, Frankfurt 1993

ders. Die politische Philosophie des Gesellschaftsvertrags, Darmstadt 1994

ders. Internationale Solidarität, in: Kurt Bayertz (Hrsg.) Solidarität. Begriff und Problem, Frankfurt 1998, S. 411

ders. Der Markt – das Ende der Geschichte? Zur sozialphilosophischen Kritik des liberalökonomistischen Gesellschaftsmodells, in: Norbert Brieskorn/Johannes Wallacher (Hrsg.) Homo oeconomicus: Der Mensch der Zukunft? Stuttgart 1998, S. 93

ders. Politische Solidarität statt Verteilungsgerechtigkeit, in: ders. (Hrsg.) Politische Philosophie des Sozialstaats, Weilerswist 2000, S. 202

ders. Rechtsphilosophische Probleme des Sozialstaats, Baden-Baden 2000

ders. Theorien der sozialen Gerechtigkeit, Stuttgart/Weimar 2000

Khushf, George Solidarität als moralischer und politischer Begriff, in: Kurt Bayertz (Hrsg.) Solidarität. Begriff und Problem, Frankfurt 1998, S. 111

Kiefner, Martina Die Provokation bei Notwehr (§ 32 StGB) und Notstand (§ 34 StGB), Diss. Gießen 1991

Kienapfel, Diethelm Der rechtfertigende Notstand, ÖJZ 1975, 421

ders. Anmerkung zu BGH JR 1977, 26, ebd. 27

Kindhäuser, Urs Rechtstreue als Schuldkategorie, ZStW 107 (1995) 701

ders./Wallau, Rochus Anmerkung zu BGH StV 1999, 377, ebd. 379

ders. Strafrecht Allgemeiner Teil, Baden-Baden 2000

Kinnen, Dieter Notwehr und Nothilfe als Grundlagen hoheitlicher Gewaltanwendung, MDR 1974, 631
Kirchhof, Paul Polizeiliche Eingriffsbefugnisse und private Nothilfe, NJW 1978, 969
ders. Öffentliches Recht: Helfer in der Not, JuS 1979, 428
ders. Notwehr und Nothilfe des Polizeibeamten aus öffentlich-rechtlicher Sicht, in: Detlef Merten (Hrsg.) Aktuelle Probleme des Polizeirechts, Berlin 1977, S. 67
ders. Unterschiedliche Rechtswidrigkeiten in einer einheitlichen Rechtsordnung, Heidelberg 1978
ders. Mittel staatlichen Handelns, in: Josef Isensee/Paul Kirchhof (Hrsg.) Handbuch des Staatsrechts der Bundesrepublik Deutschland, Bd. III, 2. Auflage, Heidelberg 1996
Kittsteiner, Hans Dieter Listen der Vernunft. Motive geschichtsphilosophischen Denkens, Frankfurt 1998
Klefisch, Th. Die nat.-soz. Euthanasie im Blickfeld der Rechtsprechung und Rechtslehre, MDR 1950, 258
Klesczewski, Diethelm Die Rolle der Strafe in Hegels Theorie der bürgerlichen Gesellschaft. Eine systematische Analyse des Verbrechens- und des Strafbegriffs in Hegels Grundlinien der Philosophie des Rechts, Berlin 1991
ders. Ein zweischneidiges Recht – Zu Grund und Grenzen der Notwehr in einem vorpositiven System der Erlaubnissätze, in: Festschrift für E. A. Wolff, Berlin 1998, S. 225
Klinkhardt, Ingo Die Selbsthilferechte des Amtsträgers, VerwArch 55 (1964) 264ff, 297ff
Kloepfer, Michael Der Vorbehalt des Gesetzes im Wandel, JZ 1984, 685
Klose, Peter Notrecht des Staates aus staatlicher Rechtsnot. Zum rechtlichen Funktionszusammenhang zwischen Notwehr und Gefahrenabwehr, ZStW 89 (1977) 61
Knemeyer, Franz-Ludwig Polizei- und Ordnungsrecht, 7. Auflage, München 1998
Köhler, August Der Notstand im künftigen Strafrecht, Erlangen 1926
Köhler, Michael Personensorge und Abtreibungsverbot, GA 1988, 435
ders. Strafrecht Allgemeiner Teil, Berlin 1997
ders. Freiheitliches Rechtsprinzip und Teilhabegerechtigkeit in der modernen Gesellschaft, in: Veröffentlichungen der Joachim Jungius-Gesellschaft, Bd. 87 (1999), S. 103
Köhler, Wolfgang R. Zur Geschichte und Struktur der utilitaristischen Ethik, Frankfurt 1979
Köstlin, Christian Reinhold Neue Revision der Grundbegriffe des Criminalrechts, Tübingen 1845
ders. System des deutschen Strafrechts. Abteilung I: Allgemeiner Teil, Neudruck Aalen 1978
Kohlberg, Lawrence/Boyd, Dwight R./Levine, Charles Die Wiederkehr der sechsten Stufe: Gerechtigkeit, Wohlwollen und der Standpunkt der Moral, in: Wolfgang Edelstein/Gertrud Nunner-Winkler (Hrsg.) Zur Bestimmung der Moral. Philosophische und sozialwissenschaftliche Beiträge zur Moralforschung, Frankfurt 1986, S. 205
Kohler, Josef Das Notrecht, Archiv für Rechts- und Wirtschaftsphilosophie 8 (1914/15) 411
Konzen, Horst Aufopferung im Zivilrecht. Beitrag zu den Lehren vom bürgerlich-rechtlichen und arbeitsrechtlichen Aufopferungsanspruch, Berlin 1969
Koriath, Heinz Das Brett des Karneades, JA 1998, 250
Koselleck, Reinhart Begriffsgeschichte und Sozialgeschichte, in: ders. (Hrsg.) Historische Semantik und Begriffsgeschichte, Stuttgart 1979, S. 19

ders. Einleitung, in: Otto Brunner/Werner Conze/Reinhart Koselleck (Hrsg.) Geschichtliche Grundbegriffe. Historisches Lexikon zur politisch-sozialen Sprache in Deutschland, 4. Auflage, Stuttgart 1994, S. XIII

Koslowski, Stefan Vom socialen Staat zum Sozialstaat. Aufstieg und Niedergang einer Vision, Der Staat 34 (1995) 221

Kraffert, Wolfram Der Ersatzpflichtige im Fall des § 904 BGB, AcP 165 (1965) 453

Kratzsch, Dietrich Grenzen der Strafbarkeit im Notwehrrecht, Berlin 1968

ders. Verfassungsbeschwerde gegen fehlerhafte Anwendung des § 53 StGB? NJW 1974, 1546

ders. Das (Rechts-)Gebot zu sozialer Rücksichtnahme als Grenze des strafrechtlichen Notwehrrechts – BGH, NJW 1975, 62, JuS 1975, 435

ders. Verhaltenssteuerung und Organisation im Strafrecht. Ansätze zur Reform des strafrechtlichen Unrechtsbegriffs und der Regeln der Gesetzesanwendung, Berlin 1985

Krause, Friedrich-Wilhelm Notwehr bei Angriffen Schuldloser und bei Bagatellangriffen, in: Gedächtnisschrift für Hilde Kaufmann, Berlin 1986, S. 673

Krekeler, Wilhelm Darf der Staat im Rahmen der Verbrechensbekämpfung Straftaten begehen? AnwBl 1987, 443

Krey, Volker Der Fall Peter Lorenz – Probleme des rechtfertigenden Notstands bei der Auslösung von Geiseln, ZRP 1975, 97

ders. Studien zum Gesetzesvorbehalt im Strafrecht. Eine Einführung in die Problematik des Analogieverbots, Berlin 1977

ders. Examensklausur Strafrecht, Jura 1979, 316

ders. Rechtsprobleme des strafprozessualen Einsatzes Verdeckter Ermittler, Wiesbaden 1993

ders. Strafrecht Besonderer Teil, Band 1, 11. Auflage, Stuttgart 1998

Kühl, Kristian „Sozialethische" Einschränkungen der Notwehr, Jura 1990, 244

ders. Naturrechtliche Grenzen strafwürdigen Verhaltens, in: Festschrift für Günter Spendel, Berlin 1992, S. 75

ders. Notwehr und Nothilfe, JuS 1993, 177

ders. Die Notwehr: Ein Kampf ums Recht oder Streit, der mißfällt? in: Festschrift für Otto Triffterer, Wien 1996, S. 149

ders. Die Notrechte im Naturrecht des 19. Jahrhunderts. Insbesondere zur Notwehr im jüngeren Naturrecht, in: Diethelm Klippel (Hrsg.) Naturrecht im 19. Jahrhundert. Kontinuität-Inhalt-Funktion-Wirkung, Goldbach 1997, S. 313

ders. Zur rechtsphilosophischen Begründung des rechtfertigenden Notstands, in: Festschrift für Theodor Lenckner, München 1998, S. 143

ders. Freiheit und Solidarität bei den Notrechten. Rechtsphilosophische Überlegungen auf der Basis der praktischen Philosophie Kants, in: Festschrift für Hans Joachim Hirsch, Berlin 1999, S. 259

ders. Strafrecht Allgemeiner Teil, 3. Auflage, München 2000

Küper, Wilfried Noch einmal: Rechtfertigender Notstand, Pflichtenkollision und übergesetzliche Entschuldigung, JuS 1971, 474

ders. Zum rechtfertigenden Notstand bei Kollision von Vermögenswerten, JZ 1976, 515

ders. Grund- und Grenzfragen der rechtfertigenden Pflichtenkollision im Strafrecht, Berlin 1979 *ders.* Die sog. „Gefahrtragungspflichten" im Gefüge des rechtfertigenden Notstandes. Ein Beitrag zum Verhältnis von Interessenabwägungs- und Angemessenheitsformel, JZ 1980, 755

ders. Tötungsverbot und Lebensnotstand. Zur Problematik der Kollision „Leben gegen Leben", JuS 1981, 785

ders. Art. „Notstand I (strafrechtlich)", in: Adalbert Erler/Ekkehard Kaufmann (Hrsg.) Handwörterbuch zur Deutschen Rechtsgeschichte. Bd. 3, Berlin 1982, Sp. 1064

ders. Das „Wesentliche" am „wesentlich überwiegenden Interesse", GA 1983, 289

ders. Der entschuldigende Notstand – ein Rechtfertigungsgrund? JZ 1983, 88

ders. Examensklausur Strafrecht: Der Banküberfall, Jura 1983, 206

ders. Der „verschuldete" rechtfertigende Notstand. Zugleich ein Beitrag zur „actio illicita in causa", Berlin 1983

ders. Darf sich der Staat erpressen lassen? Zur Problematik des rechtfertigenden Nötigungsnotstandes, Heidelberg 1986

ders. Grundsatzfragen der „Differenzierung" zwischen Rechtfertigung und Entschuldigung, JuS 1987, 81

ders. Rezension zu: Andreas Meißner, Die Interessenabwägungsformel in der Vorschrift über den rechtfertigenden Notstand (§ 34 StGB), ZStW 106 (1994) 822

ders. Rezension zu: Brigitte Kelker, Der Nötigungsnotstand, GA 1995, 138

ders. „Es kann keine Not geben, welche, was unrecht ist, gesetzmäßig machte". Immanuel Kants Kritik des Notrechts, in: Festschrift für Ernst Amadeus Wolff, Berlin 1998, S. 285

ders. Immanuel Kant und das Brett des Karneades. Das zweideutige Notrecht in Kants Rechtslehre, Heidelberg 1999

Küpper, Georg Fahrlässige Brandstiftung mit tödlichem Ausgang – BGH, NJW 1989, 2479, JuS 1990, 184

Kuhnt, Dietmar Pflichten zum Bestehen des strafrechtlichen Notstands (§§ 52, 54 StGB), Diss. Freiburg 1966

Kunz, Karl-Ludwig Die organisierte Nothilfe, ZStW 95 (1983) 973

ders. Das strafrechtliche Bagatellprinzip. Eine strafrechtsdogmatische und kriminalpolitische Untersuchung, Berlin 1984

Kymlicka, Will Politische Philosophie heute. Eine Einführung, Frankfurt 1997

Laber, Jörg Der Schutz des Lebens im Strafrecht, Frankfurt 1997

Lackner, Karl/Kühl, Kristian Strafgesetzbuch, 24. Auflage, München 2001

Lampe, Ortrun Defensiver und aggressiver übergesetzlicher Notstand, NJW 1968, 88

Lange, Richard Terrorismus kein Notstandsfall? Zur Anwendung des § 34 StGB im öffentlichen Recht, NJW 1978, 784

Lange, Wilfried Probleme des polizeilichen Waffengebrauchsrechts, MDR 1974, 357

ders. Der neue Musterentwurf eines einheitlichen Polizeigesetzes – Fragwürdiges Schußwaffengebrauchsrecht, MDR 1977, 10

Larenz, Karl/Wolf, Manfred Allgemeiner Teil des Bürgerlichen Rechts, 8. Auflage, München 1997

Larenz, Karl/Canaris, Claus-Wilhelm Lehrbuch des Schuldrechts, 2. Band (Besonderer Teil), 2. Halbband, 13. Auflage, München 1994

Lasars, Wolfgang Die klassisch-utilitaristische Begründung der Gerechtigkeit, Berlin 1982
de Lazzer, Dieter/Rohlf, Dietwalt Der „Lauschangriff", JZ 1977, 207
Lee, Hyung Kook Interessenabwägung und Angemessenheitsprüfung im rechtfertigenden Notstand des § 34 StGB, Diss. Heidelberg 1978
Lenckner, Theodor Der rechtfertigende Notstand, Tübingen 1965
ders. „Gebotensein" und „Erforderlichkeit" der Notwehr, GA 1968, 1
ders. Die Wahrnehmung berechtigter Interessen, ein „übergesetzlicher" Rechtfertigungsgrund? in: Gedächtnisschrift für Peter Noll, Zürich 1984, S. 243
ders. Der Grundsatz der Güterabwägung als Grundlage der Rechtfertigung, GA 1985, 295
ders. Das Merkmal der „Nicht-anders-Abwendbarkeit" der Gefahr in den §§ 34, 35 StGB, in: Festschrift für Karl Lackner, Berlin 1987, S. 95
ders. Strafrecht und ziviler Ungehorsam – OLG Stuttgart, NStZ 1987, 121, JuS 1988, 349
Lerche, Peter Der gezielt tödlich wirkende Schuß nach künftigem einheitlichen Polizeirecht. Zum Verhältnis hoheitlicher Eingriffsbefugnisse zu den allgemeinen Notrechten, in: Festschrift für Friedrich August von der Heydte, 2. Halbband, Berlin 1977, S. 1033
Lesch, Heiko H. Zur Einführung in das Strafrecht: Über den Sinn und Zweck staatlichen Strafens (1. Teil), JA 1994, 510
ders. Notwehrrecht und Beratungsschutz. Zur Zulässigkeit der Nothilfe gegen die nach § 218a Abs. 1 StGB tatbestandslose Abtötung der Leibesfrucht, Paderborn 2000
Levita, Carl Das Recht der Nothwehr, Gießen 1856
Lichtblau, Klaus Art. „Notstand", in: Joachim Ritter/Karlfried Gründer (Hrsg.) Historisches Wörterbuch der Philosophie, Bd. 6, Darmstadt 1984, Sp. 940
Lippold, Rainer Reine Rechtslehre und Strafrechtsdoktrin. Zur Theorienstruktur in der Rechtswissenschaft am Beispiel der Allgemeinen Strafrechtslehre, Wien 1989
ders. Recht und Ordnung. Statik und Dynamik der Rechtsordnung, Wien 2000
Lochman, Jan Milic Mileiden-Mittragen-Mitstreiten: Geistesgeschichtliche Voraussetzungen der Solidarität, in: Robert Kopp (Hrsg.) Solidarität in der Welt der 80er Jahre: Leistungsgesellschaft und Sozialstaat, Basel 1984, S. 5
Löffler, Alexander Unrecht und Notwehr, ZStW 21 (1901) 537
Loening, Richard Die Zurechnungslehre des Aristoteles, Jena 1903
Luden, Heinrich Abhandlungen aus dem gemeinen teutschen Strafrechte, 2. Bd.: Ueber den Thatbestand des Verbrechens nach gemeinem teutschen Rechte, Göttingen 1840
Ludwig, Dominik „Gegenwärtiger Angriff", „drohende" und „gegenwärtige Gefahr" im Notwehr- und Notstandsrecht. Eine Studie zu den temporalen Erfordernissen der Notrechte unter vergleichender Einbeziehung der Gefahrerfordernisse des Polizeirechts, Frankfurt 1991
Lübbe-Wolff, Gertrude Rechtsstaat und Ausnahmerecht, Zeitschrift für Parlamentsfragen 1980, 110
dies. Die Sittlichkeit in der bürgerlichen Gesellschaft, ARSP 68 (1982) 223
Lugert, Georg Zu den erhöht Gefahrtragungspflichtigen im differenzierten Notstand, Berlin 1991
Luhmann, Niklas Formen des Helfens im Wandel gesellschaftlicher Bedingungen, in: ders., Soziologische Aufklärung 2, Opladen 1975, S. 134

ders. Ausdifferenzierung des Rechts, Frankfurt 1981

ders. Die Differenzierung von Interaktion und Gesellschaft. Probleme der sozialen Solidarität, in: Robert Kopp (Hrsg.) Solidarität in der Welt der 80er Jahre: Leistungsgesellschaft und Sozialstaat, Basel 1984, S. 79

ders. Rechtssoziologie, 3. Auflage, Opladen 1987

ders. Sozialsystem Familie, in: ders., Soziologische Aufklärung 5: Konstruktivistische Perspektiven, Opladen 1990, S. 196

ders. Das Recht der Gesellschaft, Frankfurt 1993

ders. Legitimation durch Verfahren, 3. Auflage, Frankfurt 1993

ders. Inklusion und Exklusion, in: ders., Soziologische Aufklärung 6: Die Soziologie und der Mensch, Opladen 1995, S. 237

Luzón, Diego-Manuel „Actio illicita in causa" und Zurechnung zum Vorverhalten bei Provokation von Rechtfertigungsgründen, Jahrbuch für Recht und Ethik 2 (1994) 353

MacCormick, Neil H. L. A. Hart, London 1981

Maluschke, Günther Philosophische Grundlagen des demokratischen Verfassungsstaates, Freiburg 1982

Maier, Hans Die ältere deutsche Staats- und Verwaltungslehre, 2. Auflage, München 1980

Mangakis, Georgios Die Pflichtenkollision als Grenzsituation des Strafrechts, ZStW 84 (1972) 449

Marquardsen Die Lehre vom Nothstande mit Beziehung auf einen merkwürdigen Rechtsfall mitgeteilt, Archiv des Criminalrechts, 2. N.F. 24 (1857) 396

Marshall, Thomas H. Staatsbürgerrechte und soziale Klassen, in: ders., Bürgerrechte und soziale Klassen. Zur Soziologie des Wohlfahrtsstaates, Frankfurt 1992, S. 33

Marquard, Odo Schwierigkeiten mit der Geschichtsphilosophie, 4. Auflage, Frankfurt 1997

Marxen, Klaus Die „sozialethischen" Grenzen der Notwehr, Berlin 1979

Mauczka, Josef Der Rechtsgrund des Schadensersatzes außerhalb bestehender Schuldverhältnisse, Leipzig 1904

Maultzsch, Felix Nochmals: Das Brett des Karneades. Eine Replik, JA 1999, 429

Maurach, Reinhart Kritik der Notstandslehre, Berlin 1935

ders./Zipf, Heinz Strafrecht Allgemeiner Teil, Teilband 1, 8. Auflage, Heidelberg 1992

ders./Schroeder, Friedrich-Christian/Maiwald, Manfred Strafrecht Besonderer Teil, Teilband 1, 8. Auflage, Heidelberg 1995

Maurer, Hartmut Allgemeines Verwaltungsrecht, 13. Auflage, München 2000

Meißner, Andreas Die Interessenabwägungsformel in der Vorschrift über den rechtfertigenden Notstand (§ 34 StGB), Berlin 1990

Menke, Christoph Tragödie im Sittlichen. Gerechtigkeit und Freiheit nach Hegel, Frankfurt 1996

Merkel, Reinhard Zaungäste? Über die Vernachlässigung philosophischer Argumente in der Strafrechtswissenschaft (und einige verbreitete Mißverständnisse zu § 34 S. 1 StGB), in: Institut für Kriminalwissenschaften Frankfurt a.M. (Hrsg.) Vom unmöglichen Zustand des Strafrechts, Frankfurt 1995, S. 171

ders. An den Grenzen von Medizin, Ethik und Strafrecht: Die chirurgische Trennung sogenannter siamesischer Zwillinge, in: Claus Roxin/Ulrich Schroth (Hrsg.) Medizinstrafrecht, Stuttgart 2000, S. 137

ders. Rechte für Embryonen? „Die Zeit" vom 25. Januar 2001, 37

ders. Früheuthanasie. Rechtsethische und strafrechtliche Grundlagen ärztlicher Entscheidungen über Leben und Tod in der Neonatalmedizin, Baden-Baden 2001

Merkel, Rudolf Die Kollision rechtmäßiger Interessen und die Schadensersatzpflicht bei rechtmäßigen Handlungen, Straßburg 1895

Metz, Karl H. Solidarität und Geschichte. Institution und sozialer Begriff der Solidarität in Westeuropa im 19. Jahrhundert, in: Kurt Bayertz (Hrsg.) Solidarität. Begriff und Problem, Frankfurt 1998, S. 172

Meyer, Karlheinz Rezension zu: Wilfried Küper, Darf sich der Staat erpressen lassen? NJW 1987, 425

Meyer-Gerhardt, Gerhard Strafrecht: Ein Hundefreund in Nöten, JuS 1972, 659

Mezger, Edmund Die subjektiven Unrechtselemente, Gerichtssaal 89 (1924), 207

ders. Strafrecht, München 1931

Michelet, C.L. Naturrecht oder Rechts-Philosophie als die praktische Philosophie enthaltend Rechts-, Sitten- und Gesellschaftslehre, Bd. I, II, Berlin 1866

Mitsch, Wolfgang Trunkenheitsfahrt und Notstand – OLG Koblenz, NJW 1988, 2316, JuS 1989, 964

ders. Grundfälle zu den Tötungsdelikten, JuS 1995, 787

Montenbruck, Axel Thesen zur Notwehr, Heidelberg 1983

ders. In dubio pro reo aus normtheoretischer, straf- und strafverfahrensrechtlicher Sicht, Berlin 1985

Moos, Reinhard Der Verbrechensbegriff in Österreich im 18. und 19. Jahrhundert. Sinn- und Strukturwandel, Bonn 1968

Morgenstern, Henrike Unterlassene Hilfeleistung. Solidarität und Recht, Frankfurt 1997

Müller-Dietz, Heinz Mutmaßliche Einwilligung und Operationserweiterung – BGH, NJW 1988, 2310, JuS 1989, 280

Münchener Kommentar zum Bürgerlichen Gesetzbuch, Bd. 1, 3. Auflage, München 1993, Bd. 6, 3. Auflage, München 1997

von Münch, Ingo/Kunig, Philip Grundgesetz-Kommentar, Bd. 1, 4. Auflage, München 1992

Münzberg, Wolfgang Verhalten und Erfolg als Grundlagen der Rechtswidrigkeit und Haftung, Frankfurt 1966

Nagler, Johannes Der Begriff der Rechtswidrigkeit, in: Festgabe für Reinhard von Frank, Bd. I, Tübingen 1930, S. 339

Neubecker, F.K. Zwang und Notstand in rechtsvergleichender Darstellung, Leipzig 1910

Neuheuser, Stephan Die Duldungspflicht gegenüber rechtswidrigem hoheitlichen Handeln im Strafrecht, Aachen 1996

Neumann, Ulfrid Zurechnung und „Vorverschulden". Vorstudien zu einem dialogischen Modell strafrechtlicher Zurechnung, Berlin 1985

ders. Der strafrechtliche Nötigungsnotstand – Rechtfertigungs- oder Entschuldigungsgrund? JA 1988, 329

ders. Moralphilosophie und Strafrechtsdogmatik, in: Robert Alexy u.a. (Hrsg.) Rechts- und Sozialphilosophie in Deutschland heute (ARSP-Beiheft Nr. 44), Stuttgart 1991, S. 248

ders. Rezension zu: Andreas Meißner, Die Interessenabwägungsformel in der Vorschrift über den rechtfertigenden Notstand (§ 34 StGB), GA 1992, 93

ders. Die Moral des Rechts. Deontologische und konsequentialistische Argumentationen in Recht und Moral, Jahrbuch für Recht und Ethik 2 (1994) 81

ders./Puppe, Ingeborg (Hrsg.) Nomos Kommentar zum Strafgesetzbuch, Baden-Baden, seit 1995

Nida-Rümelin, Julian Kritik des Konsequentialismus, München 1993

Niederschriften über die Sitzungen der Großen Strafrechtskommission, 2. Band, Bonn 1958, 12. Band, Bonn 1959

Noll, Peter Übergesetzliche Milderungsgründe aus vermindertem Unrecht, ZStW 68 (1956) 181

ders. Tatbestand und Rechtswidrigkeit: Die Wertabwägung als Prinzip der Rechtfertigung, ZStW 77 (1965) 1

Oetker, Friedrich Über Notwehr und Notstand nach den §§ 227, 228, 904 des bürgerlichen Gesetzbuchs, Leipzig 1903

ders. Der Notstand, in: Karl Birkmeyer u. a. (Hrsg.) Vergleichende Darstellung des deutschen und ausländischen Strafrechts. Allgemeiner Teil, Bd. II, Berlin 1908, S. 328

ders. Neuregelung von Notwehr und Notstand, DJZ 1908, Sp. 615

ders. Notwehr und Notstand, in: Festgabe für Reinhard von Frank, Bd. I, Tübingen 1930, S. 359

Oizerman, Teodor I. Zur Frage einer positiven Bewertung der Widersprüche der Rechtsphilosophie Hegels, in: Dieter Henrich/Rolf-Peter Horstmann (Hrsg.) Hegels Philosophie des Rechts. Die Theorie der Rechtsformen und ihre Logik, Stuttgart 1982, S. 277

Onagi, Akihiro Die Notstandsregelung im japanischen und deutschen Strafrecht im Vergleich, Baden-Baden 1993

Ossenbühl, Fritz Verwaltungsvorschriften und Grundgesetz, Bad Homburg 1968

ders. Vorrang und Vorbehalt des Gesetzes, in: Josef Isensee/Paul Kirchhof (Hrsg.) Handbuch des Staatsrechts der Bundesrepublik Deutschland, Bd. III (Das Handeln des Staates), Heidelberg 1988

ders. Rechtsquellen und Rechtsbindungen der Verwaltung, in: Hans-Uwe Erichsen (Hrsg.) Allgemeines Verwaltungsrecht, Berlin 1998

Ostendorf, Heribert Die strafrechtliche Rechtmäßigkeit rechtswidrigen hoheitlichen Handelns, JZ 1981, 165

ders./Meyer-Seitz, Christian Die strafrechtlichen Grenzen des polizeilichen Lockspitzel-Einsatzes, StV 1985, 73

Otte, Lars Der durch Menschen ausgelöste Defensivnotstand, Frankfurt 1998

Otto, Harro Rechtsverteidigung und Rechtsmißbrauch im Strafrecht. Zum Zusammenhang zwischen den §§ 32, 34 StGB, in: Festschrift für Thomas Würtenberger, Berlin 1977, S. 129

ders. Pflichtenkollision und Rechtswidrigkeitsurteil, 3. Auflage, Marburg 1978

ders. Grundkurs Strafrecht. Allgemeine Strafrechtslehre, 6. Auflage, Berlin 2000

Palandt, Bürgerliches Gesetzbuch, 57. Auflage, München 1998

Papageorgiou, Konstantinos A. Schaden und Strafe. Auf dem Weg zu einer Theorie der strafrechtlichen Moralität, Baden-Baden 1994

Papier, Hans-Jürgen/Möller, Johannes Das Bestimmtheitsgebot und seine Durchsetzung, AöR 122 (1997) 177

Patzig, Günther Ökologische Ethik – innerhalb der Grenzen bloßer Vernunft, Göttingen 1983

Pawlik, Michael Die Lehre von der Grundnorm als eine Theorie der Beobachtung zweiter Ordnung, Rechtstheorie 25 (1994) 451

ders. Unterlassene Hilfeleistung. Zuständigkeitsbegründung und systematische Struktur, GA 1995, 360

ders. Das unerlaubte Verhalten beim Betrug, Köln 1999

ders. Der Polizeibeamte als Garant zur Verhinderung von Straftaten, ZStW 111 (1999) 335

ders. Hegels Kritik an der politischen Philosophie Jean-Jacques Rousseaus, Der Staat 38 (1999) 21

ders. Preußentum und Freiheit. Kant und das Pathos der Form, in: Patrick Bahners/Gerd Roellecke (Hrsg.) Preußische Stile. Ein Staat als Kunststück, Stuttgart 2001, S. 207

ders. Der Staat hat dem Embryo alle Trümpfe genommen, Frankfurter Allgemeine Zeitung vom 27. Juni 2001, 45

Pawlowski, Hans-Martin Allgemeiner Teil des BGB, 5. Auflage, Heidelberg 1998

Pelz, Christian Notwehr- und Notstandsrechte und der Vorrang obrigkeitlicher Hilfe, NStZ 1995, 305

Perron, Walter Rechtfertigung und Entschuldigung bei Befreiung aus besonderen Notlagen (Notwehr, Notstand, Pflichtenkollision) im deutschen Strafrecht, in: Albin Eser/Walter Perron (Hrsg.) Rechtfertigung und Entschuldigung III, Freiburg 1991, S. 79

Peters, Karl-Hugo „Wertungsrahmen" und „Konflikttypen" bei der „Konkurrenz" zwischen § 34 StGB und den besonderen Rechtfertigungsgründen? GA 1981, 445

Petersen, Thomas Subjektivität und Politik. Hegels „Grundlinien der Philosophie des Rechts" als Reformulierung des „Contrat Social" Rousseaus, Frankfurt 1992

Pfeffer, Hans Durchführung von HIV-Tests ohne den Willen des Betroffenen. Pflicht und Befugnis zur Befundmitteilung aus der Sicht des Strafrechts, Berlin 1989

Pielow, Johann-Christian Der sog. finale Todes- oder Rettungsschuß, Jura 1991, 482

Pietzcker, Jost Vorrang und Vorbehalt des Gesetzes, JuS 1979, 710

Preuß, Ulrich K. Nationale, supranationale und internationale Solidarität, in: Kurt Bayertz (Hrsg.) Solidarität. Begriff und Problem, Frankfurt 1998, S. 399

Rabe, Kurt Die Entwicklung des Notstandes von der Aufklärungszeit bis zum Reichsstrafgesetzbuch, Diss. Göttingen 1930

Rawls, John Eine Theorie der Gerechtigkeit, Frankfurt 1979

Reichert-Hammer, Hansjörg Politische Fernziele und Unrecht. Ein Beitrag zur Lehre von der Strafrechtswidrigkeit unter besonderer Berücksichtigung der Verwerflichkeitsklausel des § 240 Abs. 2 StGB, Berlin 1991

Rengier, Rudolf Anmerkung zu BGH NStZ 1984, 20, ebd. 21

Renzikowski, Joachim Notstand und Notwehr, Berlin 1994

Riegel, Reinhard §§ 32, 34 StGB als hoheitliche Befugnisgrundlage? NVwZ 1985, 639

Ritter, Joachim Metaphysik und Politik. Studien zu Aristoteles und Hegel, 2. Auflage, Frankfurt 1988

Rotta, Christian Nachrichtensperre und Recht auf Information, Stuttgart 1996

Roxin, Claus Kriminalpolitik und Strafrechtssystem, 2. Auflage, Berlin 1973

ders. Zur Tatbestandsmäßigkeit und Rechtswidrigkeit der Entfernung von Leichenteilen (§ 168 StGB), insbesondere zum rechtfertigenden strafrechtlichen Notstand (§ 34 StGB) – OLG Frankfurt, NJW 1975, 271, JuS 1976, 505

ders. Die „sozialethischen Einschränkungen" des Notwehrrechts, ZStW 93 (1981) 68

ders. Der durch Menschen ausgelöste Defensivnotstand, in: Festschrift für Hans-Heinrich Jescheck, Berlin 1985, Bd. 1, S. 457

ders. Die notstandsähnliche Lage – ein Strafausschließungsgrund? in: Festschrift für Dietrich Oehler, Köln 1985, S. 181

ders. Der entschuldigende Notstand nach § 35 StGB, JA 1990, 97ff, 137ff

ders. Anmerkung zu BGH NStZ 1993, 332, ebd. 335

ders. Strafrecht Allgemeiner Teil. Band I: Grundlagen. Der Aufbau der Verbrechenslehre, 3. Auflage, München 1997

Rudolphi, Hans-Joachim Ist die Teilnahme an einer Notstandstat i. S. der §§ 52, 53 Abs. 3 und 54 StGB strafbar? ZStW 78 (1966) 67

ders. Die Gleichstellungsproblematik der unechten Unterlassungsdelikte und der Gedanke der Ingerenz, Göttingen 1966

ders. Rechtfertigungsgründe im Strafrecht, in: Gedächtnisschrift für Armin Kaufmann, Köln 1989, S. 371

ders./Horn, Eckhard/Samson, Erich Systematischer Kommentar zum Strafgesetzbuch, Neuwied, 6. Auflage (Stand: Dezember 1992)

ders./Horn, Eckhard/Günther, Hans-Ludwig/Hoyer, Andreas/Samson, Erich Systematischer Kommentar zum Strafgesetzbuch, Neuwied, 7. Auflage, seit 1999

Rüping, Hinrich Individual- und Gemeinschaftsinteressen im Recht der Organtransplantation, GA 1978, 129

Runte, Rainer Die Veränderung von Rechtfertigungsgründen durch Rechtsprechung und Lehre. Moderne Strafrechtsdogmatik zwischen Rechtsstaatsprinzip und Kriminalpolitik, Frankfurt 1991

Ruppelt, Michael Maßnahmen ohne Rechtsgrundlage. Eine Untersuchung zur Anwendung des § 34 StGB im Öffentlichen Recht, München 1983

Rupprecht, Reinhard Die tödliche Abwehr des Angriffs auf menschliches Leben, JZ 1973, 263

Sachs, Michael Die Pflicht zum Einsatz von Leben und Gesundheit in öffentlich-rechtlichen Dienstverhältnissen, BayVBl 1983, 460ff, 489ff

Samson, Erich Legislatorische Erwägungen zur Rechtfertigung der Explantation von Leichenteilen, NJW 1974, 2030

Sauer, Wilhelm Grundlagen des Strafrechts nebst Umriß einer Rechts- und Sozialphilosophie, Berlin 1921

ders. Allgemeine Strafrechtslehre, Berlin 1955

Schaffstein, Friedrich Die allgemeinen Lehren vom Verbrechen in ihrer Entwicklung durch die Wissenschaft des gemeinen Strafrechts, Berlin 1930

ders. Die strafrechtlichen Notrechte des Staates, in: Gedächtnisschrift für Horst Schröder, München 1978, S. 97

ders. Der Maßstab für das Gefahrurteil beim rechtfertigenden Notstand, in: Festschrift für Hans-Jürgen Bruns, Köln 1978, S. 89

Schall, Hero Die Relevanz der Arbeitsplätze im strafrechtlichen Umweltschutz, in: Recht und Wirtschaft. Ringvorlesung im Fachbereich Rechtswissenschaften der Universität Osnabrück 1984/85 (Osnabrücker Rechtswissenschaftliche Abhandlungen Bd. 1), Köln 1985, S. 1

Schenke, Wolf-Rüdiger Polizei- und Ordnungsrecht, in: Udo Steiner (Hrsg.) Besonderes Verwaltungsrecht, 6. Auflage, Heidelberg 1999, S. 173

Schild, Wolfgang Die systematische Strafrechtslehre von Albert Friedrich Berner, in: Albert Friedrich Berner, Lehrbuch des deutschen Strafrechts. Neudruck der 18. Auflage Leipzig 1898, Aalen 1986, S. 753

ders. Hegels Lehre vom Notrecht, in: Vittorio Hösle (Hrsg.) Die Rechtsphilosophie des deutschen Idealismus, Hamburg 1989, S. 146

Schischkoff, Georgi Philosophisches Wörterbuch, 22. Auflage, Stuttgart 1991

Schlehofer, Horst AIDS und Organspende, Jura 1989, 263

Schmelter, Jürgen Solidarität: Die Entwicklungsgeschichte eines sozial-ethischen Schlüsselbegriffs, Diss. München 1991

Schmidhäuser, Eberhard Strafrecht Allgemeiner Teil, 2. Auflage, Tübingen 1975

ders. Notwehr und Nothilfe des Polizeibeamten aus strafrechtlicher Sicht, in: Detlef Merten (Hrsg.) Aktuelle Probleme des Polizeirechts, Berlin, 1977, S. 53

Schmidt, Eberhard Das Reichsgericht und der „übergesetzliche Notstand", ZStW 49 (1929) 350

ders. Anmerkung zu OGH SJZ 1949, Sp. 347, ebd. Sp. 559

Schmidt, Richard Die „Rückkehr zu Hegel" und die strafrechtliche Verbrechenslehre, GS 81 (1913) 241

Schmidt-Aßmann, Eberhard Der Rechtsstaat, in: Josef Isensee/Paul Kirchhof (Hrsg.) Handbuch des Staatsrechts der Bundesrepublik Deutschland, Bd. I: Grundlagen von Staat und Verfassung, Heidelberg 1987, S. 987

Schneider, Hans Gesetzgebung, 2. Auflage, Heidelberg 1991

Schönke, Adolf/Schröder, Horst, Strafgesetzbuch, 26. Auflage, München 2001

Schopenhauer, Arthur Die Welt als Wille und Vorstellung I (Werke in fünf Bänden, Bd. 1), Zürich 1991

Schreiber, Hans-Ludwig Vorüberlegungen für ein künftiges Transplantationsgesetz, in: Festschrift für Ulrich Klug, Bd. I, Köln 1983, S. 341

Schroeder, Friedrich-Christian Die Notwehr als Indikator politischer Grundanschauungen, in: Festschrift für Reinhart Maurach, Karlsruhe 1972, S. 127

ders. Notstandslage bei Dauergefahr – BGH, NJW 1979, 2053, JuS 1980, 336

Schröder, Horst Die Not als Rechtfertigungs- und Entschuldigungsgrund im deutschen und schweizerischen Strafrecht, SchZStrR 75 (1960) 1

ders. Die Notstandsregelung des Entwurfs 1959 II, in: Festschrift für Eberhard Schmidt, Göttingen 1961, S. 290

Schröder, Meinhard Staatsrecht an den Grenzen des Rechtsstaates, AöR 103 (1978) 121

Schroth, Ulrich Die berechtigte Geschäftsführung ohne Auftrag als Rechtfertigungsgrund im Strafrecht, JuS 1992, 476

Schünemann, Bernd Die deutschsprachige Strafrechtswissenschaft nach der Strafrechtsreform im Spiegel des Leipziger Kommentars und des Wiener Kommentars, GA 1985, 341 ff, 1986, 293 ff

Schünemann, Wolfgang B. Selbsthilfe im Rechtssystem. Eine dogmatische Studie am Beispiel der §§ 227, 229 ff BGB, Tübingen 1985

Schumann, Heribert Zum Notwehrrecht und seinen Schranken – OLG Hamm, NJW 1977, 590, JuS 1979, 559

ders. Strafrechtliches Handlungsunrecht und das Prinzip der Selbstverantwortung des Anderen, Tübingen 1986

Schumann, Ulrich Freiheitsberaubung und „Fürsorglicher Zwang" in Einrichtungen der stationären Altenhilfe, in: Festschrift für Walter Stree und Johannes Wessels, Heidelberg 1993, S. 431

Schwab, Karl-Heinz/Prütting, Hans Sachenrecht, 26. Auflage, München 1996

Schwabe, Jürgen Zur Geltung von Rechtfertigungsgründen des StGB für Hoheitsträger, NJW 1977, 1902

ders. Die Notrechtsvorbehalte des Polizeirechts, Stuttgart 1979

Schwarzburg, Peter Tatbestandsmäßigkeit und Rechtswidrigkeit der polizeilichen Tatprovokation, München 1991

Seebode, Manfred Polizeiliche Notwehr und Einheit der Rechtsordnung, in: Festschrift für Ulrich Klug, Bd. II, Köln 1983, S. 359

Seelmann, Kurt Grenzen privater Nothilfe, ZStW 89 (1977) 36

ders. Das Verhältnis von § 34 StGB zu anderen Rechtfertigungsgründen, Heidelberg 1978

ders. Zur materiell-rechtlichen Problematik des V-Mannes. Die Strafbarkeit des Lockspitzels und des Verlockten, ZStW 95 (1983) 797

ders. Opferinteressen und Handlungsverantwortung in der Garantenpflichtdogmatik, GA 1989, 241

ders. Solidaritätspflichten im Strafrecht? in: Heike Jung u.a. (Hrsg.) Recht und Moral. Beiträge zu einer Standortbestimmung, Baden-Baden 1991, S. 295

ders. „Unterlassene Hilfeleistung" oder: Was darf das Strafrecht? JuS 1995, 281

Siegert, Kurt Notstand und Putativnotstand, Tübingen 1931

Siep, Ludwig Was ist Altruismus? in: Kurt Bayertz (Hrsg.) Evolution und Ethik, Stuttgart 1993, S. 288

Simmel, Georg Soziologie. Untersuchungen über die Formen der Vergesellschaftung, 5. Auflage, Berlin 1968

Soergel, Bürgerliches Gesetzbuch, Stuttgart 1987 (Bd. 1) und 1989 (Bd. 6)

Stammler, Rudolf Darstellung der strafrechtlichen Bedeutung des Nothstandes, Erlangen 1878

J. v. Staudinger, Kommentar zum Bürgerlichen Gesetzbuch mit Einführungsgesetz und Nebengesetzen, 13. Auflage, Berlin, Erstes Buch (Stand Juni 1995), Drittes Buch (Stand Oktober 1995)

Stegmüller, Wolfgang On the Interrelations between Ethics and other Fields of Philosophy and Science, Erkenntnis 11 (1977) 55 *v. Stein, Lorenz* Geschichte der sozialen Bewegung in Frankreich von 1789 bis auf unsere Tage, Neuausgabe München 1921

Stein, Ulrich/Onusseit, Dietmar Die Tatbestandsbezogenheit des Rechtswidrigkeitsurteils, JA-Übungsblätter 1980, 73

Steinvorth, Ulrich Kann Solidarität erzwingbar sein? in: Kurt Bayertz (Hrsg.) Solidarität. Begriff und Problem, Frankfurt 1998, S. 54

Stemmer, Peter Handeln zugunsten anderer – eine moralphilosophische Untersuchung, Berlin 2000

Stephen, James Fitzjames Liberty, Equality, Fraternity, hrsgg. von Stuart D. Warner, Indianapolis 1993

Stern, Klaus Das Staatsrecht der Bundesrepublik Deutschland, Bd. I, 2. Auflage, Bd. II, München 1984/1980

Stierle, Karlheinz Historische Semantik und die Geschichtlichkeit der Bedeutung, in: Reinhart Koselleck (Hrsg.) Historische Semantik und Begriffsgeschichte, Stuttgart 1979, S. 154

Stooß, E. Die Strafrechtswidrigkeit, ZStW 24 (1904) 319

Stratenwerth, Günter Prinzipien der Rechtfertigung, ZStW 68 (1956) 41

ders. „Größtmögliche Freiheit"? in: Festschrift für Werner Maihofer, Frankfurt 1988, S. 571

ders. Wie wichtig ist Gerechtigkeit? in: Festschrift für Arthur Kaufmann, Heidelberg 1993, S. 353

ders. Strafrecht Allgemeiner Teil I, 4. Auflage, Köln 2000

Stree, Walter Rechtswidrigkeit und Schuld im neuen Strafgesetzbuch, JuS 1973, 461

Suhr, Christian Zur Strafbarkeit von verdeckt operierenden Polizeibeamten, JA 1985, 629

Suhr, Dieter Rechtsstaatlichkeit und Sozialstaatlichkeit, Der Staat 9 (1970) 67

Sydow, Fritz Forum: § 34 StGB – kein neues Ermächtigungsgesetz! JuS 1978, 222

Taylor, Charles Hegel, 2. Auflage, Frankfurt 1993

ders. Das Unbehagen an der Moderne, 3. Auflage, Frankfurt 1997

Tenckhoff, Jörg Anmerkung zu KG JR 1981, 254, ebd. 255

Thiel, Sven-Markus Die Konkurrenz von Rechtfertigungsgründen, Frankfurt 2000

Thome, Helmut Soziologie und Solidarität: Theoretische Perspektiven für die empirische Forschung, in: Kurt Bayertz (Hrsg.) Solidarität. Begriff und Problem, Frankfurt 1998, S. 217

Timpe, Gerhard Grundfälle zum entschuldigenden Notstand (§ 35 I StGB) und zum Notwehrexzeß (§ 33 StGB), JuS 1984, 859 ff, 1985, 35 ff, 117 ff

Titze, Heinrich Die Notstandsrechte im deutschen Bürgerlichen Gesetzbuche und ihre geschichtliche Entwicklung, Leipzig 1897

Torp, Carl Die Lehre von der rechtswidrigen Handlung in der nordischen Rechtswissenschaft, ZStW 23 (1903) 84

Triffterer, Otto Österreichisches Strafrecht (Allgemeiner Teil), 2. Auflage, Wien 1994

Tröndle, Herbert/Fischer, Thomas Strafgesetzbuch, 50. Auflage, München 2001

von Tuhr, Andreas Der Nothstand im Civilrecht, Heidelberg 1888

Ulsenheimer, Klaus Strafbarkeit des Garanten bei Nichtvornahme der einzig möglichen, aber riskanten Rettungshandlung – BGH bei Dallinger, MDR 1971, 361, JuS 1972, 252

ders. Zumutbarkeit normgemäßen Verhaltens bei Gefahr eigener Strafverfolgung, GA 1972, 1.
Unberath, Hannes Ist der Schwangerschaftsabbruch ein Unterlassen? Der Geiger-Fall und das Problem der Abgrenzung von Handeln und Unterlassen, Jahrbuch für Recht und Ethik 3 (1995) 437
Vogel, Klaus Über die Herkunft des Polizeirechts aus der liberalen Staatstheorie, in: Festschrift für Gerhard Wacke, Köln 1972, S. 375
Vogler, Theo Der Irrtum über Entschuldigungsgründe im Strafrecht, GA 1969, 103
Voland, Eckart Die Natur der Solidarität, in: Kurt Bayertz (Hrsg.) Solidarität. Begriff und Problem, Frankfurt 1998, S. 297
Volkmann, Uwe Solidarität – Programm und Prinzip der Verfassung, Tübingen 1998
Wachinger, Michael Der übergesetzliche Notstand nach der neuesten Rechtsprechung des Reichsgerichts, in: Festgabe für Reinhard von Frank, Bd. I, Tübingen 1930, S. 469
Warda, Günter Zur Konkurrenz von Rechtfertigungsgründen, in: Festschrift für Reinhart Maurach, Karlsruhe 1972, S. 143
von Weber, Hellmuth Das Notstandsproblem und seine Lösung in den deutschen Strafgesetzentwürfen von 1919 und 1925, Leipzig 1925
Weber, Ulrich Konzeption und Grundsätze des Wirtschaftsstrafrechts (einschließlich Verbraucherschutz), ZStW 96 (1984) 376
ders. Examensklausur Strafrecht, Jura 1984, 367
ders. Rezension zu: Hans-Ludwig Günther, Strafrechtswidrigkeit und Strafunrechtsausschluß, JZ 1984, 276
Weigand, Wolfgang Solidarität durch Konflikt. Zu einer Theorieentwicklung von Solidarität, Münster 1979
Weigelin, Ernst Das Brett des Karneades, GS 116 (1942) 88
Welp, Jürgen Rezension zu: Wilfried Küper, Darf sich der Staat erpressen lassen? GA 1987, 515
Welzel, Hans Studien zum System des Strafrechts, ZStW 58 (1939) 491
ders. Der Gewahrsamsbegriff und die Diebstähle in Selbstbedienungsläden, GA 1960, 257
ders. Das deutsche Strafrecht, 11. Auflage, Berlin 1969
Wessels, Johannes Strafrecht Allgemeiner Teil, 27. Auflage, Heidelberg 1997
Wessels, Johannes/Beulke, Werner Strafrecht Allgemeiner Teil, 31. Auflage, Heidelberg 2001
Wessely, Wolfgang Die Befugnisse des Nothstandes und der Nothwehr nach österreichischem Rechte mit Berücksichtigung des gemeinen Rechts und der neuern deutschen Partikulargesetzgebungen, Prag 1862
Westerkamp, Wilhelm Streitfragen des Notstandsrechts, Diss. Göttingen, Hannover 1918
Wickler, Wolfgang/Seibt, Uta Das Prinzip Eigennutz. Zur Evolution sozialen Verhaltens, München 1991
Wieacker, Franz Das Sozialmodell der klassischen Privatrechtsgesetzbücher und die Entwicklung der modernen Gesellschaft, Karlsruhe 1953
Wildes, Kevin Wm. Solidarität in säkularen Gesellschaften, in: Kurt Bayertz (Hrsg.) Solidarität. Begriff und Problem, Frankfurt 1998, S. 453
Wildt, Andreas Art. „Solidarität", in: Joachim Ritter/Karlfried Gründer (Hrsg.) Historisches Wörterbuch der Philosophie, Bd. 9, Darmstadt 1995, Sp. 1004

ders. Solidarität – Begriffsgeschichte und Definition heute, in: Kurt Bayertz (Hrsg.) Solidarität. Begriff und Problem, Frankfurt 1998, S. 202

Wilhelm, Jürgen Eingriffsbefugnisse des Staates aufgrund rechtfertigenden Notstandes aus strafrechtlicher Sicht, Diss. Köln. 1980

Williams, Bernard Egoismus und Altruismus, in: ders., Probleme des Selbst. Philosophische Aufsätze 1956–1972, Stuttgart 1978, S. 398

ders. Kritik des Utilitarismus, hrsgg. von Wolfgang R. Köhler, Frankfurt 1979

ders. Moralischer Zufall, Aufsätze 1973–1980, Königstein 1984

Willoweit, Dietmar Die Herausbildung des staatlichen Gewaltmonopols im Entstehungsprozeß des modernen Staates, in: Albrecht Randelzhofer/Werner Süß (Hrsg.) Konsens und Konflikt. 35 Jahre Grundgesetz, Berlin 1986, S. 313

Wilson, Edward O. Altruismus, in: Kurt Bayertz (Hrsg.) Evolution und Ethik, Stuttgart 1993, S. 133

Wirth, Johann Ulrich System der speculativen Ethik, eine Encyclopädie der gesamten Disciplinen der practischen Philosophie, Bd. I: Reine Ethik, Heilbronn 1841

Wölfl, Bernd Rechtfertigungsgründe bei der Verletzung der Vertraulichkeit des Wortes, Jura 2000, 231

Wohlers, Wolfgang Einschränkungen des Notwehrrechts innerhalb sozialer Näheverhältnisse, JZ 1999, 434

Wohlrab, Klaus Armut und Staatszweck. Die politische Theorie der Armut im deutschen Naturrecht des 18. und 19. Jahrhunderts, Goldbach 1998

Wolff, Hans J. Über die Gerechtigkeit als principium iuris, aus: Festschrift für Wilhelm Sauer, Berlin 1949, S. 103

Wolter, Jürgen Objektive und personale Zurechnung von Verhalten, Gefahr und Verletzung in einem funktionalen Straftatsystem, Berlin 1981

Wood, Allen W. Hegel's Critique of Morality (§§ 129–141), in: Ludwig Siep (Hrsg.) G. W. F. Hegel, Grundlinien der Philosophie des Rechts, Berlin 1997, S. 147

Zaczyk, Rainer Das Unrecht der versuchten Tat, Berlin 1989

Zielinski, Diethart Handlungs- und Erfolgsunwert im Unrechtsbegriff, Berlin 1973

Zimmermann, Theo Die Gefahrengemeinschaft als Rechtfertigungsgrund, MDR 1954, 147

Zuck, Rüdiger Der Todesschuß, MDR 1988, 920

Sachregister

FSC
www.fsc.org
MIX
Papier | Fördert gute Waldnutzung
FSC® C083411

Kolibri 360 GmbH
Ferdinand-Jühlke-Straße 7
99095 Erfurt, Deutschland
produktsicherheit@kolibri360.de